ALBER THESEN A—

Zu diesem Buch:
Thema ist die Frage, wie soziales Handeln aus den Teilhandlungen der Mitwirkenden entsteht. Häufig formulierte philosophische Erklärungen wie die Konsenstheorie, Theorien des gemeinsamen Wissens oder der Wir-Intentionalität können elementare Phänomene wie Macht- oder Fürsorglichkeitsrelationen nicht adäquat erfassen. Anstöße für eine fruchtbarere Konzeption sozialen Handelns finden sich bei Searle und Luhmann, vor allem aber in der Regelfolgendebatte. Die Grundstruktur sozialen Handelns wird als abgestimmtes Anschlußhandeln mit Episodenstruktur aufgezeigt. Dieses Konzept eröffnet neue Perspektiven für vieldiskutierte Fragen wie die Zulässigkeit von Abtreibungen und die Nachhaltigkeit wirtschaftlichen Handelns.

The subject is the central issue of social ontology, viz. how social action is constituted by the actions of the participants. The basic structure of social action is shown as coordinated, connected action with an episodical structure. This concept opens new perspectives for much-discussed questions such as the permissibility of abortions and the sustainability of economic action.

Der Autor: Priv.-Doz. Dr. Ulrich Baltzer, geb. 1962, ist wissenschaftlicher Oberassistent am Institut für Philosophie der TU Dresden.

Ulrich Baltzer

Gemeinschaftshandeln

Alber-*Reihe* Thesen

Band 3

Ulrich Baltzer

Gemeinschafts-
handeln

Ontologische Grundlagen
einer Ethik sozialen Handelns

Verlag Karl Alber Freiburg/München

Diese Habilitationsschrift ist im Sonderforschungsbereich 537
»Institutionalität und Geschichtlichkeit« in Dresden entstanden und
wurde auf seine Veranlassung unter Verwendung der ihm von der
Deutschen Forschungsgemeinschaft zur Verfügung gestellten Mittel
gedruckt.

Die Deutsche Bibliothek – CIP-Einheitsaufnahme

Baltzer, Ulrich :
Gemeinschaftshandeln : ontologische Grundlagen
einer Ethik sozialen Handelns / Ulrich Baltzer. –
Freiburg (Breisgau) ; München : Alber, 1999
 (Alber Thesen Philosophie ; Bd. 3)
 ISBN 3-495-47913-9

Texterfassung: Autor

Gedruckt auf alterungsbeständigem Papier (säurefrei)
Printed on acid-free paper
Alle Rechte vorbehalten – Printed in Germany
© Verlag Karl Alber GmbH Freiburg/München 1999
Einbandgestaltung: SatzWeise, Trier
Einband gesetzt in der Rotis SansSerif von Otl Aicher
Satzherstellung: SatzWeise, Trier
Inhalt gesetzt in der Aldus und Gill Sans
Druck und Bindung: Difo-Druck, Bamberg 1999
ISBN 3-495-47913-9

Tra un fiore colto e l'altro donato
l'inesprimibile nulla

(Giuseppe Ungaretti)

Inhalt

Vorwort

Die vorliegende Abhandlung ist die geringfügig überarbeitete Fassung meiner Habilitationsschrift, mit der ich mich im Wintersemester 1997/98 an der Philosophischen Fakultät der TU Dresden habilitiert habe. Sie ist im Rahmen des Sonderforschungsbereichs 537 »Institutionalität und Geschichtlichkeit« in Dresden entstanden und wurde auf seine Veranlassung unter Verwendung der ihm von der Deutschen Forschungsgemeinschaft zur Verfügung gestellten Mittel gedruckt.

Besonderen Dank schulde ich Gerhard Schönrich, der mir mit hitzigen Debatten, freundlichem Schulterklopfen und vor allem hoffnungsvollem Gewährenlassen auch im schlimmsten theoretischen Gestrüpp nicht von der Seite wich. Besonders die sozialontologischen Überlegungen dieses Buches haben durch die genaue und konstruktive Kritik von Constanze Peres manchen Umweg abgekürzt. Die Mitglieder des Forschungsseminars im Rahmen des philosophischen Teilprojekts des Sonderforschungsbereichs 537 haben mich durch ihr genaues Hinsehen und ihre kritischen Warnrufe vor Fallgruben bewahrt. Nennen möchte ich hier besonders Holm Bräuer, Greg Klass und Pedro Schmechtig. Ohne die Sorgfalt, mit der Gisela Fichtl Korrektur gelesen hat, wären dem Leser die verschlungenen Pfade der Arbeit nie gangbar geworden. Gert Melville hat als Sprecher des Sonderforschungsbereichs 537 den Weg zur Gewährung des Druckkostenzuschusses geebnet. Ihnen allen sei herzlich gedankt. Dem Verlag Karl Alber und insbesondere dem Verlagsleiter Falk Redecker bin ich für die reibungslose Zusammenarbeit auf der letzten Etappe der Reise, bei der Drucklegung dieses Buches, zu Dank verpflichtet.

Im August 1998   *Ulrich Baltzer*

Einleitung

Es war einmal ein Mann namens Müller, der sah jeden Morgen zur selben Zeit seine Nachbarn Schmidt und Huber am Rande des nahegelegenen Wäldchens am Start zu ihrem Wettlauf. Ohne Zeremonie, wortlos, liefen beide los. Meist war es die Sache einer Viertelstunde, dann kam meist Schmidt hochroten Kopfes, aber selig, als erster ans Ziel, knapp gefolgt von Huber. Da begann sich der Sportsgeist in Müller zu regen, auch weil das Hemd um den Bauch herum bedenklich eng zu werden drohte. Am nächsten Morgen war er zur Stelle, rannte los mit den anderen und siehe, das Wunder geschah: Vor Schmidt und Huber ging er durchs Ziel, riß hoch die Arme und schrie: »Ich habe gesiegt!«. Großes Erstaunen bei Schmidt und Huber. Beide fragten, wie aus einem Munde: »Wieso gesiegt?« Der folgende Wortwechsel brachte es zutage, daß Schmidt und Huber nie ein Wettrennen gelaufen sind, so auch an diesem Morgen nicht. Zur gleichen Stunde am gleichen Ort waren sie ihrem Morgentrimmprogramm jeweils einzeln nachgegangen. Ein Zufall bloß, daß sie einander immer trafen. Müller war bestürzt: Was hat er getan? Ist er gejoggt oder ist er ein Wettrennen gelaufen? Was unterscheidet parallele, individuelle Handlungen von Gemeinschaftshandlungen? Und wenn sie nicht gestorben sind, dann grübelt Müller heute noch.

Diese Fragen muß sich nicht nur Müller stellen, sondern jede Sozialethik, die auf ihre Konstituente »Sozial« tatsächlich Anspruch erheben will. Eine Ethik sozialen Handelns muß sich Klarheit darüber verschaffen, was eine soziale von einer individuellen Handlung unterscheidet. Dies nicht allein, um ihren Gegenstandsbereich nicht zu verfehlen. Vielmehr kann eine Sozialethik nur dann überzeugen, wenn sie ihre Prinzipien, Gebote, Normen und Verbote auf die spezifischen Charakteristika sozialen Handelns gründen kann. Eine solche Ethik ist nicht allein eine Sozialethik, weil sie sich auf soziale Phänomene bezieht, sondern ist auch Sozialethik wegen der Grundlegung ihrer Argumente in ausgewiesen sozialen Zusammenhängen. Die augenfällige Dürftigkeit vieler Sozialethiken, insbesondere der allenthalben aufsprießenden Wirtschaftsethiken, stammt gerade daher, daß Prinzipien und Begründungszusammenhänge, die bei individuellem Handeln ihren guten Sinn haben, direkt auf soziale Sachverhalte bezogen werden, ohne dem Unterschied des Gegenstandsbereichs Rechnung zu tragen. Was eine argumentativ gut abgestützte Norm individuellen Handelns ist, muß noch lange keine haltbare Norm gemeinschaftlichen Handelns sein und *vice versa*.

Daß sich die philosophischen Bemühungen nun auch auf die Sozialethik zu richten beginnen, ist längst überfällig, betrachtet man das noch immer feststellbare Mißverhältnis zwischen der Wichtigkeit und Ubiquität sozialer Prozesse und der geringen Intensität der diesem Bereich gewidmeten ethischen Theoriebildung. Philosophische Ethik ist im Normalfall Individualethik, also eine Ethik individuellen Handelns. Daß die Diskrepanz zwischen der Wichtigkeit des Gegenstandsbereichs und der Präsenz in der philosophischen Theoriebildung bislang nicht markant werden konnte, dürfte zu wesentlichen Teilen einem Vorurteil geschuldet sein. Da im sozialen Handeln immer Individuen zusammenwirken, beruhigt man sich damit, das soziale Handeln ergebe sich als Aggregat individuellen Handelns. Philosophische Ethik hätte sich folglich vorrangig um die Individualethik zu kümmern; Sozialethik wäre eher eine Spezialdisziplin, zu der man meist nicht mehr kommt.

Verstärkt werden diese philosophieinternen Gründe für eine Vernachlässigung des Sozialen durch die hohe Wertschätzung des Individualismus in unserer Gesellschaft. Das Nachdenken über soziale Zusammenhänge wird in weiten Bereichen durch ökonomische Modelle dominiert. Beispielsweise wird die Lösung für Probleme der Wiedervereinigung Deutschlands, der Hochschul-, Sozialstaats- und sonstiger Krisen im Zauberwort »Marktmechanismus« gesucht. Die dabei unterstellte ökonomische Theorie ist die des *homo oeconomicus*, der allein nach Maßgabe seiner individuellen Nutzenschätzung und seiner persönlichen Ziele agiert, und es der »invisible hand« des Marktes überläßt, für ein gesamtgesellschaftliches Optimum zu sorgen. Es geht hier nicht darum, den (individuellen) Egoismus gegen den (sozialen) Altruismus auszuspielen, denn die persönlichen Ziele oder der individuelle Nutzen des Akteurs können durchaus altruistische Züge tragen. Vielmehr geht es darum, die Aufmerksamkeit auf die Tatsache zu lenken, daß das gängige Denkmodell das Soziale aus dem Aggregat individueller Handlungen erklären will.

Wie problematisch diese Annahme ist, zeigt sich spätestens an der Verlegenheit, in die Apologeten dieser Auffassung geraten, wenn sie arbeitsteilige oder aus unterschiedlichen Beiträgen zusammengesetzte soziale Handlungen zu beurteilen haben. In diesen Fällen wäre eine eingehendere Untersuchung der Struktur sozialen Handelns nötig, als sie üblicherweise erfolgt. So bleibt es bei den unbefriedigenden Ad-hoc-Lösungen, die beispielsweise bei größeren Chemieunfällen entweder diejenigen Arbeiter strafrechtlich verfolgt, die die zur Katastrophe führenden konkreten Fehlhandlungen ausgeführt haben, oder aber die Vorstände des Unternehmens als »Kopf« des gesamten Unternehmens haftbar machen. Beide Extrema sind unzutreffend, trägt doch keine der genannten Parteien die Alleinverantwortung, vielmehr verteilt sich diese über das Zusammenwirken im gesamten Unternehmen, das aber wegen des Mangels an einschlägiger Theoriebildung nicht zu fassen ist. Entsprechend unzureichend muß die moralische Bewertung ausfallen der Nazi-Vergangenheit, des DDR-Unrechts, der Kriegsverbrechen in Bosnien und aller weiteren Untaten, die diese Liste verlängern könnten.

Die vorliegende Arbeit versucht deshalb, eine Konzeption der Sozialethik in ihren Grundzügen darzulegen, die eine Ethik des Sozialen ist im genannten Doppelsinn einer Bezogenheit auf soziale Phänomene und einer Argumentation auf der Grundlage genuin sozialer Merkmale. Deshalb werden sozialontologische Fragestellungen die sozialethischen Argumente vorbereiten. Unter dem Begriff »Sozialontologie« möchte ich in Anschluß an den von Quine (1966; 1948) eingeführten Sprachgebrauch für »Ontologie« eine Untersuchung des Sozialen verstanden wissen, die offenlegt, an welche Ontologie sie sich bindet (»ontological commitment«), um soziale Phänomene im Gegensatz zu Phänomenen zu erfassen, die auf einzelne Personen zutreffen. An welche Ontologie eine Theorie gebunden ist, ersieht man nach Quine im Blick auf die Werte der gebundenen Variablen dieser Theorie. Diejenigen Gegenstände, die unter den Werten der gebundenen Variablen sein müssen, damit die Sätze der Theorie wahr sind, machen deren Ontologie aus.

Die diese Arbeit leitende Ontologie läßt sich am klarsten profilieren gegenüber einem dominierenden Strang der Theoriebildung in den heutigen Sozialtheorien: Konsenstheorien versuchen, Gemeinschaftshandlungen zu konstruieren als eine bestimmte Relation von individuellen Handlungen und das heißt als Relation von Handlungen, die zunächst ohne den Bezug auf das Gemeinschaftshandeln gefaßt sind. Die Ontologie dieser Theorien ist somit auf individuelle

Handlungen beschränkt und reformuliert Gemeinschaftshandlungen als eine bestimmte Konstellation dieser »Gegenstände«. Die vorliegende Arbeit hypostasiert nun nicht einfach »Gemeinschaftshandlungen« als eine eigenständige ontologische Kategorie. Vielmehr betont auch sie, daß Gemeinschaftshandlungen als eine bestimmte Relationsstruktur von Handlungen einzelner Personen aufzufassen ist. Freilich mit dem entscheidenden Unterschied, daß die Handlungen der einzelnen Personen, die das Gemeinschaftshandeln konstituieren, nicht unabhängig von dem Gemeinschaftshandeln individuiert werden können. Die einzelnen Handlungen der Beteiligten an einem Gemeinschaftshandeln, die zusammengenommen eine Gemeinschaftshandlung ergeben, müssen nämlich, so wird zu zeigen sein, immer bereits als Beiträge zu einem Gemeinschaftshandeln individuiert sein und sind daher ohne die Bezogenheit auf die Beiträge der anderen Beteiligten nicht angemessen zu fassen. Wo zuvor privatistische Handlungen die einzigen Gegenstände bildeten, treten nun, als eigenständige ontologische Kategorie, Handlungen einzelner Personen hinzu, die nur dasjenige sind, was sie sind, weil sie als Relat einer Bezogenheit zwischen Handlungen verschiedener Personen gefaßt sind. Neben die Handlungen Einzelner treten als »Gegenstände« der Theorie bestimmte Relationen zwischen den Handlungen Einzelner. Die Bezogenheit der Handlungen ergibt sich nicht aus einer Relation davon unabhängig individuierter individueller Handlungen, sondern bildet ein konstitutives Moment dieser Einzelhandlungen und ist daher eine eigenständige ontologische Größe der zu entwickelnden Theorie. Neben die individuellen Handlungen treten als ontologische Elemente komplexe Relationsstrukturen, die kurz »Gemeinschaftshandlungen« genannt werden, und die eine Binnenstrukturierung in individuelle Komponentenhandlungen aufweisen.

Die sozialontologische Auffassung dieser Arbeit kehrt also die Stoßrichtung des Vorgehens um. Sie besteht darin, ein neues Bild des Gemeinschaftshandelns vorzuschlagen, das ein gemeinschaftliches Handeln nicht aus bereits jenseits des Gemeinschaftshandelns individuierten Handlungen zusammensetzt, die ich erbringe, die du erbringst, die er erbringt. Vielmehr geht es von der Bezogenheit der Handlungen im Gemeinsamen des Tuns aus und erlaubt von dieser Bezogenheit her erst zu bestimmen, was der Einzelne tatsächlich für eine Handlung als Beitrag erbracht hat. Es kommt wesentlich auf die Bezogenheit der Handlungen an, um zu verstehen, welche Handlungen überhaupt in Beziehung stehen. Nicht die einzelne Handlung (von ihr, von dir, von mir) bildet den Fokus der Betrachtung, sondern die Relation von Handlungen im Wir des Gemeinschafthandelns. Damit ist auch festgestellt, was nicht Gegenstand der Untersuchungen ist. Die Ontologie sozialen Handelns versteht sich nicht als Ersatz für eine Theorie individuellen Handelns. Beide Bereiche ergänzen sich zu dem Gesamten menschlicher Praxis und können den Raum des jeweils anderen nicht ausfüllen. Die ethischen Überlegungen, die auf der hier zu entwickelnden sozialontologischen Basis erfolgen sollen, lassen die Frage unberührt, wie eine Individualethik vernünftigerweise auszusehen hätte. Damit ist klar, daß die vorgelegte Sozialethik eine Individualethik nicht verdrängen oder gar für überflüssig erklären kann und will. Individualethische Fragen werden von der hier vorzulegenden Sozialethik ausgeklammert. Darüber hinaus gibt es aber – so die These – ein klares Bedingungsverhältnis: Ohne soziales Handeln gäbe es die Dimension des Normativen überhaupt nicht, auch nicht für den Bereich individueller Handlung. Diese These ist ein wichtiges Ergebnis der sozialontologischen Überlegungen, das ausführlich im dritten Teil der Arbeit begründet wird. Somit ergibt sich die Umkehrung der vertrauten Verhältnisse: Die Gemeinschaftshandlungen sind für die Ethik nicht den Begründungsleistungen in der Individualethik nachgeordnet, etwa über das Modell autonomer Subjekte, vielmehr bedarf es für die Sinnhaftigkeit von Individualethiken welcher Art auch immer der Fundierung in sozialen Zusammenhängen.

Im Aufbau der vorliegenden Arbeit schlägt sich die Bedingtheit der Sozialethik durch die Sozialontologie dadurch nieder, daß einem zur Ethik argumentierenden Teil jeweils einer vorangeht, der ontologischen Fragen gewidmet ist. Zwei derartige Paare weist diese Arbeit auf, wobei das erste Paar (Teil 1 und 2) Denkansätze der Literatur sichtet und das zweite Paar (Teil 3 und 4) die eigene Konzeption vorträgt.

Teil 1, welcher der sozialontologischen Auseinandersetzung mit anderen Ansätzen gewidmet ist, erläutert zu Beginn die für die sozialontologischen Überlegungen der gesamten Arbeit maßgebende methodischen Maxime. Die Struktur sozialen Handelns aufzuklären kann nicht bedeuten, individuelles und soziales Handeln in eine Antithese zu bringen. Reduktionismen, die entweder allein individuelles Handeln oder allein soziales Handeln zulassen wollen, werden inzwischen weder in der Soziologie noch in der Philosophie vertreten. Sozialontologische Fragestellungen können deshalb nur Fragen sein, die den genauen Zusammenhang zwischen individuellem und sozialen Handeln betreffen, ohne die Rückführbarkeit des einen auf das andere zu unterstellen.

Nun haben wir an dem einleitenden Beispiel des »Wettrennens« von Schmidt und Huber gesehen, daß manchem Handlungszusammenhang anscheinend nicht anzusehen ist, ob es gemeinschaftliches Handeln oder zufällig parallel verlaufendes, individuelles Handeln ist. Wir machen aber einen Unterschied zwischen diesen beiden Fällen, was sich im Erstaunen von Schmidt und Huber zeigt, als Müller ihre Handlung als Gemeinschaftshandlung, nämlich als Wettlauf, klassifiziert. Aus dieser Misere versuchen einige Ansätze zu entfliehen, indem sie in dem Wissen, den Einstellungen und Intentionen der Beteiligten den sozialontologisch entscheidenden Unterschied festzumachen suchen. Mit dem Begriff des »gemeinsamen Wissens«, der von Lewis (1975) bzw. in Abwandlung von Schiffer (1972) geprägt wurde, versuchen eine ganze Reihe von Ansätzen dem Sozialen einer Gemeinschaftshandlung auf die Spur zu kommen. Letztlich verfehlen diese Versuche aber allesamt entweder das Soziale von Handlungen oder müssen, wie das Kapitel 1.2 zeigt, eine unrealistisch tiefe (nämlich unendliche) Staffelung von Überzeugungen annehmen.

Allein auf das Wissen der Beteiligten abzuheben birgt zudem die Gefahr, Kenntnissen ohne Umschweif handlungsleitende Funktion zuzuschreiben. Wissen muß aber, selbst wenn es relevant für die fragliche Handlung wäre, nicht handlungsleitend werden. Aus diesem Grunde sind die Intentionen der am sozialen Handeln beteiligten Personen ein bevorzugter Kandidat, die sozialontologische Fragestellung anzugehen. Die individuellen Intentionen allein können den hier einschlägigen Unterschied nicht erklären, weil dann erneut zufälliges Parallelhandeln und echtes Gemeinschaftshandeln nicht unterschieden wäre. Hubig (1985) umgeht diese Schwierigkeit dadurch, daß er das soziale Handeln wesentlich darin wirksam sieht, die Möglichkeitsräume aufzuspannen, innerhalb deren individuelle Intentionen greifen können. Kapitel 1.3 zeigt allerdings, daß dieses Konzept nicht ohne Zirkularität durchzuführen ist.

Für Searle (1990, 1995) gibt es einen klaren Unterschied zwischen den Intentionen der Beteiligten an einem Gemeinschaftstun und den Intentionen, die bei individuellen Handlungen einschlägig sind. Searle entwickelt ein Konzept der gemeinschaftlichen Intentionalität oder Wir-Intentionalität. Gemeinschaftshandeln ist demnach einerseits irreduzibel auf individuelles Handeln, weil es eine entsprechende Wir-Intentionalität geben muß, die bei individuellem Handeln nicht vorliegt. Anderseits zeigt Searles Betrachtung, wie individuelle und gemeinschaftliche Intention zusammenhängen: Wenn »wir« etwas zu tun beabsichtigen, so hat jeder der Beteiligten eine differente individuelle Intention der Art, daß er seinen Teil zum Gemeinschaftshandeln beitragen will.

Es gibt also nicht zwei getrennte Intentionen, hier die gemeinschaftliche, dort die individuelle, sondern durch das auf das Entstehen des Gemeinschaftshandelns gerichtete Zusammenspiel bestimmter individueller Intentionen kommt die gemeinschaftliche Intention zustande. Umgekehrt bedeutet dies, daß der einzelne Beteiligte nicht mehr weiß, was er getan hat, wenn die Gemeinschaftshandlung wider Erwarten nicht entsteht, haben alle seine Handlungen doch ihren Sinn und Stellenwert allererst dadurch, daß sie in ein bestimmtes Gemeinschaftshandeln eingebunden sind.

Kapitel 1.4 wird zeigen, daß Searles Erkenntnisse einen wichtigen Baustein für eine Sozialontologie bilden, allerdings in ihrem Rückgriff auf Intentionen bestimmte Charakteristika des Gemeinschaftshandeln prinzipiell verfehlen müssen. Modelle, die mit Intentionen argumentieren, vermitteln lediglich einen verzerrten Blick auf die soziale Wirklichkeit, weil sie regelmäßig zielgerichtete soziale Handlungen unterstellen und somit z. B. das ziellose Beisammensein im Rahmen einer Familie oder eines Freundeskreises nicht recht zu fassen bekommen. Zudem stellt sich häufig im Laufe eines gemeinschaftlichen Handelns allererst heraus, welche gemeinschaftliche Handlung überhaupt stattfindet. Diesen Umstand kann eine intentionale Lesart gemeinschaflichen Handelns nur mit unzumutbaren Verkürzungen berücksichtigen. In dieser Arbeit soll deshalb Handeln nicht auf der Grundlage von Intentionen analysiert werden, womit aber nicht behauptet sein soll, es gebe Intentionen nicht. Sie werden als sekundäres Phänomen bei der Modellierung gemeinschaftlichen Handelns ausgeklammert.

Searles Einsichten sind damit aber nicht verloren, wenn man die Stelle, die Intentionen im Erklärungsmodell einnehmen, mit den im Gemeinschaftshandeln erfolgenden Teilhandlungen besetzt. Insbesondere die Erkenntnis Searles, daß eine Komponentenhandlung eines Gemeinschaftshandelns ihre Individuation und ihren Stellenwert allein aus dem Verbund des gemeinschaftlichen Handelns erhält, läßt sich dann sehr viel klarer formulieren, wenn das Modell auf die sich anschließenden Komponentenhandlungen der anderen Beteiligten abhebt. Diese Betonung der Anschlußhandlungen ist Luhmann (1984) und seiner Theorie autopoietischer Systeme entlehnt. Luhmann setzt in der umgekehrten Richtung als die zuvor untersuchten Auffassungen der Forschung an. Er geht nämlich nicht von den Handlungen, Einstellungen oder Intentionen der Beteiligten aus, sondern konstruiert soziales Geschehen als ein Kommunikationssystem. Die Beteiligten am Gemeinschaftshandeln, ihre Einstellungen etc. weist Luhmann der Umwelt dieses Systems zu. Es kommt also nicht mehr auf die Individuen und deren »Innenleben« an, um den Unterschied zu erläutern zwischen sozialem und individuellem Handeln. Kapitel 1.5 wird aber zeigen, daß Luhmann gerade den sozialontologisch interessantesten Aspekt seiner Theorie sozialer Systeme durch eine Ambiguität in der Theoriebildung zunichte macht. Die Hervorhebung der je anschließenden Kommunikationsakte für das Bestehen eines ständig dem Zerfall unterliegenden autopoietischen sozialen Systems und die daraus ableitbare zentrale Bedeutung, die die Relation dieser Akte für die sozialontologische Theorie hat, macht er zunichte, indem er letztlich doch die jeweilige relationale Einbettung ignoriert.

Teil 2 der Arbeit befragt Ansätze der Ethikdebatte daraufhin, wie genuin soziale Phänomene die ethische Theoriebildung bestimmen. Wenn das Individuum und seine Handlungen, Einstellungen und Intentionen den Ausgangspunkt der Ethik bilden, wird letztlich ein symmetrisches Konzept von ethischen Normen nicht zu vermeiden sein. Denn wenn das Individuum in seiner Vereinzelung die Grundgröße der Ethik bildet, kann eine ethische Norm nicht mehr begründet werden, die ungleiche oder asymmetrische Bezüge zwischen den Individuen vorsieht. Eine asymmetrische Relation würde es nämlich erforderlich machen, Individuen in ihrem wechselseitigen Bezug in den Blick zu nehmen, was bei der Konzentration auf das Individuum in seiner Vereinzelung prinzipiell unmöglich ist. Folglich implizieren Ethiken, die als Kriterium der Moralität einer Handlung Universalisierungsverfahren individueller Handlungen vorsehen, eine ganz spezifische Auffassung von sozialer Wirklichkeit, nämlich die gleichberechtigte Einbindung Gleicher miteinander. Dieses Symmetriemodell von Gemeinschaft ist aber, wie Kapitel 2.1 zeigen wird, alles andere als sozialontologisch problemlos – wodurch die Begründetheit von Individualethiken dieses Typs insgesamt fraglich wird.

Markant werden die mit einem symmetrisierenden Modell einhergehenden Verkürzungen, wenn man zwei wichtige Formen sozialer Handlung betrachtet: Fürsorglichkeit (Kap. 2.2) und Macht (Kap. 2.3). Beide Phänomene sind durch eine (krasse) Asymmetrie gekennzeichnet. In der Fürsorglichkeit liegt, z. B. im Verhältnis zwischen Eltern und Kind, die Asymmetrie von Kompetenzen und Leistungen vor, die der fürsorgende gegenüber dem umsorgten Partner in die Relation einbringen muß. Die asymmetrische Verknüpfung von Handlungen in der Machtausübung bedarf wohl keiner weiteren Erläuterung. Beide Phänomene haben bis vor nicht allzu langer Zeit nicht die ethische Würdigung gefunden, die ihnen von ihrer Häufigkeit und Wichtigkeit her für unser soziales Leben zukommen müßte. Die Fürsorglichkeit ist erst durch die feministisch inspirierte Debatte um eine »ethics of care« einer ethischen Untersuchung gewürdigt worden, wobei ein wesentlicher Kern dieser Neuansätze gerade darin besteht, die Funktion des autonom in Vereinzelung handelnden Subjekts für die Ethik in Frage zu stellen; ein Modellbestandteil, der für universalisierend verfahrende Ethiken basal ist. Zwar ist die Macht nicht in gleicher Weise ignoriert worden, sie bekam dennoch in der Ethik nie das Gewicht, das ihr in unserem Leben zukommt. Entweder sah man sich genötigt, sie als vorübergehendes Übel an den Rand zu drängen, das den verzerrten Verhältnissen geschuldet sei, oder man rückte sie – komplementär dazu – dämonisierend in den Mittelpunkt jeder sozialen Handlung. Sobald man jedoch über eine Modellierung sozialen Handelns verfügt, die asymmetrische Verhältnisse problemlos erfassen kann, muß man weder die Verdrängung (Nichtbeachtung) noch die ausschließliche Konzentration bemühen, um beide genannten Phänomene ihrem Stellenwert gemäß einzubeziehen.

Auf den ersten Blick scheint Honneth (1992) einen solchen Zugang anzubieten, weil der für sein Konzept basale »Kampf um Anerkennung« einerseits im Moment des Kampfes asymmetrische Momente aufzugreifen erlaubt, anderseits mit der auf Wechselseitigkeit zielenden Anerkennung auch emanzipatorische Forderungen nach Gleichberechtigung befriedigen kann. Bei näherer Betrachtung (Kap. 2.4) erweist sich jedoch das zugrundegelegte Modell sozialen Handelns erneut als das symmetrisierend verfahrende Modell autonom handelnder Subjekte, kommt also einer wirklichen Einbeziehung asymmetrischer Sozialbezüge keinen Schritt näher.

Neben der Symmetrie der abbildbaren Beziehungen in Individualethiken traditionellen Zuschnitts besteht deren zweites wichtiges Merkmal in der auf keine bestimmte Gruppe eingeschränkten Gültigkeit der gewonnenen Normen. In der politischen Philosophie hat sich, ausgehend von Rawls (1975), ein lebhafter Streit um diese Allgemeingültigkeit von Normen ergeben. Gegen die liberalistische Auffassung, die eine Universalität der Normen aus der Grundlegung im autonom handelnden Subjekt abzuleiten versucht, setzt die kommunitaristische Denkschule eine Normgeltung, die sie lediglich auf die jeweiligen Gemeinschaften beschränkt sehen will, weil es die Gemeinschaften seien, innerhalb deren überhaupt sinnvoll von Normativität gesprochen werden könne. Die sozialontologischen Erwägungen, die bislang angestellt wurden, unterstützen eindeutig die kommunitaristische Sicht der Dinge. Der Kommunitarismus hat aber, wie Kapitel 2.5 zeigen wird, kein Konzept sozialen Handelns, das über die bloße Beschwörung von Gemeinschaft hinausgehen würde. Seine ethischen Erwägungen hängen deshalb sozialontologisch gesehen genauso in der Luft, wie es, freilich aus anderen Gründen, auch für den Liberalismus der Fall ist.

Teil 3 versucht, auf der Basis der bereits herausgearbeiteten Erkenntnisse eine angemessene Ontologie sozialen Handelns zu entwickeln. Den Ausgangspunkt markiert dabei Kapitel 3.1, in dem wesentliche Merkmale sozialen Handelns am Beispiel eines nicht zielgerichteten Gemeinschaftshandelns zwischen Mutter und Kind hervorgehoben werden. Das gewählte Beispiel stellt sicher, daß ein Gemeinschaftshandeln untersucht wird, welches weder symmetrisch noch zielgerichtet ist, wodurch sich die eingeschliffene Blickweise nicht von Anfang an als einzig adäquat aufdrängt. Das Beispiel verdeutlicht, daß Gemeinschaftshandlungen aus in abgestimmter Weise aneinander anschließenden, unterschiedlichen Komponentenhandlungen besteht. Das Merkmal der Abgestimmtheit stellt eine bislang ungeprüft hingenommene Prämisse in Frage, nämlich die Behauptung, Gemeinschaftshandeln könne phänomenal von parallelem, individuellem Handeln nicht unterschieden werden. In jedem Gemeinschaftshandeln gibt es Abstimmreaktionen zwischen den Beteiligten, die in manchen Fällen zwar minimal sein mögen, aber doch immer merklich bleiben, wie ein Gedankenexperiment zum Marschieren im Gleichschritt sichtbar machen wird. Es ist nicht erforderlich, die Intentionen der Beteiligten oder dergleichen zu bemühen, vielmehr reicht die Beobachtung des Geschehens, um den fraglichen Unterschied festzustellen. Die Abgestimmtheit des Handelns impliziert zugleich, daß die Handlungen nicht einfach gleichartig oder symmetrisch sind, sondern kompensierende bzw. ausgleichende Variationen gegeneinander aufweisen, die das gewünschte Gemeinschaftshandeln zustande kommen lassen. Auf das Handeln eines anderen Beteiligten abgestimmt einzugehen impliziert überdies, an das erfolgte Handeln anderer anzuschließen, so daß Gemeinschaftshandlungen generell durch abgestimmte, unterschiedliche Anschlußhandlungen charakterisiert sind. Es ist dieses Bild des abgestimmten Anschlußhandelns, das es in der vorliegenden Arbeit als das fundamentale Bild des Gemeinschaftshandelns zu etablieren gilt. Mit dem Konzept der abgestimmten Anschlußhandlung wird kein Behaviorismus vertreten. Handlungen werden nicht mit bestimmten Verhaltensmustern identisch gesetzt. Vielmehr liegt dem hier vertretenen Ansatz die Auffassung zugrunde, daß eine Handlung zu der Handlung, die sie ist, dadurch wird, wie diese Handlung vor dem Hintergrund des Netzes lebensweltlicher Praktiken eingebettet wird in den Kontext der vorangegangenen und folgenden Handlungen des Akteurs oder anderer Personen. Diese Argumentationslinie ist auch einschlägig für die noch basaler ansetzende Frage, die in der Handlungstheorie breit diskutiert wird, wie denn (absichtliche) Handlungen von versehentlichem Tun oder gar Widerfahrnissen zu unterscheiden seien. Im Anschluß an Davidson (1971) ist festzuhalten, daß die Zuordnung eines Geschehnisses zu einer dieser drei Kategorien nicht von vornherein festliegt, sondern daß diese Zuordnung von der Beschreibung abhängt, die man von dem Geschehnis gibt. Und, so wäre Davidson zu ergänzen, welche Beschreibung einschlägig ist, hängt davon ab, welche Stellung das fragliche Geschehen in der Lebenspraxis einnimmt oder zugewiesen bekommt, und das heißt: welche Stelle es durch die anschließenden Handlungen im Handlungszusammenhang erhält. Ob mir jemand absichtlich auf den Fuß getreten ist oder nicht, spielt für mein Humpeln keine Rolle, wohl aber dafür, ob ich eine Rechtfertigung verlangen werde oder nicht. Nun ist diese Konzeption wohl zirkulär, weil man für die Bestimmung einer Handlung auf andere Handlungen verwiesen ist, um schließlich über die lebensweltliche Verknüpftheit der Handlungen untereinander wieder bei dem Ausgangspunkt anzulangen. Diese Art von Zirkularität einer Erklärung ist jedoch unschädlich, ja unvermeidbar, wenn der Zirkel nur groß genug ist. An keiner Stelle können wir voraussetzungslos bestimmen, was etwas sei. Wir stützen uns immer schon auf Begriffe, Kenntnisse und Fertigkeiten, die bei der Bestimmung unbefragt benutzt werden müssen. Selbstverständich können diese unbefragten Mittel selbst Gegenstand einer Analyse werden, die dann aber erneut (temporär) unanalysierbare Mittel benötigt. Wenn das Explanandum und das Explanans nicht wechselweise direkt auseinander erklärt werden, so verhindert die geschilderte Geschlossenheit des Zirkels nicht eine gehaltvolle Erklärung.

Für das einleitend verwendete Beispiel des Wettlaufs kommt die abgestimmte Anschlußhandlung in zweierlei Ausprägung zum Tragen. Hätten Schmidt und Huber einen Wettlauf veranstaltet und wäre einer der beiden eines Morgens nicht erschienen oder im Zuge des Wettlaufs stehengeblieben, so hätten sich chrakteristische Abstimmreaktionen des jeweils anderen ergeben, die beim Joggen nicht aufgetreten wären. In beiden Fällen hätte der jeweils andere nämlich sein Laufen ebenfalls unterlassen bzw. unterbrochen, weil seine Bemühungen ihren Sinn aus dem Bezug auf das Rennen des anderen erhält – ohne das Handeln des anderen ist somit das eigene Laufen sinnlos, was für das private Joggen nicht zutrifft. Alles dies verbleibt allerdings im Rahmen des Kontrafaktischen, hat Müller doch nichts derartiges zur Kenntnis genommen. Mit dem Befremden, das Müllers Behauptung auslöst, einen Wettlauf gegen die beiden anderen gewonnen haben zu wollen, wird der Irrtum jedoch ex post manifest. Hätte ein Wettlauf stattgefunden, wäre Müllers Handeln als Komponentenhandeln völlig normal. Bei dem parallelen Joggen der drei Männer hingegen stellt Müllers Handlung keine abgestimmte Anschlußhandlung im Zuge des Gemeinschaftshandelns dar (es gibt ja das vermeintliche Wettrennen nicht), und daraus resultiert das Erstaunen auf Seiten Schmidts und Hubers. Müller muß sich fragen lassen, was er eigentlich getan hat. Anhand der genannten Kriterien kann der gesuchte Unterschied zwischen parallelem individuellem und gemeinschaftlichem Handeln auf der öffentlich zugänglichen, beobachtbaren Ebene der Teilhandlungen festgemacht werden.

Der Begriff der Abgestimmtheit impliziert eine bestimmte Art der Binnengliederung gemeinschaftlicher Handlungen, welche in Kapitel 3.2 näher erläutert wird. Wenn man, wie hier vorgeschlagen, den Typ des gemeinschaftlichen Handelns aus der Verkettung aneinander anschließender Handlungen gewinnen will, so erfordert das Sprechen von Abgestimmtheit die genauere Erläuterung des Anschlußhandelns. Gegenstand des Kapitels 3.3 ist dann auch die Analyse der Verkettungsstruktur individuellen Handelns im Gemeinschaftshandels. Anschließende Handlungen im sozialontologisch relevanten Sinn sind dabei lediglich diejenigen Handlungen, die innerhalb der jeweiligen Episode gemeinschaftlichen Tuns erfolgen; Handlungen außerhalb der Episode haben auf die Individuation des Gemeinschaftshandelns und seiner Komponentenhandlungen hingegen keinen Einfluß.

Mit dem für die Ethik zentralen Typ des sozialen Handelns befaßt sich Kapitel 3.4. Im Anschluß an die von Kripke (1987) ausgelöste Debatte um die Regelfolgenproblematik in den *Philosophischen Untersuchungen* Wittgensteins wird der Nachweis geführt, daß Normativität allererst im Rahmen sozialer Handlungen gegeben sein kann. Das Paradigma der Gemeinschaftshandlungen, in denen »richtig« und »falsch« fundiert sind, ist die korrigierende Anschlußhandlung. Anders als Kripke und Wittgenstein behaupten, steht somit nicht die Übereinstimmung im Zentrum der Regelnormativität, sondern eine bestimmte Form abgestimmten Anschlußhandelns, das gerade nicht ein übereinstimmendes, sondern ein abgestimmtes und das heißt: unterschiedliches Handeln ist. Wenn Normativität auf abgestimmtem, unterschiedlichem Anschlußhandeln beruht, dann folgt daraus auch, daß der Übereinstimmung im Konsens der Normunterworfenen nicht die zentrale Erklärungskraft zukommen kann, die dem Konsens beispielsweise in Theorien des Gesellschaftsvertrags zur Legitimation von Normen zugebilligt wird. Kapitel 3.5 zeigt vielmehr, daß in jeder Spielart des Konsenses die Gültigkeit von Normen bestenfalls genauso gut fundiert ist, wie in jedem anderen Gemeinschaftshandeln (z. B. dem Singen im Duett). Der Konsens ist als Modell für die normative Dimension des Gemeinschaftshandelns nicht tauglich, weil er unnötig symmetrische Strukturen im sozialen Handeln privilegiert und deshalb zumindest die bereits benannten sozialen Phänomene der Fürsorglichkeit und der Macht nicht unverzerrt in den Blick bekommen kann.

Kapitel 3.6 zeigt, wie mit der Konzeption des abgestimmten Anschlußhandelns sowohl die merklichen Beharrungstendenzen sozialen Handelns als auch die Veränderungen in den Formen gemeinschaftlichen Handelns erfaßt werden können. Das den Teil 3 abschließende Kapitel 3.7 faßt den Begriff des Gemeinschaftshandelns genauer auf dem Hintergrund der bis dahin entfalteten Sozialontologie. Mit diesem Begriff kann nämlich einerseits das Handeln mehrerer Personen gegen dasjenige Einzelner abgesetzt werden. Anderseits können innerhalb des Handelns mehrerer Personen diejenigen Handlungen als »Gemeinschaftshandlungen« bezeichnet werden, die von einer emphatisch verstandenen Gemeinschaft ausgeführt werden, im Gegensatz zu Kooperationsformen, die eher in Form eines Zweckverbands der Beteiligten erfolgen. Teil 4 präsentiert Grundlinien einer Sozialethik auf der Basis der in Teil 3 entwickelten Sozialontologie. Vier sozialethische Prinzipien bilden das Gerüst der Sozialethik (Kap. 4.1). Die Episodengliederung, in der jede Gemeinschaftshandlung erfolgt, erfordert zu einer angemessenen ethischen Beurteilung eine Abgrenzung der fraglichen Handlung, die der Episodenstruktur gerecht wird. Für Gemeinschaftshandlungen gilt generell ein Bestandsschutz, d. h., das Verbot oder das Unterbinden von Gemeinschaftshandlungen kann nicht ohne Rekurs auf übergeordnete ethische Gründe erfolgen. Damit ist der Schutz von Minderheitenpraktiken impliziert, aber auch nicht verabsolutiert. Gleichfalls prinzipiellen Rang hat die Forderung nach einer möglichst großen Vielfalt von Gemeinschaftshandlungen und die Transformation von faktisch bestehenden gemeinschaftlichen Handlungen in explizite Gemeinschaftshandlungen. Im Gegensatz zu den sozialethischen Prinzipien formuliert Kapitel 4.2 sozialethische Leitlinien. Diese Leitlinien zeigen Methoden auf, bestimmte Probleme sozialethisch zu lösen, allerdings, und darin wird ihr Leitliniencharakter deutlich, mag in einigen Einzelfällen eine andere Lösung adäquatere Wege aufzeigen. Die Leitlinien befassen sich mit der Frage, wie Gemeinschaftshandlungen, die durch ein bestimmtes wechselseitiges Blockierungsverhältnis unmöglich sind, im Sinne der Forderung nach Vielfalt dennoch ermöglicht werden können. Der zweite Problemkreis betrifft die Frage, unter welchen Bedingungen Personen aus Gemeinschaftshandlungen ausgeschlossen werden dürfen bzw. in solche integriert werden müssen.

Die Kapitel 4.3 und 4.4 befassen sich in der Richtung steigender Komplexität mit Verboten, die sozialethische Gründe haben. Die Komplexität der Sachverhalte nimmt in dem Sinne zu, daß zunächst bestimmte Verhaltensweisen von Einzelnen verboten werden, weil sie Gemeinschaftshandeln unmöglich machen oder es parasitär ausbeuten. Kapitel 4.4 wendet sich dann dem Verbot von Gemeinschaftshandlungen als ganze zu, wobei die Verbotsgründe zunächst in der mangelnden Wiederholbarkeit des gemeinschaftlichen Handelns liegt. Damit ergibt sich auch eine sozialethische Begründung für die neuerdings häufig erhobene Forderung nachhaltiger Nutzung von Ressourcen. Der zweite Verbotsfall resultiert aus der Kollision von Gemeinschaftshandlungen, die allein für sich betrachtet zulässig wären. Hier besteht die sozialethische Aufgabe darin, dasjenige Handeln zu bestimmen, das zu unterbinden ist, um eine der kollidierenden Gemeinschaftshandlungen zu ermöglichen.

Da im sozialen Leben die Kollision von Gemeinschaftshandlungen der häufigste Fall sein dürfte, weil praktisch jede soziale Handlung Auswirkungen auf eine ganze Reihe anderer Gemeinschaftshandlungen hat, ist das Kapitel 4.5 der sozialethischen Begründung für die Auflösung dieser Konflikte gewidmet. Entgegen der verbreiteten Forderung, Konflikte im Sinne von Gleichberechtigung und Konsens zu lösen, lassen sich m. E. gut begründete Argumente anführen, die diese Verfahrensweise als meist unangemessen ausweisen. Vielmehr hängt es von dem jeweiligen Konfliktfall ab, welche Form der Kooperation zur Konfliktbewältigung und welcher Maßstab für richtig und falsch Anwendung findet.

An den Beispielen des parasitären Gemeinschaftshandelns und der Zulässigkeit von Abtreibungen wird in Kapitel 4.6 die zuvor erarbeitete Begründung der Regionalisierung von Vergleichsparadigma und Kooperationsform an methodisch konträren Fallgruppen verdeutlicht. Die Beispiele markieren die Pole hinsichtlich der sozialethisch gebotenen Abwägungsmethode. Wo für den Parasitismus unabhängig vom jeweiligen Einzelfall ein generelles Verbot begründet werden kann, bedarf es bei der Abtreibung der Betrachtung des jeweiligen Einzelfalls, um das einschlägige Paradigma und die einschlägige Kooperationsform zur Bewältigung des Konflikts sozialethisch bestimmen zu können.

Das abschließende Kapitel 4.7 widmet sich der Frage, in welcher Weise Verstöße gegen sozialethische Normen geahndet werden dürfen und wie diese Sanktionen im Gemeinschaftshandeln auf die darin verknüpfte Mehrzahl der Beteiligten zugeordnet werden können. Mit der differenzierten Zuordnung der Sanktionen nach sozialontologisch fundierten ethischen Maßstäben kann m. E. auch der oben beklagte Mißstand einer mehr oder minder willkürlichen Zuordnung von Verantwortung für das Handeln behoben werden, der sich nach individualethischen Grundsätzen beim Gemeinschaftshandeln regelmäßig einstellt.

1. Verknüpfung von individuellem und gemeinschaftlichem Handeln in der Sozialontologie

1.1. Der falsche Gegensatz: Individualismus versus Holismus

Der Begriff »Sozialontologie« kann, insbesondere wenn er im Rahmen von Überlegungen erfolgt, die Gemeinschaftshandeln gegenüber individuellem Handeln absetzen soll, einen Dualismus nahelegen, der eine fruchtbare Beschäftigung mit sozialen Phänomenen in vielen Fällen bis heute verhindert hat. Unter den Schlagwörtern »Individualismus« versus »Holismus« wird darum gestritten, ob soziale Phänomene nichts weiter als Epiphänomene von Größen seien, die die einzelnen Individuen der fraglichen sozialen Einheit betreffen, oder ob sie als Entitäten eigenständigen Realitätsgehaltes vorliegen. Die leitende Intuition des Individualismus ist der offenkundige Umstand, daß sämtliche sozialen Phänomene immer durch die Handlungen (seien sie beabsichtigte Handlungen oder unbeabsichtigte Nebenfolgen von Handlungen), Einstellungen und Erwartungen von Individuen zustandekommen. Verkürzt: Wo keine Individuen sind, kann es keine Gesellschaft geben. Der Holismus hingegen kann für sich als Evidenz in Anspruch nehmen, daß soziale Gebilde nicht zur Disposition des einzelnen Individuums stehen, sondern ganz eigene Entwicklungs- und Bestehensweisen besitzen, die in Form von Institutionen, Sitten und Gebräuchen wichtige Randbedingungen für individuelles Handeln bilden. Menschen werden beispielsweise in Verwandtschaftsbeziehungen hineingeboren; es wäre eine Umkehrung des realen Sachverhaltes, wollte man diese Verwandtschaftsbeziehungen als Produkt der Einstellungen der Einzelmenschen innerhalb des Verwandtschaftsverbandes konstruieren.

Der Streit um Individualismus oder Holismus ist vollkommen irreführend und unproduktiv, weil er die Überlegungen in die Bahnen eines falschen Dualismus lenkt. Auch diejenigen Untersuchungen, die die Scheingefechte vermeiden, welche sich aus der Verwechslung von ontologischen und methodologischen Gesichtspunkten der Debatte ergeben, entgehen hinsichtlich der ontologi-

schen Dimension meist diesem Dualismus nicht.[1] Der ontologische
Individualismus behauptet nach der gängigen Lesart, daß das soziale
Geschehen aus nichts anderem bestehen könne als aus den Individu-
en und den zwischen ihnen nachweisbaren Relationen, wohingegen
der ontologische Holismus daneben eigenständige soziale Entitäten
vorsieht, wie etwa einen Volks- oder Zeitgeist, der individuelles Handeln beeinflusse oder vorgebe. Wie irreführend ein solcher ontologischer Dualismus ist, werden wir im Anschluß an die Untersuchung
des methodologischen Dualismus aufweisen können, der die zweite
Spielart der Opposition von Individualismus und Holismus bildet. In
der methodologischen Lesart des Streites geht es darum, ob makrosoziologische oder makroökonomische Strukturen ausschließlich
durch mikrosoziologische bzw. mikroökonomische Überlegungen erklärt, oder ob dazu auch makrosoziologische bzw. makroökonomische
Größen verwendet werden dürfen. Diese Auffassung kennzeichnet
den methodologischen Holismus, der eine Analyse »von oben nach
unten« vollzieht, jene den methodologischen Individualismus, der
»von unten nach oben« analysiert.

Der Dualismus methodologischer Art ist in mehrfacher Hinsicht unproduktiv. Zunächst einmal deshalb, weil das theoretische
Gegenstück des methodischen Individualismus sich bei näherem
Hinsehen als Popanz erweist.[2] Um die zwei Positionen näher zu charakterisieren, seien zwei verschiedene Typen von Gruppenmerkmalen unterschieden. Distributive Merkmale der Gruppe wären Merkmale, die für die Gesamtgruppe nicht mehr behaupten als für jedes
einzelne Gruppenmitglied. Hierhin gehören Prädikate, die die Grup-
penbezeichnung einfach als Kürzel für die einzelnen Handlungen der
Gruppenmitglieder auffassen. Beispielsweise kentert ein Ruderboot
und die Ruderer stürzen ins Wasser. Wenn man in diesem Fall davon
spricht, daß die Gruppe der Ruderer ins Wasser fiel, ist der distributive Gebrauch von »ins Wasser fallen« offensichtlich, weil die Gruppe der Ruderer ins Wasser gefallen ist, indem jeder einzelne Ruderer
für sich ins Wasser gefallen ist. Dagegen schreiben kollektive Merkmale der Gesamtheit Eigenschaften zu, die jedem einzelnen Gruppenmitglied nicht zukommen. Daß wir beispielsweise durch das Aus-
schreiben von Schecks eine Schuld begleichen können, ist ohne den
Bezug auf unser Bankensystem und Zahlungsgewohnheiten im Gan-

---

[1] Vgl. Acham (1983), S. 65 ff.
[2] Vgl. für das Folgende: Giesen/ Schmid (1977).

zen nicht zu erfassen. Abgesetzt gegen die Gruppenmerkmale sind die personalen Merkmale, die eindeutig allein einzelnen Individuen (nie aber Gruppen) zukommen können, wie etwa die Rothaarigkeit eines Menschen.[3] Es gibt zwar Gruppen rothaariger Menschen aber wohl schwerlich rothaarige Gruppen von (vielleicht blonden) Menschen.

Unproblematisch dürften für den methodologischen Individualismus wie auch den methodologischen Holismus distributive Gruppenmerkmale sein, weil hier das Sprechen von der Gruppe sofort in die Konjunktion von Aussagen über vereinzelte Individuen zu übersetzen ist und umgekehrt. Streit entsteht hingegen, weil der Individualismus die Möglichkeit von kollektiven Merkmalen leugnet, deren Existenz der Holist behauptet. Dabei, so haben Giesen und Schmid[4] gezeigt, entsteht dieser Streit lediglich aufgrund der falschen Annahme, kollektive Prädikate könnten nur dann verwendet werden, wenn es korrespondierend dazu auch kollektive Entitäten gibt, die unabhängig von Individuen und deren Attributen, Einstellungen sowie Relationen bestehen. Ein solcher Zusammenhang besteht aber überhaupt nicht. Man kann z. B. kollektive Merkmale von Nationalstaaten feststellen, ohne damit zugleich behaupten zu müssen, es gebe so etwas wie Nationalstaaten als kollektive Entitäten, die von Individuen, ihren Attributen, Einstellungen und Relationen unabhängig existieren. Das Verwenden von kollektiven Prädikaten entscheidet also nicht darüber, welcher Ontologie man verpflichtet ist. Man kann also methodologischer Holist sein, ohne einer holistischen Ontologie der bezeichneten Art verpflichtet zu sein. Überdies ist ein Holismus – nicht zuletzt durch die Kritik aus den Reihen des methodologischen Individualismus[5] –, der das Bestehen solcher kollektiven Entitäten behauptet, mit dem Untergang des an der Organismusmetapher orientierten Funktionalismus in der Nachfolge von Emile

---

[3] Giesen/Schmid (1977, S. 30) sprechen in Anschluß an May Brodbeck (1968, S. 281 ff.) von »aggregativen Merkmalen« statt von kollektiven Merkmalen. Ich bevorzuge »kollektiv« gegenüber »aggregativ«, um keine Vorentscheidung darüber zu implizieren, ob soziale Zusammenhänge konstituiert werden als Aggregate von Individuen im Gegensatz zu ihrem systemischen oder organischen (oder wie auch immer gearteten) Zusammenschluß.

[4] Vgl. Giesen/ Schmid (1977), S. 31 f.

[5] Die wichtigsten Anstöße bekam die Kritik durch Merton (1957, S. 73–138), Stinchcombe (1968, S. 78–100) und Elster (1983, S. 49–68).

Durkheim[6] längst obsolet geworden. Ein Individualismus, der allein aus dieser Gegenüberstellung seine Existenzberechtigung zieht, ist demnach ebenso veraltet.

Die Dichotomie von Individualismus versus Holismus auf der bislang betrachteten deskriptiven Ebene verliert endgültig jeden Sinn, wenn man folgende Überlegung anstellt. In der Sozialtheorie wird je nach der verwendeten Analyseebene mit sehr unterschiedlich hoch aggregierten »Individuen« operiert.[7] Analysiert man z. B. das internationale System, wären die Nationalstaaten die »Individuen«; gilt die Untersuchung einem Nationalstaat, so sind die atomaren Einheiten die Verwaltungsbürokratien und sonstigen Handlungsinstanzen. Dem methodischen Individualisten schweben nicht solche »Individuen« vor, sondern ihm gilt sicherlich eine einzelne menschliche Person als die angemessene Bezugsgröße für »Individuum«. Diese Festlegung fixiert aber alles andere als die nicht weiter aufteilbare Einheit, da ja z. B. die Freudsche Psychoanalyse einzelne Personen als System von Ich, Es und Über-Ich konzipiert.

Neben der deskriptiv gefaßten Unterscheidung von Individual- und Gruppenmerkmalen geht der Streit zwischen methodischem Individualismus und Holismus aber auch um die explanatorische Frage, »ob man Makro-Gesetze, also universelle Aussagen über den (kausalen) Zusammenhang zwischen kollektiven Merkmalsklassen, unabhängig von der Tatsache, ob diese Merkmale in ihrer Bedeutung durch personale Merkmale bestimmt sind oder nicht, aus generellen Mikro-Gesetzen über das Verhalten von Individuen ableiten könne oder nicht.«[8] Diese Frage ist auf dem jetzigen Stand sowohl der Fächer der Sozialwissenschaften, die vornehmlich mit Makrogesetzen operieren, als auch derjenigen, in denen die Mikrogesetze den Vorrang besitzen, nicht zu entscheiden. Dazu wäre es nämlich erforderlich, wie Giesen und Schmid gezeigt haben,[9] bestimmte Brückenprinzipien oder Cross Connections aufzuweisen, die den Zusammenhang zwischen den Mikro- und den Makrogesetzen herstellen, wobei beide Gesetzessysteme Theorien entstammen müssen, die jeweils vollständig und geschlossen sind. Nun sind weder die Soziologie, die man als

---

[6] Vgl. Durkheim (1895, S. 176 ff.), Radcliffe-Brown (1935), Malinowski (1939), Malinowski (1944).
[7] Vgl. Hollis (1995), S. 146–149.
[8] Giesen/ Schmid (1977), S. 33.
[9] Vgl. Giesen/ Schmid (1977), S. 33–38, sowie Acham (1983), S. 68–73.

Beispiel für eine Makrotheorie nehmen könnte, noch die Individual-psychologie, die als Beispiel für eine Mikrotheorie dienen könnte, geschlossen und vollständig. Überdies mangelt es an überzeugenden Brückenprinzipien bzw. Cross Connections, was die Frage nach der explanatorischen Reduzierbarkeit von Makro- auf Mikrogesetze zumindest zum gegenwärtigen Stand der Kenntnisse unbeantwortbar macht. In der Sozialwissenschaft setzt sich inzwischen die Erkenntnis durch, daß das Entweder-Oder von Individualismus versus Holismus gerade das Auffinden von Brückenprinzipien unnötig verschleppt hat. Man war zu sehr mit der Frage beschäftigt, ob der einen oder der anderen Seite der Vorrang einzuräumen sei, als daß man sich mit dem genauen Zusammenhang beider Seiten befaßt hätte.[10] Diese Erkenntnislücke erweist sich nun als das gravierendste Hindernis auf dem Weg zu einer Antwort auf die Reduktionismusfrage. Inzwischen ist folgerichtig nicht mehr das Gegeneinander von Individuum und Gesellschaft für die Sozialwissenschaft leitend, vielmehr konzentriert man sich auf die Untersuchung der Verknüpfungsart von individuellen und sozialen Sachverhalten.[11]

Die genaue Untersuchung des Zusammenhangs von individuellen und sozialen Sachverhalten ist aber nicht nur für die methodologische Ebene dringend erforderlich. Auch auf der ontologischen Ebene wäre man gut beraten, auf den Zusammenhang genauer zu achten. Natürlich findet sich heute kein Vertreter des ontologischen Holismus der oben beschriebenen Spielart. Soziale Entitäten im Sinne von Volksgemeinschaften oder eine sich in der Geschichte manifestierende notwendige Abfolge von Gesellschaftssystemen werden heute von keinem Theoretiker vertreten. Die Debatte um den ontologischen Holismus oder Individualismus scheint irrelevant geworden zu sein, weil der ontologische Individualismus anscheinend die gültige Doktrin darstellt. Die Beschreibung dessen, was den ontologischen Individualismus ausmacht, ist aber, genauer betrachtet, alles andere als ontologisch eindeutig. Als Handbuchwissen erhält man von Karl Acham die Auskunft, der ontologische Individualismus behaupte, daß das Ganze des Sozialen in der wissenschaftlichen Per-

---

[10] Vgl. Bohman (1991), Kap. 4, bes. S. 157: »Few successful explanations are currently available, since social theory has for so long sought to be holistic or reductionistic rather than complete.«

[11] Zu dieser Schlußfolgerung kommen Übersichtsartikel, die auch einen geschichtlichen Überblick über die Geschichte des Mikro-Makro-Dualismus in der Soziologie vermitteln: Alexander/ Giesen (1987) sowie Münch/ Smelser (1987).

spektive aus Individuen und deren Relationen bestehe.[12] Jon Elster, der heute in der Nachfolge von Sir Karl Popper[13] und John Watkins[14] der wichtigste Vertreter des methodologischen Individualismus ist, beschreibt sein Programm mitsamt dessen ontologischer Bindung dagegen folgendermaßen:

»Die Elementareinheit des sozialen Lebens ist die menschliche Einzelhandlung. Eine Erklärung gesellschaftlicher Einrichtungen und des sozialen Wandels besteht darin, daß man zeigt, wie sie als Resultate aus dem Handeln und den Interaktionen der Individuen hervorgehen.«[15]

Die atomaren Entitäten sind also nicht etwa die menschlichen Personen als solche, sondern die Handlungen, die eine einzelne menschliche Person ausführt. Dem zweiten Satz im Zitat zufolge können aber nicht diese Einzelhandlungen die gesellschaftlichen Einrichtungen und den sozialen Wandel erklären, sondern die Resultate dieser Handlungen und die der »Interaktionen der Individuen«.[16] Worin der Zusammenhang von menschlichen Interaktionen und den menschlichen Einzelhandlungen besteht, bleibt allerdings völlig im Dunkeln. Ungeklärt ist also auch, ob der Rückgriff auf die menschlichen Interaktionen mit der darin implizierten Bezogenheit der Handlungen mehrerer Personen aufeinander es nicht verbietet, dieses Theorieprogramm weiterhin in gehaltvoller Weise »Individualismus« zu nennen. Aus demselben Grunde ist fraglich, ob nicht auch Achams Definition etwas umgreift, das eine nicht-individualistische Ontologie implizieren könnte, stimmt doch Achams Darstellung mit der von Elster darin überein, daß Relationen zwischen den Individuen einen unverzichtbaren Teil des individualistischen Programms ausmachen. Allein der Umstand, daß auf Individuen Bezug genommen wird, macht eine Ontologie noch nicht notwendig zu einer individualistischen, könnte dieser Bezug doch darin bestehen, eine bestimmte Relation zwischen einer Mehrheit von Individuen zu behaupten, die nicht in ein Aggregat von individuellen Einstellungen, Überzeugungen, Intentionen und Handlungen eines Individuums aufgelöst werden kann.

---

[12] Vgl. Acham (1983), S. 65.
[13] Vgl. Popper (1944) sowie Popper (1961).
[14] Vgl. Watkins (1953).
[15] Elster (1989), S. 13, zit. in der Übersetzung von Joachim Schulte aus: Hollis (1995), S. 35. Vgl. auch Elster (1985), S. 5.
[16] Vgl. Hollis (1995), S. 148.

Der überkommene ontologische Gegensatz von menschlicher Person hier (oder »menschlichen Einzelhandlungen«) und kollektivem Subjekt dort verdeckt die soeben aufgeworfene Frage. Man meint nämlich mit dem inzwischen eingetretenen Obsoletwerden kollektiver Subjekte (im Sinne eines Volksgeistes oder dgl.) allein einer Ontologie verpflichtet zu sein, deren Entitäten einzelne menschliche Personen bzw. deren privatistisch verstandene Handlungen, Einstellungen etc. sind. Die ontologische Frage wird als geklärt angesehen. Ob der Dualismus von individuellem und kollektivem Subjekt nicht insgesamt falsch ist, weil das Soziale wie ein übergroßes Subjekt gedacht wird, bleibt ungeprüft. Daß Theorien, die nach dem traditionellen dualistischen Schema als individualistisch klassifiziert werden müssen, ontologische Elemente enthalten, die alles andere als individualistisch sind, ohne dabei freilich kollektive Subjekte zu hypostasieren, wird man erst dann ans Licht ziehen können, wenn man jenen Dualismus überhaupt fallenläßt. Eine soziale Entität könnte sich ontologisch von individuellen Entitäten gleichen Aggregationsniveaus darin unterscheiden, daß sie von einer spezifischen Bezogenheit der Individuen konstituiert wird, die der individuellen Entität als individueller mangeln muß. Eine solche Klärung der Ontologie sozialer Phänomene erwiese die Eigenständigkeit von individuellen und sozialen Phänomenen, indem sie deren Verschränkungsmuster sichtbar werden läßt. Im folgenden werden deshalb auch die Ansätze nicht weiter verfolgt, die den Dualismus von individuellem und kollektivem Subjekt voraussetzen. Allein diejenigen Vorschläge gilt es zu sichten, die für die Bezogenheit von individuellen und sozialen Phänomenen Konzeptionen unterbreiten.

1.2. Gemeinschaftshandeln aus der Aufstufung individueller Überzeugungen im »gemeinsamen Wissen«?

1.2.1. Der Begriff »gemeinsames Wissen«

Die Beobachtung, daß ein gemeinschaftliches Handeln aus den Beiträgen der Mitwirkenden am Gemeinschaftshandeln hervorgebracht wird, hat viele Autoren dazu gebracht, das Soziale letztlich aus individuellem Wissen, Einstellungen, Erwartungen, Intentionen und Handlungen erklären zu wollen. Für ein solches Forschungsinteresse scheint die theoretische Bewältigung des Unterschieds zwischen einem bloß zufällig gleichartigem Handeln verschiedener Personen und dem gleichartigen Handeln, das aus gemeinschaftlichen Gründen erfolgt, einen lohnenswerten Ansatzpunkt zu bilden. Anscheinend bietet diese Vergleichssituation einen Ansatzpunkt, die entscheidenden Größen ohne jede Beimengung in den Blick zu bekommen, die Handeln in individuelles oder in gemeinschaftliches differenziert, weil die verglichenen Handlungen sich lediglich durch das Vorhandensein oder Fehlen des Gemeinschaftlichen unterscheiden. Folgerichtig setzt an dieser Stelle das Bemühen derjenigen Autoren an, die mit dem Begriff des »gemeinsamen Wissens« den Unterschied zwischen individuellem Handeln und gemeinschaftlichem Handeln aus individuellen Überzeugungen und Intentionen ableiten wollen. Das Soziale wäre, sollte dieses Unterfangen glücken, einerseits als ein spezifisches Phänomen in dem Sinne ausgewiesen, daß eine bestimmte Konstellation von Überzeugungen bei den Beteiligten vorliegen muß, nämlich die Konstellation, die »gemeinsames Wissen« ausmacht. Anderseits jedoch wäre das Soziale ein abgeleitetes Phänomen, da es sich letztlich auf die Summe ausschließlich individueller Überzeugungen und Intentionen zurückführen ließe. Im folgenden werde ich den Begriff »gemeinsames Wissen« immer in Anführungszeichen setzen, wenn ich ein Wissen charakterisieren will, das aus den hier zu diskutierenden Ansätzen entspringt, unabhängig davon, ob dieses Wissen tatsächlich gemeinschaftlich ist.

Ziehen wir zur Erläuterung die Konvention heran, im Straßenverkehr auf der rechten Seite zu fahren. Klar ist, daß man auf der linken Seite fahren würde, wenn alle anderen Verkehrsteilnehmer ebenfalls auf der linken Seite führen und umgekehrt. Die Verkehrsteilnehmer verhalten sich nicht zufällig parallel zueinander, vielmehr fährt jeder auf der Straßenseite, von der er annimmt, daß sie von allen anderen auch gewählt wird. Es ist für die am Straßenverkehr Beteiligten offensichtlich, daß alle rechts bzw. links fahren, und deshalb verhält man sich entsprechend. Wie kann man aber diese Art der Offensichtlichkeit eines bestimmten Sachverhalts in einer Gruppe mit Hilfe von individuellen Überzeugungen abbilden, wie dies bei den hier zu betrachtenden Ansätzen versucht wird? Dazu reicht es nicht hin zu fordern, jeder Verkehrsteilnehmer müsse der Überzeugung sein, daß er rechts fahren sollte. Er muß zusätzlich davon überzeugt sein, daß die anderen Verkehrsteilnehmer jeweils für sich betrachtet ebenfalls davon überzeugt sind, rechts fahren zu sollen, weil er andernfalls die Seite wechseln würde, um Kollisionen zu vermeiden. Da jedem Verkehrsteilnehmer klar ist, daß jeder andere Verkehrsteilnehmer dieselbe Überlegung wie er anstellt und daß er sein eigenes Verhalten nach Maßgabe seiner Überzeugung über das Verhalten der anderen Teilnehmer ausrichtet, so muß jeder Verkehrsteilnehmer zusätzlich davon überzeugt sein, daß jeder andere Verkehrsteilnehmer davon überzeugt ist, daß die jeweils eigene Überzeugung mit der Überzeugung der jeweils anderen übereinstimmt. Andernfalls würden die anderen Verkehrsteilnehmer nämlich die andere Seite zum Fahren benutzen. Diese Überlegung gilt aber auch für die letztgenannte Überzeugung etc. Der Unterschied zwischen einem bloß zufällig parallelen Handeln und einem gleichartigen Verhalten, das gemeinschaftliche Gründe darin hat, daß jeder Beteiligte sich in der entsprechenden Weise verhält, weil die anderen sich offensichtlich auch in dieser Weise verhalten, scheint also in dem beim gemeinschaftlichen Handeln implizierten unendlichen Regreß von Überzeugungen über Überzeugungen zu bestehen.

Damit ist beschrieben, was zuerst von David Lewis unter den Begriff des »gemeinsamen Wissens« (common knowledge) bzw. von Stephen Schiffer unter den Begriff des »wechselseitigen Wissens« (mutual knowledge) gefaßt worden ist.[17] Ein gemeinsames Wissen, daß p, liegt in einer Gruppe G dann vor, wenn (1) jedes Mitglied der Gruppe G davon überzeugt ist, daß p und (2) jedes Mitglied in G davon überzeugt ist, daß jedes andere Mitglied von G überzeugt ist, daß p, etc. ad infinitum.[18] Der Unterschied zwischen einer bloß parallelen und einer gemeinsamen Handlung bestünde also ganz grob gefaßt darin, daß eine gemeinschaftliche Handlung das gemeinsame Wissen voraussetzt, daß die Handlung von jedem der Akteure in derselben Weise durchgeführt wird, wohingegen bei einem bloß parallelen Handeln dieses gemeinsame Wissen fehlt.

Das Soziale ist damit einerseits durch die genannte unendliche Aufstufung von Überzeugungen als eigenständiges Phänomen erfaßt. Anderseits ist es aber zugleich auf eine Konstellation zurückgeführt, welche ausschließlich aus individuellen Überzeugungen über Sachverhalte besteht, die jeweils einzelne Personen betreffen. Auf der ersten Ebene der Überzeugungen, aus denen das gemeinsame Wissen soll abgeleitet werden können, ist dies offensichtlich. Hier ist jeder Beteiligte, ohne Blick auf die anderen Beteiligten davon über-

---

[17] Vgl. Lewis (1975), S. 57; Lewis (1975a), S. 6; Schiffer (1972), S. 30–36, 131.
[18] Die Formulierung ist bei Lewis sehr viel detaillierter als hier angegeben.

zeugt, daß *p*, wobei *p* keinen inhaltlichen Bezug auf die Gruppe besitzt.[19] Die nächste Stufe wird gebildet, indem jeder Beteiligte für sich davon überzeugt ist, daß jeder andere Beteiligte jeweils überzeugt ist, daß *p*. Es liegt damit eine individuelle Überzeugung im soeben explizierten Sinn vor, denn erstens ist der Gegenstand der Überzeugung die private (d. h. ohne Bezug auf die anderen Beteiligten gegebene) Überzeugung, daß *p*, die jedem anderen Beteiligten der Gruppe jeweils einzeln zugeschrieben wird. Zweitens wird die Gemeinschaftlichkeit der Überzeugung nicht bereits dadurch erreicht, daß man eine Überzeugung über die Überzeugung eines anderen hat. Auf der Hand liegt dies z. B. dann, wenn ich davon überzeugt bin, daß jener Stuhl rot ist, und jemand anderem die Überzeugung zuschreibe, den Stuhl für braun zu halten. Hier liegt offensichtlich keine gemeinsame Überzeugung hinsichtlich des Stuhles vor, auch wenn ich eine Überzeugung über die Überzeugung eines anderen habe. Daraus folgt aber auch, daß eine gemeinsame Überzeugung auch dann noch nicht erreicht ist, wenn ich in der soeben geschilderten Situation dem anderen und mir dieselbe (individuelle) Überzeugung hinsichtlich des Stuhles zuschreiben sollte. Es handelt sich nicht um eine gemeinsame Überzeugung, sondern lediglich um eine Parallelität voneinander unabhängiger Überzeugungen. Das ist bereits daraus ersichtlich, daß ich nachträglich dazu kommen könnte, dem anderen die entsprechende Überzeugung zuzuschreiben, ohne dies in der ursprünglichen Situation getan zu haben. Der Begriff des »gemeinsamen Wissens« soll aber gerade solche Wissenszustände erklären, die nicht erst nachträgliche Feststellungen von parallelen Überzeugungsinhalten zum Gegenstand haben, sondern in der Situation offensichtlich als gemeinsam gewußt werden.

Dieser Unterschied zwischen bloß paralleler und gemeinsamer Überzeugung macht es auch in den Augen der Theoretiker des »gemeinsamen Wissens« nötig, die Aufstufung der Überzeugungszuschreibung *ad infinitum* fortzusetzen. Denn für die auf der erreichten Aufstufungsebene jeweils höchststufige Überzeugung besteht ja die Möglichkeit, die soeben angestellte Überlegung zu wiederholen. Die höchststufige Überzeugung könnte also nachträglich entstanden sein und somit die geforderte instantane Offensichtlich-

---

[19] Die Proposition darf keinen Gruppenbezug aufweisen, weil ansonsten sofort eine Zirkularität entstünde, soll doch mit Hilfe des gemeinsamen Wissens gerade die Gemeinsamkeit erklärt werden, die hinsichtlich dieser Proposition besteht.

keit der gesamten Hierarchie von Überzeugungen zunichte machen. Erst im Grenzwert unendlich vieler Ebenen von Überzeugungen über Überzeugungen wäre dieser Einwand nicht mehr formulierbar, weil es dann keine letzte Hierarchieebene mehr gibt. Die zwei Momente gemeinsamen Bezuges, nämlich die Gemeinsamkeit und der Inhalt, auf den man sich im Modus der Gemeinschaftlichkeit bezieht, werden von den Theoretikern des »gemeinsamen Wissens« auseinandergerissen: einerseits zu einem Inhalt, auf den sich jeder Einzelne ohne Gemeinschaftsbezug bezieht, und anderseits zur Rekonstruktion der Gemeinschaftlichkeit des Bezuges durch eine Grenzwertkonstruktion unendlich aufgestufter Überzeugungen.

Der Begriff »gemeinsames Wissen« impliziert einen infiniten Regreß. Dies kann man als Beweis dafür ansehen, daß das Gemeinschaftliche sich nicht auf individuelle Überzeugungen der angegebenen Art zurückführen läßt. Gemeinschaftlichkeit auf »gemeinsames Wissen« zu gründen, hieße nämlich anzunehmen, daß die Beteiligten jeweils unendlich viele Überzeugungen aktual haben, was für endliche menschliche Wesen nicht zutreffen kann. Naheliegende Versuche, diese Schlußfolgerung zu umgehen, hat Jane Heal im Detail zurückgewiesen.[20] Heal konnte u. a. zeigen, daß ein zur Erklärung gemeinsamen Handelns hinreichender Begriff gemeinsamen Wissens nicht zustande kommt, wenn man zur Umgehung des infiniten Regresses entweder (a) eine lediglich finite Anfangssequenz der aufgestuften Überzeugungen zuläßt,[21] oder (b) die aufgestuften Überzeugungen nicht als aktual gegeben, sondern lediglich als Disposition der Beteiligten versteht, oder schließlich (c) die unendliche Anzahl der Überzeugungen in der Weise für gegeben ansieht, wie wir implizit auch unendlich viele arithmetische Propositionen kennen, die sich aus der rekursiven Anwendung bekannter arithmetischer Regeln ableiten lassen.

1.2.2. »Gemeinsames Wissen« ohne gegenteilige Überzeugungen höherer Stufe?

Die Schwierigkeit, »gemeinsames Wissen« einerseits ohne das aktuale Vorliegen eines infiniten Regresses und anderseits ohne Fest-

---

[20] Vgl. Heal (1978), besonders S. 120–125.

[21] Bach (1975, S. 192) hat beispielsweise vorgeschlagen, lediglich die ersten beiden Schritte der Definition von gemeinsamem Wissen einzubeziehen.

legung einer bestimmten finiten Anfangssequenz zu definieren, hat in jüngerer Zeit manche Theoretiker bewogen, einen Mittelweg zu wählen: »Gemeinsames Wissen« liegt dann vor, wenn die Beteiligten (a) eine bestimmte, je nach Kontext verschieden lange, aber finite Anfangssequenz der Überzeugungsaufstufung aktual haben und (b) bei ihnen keine Überzeugungen höherer Stufe vorliegen, die den niederstufigen Überzeugungen widersprächen.[22] Unabhängig davon, wie die jeweiligen Theorien das Fehlen jener höherstufigen Überzeugungen genau fassen,[23] scheint diesen Ansätzen folgende Überlegung zugrunde zu liegen. Die Zuwächse an Kenntnis, die man von den gegenseitigen Überzeugungen erhält, verringern sich mit der Häufigkeit der Aufstufung der Überzeugungen. Den größten Wissenssprung qualitativer Art macht man, wenn man die ersten Stufen der Überzeugungsaufstufung hinter sich bringt. Der Schritt von der eigenen Überzeugung, daß p, zu der Überzeugung, daß der andere auch von p überzeugt ist und daß er überzeugt ist, daß man selbst von p überzeugt ist, sind die entscheidenden Schritte auf dem Weg zum gemeinsamen Wissen. Die höheren Aufstufungen führen zwar zu immer neuen Überzeugungen, aber die auf die Gemeinsamkeit des Wissens ausgerichtete Tendenz dieser gesamten Aufstufungspyramide scheint bereits nach wenigen Stufen klar zu sein. Wenn man die genannten ersten drei Überzeugungen hat, schiene es uns im Normalfall erstaunlich, wenn die sich daran anschließenden höherstufigen Überzeugungen die bereits sichtbar gewordene Tendenz nicht in derselben Richtung fortentwickelte. Die gesamte Folge zeigt eine Konvergenz, die bereits nach einer sehr kurzen Anfangssequenz sichtbar wird.

Diesen Umstand nutzen die hier zu diskutierenden Theorien des »gemeinsamen Wissens«. Wenn man eine genügend lange Anfangssequenz fordert, die die Konvergenz des gesamten Stapels in der Gemeinsamkeit des Wissens greifbar werden läßt, dann braucht man

---

[22] Vgl. Lagerspetz (1995), S. 13; Tuomela (1995), S. 42.

[23] Lagerspetz (1995) und Tuomela (1995) verstehen beide das Fehlen gegenteiliger Überzeugungen als ein Fehlen von Überzeugungen, nicht als das Überzeugtsein, daß man jene gegenteiligen Überzeugugen nicht habe. Wo Lagerspetz einfach das Fehlen der gegenteiligen höherstufigen Überzeugungen fordert, bezieht sich bei Tuomela die gegenteilige Überzeugung auf die letzte Überzeugung, die in der aktual vorliegenden Anfangssequenz gehabt wird. Es darf nach Tuomela keine Überzeugung vorliegen, daß jene Überzeugung nicht vorliegt, und keine Überzeugung, daß die soeben geschilderte Überzeugung vorliegt etc.

diese finite Anfangssequenz nur dadurch zu bereichern, daß die Beteiligten keinerlei Überzeugungen hegen, die diesem »Anfangsverdacht« auf Konvergenz widerstreitet. Oder anders gesagt: Wenn die Konvergenz für die Beteiligten faßbar wird, und sie keine gegenteiligen Überzeugungen höherer Stufe haben, werden sie, falls das nötig sein sollte, weitere Überzeugungen höherer Stufe bilden, die die auf das »gemeinsame Wissen« konvergierende Reihe fortsetzen.[24] Dadurch erhielte man eine auch für endliche Wesen handhabbare Definition des »gemeinsamen Wissens«. Eines sollte jedoch klar sein: Die »Gemeinsamkeit«, die diese Definitionen des »gemeinsamen Wissens« konstruieren, ist eine äußerst prekäre. Denn Gemeinsamkeit ergibt sich in der Rekonstruktion durch die Überzeugungsaufstufung, so war oben deutlich geworden, erst dann, wenn der Grenzübergang der unendlich tief gestapelten privaten Überzeugungen erfolgt. Hier liegen hingegen einige wenige private Überzeugungen vor, wobei nichts dagegen spricht, daß die innerhalb dieser Überzeugungen sichtbar gewordene Konvergenz Symptom eines wirklich gemeinsamen Wissens ist.

Nun gibt es aber prominente Kooperationsprobleme, die die für diese Definitionen erforderliche Konvergenz in der Überzeugungsaufstufung nicht aufweisen. Mit der vorgeschlagenen Definition würde also bestenfalls ein Teil aller gemeinschaftlichen Handlungen als gemeinschaftliche erklärbar und ein in dieser Art gefaßtes »gemeinsames Wissen« schiede als ein umfassender Erklärungsansatz für die Sozialontologie aus. Nehmen wir als Beispiel eines Kooperationsproblems mit nicht konvergenter Überzeugungsaufstufung das berühmte Gefangenendilemma.[25] Die Rahmengeschichte wird unterschiedlich erzählt, schließlich aber finden sich zwei Verbrecher voneinander getrennt in Gefängniszellen vor und wissen, daß sie zwei Alternativen haben. Sie können ein schweres Delikt gestehen, an dem beide beteiligt waren, oder sie können schweigen. Wenn beide Gefangene schweigen, werden sie wegen eines minderen Delikts, das bei ihrer Festnahme vorgefallen ist, jeweils zu einem Jahr Haft verurteilt. Gestehen beide, so werden sie beide zu 10 Jahren Haft verurteilt. Schweigt der eine und der andere gesteht, erhält der Geständige aufgrund einer Kronzeugenregelung seine Freiheit sofort, wobei der Schweigende 15 Jahre Haft absitzen darf. Es ist für den einzelnen

---

[24] Vgl. Tuomela (1995), S. 43.
[25] Vgl. etwa die Aufsätze in: Campbell/ Sowden (Hgg.) (1985).

Gefangenen nur aufgrund seiner Vorkenntnis seines Partners möglich, etwas über dessen Verhalten zu mutmaßen. Er hat keine Möglichkeit, das Verhalten des anderen zu beobachten oder zu erschließen. Tabellarisch ergibt sich die Situation wie folgt, wenn die erste Zahl jeweils die Haftjahre für Häftling$_1$, die zweite für Häftling$_2$ bezeichnet:

	Schweigen (Häftling$_1$)	Gestehen (Häftling$_1$)
Schweigen (Häftling$_2$)	1 / 1	0 / 15
Gestehen (Häftling$_2$)	15 / 0	10 / 10

Für jeden einzelnen Häftling ist es besser, wenn er gesteht, weil er mit dieser Strategie das in Abhängigkeit vom Verhalten des anderen Gefangenen bessere Ergebnis erzielt als wenn er schweigt. So geht er als freier Mann aus dem Gefängnis, statt ein Jahr einzusitzen, wenn der andere schweigt, oder muß 10 statt 15 Jahre absitzen, wenn der andere ebenfalls gesteht. Da nun für beide Gefangene, die mit denselben Folgerungsfähigkeiten und -neigungen ausgestattet vorgestellt werden, das Gestehen aus dem genannten Grund vorteilhaft ist, scheint die Haftstrafe für beide auf 10 Jahre lauten zu sollen. Mit diesem Ergebnis ist das für das Gefangenenkollektiv allerschlechteste Ergebnis erzielt, denn die kumulierte Haftstrafe beläuft sich auf 20 Jahre (statt auf 15 oder 2). Eine solche Überlegung muß für die Gefangenen noch kein Grund zur Änderung ihrer Strategie sein, wenn sie rein in individuellen Größen denken. Sie haben mit dem Ergebnis wenigstens das individuell schlechteste Ergebnis von fünfzehn Jahren Haft abwenden können und diejenige Strategie gewählt, die den eigenen Schaden durch die Handlung des anderen in jedem Fall minimiert. Die Gefangenen kennen nun aber nicht nur die oben dargestellte Matrix, sondern können den Gedankengang des jeweils anderen nachvollziehen (gleiche Folgerungsfähigkeit und -neigung ist ja vorausgesetzt). Sie werden also die Symmetrie ihrer Überlegung erkennen, indem sie ihre eigene Strategienwahl mit derjenigen vergleichen, die sie gemäß dem gleichlautenden Gedankengang auch dem jeweils anderen zuschreiben. Wenn klar ist, daß der andere symmetrisch handeln wird, so ist beidseitiges Schweigen dem beidseitigen Gestehen jeweils aus individuellen Gründen vorzuziehen, weil sich die abzubüßende Haftstrafe um je neun Jahre vermindert. Also sollte man schweigen.

Festzuhalten ist, daß der Übergang vom Gestehen zum Schweigen nicht aus gemeinschaftlichen Gründen erfolgt, sondern zur Minimierung der individuell abzusitzenden Haftstrafe unter der Randbedingung der Symmetrie vollzogen wird. Daß mit diesem Übergang zugleich die Lösung gewählt wird, die die geringste kumulierte Haftzeit aufweist, spielt keine Rolle in der Überlegung der Gefangenen. Dieser Umstand verdient Beachtung, weil die hier zu diskutierenden Modelle »gemeinsamen Wissens« den Gemeinschaftsbegriff über individuelle Überzeugungen zu erläutern versuchen, ohne bereits gemeinschaftlich imprägnierte Begriffe dafür verwenden zu wollen. Für die Gefangenen darf es, um das vorliegende Erklärungsmuster nicht zu sprengen, ebenfalls keinen Vorgriff auf Gemeinschaftlichkeit geben.

Wenn der Gedankengang des Häftlings über die Stationen (1) Gestehen aus Gründen der vergleichsweise besten individuellen Haftzeiten, (2) Schweigen aus Gründen der individuellen Optimierung unter Symmetriekenntnis vorangeschritten ist, so wird er die Überlegung anschließen, seine Lage hin zu einem Freispruch verbessern zu können, indem er gesteht (während der andere weiterhin schweigt). Da nun der andere diesen Gedankengang nachvollziehen kann, wird er, um nicht 15 Jahre absitzen zu müssen, ebenfalls gestehen. Daß der jeweils andere Gefangene diesen Überlegungsschritt vollziehen wird, weiß jeder durch die Symmetrie ihrer Überlegungen. Damit kommen wir über drei Aufstufungen von Überzeugungen über Überzeugungen des anderen Gefangenen wieder bei der Ausgangssituation an, in der beide Gefangene gestehen. Nun nicht mehr aus dem anfangs genannten Grund, sondern weil sie den gesamten Weg über die Zuschreibung von Überzeugungen und der daraus entspringenden Strategienwahl vollzogen haben. Dieser Zyklus läßt sich nun offensichtlich unbeschränkt fortsetzen.[26] Dies hat zur Konsequenz, daß hier eine Überzeugungsaufstufung zustandekommt, die zwischen den Werten: beide wollen gestehen, beide wollen schweigen, einer will gestehen wechselt. Von einer Konvergenz auf eine bestimmte Lösung kann keine Rede sein. Das Gefangenendilemma wäre also mit der vorgeschlagenen Definition »gemeinsamen Wissens« nicht zu fassen, weil offensichtlich keine konvergente Folge zustandekommt, die bei jenen Definitionen vorausgesetzt werden muß.

---

[26] Vgl. Sainsbury (1988), S. 64–67.

Das Gefangenendilemma ist nun aber nicht unaufhebbar dilemmatisch.[27] Sobald die Gefangenen z. B. der Ganovenehre verpflichtet sind, die die Kooperation mit den Strafverfolgungsbehörden ausschließt, ergibt sich keinerlei Unsicherheit bei den Gefangenen über ihr Verhalten: sie werden schweigen. Sie schweigen, weil sie einem bestimmten Typ gemeinschaftlichen Handelns verpflichtet sind und auf dem Hintergrund dieses gemeinschaftlichen Handelns ihre jeweiligen individuellen Verhaltensweisen bestimmen. Es ist dieser Umkehrung zu verdanken, daß die mangelnde Konvergenz der Überzeugungsaufstufung kein Problem mehr bedeutet. Gemeinschaftlichkeit muß nicht erst als Konvergenzpunkt in unendlicher Ferne angezielt werden, sondern kann als Ausgangspunkt der Überlegung dem einzelnen Handeln seine Bestimmung geben. Freilich sperrt sich eine solche Umkehrung gegen jeden Versuch, aus individuellen Ressourcen gemeinschaftliche Tatsachen erklären zu wollen, weil jene gemeinschaftlichen Tatsachen die Voraussetzung für das individuelle Handeln bilden.

Nun könnten sich die Theoretiker des »gemeinsamen Wissens« damit verteidigen, daß durch die Erwähnung der Ganovenehre die Randbedingungen des Gefangenendilemmas verändert werden und dadurch auch die individuellen Überlegungen der Gefangenen eine ganz andere Richtung nehmen. Überdies sei die Theorie »gemeinsamen Wissens« genau auf die Erklärung einer solchen Randbedingung zugeschnitten, läßt sich die Ganovenehre doch als Konvention unter den Ganoven deuten – der Erklärung von Konventionen sollte der Begriff »gemeinsames Wissen« aber ursprünglich dienen. Folgendes Problem kann jedoch damit nicht ausgeräumt werden. Selbst wenn zugestanden würde, daß mit Mitteln des »gemeinsamen Wissens« das Bestehen der Ganovenehre erklärt werden kann, so bleibt bei dem individualistischen Fundament »gemeinsamen Wissens« offen, warum der Ehrenkodex als gemeinschaftliche Größe etwas leisten kann, was die Erkenntnis der Symmetrie in der Situation nicht leistet. Wir hatten gesehen, daß es einen starken Anreiz gibt zu gestehen, wenn der Häftling davon ausgehen kann, daß der andere Häftling schweigt. Nur die Erkenntnis der symmetrischen Situation,

---

[27] Auf die Lösungsversuche mithilfe iterierter Spielsituationen gehe ich hier nicht ein, weil auch dabei nur unendlich (oder jedenfalls nicht beschränkt) viele Wiederholungen eine Lösung des Dilemmas ergeben. Das Problem der Unendlichkeit ergibt sich somit nur an einer anderen Stelle.

in der sich die Gefangenen befinden, brachte sie in bestimmten Konstellationen dazu zu schweigen. Was zuvor die Erkenntnis der Symmetrie leistete, erbringt nun die Ganovenehre. Dadurch ändert sich aber an dem zugrundeliegenden Dilemma nichts. Der starke Anreiz zu gestehen, der für die individuelle Handlung unter den Vorzeichen individueller Optimierung gegeben ist, wird durch die Ganovenehre nicht ausgeräumt, sofern man den Theorierahmen des »gemeinsamen Wissens« unterstellt. Gemeinschaftliches Handeln ist danach zuletzt immer in Erwägungen und Intentionen begründet, die ein vereinzeltes Individuum in seiner Vereinzelung betreffen. Ob sich jemand stärker von der Einsicht in die Symmetrie oder in das Bestehen der Ganovenehre beeindrucken läßt, ist dann lediglich die Frage der persönlichen Präferenz, macht jedoch keinen sozialontologischen Unterschied aus, weil die individuelle Neigung letztlich entscheidend ist.

Ein sozialontologischer Unterschied wird erst dann deutlich, wenn man die Ganovenehre nicht in privatistischen Termini faßt. Die Relation der (privatistischen) Symmetrie zwischen den Häftlingen stellt sich als Resultat einer bestimmten Überlegungskette ein, die zumindest als erstes und als letztes Glied eine Überzeugung umfaßt, die unabhängig von der Bezogenheit auf den anderen bleibt und deshalb unausweichlich Angriffspunkte für privatistische Auffassungen bietet (so lange zumindest, wie nicht unendlich tief gestaffelte Überzeugungen aktual vorliegen). Bei einer Handlung hingegen, die sich als Ausdruck eines gemeinschaftlichen Tuns (der Ganovenehre) versteht, ist die Gemeinschaftlichkeit nicht Ergebnis einer Aggregation, sondern liegt der Handlungsbestimmung als eine bestimmte Form der Bezogenheit zwischen den Beteiligten zugrunde. Die Bezogenheit wird nicht hergestellt, wie bei der Symmetrie, vielmehr wird sie vorausgesetzt. Der Ausgangspunkt der Überlegung ist nicht das privatistisch verstandene Individuum, sondern das Verhältnis zwischen den Gefangenen. Die Relation zwischen den Beteiligten ist die Leitgröße, die vermittels der einzelnen Handlungen realisiert werden soll. Es werden nicht einzelne Handlungen zusammengesetzt, die als Aggregat eine »Gemeinschaftshandlung« ergeben, sondern die (projektierte) Gemeinschaftshandlung ist die Voraussetzung dafür, die eigene Handlung als Teilhandlung eines Gemeinschaftshandelns überhaupt festlegen zu können.

Zusammenfassend läßt sich sagen, daß eine bestehende Gemeinschaftlichkeit nicht durchgängig auf Konvergenzen privatistisch verstandener Zustände oder Vorgänge zurückgeführt werden kann. Und auch in den Fällen einer solchen Konvergenz bleibt eine Kluft zwischen dem Explikandum und dem Explikans: Offensichtlich gibt es einen Unterschied zwischen dem Vorliegen von Gemeinsamkeit und dem Konvergieren in Richtung auf Gemeinsamkeit.

1.2.3. »Gemeinsames Wissen« als endliches Wissen von einer Symmetrie?

Sobald es mit Mitteln des »gemeinsamen Wissens« möglich wird, die Symmetrie der Situation, in der die gemeinsame Handlung stattfinden soll, als wesentlichen Bestandteil gemeinsamen Wissens auszuzeichnen, entfiele der zuvor formulierte Einwand. Die Formen gleichartigen gemeinschaftlichen Verhaltens unter der Bedingung nicht konvergierender Überzeugungen ließe sich dann erklären (es bliebe, sollte dieses Unterfangen glücken, freilich noch der Fall asymmetrischer Handlungen zu erhellen). Jane Heal hat eine Verfeinerung der von Lewis gegebenen Definition gemeinsamen Wissens vorgeschlagen, die die Kenntnis der Symmterie der Situation in die Definition »gemeinsamen Wissens« einbezieht. Ihre Definition hebt nämlich wesentlich darauf ab, daß jeder am gemeinsamen Wissen Beteiligte weiß, daß eine bestimmte Klasse von Propositionen einem jeden verfügbar ist und daß diese auch benutzt werden kann, wenn es nötig sein sollte:

»It is common knowledge between A and B that p iff
(i) A and B share reasoning standards
(ii) A and B know that
    (a) a certain set-up exists
    (b) its existence is for them good evidence that p
    (c) its existence is for them good evidence that both know that the set-up exists
(iii) on the basis of his knowledge of the set-up and of the shared standards of reasoning, A and B each knows that
    (a) p
    (b) what he can infer from the existence of the set-up using (i), (ii) (b) and (ii) (c) the other can infer also
    (c) each thus has available the same class of beliefs about the existence of the set-up, the fact that p and their mutual knowledge on these matters
    (d) hence for any belief in this class, it is not possible that some shared purpose makes it important for one person to have the belief and the

other to know he has it, while there is also uncertainty or error about whether this desired state of affairs obtains.«[28]

Im Beispiel des Straßenverkehrs wäre »p« der Sachverhalt, daß man auf der rechten Seite fährt, und eine mögliche Ausgangssituation (»set-up«) könnte darin bestehen, daß A den B auf der rechten Straßenseite fahren sieht und B bemerkt, daß A ihn dort fahren sieht. Die Definition fordert dann ein endliches aktuales Wissen über die Möglichkeit, beliebig viele Stufen der Überzeugungen über Überzeugungen entstehen lassen zu können. Diese Lösung vermeidet einerseits, zu viel zu verlangen, weil sie nicht das aktuale Haben unendlich vieler Überzeugungen fordert, und verlangt anderseits aber auch nicht zu wenig, weil sie sich nicht mit der Forderung zufrieden gibt, lediglich Gründe für eine bestimmte Überzeugung zu haben, wobei jedoch jene Gründe aus Faulheit oder Dummheit niemals zu einem wirklichen Haben der fraglichen Überzeugung führen können. Mit dieser Fassung gemeinsamen Wissens soll wesentlich verhindert werden, daß eine beteiligte Personen zwar eine bestimmte Überzeugung hat und die anderen davon wissen, sie aber dennoch hinsichtlich der Überzeugung der anderen unsicher oder im Irrtum sein kann.

Heals Definition enthält jedoch einige unklare Formulierungen, die diese Definition besser aussehen lassen als sie tatsächlich ist. Die unter Bedingung (ii) genannten Angaben müssen, soll die Definition nicht auf Begriffe rekurrieren, die bereits die zu definierende Gemeinschaftlichkeit enthalten, distributiv verstanden werden. Die Bedingung (ii a, b) lautete dann auf A angewendet: A weiß, (a) daß eine bestimmte Ausgangssituation besteht, (b) daß diese für ihn eine hinreichende Evidenz für p bietet. (ii c) muß so verstanden werden – betrachtet man die Definitionsbestandteile (iii b) bis (iii d) –, daß sowohl A als auch B das Vorhandensein der Ausgangssituation als eine hinreichende Evidenz dafür verstehen, daß beide (im Sinn von »gemeinsamem Wissen«) um die Existenz der Ausgangssituation wissen. Das Verwenden des »both« im Sinne von »gemeinsamen Wissen« ist nicht direkt zirkulär, weil das zu definierende gemeinsame Wissen p betrifft, in der Definition selbst vom »gemeinsamem Wissen« hinsichtlich der Ausgangssituation die Rede ist. Dieser Schritt impliziert aber dennoch einen infiniten Regreß, weil man nun, um die Definition des gemeinsamen Wissens, daß p, zu vollenden, die

---

[28] Heal (1978), S. 119f. (Kursivierung im Orig., d. V.).

Definition des gemeinsamen Wissens um die Ausgangssituation heranziehen müßte, die dann wiederum ein gemeinsames Wissen um die Ausgangssituation der Ausgangssituation nach sich zöge etc. Eine nicht in diesen Regreß mündende Lesart ergibt sich nur dann, wenn dasjenige, wofür etwas eine hinreichende Evidenz ist, selbst nicht bekannt sein muß, wenn die Evidenz für dieses Etwas vorliegt. A und B könnten dann jeweils eine hinreichende Evidenz dafür haben, daß ein bestimmtes gemeinsames Wissen vorliegt, ohne dieses gemeinsame Wissen selbst zu besitzen.

Eine solche Lösung wirft zwei Probleme auf, wenn sie nicht bereits von Anfang an absurd ist. Erstens dürfte es unmöglich sein zu wissen, daß etwas eine hinreichende Evidenz für etwas ist, wenn man jenes Etwas nicht kennt. Was als Evidenz, als hinreichende Evidenz soll gelten können, hängt davon ab, wofür es Evidenz sein soll, weil für verschiedene Sachverhalte sehr unterschiedliche Kriterien und Merkmale einschlägig sind. Um diesen Einwand zu umgehen, kann man, und damit kommen wir zum zweiten Problem, annehmen, man müsse »eine hinreichende Evidenz für etwas zu haben« als die Möglichkeit interpretieren, aus der Evidenz dasjenige ableiten zu können, wofür die Evidenz hinreichend ist, ohne bei Ansichtigwerden der Evidenz bereits zu wissen, wofür die Evidenz Evidenz ist. Unter dieser Annahme würden A und B also auf der Grundlage der Ausgangssituation ableiten können, daß ein gemeinsames Wissen hinsichtlich der Ausgangssituation vorliegt, ohne dies von der Ausgangssituation selbst bereits ablesen können zu müssen. Dann fehlt jedoch die Begründung dafür, wieso in Bedingung (iii b) der Definition behauptet wird, der andere könne aus den vorliegenden Kenntnissen dasselbe ableiten wie man selbst. Das ist aber gleichbedeutend damit, daß die Gemeinsamkeit des Wissens nicht mehr gegeben ist, die nach Heal ja darin bestehen soll, daß beide dieselbe Klasse von Überzeugungen verfügbar haben und dies voneinander wissen.

Nun aber zur Begründung der soeben aufgestellten Behauptung: Der einleitende Teilsatz aus (iii) weist darauf hin, daß der Definitionsbestandteil (iii) Schlußfolgerungen aus den Teilen (i) und (ii) zieht. So wird z. B. (iii a) aus den Prämissen (ii a) und (ii b) geschlossen. Woraus wird nun in (iii b) geschlossen, daß beide Beteiligten dieselben Schlüsse (aus den in der Definition genannten Prämissen) ziehen können? Die einzige Prämisse, die etwas über das wechselseitige Verhältnis von A und B aussagt, ist (ii c). Wenn wir (ii c) aber in der oben vorgeschlagenen Lesart nehmen, ist die Gemeinsamkeit des

Wissens um die Ausgangssituation nicht gegeben, sondern ergibt sich erst aus Schlüssen, die A und B ziehen können. Die Formulierung von (iii b) sagt nun aber, daß bekannt sei, daß der jeweils andere dieselben Schlüsse ziehen könne, wie man selbst, ohne freilich diese Schlüsse tatsächlich ziehen zu müssen. Dies ist aber durch (ii c) nicht gedeckt, wo unserer Annahme zufolge die Schlüsse tatsächlich vollzogen werden müssen, damit die Gemeinschaftlichkeit sichtbar werden kann. Die Schlüsse, die gezogen werden könnten, dürfen aber nicht gezogen werden müssen, denn sonst implizierte Heals Definition den infiniten Regreß, den sie zu vermeiden suchte. Wenn (ii c) aber nicht in dieser Weise verstanden werden darf, dann läßt (ii c) nur noch wie folgt lesen: daß A eine gute Evidenz für Bs Wissen um die Existenz der Ausgangssituation und B eine gute Evidenz für As Wissen um die Existenz der Ausgangssituation hat. Daraus läßt sich zusammen mit (i), (ii a) und (ii b) aber für B gewiß nicht ableiten, daß B weiß, daß A weiß, daß B weiß, daß p, ganz zu schweigen von tiefer gestuften Überzeugungen über Überzeugungen, die aus einem wirklich gemeinsamen Wissen abgeleitet werden könnten (aber nicht müssen). Heals Definition ist demnach entweder zirkulär oder unzureichend, um den Begriff eines wirklich gemeinsamen Wissens zu erhellen.[29]

1.2.4. »Gemeinsames Wissen« als »Offenheit*«?

Bislang wurden Versuche vorgestellt, den beim »gemeinsamen Wissen« implizierten infiniten Regreß zu umgehen. Margaret Gilbert hingegen stört die Unendlichkeit bei ihrer Fundierung von gemeinschaftlichem Handeln im »gemeinsamen Wissen« überhaupt nicht.[30] Sie verschärft das Unendlichkeitsproblem beim »gemeinsamen Wissen« sogar noch dadurch, daß für sie »gemeinsames Wissen« nicht nur unendlich viele Überzeugungen der Art impliziert, wie wir sie oben kennengelernt haben. Vielmehr müssen die Beteiligten auch

---

[29] Vossenkuhl (1982, S. 102 f. und Anhang II) unterstellt zwar, Heals Ansatz definiere »gemeinsames Wissen« zutreffend, dennoch kann er das Unzureichende von Heals Analyse nachweisen. »Gemeinsames Wissen« erfüllt den Zweck nicht, für den es gedacht war, nämlich Konventionen als die Lösung von Koordinationsproblemen zu erklären. Koordinationsprobleme ließen sich, so Vossenkuhl, nur dann lösen, wenn die Beteiligten eine Situation überhaupt als Koordinationsproblem erkennen, was mit dem Vorliegen eines »gemeinsamen Wissens« bei den Beteiligten nicht sichergestellt sei.
[30] Vgl. Gilbert (1989), S. 188–191.

wissen, daß diese unendliche Aufstufung vorliegt. Dieses Wissen um die unendliche Aufstufung impliziert nun selbst wiederum eine unendliche Aufstufung, damit es seinerseits gemeinsames Wissen sein kann. Diese zweite unendliche Folge über eine unendliche Folge muß nun selbst wiederum (in Form einer unendlichen Folge) gemeinsam gewußt werden, wie auch sämtliche Vereinigungsmengen, die aus jenen Folgen gebildet werden können, (erneut in Form einer unendlichen Aufstufung) gewußt werden müssen. Man bekommt also unendlich viele (unendliche) Reihen über unendliche Reihen. Dies wiederum ist Gegenstand des gemeinsamen Wissens etc. Gilbert behauptet nun, daß diese ineinander verschachtelten unendlichen Folgen dasjenige erfaßten, was sie die »Offenheit*« (openness*) nennt.[31] »Offenheit*« soll die Form der gegenseitigen Durchsichtigkeit der Beteiligten füreinander auf den Begriff bringen, die in jeder Situation gemeinsamen Wissens hinsichtlich der Gemeinsamkeit und des Wissensgehaltes vorliegt. Zumindest jeder erwachsene Mensch, so Gilbert, verfüge über den Begriff der »Offenheit*«.

Wie versucht sie nun, dem Einwand der Unmöglichkeit »gemeinsamen Wissens« wegen der damit implizierten aktualen Unendlichkeit zu entgehen? Sie behauptet, die am gemeinsamen Wissen Beteiligten müßten die Offenheit* erkennen, nicht aber jene Unendlichkeiten über Unendlichkeiten.[32] Wenn man zunächst einmal außer Betracht läßt, daß jene Offenheit* die genannte Form der unendlichen Unendlichkeiten implizieren soll, ist diese Behauptung durchaus plausibel. Wenn man sich in einer Gruppe gemeinsam auf einen Sachverhalt bezieht, dann hat man auch im Alltagsverständnis den Eindruck, daß dieser gemeinsame Bezug auf den Sachverhalt eine für alle Beteiligten offensichtliche Tatsache ist. Insofern trifft der Begriff »Offenheit*« ein wichtiges Merkmal sozialer Phänomene. Welchen Grund hat Gilbert jedoch, diesen alltäglichen Zustand in der explizierten Weise zu rekonstruieren? Sie sieht keine Alternative, den Begriff der »Offenheit*« anders als über jene Aufstufungen zu erfassen. Weil wir offensichtlich zu gemeinsamem Wissen fähig sind und Offenheit* somit vorliegt, so die Schlußfolgerung, müssen wir auch

---

[31] Vgl. ebd., S. 191. Gilbert fügt vorsichtshalber den Asterisk an, um den in ihrer Analyse entfalteten Sprachgebrauch von »offen« bzw. »Offenheit« zu kennzeichnen, der eventuell nicht alle Bedeutungsnuancen des umgangssprachlichen »offen« bzw. »Offenheit« abdeckt.
[32] Vgl. ebd., S. 191, 193.

irgendwie in der Lage sein, jenem unterstellten Erklärungsmodell Genüge tun zu können.[33] Die nächstliegende Schlußfolgerung übersieht Gilbert dabei jedoch: Die Unkenntnis einer besseren Erklärung macht die verfügbare Erklärung noch lange nicht zu der angemessenen Erklärung eines Phänomens. Alternativenlos ist die Erklärung sozialer Phänomene durch das »gemeinsame Wissen« zudem nicht, wie die weiteren Ausführungen in Teil 1 und Teil 3 dieser Arbeit belegen werden. Man kann folglich der Beschreibung sozialer Phänomene mit dem Begriff der Offenheit* durchaus zustimmen, ohne die Erklärung dieses Phänomens durch das »gemeinsame Wissen« vertreten zu müssen.

Was sich als theoretischer Stolperstein für Gilberts Programm erwiesen hat, ist für die sozialontologische Fragestellung von Vorteil. Dadurch daß Gilbert den Übergang zwischen dem Begriff des »gemeinsamen Wissens« und dem Begriff der »Offenheit*« nicht ausweisen kann, können wir von ihr sämtliche Ergebnisse übernehmen, die die Unterschiede von individuellen und sozialen Sachverhalten betreffen, ohne damit zugleich das auf »gemeinsames Wissen« gestützte Erklärungsmodell akzeptieren zu müssen. Das ist ein erheblicher Vorteil, denn Gilbert hat in detaillierten Untersuchungen das Pronomen »wir« analysiert, den Unterschied zwischen gleichartigem individuellem und genuin gemeinschaftlichem Handeln herausgestellt, und auch den Mythos widerlegt, daß die gemeinsame Überzeugung einer Gruppe impliziere, daß alle Gruppenmitglieder dieselbe Überzeugung teilen müßten. Im folgenden werde ich lediglich ein Florilegium dieser Erkenntnisse bieten können, die die am festesten verwurzelten individualistischen Fehleinschätzungen sozialer Tatsachen betreffen.

Für den angemessenen Gebrauch von »wir«, der nicht der des *pluralis majestatis* oder *pluralis modestiae* ist, gibt es nach Gilbert vier basale Randbedingungen.[34] (a) »Wir« wird angemessen nur benutzt, wenn der Sprecher bzw. der Denkende sich selbst in die Referenz von »wir« einschließt. (b) »Wir« bezeichnet immer mehr als eine Person. Dies gilt für den inklusiven Gebrauch des »wir« für diejenigen Sprachen, die zwischen inklusivem (der mit »wir« Angeredete gehört zur Referenz des »wir«) und exklusivem Gebrauch (der mit

---

[33] Vgl. ebd., S. 191.
[34] Die Analysen zum »Wir« finden sich in ebd., Kap. IV 3, die Randbedingungen in ebd., S. 174 f.

»wir« Angeredete gehört nicht zur Referenz des »wir«) des Pronomens unterscheiden. (c) Die unter »wir« gefaßten Entitäten müssen lebendige Wesen sein. Wenn ich von mir und meinem Hund sage, daß wir einen Spaziergang machen, so liegt eine angemessene Verwendung von »wir« vor. Unangemessen wäre, von mir und meinem Sessel als »wir« zu sprechen. (d) Es muß für den Gebrauch von »wir«, sei es durch den Kontext oder anderweitig, zumindest grob festgelegt sein, wer zu der Referenz des »wir« gehört. Wenn ein Gast zum Gastgeber sagt: »Wir müssen jetzt leider gehen«, aber nicht angeben könnte, in wessen Gesellschaft er den Ort zu verlassen gedenkt, so schiene uns das »wir« nicht angemessen gebraucht zu sein. Dagegen ist »wir Deutschen« ein durchaus gängiger Gebrauch von »wir«, weil man dabei grob angeben könnte, wer zum »wir« gerechnet wird, z. B. dadurch, daß die fraglichen Personen einen deutschen Personalausweis besitzen, deutsch sprechen können oder dgl.

Die genannten Randbedingungen verstehen sich als Minimalbedingungen eines angemessenen Gebrauchs von »wir«. Nicht jeder Gebrauch dieses Pronomens, der den Randbedingungen genügt, ist aber bereits ein korrekter Gebrauch im vollentfalteten Sinn von »wir«. »Wir« bezieht sich, Gilbert zufolge, auf eine Gruppe von Personen, von denen jede (einschließlich des Sprechers) mit den anderen zusammen entweder eine bestimmte Handlung, oder eine bestimmte Überzeugung, Einstellung oder ein anderes derartiges Attribut teilen.[35] Gilbert hebt hervor, daß ein angemessener Gebrauch von »wir« nicht allein auf eine gemeinsam durchgeführte Handlung beschränkt ist, etwa dann, wenn man gemeinsam zu einer bestimmten Handlung bereit ist, die dann aber nicht ausgeführt wird.[36] Das »Teilen« von Einstellungen, Überzeugungen etc. möchte Gilbert deutlich abgehoben wissen von dem sehr oft in der Literatur anzutreffenden Ansatz, eine soziale Gruppe konstituiere sich aus einem gemeinsam verfolgten Ziel oder einer gemeinsamen Zwecksetzung. Wenn Familien oder auch Freundeskreise als soziale Gruppen gelten, dann gibt es soziale Gruppen, deren Mitglieder kein gemeinsames Ziel oder gemeinsame Zwecksetzung verfolgen, weil diese Gruppen zeitweise gänzlich ohne ein Ziel bzw. einen Zweck fortbestehen, oder ihre Ziele und Zwecke laufend ändern, ohne sich als Gruppe aufzulösen.[37]

---

[35] Vgl. ebd., S. 168, 201.
[36] Vgl. ebd., S. 169 f.
[37] Vgl. ebd., S. 171 f.

Einen weiteren wichtigen Einwand erhebt Gilbert gegen die ebenfalls häufig zu beobachtende Tendenz, gemeinsames Handeln in gleichartiges Verhalten der Gruppenmitglieder aufzulösen. Die Gleichartigkeit des Verhaltens reicht noch lange nicht hin, ein gemeinsames Handeln zu konstituieren, was an Gilberts Beispiel des »Ziggens« deutlich wird.[38] X »ziggt«, sobald er sich die Zähne putzt, während im selben Haus eine andere Person Y ebenfalls ihre Zähne putzt. Das Prädikat »ziggen« zeigt, inwieweit mit dem Ansetzen bei der Gleichartigkeit von Verhalten genuin soziale Sachverhalte erklärt werden können. »Ziggen« ist in dem Maße sozial, als niemand allein ziggen kann, weil ja immer eine andere Person zur selben Zeit ihre Zähne putzen muß, damit das Prädikat »ziggen« erfüllt ist. »Ziggen« ist überdies ein Prädikat, das auf Handlungen und nicht auf bloße Geschehnisse zutrifft, da man es absichtlich herbeiführen kann zu ziggen, indem man seine Zähne putzt, wenn ein anderer im Haus ebenfalls seine Zähne putzt. Ziggen ist schließlich eine Handlung, die auch von mehreren Akteuren willentlich herbeigeführt werden kann. Dieses Herbeiführen durch mehrere Akteure muß aber nicht wirklich gemeinschaftlich sein, sondern kann in lediglich gleichartigen Handlungen, Intentionen und Einstellungen gründen, indem die Beteiligten sich genau dann die Zähne putzen, wenn sie erwarten, daß die jeweils anderen zum Zähneputzen geneigt ist. Diese Neigung besteht bei den Beteiligten zufällig zum gleichen Moment und entspringt jeweils nicht dem Bezug auf die Handlungen der jeweils anderen. Die Zigger würden dann das Ziggen parallel beabsichtigen, indem (a) jeder seiner privaten (nicht auf die anderen bezogenen) Neigung nachgibt, jetzt die Zähne zu putzen. Zugleich (b) beabsichtigt jeder, das Ziggen herbeizuführen, indem er das Zähneputzen zu dem Zeitpunkt beginnt, zu dem er erwartet, daß die anderen (aufgrund deren privater Neigung) mit Zähneputzen beginnen. Weil (c) alle zur selben Zeit ihre Zähne zu putzen geneigt sind, fällt »Pflicht und Neigung« hier glücklich zusammen. »Ziggen« schließt folglich nicht aus, daß mehrere Akteure zu ziggen beabsichtigen, das Ziggen durchgeführt wird und dennoch kein gemeinsames Handeln zustande kommt, das gemeinsam in dem Sinne wäre, wie beispielsweise eine kooperativ ausgeführten Handlung gemeinschaftlich ist. »Ziggen« macht deutlich, daß mehrere Personen dieselben Ziele, Zwecke und Absichten haben, dieselbe Handlung ausführen können und

---

[38] Vgl. ebd., S. 156.

dennoch nicht als Gemeinschaft handeln müssen. Das Soziale läßt sich anscheinend nicht, wie es häufig versucht wird, aus Parallelitäten zwischen Personen in einer oder allen der genannten Attribute erklären.

Gilbert versucht den Unterschied von parallelem individuellem Handeln und gemeinschaftlichem Handeln, das ein genuines »wir« zuläßt, daran festzumachen, daß sie von einer bedingten Festlegung (»conditional commitment«) spricht.[39] Die Gemeinschaftlichkeit einer Handlung, einer Absicht zu einer Handlung, eines zu verfolgenden Ziels oder Zwecks komme dadurch zustande, daß jeder der Beteiligten seine Bereitschaft erklärt, an dem Handeln mitzuwirken bzw. die entsprechende Absicht zu haben, das Ziel oder den Zweck zu verfolgen, wenn die anderen dies mit Absicht ebenfalls tun, wobei zwischen den Beteiligten »offen*« ist, daß jeder eine solche Erklärung implizit oder explizit abgegeben hat. Niemand hat sich dann unabhängig von den anderen auf etwas festgelegt. Vielmehr besteht eine bedingte Festlegung jedes einzelnen, die zu einer nicht bedingten Festlegung, das gemeinsame Handeln auszuführen (die Absicht gemeinschaftlich zu verwirklichen, das Ziel, den Zweck gemeinschaftlich zu verfolgen), erst dann wird, wenn die Beteiligten in der genannten Weise ihre Bereitschaft kundgetan haben und dies innerhalb der Gruppe »offen*« ist. Die Festlegung ist eine nicht bedingte erst dann, wenn sie eine gemeinschaftliche Festlegung ist.

Es ist eine wertvolle Einsicht, die Festlegungen, die die Beteiligten bei einem gemeinsamen Handeln jeweils treffen, entschieden von einer Parallelität von individuellen Festlegungen zu unterscheiden, die auf dieselbe Handlung gerichtet sind. Eine Gemeinschaftlichkeit kommt nicht durch die Gleichartigkeit der Einzelhandlungen, einzelnen Absichten etc. zustande, sondern jede Festlegung ist eine, die sowohl auf die anderen Beteiligten am gemeinsamen Geschehen bezogen ist, als auch auf den Inhalt, der im gemeinschaftlichen Handeln verwirklicht werden soll. Gilbert macht offensichtlich, daß Ansätze, die über eine Parallelität operieren, nur die letzte Komponente (den Inhalt), nicht aber die Bezogenheit der Beteiligten untereinander abbilden und daher notwendig das Phänomen des Sozialen verfehlen.

Allerdings ist die Erklärung unzureichend, die Gilbert liefert für den Unterschied zwischen der Festlegung auf ein Gemeinschaftshan-

---

[39] Vgl. ebd., S. 198.

deln und der Festlegung auf eine individuelle Handlung. Anders als bei einer individuellen Handlung erfordere die Festlegung auf eine gemeinschaftliche Handlung eine Komplementarität von zunächst unabhängig voneinander erfolgenden Festlegungen der Beteiligten und die Offenheit* dieser Festlegungen innerhalb der Gruppe. Das Soziale, so wäre gegen Gilbert einzuwenden, liegt jedoch nicht allein darin begründet, daß die Komplementarität der Akte offen* sein muß, und aufgrund der mit der Offenheit* implizierten Struktur sozial wären. Vielmehr kann der Einzelne sich überhaupt nur bedingt festlegen, wenn er sich in dieser bedingten Festlegung bereits auf den zu realisierenden Sachverhalt als gemeinsamen bezieht. Wenn ich mit meinem Freund X Tennis spielen gehen will, so kann ich eine entsprechende Willensbestimmung (»Ich will Tennis spielen, wenn es X auch will«) für mich nur dann bilden, wenn bereits klar ist, was es heißt, die Gemeinschaftshandlung Tennis auszuüben. Der Einzelne legt sich bedingt darauf fest, an einem bestimmten Gemeinschaftshandeln teilzunehmen und d. h., er kann diese bedingte Festlegung nur vollziehen, wenn dasjenige, was Gemeinschaftlichkeit in dem entsprechenden Fall bedeutet, bereits bei dieser Festlegung bekannt ist. Die von Gilbert als vermeintlich individueller Akt eingeführte Festlegung jedes Beteiligten,[40] die erst durch Komplementarität und Offenheit* sozial strukturiert zu sein scheint, beruht in seiner Verwirklichung auf sozial strukturierten Sachverhalten, die aber von Gilbert als solche nicht ausgewiesen werden. Genauso wie im Fall des »gemeinsamen Wissens«, das mit seiner individualistischen Schräglage den Merkmalen der von Gilbert sorgsam präparierten Offenheit* nicht genügt, bietet sie auch hier eine Einsicht in die Differenzen individuellen und sozialen Tuns, das sie mit ihrem individualistisch ansetzenden Modell der bedingten Festlegung nicht zu fassen bekommt.

1.3. Gemeinschaftshandeln als Vorgabe eines Möglichkeitsraums für individuelle Intentionen?

Gemeinsames Wissen reicht allein noch nicht hin, um gemeinsame Handlungen zu erklären, wie Gilbert selbst einräumt, und auch Vossenkuhl in seiner Kritik am »gemeinsamen Wissen« ausgeführt

---

[40] Vgl. ebd., S. 186.

hat.[41] Denn Akteure können, so Vossenkuhl, durchaus einen bestimmten Problembestand gemeinsam kennen, ohne daß sie ihn als ein Koordinationsproblem interpretieren und zu lösen versuchen. Zu dem gemeinsamen Wissen muß also die Interpretation als gemeinschaftliche Aufgabe und die Intention hinzukommen, diese gemeinschaftliche Aufgabe zu lösen. In diesem Kapitel soll deshalb ein Modell für Gemeinschaftshandeln analysiert werden, das besonders die Intentionen und die Interpretationsschemata der Akteure im Blick hat.

Christoph Hubig hat den Unterschied zwischen individuellem Handeln und sozialem Handeln, zumindest was das Phänomen der sozialen Institutionen angeht, als einen Unterschied in der Modalität festgemacht. Wo individuelles Handeln mit Wirklichkeiten operiere, da sei institutionelles Handeln auf den Umgang mit Möglichkeiten gerichtet.[42] Zu dieser These kommt Hubig über die Reflexion auf die Bedingungen individuellen Handelns.

Individuelles Handeln begreift Hubig unter dem Standardmodell, daß eine Person einen willentlich als Zweck gesetzten Sachverhalt eventuell unter Einsatz von Mitteln herbeizuführen trachtet, wobei der als Zweck gesetzte Sachverhalt ein Zustand, ein Ereignis oder eine Zustandsveränderung sein kann.[43] Hubig hebt darauf ab, daß die Zwecksetzung zweierlei intentionale Prämissen besitze, nämlich eine intentional kognitive und eine intentional voluntative. Ein Sachverhalt, der als Zweck dienen können soll, müsse zunächst als Sachverhalt identifiziert werden, denn was man nicht kenne, könne man auch nicht willentlich anstreben. Diese Identifizierung schließe auch die Kenntnis der Herbeiführbarkeit des Sachverhalts eventuell über den Einsatz von Mitteln ein. Zugleich müsse dieser Sachverhalt aber auch identifiziert werden als einer, der von der Person anzustreben sei.[44] Aus der Menge aller identifizierten Sachverhalte greife die im zweiten Schritt erfolgende Selektion allererst denjenigen Sachverhalt heraus, der dann den Zweck (oder ein Bündel von Zwecken) für die Person im Handeln bilde. Hubig hebt hervor, daß die Werte die Regeln für die Identifikation eines Sachverhaltes als Zweck vorgäben. Werte identifizieren mit den Zwecken auch die Mittel, die

---

[41] Vgl. Gilbert (1989), S. 202 f.; Vossenkuhl (1982), S. 102 f. und Anhang II.
[42] Vgl. Hubig (1982), S. 71.
[43] Vgl. Hubig (1985), S. 59.
[44] Vgl. ebd., S. 80, 108.

zum Herbeiführen dieses Zweckes nötig sind, weil Hubig in die Identifikation der Sachverhalte, die dem Herausgreifen der Sachverhalte als Zwecke vorgelagert ist, auch die Kenntnis von Mitteln zum Bewirken dieser Sachverhalte einschließt.[45] Andernfalls wäre eine Zwecksetzung lediglich ein Wünschen, ohne die Absicht tatsächlich ausführen zu können.

Institutionelles Handeln unterscheide sich von einem derart gefaßten individuellen Handeln zunächst nur insoweit, als die institutionelle Handlung Delegation und Organisation voraussetze.[46] Institutionen bestehen nur insoweit, als sie von einer (möglicherweise auch wechselnden) Organisation verwirklicht werden. Ohne die Amts- oder Stelleninhaber innerhalb dieser Organisation, denen es kraft ihres Amtes übertragen ist, im Namen der Institution zu handeln, könnten die Institutionen keine konkrete Handlung durchführen, bedarf es dazu doch immer natürlicher Personen. Ist dieser Delegationszusammenhang qua Organisation gegeben, gilt (neben der dadurch bewerkstelligten symbolischen Aufladung einer Handlung) aber dieselbe Zweck-Mittel-Struktur für institutionelles wie für individuelles Handeln. Institutionelles und individuelles Handeln ist demnach bei der Auswahl seiner Zwecke gleichermaßen von Werten abhängig, wobei jedoch dem individuellen Handeln die Werte nicht disponibel und nur äußerst beschränkt wählbar sind, wohingegen institutionelle Handlungen gerade auf die Setzung oder Veränderung von Werten für individuelle Handlungen gerichtet sind, »indem sie unter deren wertabhängigen Präferenzstrukturen die Risiken, Belastungen, Gratifikationen und Sanktionen verändern oder überhaupt erst konstituieren.«[47] Institutionelles Handeln besitzt eine andere Modalität als individuelles Handeln, weil Institutionen die möglichen Zwecke, Mittel und Folgen individuellen Handelns hervorbringen und konturieren, die im individuellen Handeln dann verwirklicht werden.

Hubig hebt an anderer Stelle hervor, daß die Institutionen den Möglichkeitsspielraum für individuelles Handeln vorgäben, insofern das Individuum »sein Handeln als rational verstehen will oder soll oder sich als verstehbares äußern will.«[48] Diese Äußerung soll den

---

[45] Vgl. ebd., S. 108–110.
[46] Vgl. ebd., S. 191–193.
[47] Ebd., S. 189.
[48] Ebd., S. 196.

empirisch nicht allzu selten anzutreffenden Fall abdecken, daß Personen ganz bewußt gegen die institutionalisierten Werte verstoßen. Auch wenn Hubig eine solche Abweichung als Irrationalität abtut, muß er sie doch in seinen Ansatz integrieren, wodurch dessen innere Spannung sichtbar wird. Anfangs, so haben wir gesehen, stellt Hubig die individuelle Wahl von Zwecken als Exemplifikation von Werten dar. Ohne Werte könnten aus identifizierten Sachverhalten gar keine subjektiven Zwecke werden, weil allein vermittels der Werte die Regeln vorgegeben sind, wie die intentional volitive Komponente der Zwecksetzung entsteht. Die Institutionen geben nun ihrerseits vermittels ihrer Regeln die Werte für das individuelle Handeln vor:[49] Somit scheint ein klarer institutioneller Determinismus individuellen Handelns vorzuliegen. Das Individuum kann sich nichts als Zweck setzen und somit auch keine Handlung willentlich ausführen, wenn es keine Werte hat. Diese Werte werden von den Institutionen vorgegeben und ergo: die Institutionen bestimmen, was die Individuen wollen. Wo soll da der Raum bleiben für eine Abweichung von institutionellen Mustern, die nicht lediglich einer Ungeschicklichkeit oder einem Unfall geschuldet wäre?

Einen Ausweg dürfte der Gebrauch des Regelbegriffs bilden. Ein Wert bestimmt nach Hubigs Ansicht nicht direkt die Identifizierung eines Sachverhaltes als Zweck, vielmehr gibt er die Regel vor, wie diese Identifizierung durchzuführen sei. Entsprechend setzen die Institutionen nicht einfachhin die Werte, sondern geben Regeln zur Wertsetzung vor. Und von einer Regel kann man abweichen, weshalb kein Determinismus zu befürchten ist. Diese Lösung hat allerdings einen Haken. Wenn das Individuum von den Wertregeln bei der Zwecksetzung abweichen kann, dann fragt sich, wie es dies in Hubigs Konstruktion soll realisieren können. Ist doch das intentional volitive Moment für Hubig vollständig in den Wertbegriff aufgegangen. Sich etwas als Zweck zu setzen, bedeutet nach der Wertdefinition von Hubig,[50] einen Wert zu realisieren. Anscheinend muß man also bei der (willentlichen) Abweichung von der durch $Wert_1$ gegebenen Regel einem anderen $Wert_2$ verpflichtet sein. Individuelle Werte werden aber von den Regeln der Institutionen vorgegeben. Für die Regeln der Wertvorgabe gilt auf der Ebene der Institutionen dasselbe wie auf der Ebene der Zwecksetzung: gegen die Regeln einer Institu-

---

[49] Vgl. ebd., S. 191.
[50] Vgl. ebd., S. 108 f.

tion zu verstoßen, bedeutet den Regeln einer anderen Institution zu folgen. Zusammengenommen folgt daraus, daß die Abweichung, sei es auf der Ebene der Zweck- oder der Wertsetzung immer noch im Rahmen des instituionellen Determinismus verbleibt, weil immer eine Regel gegen eine andere ausgetauscht wird und nicht schlicht gegen eine bestehende Regel verstoßen wird. Der somit (zwangsläufig) aufrecht erhaltene institutionelle Determinismus widerspricht dem Augenschein, weil eine willentliche Abweichung von einer institutionell geprägten Handlungsform noch lange keine Verwirklichung einer anderen Institution sein muß. Zweitens läßt diese Antwort völlig im Dunkeln, wieso denn eigentlich die eine Regel (der Zweck- oder Wertsetzung) gegen die andere ausgetauscht wird.

Man könnte nun versucht sein, dieser mißlichen Lage dadurch zu entgehen, daß man den Zusammenhang zwischen Willensbestimmung und Wertbegriff lockert, indem man ein willentliches Abweichen von der Wertregel zuläßt, ohne diesen Willensakt sogleich als die Realisation eines anderen Wertes auffassen zu müssen. Damit manövriert man sich aber in keine bessere Argumentationsposition. Es ist nun nämlich nicht mehr deutlich, welcher Zusammenhang zwischen Wert und Willensbestimmung besteht. War der Zusammenhang bislang zu direkt, ist er nun zu lose, weil die Regel des Wertes nun zu einer lediglich unverbindlichen Richtlinie herabsinkt, die herangezogen werden kann oder auch nicht. Ein solcher Wertbegriff trägt insbesondere die starke Behauptung nicht mehr, er sei Garant der Rationalität des Wollens, ist ja seine einzige Verknüpfung aufgekündigt worden, die er zum Gesamtkomplex der Intentionalität besaß. Es liegt die Vermutung nahe, daß das hier offengelegte Dilemma von Hubigs Versäumnis verdeckt wurde, über einen gelegentlichen Hinweis auf Wittgensteins Privatsprachenargument hinaus genauer zu bestimmen, wie eine Regel normativ bindend wirkt. Eine genauere Untersuchung, in welcher Weise Regeln normativ bindend sind, hätte nämlich klären helfen, wie das Abweichen von einer Regel angemessen zu fassen ist.[51] Als Schlußfolgerung ergibt sich: Institutionen bestimmen entweder nicht bloß den Möglichkeitsraum individuellen Handelns, sondern haben eine sehr direkte Wirkung auf individuelles Handeln. Oder sie bestimmen nicht einmal den Möglichkeitsraum, weil sie in unverbindlicher Vagheit zur Willensbildung stehen.

---

[51] Vgl. unten Kap. 3.4 für die genauere Untersuchung der Normativität von Regeln.

Hubig markiert einen aus meiner Sicht zentralen Bereich, in dem institutionelles Handeln tatsächlich mit den Möglichkeitsräumen individuellen Handelns zu tun hat, lediglich in einer Nebenbemerkung, die überdies wenig zu seinem Gesamtkonzept paßt. Er bemerkt, daß Institutionen auch die Funktion haben, den Individuen allererst bewußt zu machen, welche Handlungsmöglichkeiten ihnen denn offenstünden.[52] Hier geht es also – in Hubigs Terminologie – nicht mehr um den volitionalen Aspekt der Zwecksetzung, sondern um den kognitiven Aspekt des Erkennens von Sachverhalten als möglichen Kandidaten für eine Zwecksetzung. Institutionen hätten nicht nur bei der Zwecksetzung Einfluß, sondern eröffneten Möglichkeitsräume auch in dem epistemischen Sinne, daß sie einen Einfluß darauf hätten, was als Sachverhalt überhaupt in den Gesichtskreis der Institutionsunterworfenen tritt. Mary Douglas[53] hat in einer ausführlichen Studie im Anschluß an Ludwik Fleck[54] die Abhängigkeit unseres Wissens und Wahrnehmens von Institutionen aufgezeigt. Diese Form der Erkenntnislenkung wäre also auch für Hubig ein Kandidat für die Festlegung des Möglichkeitsraums individuellen Handelns, weil Handlungsmöglichkeiten, die man (aufgrund institutioneller Schranken) nicht erkennt, keine Möglichkeiten sind. Allerdings führt Hubig diese Linie nicht weiter, weil sie zu Widersprüchen in seinem Modell führen würde. Hatte er doch die intentional kognitiven Momente der Handlungsbestimmung explizit von denen der intentional volitionalen getrennt, wobei ausschließlich letztere seiner Ansicht nach mit institutionellem Handeln via Wertsetzung verknüpft sei.

Diese Trennung ist jedoch nicht aufrechtzuerhalten, auch dann nicht, wenn man Douglas' Thesen keinen Glauben schenken will. Denn die Zwecksetzung ist über das von Hubig vorgegebene Maß hinaus von der Erkenntnis der für eine Zwecksetzung in Frage kommenden Sachverhalte abhängig. Nicht nur können keine Sachverhalte als Zwecke gesetzt werden, die man nicht als Sachverhalte kennt, wie Hubig hervorhebt, vielmehr lassen die jeweils bekannten Sachverhalte oftmals einen dieser Sachverhalte als Zweck dominant werden, der in einer anderen Konstellation bekannter Sachverhalte nicht dominant wäre. Nehmen wir an, ein Ehemann und Familienvater

---

[52] Vgl. Hubig. (1985), S. 193.
[53] Vgl. Douglas (1991).
[54] Vgl. Fleck (1935).

sehe in drei verschiedenen Situationen jeweils paarige Handlungsalternativen, zwischen denen er (eventuell: aus institutionellen Gründen) jeweils exklusiv eine Entscheidung trifft. Hat er zwischen den Wünschen der Ehefrau und der Schwiegermutter zu wählen, so wird er die Schwiegermutter zufriedenstellen; muß er zwischen den Forderungen von Ehefrau und Kindern wählen, fügt er sich der Ehefrau; treten die Kinder gegen die Schwiegermutter an, zieht die Schwiegermutter den kürzeren. Wie bei einer solchen Präferenzverteilung eine klare Zwecksetzung hinsichtlich aller drei Forderungsquellen erfolgen kann, dürfte ein Rätsel sein, das Public-choice-Theoretiker unter dem Stichwort »Condorcet-Paradoxon« schon länger in Atem hält.

Eine wesentliche Annahme bleibt dabei allerdings immer unbefragt gültig. Nach dem bislang vorgetragenen Intentionsmodell ist vor Beginn der Handlung klar, welche Handlung der Akteur ausführen will. Diese Handlung kann im Zuge der Ausführung glücken oder scheitern. Selbst wenn die Handlung scheitert, ist der Bezug auf die ursprünglich intendierte Handlung immer noch gegeben, weil das Ergebnis nämlich als gescheiterte Handlung vom Typ X aufgefaßt ist. Gemeinschaftshandlungen sind nun aber manchmal dadurch gekennzeichnet, daß die Beteiligten feststellen müssen, an einer ganz anderen Handlung teilgenommen zu haben, als sie anfangs beabsichtigten. Erst im Laufe der gemeinschaftlichen Handlung stellt sich dabei heraus, was der einzelne eigentlich getan hat. Die individuell intendierte Handlung scheitert nicht, sondern die Handlung wird dergestalt in ein Gemeinschaftshandeln eingebettet, daß sie eine Instanz eines ganz anderen Handlungstyps wird. Man denke nur daran, daß manchmal Leute mit den besten Absichten zusammenwirken und daraus ein Gemeinschaftshandeln resultiert, das das Gegenteil jeder darin involvierten guten Absicht ist. Unten werden wir ein ganz alltägliches Beispiel für eine solche »Umdeklaration« von Handlungen ausführlich diskutieren.[55] Wie könnte eine solche nachträgliche Umdefinition in einem Intentionsmodell erklärt werden, bei dem vor oder in der Handlung klar sein muß, was intendiert wird? Sollten Gemeinschaftshandlungen tatsächlich die beschriebene Eigenschaft besitzen, dann ist unklar, wie ein Modell individueller Intentionen damit fertig werden kann.

Die Kapazität der Erklärungen vermittels Intentionen ist aber noch nicht ausgeschöpft, denn bislang sind lediglich die Intentionen

---

[55] Vgl. unten Kap. 3.3.1.

berücksichtigt worden, die eine Person hinsichtlich ihrer individuellen Handlungen haben kann. Im folgenden Kapitel werden Wir-Intentionen eingeführt, also Intentionen, die nicht mehr allein auf die Handlung einer einzelnen Person bezogen sind, sondern auf ein Gemeinschaftshandeln. Mit Hilfe dieser Wir-Intentionen kann man das beschriebene Phänomen zumindest teilweise in den Griff bekommen. Außerdem wird die Absetzung der Wir-Intentionen gegenüber den auf individuelles Handeln bezogenen Intentionen auch zeigen, daß letztere nicht nur hinsichtlich des erwähnten Problems ein unzureichendes Modell gemeinschaftlichen Handelns bieten.

1.4. Gemeinschaftshandeln aus der Wir-Intentionalität individuellen Handelns?

John Searle verknüpft seine Überlegungen zur Wir-Intentionalität mit einem umgreifenden Modell sozialer Tatsachen.[56] Soziale Tatsachen beruhen, so die These, letztlich auf natürlichen Fakten. Natürlichen Tatsachen faßt Searle im Sinne eines ontologisch verstandenen externen Realismus auf.[57] Z. B. sei die natürliche Tatsache, daß in den höheren Lagen des Mount Everest Schnee und Eis liegen, eine Tatsache, die völlig unabhängig davon besteht, ob es Wesen gibt, die diese Tatsache repräsentieren. Damit sei nicht gesagt, daß sich dieser Sachverhalt in verschiedenen Sprachen oder Repräsentationssystemen nicht äußerst unterschiedlich darstellt, wenn er überhaupt repräsentiert wird, vielmehr will Searle lediglich betonen, daß jedes Repräsentationssystem aufruhen muß auf etwas ihm Externen (wie auch immer das zu beschreiben ist). Diese Realitätsauffassung braucht aus Gründen, die bei unserer Diskussion der konstitutiven Regel deutlich werden wird, nicht diskutiert zu werden, sie sollte lediglich benannt sein, um die Konzeption zu markieren, die Searle mit dem Begriff »natürliche Tatsache« verbindet.

Mit *The Construction of Social Reality* liefert Searle eine Theorie des Begriffs »institutionelle Tatsache«, den er zwar schon seit Anbeginn seiner Sprechakttheorie als Gegenbegriff zu »natürlicher Tat-

---

[56] Vgl. Searle (1995).
[57] Vgl. ebd., Kap. 7 und 8, bes. S. 183.

sache« verwendet, niemals aber recht entfaltet hat.[58] Der Überblick über die Taxonomie der Tatsachen, die eine Zusammenfassung seiner sozialontologischen Überlegungen präsentiert,[59] macht augenscheinlich, daß aus der einfachen Entgegensetzung dieser beiden Begriffe inzwischen ein kompliziertes Geflecht geworden ist, das u. a. auch »soziale Tatsachen« als Zwischenbegriff einbezieht. Konstruiert wird dieses Geflecht seinerseits im wesentlichen durch bereits bekannte Theoriebauteile, nämlich: (1) kollektive Intentionalität, (2) Zuschreibung einer Funktion, (3) konstitutive Regeln sowie (4) der »Hintergrund«.[60] Den Ausgangspunkt der Taxonomie markieren natürliche Tatsachen im Sinne repräsentationsunabhängiger Realität. Innerhalb der Taxonomie ergeben sich die sozialen Tatsachen als eine Unterklasse der intentionalen Fakten. Soziale Fakten sind kollektiv intentionale Fakten, im Gegensatz zu individuell intentionalen. Kollektive Intentionalität liegt jedem echt kooperativen und nicht bloß zufällig zusammenpassenden Verhalten zugrunde. Damit wäre die gemeinsame Jagd eines Rudels Wölfe ein Beispiel für ein soziales Faktum. Betrachten wir nun den Begriff der kollektiven Intentionalität genauer, bevor wir die Searlesche Auffassung von der Konstitution sozialer Tatsachen weiterverfolgen.

1.4.1. Das Konzept der Wir-Intentionalität

Den Begriff der kollektiven Intentionalität hat Searle bereits an anderer Stelle entwickelt.[61] Eine kollektive Intention sei nicht etwa die Intention eines kollektiven Bewußtseins oder des Weltgeistes, genausowenig wie eine gemeinschaftliche Handlung von einem kollektiven Subjekt ausgeführt werde. Deshalb liege zunächst der Gedanke nahe, gemeinschaftliche Handlungen aufzulösen in die Summe der von jedem Beteiligten beigetragenen individuellen Handlungen, bzw. eine kollektive Intentionalität in das Aggregat individueller Intentionen. Selbst dann, wenn den Gruppenmitgliedern neben diesen individuellen Intentionen auch noch wechselseitiges Wissen über die individu-

---

[58] Vgl. Searle (1965), Searle (1971), Kap. 2.7.
[59] Vgl. Searle (1995), S. 120–125.
[60] Vgl. ebd., S. 13.
[61] Vgl. Searle (1990).

ellen Intentionen der anderen Gruppenmitglieder zugebilligt wird, seien solche Analyseversuche entweder zirkulär oder inadäquat.[62]

Der Begriff der Kooperation lasse sich mit Ansätzen nicht adäquat fassen, die ohne die kollektive Intentionalität auskommen. Denn es ließen sich jederzeit Beispiele konstruieren, in denen alle betrachteten Personen jeweils dasselbe Ziel zu erreichen streben und wechselseitig voneinander wissen, daß sie diese Intention haben und auch andere Überzeugungen hinsichtlich dieses Ziels alle gleichermaßen besitzen, ohne daß die Personen entweder dieses Ziel als gemeinsames Ziel oder das für jeden Beteiligten identische (individuelle) Ziel auf dem Wege der Kooperation zu erreichen suchen müßten.[63] Das von Gilbert konstruierte Beispiel des »Ziggens«, das uns oben beschäftigt hat, gehört beispielsweise in diese Klasse.[64] Identische Ziele sind noch lange keine gemeinsamen Ziele, ebensowenig wie aus der wechselseitigen Kenntnis von parallel ausgerichteten Intentionen oder identischen Überzeugungen bereits eine gemeinschaftliche Intention oder gemeinschaftliche Überzeugung entstehen müßte (bloß paralleles Handeln ließe sich nicht von einem gemeinsamen Handeln unterscheiden). Der in jeder Kooperation wesentlich gegebene Querbezug zwischen den individuellen Beiträgen, der sich u. a. darin zeigt, daß ein Beitrag eben ein *Teil*beitrag zu einem Ganzen ist, kann bei der Konzentration auf parallele Intentionen oder identische Ziele nicht erfaßt werden. Versucht man den jeweiligen Teilbeitrag aus der Parallelität individueller Intentionen zu erklären, die auf dasselbe Ziel ausgerichtet sind (inklusive der wechselseitigen Kenntnisse davon), dann wird gerade nicht deutlich, wieso der Teilbeitrag der Teil einer gemeinschaftlichen Handlung sein soll. Denn jede der individuellen Intentionen und Handlungen ist gänzlich aus sich selbst verständlich und hängt von keiner der anderen parallelen Intentionen und Handlungen für ihren Erfolg ab.[65] In Ge-

---

[62] Vgl. auch für das Folgende ebd., S. 404–406.

[63] Searle (ebd. S. 404 f.) nimmt ein Beispiel aus Tuomela/ Miller (1988) auf, das er gegen die Versuche von Tuomela wendet, vermittels gemeinsamen Wissens und individueller Intentionalität Gemeinschaftshandeln zu erklären. Vgl. für die sich in Details ändernde Auffassung von Tuomela: Tuomela (1984), Tuomela/ Miller (1985) Tuomela/ Miller (1988), Tuomela (1991). Tuomela wehrt sich in seiner jüngsten Publikation [Tuomela (1995, S. 427 f.)] gegen Searle, der mit seinem Einwand die Konzeption in Tuomela/ Miller (1988) mißverstehe.

[64] Vgl. S. 56 dieser Arbeit.

[65] Um so verwunderlicher ist es, daß Bratman (1993, S. 101) von »shared intentions« spricht, wenn er explizit lediglich gleichgerichtete, individuelle Intentionen zulassen

meinschaftshandlungen bedingt dagegen der Handlungsbeitrag der Beteiligten den Erfolg des Ganzen und damit auch rückwirkend den Erfolg der zum Ganzen beitragenden Komponenten. Kollektive Intentionalität ist also nicht reduzierbar auf individuelle Intentionalität, selbst wenn man diese um wechselseitiges Wissen über die Intentionen der jeweils anderen ergänzt.

Wie muß aber eine kollektive Intention beschaffen sein, wenn sie weder als Aggregat individueller Intentionen, noch als Intention eines kollektiven Bewußtseins verstanden werden darf? Nun, jeder der Beteiligten an einer gemeinsamen Handlung H kann folgende Intention haben: Wir intendieren, Handlung H zu tun. Searle hebt hervor, daß jeder der Beteiligten dabei zugleich einen intentionalen Gehalt der Form hat: Ich intendiere Handlung I als Teil unserer Intention, H zu tun.[66] Wenn Müller und Schmidt eine Soße zubereiten wollen, indem der eine rührt und der andere die Zutaten in die Schüssel gießt, dann hat Müller die Intention: »Wir bereiten eine Soße, indem ich umrühre«, und Schmidt die Intention: »Wir bereiten eine Soße, indem ich die Zutaten hinzugebe«. Eine kollektive Intention impliziert folglich nicht, daß alle Beteiligten dieselbe Intention haben müßten.

Searle betont, daß die kollektive und die individuelle Intention nicht etwa zwei voneinander getrennte Intentionen sind, sondern daß die kollektive und individuelle Intention in einer Verknüpfung vorliegt, die der Verschränkung einer Zweck-Mittel-Relation analog ist. Das Mittel für einen Zweck ist ein Mittel nur dann, wenn es als Mittel für diesen Zweck verstanden wird. Entsprechend liegt eine

---

will. Bratman nennt Fälle zufälligen Gleichhandelns, in denen die Akteure nichts voneinander wissen, »gemeinschaftliches Handeln« (»acting together«). Dieser idiosynkratische Wortgebrauch rührt daher, daß Bratman die Irreduzibilität sozialen Handelns auf individuelles Handeln nicht eingestehen will, und deshalb den Unterschied definitorisch einebnet, den wir normalerweise zwischen gemeinsamen Handeln und parallelem individuellen Handeln machen. Er möchte es vermeiden, die bei den Beteiligten am gemeinschaftlichen Handeln vorhandenen individuellen Intentionen konstitutiv zu verknüpfen mit der Wir-Intention, gemeinsam zu handeln, weil er meint, daraus entstehe eine schädliche Zirkularität. Die Zirkularität stört aber nur dann, wenn man Sozialität auf das Aggregat individueller Größen zurückführen will; sie ist der Beleg für die Irreduzibilität und ist unvermeidbar, wenn man »Gemeinsamkeit« im üblichen Wortsinn gebraucht. Aufgrund Bratmans Definition kann man »gemeinsames Handeln« gewiß aus individuellen Intentionen herleiten; diese Herleitung verdankt sich jedoch allein einer unhaltbaren Definition von »gemeinsam«. Vgl. dazu auch Bratman (1990; 1992).

[66] Vgl. Searle (1990), S. 407.

kollektive Intention vor, wenn jeder der Beteiligten B_n eine Intention folgender Art hat: die kollektive Intention, H zu tun vermittels der individuellen Intention, I_n zu tun.[67] Diese Art der wesentlichen Bezogenheit auf das Gemeinschaftsgeschehen hat eine gravierende Konsequenz für das Verständnis unserer eigenen Handlungen, wie Searle hervorhebt.[68] Die kollektive Intentionalität ist gebunden an ein »Wir«. Wenn ich meine, an einer kollektiven Intention in der oben spezifizierten Weise teilzuhaben, ohne daß dieses »Wir« tatsächlich besteht, so habe ich nicht nur eine fehlerhafte Überzeugung, sondern ich weiß nicht einmal mehr, was ich getan habe, weil mein Tun seinen Sinn ja aus der vermeintlich gemeinsamen Handlung bezogen hat. Wenn Müller als Teil der Soßenzubereitung rührt, ohne daß Schmidt Anstalten machen würde, seinen Teil zur Zubereitung beizutragen, muß Müller sich fragen, was er da eigentlich tue. Er kann sich nicht damit beruhigen, daß er eben rühre, denn ein schlichtes Rühren hatte er nicht vor. Er wollte rühren, um mit Schmidt zusammen eine Soße herzustellen.

Vier Kritikpunkte wären gegen diese Konzeption einzuwenden. Erstens beschränkt Searle die Gemeinsamkeit unnötig auf zielgerichtete kollektive Handlungen. Die völlig ziellose Gemeinschaftlichkeit eines Freundeskreises oder einer Familie läßt sich mit einem Modell, das wesentlich auf die Mittel-Zweck-Relation abhebt, nicht adäquat fassen. Diesen Mangel sieht auch Searle selber und versucht ihn dadurch zu beheben, daß er solchen Gruppen eine Bereitschaft zur gemeinschaftlichen (zielgerichteten) Handlung zuschreibt bzw. eine Art Bewußtheit zuschreibt, die gemeinschaftlich und damit die Voraussetzung für eine zielgerichtete gemeinschaftliche Handlung sei.[69] Dieses Angebot ist offensichtlich eine Ad-hoc-Lösung, die wenig befriedigend ist, denn beide Formulierungsvarianten implizieren eine Gemeinschaftlichkeit, die bereits vor der zielgerichteten Handlung da ist und aus der entsprechenden kollektiven Intentionalität nicht erklärt werden kann. Zudem könnte man einfach das Gegenteil von Searles Behauptung aufstellen: Jene zielgerichteten gemeinschaftlichen Handlungen wären dann nichts anderes als die Bereitschaft zu Gemeinschaftsformen, die kein zielgerichtetes Handeln aufweisen.

---

[67] Vgl. ebd., S. 412.
[68] Vgl. ebd., S. 408.
[69] Vgl. ebd., S. 414.

Zweitens scheint der Prozeß des Erlernens kollektiver Handlungsweisen auf dem Hintergrund der vorgelegten Analyse schwer verständlich zu sein. Wenn eine kollektive Intention bei jedem Beteiligten nicht anders als in der oben spezifizierten Form einer Zweck-Mittel-analogen Konstruktion vorliegen kann, die kollektive Intention und individuelle Intention miteinander verknüpft, dann muß man die eingebundene individuelle Intention immer schon haben, um auch die kollektive Intention haben zu können. Derjenige, der als Neuling seinen Teil am gemeinschaftlichen Handeln aber noch nicht beherrscht, kann eine entsprechende individuelle Intention gar nicht ausbilden, und demzufolge auch keine kollektive Intention haben.

Der dritte Kritikpunkt ist allgemeinerer Art. Ohne Not scheint mir Searle die intersubjektiv zugänglichen Tatsachen öffentlich beobachtbarer Handlungen zugunsten der privaten Intentionen zu verlassen. Schlußfolgerungen aus folgendem Beispiel, das Searle konstruiert, sollen diesen Schritt bei ihm begründen: An verschiedenen Stellen sitzen in einem Park Gruppen und Grüppchen. Plötzlich beginnt es zu regnen, und alle Personen laufen auf eine zentral im Park stehende Schutzhütte zu, um dort Unterschlupf zu finden. Dem sichtbaren Verhalten der Personen sei es nun nicht abzulesen, ob jeder für sich allein diese Hütte aufzusuchen wünscht, oder ob es sich vielleicht um eine Art Freiluftballett handelt, das genau diese Choreographie vorsieht.[70] Unterstellen wir einmal, dem berichteten Geschehen sei nicht anzusehen, ob es die Summe individueller Handlungen, die alle dasselbe Ziel haben, oder ob es eine gemeinschaftliche Handlung ist. Diese Ununterscheidbarkeit entspringt aber nur dem gewählten Ausschnitt aus dem Handlungsfluß. Bezieht man nämlich die sich an die geschilderte Episode anschließenden Handlungen ein, so wäre der Unterschied von gemeinschaftlichem und individuellem Handeln sichtbar. Daß es sich um ein Freiluftballett gehandelt hat, kann man z. B. daran sehen, daß ein Choreograph die Tänzer für ihre Leistungen lobt oder tadelt, daß es Aufführungen dieses Balletts gibt etc. Durch die Einbettung in einen weiter gespannten Kontext sind die angeblich ununterscheidbaren Handlungen sehr wohl zu unterscheiden. Diese Einbettung nehmen wir oft auch im Alltagsleben vor, wenn wir im Unklaren darüber sind, ob sich eine Person uns gegenüber kooperativ verhält oder nicht. Wir beobachten ihr Verhalten in verschiedenen Situationen, stellen die

---

[70] Vgl. ebd., S. 402 f.

Person gar auf die Probe, um in dieser Weise Aufschluß zu erhalten. Es geht nicht darum zu behaupten, es gebe keine Intentionen (seien sie nun individueller oder kollektiver Art). Fraglich ist nur, ob man mit dem Rückgriff auf Intentionen eine höhere Erklärungsleistung erhält, als wenn man darauf achtet, welches Handeln sich jeweils anschließt.

Der vierte Kritikpunkt läßt daran zumindest Zweifel aufkommen. Der Searlesche Vorschlag einer kollektiven Intention wird dem Umstand nicht gerecht, daß jede einzelne unserer Handlungen je nach ihrer Verknüpfung mit anderen Handlungen Teil eines sehr unterschiedlichen Gemeinschaftshandelns sein kann. Um ein später ausführlich diskutiertes Beispiel schon vorweg zu nehmen:[71] Wenn ich in meiner Stammkneipe mein geleertes Bierglas von mir schiebe, um den Wirt zum Kassieren aufzufordern, habe ich eine kollektive Intention im Searleschen Sinne. Wenn nun der Wirt mein Glas nimmt und statt des Kassierens das Glas neu befüllt, so ist durch diese Anschlußhandlung des Wirts mein Handeln in ein ganz anderes Gemeinschaftshandeln eingebunden worden, als ich beabsichtigt hatte. Beim Befüllen des Glases wird mir klar, daß das Wegschieben des Glases als Nachschenkaufforderung verstanden werden kann, und ich besser statt zu zahlen wirklich noch ein Bier trinken sollte. Habe ich in diesem Fall zwei kollektive Intentionen: eine zu zahlen, die scheitert (aber nicht etwa, weil das »Wir« nicht existierte, sondern weil mein Handlungsbeitrag ein Beitrag zu einem anderen gemeinschaftlichen Handeln war, als ich ursprünglich dachte) und eine, ein Bier gezapft zu bekommen, die ich allerdings noch nicht hatte, als ich meine entsprechende Teilhandlung ausführte? Mir scheint eine befriedigende Beschreibung dieser Situation vermittels des Searleschen Apparats nicht möglich. Dagegen zeigt das Beispiel, daß die Anschlußhandlungen, mit denen andere Personen auf unser Tun reagieren, für uns nicht unwesentlich sind, wenn es um die Frage geht, was wir tun bzw. getan haben.

Wenn man die Searleschen Einsichten statt auf Intentionen direkt auf die öffentlich beobachtbaren Sachverhalte anwendet, kann man mit Searles Hilfe wichtige Eigenschaften des gemeinschaftlichen Handelns markieren. Analog zu dem Verhältnis von kollektiver Intention und damit zusammenhängender individueller Intention gilt dann: Die individuellen Teilhandlungen, die zusammengenommen

---

[71] Vgl. unten Kap. 3.3.1.

das gemeinsame Handeln konstituieren, lassen sich nicht unabhängig von diesem Gemeinschaftstun adäquat verstehen, sondern sind als Teile dieses Gemeinschaftstuns zu individuieren. Jeder Beteiligte führt seine Handlung nicht etwa ganz für sich aus und stellt danach fest, daß eine kooperative Leistung entstanden ist, vielmehr wird die einzelne Handlung erbracht, um die gemeinschaftliche Handlung auszuführen. Die individuelle Handlung wird wesentlich als ein *Beitrag zum Gemeinschaftshandeln* aufgefaßt und wäre demnach ohne das Gemeinschaftstun anders zu individuieren oder überhaupt sinnlos. Darin zeigt sich die Irreduzibilität des gemeinschaftlichen Tuns durch rein individuell verstandene Handlungen. Wer bei einem Gemeinschaftshandeln mitwirkt, überlagert das »Wir« der gemeinschaftlichen Handlung mit dem »Ich« seines spezifischen Beitrags zu dieser gemeinschaftlichen Handlung. Dadurch daß jeder Beteiligte sowohl das »Wir-Projekt« als auch seinen dazu erforderlichen »Ich-Beitrag« im Gemeinschaftstun zugleich realisiert, bedarf es zu einer Gemeinschaftshandlung keines kollektiven Subjekts, sondern die »Ich-Beiträge« ergänzen sich aus ihrer Abhängigkeit von dem übergreifenden »Wir-Projekt« zu einem kohärenten Ganzen. Damit ist, darauf hatte Searle ebenfalls aufmerksam gemacht, gerade nicht gesagt, daß alle Beiträge sich gleichen, vielmehr entsteht Gemeinschaftshandeln aus aufeinander abgestimmten und differenten Handlungen.

1.4.2. Kollektive Akzeptanz konstitutiver Regeln als Basisstruktur gemeinschaftlichen Handelns?

Möglicherweise ist die Kritik an der Konzeption der kollektiven Intentionalität jedoch verfrüht, hat Searle sie ja in einen umfassenderen Theorierahmen eingebunden, den er in *The Construction of Social Reality* entwickelt hat. Prüfen wir deshalb, ob er dort überzeugendere Erklärungen für gemeinschaftliche Handlungen anbietet, und nehmen dazu die Diskussion an der Stelle wieder auf, wo wir sie oben unterbrochen haben. Searle entwickelt die Taxonomie der Tatsachen von der oben erwähnten Ebene der sozialen Tatsachen über mehrere Stufen hinweg weiter anhand der Funktionen, die auf diesen Stufen jeweils zugeschrieben werden. Er hebt dabei u. a. hervor, daß eine Funktionszuschreibung immer ein normatives Element einführt. Die Normativität von Funktionszuschreibungen ist offensichtlich, weil es durch die Funktionszuschreibung möglich wird, eine

Fehlfunktion festzustellen: die Funktion wurde nicht erfüllt, hätte aber erfüllt werden sollen.[72]

Die institutionellen Tatsachen ergeben sich innerhalb der Taxonomie schließlich aus der Zuschreibung einer ganz speziellen Klasse von Funktionen, nämlich von »Statusfunktionen«. Einem Phänomen (sei es ein Gegenstand, ein Vorgang oder was auch immer) wird dabei ein von den Zwecken der Handelnden im weitesten Sinn abhängender Status zugeschrieben, der das Phänomen in die Lage versetzt, Funktionen auszuführen, die es aufgrund seiner physischen Beschaffenheit nicht ausführen könnte. Ein Hammer kann bereits aufgrund seiner physischen Eigenschaften dazu dienen, Nägel einzuschlagen. Anders dagegen bei einem in bestimmter Weise gefärbten Papierstreifen. Erst dann, wenn diesem der Status von (Papier-)Geld zugewiesen wird, kann er die Funktionen von Geld ausführen, wozu er allein aufgrund seiner Physis nicht in der Lage wäre. Diesen Status kann nun offensichtlich nicht ein Einzelner zuschreiben, weil die mit dem Status verknüpften Funktionen soziale Funktionen sind. Demnach ergeben sich institutionelle Tatsachen nach Searle, wenn durch die kollektive Intentionalität der gemeinsamen Akzeptanz bzw. Anerkennung einem Phänomen ein solcher Status zugeschrieben wird.

Searle verwendet das dritte oben genannte Theorieelement, die konstitutive Regel (also eine Regel der Form »X gilt als Y in Kontext K«), in Verbindung mit der kollektiven Intentionalität des »wir akzeptieren« als Formalismus für die Zuschreibung einer Statusfunktion. In erster Näherung ergäbe sich die Formel einer institutionellen Tatsache wie etwa DM-Geldscheine zu: Wir akzeptieren, daß X (bestimmt geformte und gefärbte Papierstreifen) als Y (Geld) im Kontext K (BRD) gelten. Drei Dimensionen der Statusfunktionen soll die konstitutive Regel abbilden. Erstens existierten ohne die Regel die mit Y verknüpften Funktionen überhaupt nicht, weil sie diese allererst konstituiert. Damit steht sie in dem aus Searles Sprechakttheorie geläufigen Gegensatz zur regulativen Regel, die bereits unabhängig von der Regel bestehende Tatsachen regelt.[73] Ohne die konstitutiven Regeln des Schachs könnte niemand Schach spielen, sehr wohl könnte Verkehr aber ohne die (regulativen) Verkehrsregeln stattfinden (in wahrscheinlich reichlich chaotischer Weise). Zweitens macht der Formalismus deutlich, daß eine Regel gemeinschaftlich akzep-

---

[72] Vgl. Searle (1995), S. 13–23.
[73] Vgl. Searle (1971), Kap. 2.5.

tiert wird, die *als Regel* wesentlich präskriptiv ist, wodurch der normative Aspekt jeder Funktionszuschreibung abgebildet werden kann. Drittens wird die Abhängigkeit institutioneller Tatsachen von Repräsentation und damit Sprachlichkeit deutlich. Die konstitutive Regel macht sichtbar, daß Y rein physisch betrachtet dasselbe Phänomen wie X ist. Der einzige Unterschied besteht darin, daß der unterschiedliche Status, der Y beigelegt wird, Y zu Funktionen befähigt, die X nicht auszuführen in der Lage ist. Würde X also nicht als Y repräsentierend und somit über sich selbst hinaus auf Y verweisend verstanden, könnte es die entsprechenden Funktionen nicht ausführen. Diese Auffassung von etwas als über sich selbst hinausweisend, ist in seiner Struktur symbolisch und damit ein sprachlicher Vorgang. In anderen Worten: Die Zuschreibung einer Statusfunktion erfordert eine Sprache.[74] Somit sind institutionelle Fakten, anders als soziale Tatsachen, allein Wesen vorbehalten, die einer Sprache fähig sind. Jede Institution erfordere linguistische Elemente zur Konstitution ihrer Tatsachen. Zwar ist Sprache selbst auch eine institutionelle Tatsache, aber eine, die keine andere mehr voraussetzt, einfach weil jeder Gebrauch von etwas, um etwas anderes zu bezeichnen, bereits sprachlich strukturiert ist.

Searle treibt die Formalisierung und Vereinheitlichung noch weiter. Die Vielzahl aller institutioneller Tatsachen wird auf eine »Basisstruktur« zurückgeführt.[75] Ganz allgemein schreibt eine Statusfunktion einer Entität eine neue Fähigkeit oder Macht (power) zu bzw. ist eine wahrheitsfunktionale Operation (Negation, Konditionalisierung etc.) darüber.[76] Nimmt man hinzu, daß soziale Objekte, wie etwa Geldscheine, durch soziale Akte konstituiert werden und somit nichts weiter sind, als die fortwährende Möglichkeit der entsprechenden Handlung,[77] dann schreiben Statusfunktionen bestimmten Personen(gruppen) S die Fähigkeit oder Macht zu, A zu tun, wobei A für irgendeine Aktion oder Handlung steht, einschließlich eines Unterlassens.[78] Die Basisstruktur der institutionellen Tatsachen ergibt sich somit zu: Wir akzeptieren (S hat die Fähigkeit oder Macht (S tut A)). Komplexe institutionelle Tatsachen erschließen sich dadurch, daß

---

[74] Vgl. Searle (1995), Kap. 3, bes. S. 69 f.
[75] Vgl. ebd., S. 111.
[76] Vgl. ebd., S. 95.
[77] Vgl. ebd., S. 36.
[78] Vgl. ebd., S. 98.

Statusfunktionen iterierbar sind, d. h., daß der X-Terminus der konstitutiven Regel nicht ein natürliches Phänomen beschreiben muß, sondern selbst eine institutionelle Tatsache sein kann. Das impliziert jedoch nicht, daß natürliche Tatsachen entbehrlich würden, vielmehr bilden sie die Basis für den darauf aufruhenden, iterativ erzeugten Bau institutioneller Fakten. Wenn schließlich bedacht wird, daß die institutionellen Tatsachen notwendig wechselweise miteinander in verschiedenster Weise verknüpft sind,[79] dann scheint Searle mit seiner Analyse, die in einer knappen logischen Struktur gipfelt, einen leistungsfähigen Erklärungsansatz für unsere soziale Realität vorgelegt zu haben.

Doch ein genauerer Blick läßt diese Einschätzung fraglich werden. Searles Erklärung für das Entstehen institutioneller Tatsachen gilt immer nur für ein einzelnes Faktum innerhalb einer bereits bestehenden Institution, nie aber für das Entstehen einer Institution als Typ.[80] Wenn man den Umgang mit Geld und im speziellen mit Papiergeld als bereits eingeführt voraussetzt, dann kann man mit Hilfe des Searleschen Apparats begreifen, wie Personen in Kenntnis dieser allgemeinen Praxis auf die Idee kommen, ein bestimmtes Stück Papier als 100-DM-Schein anzusehen. Searle gibt zwar einen kurzen Abriß, wie sich unser heutiges physisch wertloses Papiergeld aus Tauschverhältnissen physisch werthaltiger Dinge entwickelt hat.[81] Searle spielt dabei jedoch die erforderlichen Entwicklungsschübe herunter, um den mit seinem Modell einhergehenden Mangel an Erklärung unsichtbar werden zu lassen. So führt er aus, daß es nur ein kleiner Schritt sei vom Tausch benötigter Gebrauchsgegenstände (z. B. tauscht ein Töpfer Gefäße gegen Tierfelle eines Jägers) hin zum Tausch von Gebrauchsgegenständen gegen Edelmetalle (bzw. gegen aus Edelmetall gefertigte Münzen, die nicht als Münzen, sondern wegen ihres Metallgehaltes begehrt sind). Denn wir schrieben sowohl dem Edelmetall (sei dies als ungeformter Klumpen oder als geschlagene Münze) Wert zu wie auch dem jeweils benötigten Gegenstand.

Diese Erklärung ist so lange stichhaltig, als das Edelmetall aufgrund seines Gebrauchswerts (z. B. zur Herstellung von Schmuck) begehrt ist. In diesem Fall hat sich am Prinzip des Tauschens von

---

[79] Vgl. ebd., S. 35, 80.
[80] Vgl. ebd., S. 115 f.
[81] Vgl. ebd., S. 42 f.

Dingen mit Gebrauchswert nichts geändert. Ob der Töpfer nun Tierfelle oder Gold gegen seine Gefäße eintauscht, macht für ihn keinen Unterschied, weil beides gleichermaßen der Befriedigung seiner Bedürfnisse dient, entweder als Kleidung oder als Schmuck. Etwas ganz anderes ereignet sich hingegen, wenn der Töpfer dem Gold Wert nicht mehr im Sinne von Gebrauchswert, sondern im Sinne von Tauschwert zuschreibt. Das Gold selbst will der Töpfer nun nicht mehr verwenden, sondern es in einem weiteren Tauschakt gegen andere Güter eintauschen, die für ihn Gebrauchswert haben. Diese Ablösung des Tausch- vom Gebrauchswert verschleiert Searle, indem er in beiden Fällen einheitlich von »Wert« spricht, der zugeschrieben werde. Daß etwas wesentlich Tausch- und nur noch in wenigen Spezialfällen Gebrauchswert (etwa für Juweliere) hat, ist aber die Entstehung einer neuen sozialen Funktion und damit eines neuen sozialen Handlungszusammenhangs, der dringend erklärungsbedürftig wäre. Eine wenig plausible Erklärung besteht darin, daß irgend einem sozial begabten Genie die Idee zu einer solchen Funktion eben eingefallen sei und die anderen Gesellschaftsmitglieder diese Idee kollektiv akzeptiert hätten.[82] Das hieße nämlich, daß sich sozialer Wandel von einem Tag auf den anderen ereignen würde, statt in dem tatsächlich zu beobachtenden zähen Gang, der Stagnation und Rückfälle in bereits überwunden geglaubte Formen sozialen Zusammenwirkens einschließt.

Nicht nur in dem bereits benannten Zusammenhang wäre es für den Erklärungswert der Searleschen Theorie unabdingbar, den Begriff der »kollektiven Akzeptanz« genauer zu fassen. Dieses Versäumnis ist auch merklich an der Spannung, die zwischen dem Konzept des »Hintergrunds« und der kollektiven Akzeptanz besteht, die nach Searle durch ihre Fortdauer für den Erhalt institutioneller Tatsachen verantwortlich sein soll.[83] Wäre die Anwendung einer Regel erneut in einer Regel gefaßt, so ergäbe sich ein infiniter Regreß. Diesen Regreß unterbindet nach Searle der »Hintergrund« nicht-regelhafter Fertigkeiten und Kenntnisse. Besitzt eine Person entsprechende Fertigkeiten, so wird sie sich in den einschlägigen Situationen regelgerecht verhalten, ohne die jeweilige Regel kennen zu müssen, weil der Hintergrund dieses Verhalten kausal bestimmt.[84] Der Hin-

---

[82] Vgl. ebd., S. 43.
[83] Vgl. ebd., S. 117–119.
[84] Vgl. ebd., S. 143.

tergrund wird in institutionskonformer Weise kausal wirksam, weil wir durch Belohnung und Strafe im Zuge der Einübung der jeweiligen Institution dazu gebracht werden, entsprechende Fertigkeiten zu entwickeln.[85] Zu Recht betont Searle also, daß wir die meisten unserer Institutionen nicht etwa durch freiwillige Zustimmung annehmen, wie es mit dem Wort »Akzeptanz« suggeriert wird. Es ist die Korrektur durch andere und d. h., ein im Sinne der Institution abgestimmt an das Verhalten des Lernenden anschließendes Handeln, das zum Erlernen institutioneller Regeln führt.[86]

Aber auch wenn wir zugestehen, daß eine Person zu einem Handeln kausal bestimmt wurde, so beurteilen wir ihr Handeln dennoch hinsichtlich des institutionell Gebotenen manchmal als falsch. Searle möchte diesem Umstand mit der Feststellung gerecht werden, daß wir Institutionen als normativ verstandene Regelsysteme kollektiv akzeptieren.[87] Selbst dann, wenn man einräumen würde, daß die kollektive Akzeptanz ein plausibles Modell zur Erklärung der Normativität von Regeln wäre,[88] müßte Searle noch erklären, wieso wir die Institutionen, die uns via Hintergrund bereits kausal im Handeln bestimmen, zusätzlich auch noch akzeptieren müßten. Besteht die Normativität von Regeln nicht viel eher darin, daß eine Abweichung von einer institutionellen Regel durch andere Personen korrigiert bzw. mit Sanktionen belegt wird? Statt der kollektiven Akzeptanz einer Regel, die zumindest bei Searle vom Himmel fällt, wäre es also erneut ein im Sinne der Institution abgestimmtes Anschließen unterschiedlicher Handlungen aneinander, die die Normativität der Institution entstehen läßt. Der Fortbestand von Institutionen wäre nicht von einer kollektiven Akzeptanz abhängig, sondern davon, daß die Institutionsunterworfenen in der für die Institution normalen Weise an das institutionskonforme Verhalten der anderen Personen anschließen und im Abweichungsfall korrigierend bzw. sanktionierend reagieren.

Ob Searle genau diese Art abgestimmten Anschlußverhaltens als die kollektive Intention des Akzeptierens vor Augen hatte, ist dem Buch nicht zu entnehmen. Zwar hat er »wir akzeptieren« als

---

[85] Vgl. ebd., S. 145.
[86] Vgl. unten Kap. 3.4.2 für die Verknüpfung von Lernsituationen und Normativität.
[87] Vgl. Searle (1995), S. 146 f.
[88] Vgl. unten Kap. 3.5 für den Nachweis, daß Akzeptanz kein geeignetes Modell von Regelnormativität bildet.

eine Kurzformel für eine ganze Reihe von Begriffen bei der Formulierung der »Basisstruktur« eingeführt,[89] ohne jedoch an anderer Stelle im Buch oder in irgendeiner anderen Publikation näher darauf einzugehen, was diese von anderen Arten kollektiver Intentionalität unterscheidet. Ist »Akzeptanz« demnach einfach der Name für jede Intentionalitätsform, solange sie nur kollektiv ist? Wieso verwendet Searle dann ausgerechnet diesen Begriff? Oder soll »Akzeptanz« die übliche Wortbedeutung haben? Dann wäre dieser Ansatz aber auch über die genannten Gründe hinaus deshalb unplausibel, weil Searle in dem bereits zitierten Artikel, in dem er erstmalig den Begriff der kollektiven Intentionalität vorgestellt hat, für die Existenz einer kollektiven Intention fordert, daß alle Beteiligten am Gemeinschaftsgeschehen diese kollektive Intention haben müssen. Offensichtlich hören unsere sozialen Institutionen aber nicht auf zu existieren, wenn gegen sie (vereinzelt) verstoßen wird, d. i., wenn die Akzeptanz der Institution nicht einhellig ist.

Als gleichermaßen sozialontologisch unergiebig erweist sich die konstitutive Regel, die das Herzstück der Verknüpfung von natürlichen Tatsachen mit institutionellen darstellt. Searle hatte zu Recht hervorgehoben, daß die rein physischen Eigenschaften eines Phänomens die Funktionen nicht erklärt, die es unter der Statuszuweisung gemäß der konstitutiven Regel erfüllen kann. Es ist für uns irrelevant, ob ein Stück Plastik oder ein Stück Papier vor uns liegt, wenn wir der Kreditkarte wie auch dem Geldschein gleichermaßen den Status »Geld« zuschreiben. Die konstitutive Regel sagt nichts darüber aus, wie der Status mitsamt seiner Funktionen selbst entsteht (das gesamte Buch, wie wir oben bereits sahen, schweigt dazu ebenfalls). Und sie ist entweder irreführend oder trivial dort, wo sie vorgibt, die Konstitution eines natürlichen Faktums als institutionelle Tatsache zu klären. Es ist nämlich nicht der Fall, daß selbst bei konstitutiven Regeln, die einem nicht bereits institutionell überformten natürlichen Phänomen erstmalig einen Status zuweisen, die »reine Physis« dem Sozialen zugeordnet würde. Der soziale Gebrauch, der mit dem zuzuschreibenden Status verbunden ist, bestimmt nämlich erstens, wann überhaupt auf die physischen Eigenschaften geachtet wird, und zweitens, welcher Ausschnitt aus der Gesamtheit aller physischen Eigenschaften des vorliegenden Phänomens dann relevant

---

[89] Vgl. Searle (1995), S. 111.

ist.[90] Die Physis eines Geldscheins wird beispielsweise dann wichtig, wenn eine Fälschung vermutet wird. Um diesen Verdacht zu erhärten, werden nicht etwa alle, sondern nur bestimmte, vom »Status« Falschgeld relevant gesetzte Merkmale geprüft.

Entweder ist Searles konstitutive Regel schlicht irreführend, weil sie die statusbezogene Überformung der im X-Terminus der Regel genannten physischen Merkmale verschweigt. Oder sie begreift diese Überformung ein, dann ist sie jedoch trivial, weil sie nichts anderes aussagt als: Wenn eine Institution in einer bestimmten Situation fordert, daß ein Phänomen bestimmte physische Merkmale haben muß, um im institutionellen Geschehen eingebunden werden zu können, dann darf das Phänomen nur entsprechend gebraucht werden, wenn es diese Merkmale aufweist. Nicht die Physis steht also dem Sozialen gegenüber, vielmehr stehen soziale Zusammenhänge, in denen gemäß sozialen Bedingungen relevant gesetzte natürliche Tatsachen wichtig sind, solchen gegenüber, in denen das nicht der Fall ist. Anders gesagt: Ob wir Phänomene unter dem Gesichtspunkt der Physis oder des sozialen Gebrauchszusammenhangs betrachten, hängt nicht von den Phänomenen ab, sondern von den sozialen Gebrauchszusammenhängen, in denen sie eingebettet sind. Um der Ontologie des Sozialen auf die Spur zu kommen, ist es demnach wenig hilfreich, eine bereits von sozialen Prozessen bestimmte Sichtweise als das scheinbar vorsoziale Fundament sozialer Prozesse auszuweisen. Deshalb braucht man sich im Rahmen einer sozialontologischen Fragestellung auch nicht in die Realismusdebatte hinsichtlich der natürlichen Tatsachen einzumischen.

Verschiedentlich habe ich bei der Kritik der Erklärungen von gemeinschaftlichem Handeln durch Intentionen den Begriff »Anschlußhandlungen« verwendet, der gemeinschaftliches Handeln adäquater zu beschreiben gestatte. Dieser Begriff verdankt sich der Luhmannschen Systemtheorie, die im nächsten Kapitel daraufhin untersucht werden soll, ob sie mit Hilfe dieses Begriffs ein angemesseneres Bild gemeinschaftlicher Handlungen als die bisher untersuchten Ansätze liefern kann.

---

[90] Deshalb müssen sämtliche Ansätze scheitern, die wie Searle zwischen natürlichen Tatsachen auf der einen Seite und institutionellen Tatsachen auf der anderen Seite vermittels der konstitutiven Regel zu scheiden können glauben. Dies trifft z. B. auf Ostrom (1986, S. 7) wie auf Ferber (1993) zu.

1.5. Individuelles Handeln als Umwelt eines gemeinschaftlichen Systems von Anschlußhandlungen?

Die bisher untersuchten Ansätze versuchten, die Frage nach dem Zusammenhang zwischen individuellem und gemeinschaftlichem Handeln zu klären, indem sie vom Subjekt aus, von seinen Einstellungen, Intentionen und seinem Wissen zu gemeinschaftlichen Phänomenen zu gelangen suchten. Niklas Luhmanns systemtheoretische Analyse der sozialen Wirklichkeit kehrt diese Perspektive um. In seinem theoretischen Hauptwerk *Soziale Systeme* sortiert er das menschliche Individuum in die Umwelt der sozialen Systeme.[91] Luhmann entwirft also eine soziologische Theorie, die ohne den Weg über das Individuum das eigenständige Phänomen des Sozialen erklären soll. Individuelle Handlungen mutieren unter diesem Blickwinkel zu Konstrukten der sozialen Kommunikation.[92] Im folgenden wird allerdings zu sehen sein, daß Luhmann bereits bei einigen seiner Grundbegriffe Ungereimtheiten zuläßt, die den Erklärungsanspruch der gesamten Theorie fraglich werden lassen.

Die Grunddifferenz der Systemtheorie[93] ist die Unterscheidung zwischen System und Umwelt. Für die soziologische Systemtheorie sind nur offene Systeme relevant, d. h. solche, für die die Umwelt eine Rolle spielt. Die Umwelt ist Umwelt immer relativ zu einem System. Anders als das System, das eine Grenze (nämlich die zu seiner Umwelt) besitzt, ist die Umwelt nicht begrenzt und deshalb selbst kein System; sie bildet quasi den offenen Horizont für das System.[94] Die Systemumwelt muß unterschieden werden von den eventuell vorhandenen Systemen in der Umwelt. Wenn die Unterscheidung von System und Umwelt auf das System selbst angewendet wird, entsteht ein *ausdifferenziertes* System. Das Gesamtsystem erscheint für die bei der Ausdifferenzierung entstehenden Teilsysteme als Umwelt, so daß das Gesamtsystem nun als eine Einheit von Teilsystem und »interner« Umwelt gelten kann, wobei diese Aufteilung des Gesamtsystems entlang ganz verschiedener, einander überlappender und durchkreuzender Schnittlinien für die unterschiedlichen Teil-

---

[91] Vgl. Soziale Systeme, S. 288 f.

[92] Vgl. Soziale Systeme, S. 191.

[93] Natürlich gibt es eine ganze Reihe von mehr oder minder unverträglichen Ansätzen, die sich alle Systemtheorie nennen. Wenn ich hier von »Systemtheorie« spreche, so ist immer die Luhmannsche Auffassung von Systemtheorie gemeint.

[94] Vgl. Soziale Systeme, S. 36.

systeme erfolgen kann. Dieser Sachverhalt macht es unmöglich, derartige Subsystembildungen in Begriffen von Teil und Ganzem zu begreifen, weil sich dann ja die Teile (die Subsysteme) zusammengenommen zu dem Ganzen des Gesamtsystems fügen müßten, was aber bei der Möglichkeit einer Überlappung von Teilsystemen nicht mehr der Fall sein muß.[95] Eine Ausdifferenzierung eines Systems ist nur durch Selbstreferentialität[96] möglich, weil das Gesamtsystem eine Beschreibung zumindest von seiner System-Umwelt-Differenz systemintern als Orientierung bei der Subsystembildung verwenden muß (wäre dies nicht so, wäre die Subsystembildung keine Subsystembildung, sondern schlicht die Bildung eines neuen Systems entlang neuer Grenzlinien). Dasselbe soziale System ließe sich z. B. anhand der Prinzipien Zentrum/ Peripherie, Funktionssysteme, Hierarchie in ein sehr unterschiedliches Geflecht von Teilsystemen zerlegen.

Die zweite Leitdifferenz der Systemtheorie ist die Unterscheidung zwischen Element und Relation. Dabei gilt, daß es Elemente nicht ohne relationale Verknüpfung und Relationen nicht ohne Elemente gibt.[97] Ein Element ist dasjenige, was für ein System eine nicht weiter auflösbare Einheit ist, die aus der Sicht anderer Systeme sehr wohl weiter untergliederbar sein mag. Gegen die traditionell vertretene Auffassung, Elemente seien undekomponierbare, ein für alle Mal vorgegebene Entitäten, pocht Luhmann auf die Systemabhängigkeit der Elemente. Die Einheit des Elementes wird »als Einheit erst durch das System konstituiert, das ein Element für Relationierungen in Anspruch nimmt.«[98] Systeme sind nun nicht einfach Relationen zwischen Elementen, vielmehr besteht für das Verhältnis der Relationen ein bestimmtes Bedingungsgefüge, eine »Konditionierung«. »Bei Zunahme der Zahl der Elemente, die in einem System oder für ein System als dessen Umwelt zusammengehalten werden müssen, stößt man sehr rasch an eine Schwelle, von der ab es nicht mehr möglich ist, jedes Element zu jedem anderen in Beziehung zu setzen.«[99] Systeme, die diese Schwelle überschreiten, sind *komplexe*

---

[95] Vgl. Soziale Systeme, S. 38.
[96] Selbstreferenz bedeutet dabei, daß Systeme dabei entweder bei der Konstitution ihrer Elemente oder elementaren Operationen auf Elemente desselben Systems, Operationen des Systems oder die Einheit des Systems Bezug nehmen. Vgl. Soziale Systeme, S. 25.
[97] Vgl. Soziale Systeme, S. 41.
[98] Soziale Systeme, S. 42.
[99] Soziale Systeme, S. 46 [Hervorhebungen im Zitat getilgt].

Systeme. In komplexen Systemen herrscht die Notwendigkeit der Selektion: nicht mehr jede Relation kann zwischen den Elementen realisiert werden. Die Umwelt sei immer komplexer als das System, so daß das System zur Erhaltung der System-Umwelt-Differenz zu Selektionsstrategien genötigt sei, weil es nicht jedem Umweltzustand einen Systemzustand entgegensetzen könne. Das System muß aber nicht nur die Komplexität der Umwelt reduzieren, sondern ist, weil alle hier einschlägigen Systeme allesamt selbst komplexe Systeme sind, zur Komplexitätsreduktion im Systeminnern und daher zur Selektion gezwungen. Welche Ordnung in der Relationierung der Elemente gewählt wird, hängt dann von der Art der aufrechtzuerhaltenden System-Umwelt-Differenz ab.[100]

Mit »Reduktion der Komplexität« ist ein Begriff genannt, der in Luhmanns Texten praktisch an allen wesentlichen Angelpunkten der Theoriebildung zu finden ist. Das Konzept der Komplexitätsreduktion läßt sich aber mit der erläuterten Differenz zwischen Element und Relation nicht kohärent beschreiben. Ein offensichtlicher Widerspruch besteht darin, daß Luhmann einerseits Elemente als Entitäten faßt, die nicht ein für alle Mal vorgegeben sind, sondern immer nur die Elemente sind, die sie sind, wenn sie in bestimmten Relationen stehen. Im Zusammenhang mit dem Komplexitätsbegriff muß er aber anderseits voraussetzen, daß es Elemente unabhängig von bestimmten Relationen geben kann, weil er ansonsten nicht behaupten könnte, nicht alle Relationen, die zwischen den (unabhängig von diesen Relationen gedachten) Elementen bestehen könnten, ließen sich in komplexen Systemen realisieren.

Drei verschiedene Wortbedeutungen von »Element« lassen sich bei Luhmann feststellen, wobei Luhmann nur zwei Bedeutungen voneinander unterscheidet. Der Klarheit halber sei »Element« deshalb in drei Unterbegriffe aufgespalten: Substanz, Bestandteil und Element (im engen Sinne). In der ersten Wortbedeutung ist das Element im Sinne der Tradition als unabhängig von jedem System festgelegte atomare Substanz begriffen. Diesen Begriff von Element lehnt Luhmann ab. Er will »Element« immer nur im Zusammenhang mit dem Relationsbegriff denken, der bei diesem Substanzbegriff ausgeblendet sei. Allerdings sind seine Ausführungen hinsichtlich des genauen Zusammenhangs zwischen Element und Relation uneindeutig. Wenn Luhmann davon spricht, daß Relationen nicht ein-

---

[100] Vgl. Soziale Systeme, S. 47 f.

fach zu Elementen hinzuaddiert seien, sie vielmehr das Element hinsichtlich eines Ausschnitts aus ihren Möglichkeiten qualifizierten,[101] dann verwendet er »Element« im Sinne von »Bestandteil«. Ein Bestandteil ist immer, daher sein Name, in ein System eingebunden, allerdings ist er nicht auf ein konkretes System einer bestimmten Element-Relationsverknüpfung festgelegt. Der Bestandteil ist dasjenige, was sich als Identisches durchhält, wenn die verschiedenen möglichen Relationen, in denen er stehen kann, tatsächlich ausgeprägt werden. Beispielsweise könnte eine Entität in den Relationen A, B oder C, nicht jedoch in der Relation D zu anderen Entitäten stehen.[102] Die Entität erschiene, wenn sie tatsächlich in eine der drei möglichen Relationen eingebunden wäre, jeweils verschieden, weil die Relationen nach Luhmann ja die Elemente qualifizieren. Dieser verschiedenen Erscheinungsweise zum Trotz von ein und derselben Entität zu sprechen, setzt voraus, daß man diese Entität im oben explizierten Sinne von Bestandteil versteht, nämlich als das Identischbleibende in den differenten Erscheinungsformen. Der Begriff des »Bestandteils« rückt damit in nächste Nähe zu der von Luhmann bekämpften Substanzauffassung des Elementbegriffs. Da Luhmann »Element« im Sinn von »Bestandteil« verwendet, wenn er über den Begriff der Komplexität redet, scheint er wider alle eigene Bekundungen keinen Schritt über die traditionelle Substanzauffassung hinausgekommen zu sein. Den systemtheoretisch angemessenen Begriff von Element bildet dagegen das Element im engeren Sinn. Das Element im engen Sinn ist ausschließlich in einer bestimmten Einbindung in eine spezifische Relationsstruktur existent. Im Gegensatz zum Bestandteil ist es nicht der identisch bleibende Knotenpunkt unterschiedlicher möglicher Verknüpfungen, sondern ein Knotenpunkt in einem einzelnen, konkret gegebenen System.

Das Sprechen von der Komplexitätsreduktion impliziert zwei Probleme, die Luhmann nicht untersucht. Das erste Problem besteht darin, daß Luhmann den Unterschied von Bestandteil und Element im engen Sinn nicht klärt. Diesen Unterschied muß er aber verwenden, um Komplexität erläutern zu können. Stünde ihm nämlich nur der Elementbegriff im engeren Sinn zur Verfügung, so könnte Luh-

---

[101] Vgl. Soziale Systeme, S. 66.

[102] Der Einfachheit halber sei angenommen, daß die Relationen nicht miteinander kombiniert werden können (die Entität kann z.B. nicht in der Relation A und B zu anderen Entitäten stehen).

mann nicht unterscheiden zwischen den möglichen Verknüpfungen, die ein Element eingehen könnte, und den Relationen, in denen es aufgrund der Selektionszwänge tatsächlich steht. Der Elementbegriff im engeren Sinn bezeichnet nur eine Entität in ihrer konkret vorliegenden Einbettung, erfaßt also nur den zuletzt beschriebenen Sachverhalt. Umgekehrt läßt sich mit dem Begriff »Bestandteil« die Entität zwar in ihrer Identität quer zu allen möglichen Relationierungen fassen, aber gerade nicht in ihrer Spezifik, die sie durch die Einbettung in eine bestimmte Verknüpfung erhält. Daß ein System komplex sei, ergibt sich nach Luhmann daraus, daß nicht mehr alle möglichen Relationen einer Entität (Entität hier als Bestandteil gefaßt) in der tatsächlichen Verknüpfung der Entität (Entität als Element im engen Sinn gefaßt) realisiert werden können. Es wäre demnach dringend erforderlich, das Verhältnis von Bestandteil und Element im engeren Sinn zu klären (z. B. als Type-token-Verhältnis), um mit dem Begriff Komplexität angemessen argumentieren zu können. Diese Klärung bleibt bei Luhmann jedoch aus, weil er auf Grund der Ambiguität seines Elementbegriffs das Problematische seines Ansatzes nicht zu Gesicht bekommt.

Das zweite Problem ergibt sich dadurch, daß Luhmann nicht einfach von Komplexität, sondern von Komplexitätsreduktion spricht. Die Reduktion von Komplexität beschreibt er als Relation von Relationen: Reduktion von Komplexität liege dann vor, wenn das Relationengefüge eines komplexen Zusammenhangs durch einen anderen Zusammenhang mit weniger Relationen rekonstruiert wird. Die Reduktion kann sowohl innerhalb eines Systems als auch im Verhältnis zwischen Umwelt und System, wie oben angedeutet, erfolgen.[103] Diese Begriffsfassung schließt, gerade dort, wo Luhmann von der unfaßbaren Komplexität eines Systems oder seiner Umwelt spricht,[104] einen Widerspruch ein.

Luhmann führt konsequent eine Relativierung auf Systemperspektiven durch. Sämtliche Beschreibungen, Beobachtungen, Erkenntnisse werden immer von einem System mit dessen Mitteln und aus dessen Blickwinkel durchgeführt. Insbesondere die Beschreibungen anderer Systeme beschreibt diese nicht, wie sie an sich sind (oder wie dieses Systeme sich selbst repräsentieren), sondern wie sie dem jeweiligen System erscheinen. Dies ist nur eine Konsequenz aus

---

[103] Vgl. Soziale Systeme, S. 49.
[104] Vgl. Soziale Systeme, S. 50.

dem Elementbegriff im engeren Sinn, weil Elemente (auch die Elemente anderer Systeme) sich danach wandeln, in welchen (Erkenntnis-)Relationen sie stehen.[105] Wenn wir einen solchen Systemrelativismus voraussetzen, kann die Komplexitätsreduktion als Komplexitätsreduktion von demjenigen System, das die geringere Komplexität besitzt, nicht beobachtet werden. Denn gemäß der Voraussetzung kann das geringer komplexe System, aus welchen Gründen auch immer, die komplexe Struktur des anderen Systems (oder der Umwelt) nicht eins zu eins abbilden, sondern muß mit weniger Relationen auskommen. Aus der Sicht des weniger komplexen Systems erscheint der komplexere Zusammenhang demnach einfach anders, nicht aber komplexer, weil dieses Mehr an Komplexität gerade nicht mehr repräsentiert werden kann. Dies setzte nämlich das Vorhandensein einer Zahl von Relationen voraus, die laut Voraussetzung nicht erreicht werden kann. Komplexitätsreduktionen lassen sich demnach nur aus der Sicht des komplexeren Systems feststellen oder aus der Sicht eines beobachtenden Systems, das die in Komplexitätsgefälle stehenden Zusammenhänge repräsentiert.

Die Sichtweise des komplexeren Systems entfällt, sobald von der Komplexitätsdifferenz zwischen Umwelt und System die Rede ist, weil der komplexere Zusammenhang hier die Umwelt wäre, die aber gemäß ihrer Definition kein System ist und deshalb auch keine entsprechenden Beschreibungen anfertigen kann. Bleibt das Beobachtersystem. Für jedes beliebige Beobachtersystem gilt zunächst aus den genannten Gründen, daß es die höhere Komplexität seiner Umwelt nicht feststellen kann (damit wären alle diesbezüglichen Behauptungen Luhmanns Makulatur, die beinahe zum Topos in seinen Werken avanciert sind). Für ein die Komplexitätsdifferenz abbildendes Beobachtersystem kann es dann aber keine »undenkbar« hohe Komplexität mehr geben, weil es jene Komplexitäten ja abbildet. Aus der Sicht des beobachtenden Systems gibt es zudem keine Selektionsnotwendigkeit, die Luhmann mit der Komplexitätsreduktion verknüpft. Das beobachtende System muß nicht seligieren, weil es beide unterschiedlich komplexen Systeme ja repräsentieren kann. Die Selektionsnotwendigkeit ist dann lediglich eine Notwendigkeit, die das beobachtende System dem weniger komplexen System zuschreibt, die für es selbst aber nicht besteht. Wer, wie Luhmann, vom sozialen System als ganzem und dessen Zwang zur Komplexi-

---

[105] Vgl. Soziale Systeme, S. 61.

tätsreduktion gegenüber der Umwelt spricht, muß demnach vom Standpunkt Gottes aus sprechen.

In einem grundlegenden Theorieelement scheint Luhmanns These also nicht konsistent vertretbar zu sein. Die Diskussion der Systemtheorie könnte damit abgebrochen werden. Die Skizze der Luhmannschen Theorie soll dennoch ein kleines Stück fortgesetzt werden. Denn die vorliegende Arbeit verdankt einen ihrer zentralen Begriffe, die Anschlußhandlung, den Anregungen aus der Luhmannschen Theorie, weshalb dessen Ursprungszusammenhang hier erläutert werden sollte. Der Begriff der Anschlußhandlung läßt sich auf dem Hintergrund des Elementbegriffs im engen Sinne formulieren, so daß die Uneindeutigkeit von Luhmanns Konzept darauf nicht durchschlagen kann. Auf dem Hintergrund des genannten Elementbegriffs lassen sich dann auch wichtige Einsichten für die Sozialontologie herauspräparieren.

Mit dem Begriff der autopoietischen Systeme ist ein weiterer prominenter Begriff der Luhmannschen Systemtheorie genannt. Autopoietische Systeme sind nicht bloß selbstorganisierende Strukturen, sondern reproduzieren sich selbst dadurch, daß sie die Elemente, aus denen sie bestehen, als Funktionseinheiten selber konstituieren und in allen Beziehungen zwischen diesen Elementen eine Verweisung auf diese Selbstkonstitution mitlaufen lassen. Autopoietische Systeme sind demzufolge auf der Ebene dieser basalen selbstreferentiellen Operationsweise geschlossene Systeme. Etwas ist nur dann Element oder Relation eines autopoietischen Systems, wenn es eine Verweisung auf das System mitführt, umgekehrt kommt das System aber gerade durch die spezifische Verknüpfung jener auf es verweisenden Elemente und Relationen zustande.

In dem oben bereits skizzierten Relations- und Elementbegriff im engeren Sinn war eine solche Systemkonzeption bereits angelegt. Elemente bestehen nicht einfachhin, sondern sie werden mitsamt ihren Verknüpfungen durch das System erzeugt, das sie dann auch sind. Da die Elemente und Relationen keinen Bestand außerhalb des Systems haben, das System selbst diese aber herstellt, so besteht das Hauptproblem autopoietischer Systeme nicht in der Wiederholbarkeit von Strukturen mit gegebenem Material sondern in der *Anschlußfähigkeit*.[106] Kann an einen Zustand des Systems nämlich nicht mehr angeschlossen werden, so hört sowohl das System als auch die

---

[106] Vgl. Soziale Systeme, S. 62.

Elemente und Relationen auf zu existieren. Strukturen mit den dadurch gegebenen Beschränkungen der Systemvariation besitzen deshalb in autopoietischen Systemen die Aufgabe, die Anschlußfähigkeit zu sichern, weil sie ansonsten ihre eigene Existenzgrundlage verlieren. Wenn in Betracht gezogen wird, daß die autopoietischen Systeme immer in der Zeit operieren, so ist der Mangel an Zeit der Grund für den Selektionszwang in diesen komplexen Systemen. Denn wäre unendlich viel Zeit vorhanden, könnte alles mit allem abgestimmt werden. Ohne diese Unendlichkeit wird Selektion nötig, weil die Eins-zu-eins-Abstimmung nicht mehr möglich ist, wodurch aber die Selektionsnotwendigkeit wiederum verschärft wird, weil die Selektionen selbst Zeit benötigen.[107] Die Komplexität erweist sich als zeitgebunden, wie auch das gesamte System, dessen Elemente und Relationen ereignishaften Charakter besitzen. Durch die Temporalisierung geht es bei den autopoietischen Systemen

»nicht mehr um eine Einheit mit bestimmten Eigenschaften, über deren Bestand oder Nichtbestand eine Gesamtentscheidung fällt; sondern es geht um Fortsetzung oder Abbrechen der Reproduktion von Elementen durch ein relationales Arrangieren eben dieser Elemente. Erhaltung ist hier die Erhaltung der Geschlossenheit und Unaufhörlichkeit der Reproduktion von Elementen, die im Entstehen schon wieder verschwinden.«[108]

An dieser Stelle wird deutlich, daß das Konzept der autopoietischen Systeme den Elementbegriff in seiner oben explizierten engen Fassung voraussetzt. Zugleich leitet Luhmann aus der Verknüpfung von Komplexität und Temporalisierung wichtige Strukturmerkmale autopoietischer Systeme ab, die hier lediglich angerissen werden konnten.[109] Mit dem Komplexitätsbegriff ist dann jedoch die oben ausgeführte Ambiguität des Elementbegriffs auch in das Konzept des autopoietischen Systems hineingetragen, so daß nicht mehr klar ist, ob der Luhmannsche Begriff autopoietischer Systeme überhaupt haltbar ist. Da für Luhmann soziale Systeme ebenfalls autopoietische Systeme sind, schlägt die Ambiguität des Elementbegriffs auch auf seine Thesen bezüglich der Konstitution sozialen Handelns durch, so daß seine Auffassung nur insoweit zu halten sein wird, als der unterstellte Elementbegriff eindeutig ist.

Festzuhalten sind zwei Einsichten, die man in Auseinanderset-

---

[107] Vgl. Soziale Systeme, S. 70 f.
[108] Soziale Systeme, S. 86.
[109] Vgl. dazu Soziale Systeme, S. 70–83.

zung mit den autopoietischen Systemen gewinnen kann. Diese Einsichten gehen mit dem Elementbegriff im engeren Sinn einher und sind somit nicht von der benannten Ambiguität betroffen. Erstens sind die Elemente eines Systems nicht unabhängig vom System gegeben. Der Bezug auf das System muß also mitlaufen, um die Elemente angemessen zu begreifen. Der spezifische Charakter der Elemente ergibt sich aus den Relationen, in denen das jeweilige Element steht und umgekehrt. Übertragen auf einen sozialen Handlungszusammenhang folgt daraus, daß dieser Handlungszusammenhang nicht angemessen aus einer Kombination von Handlungen verstanden werden kann, die unabhängig von diesem Zusammenhang als diese Handlungen individuiert wurden.

Zweitens folgt, zusammengenommen mit der Temporalisierung, daß Elemente wesentlich durch die Art des Anschlusses an die gegebene Element-Relationskonstellation ihren Charakter gewinnen. Oder anders gesagt: Die zeitlichen Relationen, die einander folgende Konstellationen verknüpfen, bestimmen, wie alle anderen Relationen des Systems, den Charakter der Elemente. Das Element oder die Relation zu einem einzelnen Zeitpunkt betrachtet, sagt nichts über deren systemische Eigenschaften aus, vielmehr ist es gerade die Art, wie an diese Konstellation im weiteren Zeitverlauf angeschlossen werden kann, die die Spezifik des Systems ausmacht. Übertragen auf einen sozialen Zusammenhang bedeutet dies, daß eine einzelne Handlung aus sich heraus vieldeutig ist. Erst das Anschlußhandeln der anderen am sozialen Zusammenhang beteiligten Personen bestimmt, welcher Handlungszusammenhang entsteht und daraus auch, welche einzelnen Handlungen erfolgt sind.[110] Mit dieser Konzeption kann die bei den Intentionstheorien unerklärt gebliebene Umdefinition von Teilhandlungen im Zuge eines Gemeinschaftshandelns nun endlich erfaßt werden.

Der soziale Zusammenhang ist nicht auf die individuellen Handlungen, Erwartungen etc. der Beteiligten reduzierbar. Der soziale Zusammenhang ist davon nicht unabhängig, besteht daraus aber nicht. Luhmanns These lautet, daß der basale Prozeß sozialer Systeme, der die Elemente dieses Systems selbstreferentiell produziert, die Kommunikation sei. Überall, wo Kommunikation statt-

---

[110] Wenn ich z. B. eine ironische Bemerkung mache, die mein Gegenüber aber nicht als ironische Äußerung auffaßt, dann mißlingt die Ironie, und es entsteht ein einfacher Behauptungsakt. Vgl. dazu unten: Kap. 3.3 und 3.6.1.

finde, liege ein soziales System vor – und alles, was nicht Kommunikation sei, gehöre demnach zur Umwelt des Systems (insbesondere gehörten die psychischen, neurophysiologischen oder organischen Prozesse der einzelnen Individuen, die in den sozialen Systemen zusammenwirken, zur Umwelt des Systems).[111] Damit zerreißt der Zusammenhang von Kommunikation und Handlung aber nicht völlig. Kommunikation und Handlung sind nicht zu trennen, wohl aber zu unterscheiden. Der basale soziale Prozeß ist der Kommunikationsprozeß, der aber zur Selbststeuerung »auf Handlungen reduziert, in Handlungen dekomponiert«[112] werden muß. Die Ambiguität des Elementbegriffs bedeutet für die Theorie sozialer Systeme, daß Kommunikation als autopoietisches System, das sich selbst fortschreibt, nicht recht zu fassen ist, weil jeder Kommunikationsakt Element im hier fraglichen Sinne im Relationsgeflecht der aufeinander bezogenen und aneinander anschließenden Kommunikationsakte ist. Gerade die innerste Struktur des nach Luhmann zentralen sozialen Prozesses bleibt somit im Mehrdeutigen befangen.

---

[111] Luhmann konstatiert, daß die Einheit, die wir unter dem Begriff »Mensch« zwischen organischen, neurophysiologischen, psychischen und der in der Kommunikation als »Person« betitelten Systeme behaupten, lediglich ein Konstrukt unserer Kommunikation sei. Dziewas (1992) hat dagegen gezeigt, daß die Einheit des Menschen die Voraussetzung für Kommunikation ist.

[112] Soziale Systeme, S. 193. Vgl. zum Verhältnis von Kommunikation und Handlung ebd., Kap. 4.

2. Genuin soziale Elemente in der Ethik

Zwei Aufgaben sind in diesem Teil zu bewältigen, die näher mit ethischen Fragen befaßt sind, als es die Untersuchungen des vorangegangenen Teils waren. Die erste Aufgabe besteht darin, die sozialontologischen Implikationen herauszuarbeiten, die in gängigen Ansätzen der Individualethik enthalten sind und die dazu führen, daß bestimmte soziale Phänomene ethisch nicht mehr recht zu fassen sind. Deshalb soll zunächst herausgestellt werden, welche sozialontologische Implikationen Individualethiken bergen, die die Universalisierbarkeit von Handlungen als Kriterium für deren moralische Erlaubtheit heranziehen. Wenn Individualethiken von freien und gleichen Subjekten ausgehen, so liegt die Universalisierung als Methode nahe, weil sie die Gleichheit der Subjekte methodisch abbilden kann. Es wird zu zeigen sein, daß ein solches Vorgehen nur auf dem Hintergrund eines bestimmten (wenig plausiblen) Modells gemeinschaftlichen Handelns Bestand haben kann. Ethiken, die in dieser Weise symmetrisierend am Handeln des einsamen Subjekts angreifen, verbauen sich systematisch die Möglichkeit, bestimmte nicht unwichtige soziale Formen angemessen zu begreifen. Mit der Fürsorglichkeit und der Macht werden dann zwei wichtige soziale Beziehungen genannt, die durch ihre charakteristische Asymmetrie von symmetrisierend verfahrenden Methoden nicht erfaßt werden können.

Die zweite Aufgabe dieses Teils wird darin bestehen, Konzepte zu untersuchen, die explizit asymmetrische soziale Strukturen zur Begründung von Ethiken heranziehen, weil diese asymmetrischen Konzepte nicht von Anbeginn die angemessene Einarbeitung der Phänomene Macht und Fürsorglichkeit ausschließen. Es wird sich jedoch sowohl für Honneths Bild eines Kampfes um Anerkennung wie auch für den Streit zwischen den Liberalen und Kommunitaristen über die Frage des Fundaments von Normen zeigen, daß die zugrundegelegten Modelle des Sozialen unbefriedigend sind, wenn sie nicht gänzlich fehlen.

2.1. Die ungeklärten sozialontologischen Voraussetzungen von Universalisierung und Symmetrie in der Ethik

Im Anschluß an Kants formale Ethik bildet für viele Individualethiken die Universalisierbarkeit, sei es von Maximen, Handlungsabsichten oder von Handlungen des als autonom und aus freiem Willen handelnd gedachten Subjekts das zentrale Kriterium zur moralischen Bewertung jener Maximen, Absichten, Handlungen etc. Wenn eine Handlung (Maxime etc.) eines einzelnen Subjekts nur dann moralisch sein kann, wenn sie universalisierbar ist, dann ist moralisches Handeln immer ein symmetrisches Handeln in dem Sinne, daß jedes Subjekt in der entsprechenden Situation gleichartig handeln sollte, bzw. eine moralische Maxime ist eine, die jedes Subjekt hinsichtlich der fraglichen Situation haben sollte. Es wäre nach dieser Konzeption von Moral unmoralisch, wenn in gleichartigen Situationen von verschiedenen Subjekten verschiedene Handlungen bzw. verschiedene Maximen verlangt würden. Die Universalisierung bildet methodisch die prinzipielle Gleichheit der Subjekte hinsichtlich moralischer Forderungen ab. Nun ist im Alltag der sozialen Beziehungen nichts so offenkundig wie die Verletzung dieser Symmetrie. Beispielsweise in Machtverhältnissen oder auch in Verhältnissen der Fürsorge gibt es innerhalb derselben Situation für die Subjekte deutlich unterschiedliche und asymmetrisch verteilte Pflichten und Rechte.

Verfechter der Universalisierungsmethode können mit diesem Befund in zweierlei Weise umgehen. Erstens läßt sich die Asymmetrie durch eine entsprechende Spezifikation des zu verallgemeinernden Sachverhalts einbeziehen. Auf der Seite des Machthabers könnte beispielsweise die universalisierte Form einer Maxime lauten: »Jeder, der die Macht ausübt, wird X tun, wenn die Situation S vorliegt«. Auf der Seite des Machtunterworfenen ergäbe sich die universalisierte Maxime zu: »Jeder, der der Macht unterworfen ist, wird Y tun, wenn die Situation S vorliegt«. Als Einwand dagegen braucht kein Slippery-slope-Argument der Art angeführt zu werden, daß keine Grenze für die weitere Spezifikation des zu universalisierenden Sachverhalts abzusehen ist. Beginnt man einmal mit der qualifizierenden Einschränkung des zu verallgemeinernden Sachverhaltes, so gibt es keinen Grund, schließlich auch solche Maximen per Universalisierung für gerechtfertigt halten zu müssen, die so spezifisch abgefaßt sind, daß sie lediglich für eine bestimmte Person in einer bestimmten Situation ein einziges Mal einschlägig sind. Von der

Einbeziehung der Asymmetrie durch Respezifikation wird man viel eher deshalb Abstand nehmen, weil die Zuordnung der Personen zu den Rollen, mit denen die unterschiedlichen Pflichten und Rechte verknüpft sind, selbst nicht mehr auf ihren moralischen Wert hin überprüft werden kann. In den oben beispielhaft genannten Maximen ist immer bereits vorausgesetzt, daß es Machtverhältnisse gibt; die Frage, mit welcher moralischen Begründung ein Machtverhältnis besteht, oder warum A der Machthaber und B der Machtunterworfene sein soll, kann nicht mehr untersucht werden. Will man diese Fragen im Rahmen der hier einschlägigen Ethiken doch prüfen, so macht es die mit der Universalisierung methodisch abgebildete prinzipielle Gleichheit der Subjekte letztlich unmöglich, ungleiche Rollen zuzuschreiben bzw. Strukturen zuzulassen, die eine ungleiche Rollenverteilung implizieren.

Die zuletzt genannte Überlegung führt dann auch, zweitens, zu der am häufigsten in den entsprechenden Ethiken anzutreffenden Schlußfolgerung: Diejenigen Strukturen, die eine asymmetrische Situation begründen, sind moralisch verwerflich. Weil die asymmetrischen Strukturen sich gegen die mit der Universalisierbarkeit einhergehende Symmetrisierung sperren, wird mehr oder minder wortreich für die Abschaffung dieser Strukturen plädiert. Das Mißliche an dieser Lösung besteht darin, einen Großteil der Formen menschlichen Zusammenlebens abschaffen zu müssen, weil Macht und Fürsorglichkeit anscheinend analytisch mit menschlichem Zusammenleben verknüpft sind. Dieser Umstand muß aber noch keinen ernstzunehmenden Einwand gegen solche Ethiken bilden, argumentiert die Moralphilosophie doch nicht selten mit der Utopie gegen das Faktische. Das Folgende will einen Einwand anderer Art erheben. Zunächst einmal wird sich zeigen, daß Universalisierung und Moralnorm längst nicht so einleuchtend miteinander zusammenhängen, wie es die stete Wiederholung dieser Verknüpfungsbehauptung in der philosophischen Literatur seit Kant glauben macht. Und selbst wenn man Universalisierung als Moralkriterium zuläßt, so werden die sich anschließenden Überlegungen belegen, daß Universalisierung einerseits methodisch ungeeignet ist, das Böse als Böses auszuweisen, und anderseits sozialontologische Voraussetzungen machen muß, die alles andere als unstrittig sind.

Für Kant ergibt sich die Verknüpfung von Universalisierbarkeit und moralischer Norm aus der Gleichsetzung des Gesetzescharakters der moralischen Normen mit dem der Naturgesetze. Genauso wie

Naturgesetze als Gesetze ausnahmslos und mit Notwendigkeit gälten, so müsse auch das Moralgesetz mit notwendiger Allgemeinheit gelten, damit es Anspruch auf den Titel »Gesetz« erheben könne.[1] Die Parallelisierung von Naturgesetzen und moralischen Normen ist alles andere als evident, betrachtet man die offensichtlichen Unterschiede beider. Markant unterscheiden sich beide schon darin, daß moralischen Normen zuwider gehandelt werden kann, ohne daß die Norm ihre Gültigkeit verlieren müßte, wohingegen ein Naturgesetz nicht mehr Naturgesetz wäre, wenn relevante Phänomene diesem Gesetz nicht gehorchen. Für die Parallelisierung spricht dagegen auf den ersten Blick, daß wir nichts als eine moralische Norm betrachten würden, das allein für eine einzelne Person gilt. Wie Naturgesetze scheinen auch Moralnormen wesentlich durch allgemeine Gültigkeit charakterisiert zu sein, wodurch sich Universalisierungsverfahren als Moralkriterien anbieten. Die wesentliche Bezogenheit von moralischen Normen auf eine Mehrzahl von Personen darf aber nun nicht als strikte Allgemeinheit (d. h. alle Menschen oder alle Vernunftwesen einbeziehend) verstanden werden, wie dies Kant und all jene unterstellen, die das Universalisierungskriterium verwenden. Naturgesetzliche oder mathematische Allaussagen lassen es nicht zu, daß für dasselbe Phänomen hinsichtlich desselben Aspekts unterschiedliche Gesetze gelten. Für moralische Normen gilt das aber sicher nicht. Insbesondere der Blick auf fremde Kulturen zeigt, daß dort in vergleichbaren Situationen ein anderes Handeln moralisch geboten ist als bei uns, ohne daß die jeweils verbindliche Moralnorm durch ihr Pendant aus der anderen Kultur für die Mitglieder der fraglichen Kultur an Gültigkeit verlöre.[2] Selbst wenn die Moralnormen in den jeweiligen Kulturen als strikt allgemeingültig angesehen werden, spielt diese Norm für die Mitglieder einer anderen Kultur keine Rolle, sondern wird durch eine andere verbindliche Norm ersetzt. Sollte in der Naturwissenschaft ein Phänomen zwei konkurrierenden Gesetzen gehorchen, so diente dies als Beleg dafür, daß man das Gesetz noch nicht herausgefunden hat, dem das Phänomen tatsächlich gehorcht – diese Schlußfolgerung zieht man im Fall unterschiedlicher

---

[1] Vgl. GMS (Vorrede) A VIII, A 15–17. [Zitiert werden alle Schriften Kants mit Angabe der Auflage (»A« für die erste, »B« für die zweite Aufl.) und Seitenziffer].

[2] Oben haben wir bereits gesehen, daß eine Spezifikation des zu universalisierenden Sachverhalts (hier: die Beschränkung auf die Mitglieder der jeweiligen Kultur) nicht weiterhilft.

moralischer Normen nicht. Die jeweils einschlägigen Normen haben Geltung innerhalb der entsprechenden Gruppen, ohne daß das Vorhandensein konkurrierender Moralnormen innerhalb anderer Gruppen diese Geltung analog zu naturgesetzlichen Zusammenhängen suspendieren würde. Unsere moralische Intuition fordert zu Recht, daß moralische Normen für eine Mehrzahl von Personen gilt. Diese Mehrzahl jedoch als die Gesamtheit aller Menschen oder gar aller Vernunftwesen aufzufassen, wie dies Verfahren der Universalisierung voraussetzen, ist eine nicht zu rechtfertigende Extrapolation aus der Geltung von Normen innerhalb bestimmter Gruppen. (Kap. 3.4 wird diese Bezogenheit von Normativität auf eine Mehrzahl von Personen weiter untermauern, die zwischen den Extremen des einzelnen Individuums und der Gesamtheit aller Vernunftwesen angesiedelt ist.)

Die Anähnelung moralischer Normen an Naturgesetze entfällt also für die Begründung der strikten Allgemeingültigkeit von Moralgesetzen. Aber auch ohne diesen Grund könnten moralische Gesetze strikt allgemeingültig sein, wenn Kants Konzept aufginge, das Moralgesetz apriorisch aus der reinen Vernunft abzuleiten. Dieses Gesetz wäre ohne Einschränkung für alle Vernunftwesen gültig.[3] Diese Argumentationslinie kann nur dann überzeugen, wenn eine bestimmte Wesensbestimmung des Menschen zutreffend ist. Der Mensch wird als Vernunftwesen gefaßt, seine Leiblichkeit, seine Emotionen und Gefühle, wie auch seine Eingebundenheit in die natürliche und soziale Umwelt werden, was die Kernbereiche der Moral betrifft, ausgeklammert. Ein solch restringiertes Bild des Menschen als Grundlage einer Ethik zu verwenden, ist heute zumindest fragwürdig geworden, u. a. durch die im Zuge der feministischen Ethikdebatte und des Streits zwischen Liberalen und Kommunitaristen aufgekommenen Argumente.[4] Es kann durch die eigene Begründungsbedürftigkeit demnach nicht als Argument für die strikte Allgemeinheit moralischer Normen dienen.

Nehmen wir aber einmal an, strikte Universalisierung sei ein wie auch immer begründbares Moralkriterium. Die nachfolgenden Überlegungen sollen am Beispiel von Kants Überlegungen zum falschen Versprechen in der *Grundlegung zur Metaphysik der Sitten* (am Rande auch anhand seiner Ausführungen zur Lüge in der *Meta-*

---

[3] Vgl. GMS (Vorrede) A VIII.
[4] Vgl. dazu unten Kap. 2.2 und 2.5.

physik der Sitten) unter dieser Voraussetzung dreierlei vor Augen führen. Erstens tritt die von Kant behauptete Unmöglichkeit, ein falsches Versprechen bei universalisierter Unehrlichkeit geben zu können, nur dann ein, wenn man eine bestimmte sozialontologische Auffassung vertritt. Der Nachweis der Selbstwidersprüchlichkeit einer Maxime bei ihrer Universalisierung erfordert eine bestimmte Vorstellung davon, wie soziales Handeln funktioniert, die zumindest nicht alternativenlos ist, wie gezeigt werden kann. Damit wäre festgehalten, daß Individualethiken, die mit der Universalisierung argumentieren und anscheinend allein vom autonomen Handeln eines »einsamen« Subjekts ausgehen, dennoch ein gerüttelt Maß an Sozialontologie enthalten, das zumeist jedoch völlig unbeachtet und unbegründet bleibt, wie dies auch bei Kant der Fall ist. Zweitens wird sich die von Kant unterstellte Sozialontologie bei näherem Hinsehen als wenig plausibel erweisen. Drittens versagt die von Kant als Moralkriterium verwendete Universalisierung von Maximen nicht allein für das Beispiel des falschen Versprechens, sondern in jedem Fall strikter Universalisierung aus prinzipiellen Gründen, wie zu sehen sein wird. Die Universalisierung erweist sich demzufolge als ein unbrauchbares Mittel, um moralrelevante Fragen zu klären.

Die Ausführungen Kants zum falschen Versprechen sind denkbar knapp. Doch kann ich mich über die Kantische Argumentation hinaus auf eine ausführliche und aktuelle Ausdeutung der entsprechenden Passagen stützen, nämlich auf den Kommentar zur GMS von Otfried Höffe[5]. Mit dem Beispiel vom falschen Versprechen ist nicht ein beliebiges Exempel aufgegriffen, sondern wirklich ein Beispiel für moralische Pflichten, das auch für die *Metaphysik der Sitten* zentral bleibt. Wie Höffe betont,[6] bildet das Quartett der Pflichten, in das die Überlegungen zum falschen Versprechen eingebettet sind, nicht lediglich eine Illustration, sondern überhaupt den Vor- und Grundriß der *Metaphysik der Sitten*. Die Verpflichtung zum ehrlichen Versprechen wird als vollkommene Pflicht gegen andere Menschen eingeführt. Eine vollkommene Pflicht ist eine, »die keine Ausnahme zum Vorteil der Neigung verstattet«[7]. Das Beispiel vom falschen Versprechen spitzt Kant derart zu, daß die Neigung, nämlich sich durch ein falsches Versprechen aus einer Notlage zu befreien,

---

[5] Vgl. Höffe (1989).
[6] Vgl. Höffe (1989), S. 206 f.
[7] GMS A 53.

gegen die Pflicht, nämlich aus Achtung für das Moralgesetz ehrlich (und damit in der Notlage) zu bleiben, in einen Gegensatz gerät. Es soll, so Kant, keine Situation vorliegen, in der die natürliche Neigung des Menschen ohnehin mit dem moralisch Gebotenen konform geht. Daran zeigt sich auch, daß Kant mit dem falschen Versprechen nicht nur die Legalität, sondern die Moralität des falschen Versprechens im Auge hat. Er setzt damit Neigung und Selbstinteresse in einem Dilemma gegen die Pflicht.[8]

Kant betont an verschiedenen Stellen, daß die dem falschen Versprechen zugrundeliegende Maxime unmoralisch sei.[9] Eine unmoralische Maxime zeigt sich nach Kant an ihrer mangelnden Verallgemeinerbarkeit, und zwar hinsichtlich der Verallgemeinerung von »handlungsinternen«[10] Folgen. Im Gegensatz zu handlungsinternen Folgen haben handlungsexterne Folgen nichts mit dem »Begriff der Handlung an sich selbst«[11] zu tun, wenn sie auch bei der Entscheidung über eine Handlung eine Rolle spielen mögen. Man könnte auch formulieren: Eine Handlung wäre ohne die handlungsinterne Folge nicht das, was sie ist; die handlungsexterne Folge kann dagegen ausbleiben, ohne die Identität der Handlung zu zerstören. Bei einem falschen Versprechen, das jemand macht, um sich aus einer Notlage zu befreien, wäre die Glaubwürdigkeit des Versprechens handlungsintern, die Befreiung aus der Notlage hingegen die handlungsexterne Folge. Beim Hilfsgebot bestände die handlungsinterne Folge in der Anstrengung zur Linderung oder Aufhebung der Notlage, die handlungsexterne Folge etwa in der Erwartung von Dankbarkeit. Mit dieser Beschränkung auf einen Teil der Folgen, nämlich auf die handlungsinternen Folgen, ist die Auffassung Kants gegen utilitaristische Konzepte abgesetzt, die auf die Gesamtheit der Folgen, also auch auf die handlungsexternen Folgen, zur Beurteilung des moralischen Status einer Handlung abheben. Ein Unterschied besteht gleichfalls gegenüber sprachlogischen Erwägungen, die die Verallgemeinerbarkeit wieder anders, nämlich hinsichtlich der Konsistenz der Moralsprache untersuchen.[12]

Das Paradigma für die Verallgemeinerbarkeit der Maximen bil-

---

[8] Vgl. Höffe (1989), S. 216.
[9] Vgl. GMS A 19, A 54f.
[10] Vgl. Höffe (1989), S. 223.
[11] GMS A 18.
[12] Vgl. Höffe (1989), S. 222f.

det für Kant die Form eines uneingeschränkt gültigen Naturgesetzes, wie oben bereits angeklungen ist. Kant genügt es nicht, daß eine Maxime subjektiv allgemein ist, d. h., daß sie für alle Anwendungsfälle im Leben eines einzelnen Individuums gilt. Er fordert eine alle Personen umgreifende Generalisierung, die die fragliche Maxime als gültig für alle Anwendungsfälle im Leben eines jeden Individuums setzt.[13]

Die beiden Bestandteile des Kantischen Prüfverfahrens, nämlich Universalisierung und Bezug auf die handlungsinternen Folgen, werden in folgender Weise zu einem Moralkriterium verknüpft: Wenn die Maxime, die einer Handlung zugrundeliegt, sich bei einer naturgesetzhaften Verallgemeinerung handlungsintern widerspricht, ist die Maxime als unmoralisch zu verwerfen. Wenn Kant das falsche Versprechen als unmoralisch ausweisen will, muß er also zwei Teilschritte unternehmen. Zunächst muß er handlungsintern von handlungsextern scheiden. Anschließend werden die handlungsinternen Folgen dem Verfahren der Verallgemeinerung unterworfen. Der erste Teilschritt ist beim Versprechen wohl unproblematisch, weil niemand bestreiten wird, daß die Glaubwürdigkeit ein semantischer Bestandteil des Versprechens ist. Würde jemand versuchen, ein Versprechen zu geben, ohne daß ihm Glaubwürdigkeit attestiert würde, käme kein Versprechen zustande. Um die moralische Verwerflichkeit eines falschen Versprechens zu belegen, ist dann im zweiten Teilschritt zu zeigen, daß die Verallgemeinerung eines falschen Versprechens den Verlust der Glaubwürdigkeit zur handlungsinternen Folge hätte. Der Widerspruch muß sich in der verallgemeinerten Maxime des falschen Versprechens finden, er muß also aus einem Widerstreit der Verallgemeinerung von »falsch« und »Versprechen« stammen.

Bereits Höffe[14] weist darauf hin, daß diese Vorgehensweise eines von Anfang an abschneidet: Das falsche Versprechen ist nicht deshalb unmoralisch, weil der Versprechende sich im *Einzelfall* widerspricht, insofern er ja nach außen vorgibt, er wolle das Versprochene tatsächlich ausführen, obwohl er dazu nicht geneigt ist. Diese Art der Widersprüchlichkeit in der Maxime reicht nicht aus – Kant fordert die Verallgemeinerung über alle Anwendungsfälle der Maxime bei allen Personen. Moralisch verwerflich ist ein falsches Versprechen nach Kant aber auch nicht einfach dadurch, daß die Unehrlich-

---

[13] Vgl. Höffe (1989), S. 221f.
[14] Vgl. Höffe (1989), S. 225.

keit beim Versprechen dem üblichen Gebrauch und Sinn dieser Sprechhandlung widerspricht.

Das falsche Versprechen wird in der GMS im Zuge einer Bitte um ein Darlehen geäußert, mit dem sich jemand aus einer Notlage zu helfen versucht.[15] Kant entwirft also eine Situation, in der der Schuldner in spe (S) den Gläubiger in spe (G) zu einem Zeitpunkt t_0 um einen bestimmten Betrag Geldes bittet, mit dem Versprechen, es zu einem späteren Zeitpunkt t_1 zurückzuzahlen. Anders als bei einem Darlehen gegen ein Pfand, erhält G zum Zeitpunkt t_0 keine materielle Sicherheit für sein Geld, sondern lediglich das Wort von S. Die Glaubwürdigkeit des Wortes von S muß für G also der Grund sein, weshalb er S Geld gibt – handelt es sich hier doch nicht um ein Geldgeschenk oder eine Hilfeleistung seitens des Gläubigers in spe. Zwei Begriffspaare sind hinsichtlich des Verhaltens von S zu beachten. Erstens muß die *Zahlungsfähigkeit* des S zu t_1 von dessen *Zahlungsbereitschaft* zu diesem Zeitpunkt unterschieden werden. Zweitens gilt es, die sich *tatsächlich* zu t_1 einstellenden Verhältnisse und die im Zeitpunkt t_0 für t_1 *erwarteten* Zustände auseinanderzuhalten.[16] Höffe macht im Zuge seiner Ausführungen deutlich, daß Kant allein die Ehrlichkeit des S zum Zeitpunkt t_0 zur ethischen Prüfung heranzieht. Die Konzentration auf den Zeitpunkt t_0 ist bei Kant von der Einsicht bestimmt, daß die sich zu t_1 tatsächlich einstellenden Zustände nicht vollständig von den zu t_0 gefaßten Willensbestimmungen der Versprechenspartner abhängen. Was aber nicht vollständig der Willensmacht unterliegt, kann auch ethisch nicht zugerechnet werden – auf ethische Bewertungen soll es hier jedoch gerade ankommen. Die sicherlich kritisierbare Beschränkung der ethischen Untersuchung auf den Zeitpunkt t_0 soll im folgenden übernommen werden, um möglichst mit Kantischen Annahmen gegen Kant zu argumentieren.

---

[15] Vgl. Höffe (1989), S. 226–228.

[16] Zwei unterschiedliche Bedeutungen von »Erwartung« können unterschieden werden. Einerseits könnte die hier einschlägige Erwartung diejenige sein, die ein Naturbeobachter angeleitet durch seine bisherige Wetterbeobachtung hinsichtlich des Wetters zu t_1 haben könnte. Dann wäre »Erwartung« die je nach Datenbasis und Verläßlichkeit der verwendeten Prognosemodelle mehr oder minder genaue Vorhersage eines Geschehens, das vom Ergebnis der Prognose völlig unabhängig ist. Andererseits könnte die »Erwartung« aber auch einen wesentlichen Einfluß auf das zu t_1 sich einstellende Geschehen haben, d. h., es läge ein mehr oder minder deterministischer Fall der »self-fulfilling prophecy« vor. Bei einem Versprechen liegt der letztgenannte Fall von Erwartung vor.

Oben war darauf hingewiesen worden, daß ein handlungs-
interner Widerspruch von universalisierter Unehrlichkeit und dem
Versprechensbegriff konstruiert werden muß, um das falsche Versprechen als unmoralisch auszuweisen. Das impliziert, daß »Versprechen« und »Ehrlichkeit« bzw. »Unehrlichkeit« semantisch so weit
voneinander trennbar sein müssen, daß »Ehrlichkeit« nicht analytisch in »Versprechen« enthalten ist. Wäre dies der Fall, so würde
bereits im Einzelfall der Unehrlichkeit kein Versprechen mehr vorliegen, weil nur ein ehrliches Versprechen überhaupt ein Versprechen wäre.[17] Zur Trennung beider Begriffe möchte ich eine Reformulierung des Versprechens vorschlagen, die den Sinn des Versprechens
wesentlich in dessen *Kontingenzminderung* verankert.

Sehen wir uns zu diesem Zweck an, was ein Versprechen als
Versprechen von einer unverbindlich geäußerten Bitte unterscheidet.
Das glaubwürdige Versprechen des S muß für den G ein Grund sein,
Geld zu verleihen, der z. B. bei einer bloßen Bitte nicht vorliegt. Gäbe
es keinen solchen versprechensspezifischen Grund, so würde jeder-
mann etwa auf Bitten wie auf Versprechen reagieren. Wie sieht die
Situation bei einer Bitte aus? Dem S sei zum Zeitpunkt t_0 auf seine
bloße Bitte hin von G Geld geliehen (und nicht geschenkt) worden.
Dann hängt es ohne Bezug auf t_0 allein von der zu t_1 bestehenden
Zahlungsfähigkeit und der Zahlungswilligkeit des S ab,[18] ob G sein
Geld zurückerhält. Anders jedoch beim Versprechen des S, das Geld
zurückzuzahlen. Beim Versprechen ist der Zustand zu t_1 nicht in der
benannten Weise unabhängig von dem Zustand zu t_0. Zwar mag sich
die Zahlungsfähigkeit des S zu t_1 durch das Versprechen nicht ver-
bessert haben; denkbar wäre aber auch, daß S wegen seines Versprechens erhöhte Anstrengungen unternimmt, seine Zahlungsfähigkeit
zu t_1 sicherzustellen. Zumindest aber von der Zahlungsbereitschaft
zu t_1 wird beim Versprechen angenommen, daß sich S nicht einfach

---

[17] Kramer (1991, S. 47) hat in ähnlicher Weise darauf hingewiesen, daß das Kantische
Kriterium für die moralische Verwerflichkeit nicht darin besteht, daß sich die fragliche
Maxime überhaupt nicht universalisieren lasse. Vielmehr müsse sich gerade dadurch,
daß die Maxime als praktisches Gesetz der möglichen Willensbestimmung aller vernünftigen Wesen gedacht wird, zeigen, ob sie dann noch meine handlungsleitende Maxime sein kann.

[18] Um das Argument in aller Schärfe zu formulieren, sollten wir eine (kontrafaktische)
Situation annehmen, in der sich S durch nichts gegenüber dem G verpflichtet fühlt, also
auch nicht durch Motive wie Dankbarkeit etc., die zumeist bei gewährten Bitten entstehen. S weiß lediglich, daß G ihm Geld gegeben, aber nicht geschenkt hat.

von der momentanen Laune (wie im Fall der Bitte) leiten läßt, sondern in seinem damaligen Versprechen einen Grund (mehr) sieht, zur Zahlung bereit zu sein. G und S wissen auch zu t_0, daß das glaubwürdige Versprechen die Zustände zu t_0 und t_1 in der beschriebenen Weise verknüpft. Denn in der Kontingenzminderung zu t_1 durch den Rückbezug auf die Sprechhandlung zu t_0 besteht ja gerade das Unterscheidungsmerkmal eines Versprechens gegenüber einer unverbindlichen Bitte. Wenn S also in einer Versprechenssituation eine Erwartung seiner zukünftigen Zahlungsfähigkeit und -bereitschaft hegt, dann ist diese Erwartung durch die Kenntnis, ein Versprechen abgegeben zu haben, dahingehend verändert, daß er zumindest seine Zahlungsbereitschaft zu t_1 höher einschätzt als ohne das Versprechen. In welcher Weise sich die beiden Zahlungsmodalitäten zu t_1 dann tatsächlich einstellen, ist für unsere Betrachtung nicht relevant, weil wir allein den Zeitpunkt t_0 berücksichtigen. Genauso irrelevant ist, ob sich S oder G bei der Erwartungsbildung systematisch oder zufällig verschätzen. Wichtig ist allein, daß überhaupt eine Verknüpfung von t_0 und t_1 hergestellt wird, derart, daß sich der zu t_0 für t_1 erwartete Zustand in Abhängigkeit von dem Versprechen und den damit gegebenen begrifflichen Gehalten verändert.

Diese Reformulierung vermeidet bewußt einen starken Willensbegriff, der fordern würde, daß S in t_0 seinen Willen hinsichtlich seiner Handlungen in t_1 abschließend bestimmt. Vielmehr wird lediglich unterstellt, daß die Abgabe des Versprechens für S ein Grund neben anderen sei, zu t_1 eine bestimmte Handlung auszuführen. Bereits mit diesem schwachen Begriff läßt sich der Einwand gegen Kant formulieren. Vermittels stärkerer Voraussetzungen ließe sich der hier verwendete Begriff problemlos in den starken Willensbegriff überführen.

Wenden wir uns nun dem zweiten Teilschritt des Kantischen Verfahrens zu, nämlich der Verallgemeinerung und dem darin sich ergebenden Widerspruch, der ein falsches Versprechen als moralisch schlecht ausweist. Zunächst ist klar, daß sowohl ehrliche wie auch unehrliche Versprechen möglich sind, weil G den Vorsatz des S nicht sicher kennen und somit getäuscht werden kann.[19] Wer das Täuschungsrisiko scheut, wird allein auf ein Versprechen hin kein Geld leihen, sondern sich materiell durch ein Pfand absichern lassen. Anderseits ist es nicht gänzlich irrational, auf ein Versprechen hin Geld

---

[19] Vgl. Höffe (1989), S. 229.

zu verleihen, weil ehrliche Versprechen vorkommen und somit die beschriebene Kontingenzminderung eintritt, die im Fall des gesicherten Darlehens das Pfand leistet oder ersetzt.

Wie wäre nun der Fall einzuschätzen, in dem die Unehrlichkeit verallgemeinert würde, wenn »für Versprechen ein (Natur-)Gesetz der Unehrlichkeit gilt«[20]? Für Kant und Höffe folgt aus einer solchen Situation ein begriffsinterner Widerspruch, denn die mit einem Versprechen intendierte Glaubwürdigkeit wird durch die gesetzmäßige Unehrlichkeit nicht nur gelegentlich, sondern prinzipiell zurückgenommen. »In einer Naturordnung, die den Sprechakt des Versprechens mit der Unehrlichkeit verbindet, ist selbst für den risikobereiten Gläubiger das Vertrauen auf ein Versprechen keine rationale Option mehr.«[21] Anders gesagt: es kommt kein Versprechen mehr zustande, wenn das Gesetz der Unehrlichkeit gilt, weil »niemand glauben würde, daß ihm was versprochen sei, sondern über alle solche Äußerung, als eitles Vorgeben, lachen würde«[22].

Nähern wir uns der Situation in Teilschritten. Im Fall des glaubwürdigen Versprechens ist G zu t_0 davon überzeugt, daß S zu t_0 die Erwartung hegt, zu t_1 zahlungsfähig und -bereit zu sein. Außerdem hat G zu t_0 keine negative Erwartung hinsichtlich der Zahlungsfähigkeit und -bereitschaft des S zu t_1. S weiß von G, daß dieser die genannten Überzeugungen besitzt. S hegt zudem tatsächlich zu t_0 die Erwartung, zu t_1 zahlen zu können und zu wollen. Das Versprechen stellt dann die oben diskutierte Kontingenzminderung in Aussicht. Was ändert sich im Fall eines vereinzelten, also nicht gesetzmäßig, unehrlichen Versprechens?

Ein unehrliches Versprechen unterscheidet sich von ehrlichen nur in einem Punkt: S erwartet zum Zeitpunkt t_0, daß er zu t_1 nicht zahlungsfähig oder nicht zahlungsbereit oder beides sei. Das bedeutet, daß S die Rückzahlung verweigern wird (sei das aus Gründen mangelnder Zahlungsbereitschaft oder -fähigkeit). Er will zu t_0 nicht

---

[20] Ebd.
[21] Höffe (1989), S. 230.
[22] GMS A 55. Obwohl M. G. Singer (1975, S. 270) Kant darin nicht zustimmt, daß es in jedem Fall verboten sei, ein falsches Versprechen abzugeben bzw. zu lügen (also auch in dem berühmt gewordenen Gedankenexperiment nicht, ob man das Versteck eines gejagten Freundes gegenüber Mordgesindel vermittels einer Lüge verbergen dürfe) so stimmt er mit Kant doch in dem hier allein strittigen Punkt überein, daß die Universalisierung des falschen Versprechens das Versprechen und damit auch das falsche Versprechen unmöglich mache.

einfach offen lassen, ob er zu t_1 wird zahlen können und wollen, denn in diesem Fall würde er nicht die Form des Versprechens, sondern die einer Bitte oder dergleichen wählen. Oben hatten wir bereits Überlegungen angestellt, die auf das unterschiedliche Verpflichtungsniveau der Institution Versprechen und der Institution Bitte abzielten. Von dem, der ein Versprechen abgibt, wird mehr erwartet als von dem, der lediglich eine Bitte äußert. Das Versprechen impliziert ja, daß S aufgrund des Versprechens Anstrengungen unternimmt, die die Wahrscheinlichkeit der Zahlungsfähigkeit und -bereitschaft zu t_1 erhöht und daß S diesen Umstand bei seiner Erwartungsbildung zu t_0 auch mit einkalkuliert. Würde S unterstellen, auch ohne solche Anstrengungen zu t_1 zahlen zu können und zu wollen, könnte er G um Geld bitten,[23] er bräuchte kein Versprechen abzugeben. Gibt S aber ein Versprechen ab, ohne daß er die im Versprechen formulierten Erfüllungsbedingungen erwartet, bedeutet dies demnach, daß er entgegen dem Inhalt des Versprechens seine Zahlungsunfähigkeit oder -unwilligkeit zu t_1 voraussieht. Im Fall der Bitte hätte er beides einfach offengelassen. Im vereinzelten Fall einer Unehrlichkeit wird G dem S eine solche Erwartung aber nicht unterstellen, denn G glaubt ja mit dem Normalfall eines Versprechens, also einem ehrlichen Versprechen konfrontiert zu sein. Paradox formuliert: Wer ein unehrliches Versprechen abgibt, verspricht ehrlich das Versprochene gewiß nicht zu tun, ohne daß freilich der Versprechensnehmer davon wüßte. Ein falsches Versprechen mindert somit ebenfalls die Kontingenz des Zustands zu t_1: S hat einen Grund (mehr), nicht zahlungsbereit und zahlungsfähig zu sein. Diese Kontingenzminderung wird aber, anders als im Fall des ehrlichen Versprechens, für G nicht wirksam, weil er davon nichts weiß, ja er vermutet die Kontingenzminderung in der kontradiktorischen Richtung.[24]

Wie sieht die Lage nun bei der gesetzhaft verallgemeinerten Unehrlichkeit aus? Die Gesetzmäßigkeit der Unehrlichkeit führt da-

---

[23] Ich setze zur Vereinfachung der Diskussion voraus, daß für S und G die gleichen Evidenzen vorliegen.

[24] Für die ethische Bewertung in einem Kantischen Begriffsrahmen ist irrelevant, ob sich die von S oder G in t_0 erwarteten Zustände zu t_1 nur mit Modifikationen einstellen, denn der tatsächliche Zustand zu t_1 wird in diesem Rahmen explizit ausgegrenzt, um nicht zurechenbare Zusatzfaktoren auszublenden. Ob unehrliche Versprechen des S zum Zeitpunkt t_1 häufiger zu einem Zahlungsausfall führen als ehrliche, ist hier demnach nicht einschlägig.

zu, daß G weiß, daß jedes Versprechen unehrlich ist. Anders als im vereinzelten Fall des unehrlichen Versprechens ist dem G nun bekannt, daß S zu t_0 die Erwartung hegt, zu t_1 nicht zurückzuzahlen. Mit dem gesetzhaft unehrlichen Versprechen legt sich S nicht mehr wie zuvor auf eine bestimmte Verhaltensweise zu t_1 fest, sondern schließt diese Verhaltensmöglichkeit zu t_1 aus. Allgemein ehrliches und allgemein unehrliches Versprechen sind aber Versprechen, weil sie die Kontingenz zum Zeitpunkt t_1 mindern. Ein Gläubiger in der Welt gesetzhaft unehrlichen Versprechens würde sich zwar nicht auf den explizit »versprochenen« Gehalt einlassen, bei einer geschickten Kombination solcher Versprechen könnte aber die gleiche erwartete Kontingenzminderung für G in t_0 erreicht werden, wie bei einem ehrlichen Versprechen. Man denke etwa daran, daß S zu t_1 nur drei Handlungsmöglichkeiten hätte. Dann verspricht er (im neuen Wortsinn) G zwei Verhaltensweisen, und G hätte das im üblichen Wortsinn ehrliche Versprechen erhalten, daß S gemäß der dritten Verhaltensmöglichkeit handelt.[25] Gerade unter dem Diktat einer strikten Universalisierung wäre G hinsichtlich des Versprechens von S weit davon entfernt, »über alle solche Äußerung, als eitles Vorgeben, [zu] lachen«. Unhaltbar wäre die hier aufgestellte Behauptung, wenn es bei gesetzmäßiger Unehrlichkeit unmöglich wäre, relativ zu einem solchen Kontext »unehrlich« zu sein, weil dann das Versprechen keinen Kontrastbegriff mehr hätte. Diese Möglichkeit zur »Unehrlichkeit« besteht aber, denn man könnte vom Gesetz der Unehrlichkeit gelegentlich abweichen.

Das Funktionieren des mit der gesetzhaften Unehrlichkeit verbundenen Versprechens mutet auf den ersten Blick wie ein schlechter Witz an, der mit der menschlichen Realität nichts zu tun hat. Nun gibt es aber z. B. unseren täglichen Gebrauch von Höflichkeitsflos-

---

[25] Der neue Typ »ehrlichen« Versprechens unterscheidet sich von dem bei uns üblichen nicht dadurch, daß er nur unter Bedingungen eines eingeschränkten Handlungsraums funktionieren würde. Das sieht man schon daran, daß auch in der für uns üblichen Form des Versprechens, die anscheinend den Bereich möglicher Handlungen nicht einschränkt, Versprechen Sinn haben, die die Unterlassung eines bestimmten Verhaltens in Aussicht stellen, ohne festzulegen, welche Handlungen stattdessen vollzogen werden. Genauer besehen erweist sich der Handlungsraum unserer üblichen Versprechen aber ebenfalls als beschränkt, weil wir auf dem Hintergrund unserer Praktiken bestimmte denkbare Verhaltensweisen überhaupt nicht in Betracht ziehen und auch darauf vertrauen, daß das Versprochene in der von unserer Praxis vorgegebenen normalen Form erfüllt wird und nicht irgendwelche grotesk anmutende Einlösung findet.

keln, die auf der Literalebene manchmal schlichte Unwahrheiten sind. In Kenntnis der Höflichkeitsinstitutionen läßt sich auch niemand darauf ein zu glauben, was wörtlich gesagt wird. Und dennoch sagen wir etwas damit: wir bestätigen, daß wir den anderen, zumindest soweit es die Höflichkeit fordert, als Person anerkennen oder Interesse an ihm nehmen. Dies nicht nur in diesem umfassenden und unspezifischen Sinn, sondern sehr wohl mit einer bestimmten Aussagerichtung relativ zum jeweiligen Kontext. Ohne diese Gerichtetheit wäre die Möglichkeit der zielsicheren Unhöflichkeit undenkbar. Und ebenso wie oben beschrieben, gibt es natürlich Möglichkeiten, mit Höflichkeit jenseits der Literalebene »unehrlich« zu sein, etwa wenn Höflichkeit nicht zumindest einer marginalen Anerkennung eines anderen entspringt, sondern aus Gefallsucht oder strategischen Interessen erwächst.

Vorläufig kann festgehalten werden: Die Kontingenzminderung eines Versprechens tritt ein, unabhängig davon, ob mit dem Versprechensbegriff Ehrlichkeit oder Unehrlichkeit *regulär* verknüpft wird. Das Versprechen verliert diese Kraft nur in den Fällen, in denen im Einzelfall, also ohne Regel oder Gesetz, von dem unterstellten Modus (sei das nun Ehrlichkeit oder Unehrlichkeit) abgewichen wird. Gerade durch die Forderung nach strikter Verallgemeinerung macht es sich Kant unmöglich, seine Einsicht methodisch abzubilden, das Böse sei die Ausnahme von einem geregelten Geschehen. Er bietet als ethisches Kriterium ein Verfahren an, das Regelhaftigkeit erzeugt, wo doch das Verwerfliche gerade im Parasitismus der regellosen Ausnahme von der Regel besteht.

Nach diesem für viele sicherlich überraschenden, wenn nicht gar unhaltbaren Ergebnis soll nun gezeigt werden, daß die Widerspenstigkeit des soeben erzielten Ergebnisses zu einem guten Teil ungeklärten sozialontologischen Voraussetzungen geschuldet ist. Der entscheidende Unterschied zwischen Kants und der hier vertretenen Sicht der Dinge liegt in der Frage begründet, wann das Versprechen aufhört zu existieren. Kant unterstellt, daß es kein Versprechen mehr gibt, wenn jeder unehrlich ist und jeder von dieser Unehrlichkeit weiß. Wichtig für die Möglichkeit oder Unmöglichkeit des Versprechens ist dabei die Absicht des Versprechenden, sich tatsächlich auf den versprochenen Gehalt selbst festzulegen. Fehlt dieser Wille nicht nur im Einzelfall, sondern allgemein, dann kann es für Kant kein Versprechen mehr geben. Ganz ähnlich hebt übrigens auch Searle in der sprechakttheoretischen Analyse des Versprechens wesentlich den

Selbstverpflichtungscharakter hervor.[26] Das Versprechen scheint einseitig von dem Willen des Versprechenden abhängig zu sein. Das ist individualethisch nur konsequent, denn woher, außer aus dem freien Willen des Individuums, sollte eine moralisch bewertbare Größe auch stammen? In der hier vorgelegten Analyse wurde hingegen auf den öffentlichen, den intersubjektiven Charakter des Versprechens abgehoben. Daß diese Herangehensweise die angemessenere ist, läßt sich auch in Hinblick auf Kant wie folgt demonstrieren.

Im Zustand der allgemeinen Unehrlichkeit wird nach Kant derjenige ausgelacht, der ein Versprechen geben will. Das bedeutet aber doch, daß der Satz: »Ich verspreche, daß p« verstanden wird, wenn er auch vielleicht nicht gehaltvoll ist. Wenn es aber gar nichts gibt, was nur dem Schatten eines Versprechens gleichkäme, müßte da ein solcher Satz nicht vielmehr unverständlich sein? Die anderen wüßten gar nicht, worauf ich Bezug nehme, wenn ich sage: »Ich verspreche, daß p«. Das Lachen über das Ansinnen, ein Versprechen abgeben zu wollen, weist also darauf hin, daß eine soziale Praxis »Versprechen« vorausgesetzt werden muß, um meine diesbezügliche Sprechhandlung überhaupt verständlich zu machen. Auch Kant unterstellt demnach bei behaupteter Unmöglichkeit eines Versprechens das Weiterbestehen des Versprechens in einer bestimmten Weise. Die Schlußfolgerung, die oben gezogen wurde, setzt genau an diesem Punkt an. Die Praxis des Versprechens liegt als verständigungsermöglichende und damit intersubjektive Regel dem Einzelwillen immer noch voraus. Der Einzelwille bildet sich nicht im Vakuum, sondern kann sich immer nur hinsichtlich des gemeinschaftlich vorgegebenen Niveaus positiv oder negativ verhalten, dieses Niveau aber nicht schlichtweg unberücksichtigt lassen. Die Vorgabe eines Erwartungsniveaus durch die jeweilige Praxis erlaubt selbst in ihrer Negation noch eine Kontingenzreduktion und damit ein Weiterwirken dieser Praxis.[27] Veränderungen ergeben sich nicht darin, *daß* Versprechen möglich sind, sondern darin, *was* versprochen werden kann.

Ist dieser Einwand gegen Kant aber nicht lediglich auf die vollkommenen Pflichten gegen andere Menschen beschränkt? Das Ungenügende des Kantischen Verfahrens läßt sich auch an dem Lügenbeispiel aufweisen, das in der *Metaphysik der Sitten (Tugendlehre)* das Paradigma für eine vollkommene Pflicht gegen sich selbst ab-

---

[26] Vgl. Searle (1971), Kap. 3.1, bes. S. 93.
[27] Vgl. dazu unten S. 265 f.

gibt.[28] Ebenso wie bei dem Versprechen ist der Akt des Behauptens eine durch eine gemeinschaftliche Praxis geprägte Größe. Um gegenüber einem anderen verständlich zu sein, muß dieser die Bezugnahme des Behauptenden auf die gängige Praxis des Behauptens erkennen, um zu verstehen, daß der Interaktionspartner die vorgebrachte Proposition als Behauptung gemäß dieser Praxis aufgefaßt wissen will. Davon logisch getrennt ist die Frage danach, ob der Behauptende sich dieser Praxis wahrhaftig (ehrlich) bedient. Die Parallelität der Lüge zum falschen Versprechen dürfte offensichtlich sein. Der einzige Unterschied besteht darin, daß beim Versprechen ein bestimmtes Verhalten (Unterlassen) in Aussicht gestellt wird, wo beim Behaupten das Vorliegen einer bestimmten Tatsache erklärt wird. Hinsichtlich der untersuchten moralischen Fragestellung ergeben sich daraus aber keine Unterschiede. Die für das falsche Versprechen eingeklagten Versäumnisse stellen sich auch für die Lüge ein. Kant scheint demnach für den gesamten Bereich der vollkommenen Pflichten kein befriedigendes Verfahren vorschlagen zu können.

Im Zusammenhang mit dem Versprechen wurde herausgestellt, daß die Universalisierung durch ihre ausnahmslose Geltung Regularität auch dort erzeugt, wo das zu betrachtende Phänomen vor Anwendung dieser Methode durch eine ungeregelte Abweichung von einer Regel charakterisiert ist. Wenn das moralisch Böse die ungeregelte Abweichung ist, so verwehrt die Universalisierung aufgrund ihrer eigenen Eigenschaften böse Handlungen aufzudecken, weil sie durchweg regelhafte Handlungen zum Ergebnis hat. Diese Unbrauchbarkeit hat sich am Beispiel der Lüge ebenfalls gezeigt und besteht unabhängig vom zu bewertenden Sachverhalt grundsätzlich in jedem Fall von Universalisierung.

Kehren wir, um die sozialontologischen Implikationen der Universalisierung zu betrachten, im folgenden wieder zum Beispiel des falschen Versprechens zurück, das als Paradigma für die entsprechenden Schwierigkeiten des universalisierenden Vorgehens in der Ethik angesehen werden kann. Wenn zugestanden ist, daß die gemeinschaftliche Praxis des Versprechens zumindest als Verständigungshorizont vorausgesetzt werden muß, ließe sich im Zustand allgemeiner Unehrlichkeit neben den benannten Alternativen ([a] es ist kein Versprechen mehr möglich; [b] das Versprochene wird bestimmt

---

nicht getan) auch folgendes denken: Das Versprechen besteht in seiner bei uns üblichen ehrlichen Form weiter, d. h., es wird so aufgefaßt als verpflichte sich der Versprechende damit zu dem versprochenen Gehalt. Da diese Selbstverpflichtung gemäß unserer Voraussetzung bekanntermaßen nicht besteht, wird jeder, der ein Versprechen äußert, zum Erfüllungszeitpunkt gezwungen, das Versprochene zu tun, weil er den öffentlichen Akt des Versprechens ausgeübt hat. Auch dazu findet sich eine Parallele in unserem täglichen Leben. In vielen Fällen des öffentlichen Rechts kommt es nicht auf die Intentionen bei einer Handlung an, sondern auf das Vorliegen bestimmter öffentlicher Akte, um die Rechtswirksamkeit herzustellen. (Der fragliche öffentliche Akt beim Versprechen bestünde im Aussprechen der Versprechensformel oder dem Ausführen entsprechender Gesten.)

Die drei Möglichkeiten, wie das Versprechen von der verallgemeinerten Unehrlichkeit betroffen sein könnte, sind hier aufgeführt, um einerseits zu zeigen, daß die von Kant gewählte Situationsbeschreibung keineswegs die einzig mögliche ist. Welcher Grund kann dann dafür angeführt werden, daß Kant die anderen Möglichkeiten überhaupt nicht in Betracht zieht? Die Antwort auf diese Frage liegt in der unterstellten Sozialontologie. Kant versteht gemeinschaftliche Handlungen im Sinne des methodologischen Individualismus. Danach wäre eine gemeinschaftliche Handlung zu fassen als Summe der von den einzelnen Individuen gepflegten Intentionen, Vorstellungen und Verhaltensweisen hinsichtlich dieser Handlung. Eine Gemeinschaftshandlung wird dadurch begründet, daß jedes Individuum sich einen bestimmten Willen bildet; stimmen diese Willensbildungsprozesse und die korrespondierenden Handlungen häufig genug überein, dann bildet sich so etwas wie eine gemeinschaftliche Praxis. Gemeinschaftliche Praktiken sind letztlich Aggregate genügend häufig auftretenden gleichartigen Verhaltens. Ihr Bestehen oder Nichtbestehen ist eine Frage der Quantität. Der Schritt geht, individualethisch konsequent, vom Einzelwillen zur Bildung des gemeinschaftlichen Tuns. Dieses Bild des Gemeinschaftshandelns als paralleles individuelles Handeln entstammt der Beobachtung, daß alle kompetenten Mitwirkenden in den einschlägigen Situationen das Gleiche, nämlich das von der eingeführten Praxis Geforderte, tun. Meist wird dieses Modell parallelen Handelns unterfüttert mit Begriffen wie »Konsens«, um gemeinschaftliche Praktiken von bloß zufälligem Gleichhandeln zu unterscheiden.[29] Denn wer gemäß einer eingeführten Praxis handelt, tut dies nicht einfachhin, sondern meist mit dem Bewußtsein, daß andere in derselben Situation in gleichartiger Weise handeln würden.

Dieses Bild des Parallelhandelns kann mindestens drei wesentliche Charakteristika von Gemeinschaftshandlungen nicht erklären. Neben dem bereits benannten methodischen Problem, die moralisch verwerfliche Abweichung von der Regel nicht fassen zu können, erweist sich die Universalisierung zusätzlich als sozialontologisch unhaltbar. Erstens haben wir oben bereits am Kneipenbeispiel[30] in Erinnerung gerufen, daß es von der Art der Einbettung eines Verhaltens in einen Handlungszusammenhang abhängt, welche Handlung durch dieses Verhalten ausgeführt wird. Eine Handlung kann völlig identisch wiederholt werden und gilt in unterschiedlichen Kontexten dennoch als verschiedene Tat. Es ist z. B. nicht die Intonation allein, die einen von mir geäußerten Satz zu einem Aussagesatz, einem Befehl oder einer Drohung macht, sondern auch die Art, wie auf meine Äußerung reagiert wird. Dieses Phänomen läßt sich von einem Ansatz, der vom Parallelhandeln ausgeht, nicht greifen. Parallelhandeln bezieht immer nur das einzelne Handeln ein, nicht jedoch, wie auf dieses Handeln reagiert wird, wie es eingebettet ist. Somit können Theorien des Parallelhandelns die Vielfältigkeit der Handlungen nicht fassen, die vermittels unterschiedlicher Einbettung durch das gleiche Verhalten ausgeführt werden können.

Zweitens sind Theorien des Parallelhandelns ungeeignet, das Erlernen von Verhaltensweisen gemäß einer eingeführten Praxis angemessen zu erfassen. Das Lernen der Regeln einer Praxis erfolgt nicht dadurch, daß der Lernende das korrekte Regelfolgen anderer Personen nachahmt, wie dies das Bild vom Parallelhandeln suggeriert. Der Alltag in der Vermittlung von Fertigkeiten und Wissen ist eher dadurch gekennzeichnet, daß die Versuche des Lernenden durch den Lehrenden korrigiert werden und je nach Lernfortschritt neue Übungen formuliert werden. Im ganzen liegt ein reichlich komplexer Prozeß von aufeinander (mehr oder minder) abgestimmten, differenten Anschlußhandlungen vor, die weit davon entfernt sind, eine Parallele von Vormachen und Nachahmen zu bilden.

Drittens, und das dürfte für die vorliegende Fragestellung der

---

[29] Zu einer eingehenden Kritik am Konsens-Modell gemeinschaftlichen Handelns vgl. unten Kap. 3.5.
[30] Vgl. oben S. 71.

wichtigste Gesichtspunkt sein, wird aus dem Konzept der Parallelhandlung nicht verständlich, welchen Unterschied es zwischen dem
falschen Gebrauch einer Regel und dem Nichtgebrauch dieser Regel
gibt. Mit anderen Worten: die einer gemeinschaftlichen Praxis inne-
wohnende normative Dimension tritt unter dieser Perspektive nicht
ans Licht.[31] Denken wir etwa an das im Rahmen der Regelfolgendebatte vielbeschworene Beispiel des Addierens. Wenn jemand 2 und 3
zusammenrechnet und 6 als Resultat verkündet, könnte man entweder sagen, er habe falsch addiert oder aber, er habe gar nicht addiert
(sondern multipliziert oder einfach Unsinn betrieben). Für Theorien,
die mit Parallelhandeln argumentieren, gibt es keinen Ansatzpunkt
für die Unterscheidung von falschem Addieren und Nicht-Addieren.
Der falsch Rechnende erzielt ein Resultat, das die Handlung von denjenigen Handlungen der anderen Personen abweichen läßt, die ebenfalls dieselben Summanden addieren. Wenn Parallelität im Verhalten
aber die Basis gemeinschaftlichen Tuns ist, dann muß der fraglichen
Person abgesprochen werden zu addieren, weil sie nicht die nötige
Gleichartigkeit im Verhalten zeigt. Die Handlung ist unter den Prämissen dieses Ansatzes nicht mehr als falsches Rechnen auszuweisen, sondern nur noch als irgendein anderes Tun. Um die Theorie
des Parallelhandelns dennoch zu retten, könnte man ja auf den Einfall kommen, falsches Addieren dadurch zu modellieren, daß es verstanden wird als ein gelegentliches, nicht zu häufiges Abweichen
vom richtigen Addieren, und das heißt hier: als ein gelegentliches
Abweichen von dem einschlägigen gleichartigen Verhalten. Diese
»Lösung« bringt aber ein neues Problem mit sich: Weshalb gilt die
Abweichung vom gleichartigen Verhalten, die sich in der Rechnung
»2+3=6« manifestiert, mit mehr Recht als (falsche) Addition, als eine
andere Abweichung vom Parallelverhalten, die sich etwa durch
Brummen und angestrengtes Starren in die Luft manifestiert? Man
müßte immer neue, gesondert zu begründende Zusatzannahmen un-
terstellen, um die völlige Beliebigkeit der Regelzuschreibung zu un-
terbinden, wodurch Schritt für Schritt der Erklärungswert parallelen
Handelns gegen Null geht.[32] Es ist darum äußerst fraglich, ob mit
Blick auf die Menge gleichartiger Handlungen irgendetwas normativ
Gehaltvolles über die Existenzbedingungen einer gemeinschaftlichen

---

[31] Vgl. zu diesem Punkt ausführlich Kap. 3.4. dieser Arbeit.
[32] Vgl. unten Kap. 3.4 für den Nachweis, daß dieses Problem bei dem in dieser Arbeit
vertretenen sozialontologischen Konzept nicht auftritt.

Praxis gesagt ist. Mit dem unten genauer zu entfaltenden Konzept der abgestimmten Anschlußhandlung kann die normative Dimension hingegen ohne jede Verrenkung erklärt werden. Ein Verhalten wird zur Abweichung von einer Regel, zum falschen Handeln im Unterschied zu dem (richtigen) Handeln gemäß einer anderen Regel, einfach dadurch, daß eine entsprechende Korrektur auf das Verhalten erfolgt. Zusammen mit der Korrektur ist klar, daß eine Regel verletzt wurde und welche Regel einschlägig ist (nämlich die, die die Korrektur wieder herzustellen trachtet). Nicht die Symmetrie überwiegend gleichartiger Handlungen ist der Schlüssel zur Normativität, sondern die Asymmetrie einer Folge unterschiedlicher und abgestimmter Handlungen.[33]

Wenn die Einwände zutreffend sind, dann erweist sich das Kantische Vorgehen zuletzt als mangelhaft aus sozialontologischen Gründen. Kant leitete ja das Unmoralische des falschen Versprechens davon ab, daß die Universalisierung dieses Verhaltens zu der Vernichtung der gemeinschaftlichen Praxis des Versprechens führe.[34] Daß die Universalisierung zum Nichtbestehen der fraglichen Praxis führt, entspringt dem Bild des Parallelhandelns, das der methodische Individualismus als Erklärung gemeinschaftlicher Praktiken anbietet. Es erwies sich jedoch, daß dessen Ressourcen nicht dazu ausreichen festzulegen, welcher Handlungstyp in einer Situation ausgeführt wurde und, gegeben den Handlungstyp, wie richtiges von falschem Handeln zu unterscheiden wäre. Paradoxerweise kann die Universalisierung als Kriterium für die Moralität von Handlungen nur dann begründet werden, wenn ein sozialontologisches Konzept unterstellt wird, das die normative Dimension des Handelns gerade nicht erfassen kann.

Die Universalisierung bringt es mit sich, daß moralische Handlungen immer auch symmetrische, d. h. von allen gleichermaßen ausführbare Handlungen sein müssen. Mit dem Zweifel an der Richtigkeit universalisierender und damit symmetrisierender Ansätze gewinnen wir den Raum, auch irreduzibel asymmetrische Hand-

---

[33] Vgl. dazu ausführlich Kap. 3.4.

[34] Kramer (1991, S. 47) läßt es explizit offen, wie sich die Unmöglichkeit der Innehabe einer zu prüfenden Maxime bei gedachter Universalisierung dieser Maxime zeige. Nicht nur an der diskutierten Stelle in der GMS, sondern auch an der Stelle, die Kramer heranzieht (Kant [1788, §4, Lehrsatz III Anmerkung, S. A50 f.]), macht Kant deutlich, daß die Unmöglichkeit der Innehabe der Maxime durch die mit der Universalisierung einhergehende Vernichtung der Institution zu bemerken sei.

lungsmuster nicht bereits aufgrund ihrer Asymmetrie aus dem Kreis moralischen Handelns auszugrenzen. In den beiden folgenden Kapiteln sollen die asymmetrischen Relationen der Fürsorglichkeit und der Macht betrachtet werden, die bis in die jüngste Vergangenheit nicht das Maß an Aufmerksamkeit fanden, das ihnen ihrer Bedeutung für das soziale Leben nach eigentlich zukommen müßte. Dieser Mangel an Beachtung ist sicherlich, so argumentieren zumindest einige Theoretikerinnen der Fürsorglichkeit, dem Vorherrschen der an Symmetrie orientierten Ethiken zuzuschreiben. Aus der Unmöglichkeit, universalisierende Verfahren auf solche asymmetrischen Handlungen direkt anzuwenden, läßt sich ein weiteres Argument gegen die Universalisierung in der Ethik gewinnen, da bedeutende Teile sozialer Praxis einer solchen Ethik entzogen sind. Im folgenden sollen sowohl Fürsorglichkeit wie auch Macht eingehender dargestellt werden, um die jeweils typische Asymmetrie hervorzuheben. Da der hier vertretene Ansatz asymmetrische Relationen als die Elemente der Sozialontologie ausweist, können die beiden genannten, im sozialen Leben nahezu omnipräsenten Phänomene die Angemessenheit des Konzepts belegen.

2.2. Die Asymmetrie der Fürsorglichkeit als ethisch relevante Größe (ethics of care)

Mit Erscheinen des inzwischen zum Klassiker avancierten Buches *In a Different Voice* von Carol Gilligan hat sich zunächst in der feministischen Ethik die Erkenntnis ausgebreitet, daß der Hauptstrang der traditionellen Moraltheorie bislang bestimmte Phänomene sträflich vernachlässigt hat.[35] Gilligan kritisiert an empirischen Studien der Moralentwicklung, genannt seien etwa diejenigen von Jean Piaget oder von Lawrence Kohlberg, daß Stichproben zu Grunde gelegt würden, die ausschließlich männliche Probanden einbezogen haben. Dadurch sei ein verzerrtes Bild der Moralentwicklung entstanden, weil eine Moralvorstellung privilegiert werde, die Moral darin gipfeln lasse, abstrakte, allgemeine Regeln aufzustellen, denen sich als autonom gedachte Subjekte in ihrem Handeln unterwerfen.[36] Diese Moral hat im Zuge der Debatte den Kurztitel »Gerechtigkeits-Mo-

---

[35] Vgl. Gilligan (1982).
[36] Vgl. Piaget (1932), Kohlberg (1974), Kohlberg (1981).

ral« bekommen, wobei auch immer wieder klargestellt wurde, daß mit Gerechtigkeits-Moral nur eine bestimmte Tendenz in der Ethik bezeichnet sein soll, die in den verschiedenen Philosophemen unterschiedlich stark präsent ist. Der größeren Prägnanz im Streit ist wohl auch zuzuschreiben, daß mit der Dichotomie »Gerechtigkeit« versus »Fürsorglichkeit« hantiert wird, als gäbe es nicht eine ganze Reihe von Moralauffassungen, die sich dieser Zweiteilung nicht fügen wollen, wie etwa der moralische Skeptizismus und Relativismus.[37] Daß die Gerechtigkeits-Moral ein einseitiges Bild zeichnet, räumen Piaget und Kohlberg indirekt ein, weil ihren Erkenntnissen zufolge die von ihnen als die höchste Stufe der moralischen Entwicklung eingeschätzte Handlungsweise regelmäßig nicht von Mädchen oder Frauen erreicht wird. Gilligan arbeitet mit ihrer genannten Monographie dagegen eine »ethic of care« (»Fürsorglichkeits-Moral«) heraus, die die typisch weibliche Form der Moral darstelle. Die unterschiedlichen Sozialisationsbedingungen von Knaben und Mädchen brächten es mit sich, daß sich unterschiedliche Moraltypen geschlechtsspezifisch herausbildeten. Der anderen Stimme, mit der Frauen bei Problemen der Moral sprächen, sei durch die Dominanz der Männer sowohl in den untersuchten Stichproben wie auch durch die geringe Präsenz der Frauen in der Wissenschaft bislang nicht angemessen Gehör geschenkt worden.

Weibliche Moral sei nicht abstrakt allgemein und regelbasiert, sondern in der konkreten Situation auf die Bedürfnisse und Gefühle des konkreten Gegenübers bezogen. Moralisch sei dabei diejenige Handlung, die in der spezifischen Situation durch Aufmerksamkeit den wirklichen Bedürfnissen des Gegenübers Rechnung trage und die Bezogenheit der interagierenden Personen erhalten könne. Die moralische Theoriebildung entwickelt sich dementsprechend kontextuell und narrativ, statt in formaler und abstrakter Weise am Modell der Deduktion orientiert zu sein. Paradigmatische Fälle für moralische Handlungen finden sich in Situationen der Fürsorglichkeit, sei es zwischen Mutter und Kind oder zwischen der (weiblichen) Pflegeperson und Behinderten oder Kranken. Mit der Fürsorglichkeitsrelation wäre somit eine asymmetrische Bezogenheit sträflich mißachtet worden, die zwischen einer fürsorgenden und einer umsorgten Person besteht. Auf die umsorgte Person trifft entweder temporär (Kind, Kranker) oder permanent (Behinderter) die in der Ge-

---

[37] Vgl. Nunner-Winkler (1993), S. 933.

rechtigkeits-Moral übliche Unterstellung eines autonom handelnden Subjekts nicht oder nur eingeschränkt zu. Umgekehrt besitzt die fürsorgende Person hinsichtlich der umsorgten Person eine Macht- und/oder Autoritätsposition, die mit der prinzipiellen Gleichstellung von Personen, betrachtet man sie allesamt als autonome Subjekte, nicht zu vereinbaren ist.

Die Gegenüberstellung der zwei Moralformen provozierte eine rege Debatte, die eine ganze Reihe verschiedener Dimensionen betraf, die hier nicht in Gänze wiedergegeben werden sollen.[38] Erwähnt sei, daß Gilligan im Zuge dieser Auseinandersetzung von ihrer anfangs vertretenen Position abgerückt ist, die Fürsorglichkeits-Moral sei eine grundsätzlich Frauen vorbehaltene Moral, die ein Komplement zur Männer- oder Gerechtigkeits-Moral darstelle. Sie betrachtet beide Moralformen inzwischen als unterschiedliche Perspektiven, unter denen man moralische Probleme betrachten kann, wobei geschlechtsspezifische Unterschiede nunmehr darin gesehen werden, welche Perspektive in der überwiegenden Zahl der Fälle beim ersten Herangehen an ein moralisches Problem eingenommen wird. Bei einer weitergehenden Reflexion über das entsprechende Problem, könne jedes Geschlecht bereits im Kindesalter die jeweils andere Perspektive einnehmen, wie auch bei bestimmten Problemlagen die eine oder die andere Perspektive geschlechtsneutral dominant sei.[39] Kohlberg spricht umgekehrt nicht mehr einfach von »moralischer Reife« sondern vom »Denken in Gerechtigkeitskategorien«, wenn er auf sein Stufenmodell Bezug nimmt.[40]

Umstritten ist vor allem, welcher Status der Fürsorglichkeitsrelation gebühren soll. Auf der einen Seite des Spektrums betrachtet Nel Noddings die Fürsorglichkeitsrelation als zentrales moralisches Phänomen und die entsprechende Fürsorglichkeits-Moral als eine gänzlich eigenständige und, so muß man schlußfolgern, auch die einzig angemessene Form von Moral.[41] Noddings arbeitet einige zentrale Charakteristika der Fürsorglichkeitsrelation heraus, die auch für die unten noch zu entfaltende Ontologie des Gemeinschaftshandelns wichtig sind. Eine Fürsorglichkeitsrelation drückt sich in tatsächlich

---

[38] Eine Überblick über die Debatte gibt: Flanagan/ Jackson (1987).
[39] Vgl. Gilligan (1987). Zu einer eingehenden Analyse des erreichten Standes und der Entwicklung von Gilligans Theorie vgl. Hekman (1995).
[40] Vgl. Kohlberg (1984).
[41] Vgl. Noddings (1984).

erfolgenden Handlungen oder Unterlassungen zwischen ungleichen Partnern aus, nicht lediglich in hypothetischen Erwägungen, daß das und das zu tun sei. Die Handlungen müssen auf das Gegenüber in abgestimmter Weise reagieren, damit die Fürsorglichkeit tatsächlich sorglich wirken kann. Zudem besteht eine gewisse Wechselseitigkeit zwischen fürsorgender und umsorgter Person. Es reicht nicht, daß die fürsorgende Person ihre Handlungen durchführt, die Fürsorglichkeit auf der Seite der umsorgten Person aber überhaupt nicht zur Kenntnis genommen wird. Dies impliziert keine Reziprozität oder Interaktion zwischen gleichwertigen Partnern, vielmehr reicht die Rückkoppelung, mit der bereits ein Säugling auf Pflegehandlungen reagiert, dafür vollkommen hin.[42]

Noddings überzieht allerdings ihr Konzept, so daß sie ihre eigenen konstruktiven Einsichten vielerorts schlicht vergißt. Sie hatte die Relation der Fürsorglichkeit als grundlegendes moralisches Phänomen ausgezeichnet, verliert dann aber die Bezogenheit völlig aus dem Blick, wenn sie von der fürsorgenden Person fordert, unter Absehung von sich selbst allein das Wohl des Umsorgten zu suchen.[43] Nicht die Bezogenheit in der Fürsorglichkeit, sondern lediglich ein Relat dieser Relation wird hervorgehoben. Das gesamte Relationsmodell dient lediglich dazu, eine argumentative Brücke zu bauen, die es erlaubt, von dem einen absolut gesetzten Relat (dem traditionell gefaßten autonomen Subjekt) zu dem anderen, ebenfalls absolut gesetzten Relat überzugehen (die umsorgte Person ist ausschließliche Mitte der eigenen Anstrengungen). Qualitativ hat sich im Vergleich mit der Gerechtigkeits-Moral lediglich der Umstand geändert, daß die Bedürfnisse, Wünsche etc. einer Person nicht mehr von ihr selbst befriedigt werden, sondern von einer anderen Person, die zur Bewerkstelligung dieser Aufgabe Selbst-los werden soll.

Noddings' Beschränkung der Fürsorglichkeitsrelation auf den privaten Nahbereich[44] hat ihr und ähnlich gelagerten Ansätzen den Vorwurf eingetragen, als repressiv empfundene soziale Strukturen und auch eine durchaus fragwürdige Unterscheidung von privater und öffentlicher Sphäre einfach hinzunehmen. Es sei vielmehr erforderlich, gerade im Bereich größerer sozialer Zusammenhänge Für-

---

[42] Vgl. Noddings (1984), S. 10, 13, 65, 74.
[43] Vgl. Noddings (1984), S. 14. Viele Advokatinnen der Fürsorglichkeits-Moral haben diese Selbstaufopferungsthese abgelehnt, vgl. etwa Friedman (1987).
[44] Vgl. Noddings (1984), S. 14, 18.

sorglichkeits-Moral walten zu lassen, um die zerstörerische Wirkung der momentan vorherrschenden sozialen Strukturen am Entstehungsort zu kurieren und nicht kompensatorisch im Nahbereich an Symptomen herumzudoktern. Für eine Fürsorglichkeits-Moral zu plädieren, ist von manchen Kritikerinnen gar als eine Bestätigung des herrschenden Familien- und Frauenbildes angegriffen worden, die die beabsichtigte befreiende Wirkung vereitele.[45] Die Fürsorglichkeits-Moral könnte darüber hinaus einfach der Überlebensstrategie der sozial Schwächeren entspringen, die Mächtigeren aufmerksam zu beobachten, um deren Wünsche antizipieren zu können, eine Strategie, die nun in »Fürsorglichkeit« umbenannt und als besonderes Verdienst gepriesen werde.[46] Neben der Affirmation der sozialen Ordnung kann Fürsorglichkeit sogar im Nahbereich Autoritätsverhältnisse zementieren und Abhängigkeit stiften, da sie mit dem Begriff der »wirklichen Bedürfnisse« operiert, die gegen die in der Situation von der umsorgten Person ausgedrückten oder empfundenen Bedürfnisse abgesetzt werden. In Abhängigkeit davon, wie genau die fürsorgende Person die eigenen Bedürfnisse kennt, wird sie eher in der Lage sein, die »wirklichen« Bedürfnisse der umsorgten Person erkennen zu können und nicht in diese eigene Bedürfnisse zu projizieren oder auf eine Erhaltung der Fürsorglichkeit hinzuarbeiten, um die eigene Überlegenheit zu genießen.[47] Hier macht sich das Absehen von der eigenen Person, das Noddings fordert, destruktiv bemerkbar, weil die fürsorgende Person und die Fürsorglichkeitsrelation als solche zu wenig beachtet wird.

Ist die Fürsorglichkeits-Moral demnach eher ein irreführender Abweg? Wie Annette C. Baier gezeigt hat, ist sie dies gewiß, wenn man die Fürsorglichkeits-Moral absolut setzt.[48] Baier argumentiert für die notwendige wechselseitige Ergänzung von Fürsorglichkeit und Gerechtigkeit (im oben definierten Sinne), die dann auch die bei Noddings kritisierte Unterscheidung von privatem Nahbereich und öffentlichem Fernbereich unterläuft. So wie in Fragen der öffentlichen Wohlfahrt ein Fürsorglichkeitsdenken die gängige Praxis darstellt, ist umgekehrt die Gerechtigkeits-Moral z. B. bei der Beseitigung von innerfamiliären Mißbräuchen unabdingbar. Die Fürsorg-

---

[45] Vgl. Grimshaw (1986), Allen (1986), Hanen/ Nielson (Hgg.) (1987).
[46] Vgl. Tronto (1995), S. 112.
[47] Vgl. ebd., S. 105–107.
[48] Vgl. Baier (1985), Baier (1986), Baier (1987).

lichkeits-Moral verdrängt die Gerechtigkeits-Moral nicht, sondern hat neben ihr einen eigenständigen Platz, da sie die blinden Flecken letzterer ausleuchtet.

Herausgegriffen sei hier aus einer Mehrzahl von blinden Flecken lediglich derjenige, der die Frage symmetrischer oder asymmetrischer Verhältnisse betrifft.[49] Baier betont, daß die Gerechtigkeitstheorien typischerweise die Beziehung zwischen Gleichen regelt. Nun gibt es aber offensichtlich eine große Zahl von asymmetrischen Verhältnissen, was die Macht, Fähigkeiten, Kenntnisse angeht, sei es zwischen Kindern und Eltern, zwischen den Lebenden und den Nachgeborenen, zwischen Bürgern und dem Staatsapparat. Die Gerechtigkeits-Moral versucht mit dieser Ungleichheit dadurch fertig zu werden, daß sie fordert, die Schwachen so zu fördern, daß sie zu den Stärkeren aufschließen können. Kinder werden dementsprechend den Erwachsenen moralisch gleichgestellt, indem sie als zukünftige Erwachsene gelten, die Bürger werden dem Staat gleichgestellt, indem man den Staat als die Vereinigung aller Bürger betrachtet etc. Wie man sich in den tatsächlich bestehenden ungleichen Relationen verhalten muß, ist nicht mehr Gegenstand moralischer Überlegungen, weil die genannten Konstrukte die Gleichheit der Beteiligten für die moralischen Belange fingiert.

Nun müßte die Gerechtigkeits-Moral aber das Verhalten in solchen asymmetrischen Relationen im Blick haben, wenn sie die von ihr verlangte Förderung der Schwachen bis zur Gleichwertigkeit tatsächlich vorantreiben wollte. Die Gerechtigkeits-Moral bleibt hinter ihren eigenen Ansprüchen zurück, wenn sie verschweigt, wie in den tatsächlich gegebenen Situationen der Ungleichheit zu verfahren sei, bis Institutionen, Beziehungen und Verhaltensmuster herausgebildet sind, die die Gleichheit wirklich werden lassen. Sie könnte Zustände perpetuieren helfen, die ihr als moralisch minderwertig gelten müssen. An dieser Stelle setzt nun die Fürsorglichkeits-Moral ein. Sie versucht, eine Moral unter Bedingungen der Ungleichheit und Abhängigkeit zu formulieren. Zumindest transitorisch wäre die Fürsorglichkeits-Moral also unverzichtbar, gerade auch unter den Rahmenbedingungen und Ansprüchen der Gerechtigkeits-Moral. Betrachtet man die Abhängigkeiten, um die es hier geht, nämlich die zwischen Kindern und Eltern, zwischen jetzigen und späteren

---

[49] Vgl. Baier (1987).

Generationen, darf man freilich Zweifel hegen, ob die Fürsorglich-keits-Moral je ihre Wichtigkeit verlieren wird.

Wenn das Verhältnis von Gerechtigkeit und Fürsorglichkeit be-trachtet wird, kann Baiers Standpunkt, wie auch die Auffassung, zu der Gilligan inzwischen gekommen ist, als Mittelposition in einem Spektrum betrachtet werden, deren einen Rand Noddings markiert und an dessen anderem Ende Versuche stehen, in einem Kantischen Rahmen die Fürsorglichkeit als eine Handlungsweise im vom kate-gorischen Imperativ vorgegebenen Raum moralisch zulässiger Handlungen zu verorten.[50] Fürsorglichkeit wäre hier lediglich eine Unterform moralischen Handelns, wobei die Überlegungen der Ge-rechtigkeits-Moral festlegen würden, welcher Rahmen der Moralität gesteckt ist und welche moralischen Prinzipien gelten. Die Fürspre-cher einer solchen Auffassung haben einen moraltheoretischen Trumpf in der Hand: sie können mit der Figur des autonomen, mit freiem Willen ausgestatteten Subjekts begründen, warum mora-lische Forderungen überhaupt sinnvoll erhoben werden. Allererst in-nerhalb dieses moraltheoretischen Rahmens wäre dann den Theo-retikerinnen der Fürsorglichkeits-Moral eventuell zuzugestehen, daß sich unsere Persönlichkeit aus unserer sozialen Situiertheit er-gibt, daß wir den Fürsorglichkeitsrelationen wesentliche Teile unse-res Selbstbildes und unserer Selbstwerdung verdanken wie auch un-ser Leben insgesamt in ein Geflecht von asymmetrischen Relationen eingebunden ist. Die konzise Formulierung der Grundkonzeption der Gerechtigkeits-Moral und anschließend die der Fürsorglichkeits-Moral von Margaret Urban Walker ist hier aufschlußreich:

»Moral responsibility is envisioned as responsiveness to the impersonal truths in which morality resides; each individual stands justified if he or she can invoke the authority of this impersonal truth, and the moral community of individuals is secured by the conformity (and uniformity) guaranteed by obedience to this higher authority. From an epistemological angle, one might gloss this view as: adequacy of moral understanding increases as this under-standing approaches systematic generality.

The alternative moral epistemology already outlined [sci. the epistemology of an ethic of care], holds, to the contrary, that: adequacy of moral understan-ding decreases as its form approaches generality through abstraction. A view consistent with this will not be one of individuals standing singly before the impersonal dicta of Morality, but one of human beings connected in various

---

[50] Vgl. Herman (1983), Baron (1984), O'Neill (1984).

ways and at various depths responding *to each other* by engaging together in a search for shareable interpretations of their responsibilities, and/or bearable resolutions to their moral binds. These interpretations and resolutions will be constrained not only by how well they protect goods we can share, but also by how well they preserve the very human connections that make the shared process necessary and possible.«[51]

Walker benutzt immer bereits moralimprägnierte Begriffe, etwa, wenn sie in den interpersonellen Beziehungen die moralischen Bindungen bestimmt sehen will. Dies alles läßt nicht erkennen, ob wir überhaupt Moralansprüchen genügen können. Wir könnten ja in der von der Fürsorglichkeits-Moral beschriebenen Weise faktisch leben, ohne daß dies jedoch moralisch gut oder schlecht wäre. Daß wir darüber in moralischen Termini sprechen, mag einem schlichten Irrtum entspringen. Die Vertreter der Gerechtigkeits-Moral können dagegen darauf verweisen, daß bei aller Eingebundenheit immer auch ein Distanzieren, ein Ausbrechen aus den gegebenen Einbindungen möglich ist und daß diese Fähigkeit zur Befreiung es überhaupt sinnvoll macht, Moral zu predigen. Menschen können auch anders handeln, als sie ihrer sozialen Einbettung gemäß handeln würden. Und nur weil sie Handlungsalternativen haben, sind ihnen auch Handlungen moralisch zurechenbar.

Erst dann, wenn die Verfechter der Fürsorglichkeits-Moral zeigen können, daß Normativität als Dimension menschlichen Handelns auf der asymmetrischen Bezogenheit von Personen in der Fürsorglichkeitsrelation beruht, werden sie diesem Einwand von der Seite der Gerechtigkeits-Moral begegnen können. Dann wäre es auch nicht mehr nötig, wie dies Baiers Ansatz impliziert, daß man die Fürsorglichkeits-Moral als Komplement zur Gerechtigkeits-Moral versteht, die von den Problemen der Gerechtigkeitskonzeption zehrt, aber in der grundlegenden Frage keinen eigenen Stand gewinnt. Unten soll im Anschluß an die Regelfolgedebatte der Versuch gemacht werden, Normativität in ihrer Abhängigkeit von einer bestimmten asymmetrischen Bezogenheit zwischen Personen deutlich werden zu lassen. Diese Relation ist nicht diejenige der Fürsorglichkeit, kann aber, da sie im Regelfall asymmetrisch ausgeprägt ist, die Fürsorglichkeitsrelationen als Anwendungsfall integrieren. Dies insbesondere deshalb, weil die Debatte um die Fürsorglichkeits-Moral wichtige Eigenschaften der grundlegenden Relation aufgedeckt und als ver-

---

[51] Walker (1995), S. 145 (Hervorhebung im Orig.).

drängte, aber ubiquitäre Phänomene moralischen Handelns ins Bewußtsein gerückt hat: Dieses Handeln ist gebunden an konkret erfolgendes, aufeinander abgestimmtes Verhalten zwischen meist ungleich handlungsfähigen Partnern. Dabei sind diese konkreten Handlungen, in denen die aufeinander bezogenen Personen sich als aufeinander bezogen handelnd erfahren, vom Kontext und von der Aufmerksamkeit auf die konkreten Reaktionen und Bedürfnisse des Gegenübers bestimmt. Die befreienden Forderungen der Gerechtigkeits-Moral gehen darüber aber, anders als etwa bei Noddings, nicht verloren, weil die grundlegende normative Bezogenheit der Personen im moralischen Handeln bei den Freiheitsrechten eine spezielle Gestalt gewinnt, nämlich die der symmetrischen Verklammerung Gleicher. Die Unwahrscheinlichkeit, das Prekäre und Kostbare des liberalen Projekts wird mit dem Eingeständnis, daß es sich hier um einen Spezialfall moralischer Beziehungen handelt, nicht etwa abgeschwächt, sondern hervorgehoben.

2.3. Die Asymmetrie der Macht als ethisch relevante Größe

Neben der Fürsorglichkeitsrelation, die erst seit relativ kurzer Zeit in die ethische Debatte einbezogen wird, liegt mit der Macht eine zweite soziale Relation vor, die im ethischen Diskurs nicht die Beachtung gefunden hat, die diesem Phänomen aufgrund seiner Allgegenwart in sozialen Bezügen zukommen müßte.[52] Theoriegeschichtlich hat dies sicherlich damit zu tun, daß Macht in den vorherrschenden ethischen Modellen, die vom autonomen Subjekt ausgehen, als Übel gebrandmarkt wird. Dieser Auffassung zufolge wäre Macht als ethisch schlecht zu verwerfen, weil in Machtverhältnissen die Machtunterworfenen nicht mehr autonom agieren, sondern heteronom von den Machthabern bestimmt. Wer also auf dem Hintergrund dieses Machtverständnisses eine Ethik konzipiert, braucht sich mit dem

---

[52] Daß Macht ein, wenn nicht *das* zentrale soziale Phänomen ist, belegen Aussagen wie: »Jede ernstzunehmende Analyse kollektiven Handelns muß also Macht in das Zentrum ihrer Überlegungen stellen, denn kollektives Handeln ist im Grunde nichts anderes als tagtägliche Politik. Macht ist ihr ›Rohstoff‹.« (Crozier/ Friedberg [1993], S. 14); »Wer Macht sagt, sagt auch Gesellschaft, doch wer Gesellschaft sagt, sagt immer auch Macht.« (Sofsky/ Paris [1994], S. 9). Für einen Überblick über die angelsächsische Debatte um den Machtbegriff vgl. Wartenberg (1990, S. 53–70), sowie die Beiträge in Wartenberg (Hg.) (1992).

Phänomen der Macht über den Nachweis ihrer ethischen Verwerflichkeit hinaus nicht weiter zu befassen.

Selbstverständlich leugnet keiner dieser Theoretiker, daß ohne ein Mindestmaß an Machtausübung soziale Gebilde wie Staaten unmöglich sind, weil allein auf den guten Willen der Beteiligten gestützt keinerlei gemeinschaftliches Gebilde dieser Art auf Dauer Bestand hätte. Bereits in Hobbes' Modell des Leviathan, von dem sich das liberale Vertragsmodell legitimer Macht herschreibt, ist Machtausübung immer ein Übel, in das sich der Einzelne nur fügt, weil ihm andernfalls noch Ärgeres drohen würde. Liberale Theoretiker, die Hobbes' Modell weiterentwickelt haben, sind folgerichtig der Ansicht, daß Macht zwar unvermeidlich sei, aber am besten nicht vorhanden wäre. Auch die Mittel der Öffentlichkeit und Gewaltenteilung bei staatlicher Machtausübung können die Macht letztlich bestenfalls beschränken, nie aber als legitim ausweisen, weil sie grundsätzlich ein Übel ist.[53] Zwei Problemkreise ergeben sich aus dieser Auffassung. Der erste betrifft die Frage, ob die skizzierte Machtkonzeption überhaupt eine tragfähige Analyse des Machtphänomens bietet. Als zweites Problem ergibt sich, wie in sozialen Gebilden, die auch aus liberaler Sicht immer (zumindest teilweise) von Macht durchdrungen sind, eine Sozialethik möglich ist. Muß nicht jedes soziale Verhältnis schon deshalb ethisch fragwürdig erscheinen, weil es das Übel der Macht einschließt? Wie kann dann eine Sozialethik überhaupt noch bestimmte gemeinschaftliche Handlungen als ethisch geboten ausweisen? Wenden wir uns zuerst dem ersten Problemkreis zu.

Die Machtkonzeption, die von einer Heteronomie des Machtunterworfenen ausgeht, scheint sich an einem deterministischen Modell zu orientieren: Der Machthaber befiehlt ein bestimmtes Tun und der Untergebene führt das Angeordnete dann aus. Als Grund für den Gehorsam wird letztlich die überlegene physische Gewalt genannt, sei dies nun die körperliche Überlegenheit eines Elternteils gegenüber dem Kind oder die überlegenen Gewaltmittel staatlicher Institutionen gegenüber dem Bürger oder Gruppen von Bürgern. Hannah Arendt hat gegen ein solches Machtmodell energisch Widerspruch erhoben. Sie bestreitet, daß Macht dem Modell der Wirksamkeit eines Befehls entspreche, wie auch, daß Gewaltanwendung eine

---

[53] Vgl. Röttgers (1993), S. 8 ff.

extreme Form der Machtausübung sei.[54] Macht gehe vom Konsens, von der Unterstützung aller in den Machtzusammenhang einbezogener Personen aus und beruhe letzlich auf der Fähigkeit zu einvernehmlichem Handeln in einer Gruppe. Macht steigt mit der Zahl der Beteiligten, wohingegen Gewalt nicht von der Zahl der Unterstützer sondern von der Wirksamkeit der Gewaltmittel abhängt, weil Gewalt ein Instrument sei, um die Stärke einzelner Menschen zu steigern.[55] Den Unterschied zwischen Macht und Gewalt erkennt man z. B. auch innerhalb »absoluter« Institutionen, wie dem Gefängnis. Die Gewaltandrohung und -ausübung vermittels der baulichen, organisationellen und waffentechnischen Einrichungen und Vorkehrungen des Gefängnisses wirken nur solange gemäß der Gefängnisordnung, als sich die Gefangenen in Form minimaler Mitwirkung an diesen Einrichtungen der Macht beugen. Sobald jedoch diese Mitwirkung erlischt, z. B. bei einer Gefangenenrevolte, kann keine Waffengewalt mehr die zuvor bestehende Ordnung im Gefängnis aufrechterhalten. Gewaltanwendung kann daher bestenfalls punktuell Verhalten determinieren, aber nicht diejenige Ordnung erhalten, die ein Machtverhältnis üblicherweise auszeichnet. Auch ein gewalttätiges, despotisches Regime benötigt die Mitwirkung der Machtunterworfenen, wenn es sich an der Macht halten will.

Arendt macht auf den wichtigen Punkt aufmerksam, daß Macht ein Kooperationsphänomen ist, das nicht durch Gewaltanwendung erklärbar ist, wenn diese auch oft mit Macht verknüpft auftreten mag. Was Arendt jedoch als Erklärungsmodell für die Machtkooperation anbietet, scheint mir unzureichend zu sein. Macht entspringt nach Arendt dem einvernehmlichen Handeln; Machthaber besitzen die Macht dadurch, daß sie von der entsprechenden Gruppe ermächtig worden sind, in ihrem Namen zu handeln.[56] Mit dieser Wesensbestimmung scheint sich jedoch der machtspezifische Bezug zwischen Personen nicht recht fassen zu lassen, wie auch Michel Foucault (allerdings nicht in einer Kritik an Arendt) betont hat.[57] Wenn von Macht die Rede ist, wird damit üblicherweise ein asymmetrisches Verhältnis bezeichnet, in dem ein (oder mehrere) Macht-

---

[54] Vgl. Arendt (1970), S. 36 ff. Arendt führt eine ganze Reihe von Autoren an, die trotz ihrer Zugehörigkeit zu konträren politischen Lagern erstaunlicherweise alle das zuvor skizzierte Modell der Macht unterstellen.

[55] Vgl. Arendt (1970), S. 45–47.

[56] Vgl. Arendt (1970), S. 45.

[57] Vgl. Foucault (1994), S. 254 f.

haber Machtunterworfenen gegenüberstehen. Macht kommt im üblichen Verständnis dieses Wortes gerade dort zum Vorschein, wo ein Machthaber einem Machtunterworfenen eine Handlung auch gegen dessen Willen vorgeben kann.[58] In Arendts Modell kann es einen solchen asymmetrischen Fall nur geben, wenn eine Person (ein Kreis von Personen) qua Ermächtigung durch eine Gruppe zum Machthaber über diese Gruppe geworden ist, weil ohne eine solche Ermächtigung schwerlich von Machthaber und Machtunterworfenen gesprochen werden kann. Geht man nämlich einfach von einvernehmlichem Handeln aus, so gibt es keine Asymmetrie zwischen den Beteiligten, weil jeder Beteiligte genau dasjenige tut, was er tun will. Ein Konflikt von Machthaber und Machtunterworfenem kann in Arendts Modell in Fällen legitimer Machtausübung nur dadurch zustande kommen, daß der Machtunterworfene sich hinsichtlich seines eigenen Willens irrt. Denn der Machthaber formuliert lediglich in Stellvertretung für jeden der Beteiligten den einvernehmlichen Willen zum kooperativen Handeln. Wer sich dem Machthaber unterwirft, unterwirft sich letztlich nur seinem eigenen Willen und tut damit auf etwas umwegige Art dasjenige, was er selbst tun will. Dieser Gedanke ist bekanntlich von Rousseau mit der Konzeption der *volonté générale* zur Legitimation von staatlicher Macht ausgenutzt worden.

Hier fehlt die klare Trennung zwischen zwei Typen von Kooperationen, die in der Machtbeziehung in spezifischer Weise verknüpft sind.[59] »Kooperation« darf im folgenden nicht als Begriff für einver-

---

[58] Mit dieser Formulierung soll dem Umstand, auf den Luhmann (1988, S. 21) bereits aufmerksam gemacht hat, Rechnung getragen werden, daß Machtverhältnisse auch dort bestehen, wo der Machtunterworfene sich noch gar keinen Willen hinsichtlich der fraglichen Handlung gebildet hat. Macht drückt sich sicherlich dort am prägnantesten aus, wo sie auf einen entgegengesetzten Willen trifft, ist aber darauf nicht beschränkt.

[59] Die folgende Formulierung des Machtbegriffs folgt in weiten Teilen dem Vorschlag, den Luhmann (1988) in kommunikationstheoretischen Termini unterbreitet hat. Luhmanns Vorschlag greift jedoch darin fehl, daß er die zu Recht festgestellte Eigenart des Machtdiskurses, Macht als Eigenschaft des Machthabers und nicht als kooperatives Relationsphänomen aufzufassen, als Lizenz dazu benutzt, Teile seines Modells ebenfalls so anzulegen, als sei Macht eine Eigenschaft einer einzelnen Person. So übersieht er beispielsweise (vgl. S. 22 f.), daß die unten noch auszuführende machttypische Konditionalisierung zweier Handlungen nicht allein vom Machthaber durchgeführt werden kann, sondern daß dazu eine Kooperation zwischen Machthaber und -unterworfenem vonnöten ist. Die Richtigkeit seiner Theoriebildung leidet erneut an dem Schwanken zwischen einem relationalen Verständnis der Phänomene und einem Absolutsetzen von Elemen-

nehmliches Handeln mißverstanden werden, sondern es soll das gemeinschaftliche Handeln mehrerer Personen bezeichnen, ohne damit zugleich ein einvernehmliches Handeln vorauszusetzen.[60] Betrachten wir zur Erläuterung den Fall, in dem eine Mutter (Machthaberin) ihrem Kind (Machtunterworfener) befiehlt, die Spielsachen vom Tisch zu räumen, damit sie für das Mittagessen decken kann. Hier sind zwei Kooperationen zu unterscheiden. Die erste Kooperation (ausführende Kooperation) besteht darin, daß der Tisch freigeräumt und für das Mittagessen gedeckt wird. In der zweiten Kooperation (standardsetzende Kooperation) muß das Kind den Sprechakt der Mutter als Festlegung eines Standards auffassen, an dem sich der kindliche Beitrag zur ersten Kooperation zu orientieren hat. Macht kommt erst dann ins Spiel, wenn die standardsetzende Kooperation sich auf die ausführende Kooperation als eine bedingende Vorgabe bezieht.

Daß es auf die Bezogenheit dieser zwei Kooperationen ankommt, kann man sich leicht durch die Annahme klarmachen, das Kind sei, durch welchen Defekt auch immer, nicht in der Lage, die Kooperation beim Tischdecken und -freiräumen mit anderen Interaktionen in Beziehung zu setzen. Das Kind kooperiere beim Hören der befehlenden Sätze in dem Sinne, daß es sich etwa durch Nachfragen über die gesprochenen Worte klar würde, wenn es einen Teil der Worte akustisch nicht verstanden hätte. Beim Tischdecken und -freiräumen verhielte es sich erneut kooperativ, z. B. dadurch, daß es zuerst die Ecke freiräumt, an der die Mutter den Tisch zu decken geneigt ist, ohne jedoch die befehlenden Sätze auf sein Verhalten beim Tischdecken zu beziehen. Auch wenn das Kind die zuvor erfolgte Anordnung der Mutter erfüllt, so liegt dennoch kein Gehorsam vor. Würde das Kind nämlich nicht aufräumen, so läge kein Akt des Ungehorsams vor, weil die geäußerten Sätze überhaupt nicht auf das Verhalten beim Tischdecken bezogen werden. Wenn kein Ungehorsam möglich ist, gibt es auch keinen Gehorsam und damit auch keinen Befehl. Auch eine nachfolgende Strafe für die Abweichung vom Befohlenen wäre sinnlos. Etwas als Strafe zu begreifen setzt voraus, die Strafmaßnahme als Sanktion einer Abweichung von dem zuvor Befohlenen zu verstehen. Dies würde jedoch den hier als unmöglich

---

ten ohne Bezug auf die Relationierung, die oben bereits sichtbar geworden ist (Vgl. Kap. 1.5).

[60] Vgl. unten Teil 3 für eine Ontologie des Sozialen, die ohne den Konsens auskommt.

angenommenen Bezug von Strafmaßnahme, eigenem Verhalten und befohlenem Verhalten aufeinander erfordern. Das Kind würde die Sanktion schmerzlich erfahren, aber eben nicht als Strafe für ein Vergehen gegen einen Befehl.

Macht setzt folglich die Bezogenheit der standardsetzenden und der ausführenden Kooperation voraus. Für eine Machtrelation ist es notwendig, daß die in der standardsetzenden Kooperation erfolgende Handlung asymmetrisch in dem Sinne ist, daß einer bestimmten Person bzw. einem bestimmten Funktionsträger (dem Machthaber) die Vorgabe der Teilleistung vorbehalten ist, die der Machtunterworfene in der ausführenden Kooperation zu erbringen hat. Nur dann, wenn es regelmäßig die Mutter ist, die in der standardsetzenden Kooperation (z. B. durch einen Befehl) festlegen kann, wie die Teilaufgaben in der ausführenden Kooperation verteilt werden, wird man ihr Macht zusprechen.

Der hier entwickelte Machtbegriff ist nicht auf Befehl und Gehorsam beschränkt und folgt darin Arendts entsprechender Kritik. Ziehen wir als Beispiel folgende Situation heran. Angenommen, Personen wollen eine Handlung gemeinschaftlich ausführen, wobei jeder Beteiligte jede dazu erforderliche Teilhandlung gleichermaßen auszuführen bereit ist. Eine der Personen wird bestimmt, die die Teilhandlungen den einzelnen Beteiligten zuweist. Bleibt diese aufgabenzuweisende Person über mehrere solcher Gemeinschaftshandlungen hinweg dieselbe, dann hat sie Macht im hier skizzierten Sinn. Denn die Beteiligten beziehen die Sprechakte der aufgabenzuweisenden Person auf ihr darauffolgendes Handeln in der durch diese Anweisungen geordneten Kooperation. Die aufgabenzuweisende Person befiehlt die Teilaufgaben nicht, denn jeder Beteiligte ist von sich aus bereit, die Teilaufgabe an der Kooperation auszuführen, die er zugewiesen bekommt.

Umgekehrt erlaubt die vorgelegte Formulierung des Machtbegriffs auch, Macht dort zu konstatieren, wo gegen eine Anordnung des Machthabers verstoßen wird. Ein solcher Verstoß liegt nämlich dann vor, wenn die Beteiligten die standardsetzende auf die ausführende Kooperation beziehen, ohne aber in der Ausführung den vorgegebenen Standard zu erfüllen. Wenn das Kind sich weigert, den Tisch freizuräumen, dann hat die standardsetzende Kooperation zwischen Mutter und Kind gegriffen. Es ist den Beteiligten klar, daß die Mutter mit ihrem Sprechakt ein bestimmtes Verhalten, das Freiräumen, in der Kooperation des Tischdeckens verlangt. Macht setzt, wie Arendt es fordert, die Kooperation zwischen Machthaber und Machtunterworfenem voraus, nämlich diejenige, die den Standard setzt, nach dem die Handlungen des Machtunterworfenen dann beurteilt werden. Das bedeutet jedoch nicht, wie gegen Arendt festzuhalten wäre, daß das Gelingen der standardsetzender Kooperation mit dem Gelingen der ausführenden Kooperation kurzgeschlossen werden dürfte. Denn das Machtverhältnis besteht auch bei nicht standardkonformer Ausführung weiter, solange nur der Standard als verbindliche Bezugsgröße für die Beteiligten bestehen bleibt. Das Kind verhindert nicht bloß das Zusammenspiel im Tischdecken, wenn es seine Sachen nicht wegräumt, vielmehr widersetzt es sich dem Befehl der Mutter, weil dieses Nicht-Wegräumen von beiden Seiten bezogen wird auf den von der Mutter zuvor im Sprechakt gesetzten Standard der Ordnung. Erst in diesem Bezug wird das Handeln des Kindes zum Aufbegehren. Und erst durch den Bezug auf diese Ausgangslage kann eine Sanktion begriffen werden als eine Maßnahme, die zur Durchsetzung des anfangs ergangenen Machtspruches erfolgt. Freilich ist die standardsetzende Kooperation nicht völlig unabhängig davon, ob die vom Machthaber angeordnete Handlung tatsächlich zustandekommt, denn ein permanenter Verstoß gegen die Anordnungen löst auch die Bezogenheit von Standardsetzung und ausführender Handlung auf. Die ausführende Handlung ist dann kein Verstoß mehr gegen den Standard, weil die »standardsetzende« Kooperation nicht mehr auf jene »Ausführung« bezogen wird.

Bei Michel Foucault bezeichnet der Begriff des »Gouvernements« das machtspezifische Setzen von Standards für eine nachfolgende Handlung.[61] Diese Art, die möglichen Handlungen anderer zu strukturieren, ist Machtverhältnissen eigentümlich und nicht auf das Vorhandensein eines Konsenses[62] oder auf den Gebrauch von Gewalt zurückzuführen. So unterschiedliche Denker wie Arendt,[63] Luhmann[64] und Foucault[65] kommen zu der m. E. zutreffenden Einschätzung, daß Gewalt bestenfalls als ein Mittel anzusehen ist, das innerhalb eines Machtverhältnisses Machtansprüchen Nachdruck verleihen kann, selbst aber von Macht kategorial verschieden ist. Ge-

---

[61] Vgl. Foucault (1994), S. 254 f.
[62] Vgl. oben S. 121f. für die Mängel eines Konsensverständnisses von Macht.
[63] Vgl. Arendt (1970), S. 48 ff.
[64] Vgl. Luhmann (1988), Kap. IV.
[65] Vgl. Foucault (1994), S. 254–256.

walt beschränkt sich auf die direkte Wechselwirkung und kann deshalb die erforderliche Verknüpfung von standardsetzender und ausführender Kooperation nicht leisten. Die Mutter mag zwar durch das Führen der Arme des Kindes physisch erzwingen, daß dieses den Tisch freiräumt, aber dieser Zwang spielt eine machtrelevante Rolle erst dann, wenn er als Sanktion im oben explizierten Sinn aufgefaßt wird und damit eben nicht mehr als *pure* Gewalt. Erst durch die machttypische Verknüpfung der Kooperationen gewinnt die Machtausübung auch einen Sinn für den Machthaber, denn die Fähigkeit zum selbständigen Handeln des Unterworfenen soll ausgenutzt werden. Was wäre eine Machtausübung, die jeden Handgriff explizit bestimmen oder gar erzwingen wollte? Ein solcher »Machthaber« hätte es gewiß leichter, seine Anordnung selbst auszuführen. Die Macht ist demzufolge ein Phänomen, das zwischen der Gewalt und der völligen Selbstbestimmung zu situieren ist. In der puren Gewalt liegt auf der einen Seite keine Macht vor, sondern direkter, die Selbstbestimmung des Unterworfenen auslöschender Zwang, der die machttypische Verknüpfung von Kooperationen nicht kennt. Auf der anderen Seite gibt es bei der völligen Selbstbestimmung ebenfalls keine Macht mehr, weil in diesem Fall zwar die erforderliche Selbständigkeit im Handeln gegeben ist, aber das Vorgeben der Standards und damit der bedingende Bezug zwischen den Handlungen scheitert, innerhalb deren diese Selbständigkeit betätigt werden müßte.

Bislang wurde angenommen, daß in einem Machtverhältnis zweierlei Gemeinschaftshandlungen in ein Bedingungsverhältnis gesetzt werden. Dies ist lediglich deshalb geschehen, um plausibel zu machen, weshalb Arendt die machttypische Konditionalisierung übersehen konnte. Wer die zwei Kooperationstypen als einen auffaßt, wie dies Arendt wohl getan hat, kann natürlich auch deren Bezug nicht bemerken. Nun gibt es selbstverständlich auch Machtverhältnisse, in denen die ausführende Kooperation keine Kooperation, sondern eine individuelle Handlung ist. Dies wäre im Beispiel dann der Fall, wenn die Mutter das Aufräumen des Tisches fordert, aber nicht, weil sie den Platz zum Tischdecken benötigt, sondern einfach, weil sie das Kind zum Aufräumen bringen will. Die standardsetzende Kooperation kommt dabei im Verstehen des Sprechens als Befehl immer noch zustande.

Macht ergibt sich in der allgemeinsten Formulierung also als eine Kooperation, die dem Machthaber in dauerhaft asymmetrischer Weise die Möglichkeit vorbehält, eine Verknüpfung zu dem nachfolgenden Handeln (oder einer bzw. mehrerer der folgenden Handlungen) des Machtunterworfenen derart herzustellen, daß die Angemessenheit dieser Handlung(en) des Machtunterworfenen sich an den in einer Kooperation zwischen Machthaber und Machtunterworfenem festgelegten Standards bemißt. Um es nochmals zu betonen: Für das Bestehen eines Machtverhältnisses ist es nicht in jedem Fall notwendig, daß die nachfolgende Handlung dem gesetzten Standard genügt, solange dieser Standard die Bewertungsgrundlage für die Handlung des Machtunterworfenen bildet.

Auch wenn die ausführende Handlung in einem Machtverhältnis eine individuelle Handlung sein sollte, impliziert diese dennoch ein Gemeinschaftshandeln. Denn es kann einen Standard für das (individuelle) Handeln nur geben, wenn es eine gemeinschaftlich geteilte Praxis gibt, die den Standard etabliert. Erst dann kann die (individuelle) Handlung dem Standard gemäß, also richtig, oder nicht diesem Standard gemäß, also falsch, ausgeführt werden.[66] Das Kind muß beispielsweise die übliche Praxis kennen, die »Aufräumen« genannt wird, um bei allem guten Willen dem Befehl wirklich Folge leisten zu können. Umgekehrt hätte die Mutter ohne den Blick auf eine solche eingeführte Praxis gar kein Idee davon, wann die befohlene Ordnung vorliegt und wann nicht. Damit soll selbstverständlich nicht gesagt sein, daß Machtausübung auf das Bestehen einer bestimmten Praxis zurückgeführt wird, vielmehr muß es diese Praxis geben, damit ein Standard etabliert ist, den der Machthaber für das Handeln des Machtunterworfenen als Standard vorgeben kann. Aus der Praxis allein ist noch nicht ersichtlich, warum diese Praxis nun für den Machtunterworfenen leitend sein soll. Die Machtausübung erfordert demnach eine Kooperation zwischen Machthaber und Machtunterworfenem, in der dem Machthaber die Vorgabe eines Standards für das Handeln des Machtunterworfenen zusteht, der wiederum nur Standard für ein Handeln sein kann, wenn es eine einschlägige gemeinschaftliche Praxis für die geforderte Handlung gibt.

Wenden wir uns nun dem zweiten Problemkreis zu. In vielen Ethiken wird das Machtverhältnis bestenfalls als unvermeidliches Ergebnis der menschlichen Natur oder als transitorischer Zustand be-

---

[66] Dies ist, in aller Verkürzung, die umstrittene These, in der Saul Kripke den Kern des Wittgensteinschen Privatsprachenarguments zu erkennen meint. Für eine eingehende Diskussion vgl. unten Kap. 3.4.

trachtet, der in einer ethisch gerechtfertigten Gesellschaftsordnung keinen Platz mehr hätte. Dies steht mit der zu beobachtenden Allgegenwart und der Wichtigkeit von Machtausübung im menschlichen Zusammenleben in einem auffälligen Kontrast. Nietzsche hingegen räumt der Macht einen prominenten Platz in seinen Überlegungen zur Moral ein, die eine Zertrümmerung der zeitgenössischen Moralvorstellung zum Ziele hat. Für Nietzsche besteht das durchgängige Grundprinzip von Prozessen der unbelebten wie belebten Natur, wie auch im speziellen von menschlichen Handlungen in dem »Willen zur Macht«.[67]

Der Machtbegriff Nietzsches leitet sich von Kants Bestimmung dieses Begriffs her: »Macht ist ein Vermögen, welches großen Hindernissen überlegen ist. Eben dieselbe heißt eine *Gewalt*, wenn sie auch dem Widerstande dessen, was selbst Macht besitzt, überlegen ist.«[68] Nietzsche zufolge ist der »Wille zur Macht« aber nicht allein ein dynamischer Prozeß der Machtakkumulation, der Steigerung von Macht durch das Überwinden von immer größeren oder immer mehr Hindernissen.[69] Der Wille dürfe nicht wie bei Kant im Potentialis gefaßt werden, sondern erfordere das aktuale Überwinden, Niederwerfen und Herrwerden.[70] Leben sei lebendig allein dann, wenn es aktualiter etwas überwinde. Folgerichtig erhält sich das Lebendige nicht etwa durch die Nahrung, die es aufnimmt, sondern dadurch, daß es in der Nahrungsaufnahme die Nährstoffe unterjocht und sich damit als Lebendiges, d.h. als Prozeß des permanenten Überwindens fortzeugt.[71]

Die soziale Ordnung, auch die von Nietzsche bevorzugte aristokratische, beruhe dagegen zunächst nicht auf der Überwindung, sondern auf der Aussetzung der Gewalt gegenüber anderen Individuen. Dies geschehe freilich nicht aus Nächstenliebe, wie Nietzsche sofort hinzufügt, sondern weil sich Individuen nahezu identischer Kräfte gegenüberstünden. Statt sich aneinander ohne Machtgewinn im Kräftepatt abzuarbeiten, enthielten sich die Individuen des Kampfes gegeneinander. Damit sei aber das grundlegende Prinzip des Willens zur Macht nicht durchbrochen. Vielmehr würden die Individuen die

---

[67] Vgl. Nietzsche (1886), S. 55 (§36).
[68] Kant (1790/93), §28 (S. 184) [Hervorhebung im Original durch Sperrung].
[69] Vgl. Nietzsche (1887–89), S. 260–262.
[70] Nietzsche (1887), S. 279 (§13).
[71] Vgl. Nietzsche (1886), S. 27 (§13).

zuvor gegeneinander gerichteten Kräfte nach ihrem Zusammenschluß gegen andere lenken, um diese mit vereinten Kräften umso effektiver zu unterjochen.[72] Diese Grundüberzeugung von den Existenzbedingungen sozialer Ordnung leitet Nietzsche auch in seiner Attacke gegen die »Sklaven-« oder »Herdenmoral«, die Begriffe wie »Gemeinsinn, Wohlwollen, Rücksicht, Fleiss, Mässigkeit, Bescheidenheit, Nachsicht, Mitleiden«[73] als Tugenden predige. Moral habe anfangs, da es noch äußere Feinde zu besiegen galt, die Tapferkeit, den Kampfesruhm und andere kriegerische Tugenden hoch gepriesen, weil das Ganze der Gemeinschaft noch nicht genügend gefestigt und gegen äußere Feinde abgesichert gewesen sei. Später jedoch, als die kriegerischen Tugenden nicht mehr gebraucht wurden, weil die Feinde besiegt waren, habe man Angst vor diesen Tugenden bekommen, weil sie sich nun nicht mehr nach außen, sondern ins Innere der Gemeinschaft zu richten drohten. Daher seien die in der »Herdenmoral« geschätzten Tugenden langsam zu Ansehen gekommen, genauer: sie hätten im Kampf um die Vorherrschaft die Oberhand bekommen, weil die vielen »Herdenmenschen« sich gegen die wenigen den kriegerischen Tugenden verpflichteten »Herrenmenschen« zusammengeschlossen hätten. Jeder einzelne »Herrenmensch« sei zwar jedem einzelnen der Herdenmenschen überlegen, jedoch verhelfe der Zusammenschluß der »Herdenmenschen« deren Machtstreben dazu, die Oberhand zu gewinnen. Nietzsche führt mit dieser, historisch offensichtlich gewalttätigen Deutung sogar diejenigen Tugenden, die anscheinend das Gegenteil jedes aggressiven Machtstrebens proklamieren, auf den Willen zur Macht zurück. Der Tugendkatalog, zu dem die fragliche Tugend gehört, wird mit Unterjochung aller anderen Moralvorstellungen an die alleinige Herrschaft gebracht.[74] Es braucht hier nicht weiter zu interessieren, in welcher Weise eine neue »Herrenmoral« nach Nietzsches Ansicht über die als Dekadenzsymptom gewertete »Herdenmoral« seiner Tage siegen wird, relevant ist allein, daß Moral für Nietzsche nur auf der Grundlage von Machtstreben entstehen kann. Das Machtstreben wird zudem als produktiv eingeschätzt, denn der Kampf um Macht hat einen erzieherischen Effekt:

---

[72] Vgl. Nietzsche (1886), S. 207 f. (§ 259).
[73] Nietzsche (1886), S. 120.
[74] Vgl. Nietzsche (1886), S. 122–124.

Er erzwingt im Überbietungsversuch der Menschen untereinander die kulturelle Höherentwicklung der Menschheit.[75]

Mit Nietzsches Konzept liegt ein Ansatz vor, der Macht nicht aus der Moral ausgrenzt, sondern in der einfachen Umkehrung ihrer üblichen Stellung zur Moral sogar als Grundlage jeder Moral ansieht. Für eine sozialontologisch und sozialethisch gehaltvolle Theorie reicht seine Machtkonzeption freilich nicht aus. Dies wird an zwei Punkten manifest. Erstens versteht Nietzsche zwar die Macht als ein asymmetrisches Verhältnis zwischen Machthaber und Machtunterworfenen, die Macht ist aber als das Gegeneinander in der Gewaltausübung gefaßt. Oben hatten wir bereits gesehen, daß die Gewalt keine Form der Macht ist. Sollte Nietzsches Fundierung der Moral in der Macht überhaupt überzeugend sein, dann ist sie eine Grundlegung der Moral in der Gewalt. Zweitens ist Macht in Nietzsches Konzeption sozialontologisch unerheblich, und kann deshalb nicht als ein Ansatzpunkt verwendet werden, eine auf genuin sozialen Prozessen aufruhende Ethik zu entwerfen. Der Zusammenschluß zu einer Gemeinschaft wurde von Nietzsche als das Aussetzen von Unterwerfungsbemühungen gedeutet, die etwa gleichstarke Individuen zur Kräfteschonung praktizieren. Der »Wille zur Macht« hat am basalen sozialen Geschehen keinen Anteil und ist deshalb sozialontologisch unerheblich. Diese Einschätzung ist auch nicht deshalb zu revidieren, weil die einmal etablierten Gemeinschaften ihre aufgesparten Kräfte zum effizienteren Machtkampf gegenüber anderen Gruppen verwenden, denn diese »soziale« Aktivität setzt bereits soziale Entitäten voraus, ohne deren Bestand näher erläutern zu können.

In der jüngeren Vergangenheit scheint insbesondere Michel Foucault Nietzsches Konzeption in vielen Punkten fortgeschrieben zu haben. Findet sich deshalb vielleicht bei Foucault ein Ansatz, die Macht in sozialethische Überlegungen einzubeziehen? Foucault geht wie Nietzsche davon aus, daß »Machtverhältnisse tief im gesellschaftlichen Nexus wurzeln, und nicht über der ›Gesellschaft‹ eine zusätzliche Struktur bilden, von deren radikaler Austilgung man träumen könnte.«[76] Eine weitere Parallele besteht darin, daß für Foucault Macht nur existent ist, wenn sie aktuell ausgeübt wird. Gesellschaftliche Strukturen mögen die Machtausübung bestimmter Personen auf andere begünstigen oder erschweren, die Existenz von

---

[75] Vgl. Nietzsche (1886), S. 108 f.
[76] Vgl. Foucault (1994), S. 257.

Macht, die allein in ihrer konkreten Ausübung Bestand hat, ist davon aber letztlich unabhängig.[77] Am markantesten ist auf den ersten Blick die Parallelität zwischen Nietzsche und Foucault dort, wo dieser wie jener Macht mit Kampf verknüpft und die produktiven Effekte des permanenten Machtkampfs hervorhebt.[78] Anders als Nietzsche versteht Foucault Macht aber nicht als Ergebnis von Gewaltanwendung. Macht und Gewalt sind für Foucault kategorial verschieden. Dennoch behauptet er, daß die Entstehung und Erhaltung sozialer Strukturen von einem nicht abreißenden Kampfgeschehen begleitet ist und nicht etwa, wie bei Nietzsche, durch die Aussetzung des Kampfes.[79] Der Kampf scheint damit nicht mehr sozialontologisch unerheblich zu sein, sondern ein zentrales Element sozialer Prozesse zu bilden.

Betrachten wir das Verhältnis von Macht und Kampf deshalb ein wenig genauer. Weil die Macht kategorial von der Gewalt verschieden ist, kann ein Kampf, der im Sinne von Gewaltanwendung gefaßt ist, nicht in Machtverhältnissen resultieren. Foucault faßt Macht und Kampf als ein Paar, die füreinander »eine Art ständiger Grenze, einen möglichen Umkehrpunkt« bilden.[80] Die Machtausübung beruht einerseits auf dem freien Handeln des Machtunterworfenen (s. o.), anderseits ist die Macht jederzeit bedroht von dieser Freiheit, weil diese sich als Freiheit gegen die konditionalisierende Vorgabe von Standards durch die Macht auflehnt. Der Kampf müsse diese Auflehnung unterbinden. Er könne nicht enden, weil Machtausübung an die Freiheit des Machtunterworfenen und damit an dessen Aufbegehren gebunden sei. Das Kampfgeschehen bilde eine Grenze für die Machtausübung, weil Machtausübung im Kampf das Verhalten der anderen nicht beliebig konditionalisieren kann, sondern sich dabei zu einer konditionalisierenden Replik verengt. Umgekehrt bildet die Macht

---

[77] Vgl. Foucault (1994), S. 254; Foucault (1978), S. 70.
[78] In seinen historischen Studien hat Foucault bekanntlich versucht zu zeigen, daß das moderne Subjekt seine Entstehung den Verfeinerungen, Effizienzsteigerungen und dem wachsenden Durchdringungsgrad von Disziplinierungs- und Überwachungstechniken verdankt, die sich im Zuge der Entstehung der modernen Staatsgebilde im Kampf zwischen den Individuen und den sich formenden staatlichen Institutionen herausbilden. Vgl. zusammenfassend: Foucault (1994a). Für die Komplementarität des Entstehens von Überwachungstechniken in »absoluten« Institutionen und demjenigen des Subjekts vgl. Foucault (1977). Für die Klassifikation und Richtigstellung der in der Foucault-Diskussion am häufigsten auftretenden Mißverständnisse, die insbesondere Foucaults Machtbegriff betreffen, vgl. Schäfer (1995), bes. Kap. II.
[79] Vgl. Foucault (1976), S. 114; Foucault (1978), S. 71 f. et passim.
[80] Vgl. Foucault (1994), S. 260.

eine Grenze für das Kampfgeschehen, da der Kampf dann sein Ende findet, wenn dem Gegner die machttypische Konditionalisierung nicht lediglich augenblickshaft aufgenötigt worden ist.[81] Für Foucault schafft das Kampfgeschehen jederzeit die Möglichkeit, daß sich eine Machtstruktur neu etabliert, und umgekehrt kann jede Machtstruktur in die Gegnerschaft des Kampfes umkippen. Die Herrschaftsstruktur läßt sich durch diese fortwährende Interferenz von Macht und Kampf sowohl als eine Geschichte der Kämpfe als auch als eine von Machtstrukturen entschlüsseln. Es macht in Foucaults Augen den wesentlichen Charakter von Beherrschung in menschlichen Gesellschaften aus, daß dieselben geschichtlichen Geschehnisse und Zustände unter diesen beiden Betrachtungsweisen erscheinen können, obwohl diese Perspektiven jeweils ganz unterschiedliche Verknüpfungen, Kriterien und Kategorien bei ihrer Analyse verwenden.[82]

Gewalttätige Kämpfe sind also nach Foucaults Ansicht nicht die Voraussetzung oder die Basis von Machtstrukturen, wie dies Nietzsche behauptet, sondern ein die Macht begleitendes, von ihr aber deutlich geschiedenes Phänomen, in das die Machtausübung aufgrund ihrer inneren Spannung zwischen Standardsetzung und Freiheit immer wieder umschlägt und umgekehrt. Die Gleichursprünglichkeit von Macht und Kampf kann Foucault entgegen seinem Anspruch jedoch nicht belegen. Zwar ist durchaus einzusehen, warum die Machtausübung niemals endgültig frei von begleitendem Kampfgeschehen sein wird, wenn man mit Foucault von der in der Macht angelegten Spannung von Standardsetzung und Freiheit ausgeht. Die umgekehrte Behauptung, daß Kämpfe in die Etablierung von Macht münden würden, bleibt dagegen uneinsichtig. Symptomatisch für dieses Problem ist folgende Passage: »[…] für eine Beziehung der Gegnerschaft, sofern sie nicht Kampf bis auf den Tod ist, stellt die Fixierung eines Machtverhältnisses einen Zielpunkt, seine [sic!] Vollendung und Aufhebung zugleich dar.«[83] Die Kämpfe, die Foucault im Auge hat, sind also keine Kämpfe, die auf die Vernichtung des Gegners abzielen, sondern solche, die ihn der Mittel berauben sollen, sich der Standardsetzung durch die eigene Handlung zu entziehen[84] und das heißt: Kämpfe, die Macht etablie-

---

[81] Vgl. Focault (1994), S. 259 f.
[82] Vgl. Focault (1994), S. 260.
[83] Focault (1994), S. 260.
[84] Vgl. Focault (1994), S. 259.

Ulrich Baltzer

ren sollen. Würde das Ziel des Kampfes allein aus der internen Logik des Kampfes, der Gewalt, bestimmt, wäre nicht die Standardsetzung für die Handlungen des Unterlegenen das Ende eines Kampfes, sondern deren Determinierung. Damit der Kampf ein Ende in einer Standardsetzung finden kann, muß er also immer bereits in einen gegebenen Machtrahmen gestellt oder zumindest für die Beteiligten als Kampf um die Etablierung eines Machtverhältnisses sichtbar sein. Kampf als purer Kampf ist dafür bedeutungslos. Für die Bildung sozialer Strukturen ist der Kampf also auch für Foucault letztlich keine relevante Größe, sondern das Agieren in Machtstrukturen – wenn auch Machtausübung immer wieder in Kampfgeschehen einmünden und somit immer von Kämpfen begleitet sein mag.[85]

Anders als Nietzsche muß Foucault aber nicht die Macht suspendieren, um das Entstehen sozialen Handelns erklären zu können, sondern er kann den kooperativen (nicht: einvernehmlichen!) Charakter von Macht aufzeigen. Machtausübung ist demnach eine genuine Form sozialen Handelns, die eine Sozialethik nicht von vornherein als bloße Verzerrungsform des sozialen Handelns abstempeln kann. Foucault selbst trägt aber zur Entwicklung einer Sozialethik nichts bei, die diese Erkenntnis einarbeiten könnte. Seine Überlegungen zur Macht zielen nicht auf eine Sozialethik ab, sondern darauf, »eine Geschichte der verschiedenen Verfahren zu entwerfen, durch die in unserer Kultur Menschen zu Subjekten gemacht werden.«[86] Wenn Macht wesentlich aus der Verknüpfung zweier Kooperationen besteht, so kann das unten zu begründende Konzept eines passenden Anschlußhandelns als basale Größe jeden Gemeinschaftshandelns

---

[85] Axel Honneths Kritik an Foucaults Konzeption der sozialen Kämpfe kommt zu einem ähnlichen Ergebnis. Honneth stellt fest, daß mit dem Foucaultschen Begriff des Kampfes das Entstehen sozialer Strukturen nicht zu erklären ist. Diese Schlußfolgerung zieht Honneth jedoch unter der falschen Prämisse, daß die Entstehung einer Sozialordnung allein vermittels eines normativ geleiteten Konsenses erfolgen könne, der als Konsens das Kampfgeschehen unterbrechen muß. Deshalb müsse Foucaults Sprechen vom permanenten Kampf falsch sein. Honneth nimmt nicht zur Kenntnis, daß Foucault der Überzeugung ist, Sozialordnung könne auch als Fließgleichgewicht eines permanenten Kampfes verstanden werden. M. E. ist es nicht die Permanenz des Kampfes, die dem Kampf ihren sozialontologischen Stellenwert raubt, sondern die Notwendigkeit, den Kampf bereits unter dem Vorzeichen von Machtstrukturen zu führen, um das Entstehen sozialer Entitäten erklären zu können. Die Macht ist dann der einzige sozialontologisch entscheidende Faktor, der Kampf nur eine Modalität ihrer Existenzform. Vgl. Honneth (1985), S. 182, 194 et passim.
[86] Foucault (1994a), S. 243.

auch die Macht adäquat erfassen. Denn in dieser Konzeption wird besonderes Augenmerk auf die asymmetrische Verknüpfung von Handlungen gelegt, die sich auch für die Macht als wesentliche Eigenschaft herausgestellt hat. Eine Sozialethik, die auf diesem sozialontologischen Konzept aufbaut, wird die Macht demnach weder ausgrenzen müssen, weil sie deren Struktur nicht zu fassen bekommt, noch auch jede soziale Beziehung, in der Machtverhältnisse vorkommen, allein wegen dieser Durchdrungenheit mit Machtverhältnissen als ethisch schlecht abqualifizieren.

2.4. Der Kampf um Anerkennung als sozial asymmetrisches Konzept von Normgeltung?

Axel Honneth hat in seinem Buch *Kampf um Anerkennung* vorgeschlagen, die praktische Selbstbeziehung von Individuen an einen sozialen Prozeß sich verändernder Anerkennungsverhältnisse rückzukoppeln. Dieser Prozeß erhält seine Dynamik aus dem fortwährenden Kampf um die Verwirklichung der in den Anerkennungsformen jeweils angelegten utopischen Gehalte, die auf eine Anerkennung auch solcher individueller Entfaltungsmöglichkeiten drängen, die in spezifischer Weise über das jeweils erreichte Maß hinausweisen.[87] Die Aufmerksamkeit richtet sich im folgenden darauf, ob mit dem »Kampf um Anerkennung« ein Konzept greifbar wird, das eine Ethik auf der Grundlage genuin sozialer Größen konstituiert. Auf den ersten Blick legt Honneth kein symmetrisches Modell zugrunde, da er mit der Kategorie des Kampfes eine nicht notwendig symmetrische Verklammerung der Beteiligten als Ansatz wählt. Damit bestünde für Honneth prinzipiell die Möglichkeit, Fürsorglichkeit und Macht nicht bereits aufgrund der auf Symmetrie verpflichteten Theorieanlage aus dem Gegenstandsbereich seiner Ethik ausklammern zu müssen. Betrachten wir zunächst Honneths Verständnis von »Kampf«. Daran anschließend wird der Begriff der »Anerkennung« daraufhin abgeklopft, was er für die Fundierung einer Ethik in genuin sozialen Größen leisten kann.

Im *Kampf um Anerkennung* erläutert Honneth den Kampfbegriff nicht, wohl deshalb, weil er in einer früheren Monographie[88]

---

[87] Vgl. Honneth (1992), S. 148 f. et passim.
[88] Vgl. Honneth (1985).

sein Verständnis dieses Begriffs ausführlicher dargestellt hat. Eine Sozialordnung wird, Honneth zufolge, wesentlich dadurch getragen, daß sich ein Konsens zwischen den Gesellschaftsmitgliedern hinsichtlich des Normgefüges ergibt, das die Handlungen der Individuen leitet. Die Teilung der Gesellschaft in soziale Klassen bringe es mit sich, daß die Belastungen und Erträgnisse innerhalb der Gesellschaft ungleich verteilt seien. Die Mitglieder einer sozialen Gruppe hätten jedoch ihre positionsbedingten Interessen und individuellen Bedürfnisse normalerweise in relativ stabilen Wertorientierungen und Interpretationsmustern abgeglichen, die eine Partizipation an dem institutionalisierten Handlungsgefüge einer Sozialordnung ohne eigenen Identitätsverlust möglich mache. Dieser gruppenspezifische, normative Orientierungshorizont sei jedoch brüchig und könne bei neuen Erfahrungen, insbesondere bei Erfahrungen des Unrechts oder der Versagung, in Frage gestellt werden. Die sich daraus ergebende Kritik an und die Änderungen von gruppenspezifischen Normvorstellungen finden aber durch die ungleiche Partizipationsmöglichkeit, die die sozialen Gruppen im Sozialgefüge besitzen, nur selten ihren angemessenen Niederschlag in der Änderung des gesamtgesellschaftlichen Normgefüges. Eine Durchsetzung der gruppenspezifischen Normvorstellungen könne nicht gewaltlos durch den »Zwang des besseren Arguments« erreicht werden, weil die dafür erforderliche Kommunikationsstruktur in einer Klassengesellschaft nicht gegeben sei.[89] Deshalb komme es zum Kampf, der die verzerrte Form sei, sich über gesellschaftliche Normen zu verständigen.[90] Gäbe es die Klassengesellschaft nicht, dann könnte man sich in einem herrschaftsfreien Diskurs, der alle Mitglieder der Gesellschaft gleichberechtigt einbezöge, über die Normen verständigen. Der Konzeption zufolge, die Honneth im *Kampf um Anerkennung* vorlegt, hat der Kampf inzwischen diesen transitorischen Charakter weitgehend eingebüßt. Denn er werde zwar weiterhin als verzerrte Form angesehen, die aber anscheinend unausweichlich sei, um Ansprüche auf die Eröffnung weiterer, bislang versperrter Räume durchzusetzen, welche mit den im Laufe der gesellschaftlichen Entwicklung zunehmenden, normativ abgesicherten individuellen Entfaltungsmöglichkeiten jeweils mitwüchsen.

Der Kampf ist lediglich ein Mittel, innerhalb einer Sozialord-

---

[89] Vgl. Honneth (1985), S. 299.
[90] Vgl. Honneth (1985), S. 305.

nung neue Normen durchzusetzen und gewinnt seine Zielsetzung und das Kriterium seines Abschlusses ausschließlich aus dieser Einbettung. Obwohl Honneth den sozialen Kampf nicht als permanentes Geschehen auffaßt, sondern als fallweise Durchsetzung neuer Normvorstellungen, kommt er letztlich zu derselben sozialontologischen Wertung des Kampfes wie Foucault. Honneth und Foucault beziehen in ihre Überlegungen immer nur solche Kämpfe ein, die bereits in kooperative Muster (deren basale Struktur sie freilich unterschiedlich bestimmen) eingebettet sind. Mit »Kampf« liegt deshalb eine sozialontologisch abgeleitete Kategorie vor, die bei der Frage nach den sozialontologischen Grundlagen einer Sozialethik keine Rolle spielen kann.

Betrachten wir nun, ob der Begriff der »Anerkennung« genuin soziale Elemente in ethische Überlegungen einbringen kann. Drei Formen der Anerkennung macht Honneth im Anschluß an die Jenaer Schriften Hegels aus: Liebe (Freundschaft), Recht und Solidarität. Gemäß Honneths Interpretation von Hegel bilden diese Anerkennungsformen dann eine Voraussetzung für die Bildung des autonomen Ichs, wenn die Anerkennung wechselseitig erfolgt. Denn allererst dadurch, daß sich die beteiligten Individuen jeweils durch ihr Gegenüber in ihrer Selbsttätigkeit bestätigt sähen, seien sie komplementär dazu in der Lage, zu einem Verständnis ihrer selbst als autonom handelnden und individuierten Ichs zu gelangen.[91] Honneth zieht das Konzept der Einstellungsübernahme von George H. Mead heran, um ein Anerkennungsverhältnis ohne die idealistische Metaphysik des Hegelschen Konzepts zu modellieren. Für Mead formt sich das handelnde Subjekt wesentlich in denjenigen Situationen, in denen im sozialen Zusammenwirken von Menschen eine funktionelle Störung auftritt, denn zu deren Behebung sei es für die Beteiligten nötig, ihre eigenen Reaktionen und deren Bedeutung für die anderen Beteiligten zu überdenken. Im sozialen Zusammenleben hängen die Reaktionen der Beteiligten wechselseitig voneinander ab und definieren allererst, welche Situation vorliegt. Darin unterscheide sich die Kooperation zwischen Personen wesentlich von einem adaptiven Verhalten von Personen an die naturhafte Umwelt, deren Gesetze und Anforderungen sich nicht durch die Bedeutung verändern, die dem individuellen Handeln beigemessen wird.[92]

---

[91] Vgl. Honneth (1992), S. 110.
[92] Vgl. Mead (1910), S. 218 f.

Für Mead ist folglich die Frage primär, wie jemand um die Bedeutung seiner eigenen Handlungen für andere Personen weiß. Diese Bedeutung erschließe sich in der Lautgebärde, weil eine Person damit in die Lage versetzt werde, in sich selbst zeitgleich dieselbe Reaktion auszulösen, die diese Gebärde auch bei seinem Gegenüber auslöse. Weil die Lautgebärde sowohl für denjenigen, der sie äußert, wie auch für seinen Adressaten ein von außen kommender Stimulus ist (der Sprecher hört sich selbst genauso sprechen, wie ihn der Hörer wahrnimmt), kann er in sich dieselbe Reaktion hervorrufen wie bei dem Adressaten und somit besitzt die Gebärde für ihn dieselbe Bedeutung wie für sein Gegenüber. Gerhard Schönrich hat gezeigt, daß die Lautgebärde den bei Mead behaupteten Übergang von Reiz-Reaktions-Mustern zu »Bedeutung«, wie sie für eine propositional strukturierte Sprache angemessen wäre, nicht herbeiführen kann, ohne auf ein subjektphilosophisch gefaßtes Selbst zurückgreifen zu müssen.[93] Der Versuch scheitert demnach, die kognitive Selbstwerdung des Individuums aus intersubjektiven Quellen zu rekonstruieren. Verfolgen wir das Konzept Meads dennoch ein Stück weiter, um zu sehen, wie diese Hypothek sich auch in der Unfähigkeit niederschlägt, ein genuin intersubjektives Konzept von Normativität anzubieten. Dies ist deshalb von Interesse, weil für Honneths Vorschlag eines Kampfes um Anerkennung dieselben Mängel gelten.

Wenn wir einräumen, daß der Einzelne es durch die Lautgebärde vermag, in sich die Bedeutung wachzurufen, die sein eigenes Handeln für den anderen hat, dann kann sich die jeweilige Person als ein soziales Objekt der Handlungen anderer verstehen und über diesen Prozeß ein Bewußtsein von der eigenen Identität gewinnen.[94] Terminologisch grenzt Mead dieses Bewußtsein der eigenen Identität als »Mich« vom »Ich« ab. Das »Mich« ist nie das tätige Subjekt, sondern das Subjekt, wie es als Gegenstand der Wahrnehmung seines Interaktionspartners erscheint. Von diesem Bild, das jeder Interaktionspartner von dem Subjekt haben kann, hebt Mead das »Ich« als die Quelle der jeweiligen aktuellen Handlungen ab. Das »Ich« soll verstanden sein als Vermögen, Handlungsprobleme kreativ zu bewältigen. Zwischen »Ich« und »Mich« besteht ein Dialogverhältnis, weil das »Ich« zwar die Handlungen vorantreibt, aber zurückgebunden

---

[93] Vgl. Schönrich (1994), S. 60–64.
[94] Vgl. Mead (1912), S. 238.

bleibt an die Bedeutungen dieser Handlungen, die im »Mich« präsent sind.

Dieses Modell hat Mead nicht nur auf kognitive Prozesse angewendet, sondern auch auf solche, die das praktische Selbstverhältnis betreffen. Im »Mich« sind dann keine Wissensgehalte mehr thematisch, sondern die moralischen Wertbezüge, die die normative Perspektive des Interaktionspartners auf die eigenen Handlungen aufweist.[95] Das Individuum lernt sich im Zuge seiner Persönlichkeitswerdung zunehmend aus der normativen Perspektive seines Gegenübers zu begreifen. Für Honneth ist am Meadschen Modell wesentlich, daß mit dem Ausweiten des Kreises von Interaktionspartnern, aus deren normativer Perspektive sich der Einzelne zu begreifen lernt, auch der Bezugsrahmen des praktischen Selbstbildes allmählich ändert.[96] Diese Struktur liest er aus den Überlegungen zum »generalisierten Anderen« ab, die Mead als allgemeines Sozialisationsmodell aus dem Übergang des kindlichen Spielens in der Form des Rollenspiels (»play«) zum Wettkampfspiel (»game«) herauspräpariert. Im Rollenspiel spielt das Kind mit sich selbst, indem es einen konkreten Interaktionspartner imitiert, und anschließend komplementär auf diesen imaginierten Partner reagiert. Ein Wettkampf hingegen erfordert nach Mead eine qualitativ andere Form der Interaktion:

»Der grundlegende Unterschied zwischen dem Spiel und dem Wettkampf liegt darin, daß in letzterem das Kind die Haltung aller anderen Beteiligten in sich haben muß. Die vom Teilnehmer angenommenen Haltungen der Mitspieler organisieren sich zu einer gewissen Einheit, und diese Organisation kontrolliert wiederum die Reaktion des Einzelnen. Wir brachten das Beispiel des Baseballspielers. Jede seiner eigenen Handlungen wird von den Annahmen über die voraussichtlichen Handlungen der anderen Spieler bestimmt. Sein Tun und Lassen wird durch den Umstand kontrolliert, daß er gleichzeitig auch jedes andere Mitglied der Mannschaft ist, zumindest insoweit, als diese Haltungen seine eigenen spezifischen Haltungen beeinflussen. Wir stoßen somit auf ein ›anderes‹, das eine Organisation der Haltungen all jener Personen ist, die in den gleichen Prozeß eingeschaltet sind. Die organisierte Gemeinschaft oder gesellschaftliche Gruppe, die dem Einzelnen seine einheitliche Identität gibt, kann ›der (das) verallgemeinerte Andere‹ genannt werden. Die Haltung dieses verallgemeinerten Anderen ist die der ganzen Gemeinschaft.«[97]

---

[95] Vgl. Mead (1913).
[96] Vgl. Honneth (1992), S. 123 f.
[97] Mead (1934), S. 196.

Auffällig ist, daß Mead zwei unterschiedliche soziale Dimensionen im Begriff des »generalisierten Anderen« vermischt. Erstens liegt eine Verallgemeinerung hinsichtlich der Zahl der einbezogenen Personen und der Abstraktheit ihrer Charakterisierung vor. Wo im Rollenspiel auf eine einzelne konkrete Person reagiert wird, liegt im Wettkampfspiel eine Interaktion mit einer Vielzahl von Personen vor. Diese Vielzahl ist im einzelnen Wettkampfspiel noch eine Mehrzahl von Personen, die in Face-to-face-Interaktion zueinander stehen. Da Mead den Begriff des »verallgemeinerten Anderen« aber auch auf die gesamte Gesellschaft anwendet, ist damit letztlich eine Vielzahl von nicht mehr individuell bestimmten Personen gemeint, die in einer in allgemeinen Termini beschriebenen Beziehung zu dem fraglichen Subjekt stehen. Generalisierung bedeutet, daß man mit einem austauschbaren Gegenüber zu einer Interaktion fähig ist, sobald dieses Gegenüber bestimmten allgemeinen Merkmalen genügt. (Statt sich dem gefürchteten Mathelehrer Schmidt von Angesicht zu Angesicht zu beugen, findet die Interaktion nun mit irgendeiner als Mitglied des Lehrkörpers beschriebenen Person statt. An die Stelle von Mathe-Schmidt könnte nun also auch Latein-Willy treten.)

Zweitens nimmt aber im Zuge der »Generalisierung« auch die Komplexität zu, die das betrachtete soziale Gefüge hinsichtlich seiner Organisation aufweist. Mead hebt an der Stelle hervor, an dem er das Beispiel des Baseballspielers einführt, daß das spielende Kind nicht lediglich eine Mehrzahl von Haltungen der anderen Spieler berücksichtigen dürfe, sondern daß die strukturelle Beziehung dieser Haltungen zueinander ebenfalls Berücksichtigung finden müßten: »Das spielende Kind muß hier bereit sein, die Haltung aller im Spiel eingeschalteten Personen zu übernehmen, und diese Rollen müssen eine definitive Beziehung zueinander haben.«[98] Für den Baseballspieler reicht es weder, sich allein auf den Fänger oder den Werfer oder auf einzelne andere Mitspieler zu konzentrieren, wie dies in einem Rollenspiel geschähe. Die Berücksichtigung aller dieser Spieler, wie sie von der zuvor beschriebenen Generalisierung erfaßt wird, reicht aber ebenfalls nicht hin. Um beim Baseball mitspielen zu können, muß man das von den Spielregeln bestimmte Verhältnis zwischen Werfer, Fänger etc. ebenfalls kennen, also die Organisation des Spieles.[99] Das Wettkampfspiel erfordert eine Verhaltensweise von jedem Mitspie-

---

[98] Mead (1934), S. 193.
[99] Vgl. Mead (1934), S. 194.

ler, die in der direkten Interaktion zwischen den gerade miteinander befaßten Paaren (Tripeln etc.) die Stellung jener Paare (Tripel etc.) im strukturierten Ganzen einer arbeitsteiligen Kooperation im Auge behält. »Generalisierung« darf also keinesfalls so verstanden werden, daß der kleinste gemeinsame Nenner aller Ansprüche, die an einen Mitspieler gestellt werden, von diesem zu erfüllen ist. Vielmehr muß seine Interaktion mit einem als Vertreter einer bestimmte Rolle gefaßten Interaktionspartner der Teilaufgabe gerecht werden, die diese Interaktion im Ganzen des Spiels gemäß den Spielregeln einnehmen soll. Der Baseballspieler, der gerade zu schlagen hat, darf sich nicht nur darauf konzentrieren, dem Werfer ein Schnippchen zu schlagen, sondern er muß auch beim Schlag auf die Position der gegnerischen Feldspieler achten, um möglichst einen »home-run« zu erreichen.

Bisher ist noch nicht geprüft worden, ob der Meadsche Ansatz überhaupt einen angemessenen Begriff von sozial verankerter Normativität liefern kann. Mit dem Konzept des »generalisierten Anderen« soll die Entstehung des praktischen und das heißt: normativ gehaltvollen Selbstverhältnisses erklärt werden. Dies gelingt aber nicht, denn der Begriff des »Mich« läßt für sich allein betrachtet diejenige Form der Abweichung nicht zu, die für jede Norm charakteristisch ist. Der Einzelne internalisiert durch die Bildung eines »generalisierten Anderen« die Erwartungen der anderen Gemeinschaftsmitglieder und entwickelt darin ein »Mich«. Diese Erwartungen müssen zur Gänze übernommen werden, weil mit dem »Mich« die Sozialisierung des Einzelnen erklärt werden soll. Dann ist das »Mich« als solches aber keine normative Größe. Ist das »Mich« nämlich für den relevanten Bereich noch nicht ausgebildet, wird bei Abweichungen von der erwarteten Verhaltensweise nicht etwa der Verstoß gegen eine Norm unterstellt, sondern die Unkenntnis der entsprechenden Erwartungen. Erst dann, wenn das »Mich« (in dem jeweils relevanten Bereich) ausgebildet ist, gibt es normativ gehaltvolle Abweichungen. Wenn ein kleines Kind sich beispielsweise nicht den Erwartungen der Tischsitten gemäß verhält, so wird man annehmen, es beherrsche diese Sitten einfach noch nicht. Sollte sich dagegen ein Erwachsener wie das Kind benehmen, wird man keinen Mangel an Fertigkeit vermuten, sondern eine (bewußte) Abweichung von bekannten Normen, etwa zur Brüskierung der Gastgeber. Dasselbe gilt für die »Innensicht« des Subjekts. Es kann gegen die Erwartungen nur verstoßen, wenn es sie auch kennt, also bereits für den entsprechenden Fall ein »Mich« ist. Entweder übernimmt jemand die

Verhaltenserwartungen des »generalisierten Anderen« und ist deshalb ein »Mich« oder er übernimmt sie nicht und ist deshalb kein »Mich«. Es müßte ein Nicht-Übernehmen, ein Distanzieren von den Verhaltenserwartungen bei gleichzeitigem »Mich«-Sein möglich sein, wäre »Mich« für sich allein betrachtet ein normatives Konzept.

Die Distanzierungsleistung erfolgt in der Meadschen Konzeption bekanntlich durch das »Ich«, das als die Instanz für die (spontanen) Abweichungen von den im »Mich« präsenten sozialen Verhaltenserwartungen bestimmt wird.[100] Daß von Normativität gesprochen werden kann, ist demzufolge dem Zusammenspiel von »Mich« und »Ich« zu verdanken. Durch das »Ich« wird ein Handeln gemäß der im »Mich« gegebenen sozialen Erwartungen zu einer Konformität und das Abweichen davon zu einem normativ gehaltvollen Verstoß gegen eine als gültig gesetzte Norm. Das »Ich« ist unabhängig von jeder Sozialisation als eigenständige Instanz im Subjekt vorausgesetzt, nämlich als diejenige Instanz, die sich frei gegenüber den sozialen Erwartungen verhalten kann. Gäbe es das »Ich« nicht, so wären die Subjekte je nach dem Grad ihrer Internalisierung des »generalisierten Anderen« mehr oder minder gut funktionierende Automaten, über die Erwartungen gebildet werden könnten, die nicht normativen, sondern deskriptiv prognostischen Charakter hätten, in der Art, wie man von einem neuen Auto ein zuverlässigeres Funktionieren erwartet als von einem alten. Meads Konzeption gerät dadurch in die mißliche Lage, die *Normativität* von sozialen Erwartungen nicht mehr aus sozialen Größen herleiten zu können. Denjenigen Teil des Selbsts, den er an soziale Prozesse zurückbinden kann (das »Mich«), eröffnet die Dimension des Normativen nicht. Dazu muß dem Subjekt eine Instanz zugebilligt werden, die jenseits von sozialen Bezügen steht. Gegen diese Feststellung kann nicht eingewendet werden, das »Ich« könne sich lediglich frei zu den im »Mich« präsentierten intersubjektiv gebildeten Gehalten verhalten und deshalb liege ein intersubjektiver Begriff von Normativität vor. Gewiß kann Mead mit seinem Konzept verständlich machen, daß der Gehalt der subjektiven Erwartungsbildung einem intersubjektiven Prozeß zu verdanken ist. Mead kann darüber hinaus jedoch nicht zeigen, daß die zunächst deskriptiv prognostischen Erwartungen des »Mich« aus einem intersubjektiven Prozeß oder Zustand ihren Status als verbindliche Normen erhalten, weil er dazu das »Ich« benötigt, das keine

---

[100] Vgl. Mead (1934), S. 240.

intersubjektive Fundierung hat. Mead präsentiert kein Konzept, das die Normativität sozialer Erwartungen selbst noch in sozialen Größen fassen würde. Die Erwartungen sind sozialen Ursprungs, nicht aber der Geltungsanspruch dieser Erwartungen. Über diesen Mangel täuscht Honneth bestenfalls hinweg, wenn er schreibt:

»Wenn das Subjekt dadurch, daß es die sozialen Handlungsnormen des ›generalisierten Anderen‹ zu übernehmen lernt, zur Identität eines sozial akzeptierten Mitglieds seines Gemeinwesens gelangen soll, dann ist es sinnvoll, für dieses intersubjektive Verhältnis den Begriff der ›Anerkennung‹ zu verwenden: in dem Maße, in dem der Heranwachsende seine Interaktionspartner auf dem Weg der Verinnerlichung ihrer normativen Einstellungen anerkennt, kann er sich selbst als ein Mitglied ihres sozialen Kooperationszusammenhanges anerkannt wissen.«[101]

In der zitierten Passage wandert das bei Mead konstatierte Problem in den Begriff der »Anerkennung« ein. Zunächst wäre zu fragen, welchen Sinn eine »Anerkennung« haben kann, die einem Subjekt immer dann zugebilligt wird, wenn es den sozialen Erwartungen genügt. Es könnte in einem ersten Sinn eine schlichte Tautologie vorliegen. Als Gemeinschaftsmitglieder würden alle diejenigen Personen von den anderen Mitgliedern »anerkannt«, die den Erwartungen genügen, d. h., sobald jemand die Erwartungen erfüllt, ist er ein Gesellschaftsmitglied. Hier wäre »Anerkennung« überflüssig, weil die Eigenschaft, als Gesellschaftsmitglied zu zählen, mit dem Erfüllen der sozialen Erwartungen einhergeht. Die Mitgliedschaft in der Gesellschaft kann dann aber keine normativen Implikationen haben, weil ein Abweichen von den Erwartungen ohne Verlust der Mitgliedschaft unmöglich ist. Auch dann, wenn man entgegen den oben angestellten Überlegungen den Erwartungen einen normativen Charakter zubilligen wollte, käme immer noch keine Normativität ins Spiel. Denn das Gesellschaftsmitglied hört bei der hier einschlägigen Lesart auf, ein Mitglied zu sein, sobald es sich den Erwartungen nicht konform zeigt. Somit kann der probehalber angenommene normative Sinn der Erwartungen niemals in seiner Normativität aufscheinen, weil der Abweichungsfall bei gleichzeitigem Gültigbleiben der Erwartung dadurch unmöglich gemacht wird, daß das abweichende Individuum wegen der mit der Abweichung konstituierten Nicht-Mitgliedschaft überhaupt aus dem Geltungsbereich dieser Erwartungen herausfällt.

---

[101] Honneth (1992), S. 126.

Daher scheint es geboten, dem »Anerkennen« einen vom Erfüllen der Erwartungen abgehobenen Sinn zu geben. Das Anerkennen wird vom Erfüllen der Erwartungen unabhängig. Es müßte demzufolge möglich sein, jemanden als Gesellschaftsmitglied anzuerkennen, der die Erwartungen nicht erfüllt. In diesem Fall wäre nämlich die für die Normativität nötige Distanzierung von sozialen Erwartungen möglich, weil das abweichende Individuum nicht einfach aus der Gesellschaft herausfällt, sondern trotz seiner Abweichung via Anerkennung als Gemeinschaftsmitglied begriffen würde. Dann ist jedoch völlig unklar, wodurch die Anerkennung motiviert ist und welche Rolle die sozialen Erwartungen noch spielen sollen, wenn einem Subjekt die Mitgliedschaft in der Gesellschaft zugebilligt wird, obwohl es die entsprechenden Erwartungen nicht erfüllt. Gewiß ist eine so verstandene Anerkennung intersubjektiv, erkennt doch ein Gesellschaftsmitglied ein anderes als Mitglied an. Es wäre jedoch genauer auszuführen, ob es eine soziale Strukturierung dieser Intersubjektivität gibt, weil diese Strukturierung ja nicht mehr durch die Bindung an die sozialen Erwartungen zu erklären ist. Da die Normativität *gesellschaftlicher* Größen mit dem Begriff »Anerkennung« eingefangen werden sollen, reicht der oben zugebilligte Begriff von Intersubjektivität zwischen zwei Individuen nicht aus, muß doch die einschlägige Intersubjektivität eine sein, die ein Individuum in eine Gemeinschaft eingliedert. Dazu wäre neben der Frage, welche Mitglieder der Gesellschaft ein Individuum als Mitglied anzuerkennen hätten (alle, die Ältesten, die Schönsten?), die Frage zu klären, wie die auf ein bestimmtes Individuum bezogene Anerkennung durch ein Mitglied mit derjenigen auf dasselbe Individuum bezogenen Anerkennung durch ein anderes Mitglied verknüpft zu sein hat, um als intersubjektive (im Sinne von: gemeinschaftliche) Anerkennung gelten zu können. Diese Fragen beantwortet Honneth nicht, so daß der Begriff der Anerkennung, der die benötigte Normativität konstituieren könnte, hinsichtlich seiner sozialen Rückbindung völlig ungeklärt bleibt. Im Blick der Gesellschaftsmitglieder auf ein einzelnes Individuum verfängt sich Honneth in dasselbe Dilemma wie Mead. Entweder ist die Normativität von Erwartungen, die als soziale Konstrukte aufgewiesen werden können, nicht gewährleistet – oder sie ist durch ein eigenständiges »Anerkennen« gegeben, aber um den Preis, daß damit die soziale Konstitution dieses Begriffs undurchsichtig wird.

Auch aus der Innenperspektive des Subjekts ergibt sich dieses

Dilemma. Hier wäre Honneth zu fragen, wie man die Verinnerlichung von Erwartungen und deren Anerkennen zugleich als intersubjektive und normative Größen fassen kann. Es ergibt sich dieselbe Problemlage, die oben bereits für »Mich« und »Ich« bei Mead untersucht wurde. Honneth spricht zwar nicht explizit vom »Ich«, sondern lediglich vom »Mich« in Form der Übernahme der Verhaltenserwartungen des »generalisierten Anderen«, der Sache nach braucht sein Begriff »Anerkennen« aber eine Instanz wie das Meadsche »Ich«, was durch den von Honneth beabsichtigten Anschluß an die Meadsche Konzeption nur konsequent ist. Wenn das »Anerkennen« nicht in den faktischen Kategorien der Fähigkeit oder Unfähigkeit zum Übernehmen der sozialen Erwartungen abgehandelt werden soll, muß sich das Individuum zu dieser Übernahme frei verhalten können. Diese Distanzierungsleistung zum »Mich« ist aber genau dasjenige, was bei Mead mit »Ich« bezeichnet wird, so daß für das Konzept der Anerkennung dieselben Schlußfolgerungen gelten, die oben bereits ausgearbeitet wurden. Honneth gelingt es ebensowenig wie Mead, die Normativität sozialer Erwartungen aus sozialen Größen abzuleiten, obwohl auf den ersten Blick ein intersubjektives Konzept versprochen wird. Eine Ethik, die sich an Mead und Honneth orientieren würde, stieße bei allem Fortschritt der Einbettung in soziale Prozesse in ihrem zentralen Begriff, der Normativität, auf die altbekannte Figur: die Freiheit des autonomen Individuums. Eine Sozialethik, die ihre zentralen Begriffe auf genuin soziale Zusammenhänge stützen will, wäre demnach schlecht beraten, sich durch den Kampf um Anerkennung leiten zu lassen.

2.5. Der Universalismus des rationalen Subjekts oder der Regionalismus der partikulären Gemeinschaft als Geltungsgrund von Normen?

Unter dem Schlagwort »Liberalismus versus Kommunitarismus« ist in der politischen Philosophie in jüngerer Zeit lebhaft darüber diskutiert worden, welche Geltungsgrundlage die Normen haben, die unser Zusammenleben regulieren. Ganz grob könnte man sagen, daß die Liberalen die Ansicht vertreten, der Geltungsgrund solcher Normen bestehe darin, daß ein menschliches Individuum diesen Normen aufgrund allgemeiner Rationalitätsstandards vernünftigerweise zustimmen kann. Die Kommunitaristen betonen hingegen, daß diese

Normen nicht etwa abstrakt allgemeinen Rationalitätsstandards entspringen, sondern in ihrer Geltung an historisch und geographisch
situierte Gemeinschaften gebunden sind. Die Normen des Zusammenlebens wählt sich ein Mitglied dieser Gemeinschaften nicht aus,
vielmehr entdeckt es im Zuge seiner Selbstwerdung in der Gemeinschaft schließlich seine Gebundenheit an diese Normen. Die Debatte
zwischen Kommunitaristen und Liberalen scheint daher die in diesem Teil einschlägige Frage zu betreffen, ob und in welcher Weise
Normativität und Gemeinschaftshandeln verknüpft sind. Im folgenden wird sich allerdings bei genauerem Hinsehen zeigen, daß weder
die liberale, noch auch die kommunitaristische Seite eine wesentliche
Aufklärung über den Zusammenhang von Gemeinschaftshandeln
und Normativität erbringen.

Die bereits totgesagte politische Philosophie[102] nahm mit dem
Erscheinen von John Rawls' *A Theory of Justice* im Jahr 1971 einen
neuen Aufschwung.[103] John Rawls legte mit dieser Monographie eine
Neuauflage der Theorie des Gesellschaftsvertrags[104] vor. Sein Ansatz
darf als die im Moment avancierteste Theorie dieses Typs gelten.[105]
Zwar hat sich der Fokus des neueren Kontraktualismus, zu dem neben Rawls James Buchanan[106] und Robert Nozick[107] zu zählen sind,
von einem Konzept, das Herrschaft legitimieren sollte, hin zu einem
Rechtfertigungsverfahren für moralische, soziale und politische
Prinzipien gewandelt.[108] Hinsichtlich der hier einschlägigen Fragestellung fällt dieser Wandel jedoch nicht ins Gewicht. An Rawls
können demzufolge beispielhaft die Probleme dargestellt werden,
mit der die vertragstheoretische Tradition zu kämpfen hat, wenn
mit ihrer Hilfe der Zusammenhang zwischen Normativität und sozialem Handeln erhellt werden soll.

Rawls geht davon aus, daß unsere Gesellschaften durch arbeits-
teilig organisierte Kooperation bestimmt sind, wobei die Gesellschaftsmitglieder grundsätzlich an der Kooperation festhalten wol-

---

[102] Vgl. Laslett (1956).
[103] Zitiert wird nach der für die deutsche Übersetzung revidierten Ausgabe Rawls
(1975).
[104] Rawls (1975), S. 12.
[105] Vgl. Kersting (1994), S. 261 f.
[106] Vgl. Buchanan (1975), Buchanan (1977).
[107] Vgl. Nozick (1974). Für eine eingehende Analyse der Minimalstaatsvorstellungen
Nozicks vgl. Wolff (1991).
[108] Vgl. Koller (1987), Kley (1989).

len, weil sie für den Einzelnen vorteilhaft ist.[109] Der Gesellschaftsvertrag dient als ein Mittel, die Konflikte beizulegen, die bei dieser Kooperation hinsichtlich der Verteilung von Lasten und Erträgen der Zusammenarbeit auftreten. Generell möchte jedes Gesellschaftsmitglied lieber mehr von den Erträgen und weniger von den Lasten der Kooperation tragen. Der Gesellschaftsvertrag muß mit der Vorgabe institutioneller Gefüge dasjenige Verteilungsprinzip für Rechte und Pflichten der Individuen und der Distribution gesellschaftlicher Güter bestimmen, das für sich den Anspruch erheben kann, aus einem allgemein verbindlichen Gerechtigkeitsprinzip herzustammen und deshalb gerechtfertigt zu sein. Rawls' Idee besagt, daß entsprechende verbindliche und gerechtfertigte Gerechtigkeitsprinzipien Prinzipien sind, die freie und rationale, ihrem Selbstinteresse folgende Personen im »Urzustand« (»original position«) wählen würden, wenn sie in diesem Zustand die Form, die Grundstruktur und die Grundgesetze für ihre einzurichtende Gesellschaft bestimmen sollen.[110]

Der Urzustand ist einerseits dadurch gekennzeichnet, daß in einer Situation der Gleichheit freie und rationale Akteure gemäß ihrem Eigeninteresse ihre Entscheidungen treffen. Unterstellt ist also das in der Ökonomie geläufige Modell der Rationalität. Die Menschen im Urzustand müssen demnach gleichermaßen in der Lage sein, ein konsistentes System von Präferenzen auszubilden, innerhalb dessen Alternativen aufgrund von Kosten-Nutzen-Schätzungen hierarchisch geordnet werden, und Strategien zu finden, die ihrem in dieser Weise spezifizierten Eigeninteresse am dienlichsten sind. Rawls nimmt insbesondere an, daß das rationale Eigeninteresse ein Desinteresse an den anderen Vertragsparteien bedeutet: Der Nutzen oder die Kosten, die eine Person kalkuliert, ist unabhängig davon, welchen Nutzen oder Schaden eine andere Vertragsperson realisieren kann. (Man kann demnach kein Eigeninteresse daran haben, anderen Gutes oder Schlechtes zu tun.) Anderseits ist der Urzustand durch den »Schleier des Nichtwissens« (»veil of ignorance«) gekennzeichnet:

»Zu den wesentlichen Eigenschaften dieser Situation gehört, daß niemand seine Stellung in der Gesellschaft kennt, seine Klasse oder seinen Status, ebensowenig sein Los bei der Verteilung natürlicher Gaben wie Intelligenz

---

[109] Für die folgende Darstellung vgl. Kersting (1994), S. 259–291.
[110] Vgl. Rawls (1975), S. 28.

und Körperkraft. Ich nehme sogar an, daß die Beteiligten ihre Vorstellung vom Guten und ihre besonderen psychologischen Neigungen nicht kennen. Die Grundsätze der Gerechtigkeit werden hinter einem Schleier des Nichtwissens festgelegt. Dies gewährleistet, daß dabei niemand durch die Zufälligkeiten der Natur oder der gesellschaftlichen Umstände bevorzugt oder benachteiligt wird.«[111]

Der Schleier des Nichtwissens soll sicherstellen, daß die in dem Urzustand festgelegten Gerechtigkeitsprinzipien nicht aufgrund der jeweils spezifischen Interessenlage oder sozialen Situiertheit bevorzugt werden. Umgekehrt erfolgt die Einrichtung der Gesellschaft aber auch nicht ausschließlich aufgrund formaler allgemeiner Rationalitätsprinzipien, vielmehr werden diese auf die bekannten sozialen Gefüge, Konzeptionen des Guten, individuellen Neigungen etc. angewandt, wobei lediglich unbekannt ist, wer welche soziale Rolle spielt, wer welche Güter bevorzugt etc. Einerseits sichert Rawls in dieser Weise die für einen Vertrag erforderliche Einmütigkeit über die Gerechtigkeitskonzeption, weil jede Person hinter dem Schleier des Nichtwissens exakt denselben Bedingungen der Rationalität, Gleichheit und Freiheit unterliegt, die deshalb zur Billigung derselben Konzeption führen müssen. Anderseits fällt die Entscheidung im Urzustand nicht abstrakt, sondern im Wissen um die Vielzahl der sozialen und individuellen Eigenschaften und Relationen (wiewohl ohne Ansehung der jeweiligen persönlichen Lage) und ist darin spezifisch auf die Lösung unserer Gerechtigkeitsprobleme bezogen.

Wären im Urzustand nun wirklich neben den allgemeinen Rationalitätsstandards keine anderen allgemeinen Elemente auffindbar, sondern lediglich die Vielfalt sich oftmals wechselseitig ausschließender partikulärer Lebenspläne, Werteordnungen, Neigungen etc. ohne die jeweilige Zuordnung zu den Personen, so scheint eine rationale Wahl unmöglich zu sein, die Allgemeingültigkeit beansprucht. Denn welchen partikulären Lebensplan, welches Wertsystem etc. sollte man gegenüber einem entgegengesetzten bevorzugen, wenn beide in sich konsistent sind? Nun gibt es allerdings nach Rawls gesellschaftliche Grundgüter (»primary social goods«), von denen ein vernünftiger Mensch lieber mehr als weniger haben möchte, weil von deren Verfügbarkeit das Ausmaß abhängt, in dem jeder einzelne Lebensentwurf (Werteordnung etc.) verfolgt werden kann, mag er

---

[111] Rawls (1975), S. 29.

ansonsten beschaffen sein wie er will.[112] Im Urzustand wird deshalb nicht die Entscheidung darüber fallen, welcher partikuläre Lebensplan, Wert etc. zu bevorzugen sei, sondern wie die Grundgüter gerecht zu verteilen sind. Gesellschaftliche Grundgüter fallen in zwei Klassen, einerseits in die Klasse der immateriellen Güter, wie etwa Grundfreiheiten und politische Rechte, anderseits in die Klasse der sozialen und wirtschaftlichen Güter, wie z. B. Ansehen und Macht, Einkommen und Vermögen. Für die beiden Klassen formuliert Rawls jeweils ein eigenes Gerechtigkeitsprinzip, das sich als allgemeines und wohlerwogenes Urteil im Urzustand ergäbe: die immateriellen Grundgüter sind gerecht verteilt, wenn eine Gleichverteilung erreicht ist, wohingegen bei den materiellen Gütern gemäß dem »Differenzprinzip« eine Ungleichverteilung vorliegen darf. Sollten die Prinzipien kollidieren, so gibt Rawls dem erstgenannten Prinzip den absoluten Vorrang vor dem Differenzprinzip.[113] Das Differenzprinzip erlaubt eine Ungleichverteilung von Grundgütern nur dann, wenn erstens die dadurch Schlechtestgestellten einen höheren Nutzen erzielen als wenn eine Gleichverteilung des fraglichen Gutes vorläge und wenn zweitens bei gleicher Fähigkeit und gleicher Leistungsbereitschaft gleiche Aufstiegschancen gewahrt bleiben.[114]

Gegen Rawls' Konzeption des Gesellschaftsvertrags sind eine Reihe von Einwänden zu erheben. Zunächst seien diejenigen Probleme erwähnt, die generell mit jeder Theorie des Gesellschaftsvertrags verknüpft sind, bevor auf die spezifisch mit Rawls' Konzeption einhergehenden Schwierigkeiten eingegangen werden soll.

Hume hat bereits darauf hingewiesen, daß sich noch nie eine Gesellschaft durch eine vertragliche Übereinkunft einmütig auf die institutionelle Struktur der Gesellschaft geeinigt habe.[115] Der Gesellschaftsvertrag kann deshalb nicht als historisches Faktum angesehen werden und ist auch von keinem Kontraktualisten in dieser Weise konzipiert worden. Überdies brächte ein tatsächlich geschlossener Vertrag mit sich, daß seine Bindewirkung auch nur auf die Generation derer beschränkt wäre, die den Vertrag wirklich abgeschlossen haben. Der Kontraktualismus hat immer den hypothetischen Cha-

---

[112] Vgl. Rawls (1975), S. 112 f.
[113] Vgl. Rawls (1975), S. 82. Diese These ist auf Ablehnung gestoßen, vgl. Barry (1973), S. 59 ff., Daniels (1975).
[114] Vgl. Rawls (1975), S. 85, 98 f., 123.
[115] Vgl. Hume (1739/40), S. 541, 546–549.

rakter des Gesellschaftsvertrags hervorgehoben. Aber dieser hypothetische Vertrag soll ja die Wirkung haben, daß wir uns tatsächlich denjenigen Regelungen unterwerfen, die Inhalt jenes bloß hypothetischen Vertrags sind. Nur: »Ein hypothetischer Vertrag ist nicht einfach eine blasse Form eines wirklichen Vertrags; er ist überhaupt kein Vertrag.«[116] Der Gesellschaftsvertrag soll aber nicht die Verbindlichkeit von Regelungen durch die Bindewirkung eines tatsächlichen oder als verdünnt-tatsächlich gedachten hypothetischen Vertragsabschlusses erklären, sondern dadurch, daß sich die entsprechenden Regelungen als gut begründet erweisen und aus diesem Grunde als konsensfähiger Vertragsinhalt taugen könnten. Der Gesellschaftsvertrag wird verstanden als diejenige Vereinbarung, die vernünftige Vertragsparteien abgeschlossen hätten, hätten sie einen Vertrag schließen sollen. Deshalb wird von den in ihm enthaltenen Grundsätzen und Regelungen angenommen, ihnen sei zugestimmt worden, wobei es für die Begründetheit, um die es hier geht, belanglos ist, ob ein Vertrag wirklich zustandegekommen ist oder nicht.[117]

Ein weiterer Problembereich hängt direkt mit dem hypothetischen Charakter des Vertrages zusammen. Bei einem tatsächlich geschlossenen Vertrag kann nach Abschluß des Vertrages mit Hinweis auf den eingegangenen Vertrag Vertragstreue gefordert werden. Anders jedoch beim Gesellschaftsvertrag. Ein Gesellschaftsvertrag kann zwar begründen, warum sich alle Vertragsparteien dem Vertrag unterwerfen sollten, kann aber nicht begründen, warum der einzelne den Vertrag auch einhalten sollte. Bereits Hobbes kämpft mit dem Problem, daß jeder aus Gründen des Selbsterhalts bereit ist, durch Vertrag eine Rechtsgemeinschaft zu gründen und dem Naturzustand zu entfliehen, der durch jederzeit mögliche Gewaltanwendung gekennzeichnet ist; ist diese Rechtsgemeinschaft jedoch erst einmal begründet, begegnet man sich nicht mehr unter dem Vorzeichen steter Wachsamkeit und deshalb besteht ein hoher Anreiz, einseitig Gewalt auszuüben. Hobbes löst dieses Problem bekanntlich dadurch, daß er die Regierung mit unüberwindlicher Gewalt ausstattet, die es dem Einzelnen angesichts der möglichen Sanktionen geraten sein läßt, vertragstreu zu sein. Hier muß die abschreckende Wirkung absoluter Macht die verbleibende Lücke der Vertragstheorie füllen. Analog entsteht das Problem für Rawls, wenn die Vertragsparteien aus dem

---

[116] Dworkin (1984), S. 253.
[117] Vgl. Kersting (1994), S. 264 f.

Schleier des Nichtwissens heraustreten. Wodurch ist sichergestellt, daß die unter dem Schleier des Nichtwissens festgeschriebenen Gerechtigkeitsprinzipien auch unter den wiedergewonnenen Bedingungen der Partikularität angewendet werden? Rawls bemüht dafür den »Gerechtigkeitssinn«, der ein wirksamer Wunsch sei, nach den Gerechtigkeitsgrundsätzen zu handeln und das heißt: vertragstreu zu sein.[118] Mit dem Gerechtigkeitssinn macht Rawls aber die Vorteile seines Konzepts zunichte: der Urzustand war gerade so angelegt, daß rationale Egoisten, die keinerlei moralische Überzeugungen besitzen müssen, eine gerechte Einrichtung der Gesellschaft wählen. Nun wird, um die Einhaltung des Vetrages begründen zu können, von diesen rationalen Egoisten eine sehr starke moralische Annahme gemacht, die gewiß nicht mit dem von Rawls zugestandenen Faktum der Heterogenität von Moralauffassungen in den modernen Gesellschaften zu vereinbaren ist.[119]

Das Bild eines Naturzustandes, der durch das Fehlen jeder Art von Sozialität gekennzeichnet ist, legt den Gedanken nahe, mit der Vertragstheorie über ein Modell zu verfügen, das zwischen individuellem Handeln und gemeinschaftlichem Handeln vermitteln kann. Gemeinschaftliches Handeln entstünde diesem Bild zufolge daraus, daß sich die einzelnen Individuen über die wechselseitige Bindung im Vertrag zu einer Gemeinschaft zusammenschließen. Auf den ersten Blick scheint damit gemeinschaftliches Handeln auf die Reziprozität individuellen Handelns im Vetragsabschluß zurückgeführt zu sein. Eine Argumentation dieser Art übersieht jedoch, daß ein Vertrag etwas ist, das bereits gemeinschaftlich strukturiert ist. Wäre einfach nur eine gleichartige Willensbildung bei allen am Vertrag beteiligten Personen erreicht, so läge noch lange kein Vertrag vor, sondern lediglich eine Parallele zwischen den Individuen. Ein Vertrag stellt sich ja erst dann ein, wenn die Willensbestimmung als wesentlichen Teil die Willensbildung der anderen Vertragsparteien einbezieht und das heißt, wenn jeder den Vertag als eine gemeinschaftliche Handlung mit den anderen vollzieht.[120] Eine Rückführung auf individuelles Handeln erreicht man bei der Verwendung des Vertragsgedanken demnach nicht, weil der Vertrag selbst bereits gemeinschaftlich strukturiert ist und somit das Explikandum im Explikans zirkulär

---

[118] Vgl. Rawls (1975), S. 615.
[119] Vgl. Kersting (1994), S. 289, Anm. 19.
[120] Vgl. unten Kap. 3.5.

vorausgesetzt wird. Bei Rawls dient der Vertrag offensichtlich nicht dazu, das Entstehen von Sozialität zu erklären, dient der Vertragsgedanke hier doch der Rechtfertigung von Gerechtigkeitsprinzipien unter der Kenntnis sozialer Strukturen (wenn auch nicht der eigenen Stellung in dieser Struktur). Bei Hobbes sind die Individuen bereits im Naturzustand mit einem »Recht auf alles« ausgestattet, auf das sie in dem Gesellschaftsvertrag zugunsten des absoluten Herrschers verzichten.[121] Ein Recht zu haben ist offensichtlich nichts, was außerhalb sozialer Strukturen bestehen könnte, wodurch auch die Konstruktion Hobbes' zur Erklärung gemeinschaftlicher Größen aus individuellen Größen nicht geeignet ist (und gemäß dem Materialismus Hobbes' dazu auch nicht vorgesehen ist).

Rawls hat mit dem Begriff des »Überlegungsgleichgewichts« (»reflective equilibrium«) wie kaum ein zweiter Kontraktualist eine typische Schwäche vertragstheoretischer Ansätze zu bekämpfen gesucht, die darin besteht, daß die Formulierung der Randbedingungen, unter denen der Gesellschaftsvertrag abgeschlossen wird, genausowenig aus dem Vertrag selbst begründbar ist, wie es die konkrete Umsetzung der im Vertrag festgeschriebenen Grundsätze in spezifische Handlungen, Institutionen und Strukturen ist. Rawls begründet die Eigenschaften des Urzustands damit, daß die darin eingelassenen Randbedingungen im Überlegungsgleichgewicht mit unseren wohlerwogenen Moral- und Gerechtigkeitsvorstellungen sind.[122] Überlegungsgleichgewicht bedeutet, daß zwischen den Alltagsüberzeugungen und den davon abgeleiteten Eigenschaften des Urzustands keine einseitige Abhängigkeit besteht. Vielmehr bringt es der Konzeptionsvorgang des Urzustandes mit sich, daß auch Moralurteile, die bislang als wohlerwogen galten, revidiert werden, mit der Folge, daß auch die Bedingungen des Urzustandes entsprechend anzugleichen sind. Dieser Prozeß des wechselseitigen Abgleichens dauert an, bis auf beiden Polen kein Veränderungsbedarf mehr besteht, und sie sich somit im Gleichgewicht befinden. Entsprechend verläuft der Abgleichungsprozeß zwischen den im Urzustand formulierten Prinzipien und der Umsetzung in konkrete Instituionen der einzurichtenden gerechten Gesellschaft.

Rawls behauptet von seiner Fassung des Urzustandes, unsere besten moralischen Intuitionen hinsichtlich einer Situation abgebil-

---

[121] Vgl. Hobbes (1651), S. 87.
[122] Vgl. Kersting (1994), S. 282–286.

det zu haben, in der angemessen über Gerechtigkeitsprinzipien entschieden werden kann. Diese Behauptung kann in zweierlei Hinsicht in Frage gestellt werden. Wenn erstens die vorangegangenen Überlegungen zur Fürsorglichkeit und zur Macht tatsächlich zwei für eine Ethik nicht zu vernachlässigende soziale Größen herausgehoben haben, dann liegt mit Rawls' Urzustand nur ein neuerlicher Beleg dafür vor, daß bestimmte soziale Phänomene trotz ihrer Wichtigkeit und Unausweichlichkeit nicht angemessen zur Kenntnis genommen werden. Zunächst einmal verhindert die Bedingung des Desinteresses zwischen den rationalen Akteuren im Urzustand die Einarbeitung dieser sozialen Beziehungen. Die Fürsorglichkeits- und die Machtrelation gewinnen ja gerade dadurch ihren spezifischen Charakter, daß im eigenen Verhalten diejenigen Lasten oder Erträge eine zentrale Rolle spielen, die ein anderer aufgebürdet bekommt oder abschöpfen kann. Von Desinteresse demnach keine Spur. Zudem behauptet Rawls, daß der übergreifende Gedanke seiner Theorie darin bestehe, die Gesellschaft als faires System der Kooperation zwischen freien und gleichen Personen aufzufassen.[123] Soziale Kooperation setzt er dabei gegen gesellschaftlich koordiniertes Verhalten (etwa in Form einer Befehlsausführung) ab und sieht sie durch öffentlich anerkannte Regeln und Verfahren geleitet, die von den Kooperierenden als angemessene Richtschnur ihres Verhaltens angesehen und akzeptiert sind. Offensichtlich sind Fürsorglichkeits- und Machtverhältnisse demnach keine Formen sozialer Kooperation, weil ungleiche Partner unter Bedingungen agieren, die zumindest von einem der Interaktionsbeteiligten in keinem nach Rawls' Auffassung vertretbaren Sinn akzeptiert worden sind.

Zweitens hat Rawls in *A Theory of Justice* seine Konzeption des Urzustandes als zeitlos gültig hingestellt. Inzwischen ist er, angeregt durch die Debatte zwischen Kommmunitaristen und Liberalen allerdings dazu übergegangen, die historische Bedingtheit des Urzustands einzuräumen.[124] Er versteht den Urzustand inzwischen als Darstellungsmittel derjenigen Randbedingungen für Gerechtigkeitsprinzi-

---

[123] Vgl. Rawls (1985), S. 265 f.

[124] Der Rezensionsartikel von Gutmann (1985) hat in der Auseinandersetzung mit den kommunitaristischen Kritikern Rawls' wesentlich dazu beigetragen, die Zeit- und Gesellschaftsbezogenheit von Rawls liberaler Theorie herauszustellen. Entsprechend haben andere liberale Denker ihre Ausgangspositionen überarbeitet und versuchen, nach Eingeständnis der Situiertheit ihrer Ansätze möglichst unkontroverse, »dünne« Annahmen in ihre Position einfließen zu lassen. Vgl. etwa Larmore (1990), S. 345 f.

pien, die den Vorstellungen heutiger westlicher Demokratien am ehesten entsprächen.[125]

Die allgemeine Gültigkeit von Rawls' Konzeption wird auch dadurch geschmälert, daß er zur Begründung des Differenzprinzips ein bestimmtes Verhaltensmuster in Situationen mit Unsicherheit unterstellt, das alles andere als selbstverständlich ist. Nach Rawls verwenden wir in Situationen der Unsicherheit – und eine solche liegt ja unter Bedingungen des Urzustandes vor, weil man nicht weiß, welche soziale Rolle etc. man im wirklichen Leben spielt – die (spieltheoretische) »Maximin«-Strategie, d. h. diejenige Strategie, die das Maximum im schlechtesten Fall sicherstellt. Wir scheinen also nach Rawls durchgängig risikoscheu zu sein, weil wir Verhaltensmöglichkeiten danach auswählen, wie sie sich in den schlechtesten Situationen bewähren, unabhängig davon, wie wahrscheinlich solche Situationen sind. Und nur für solch ein risikoscheues Verhalten wäre das Differenzprinzip auch die angemessene Antwort auf die Möglichkeit, daß man selbst außerhalb des Urzustandes materiell benachteiligt sein könnte. Es ist aber schlicht empirisch falsch, daß alle Menschen risikoscheu wären. Nicht zuletzt der Blick an die Börse belehrt einen hier eines Besseren.[126]

Die inzwischen in Rawls' Theorie eingetragene Dynamik durch die eingestandene Gebundenheit an die moralischen Intuitionen heutiger westlicher Demokratien läßt aber eine bestimmte Statik des Urzustandes völlig unberührt. Im Urzustand wird nicht eine gerechte Gesellschaftsordnung eingerichtet, vielmehr wird die uns bekannte Gesellschaftsordnung in sehr engen Grenzen modifiziert, so daß möglicherweise die schreiendsten Ungerechtigkeiten beseitigt sind. Wieso nur in sehr engen Grenzen? Der Schleier des Nichtwissens wird über die Stellung des Einzelnen in der Gesellschaft gedeckt, nicht aber darüber, was es bedeutet, eine bestimmte Stellung in der Gesellschaft zu haben. Was es beispielsweise in unserer Gesellschaft bedeutet, jung und braungebrannt zu sein, oder als Fernsehmoderator einen Politiker zu befragen, das muß man wissen, um die Gerechtigkeit oder Ungerechtigkeit bewerten zu können, die diese sozialen Bezüge charakterisiert. Angenommen, das Fernsehen sei noch nicht erfunden worden. Wer hätte mit dem dann verfügbaren Kenntnisstand beurteilen können, ob es eine gerechte Einrichtung der Gesell-

---

[125] Vgl. Rawls (1985), S. 274.
[126] Vgl. Kersting (1994), S. 280–282.

schaft ist, einem Fernsehmoderator ein hohes Sozialprestige (und bestimmten anderen Berufsgruppen ein niedriges) zuzuschreiben, ja, wie »Fernsehmoderator« überhaupt in die soziale Welt einbezogen ist? Ein solche Beurteilung wird aber von den rational verfahrenden Individuen im Urzustand erwartet, wenn sie Gerechtigkeitsprinzipien festlegen sollten, die mehr als bloß marginale Veränderungen gegenüber unserer gewohnten Sozialordnung erfordern würden. Das hieße nämlich mit Gerechtigkeitsvorstellungen, die sich auf unsere gegebenen sozialen Verknüpfungen beziehen, über etwas zu urteilen, das außerhalb des bisherigen Anwendungsbereichs dieser Kriterien liegt. Bei der Einführung neuer Techniken ist dieses Problem selbst unter Einbeziehung aller konkreten Randbedingungen (also ohne die Schwierigkeiten einer Entkontextualisierung durch den Schleier des Nichtwissens) leicht zu beobachten: Techniken der Reproduktionsmedizin oder der Lebensverlängerung schaffen ganz neue Bereiche menschlichen Handelns oder ungekannter Phänomene, in denen regelmäßig ein Streit hinsichtlich der Zulässigkeit und Verträglichkeit mit unseren üblichen Sitten und Gebräuchen entbrennt. Die entsprechende Praktik oder das entsprechende Phänomen besitzt noch keine eingeschliffene Beziehung zu anderen gemeinschaftlichen Praktiken oder Phänomenen und ist deshalb, je nach der erfolgten Einordnung, moralisch anders zu werten, bzw. moralische Kriterien sind dafür, beispielsweise über Analogiebildung, überhaupt erst zu entwickeln. Man denke etwa an den Streit hinsichtlich der Reproduktionsmedizin, wo die einen Zellhaufen und die anderen menschliche Personen in ihrem Frühstadium jeweils als Ausgangspunkt ihrer moralischen Erwägungen ansetzen. Entsprechend können sich die Entscheidungsträger im Urzustand schlicht nicht vorstellen, ob es gerecht ist, bestimmte umwälzende Prinzipien für eine gerechte Gesellschaft festzuschreiben. Der Schleier des Nichtwissens erscheint so lange plausibel, als wir uns im einen oder anderen Fall vorstellen können, in die Haut eines anderen Mitglieds *unserer Gesellschaftsordnung* zu schlüpfen. Wie es allerdings wäre, in der Haut von jemanden zu stecken, der in einer ganz anderen (vielleicht: gerechten?) Gesellschaft lebt, »das vermag kein Mensch zu sagen«.

Es geht hier nicht darum, den Personen im Urzustand die soziale Phantasie abzusprechen. Es geht vielmehr darum, daß Rawls begründen müßte, warum eine geänderte Sozialordnung, die aus unseren Erfahrungen mit unserer bisherigen Ordnung als gerecht gilt, auch aus den Erfahrungen mit der sich einstellenden Sozialordnung als gerecht gelten muß. Unsere momentanen Gerechtigkeitsvorstellungen, so dürfte oben deutlich geworden sein, will Rawls explizit durch das Überlegungsgleichgewicht in den charakteristischen Bedingungen des Urzustands reformuliert haben. Das Überlegungsgleichgewicht dient aber nicht dazu, das angesprochene Problem zu lösen. Bei der Umsetzung der im Urzustand festgelegten Prinzipen soll es nur zwischen der Allgemeinheit jener Prinzipien und den partikulären Handlungen vermitteln, die zu deren Umsetzung nötig sind. Es wird aber nicht klären, ob jene Prinzipien im Lichte der neuen Ordnung überhaupt »gerecht« genannt werden dürfen. Wenn der Urzustand in dieser Weise affirmativ auf die gegebene Sozialordnung bezogen ist, so verhindert er aufgrund seiner Methode, größere Strukturänderungen begründet als gerecht und deshalb als ethisch gefordert auszuzeichnen. Der von liberalen Denkern immer wieder als Trumpf gegen die Kommunitaristen vorgebrachte Einwand, diese könnten eine kritische Distanz zur Werteordnung der Gemeinschaft nicht erklären, träfe damit, ironischerweise, auch auf die avancierteste Theorie des Liberalismus zu.

Zu den Mitbegründern der anfangs noch sehr heterogenen Schule der Kommunitaristen[127] gehört Michael J. Sandel, der in *Liberalism and the Limits of Justice*[128] versucht hat, die Unhaltbarkeit des Subjektmodells zu zeigen, auf denen Rawls' Theorie im besonderen und die des Liberalismus im allgemeinen beruhe. Rawls setze ein ungebundenes Selbst (»unencumbered self«) voraus, das gegenüber seinen Zielen und Zwecken unabhängig sei. Es gebe also regelmäßig einen bedeutenden Unterschied zwischen den Werten, die dieses Selbst habe, und der Person, die es sei. Einer solchen Konzeption zufolge könne es kein Gut geben, das konstitutiv für die Person sei, weil die Fähigkeit, Zwecke zu wählen, wesentlich das Selbst bestimme, nicht jedoch, welche Zwecke gewählt werden. Das Subjekt könne in vielerlei Hinsicht von seiner Umwelt bestimmt sein, der Liberalismus sehe die moralrelevante Konstitution des Subjekts jedoch allein darin, daß das Subjekt letztendlich im Wählenkönnen irreduzibel seinen Zwecken und Zielen vorgeordnet sei. Entsprechend fordere

---

[127] Dazu gerechnet werden als Gründerfiguren außerdem MacIntyre (1981) und M. Taylor (1982). Zur Entwicklung der Debatte vgl. Kymlicka (1989), Rosenblum (Hg.) (1989), Brumlik/ Brunkhorst (Hg.) (1993), Forst (1993).

[128] Vgl. Sandel (1982).

Rawls auf gesellschaftlicher Ebene den Vorrang der Gerechtigkeit vor dem Guten. Die zentrale These des Liberalismus sei, daß die Gesellschaft aus einer Vielzahl von Personen bestehe, die jeweils eigene Ziele, Interessen und Konzeptionen des Guten besäßen, und daß diese Gesellschaft am besten organisiert sei, wenn sie nach Prinzipien organisiert werde, die selbst keine spezifische Güterkonzeption voraussetze. Im Recht, das vor und unabhängig von jeder Güterabwägung gegeben sei, liege der Punkt, der jene Prinzipien rechtfertige. Im Vorrang der Gerechtigkeit vor jeder spezifischen Konzeption des Guten und in der Unabhängigkeit jener von dieser komme auf gesellschaftlicher Ebene die vom Liberalismus unterstellte Struktur des »ungebundenen Selbsts« zum Ausdruck, weil auch hier die Gehalte vor der Fähigkeit zurücktreten müßten, unabhängig von bestimmten Gehalten wählen zu können.

Daß Gerechtigkeit als oberstes Prinzip der Gesellschaft aus der Sicht des Liberalismus vonnöten sei, liege darin begründet, daß eine Vielzahl von Subjekten in einer Gesellschaft nicht notwendig dieselben oder miteinander verträgliche Interessen verfolgten. Gerechtigkeit wäre also erforderlich, weil Subjekte bestimmte Interessen haben. Aber hat der Liberalismus, so Sandel, die Distanziertheit des Subjekts zu seinen Interessen nicht so stark in den Vordergrund gerückt, daß von einem Besitz von Interessen gar nicht mehr die Rede sein kann? Dieser Mangel werde besonders bei der Begründung von Rawls' Differenzprinzip schmerzhaft fühlbar. Um die Stärke der Bindung eines Subjekts an seine Interessen, an seine Konzeption des Guten zu beschreiben, unterscheidet Sandel drei Typen, in welcher Weise der Begriff »gemeinschaftliches Gut« verstanden werden kann.[129] Eine »Privatgesellschaft« (»private society«) sei dadurch gekennzeichnet, daß jeder ausschließlich seine eigenen Ziele verfolge und die sozialen Beziehungen lediglich als notwendige Belastungen ansehe, die zu ertragen sind, weil bestimmte private Ziele nur unter Zuhilfenahme anderer erreicht werden können. Die Gemeinschaft ist den Zielen und Interessen des Subjekts völlig extern. Rawls vertrete nicht diesen instrumentellen, sondern einen gefühlsorientierten Gemeinschaftsbegriff (»sentimental community«). Die Gemeinschaftsmitglieder haben bestimmte gemeinsame Ziele und betrachten die Kooperation als solche als ein Gut. Es ist nicht ausgeschlossen, daß die Gemeinschaftsmitglieder auch das Wohl der anderen Mitglieder

---

[129] Vgl. Sandel (1982), S. 148–150.

fördern wollen. Rawls' Ansatz sei in dem Sinne individualistisch, daß die Gemeinschaftsmitglieder immer schon als vor jeder Gemeinschaft konstitutierte Subjekte in die Gemeinschaften ihrer Wahl eintreten können, in denen sie dann allerdings nicht allein instrumentellen Nutzen suchten, sondern wesentlich auch emotionale Bindungen zu anderen Gesellschaftsmitgliedern eingingen. Die Gemeinschaft sei nach Rawls' Konzeption den Personen insoweit wesentlich, als deren Gefühlslage durch die Kooperation bestimmt werde. Die Mitgliedschaft in einer konstitutiven Gemeinschaft (»constitutive community«) bedeutet für das jeweilige Selbst einen konstitutiven Teil seiner Identität. Die konstitutive Gemeinschaft ähnele der gefühlsorientierten darin, daß die Gemeinschaft in den Zielen und Werten der Mitglieder eine Rolle spiele, unterscheide sich von dieser jedoch wesentlich darin, daß sie nicht allein auf Gefühle bezogen sei, sondern einen Modus des Selbstverständnisses der Mitglieder bilde und deshalb unverzichtbarer Teil der Identität der Mitglieder sei. Eine solche Gemeinschaft könne man nicht wählen, sondern man finde sich in ihr eingebunden. Verlöre ein Subjekt die Einbindung in die konstitutive Gemeinschaft, so verlöre es zugleich (Teile) seine(r) Identität. Das Subjekt wäre dann nicht mehr wie bei Rawls wesentlich dadurch identifizierbar, daß es wählen könne – diese Wahlmöglichkeit betrifft auch die Gemeinschaften, denen das Subjekt angehören möchte –, vielmehr konstituiere die Zugehörigkeit zu einer bestimmten Gemeinschaft die Identität des Subjekts.

Rawls' Differenzprinzip setzt nach Sandel nun aber den Begriff einer konstitutiven Gemeinschaft voraus.[130] Im Urzustand weiß niemand, welche Talente er tatsächlich besitzt, weil Talente nach Rawls zufällig verteilt sind und somit dem einzelnen nicht als Verdienst zugerechnet werden können. Dies gilt insbesondere deshalb, weil das liberale Selbst wesentlich durch das Wählenkönnen konstituiert werde, nicht aber durch irgendwelche mit dem Selbst verbundenen materialen Gehalte. Die Ertragsdifferenz, die ein talentierter Handelnder gegenüber einem anderen, weniger talentierten Handelnden erzielen kann, darf sich der Talentierte demzufolge nicht zurechnen, sondern sie sind dem Zufall der Talentverteilung geschuldet. Der Urzustand verdeckt deshalb die Zuordnung der Talente mit dem Schleier des Nichtwissens. Rawls geht nach Sandels Ansicht jedoch einen Schritt über dasjenige hinaus, was die liberale Theorie begründen

---

[130] Vgl. Sandel (1982), S. 69–75.

kann, wenn er statt des jeweiligen Individuums die Gesellschaft als rechtmäßigen Eigentümer der Erträge aus Talent erklärt. Ohne eine solche Eigentumszuschreibung ließe sich nicht begründen, warum das Differenzprinzip soll gelten können, das ja nach Grundsätzen der gesellschaftlichen Gerechtigkeit die Erträge aus den individuellen Talenten in der Gesellschaft zuordnet. Diese Zuordnung ist ethisch nur dann begründet, wenn die Gesellschaft auf die Erträge aus Talent auch Anspruch erheben kann. Dies sei im Rahmen liberaler Theorien aber nicht zu begründen, weil dort die Gemeinschaften lediglich sekundär mit dem Subjekt und seinen Talenten verknüpft seien. Wenn das Subjekt keinen Anspruch auf die Erträge aus seinen Talenten hat, weil die Talente lediglich kontingent mit dem Subjekt verknüpft sind, so gilt dies ebenso für die Gesellschaften, denen das Subjekt nach der Vorstellung der liberalen Theorie in *moralischer* Hinsicht ebenfalls lediglich kontingent angehört. Erst wenn man eine konstitutive Gemeinschaft zulasse, der Bezug zwischen der Identität des Subjekts und der Gemeinschaft also als konstitutiver sichtbar werde, könne das Differenzprinzip überhaupt moralisch begründet werden.

Es ist von Vertretern der liberalen Theorie darauf hingewiesen worden, daß Sandels Kritik fehlgehe, denn Rawls und dem Liberalismus gehe es gerade nicht um die Konstitution des Selbsts in Beziehungen des sozialen Nahbereichs, sondern um die Klärung von Prinzipien, mit denen das politische Zusammenleben und das heißt das Zusammenleben in großen sozialen Verbänden und unter der Bedingung unaufhebbarer Pluralität von Werten, Zwecksetzungen und Lebensweisen zu gewährleisten sei.[131] Für Grundprinzipien, nach denen solcherart plurale Gesellschaften angemessen zu strukturieren seien, tauge die Rückbindung ethischer Überlegungen auf Gemeinschaften des Nahbereichs nichts, denn diese laufe darauf hinaus, eine Tyrannei einer bestimmten Wertvorstellung gegenüber anderen zu etablieren und damit die für unsere Gesellschaften charakteristische Pluralität aus der Welt zu schaffen. Ganz im Gegenteil müßten Prinzipien gefunden werden, die sich nicht auf eine bestimmte Wertvorstellung, eine bestimmte Konzeption des Guten stützen, damit unter Bedingungen der Pluralität dennoch eine umgreifende Ordnung sichergestellt werden könne. Der Liberalismus sei damit verträglich, daß das Subjekt durch Bindung an bestimmte Kleingruppen seine Identität gewinne, denn darüber mache er gar keine Aussagen. Er betrachte

---

[131] Vgl. Gutmann (1985).

nur denjenigen Ausschnitt individueller Handlungen und Einstellungen, die im Rahmen übergreifender politischer Belange eine Rolle spielen.

Dieser Einwand von liberaler Seite ist von den Kommunitariern wesentlich dadurch gekontert worden, daß die politische Praxis selbstwidersprüchlich sei, die in unseren Gesellschaften gemäß liberalen Grundsätzen erfolge.[132] Sandel[133] versucht etwa zu zeigen, daß wir zwar inzwischen über ein ganze Reihe liberaler Abwehrrechte verfügen, aber im Zuge der fortschreitenden sozialen Ausdifferenzierung, die mit der Gewährung dieser Rechte einhergegangen sei, immer tiefer in Abhängigkeiten verstrickt sind, die wir uns weder ausgesucht noch auch akzeptiert haben. Das liberale, ungebundene Selbst scheine zwar verwirklicht zu sein, allerdings um den Preis der Entmachtung und Verstrickung in Verpflichtungen und Verwicklungen, die abgekoppelt von mitteilbarer Selbstbestimmung oder gemeinschaftlicher Identifikation unerträglich geworden seien. Ganz analog versucht Alasdair MacIntyre[134] zu zeigen, daß die liberale Gesellschaft von der Rückbindung an eine Gemeinschaftsauffassung zehrt, die von liberalen Grundsätzen nicht allein geleugnet, sondern aktiv vernichtet werde. So sei die Bindung an eine bestimmte Nation die Grundlage des Patriotismus, der im Notfall sogar das eigene Leben aufs Spiel setze, um diese Nation zu verteidigen. Eine solche Verteidigung sei angesichts der Knappheiten von Ressourcen immer wieder für das Bestehen einer Nation erforderlich, aber aus liberalen Grundsätzen nicht herleitbar.

Welche Seite nun die besseren Argumente hat, ist schwer zu entscheiden, weil die wichtigste Frage entweder nicht gestellt oder völlig unzureichend beantwortet wird, obwohl der Streit zwischen den Liberalen und den Kommunitaristen ein hohes Maß an Ausdifferenziertheit gewonnen hat. Zwar räumt Rawls auf der einen Seite inzwischen ein, daß die von ihm vertretene Gerechtigkeitskonzeption keinen Ewigkeitsanspruch erheben kann, sondern Ausdruck bestimmter Auffassungen ist, die wir heute von Gerechtigkeit haben; entsprechend erkennt auf der anderen Seite Sandel beispielsweise an,

---

[132] Walzer (1990, S. 10) sieht darin eine der zwei Stoßrichtungen der kommunitaristischen Kritik am Liberalismus. Die zweite macht er in der Geschichtsvergessenheit des Liberalismus aus (S. 7 f.). Der Liberalismus beschreibe die Gesellschaft, als werde diese aus dem Nichts in den Wahlakten der Subjekte geboren.

[133] Vgl. Sandel (1984), S. 91 ff.

[134] Vgl. MacIntyre (1993).

daß bei aller Gebundenheit des Subjekts an Gemeinschaften eine Distanznahme von gemeinschaftlichen Werten erfolgen kann. Viel weiter reichen aber die Bekundungen nicht, wie der genaue Zusammenhang von gemeinschaftlichem Handeln und Normgeltung zu fassen sei.[135] Daß Rawls' Konzeption an vielen Stellen unzureichend ist, dürfte bereits klar geworden sein. Aber auch seine kommunitaristischen Kritiker haben bei dieser Frage wenig anzubieten.

Sandel versucht mit seinem Begriff der konstitutiven Gemeinschaft das liberale Bild der Normgeltung umzukehren, die dort von den autonomen Willensakten des wählenden Subjekts abhängig gedacht wird. Eine Norm, ein Wert hat demnach keine Geltung, weil ein Subjekt diese Norm gewählt habe, sondern weil diese Norm, dieser Wert in der für die Identität des Subjekts konstitutiven Gemeinschaft gültig sei. Diese These läßt sich verschieden stark interpretieren. Dabei ist zu unterscheiden zwischen einerseits den Tatbeständen, auf denen die normative Dimension als solche beruht, also den Tatbeständen, dank derer es Normen, das Sollen überhaupt gibt, und andererseits den Sachverhalten, die darüber bestimmen, welche spezifischen Normen verbindlich sind. Der Liberalismus hat für beide Dimensionen dieselbe Antwort parat. Normativität als solche gibt es überhaupt nur, weil autonome Subjekte sich bestimmte Maximen setzen können und zur willentlichen Bestimmung ihrer Handlung fähig sind. Und eine spezifische Norm ist Norm für ein Subjekt nur dann, wenn es sich diese Norm in Ausübung seiner Willensfreiheit zur Maxime gesetzt hat. Dagegen übernähme es bei Sandel die konstitutive Gemeinschaft bezüglich der letztgenannten Fragerichtung, die spezifischen Normen vorzugeben, die ein Subjekt befolgt, nämlich diejenigen, die in der entsprechenden Gemeinschaft verbindlich sind.

Bezüglich der Normativität als solcher gäbe es nun eine schwache und eine starke Lesart von Sandels Ansatz. Die schwache Deutung von Sandels Behauptung würde Normativität als solche genauso wie der Liberalismus erklären. Wir könnten danach zwar nicht unsere Zwecke frei wählen, sondern fänden uns immer schon gebunden an bestimmte Zwecksetzungen und Güterkonzeptionen. Daß solche Zwecksetzungen und Güterkonzeptionen aber tatsächlich

---

[135] Höffe (1996, S. 103 ff., S. 107) hat darauf hingewiesen, daß die Kommunitaristen nicht nur ihren Zentralbegriff »Gemeinschaft« unerörtert lassen, sondern daß auch ihre Vereinnahmung von Aristoteles auf schwachen Füßen steht.

einen normativen Sinn haben und nicht lediglich faktische Beschreibungen unseres Verhaltens auf höherer Abstraktionsstufe sind, läge darin begründet, daß wir nicht zu diesen Zwecksetzungen determiniert sind, sondern uns, wenn auch mit Mühe, davon distanzieren könnten. Normativität ruht demnach nicht auf dem rein abstrakten Wählenkönnen des Subjekts auf, sondern auf dessen Fähigkeit, ausgehend und möglicherweise auch in Absetzung von bestimmten vorgegebenen Zwecksetzungen und Güterkonzeptionen andere wählen oder die bestehenden annehmen zu können. Für eine die Gemeinschaft in den Mittelpunkt stellende Theorie ist eine solche Lesart aber wenig ergiebig. Die Gemeinschaft wäre ein Erklärungsbestandteil, der jederzeit durch etwas anderes ersetzbar wäre, das Zwecksetzungen und Werthorizonte vorgeben kann, weil das zentrale Phänomen der Normativität weiterhin am Wählenkönnen des einsamen Subjekts hinge. Ergäbe sich beispielsweise, daß bestimmte Wertvorstellungen angeboren sind, so stellte sich Normativität in diesem Bereich ohne Rekurs auf die Gemeinschaft ein. Zudem wäre völlig unklar, warum bestimmte Sachverhalte, die in einer Gemeinschaft vermittelt werden, vom Subjekt in normative Größen, wie Werte und Güter, transformiert werden, andere dagegen als Beschreibungs- und Prognosegrößen dienen. Durch nichts könnte die vorliegende Lesart verhindern, daß einige Subjekte einfach beschlössen, bestimmte Sachverhalte anders als andere Mitglieder derselben Gemeinschaft nicht zum Gut zu machen, sondern als Prognosegröße rein deskriptiv zu verwenden. Gemäß der schwachen Lesart kann die Gemeinschaft nämlich Werte und Güter nicht in ihrem normativen Gehalt als Werte und als Güter vermitteln, weil dieser Sprung vom Faktischen zum Normativen nur in der Wahl des Subjekts begründet liegen kann und nicht gemeinschaftlich induziert ist.[136]

Ein Kommunitarismus, der seinen Namen auch in Hinblick auf die normative Komponente verdient, wird deshalb die Normativität selbst in der Gemeinschaftlichkeit verankern müssen. Liest man Sandels Konzeption in dieser starken Weise, dann sind allerdings die Ausführungen, wie die Normativität im Gemeinschaftshandeln gründen soll, mehr als dürftig. Ausgeschlossen ist, daß man die Ge-

---

[136] Giusti (1994, S. 767 f.) hat auf einem etwas anderen Wege gezeigt, daß der Gemeinschaftsbegriff der Kommunitaristen, wo er überhaupt ausgearbeitet wird, in puncto Abstraktheit und Praxisferne dem von ihnen bekämpften Subjektbild der Liberalen in Nichts nachsteht.

meinschaft einfach als den Hort gemeinschaftlicher Werte oder Güter konzipiert.[137] Was ein gemeinschaftlicher Wert oder ein gemeinschaftliches Gut ist, muß nämlich durch eine solche Theorie hinsichtlich der *normativen* Bindewirkung erst einmal klargemacht werden. Von der üblichen Begriffsfassung eines Werts oder Guts kann man dabei ohne Modifikation nicht ausgehen, denn danach vereinheitlichen Werte oder Güter die Handlungen einer einzelnen Person. Faßt man einen gemeinschaftlichen Wert oder gemeinschaftliches Gut als einen Wert oder ein Gut auf, dem mehrere Personen gleichermaßen, aber ohne Blick auf die jeweils anderen nachstreben, so reduziert sich das Gemeinschaftliche auf die Parallelität individuellen Strebens. Die normative Basis wäre durch den rein auf das Individuum in seiner Absonderung bezogenen Wert oder das entsprechende Gut gegeben und die Gemeinschaftlichkeit bestünde schlicht darin, daß dieses bereits normativ verfaßte Phänomen mehrfach in gleichartiger Weise auftritt. Zu zeigen ist jedoch, wie sich Normativität aus der Gemeinschaftlichkeit allererst ergibt.

Zudem läge in einem solchen Erläuterungsversuch eine Unterbestimmung von Gemeinschaft vor, weil der entsprechende Wert oder das entsprechende Gut ja nicht als gemeinsamer(s) gehabt wird, sondern jeder für sich allein einem bestimmten Wert oder bestimmten Gut nachstrebt. Gemeinschaftliche Werte und Güter sind hingegen solche, für die es wesentlich ist, daß die anderen Mitglieder der Gemeinschaft diesen ebenfalls verpflichtet sind. Pointiert: Man müßte erklären, warum etwas zu einer normativ bindenden Größe wird, weil dieses Etwas ein gemeinschaftliches Etwas ist, und es dazu nicht werden könnte, wenn es nicht gemeinschaftlich wäre. Erst dann hätte der Gemeinschaftsbegriff einen zentralen Ort für die Normativität. Offensichtlich trifft die genannte Bedingung nicht auf normative Größen zu, die für das Individuum in seiner Vereinzelung bindend sein können.[138]

Wollte man hingegen im Handstreich annehmen, das Gut oder

---

[137] So etwa Moravcsik (1989), S. 7.

[138] Den Zusammenhang von Normativität und Gemeinschaftlichkeit klärt deshalb auch Forsts (1994, S. 424 ff.) subtile Kontextualisierung des Gerechtigkeitsbegriffs zusammen mit seiner Abwandlung von Honneths Anerkennungsmodell nicht. Er verwendet nämlich bei der Erläuterung der ethischen Personwerdung einen Wertbegriff, dessen Anwendungsbereich das Leben eines Individuums in Absonderung betrifft (wenn dieser Wert auch innerhalb einer Gemeinschaft Geltung haben soll). Diese Ausrichtung auf das Individuum wird auch nicht dadurch korrigiert, daß er Honneths Modell der Aner-

der Wert, von dem Kommunitaristen sprechen, sei eine genuin gemeinschaftliche Größe, dann stellt sich das soeben erwähnte Problem in der Umkehrung. Nun wäre auszuführen, wie eine gemeinschaftliche Größe auf den individuellen Lebensvollzug eines jeden Mitglieds herunterzubrechen wäre (oder warum ein solcher Vorgang nicht nötig ist). Es ist weiterhin nicht klar, wie die Situation in diese Theorie einzupassen ist, wenn ein Individuum die von Sandel eingeräumte Möglichkeit nutzt, sich gegen die gemeinschaftlichen Werte zu wenden, durch die es in seiner Identität bestimmt ist. Kann man die Abwendung von der alten Wertbindung ausschließlich als eine Übernahme von bereits in anderen Gemeinschaften etablierten Werten verstehen? Wenn diese Frage mit »nein« zu beantworten wäre, welches Verhältnis bestünde dann zwischen dem rein individuellen Wert, dem sich das abweichende Individuum zuwendet, und den anderen als gemeinschaftliche Größen deklarierten Werten? Wenn die Antwort »ja« lautet, wie wäre dann das unbestreitbare Faktum zu erklären, daß sich neue Werte im Laufe der Geschichte herausgebildet haben?

Ohne eine Erläuterung, wie gemeinschaftliches Handeln und das Tun einzelner Personen miteinander verschränkt sind, ist eine überzeugende Antwort nicht zu erwarten, wie und wo Normativität ins Spiel kommt. Weil die Kommunitaristen mit bereits normativ imprägnierten Begriffen operieren, ohne auszuweisen, in welcher Weise Gemeinschaftlichkeit für die in Anspruch genommene normative Dimension unverzichtbar ist, gewinnen sie auch kein wirklich durchschlagendes Argument gegen die liberale Theoriebildung. Die Fragestellung der Kommunitaristen verschiebt bei moralischen Fragen den Fokus vom Sich-in-Beziehung-setzen-können zum In-Beziehung-stehen des Subjekts – damit bleibt der Fokus aber auf dem Subjekt und liegt, entgegen dem ersten Anschein, nicht auf gemeinschaftlichen Handlungen.

---

kennung verwendet, weil wir oben bereits gesehen haben, daß dieses letztlich den Annahmen des Autonomiemodells verhaftet bleibt.

3. Grundlinien einer Sozialontologie

Der Gegenstandsbereich einer Sozialethik sind soziale Handlungen. In den vorangegangenen Kapiteln, besonders in denen des ersten Teils dieser Arbeit, dürfte deutlich geworden sein, daß nicht hinreichend erklärt ist, wie eine soziale Handlung konstituiert ist. Im nun folgenden Teil soll daher der Versuch gemacht werden herauszustellen, worin die konstitutiven Elemente sozialen Handelns bestehen. Es gibt im menschlichen Handeln einer Person einen unterschiedlich starken Bezug auf das Handeln anderer Personen. Aktionen eines einzelnen Individuums ohne jeden Bezug auf eine Gruppe sind genauso zu beobachten wie gemeinschaftliches Handeln von Gruppen unterschiedlicher Größe. Die nun folgenden sozialontologischen Überlegungen sollen die Grenzen markieren, wo gemeinschaftliches Handeln beginnt und wo es aufhört, um der Sozialethik einen bestimmteren Gegenstandsbereich zuweisen zu können.

3.1. Grundlegende Charakteristika gemeinschaftlicher Handlungen

3.1.1. Abstufungen der Gemeinschaftlichkeit

Für eine vorläufige Unterscheidung zwischen individuellem und gemeinschaftlichem Handeln kann Charles Taylor gefolgt werden.[1] Er unterteilt Güter in drei Klassen nach dem Grad ihrer Gemeinschaftlichkeit. Ein »mittelbar gemeinsames Gut« wäre eines, das für eine einzelne Person einen Wert besitzt, der sich dadurch erhöht, daß das Gut in einer bestimmten Gruppe genossen wird. Beispielsweise kann das Anhören eines Musikstückes einen Wert darstellen, der gesteigert wird, wenn es gemeinsam mit Freunden gehört wird. Ein »unmittelbar gemeinsames Gut« besitzt seinen Wert allein dadurch, daß es von Personen einer Gruppe geteilt wird. Als Beispiel könnten ge-

---

[1] Vgl. Ch. Taylor (1993), S. 112–114.

meinsame Handlungen von Freunden genannt werden, etwa ein Spaziergang, den jemand nur deshalb unternehmen möchte, weil seine Freunde mitgehen. Dagegen steht die dritte Klasse von Gütern, die »konvergenten Güter«. Diese in der Ökonomie meist »Kollektivgüter« genannten Güter besitzen einen Wert für jede Person allein, können aber vom Einzelnen nicht hergestellt oder gesichert werden. Übliche Beispiele sind die Sicherung gegen verschiedene Gefahren, die durch Militär und Polizei erbracht werden. Taylor nennt diese Güter »konvergent« um hervorzuheben, daß deren Gemeinschaftscharakter lediglich der Herstellung und Sicherung geschuldet ist. Könnte irgendjemand für sich allein ein solches Gut herstellen oder sichern, so besäße dieses Gut einen Wert, der durch einen Gruppenbezug nicht gesteigert werden könnte. An der genannten Stelle spricht Taylor nur über Güter, die einen Gruppenbezug besitzen. Daher ließe sich eine vierte Klasse von Gütern anschließen, die für Individuen ohne einen Gruppenbezug Wert haben.

Taylor führt die Güterklassifikation am Beispiel einer Dialogsituation ein. Auch wenn der Gegenstand der Unterhaltung, wie beispielsweise das Wetter, zuvor für jeden der Gesprächsteilnehmer gleichermaßen offensichtlich oder zugänglich war, macht der Dialog ihn zu einem gemeinsamen Thema und ändert ihn dadurch kategorial. Das vermittelt einerseits einen ersten Eindruck der Differenz zwischen Gemeinsamkeit und dem Aggregat von Einzelhandlungen, -wahrnehmungen etc. Andererseits gibt diese nicht am Güterbegriff orientierte Einführung uns die Lizenz, Taylors Klassifikation über den Rahmen der Güterunterteilung hinaus anzuwenden, sie als eine generelle Einteilung sozialer Vorgänge, Zustände und Ereignisse zu verstehen.

Bei diesem Versuch der Loslösung vom Güterbegriff wird auch ein Mangel der Unterteilung deutlich: Die Klasse der unmittelbar gemeinsamen Güter ist bei Taylor nur vage umrissen. Der Klarheit des Gemeinschaftsbegriffs halber müßte sie in zwei Unterklassen unterteilt werden. Oben wurde ein gemeinsamer Spaziergang von Freunden als Beispiel eines Vorgangs der hier zu spezifizierenden Klasse angeführt. Dabei sind zwei Varianten denkbar: a) Die Freunde wollen spazierengehen und dies gemeinsam tun, wobei die Gemeinschaftlichkeit und die Art der Tätigkeit gleichermaßen wichtig sind. Karten zu spielen oder allein spazieren zu gehen wären demnach keine Alternativen. b) Die Freunde wollen etwas gemeinsam tun, egal was, und verfallen auf das gemeinsame Spazierengehen. Ein gemeinsames Kartenspiel wäre ein vollwertiges Substitut, ein einsamer Spaziergang hingegen kein brauchbarer Ersatz. Im ersten Fall dienen die Handlungen der Herstellung und Erhaltung von Gemeinsamkeit und zugleich der Verwirklichung eines bestimmten Vorgangs, in dem sich die Gemeinschaftlichkeit manifestiert. Im zweiten Fall liegt dagegen ein gemeinschaftlicher Vorgang oder Zustand vor, der sich in der Gemeinschaftlichkeit genügt.

Die Unterscheidung der zwei Arten könnte unwichtig erscheinen, werden doch in beiden Fällen gemeinschaftliche Handlungen ausgeführt. Eine Verwischung der Differenz führt aber zu einer vorschnellen Einschränkung des Gesichtskreises, in dem mögliche Ansatzpunkte zur Klärung des Gemeinschaftsbegriffs gesucht werden. Beginnt man die Untersuchung nämlich mit dem Paradigma eines Tuns, das auf die Verwirklichung eines Ziels jenseits der Herstellung von Gemeinschaftlichkeit gerichtet ist, so liegt der Rückgriff auf Modelle des zielgerichteten Handelns einzelner Personen nahe. Jene individuell zielorientierte Verhaltensweise wird dann ohne Not als Angelpunkt aller weiterer Untersuchungsschritte gewählt, allzu häufig mit der für den Gemeinschaftsbegriff unbefriedigenden Konsequenz, daß die »Vergesellschaftung« der einzelnen Handlungen durch die Parallelität im Handeln oder in der Zielsetzung konzipiert wird. Unbefriedigend ist ein solcher Erklärungsversuch für einen gehaltvollen Gemeinschaftsbegriff deshalb, weil damit die kategoriale Differenz zwischen gemeinsamem und vereinzeltem Handeln eingeebnet wird. Der Unterschied zwischen lediglich parallelem Einzelhandeln und tatsächlich gemeinsamem Handeln entlang paralleler Linien kann in dieser Weise nicht mehr gefaßt werden.

Beginnt man die Untersuchung dagegen mit dem Paradigma von Aktivitäten, die ihren Sinn ausschließlich in der sich durch die Aktivitäten einstellenden Gemeinschaftlichkeit haben, entfällt die Voreingenommenheit für Modelle zielgerichteten Handelns. Bei der Kritik an intentionalen Erklärungsmodellen für soziales Handeln hatte ich zudem bereits hervorgehoben, daß längst nicht alle gemeinschaftlichen Handlungen zielgerichtet sein müssen, weshalb die Verwendung einer nicht zielgerichteten Handlungsweise geboten erscheint.[2]

Selbstverständlich liegt auch dann noch der Vorschlag nahe, die Gemeinschaftlichkeit als dasjenige Ziel zu formulieren, auf das die

---

[2] Vgl. oben Kap. 1.4.1.

Ulrich Baltzer

einzelnen Handelnden hin ausgerichtet seien. Bei dem hier vorgeschlagenen Paradigma läßt sich jedoch leichter sehen, daß die bei diesem Theorieansatz leitende Vorstellung des Handelns als Mittel für einen zu erreichenden Zweck (eines Weges hin zu einem Ziel) nicht greift, da zwischen Mittel und Zweck, Weg und Ziel nicht vernünftig zu unterscheiden ist. Das Handeln hat kein Ziel, das es noch zu erreichen gälte, sondern ist, sofern es gelingt, bereits eine Manifestation des zu Erreichenden. Es kann irgendetwas getan werden; wichtig ist nicht *was* geschieht, sondern daß es *gemeinsam* ausgeführt wird.

Im folgenden wird deshalb ein Beispiel aus der zweiten oben genannten Unterklasse verwendet, also eine Handlung, bei der es ausschließlich um die Gemeinschaftlichkeit im Tun geht.[3] Das Beispiel eignet sich in besonderer Weise als Untersuchungsgegenstand, besitzt es doch einige Merkmale, die bei der üblichen Betrachtungsweise gemeinschaftlichen Handelns ausgeblendet werden. Ungleiche Partner sind darin in einer der Fürsorglichkeit analogen Relation verknüpft, wodurch gerade die Asymmetrie sozialer Handlungen einbezogen wird. Es greift auf ein nicht zielgerichtetes soziales Handeln zurück und macht ein wesentliches, aber bislang unbeachtetes Merkmal der Gemeinschaftshandlungen prägnant, nämlich die abgestimmte Reaktion der Teilbeiträge im gemeinschaftlichen Handeln aufeinander. Das Beispiel ist zudem ontogenetisch früh situiert, wodurch unterstrichen wird, daß elementare Formen des Gemeinschaftshandelns erfaßt werden.

3.1.2. Merkmale gemeinschaftlichen Handelns

Durch die Untersuchungen von Daniel Stern ist der Begriff des »communing attunement« in die psychologische Säuglingsforschung eingegangen.[4] Als Beispiel dafür sei ein von Stern aufgeführter Fall der Affektabstimmung zwischen einer Mutter und ihrem neunmonatigem Kind genannt.[5] Das Kind schlägt zunächst ärgerlich, dann aber mit wachsendem Vergnügen mit einem bestimmten Rhythmus

---

[3] Im Kapitel 3.7 dieser Arbeit wird deutlich werden, in welchem Verhältnis die im Beispiel nicht aufgegriffenen gemeinschaftlichen Handlungsformen zu dem Beispielfall stehen.

[4] Vgl. Stern (1985), sowie Stern/ Hofer/ Haft/ Dore (1985).

[5] Entnommen aus dem Forschungsbericht: Dornes (1993), S. 154.

auf ein Spielzeug. Die Mutter begleitet dies mit einem freudigen Gesicht und einem lautmalerischen »Kaa-Bam«, wobei das langgezogene »Kaa« die Aufwärtsbewegung der schlagenden Kinderhand begleitet, das »Bam« das Herabfallen. Es handelt sich um einen Fall des communing attunement, denn auf die Frage, was die Mutter mit ihrer Lautgebärde beabsichtigt hat, antwortet sie, daß sie mit dem Kind übereinstimmen wollte. Es ging allein um das Teilen, um das Gemeinsam-haben und um sonst nichts. Diese Art der »reinen Intersubjektivität« unterscheidet sich von Affektabstimmungen, bei denen die Bezugspersonen versuchen, das Kind zum Wiederholen, Ändern oder Aufhören zu veranlassen, bzw. es zu beruhigen oder anzuspornen.[6] Das genannte Beispiel, das alles andere als ein Einzelfall[7] ist, dürfte in mehrfacher Hinsicht aufschlußreich sein für die Charakterisierung gemeinschaftlicher Handlungen im allgemeinen.

1) Man könnte argwöhnen, es handele sich bei dem Beispielfall um eine einseitig allein von der Mutter als Zusammenspiel ausgelegte Aktion – das Kleinkind kann mangels Sprache gegen eine solche Klassifikation keinen Protest erheben. Dem Kind stehen aber durchaus Ausdrucksmittel zur Verfügung, die zeigen, daß die Abstimmung nicht einseitig von dem Erwachsenen in das Zusammenspiel hineingelesen, sondern vom Kind mitgetragen wird: Verwendet die Mutter z. B. keinen zu der kindlichen Aktion passenden Rhythmus, so bricht das Kind seine Handlung ab und schaut die Mutter erstaunt an, wohingegen es bei passendem Rhythmus in seiner Tätigkeit fortfährt.[8]

2) Die gemeinschaftliche Aktion von Mutter und Kind besteht nicht etwa in einem bloß parallelen oder imitativen Tun. Vielmehr stellt sie sich ein über verschiedene Sinnesmodalitäten hinweg durch das Übereinstimmen in Rhythmus, Intensität und zeitlicher Verlaufsform von kindlichem Klopfen und mütterlicher stimmlicher Äußerung.[9] Das lädt zu der Annahme ein, daß elementare Formen gemeinschaftlicher Aktivität durch unterschiedliches, aber aufeinander abgestimmtes Verhalten der Beteiligten konstituiert wird.

3) Beide vorangegangenen Punkte haben auf »Passen« oder »Abstimmung« des Verhaltens der Beteiligten abgehoben. Das gilt

---

[6] Solche Fälle nennt Stern u. a. »selektives attunement«, vgl. Dornes (1993), S. 155 f.

[7] Dornes (1993, S. 154 f.) beziffert die Häufigkeit des communing attunement auf 40–45 % aller Fälle der Affektabstimmung. In einer etwas anderen Begrifflichkeit beschreibt dasselbe auch die Studie von v. Zeppelin/ Moser (1987), S. 149 f.

[8] Vgl. Stern (1985), S. 150 f.

[9] Vgl. Dornes (1993), S. 155.

sogar für den Fall des Marschierens im Gleichschritt, denn auch solche scheinbar völlig parallelen Aktionen erfolgen mit Hilfe von minimalen, aber merklichen Abstimmungsreaktionen der Beteiligten aufeinander. Das wird durch folgendes Gedankenexperiment deutlich, das Eike von Savigny vorgeschlagen hat.[10] Irgendein Soldat aus einer Marschkolonne wird, ohne daß er es merkt, aus der Kolonne herausgenommen und in eine andere Kolonne hineingestellt, die außer ihm ausschließlich aus Soldatenautomaten besteht, die jeweils exakt dasselbe wie er tun. Diese zweite Marschordnung wird auf jeden Beobachter (und auch auf den Soldaten) nicht wie das Ideal von gemeinschaftlich erreichtem Gleichschritt wirken, sondern als dasjenige, was es ist: als maschinenmäßiger Gleichlauf.

Paralleles Handeln, das gemeinschaftlich ausgeführt wird, scheint also eher eine komplizierte Form als eine elementare zu sein, weil hier die unvermeidlichen Ungleichartigkeiten, die durch die Abstimmungsreaktionen ausgeglichen werden müssen, kaum mehr merklich sein dürfen. Abstimmreaktionen sind aber dennoch erforderlich, um die gemeinschaftliche Aktivität auszuführen. Mit dem Begriff des »Passens« bzw. der »Abstimmung« eröffnet sich einerseits ein weites Feld von Problemen, nämlich was als »passend«, »angemessen«, »abgestimmt« gilt, denn von vornherein dürfte klar sein, daß diese Begriffe kontextabhängig sind, gilt doch beim Marschieren im Gleichschritt etwas anderes als »angemessene« Abstimmungsreaktion als in unserem Beispiel der Affektabstimmung zwischen Mutter und Kind. Anderseits liegt in diesen Begriffen auch der normative Aspekt des gemeinschaftlichen Tuns offen zutage. Ein Verhalten, das in einer feucht-fröhlichen Männerrunde das Gemeinschaftsgefühl steigert, dürfte bei einem Empfang des Bundespräsidenten nicht am Platze sein. Bisher haben wir die Momente des »Passens« bzw. der »Abstimmung« noch nicht genauer an unserem Beispiel aufgewiesen.

Die Einstimmung von Mutter und Kind bezieht sich auf das in Verhalten und Mimik ausgedrückte Gefühl. Die im Schlagen sichtbare, zunehmende Freude des Kindes drückt sich im »Kaa-Bam« der Mutter aus.[11] Die Abgestimmtheit der gemeinsamen Aktion bemißt sich hier an dem Ausdruck des Basisaffekts Freude.[12] Das »Passen«

---

[10] Vgl. von Savigny (1991), S. 82.
[11] Vgl. Dornes (1993), S. 155.
[12] Neun Primär- oder Basisaffekte werden benannt: Freude, Interesse-Neugier, Überra-

läßt sich auch für den Beobachter feststellen an dem Übereinstimmen von Rhythmus, Intensität und zeitlicher Verlaufsform des von beiden Partnern in verschiedener Sinnesmodalität ausgedrückten gemeinsamen Gefühls. Die dazu einerseits erforderliche Fähigkeit, über verschiedene Sinnesmodalitäten hinweg das »Passen« von Sinneseindrücken festzustellen, ist bereits bei Neugeborenen zu einem erstaunlichen Maß ausgebildet.[13] Daß das Kind nicht nur die Tätigkeiten der Partner aufeinander beziehen, sondern sie auch hinsichtlich ihrer gefühlsmäßigen Angemessenheit beurteilen kann, wird an dem oben bereits erwähnten Experiment sichtbar, in dem die Mutter einen vom Kind abweichenden Rhythmus verwendet. Dies führt zum Abbruch der kindlichen Tätigkeit und läßt einen neuen Basisaffekt, nämlich Überraschung, entstehen.

Die gemeinsame Affektlage von Mutter und Kind beruht nicht auf der kausalen Einwirkung der Mutter auf die Affektlage des Kindes, wie sie etwa beim gemeinsamen Vokalisieren oder dem Lächelspiel von Mutter und dreimonatigem Kind vorliegt. Ein neun Monate altes Kind ist nicht mehr einfach von der Affektäußerung im Guten wie im Schlechten betroffen, vielmehr kann es bereits den mütterlichen Affekt »lesen«, ihn auf sich als Adressaten der Mitteilung beziehen und seine Gefühle danach ausrichten. Gefühle werden nicht mehr reguliert, sie werden geteilt.[14]

Dieser Unterschied läßt sich vielleicht anhand des Zeigens verdeutlichen, wo in der gleichen Entwicklungsstufe eine entscheidende Veränderung des kindlichen Verhaltens stattfindet. Vor dem achten Monat schaut ein Kind in der Regel nicht in die Richtung einer Zeigegeste und folgt auch nicht der Blickrichtung des Erwachsenen, sondern guckt unverwandt den zeigenden Finger an oder in das Gesicht des Erwachsenen. Mit etwa neun Monaten gelingt es den Kindern, der Zeigegeste bzw. der Blickrichtung zu folgen und in Richtung des

---

schung, Ekel, Ärger, Traurigkeit, Furcht, Scham, Schuld. Sie können durch die beteiligten Gesichtsmuskelgruppen voneinander unterschieden und von nicht-emotionalen Gesichtsausdrücken differenziert werden. Diese Affekte werden als Basisaffekte klassifiziert, weil sie sich kulturinvariant in gleichen Ausdrucksmustern des Gesichts zeigen und von den Mitgliedern der jeweiligen Kultur auch als entsprechende Affektausdrücke verstanden werden. Wie stark ein solcher Ausdruck ist und in welchen Situationen er auftritt, ist kulturell und individuell variabel. Dies gilt besonders für gemischte Affektausdrücke. Vgl. Dornes (1993, S. 113 f.) und die dort genannte Forschungsliteratur.

[13] Vgl. Dornes (1993), S. 43–46.
[14] Vgl. dazu eingehender Kap. 3.2.1. dieser Arbeit.

gezeigten Objekts zu sehen. Kinder beginnen ab dieser Zeit auch selbst *jemandem* Objekte zu zeigen, nicht lediglich *auf* Objekte zu zeigen. Damit aber nicht genug. Wenn das Kind einer Zeigegeste folgt oder selbst eine solche ausführt, wandert der Blick nach dem erstmaligen Wahrnehmen des Objektes zurück zur jeweiligen Bezugsperson, wie um sich zu vergewissern, daß beide nicht lediglich dasselbe, sondern es gemeinsam sehen.[15] Kinder des besagten Alters können demnach sehr genau zwischen den in einer gemeinsamen Aktion involvierten Perspektiven sowie deren Fokus unterscheiden und diesen Fokus auch selbst finden bzw. festlegen.

Zwischen Mutter und Kind findet, übertragen auf unser Beispiel, tatsächlich ein Aufeinander-Einstellen statt. Es geht nicht einseitig ursächlich von der Mutter aus, sondern wird in kompetenter Weise von beiden Seiten durch die wechselseitige Abstimmung der Äußerungen auf das geteilte Gefühl hervorgebracht, das beiden Beteiligten als gemeinsamer Fokus gleichermaßen bewußt ist. Es gibt für Mutter und Kind in dieser Situation ein normativ verstandenes »richtig« und »falsch« in den Abstimmungsaktionen.

4) Das gewählte Beispiel zeigt, daß gemeinschaftliches Tun nicht nur hinsichtlich der ausgeführten individuellen Handlungen Ungleiches verknüpft, sondern auch hinsichtlich der Beteiligten. Die Mutter besitzt ein viel reicheres Repertoire an Verhaltensweisen und Äußerungsmöglichkeiten als das Kind. Die oben erwähnten Formen der Affektabstimmung, die kein communing attunement sind, belegen, daß die Bezugsperson mit ihrem abgestimmten Verhalten auch etwas durch die gemeinsame Aktion beabsichtigen und bewerkstelligen kann. Wohlgemerkt handelt es sich immer um eine gemeinsame Aktion, nicht um das Durchführen einer individuellen Handlung des Erwachsenen, die das Kind zum Objekt der Veränderung hat. Unschwer sind die unzähligen Fälle vorstellbar, in denen das Kind sich eben gerade nicht in der beabsichtigten Richtung mitbewegt, sondern durch seinen Widerstand die Aktion in das Scheitern der elterlichen Pläne wendet. Umgekehrt sind gerade Kinder Meister des »Um-den-Finger-wickelns«.

In den seltensten Fällen werden sich bei einer gemeinschaftlichen Aktion gleiche Partner zusammentun: viele Mannschaftssportarten bauen ja durch differenzierte Aufgaben innerhalb der Mannschaft auf unterschiedliche Fertigkeiten; die Festlegung unter-

---

[15] Vgl. Dornes (1993), S. 152–154.

schiedlicher Funktionsbereiche und Aufgabengebiete macht Organisationen in der Nutzung solcher individuellen Unterschiede besonders effizient etc. Auch bei den Abstimmungsreaktionen werden sich die unterschiedlichen Fähigkeiten von Mutter und Kind auswirken. Die Mutter kann sich dem Kind durch ihr größeres Repertoire in einem höheren Maß anpassen als umgekehrt. Wenn allein die Übereinstimmung und das Teilen eines Affektes den Sinn einer Interaktion ausmacht, wird sie die Ungeschicklichkeiten oder Unfähigkeiten des Kindes, die die Gemeinsamkeit stören könnten, durch Ausgleichsreaktionen beheben, die dem Kind nicht zur Verfügung stehen. Man könnte sagen, daß die Interaktion keinen fixen Konvergenzpunkt hat (etwa eine zu bewältigende gemeinsame Aufgabe), sondern frei schweifen kann, wenn nur die Übereinstimmung gewahrt bleibt.[16] In unserem Beispiel sahen wir eine solche Tendenz, weil die gemeinschaftliche Handlung an keinen Affekt als vorgegebenes Ziel der Interaktion gebunden war.

Die Abstimmungsfähigkeit und -fertigkeit und der jeweils tatsächlich erreichte Anteil an der Abstimmungstätigkeit muß aber nicht deckungsgleich sein. Will die Mutter etwa das Kind in einer gemeinsamen Aktion in seiner Affektäußerung dämpfen, so wird sie den kindlichen Äußerungen nicht in der Intensität folgen, sondern einen jeweils zurückhaltenderen Ausdruck wählen, um das Kind durch die von ihm zu leistende Anpassung an das mütterliche Verhalten langsam in die gewünschte Richtung zu lenken. (Auch hier wieder: das Kind muß sich geneigt zeigen mitzuspielen.)

Unschwer kann dieser Fall auf die Kompromißsuche im Alltag übertragen werden. Zwei Kontrahenten haben eine differente Vorstellung davon, wo der Konvergenzpunkt der gemeinsamen Aktion liegen soll. Es hängt dann von dem Verhandlungsgeschick, den Fähigkeiten, dem Machtpotential etc. ab, ob die gemeinsame Aktion eher zu dem einen oder zu dem anderen Punkt hin tendiert.

5) Durch das Ausführen von Abstimmungshandlungen weisen sich Personen als an einer gemeinsamen Aktion Beteiligte aus. Anhand dieses Kriteriums läßt sich unterscheiden, wer zu der Gemeinschaft dazugehört und wer nicht, wer die Gemeinschaft konstituiert und wer diese als Beobachter ohne eigene Teilnahme analysiert.[17]

---

[16] Dieses Merkmal ist zentral für emphatisches Gemeinschaftshandeln; vgl. dazu unten Kap. 3.7.2.

[17] Diese Unterscheidung trifft natürlich nur auf den Beobachter zu, der nicht als solcher

Diese Abgrenzung von Beteiligten und Unbeteiligten ist im gewählten Beispiel einfach durchzuführen, weil es sich um eine Face-to-face-Interaktion handelt, die keine weiteren Ansprüche an andere Personen stellt.

Erving Goffman hat für andere Formen der Face-to-face-Interaktion herausgearbeitet, welche angepaßten Verhaltensweisen dort auch von anscheinend Unbeteiligten verlangt werden.[18] Bei Dialogsituationen im öffentlichen Raum besteht einerseits zwischen den Dialogpartnern ein sehr genau umgrenzter Erwartungshorizont hinsichtlich der angemessenen Antworten in sprachlicher, gestischer und mimischer Weise, andererseits wird auch von Personen, die sich in Hörnähe zu den sich unterhaltenden Personen befinden, ein Gestus des offensichtlichen (aber unangestrengten) Nicht-Zuhörens verlangt. Der gemeinschaftliche Vorgang des Gesprächs würde sich im gegebenen Umfeld nicht etwa nur aus den Handlungen der Dialogpartner ergeben, sondern auch vom Weghören jener anderen Personen mitkonstituiert sein. Je nach Typ und Kontext der gemeinschaftlichen Aktion gibt es demnach einen graduellen Übergang von den Hauptakteuren bis hin zu gänzlich Unbeteiligten.

Neben diesem Kontinuum zwischen Beteiligten und Unbeteiligten sind auch die von der Gemeinschaftsaktion betroffenen Personen zu bedenken. In unserem Beispiel von Mutter und Kind gibt es diese Gruppe nicht, weil die einzig »Betroffenen« der Gemeinschaftsaktion die Beteiligten selbst sind. Die namengebende Gemeinschaftsaktivität der in sozialethischen Fragestellungen beliebten Räuberbande macht es dagegen bereits aus begrifflichen Gründen notwendig, die Gruppe der Betroffenen in die Betrachtung des Gemeinschaftsbegriffes einzubeziehen, da Räuber ohne die beraubten Opfer keine Räuber wären.[19]

Schwieriger liegt der Fall natürlich noch bei sozialen Großgebilden, wie etwa Großorganisationen oder Nationalstaaten. Mir scheint das Kriterium des unterschiedlichen, angepaßten Handelns in diesen

---

erkannt wird. Jeder kennt die Änderung von Verhaltensweisen, die eintreten, wenn man sich beobachtet fühlt.

[18] Vgl. Goffman (1971), S. 148 ff.

[19] Hier liegt der Einwand nahe, daß es auch einzelne Räuber gebe, demnach kein spezifisch soziales Phänomen angeschnitten sei. Die Vorsichtsmaßnahmen der möglichen Opfer und die sich als Antwort darauf immer weiter steigernde Raffinesse der Täter zeigen jedoch, daß es auch hier eine Art von gemeinschaftlichem Handeln gibt, das sich aber offensichtlich von unserem Beispiel unterscheidet.

Fällen dennoch anwendbar, weil z. B. Angehörige einer bestimmten Firma durch eben solche Handlungen gegenüber Organisationsmitgliedern, Außenstehenden, Lieferanten, Kunden etc. deutlich machen, daß sie als an der Organisation Beteiligte operieren (etwa durch das Tragen von Firmenzeichen, das Unterwerfen unter die interne Hierarchie, den Gebrauch von »Wir«, um von Personen und Aktionen der Firma zu sprechen etc.).

Nicht zuletzt gehören zu dem Gemeinschaftshandeln natürlich auch die verwendeten Werkzeuge und Ressourcen, weil es von deren Eigenschaften abhängt, welche Abstimmungsreaktionen im Gemeinschaftshandeln möglich sind, bzw. welche Handlungen erforderlich sind, um eine bestimmte Gemeinschaftshandlung durchzuführen. Z. B. erfordert die Überquerung eines Flusses mit einem Ruderboot andere gemeinschaftliche Handlungen als bei Verwendung eines Segelboots. Die Gewinnung von Farbstoffen erfolgt in anderer Weise, wenn sie auf Pflanzenprodukten oder auf Mineralöl beruht, etc.

6) Abschließend sei die Alltäglichkeit des gewählten Beispiels hervorgehoben. Zunehmend wird sowohl in der Soziologie als auch in der Psychologie die Wichtigkeit von alltäglichen Prozessen und unauffälligen, aber häufigen Ereignissen für die Sozialisierung und das Lernen hervorgehoben.[20] Spektakuläre Ereignisse lassen zwar bestehende Strukturen meist deutlicher hervortreten, verzerren aber nur allzu oft die tatsächliche Wichtigkeit bestimmter Verhaltensmuster innerhalb einer Gemeinschaft. Eine Sozialethik, die ja gerade auch das Alltägliche zu fassen bekommen muß, ist daher gut beraten, Geschehnisse der täglichen Routine in den Blick zu bekommen.

Zusammengefaßt ergibt sich folgendes Bild des Gemeinschaftshandelns. Im Gemeinschaftshandeln sind üblicherweise Personen, die hinsichtlich ihres Wissens, ihrer Fähigkeiten, Fertigkeiten und Macht verschieden sind, durch aufeinander abgestimmte, ungleiche Handlungen wechselseitig aufeinander bezogen, wobei es ein Kontinuum von direkt Beteiligten bis zu völlig Unbeteiligten gibt. Was als abgestimmte Teilhandlung innerhalb eines Gemeinschaftshandelns gilt, hängt von der durchgeführten Handlung, den beteiligten Personen, verwendeten Werkzeugen und Materialien, sowie vom

---

[20] Als einen Vertreter der Soziologie möchte ich hier auf Giddens (1988, S. 36) verweisen, dessen Theorieansatz wesentlich auf alltäglichen »Routinen (alles, was gewohnheitsmäßig getan wird)« aufruht. Vgl. Dornes (1993, S. 71 ff.) für die einschlägige psychologische Literatur.

Handlungskontext ab. Eine Gemeinschaftshandlung kann aufgrund der Ausgleichsmaßnahmen, die andere Beteiligte im Sinne abgestimmten Verhaltens erbringen, mit sehr unterschiedlichen Beiträgen der einzelnen Mitwirkenden zustandekommen. Das Passen der Handlungen zueinander kann auf einer deskriptiven und normativen Ebene von Bedeutung sein. Der normative Aspekt wird darin sichtbar, daß eine Handlung, die nicht abgestimmt im Sinne des Gemeinschaftshandelns ist, als ein Fehler und nicht lediglich als ein Mißgeschick gilt. Betrachten wir im folgenden die einzelnen Momente eingehender.

3.1.3. *Aktualismus und Erwartbarkeit gemeinschaftlicher Handlungen*

Ein Merkmal gemeinschaftlichen Tuns ist bislang nur implizit angeklungen, nämlich die Gebundenheit von Gemeinschaftshandlungen an tatsächlich geschehende Handlungen. Aus dem Beispiel des vorangegangenen Kapitels haben wir abgestimmtes, aber unterschiedliches Verhalten der an dem Gemeinschaftshandeln beteiligten Personen als zentrale Merkmale des gemeinsamen Tuns herausgezogen. Einer Aktion des Kindes antwortet eine passende Reaktion der Mutter, auf die wiederum das Kind angemessen eingeht etc. Damit einer der Beteiligten passend auf den anderen reagieren kann, bedarf es trivialerweise irgendeines zeitlich vorangehenden Handelns des anderen. Diese Handlung ist geschehen und damit der Verfügung aller Beteiligten entzogen. Sie setzt den Maßstab und gibt den Anlaß für eine passende Fortsetzung. Auf diese Handlung kann nicht irgendwie oder gar nicht eingegangen werden, sondern muß angemessen eingegangen werden; und was angemessen ist, bemißt sich neben anderem eben auch an dieser Handlung. Ein taktvolles Übergehen eines Fehlverhaltens kann unter Umständen die angemessene Fortsetzung sein, die unter anderen Umständen ein Anprangern des Fehlers nötig macht. Das taktvolle Schweigen ist wie der offene Eklat eine die gemeinschaftliche Aktion erhaltende Abstimmungsreaktion an das fehlerhafte Tun.[21]

Keinesfalls bestimmt die Anfangshandlung einer gemeinsamen Aktion den Rest des Geschehens in deterministischer Weise. Was als

---

[21] Für den ganzen Reichtum des anpassenden Verhaltens, das in alltäglichen Situationen des Gesprächs in Erscheinung tritt vgl. Goffman (1967).

angemessene Fortsetzung gilt, läßt zumeist Wahlmöglichkeiten offen, die das Gesamtgeschehen in die verschiedensten Richtungen lenken kann, setzt aber auch Grenzen des Möglichen. Mit der fortsetzenden Aktion entsteht erneut der »Zwang« eines zur Tatsache gewordenen Tuns mit seinen Möglichkeiten und Grenzen der Anschlußoperation. In unserem Beispiel ist das Kind zuerst ein wenig ärgerlich, im Laufe der Interaktion mit der Mutter wandelt sich der Affekt in Freude. Zwar gibt das Kind durch sein ärgerliches Schlagen die Ausgangssituation vor, bestimmt dadurch aber nicht den gesamten Verlauf, vielmehr bewirkt das Zusammenspiel der mütterlichen Äußerungen und der kindlichen Aktionen, daß die gemeinsame Aktion einen freudigen Charakter erhält.

Allererst das Ganze aus objektiv gewordener Tat und objektiv gewordener passender Fortsetzungsoperation ist das gemeinsame Tun. Ginge die Welt unter, bevor mein Freund auf meine ein Gemeinschaftshandeln einleitende Aktion reagieren kann, so wäre mein letzter Akt eine individuelle Handlung und nicht Teil einer Gemeinschaftsaktion. Selbstverständlich gilt auch für eine individuelle Handlung, daß sie durchgeführt werden muß, um tatsächlich eine Handlung zu sein. Aber eine gemeinsame Handlung, die nicht durchgeführt wird, ist nicht allein keine Handlung, sie ist auch nichts, was *gemeinschaftlich* wäre. Das gemeinsame Tun bedarf, damit es ein *gemeinsames* ist, der abgestimmten Reaktion aufeinander – wo aber nichts ist, auf das reagiert werden kann, oder nichts ist, das abgestimmt reagieren würde, da gibt es auch nichts Gemeinsames.

Wenn die Gemeinschaftshandlung, um überhaupt etwas Gemeinsames sein zu können, an tatsächlich vorgefallene Handlungen gebunden ist, ergibt sich daraus jener Charakter der »Härte« oder Unverfügbarkeit des gemeinsamen Tuns aus der Sicht jedes einzelnen der daran Beteiligten, der in der Sozialphilosophie und Soziologie immer wieder als Beleg für die Differenz zwischen individuellem und gemeinsamem Handeln genannt wird. Das gemeinsame Tun konstituiert sich zwar einerseits aus dem Handeln eines jeden Beteiligten, andererseits ist jedoch keiner der Beteiligten in der Weise Herr seiner Handlungen, wie er es im Einzelhandeln wäre. Das betrifft nicht nur die Unverfügbarkeit, die darin besteht, daß jeder der Beteiligten auf die Mitwirkung der anderen angewiesen ist und dies nur in engen Grenzen durch eigene Leistung substitutieren kann. Es ist gerade die Unverfügbarkeit aus der Rückbindung des Gemeinsamen an tatsächlich geschehene Handlungen, die diese »Härte« ausmacht, weil jene Handlungen, an die man passend anschließen muß, um eine Gemeinschaftshandlung zustande zu bringen, bestenfalls noch umdeutbar, jedoch nicht mehr ungeschehen zu machen sind. Gemeinsames Tun umfaßt konstitutiv auch einen Teil der Konsequenzen, die das einzelne Handeln der Beteiligten zeitigt, weil die angemessenen Reaktionen der anderen Beteiligten auf jenes Handeln – somit eine Konsequenz dieses Handelns – ein Bestandteil der gemeinschaftlichen Aktion ist.

Ein bestimmtes Gemeinschaftshandeln kann man demnach nicht vorhaben oder erwarten wie eine individuelle Handlung. Daß eine Handlung eine gemeinschaftliche ist, setzt voraus, daß die im Einzelfall erfolgenden Teilhandlungen tatsächlich aufeinander abgestimmt sind. Sind sie dies nicht, scheitert das Gemeinschaftshandeln. »Gemeinschaftlichkeit« ist unter diesem Blickwinkel ein Erfolgsprädikat, das durchgängig nur im konkreten Prozeß zu haben oder zu verfehlen ist. Nun sitzen samstags viele Millionen Bundesbürger vor dem Fernseher und erwarten, Fußballspiele zu sehen. Sie erwarten also ein Gemeinschaftshandeln, obwohl Gemeinschaftlichkeit sich nur von Fall zu Fall einstellt oder nicht? Selbstverständlich gibt es eine Vielzahl von gemeinschaftlichen Handlungen, die durch vielfache Wiederholung, durch Training dermaßen eingeübt sind, daß man mit an Sicherheit grenzender Wahrscheinlichkeit erwarten kann, daß diese Handlungen gemeinschaftliche Handlungen sein werden, sobald die Beteiligten anfangen zu agieren.

Man kann ein bestimmtes Schema der Verknüpfung von Teilhandlungen erwarten, das die entsprechende Gemeinschaftshandlung konstituiert. Man kann auch erwarten, daß diese Handlungen in einer Weise aufeinander abgestimmt sein werden, daß ein Gemeinschaftstun zustande kommt. Aber die dann tatsächlich erforderlichen Anpassungsleistungen kann man nicht antizipieren und somit auch nicht, ob sich die Gemeinschaftlichkeit tatsächlich einstellen wird. In welchem Sinn man Gemeinschaftlichkeit nicht antizipieren kann, in welchem Sinn sie aktual ist und bleibt, wird an den Fällen merklich, wo an die Abgestimmtheit der Handlungen höchste Ansprüche gestellt werden, bevor man tatsächlich ein gemeinsames Agieren konstatiert. So kann eine Fußballmannschaft der Bundesliga zwar ein Fußballspiel in dem Sinne gemeinschaftlich spielen, in dem auch Hobbykicker dieses Spiel gemeinsam durchführen, und dennoch hört man von Kommentatoren, die Mannschaft habe nicht zusammengefunden, kein gemeinsames Spiel gespielt. Oder, wem das lieber ist: Kunstdarbietungen erfordern für ihr Gelingen ein hohes Maß an Abgestimmtheit, das zuweilen verfehlt wird. Da streicht dann Gidon Kremer seine Geige wie es der Hobbymusiker nicht vermöchte und die Münchener Philharmoniker tun ihr Bestes dazu, aber ein rechtes Zusammenspiel wird doch nicht daraus.

3.2. Die Abgestimmtheit von Verhalten im Gemeinschaftshandeln

Um den reichlich vagen Begriff des Passen bzw. der Abgestimmtheit von Handlungen genauer als bisher zu fassen, ist es zuerst notwendig, die Struktur herauszustellen, in der die individuellen Beiträge zum Gemeinschaftshandeln und das Gemeinschaftshandeln selbst zueinander stehen. In einem zweiten Schritt können dann Begriffe herausgearbeitet werden, die die verschiedenen Dimensionen erfassen, in denen Abstimmung glücken oder scheitern kann.

3.2.1. *Binnengegliederte sekundäre Intersubjektivität als Voraussetzung abgestimmten Handelns*

Soll die Handlung X der Person A mit der Handlung Y der Person B hinsichtlich einer gemeinschaftlichen Handlung Z abgestimmt sein, so muß man einerseits zwischen den einzelnen Handlungen X und Y und der gemeinschaftlichen Tätigkeit Z unterscheiden können und anderseits X und Y als diejenigen Teilleistungen aufeinander beziehen, welche Tätigkeit Z konstituieren. Die gemeinschaftliche Tätigkeit Z muß also soweit strukturiert sein, daß sie gegen ihre Komponenten X und Y abgehoben werden kann. Andernfalls wären auch X und Y nicht als Teilleistungen zu fassen, die Z konstituieren. Die in Grenzen mögliche Variabilität von X und Y erfordert jeweils den Bezug der Teilleistungen aufeinander, um überhaupt zusammengenommen Z ergeben zu können. Das Passen einer Handlung zu einer anderen hat für jeden der Beteiligten zwei miteinander verwobene Momente: Wie fügt sich das eigene Verhalten (a) zu dem Verhalten des anderen, um (b) die gemeinschaftliche Tätigkeit hervorzubringen?

Auch bei dieser Fragestellung sind Ergebnisse der Säuglingsforschung instruktiv, weil sie das zugrundeliegende Problem besonders deutlich markieren. Das Spezifische der Verknüpfung von individuellen Beiträgen zum gemeinschaftlichen Unternehmen und dem Gemeinschaftshandeln als ganzem kann im Vergleich zwischen der Intersubjektivitätsform hervortreten, die Kleinkinder beherrschen, die jünger als etwa neun Monaten sind, und derjenigen Form, zu der sie danach fähig sind. Colwyn Trevarthen und Penelope Hubley haben den qualitativen Sprung, der sich dabei vollzieht, als den Übergang von der primären zu der sekundären Intersubjektivität bezeichnet.[22]

Kleinkinder, die jünger als neun Monate sind, zeigen zwei klar geschiedene Kategorien im Verhalten. Entweder beschäftigen sie sich ohne Berücksichtigung anwesender Personen mit Gegenständen oder sie interagieren mit Personen in Form primärer Intersubjektivität. Beispielsweise tauschen Bezugsperson und Kind im Zustand primärer Intersubjektivität Affektäußerungen aus; das Kind ist von der Affektäußerung des Gegenüber im Guten oder Schlechten betroffen, ohne zwischen dem jeweiligen Affekt als solchem und den von dieser Affektlage bestimmten eigenen Handlungen und fremden Einwirkungen zu unterscheiden.[23] Es ist dem Kind präsent, daß ein Austausch mit einer Person stattfindet. Dies unterscheidet die primäre Intersubjektivität als Form der Intersubjektivität von objektzentriertem Handeln.[24]

Interaktionen der primären Intersubjektivität sind wie alle weiter entwickelten Formen der Intersubjektivität in Episoden gegliedert, d. h., es gibt einen recht genau markierten Anfang und ein merkbares Ende eines zusammenhängenden Abschnitts.[25] Episoden primärer Interaktion können auch vorzeitig enden, wenn der Rhythmus, die Intensität oder die Verlaufsform der Handlungen voneinander abweichen. Dem Kind ist bei der primären Interaktion lediglich deutlich, daß ein Zusammenspiel mit einem anderen stattfindet. Bei diesem Zusammenspiel, und darin erweist sich diese Interaktionsform als eine primäre, wird nur das Ganze dieses Zusammenspiels

---

[22] Vgl. Trevarthen/ Hubley (1978), S. 184 und 213 f. Zur primären Intersubjektivität vgl. Trevarthen (1974), Trevarthen (1977), Trevarthen (1979).

[23] Vgl. oben S. 170 f.

[24] Bereits zwei bis drei Wochen alte Säuglinge zeigen ein deutlich unterschiedliches Verhalten, je nachdem ob in ihrem Gesichtsfeld ein Mensch oder ein unbelebtes Objekt erscheint. Vgl. Dornes (1993, S. 68 f.) und die dort zitierte Literatur.

[25] Dornes (1993, S. 64–69) nennt eine große Zahl von Studien, die zeigen, daß die Einleitung und Beendigung einer Episode nicht nur von den erwachsenen Bezugspersonen bestimmt werden. Mindestens gleich häufig geht die Aktivität vom Säugling aus und dies praktisch von Geburt an.

ohne weitere Binnengliederung in seiner konkret vorliegenden Gestalt erfahren. Das heißt, daß eine Gemeinschaftsaktion genau genommen nicht scheitern oder glücken kann; entweder ereignet sie sich in concreto oder es gibt einfach keinen gemeinschaftlichen Vorgang. Der Begriff des »Passens« oder der Angemessenheit der Handlungen, die im Zuge einer Episode stattfinden, hat keinen Ansatzpunkt, weil die Episode nur als ganze vorhanden ist, nicht aber aufgefaßt wird als zusammengesetzt aus mehr oder minder zueinander passenden Komponentenhandlungen.

Natürlich bilden sich bei der primären Intersubjektivität auch Routinen, etwa bestimmte in gleicher Form wiederholt gespielte Spiele heraus. Diese Wiederholung erstreckt sich jedoch auf das Gesamte einer Episode, weil die Episode ja noch nicht weiter in Bestandteile untergliedert erfahren wird. Das Wiederholbare und Wiedererkennbare ist immer die gesamte Episode, nicht Teile, die zusammengesetzt die Episode als Ganzes ergeben. Deshalb würde auch ein Teilstück der Episode (etwa der Beginn der Episode, die dann abgebrochen wird) nicht als Teil dieser Episode verstanden, weil das Wiedererkennen immer das Gesamte des Ablaufs benötigt.

Erst dann, wenn das Kind zur sekundären Intersubjektivität fähig ist, werden die zuvor separierten Bezugformen der Beschäftigung mit leblosen Objekten und des Austauschs mit lebenden Partnern in einer komplexeren Struktur zusammengeführt. Das Kind kann sich nun mit einer Person auf einen Gegenstand oder Sachverhalt beziehen oder über einen Gegenstand auf eine Person. Anders als bei der primären Interaktion, bei der z. B. die Kind-Mutter-Dyade lediglich Affekte austauscht, kann sich das Kind bei der sekundären Intersubjektivität zusammen mit der Bezugsperson auf einen als Gegenstand der Interaktion abgesetzten Affekt beziehen. Das Kind beginnt auch erst dann, vermittels des Umgangs mit Gegenständen die Aufmerksamkeit der Bezugsperson auf dieses objektzentrierte Tun zu lenken.

Mit diesem Entwicklungsschritt ist eine wesentliche Steigerung der Komplexität des Gemeinschaftshandelns verbunden, denn dieses kann nun als binnendifferenziert begriffen werden. Auf den ersten Blick wirkt der Übergang vom individuellen Objektbezug zum gemeinsamen Objektbezug recht unscheinbar. Entgegen dem ersten Anschein erhält man einen gemeinschaftlichen Objektbezug nicht einfach dadurch, daß mehrere Personen jeweils einzeln mit einem Objekt umgehen. Dabei würde gerade das Gemeinschaftliche des Bezugs verloren gehen. Umgekehrt genügt eine undifferenzierte Gemeinschaftlichkeit in der Art der primären Intersubjektivität aber auch nicht, weil dabei das Objekt der Bezugnahme, sei dies nun ein physikalischer Gegenstand oder ein durch das gemeinschaftliche Handeln zu konstituierender Sachverhalt, von den Akten der Bezugnahme selbst nicht absetzbar wäre.

Das gemeinschaftliche Tun fordert also einerseits eine noch genauer zu spezifizierende Verknüpfung der einzelnen Leistungen untereinander, die die Beteiligten erbringen, sowie anderseits einen von der jeweiligen Realisierung durch die Teilleistungen abhebbaren Sachverhalt, der die Teilleistungen überhaupt erst als Komponenten eines bestimmten Geschehens greifbar werden läßt.

Wenden wir uns zunächst dem letztgenannten Moment zu. Die sekundäre Intersubjektivität läßt allererst ein im Vollsinn gemeinschaftliches Handeln entstehen, weil die gemeinsam vollzogene Handlung absetzbar (aber nicht: abtrennbar) wird von den sie konstituierenden Teilhandlungen der Beteiligten. Im Beispiel für die sekundäre Intersubjektivität konnte der gemeinschaftliche Affekt gegenüber denjenigen Handlungen von Mutter und Kind abgehoben werden, die diesen Affekt als gemeinsamen fortschreiben. Sobald dies möglich ist, kann auch festgestellt werden, wer der Beteiligten für das Scheitern bzw. für eine Schlechterfüllung einer Gemeinschaftshandlung verantwortlich gemacht werden muß, da die Gemeinschaftshandlung nun auf die sie tragenden Teilhandlungen hin durchsichtig ist. In der primären Intersubjektivität war diese Binnengliederung für die Beteiligten nicht faßbar und somit ließ sich für sie immer nur das Gelingen bzw. das Scheitern im ganzen, niemals aber der Anteil des Einzelnen daran feststellen. Das Gemeinschaftshandeln bekommt somit seinen prägnanten Sinn in der sekundären Intersubjektivität, weil allererst in ihr die Bezogenheit und Abgesetztheit des gemeinschaftlichen Handelns mit Bezug auf die dieses Handeln konstituierenden Teilhandlungen der einzelnen Beteiligten offensichtlich ist.

Durch diese Verschränkung von gemeinsamem und individuellem Handeln kommt auch das erste oben genannte Moment der spezifischen Verknüpfung der individuellen Teilleistungen zum Tragen. Ein Gemeinschaftshandeln entsteht, wenn jeder einzelne Beteiligte seinen Beitrag mit Blick auf das Ganze der Gemeinschaftshandlung danach bemißt, daß zwischen dem eigenen und dem (bereits erfolgten oder noch zu erwartenden) Handeln der anderen Beteiligten die Relation der Abgestimmtheit hinsichtlich des zu vollziehenden Gemeinschaftshandelns zustande kommt. Das heißt, jeder einzelne Beteiligte bemißt seine Handlung durch die Überlagerung zweier Perspektiven, die jeweils eine triadische Relation aufspannen: Er leistet seine Handlung als Beitrag zum gemeinschaftlichen Handeln insoweit er (erste Perspektive) unter Maßgabe der Gemeinschaftshandlung sein Tun derart auf die Handlungen der anderen Beteiligten abstimmt, daß diese (zweite Perspektive) ihrerseits als zum Gesamten beitragende Handlungen individuiert werden, d. i. als auf das Tun der anderen Beteiligten hinsichtlich des gemeinschaftlichen Handelns abgestimmte Handlungen. Die erste perspektivische Triade verknüpft die eigene Handlung als auf die Gemeinschaftsaktion und das Handeln der anderen gerichtet und die zweite qualifiziert dieses Handeln der anderen ebenfalls als auf das Gemeinschaftstun orientiert und aus diesem Grund das eigene Handeln und das der anderen Beteiligten entsprechend einbeziehend.

Bei dieser Überlagerung von Perspektiven kommt es nicht zu einer unendlichen Aufstufung wie im oben diskutierten Fall »gemeinsamen Wissens«. Die Gemeinschaftlichkeit des Handelns wird nämlich nicht, wie es dort der Fall war, durch die Aneinanderreihung bereits außerhalb des Gemeinschaftsbezugs individuierter Handlungen und Einstellungen Einzelner entwickelt, vielmehr wird jeder Vorgang als Bestandteil des bereits etablierten Gemeinschaftshandelns individuiert und erst als Teil des Ganzen einzelnen Beteiligten als Handlung zugerechnet.[26] Fiele der Bezug auf das Gemeinschaftshandeln weg, hörte auch die gegebene Art der Individuation des einzelnen Handelns auf zu existieren. Das Ganze der Gemeinschaftshandlung ist der Ausgangspunkt, so daß über den Bezug auf dieses Ganze das Verhältnis von eigenem und fremdem Beitrag ohne Regreß zu ermitteln ist. Die einzelnen Teilleistungen sind *Komponenten* der Gemeinschaftshandlung allein deshalb, weil sie ausgehend vom Gesamten des Gemeinschaftshandelns sich auf dieses beziehen, indem sie durch Abstimmung mit den anderen *als Komponenten* verstandenen Teilleistungen (die somit auch vom gemeinschaftlichen Handeln ausgehend aufgefaßt werden) eben gerade auf die Erzeugung der Gemeinschaftshandlung abzielen. In diesem konstitutiven Bezug auf das Ganze des Geschehens und die anderen als Komponen-

---

[26] Diese Formulierung nimmt die oben dargestellte Eigenschaft der Wir-Intentionalität, die Searle vorgeschlagen hat, auf der Ebene der Handlungsindividuation auf. Vgl. Kap. 1.4.1.

ten verstandenen Teilleistungen besteht auch der Unterschied zu individuellem Handeln.[27] Das individuelle Handeln gewinnt seine Identität und seinen Sinn unabhängig von einem Gemeinschaftshandeln, wohingegen der einzelne Beitrag zu einer gemeinschaftlichen Handlung ein individueller Beitrag nur aufgrund der Binnendifferenzierung des gemeinschaftlichen Handelns ist.[28]

Weil die Teilhandlungen als Komponenten eines Gemeinschaftshandelns nur faßbar werden, wenn sie die Binnendifferenzierung eines davon absetzbaren gemeinschaftlichen Handelns sind, ist die Ausführung von Gemeinschaftshandeln auch den Intentionen und Einstellungen der einzelnen Akteure hinsichtlich ihrer Beiträge zum Gemeinschaftshandeln logisch vorgängig. Daß Handelnde sich vornehmen können, bestimmte Teilhandlungen durchzuführen, oder die Teilhandlungen anderer als Komponenten eines gemeinschaftlichen Handelns verstehen, ist davon bedingt, daß sie in Gemeinschaftshandlungen des entsprechenden Typs bereits eingebunden waren. Die oben verwendete Formulierung »etwas als Teilhandlung verstehen« darf demnach nicht so verstanden werden, als ob die Intentionen oder Einstellungen der Beteiligten den Schlüssel zur Analyse von Gemeinschaftshandlungen bildeten. Solche Formulierungen dienen lediglich zur abkürzenden Bezeichnung der Kompetenzen, die die Beteiligten im Zuge ihrer Einübung in das entsprechende Gemeinschaftshandeln erworben haben. Erst dadurch, daß sie durch die faktische Einbindung in ein soziales Handeln dessen Binnenstrukturierung kennengelernt haben,[29] können sie entsprechende Intentionen oder Einstellungen haben und diese auch anderen Beteiligten zuschreiben.

---

[27] Dieses Merkmal erlaubt auch zu modellieren, daß man als Mitglied einer Gruppe eine Überzeugung haben kann, die man allein für sich nicht besitzt, wie Gilbert (1989, Kap. V) herausgestellt hat. Die Gruppenüberzeugung ist eine Überzeugung, die man im Blick auf die Meinungsäußerungen der anderen Gruppenmitglieder entwickelt und allein im Rahmen dieser Relation besteht. Die eigene Überzeugung, die nicht in diesen Prozeß eingespannt ist, kann deshalb durchaus davon abweichen, wenn man auch als Mitglied der Gruppe tatsächlich diese Gruppenmeinung (aber als Gruppenmeinung) vertritt. Diese Unterscheidung ist nicht mysteriöser als der Verhaltensunterschied, den die meisten von uns beispielsweise in ihren Eßsitten zeigen, wenn man ihr Gebaren allein als Couch-potato oder im Rahmen eines zeremoniellen Diners vergleicht.

[28] Wir werden unten (Kap. 3.7.1) untersuchen, wie weit die Unabhängigkeit des individuellen Handelns von dem gemeinschaftlichen Handeln geht.

[29] Vgl. Kap. 3.6.2 für einen Erklärungsversuch, wie durch die Wiederholung eines gemeinschaftlichen Handelns der Form primärer Intersubjektivität sekundäre Intersubjektivität und damit Binnenstrukturierung entstehen kann.

Der Unterschied zwischen einem Wettlauf zwischen mehreren Läufern und dem gleichzeitigen Joggen von Personen, die aber kein Wettrennen veranstalten, läßt sich durch das soeben erarbeitete Kriterium angeben. Jeder Läufer eines Wettrennens versteht sein Laufen als Teilnahme am Wettrennen und begreift darin das Laufen der anderen auf sein eigenes Laufen bezogen und umgekehrt. Wenn anderseits Personen zu gleicher Zeit jeder für sich allein joggen, fehlt dieser Bezug auf die Tätigkeiten der anderen. Bliebe einer der Jogger einfach stehen, würden die anderen Läufer vermutlich einfach weiterlaufen, weil ihr Tun mit dem Tun der anderen keine interne Verknüpfung aufweist. Ob andere sich körperlich fit halten, spielt keine Rolle, wenn ich jogge, um meinen Körper gesund zu halten. Anders beim Wettlauf, denn dabei würden beim Ausfall von Läufern die anderen ebenfalls stehenbleiben, weil der Status ihres Tuns vom Tun der anderen abhängt. Wenn die Wettkampfteilnehmer ausfallen, kann der einzelne Beteiligte sein Laufen nicht mehr als wettkampfmäßiges Messen seiner Geschwindigkeit an anderen Läufern begreifen, verliert damit seinen Stellenwert und wird abgebrochen.

Für das Zustandekommen einer Gemeinschaftshandlung ist neben dem Komponentenstatus die Abgestimmtheit der einzelnen Teilhandlungen entscheidend. Was als Abgestimmtheit im hier relevanten Sinn gelten kann, folgt aus der oben gegebenen Explikation des Gemeinschaftshandelns, die die Überlagerung zweier Perspektiven fordert. (Zur Erinnerung: Jeder Beteiligte leistet seine Handlung als Beitrag zum gemeinschaftlichen Handeln insoweit er (erste Perspektive) unter Maßgabe der Gemeinschaftshandlung sein Tun derart auf die Handlungen der anderen Beteiligten abstimmt, daß diese (zweite Perspektive) ihrerseits als zum Gesamten beitragende Handlungen individuiert werden, d. i. als auf das Tun der anderen Beteiligten hinsichtlich des gemeinschaftlichen Handelns abgestimmte Handlungen.) Unzureichend für das Verständnis von Gemeinschaftshandeln wäre folglich, eine Abgestimmtheit des Handelns zu unterstellen, die lediglich die erste der beiden triadisch strukturierten Perspektiven einbezieht. Das wäre der Fall, wenn ein Akteur sein Tun als Teil eines »Gemeinschaftshandelns« verstünde, dessen andere Teilkomponenten er aber gerade nicht als echte Komponenten dieses »gemeinschaftlichen« Unternehmens individuierte.

Beispielsweise bemißt eine Person ihre Handlung lediglich an der zu erfüllenden Aufgabe und stellt die Handlungen der anderen in Rechnung, ohne bei der Festlegung ihres Handelns den Status des

Verhaltens der anderen Beteiligten als ebenfalls auf das gesamte Handeln als gemeinsames bezogen zu verstehen.[30] Ein solcher Fall liegt etwa dann vor, wenn ein Passant einer ihm entgegenkommenden, offensichtlich nicht auf die Umgebung achtenden Person ausweicht, damit sie nicht gegeneinanderlaufen. Der Unterschied dieser Situation »angepaßten« Verhaltens von Seiten des aufmerksamen Passanten zu der Situation einer gemeinschaftlich getragenen Handlung dürfte offensichtlich sein. Die Differenz besteht wesentlich darin, daß die einzelnen Handlungen zwar, durch die Aufmerksamkeit des einen Passanten, im Hinblick auf eine Kollisionsvermeidung ineinandergreifen, daß aber gerade die Handlungen des Unachtsamen nicht adäquat beschrieben wären, wenn sie als auf die Vollendung des Ausweichmanövers gerichtet identifiziert würden.[31]

Mit dieser Abgrenzung von Gemeinschaftshandeln gegenüber dem angepaßten Verhalten ist kein Gemeinschaftsbegriff präjudiziert, der auf symmetrische Verhältnisse zwischen den Beteiligten abhebt oder solche, die in irgendeiner Form freundschaftlich oder höflich sein müßten. Es geht hier lediglich um die Struktur: Ein Gemeinschaftshandeln, das etwa durch Machtverhältnisse denkbar weit von der Symmetrie oder der Freundschaft entfernt sein mag, kommt ebenso mit der entsprechenden Einschätzung um den Charakter der Komponentenhandlungen zustande. Der Mächtige befiehlt in Kenntnis der Machtdifferenz und in Erwartung der unterwürfigen Handlung, ebenso wie der Unterworfene gerade aus der Einschätzung der Macht des anderen das in dem Befehl Angeordnete tut.

Der hier entfaltete Begriff von Gemeinschaftshandeln setzt überdies nicht voraus, daß die Beteiligten aus derselben Interessenlage heraus das Gemeinschaftshandeln betreiben. Es können sich Leute zum feierabendlichen Fußballspiel aus ganz unterschiedlichen Motiven zusammentun. Der eine hat einfach Spaß an dieser Sportart, der

---

[30] Eine Handlung, die die andere der beiden genannten Perspektiven ausließe, wäre ein Widerspruch in sich, weil der Handelnde sein Handeln gar nicht auf eine Gemeinschaftsaktion gerichtet verstünde und deshalb das Verhalten der anderen gar nicht als auf sein Verhalten abgestimmtes betrachten würde, wie es aber für den hier einschlägigen Fall sich verhalten müßte.

[31] Daß Einander-Ausweichen von Personen, die *beide* auf ihr Gegenüber achten, ein Gemeinschaftshandeln nicht der einfachsten Sorte ist, zeigt sich oft genug daran, daß sich begegnende Passanten deshalb stehenbleiben müssen, weil sie beide ausweichen wollten und dazu spiegelsymmetrisch von der ursprünglichen Richtung ihres Weges abgewichen sind.

andere hofft, durch seine Stürmerqualitäten sein Ansehen bei den anderen zu erhöhen etc. Jeder muß aber gleichermaßen seinen eigenen Beitrag und den der anderen als einen Beitrag zum Fußballspielen auffassen, damit dieses Gemeinschaftshandeln zustandekommt. Und wenn dieses Gemeinschaftshandeln aufgrund der abgestimmten Teilbeiträge dann entsteht, kann der eine vermittels dieses Gemeinschaftshandelns seine Freude am Sport ausleben und der andere seine Geltungssucht befriedigen. Beides ruht auf dem bereits funktionierenden Gemeinschaftshandeln auf, gehört also nicht zu den konstituierenden Merkmalen dieses Gemeinschaftshandelns.

Die zuvor hervorgehobenen Aspekte, daß (a) die individuelle Teilhandlung ihre Identität aus der Binnendifferenzierung des Gemeinschaftshandelns erhält und daß (b) zwischen diesen Teilhandlungen eine bestimmte Relation der Abgestimmtheit bestehen muß, läßt sich vielleicht mit dem Begriff des »Wir«-Charakters des Gemeinschaftshandelns nochmals umreißen. Angenommen, man begriffe die zum Gemeinschaftshandeln beitragenden Teilhandlungen nicht als Binnendifferenzierung des gemeinschaftlichen Handelns und folglich die Teilhandlung in ihrer Identität nicht als logisch abhängig vom Gemeinschaftshandeln. Vielmehr betrachte man das Gemeinschaftstun als eine Zusammensetzung von unabhängig vom gemeinschaftlichen Tun individuierten individuellen Handlungen. Dann versteht man das »Wir« des Gemeinschaftshandelns als Summe von einzelnen »Ich«-Handlungen. Zutreffend ist an dieser Auffassung, daß das Gemeinschaftshandeln jedem Beteiligten einen eigenen Handlungsbeitrag abfordert (der selbstverständlich auch in einem spezifizierten Unterlassen bestehen kann), der ihn in der Perspektive eines Ichs gegenüber den anderen Mitbeteiligten aktiv werden läßt und ihn nicht lediglich als unbeteiligten Beobachter einbezieht. Anderseits verfehlt der bloße Rekurs auf die »Iche« aber das spezifisch Gemeinschaftliche der Handlung, denn damit ist ein zufälliges Parallelhandeln von Personen nicht mehr absetzbar gegenüber einem gemeinschaftlichen Tun.[32]

Am Beispiel des Ausweichens vor einem unachtsamen Passanten wurde herausgestellt, wie das »Wir« der Gemeinschaftshandlung verfehlt wird, wenn keine Abstimmung im hier einschlägigen Sinn vorliegt. Die im Ausweichen erreichte »Abstimmung« hebt auf eine reine »Er-« oder (pluralische) »Sie«-Perspektive des Beobachters ab.

---

[32] Ausführlich ist dieser Kritikpunkt dargestellt in Kap. 3.5.1.

Offensichtlich erfordert das »Wir« einer Gemeinschaft die Beobachtung der anderen Beteiligten, um passend an das Verhalten der anderen anschließen zu können. Die »passende« Fortsetzung von Handlungen verliert aber ihren gemeinschaftlichen Charakter, wenn sie Handlungen verknüpft, die nicht gleichermaßen als Konstituenten desselben Gemeinschaftstuns verstanden werden, wie dies etwa im einseitigen Ausweichen der Fall ist. Im Gemeinschaftstun verstehen die Beteiligten sich und die anderen als an der Durchführung der gemeinsamen Aufgabe mitwirkend. Sie beobachten nicht einfach die anderen und versuchen dann, mit dem Handeln der anderen so gut wie möglich im jeweils eigenen Sinn zurechtzukommen, sondern verstehen das Handeln der anderen genauso wie das eigene auf die Herstellung ein und desselben Gemeinschaftshandelns gerichtet. Das »Wir« der Gemeinschaft besitzt also einerseits Momente des unmittelbaren Betroffenseins, mithin der Perspektivität eines »Ichs«, und anderseits Momente der zur Abstimmung erforderlichen »Er«-Perspektive des Blicks auf andere, ohne deshalb mit einer dieser beiden Perspektiven identisch zu sein.[33]

Durch die Binnenstrukturierung des Gemeinschaftshandelns kann dieses tatsächlich zustandekommen oder nicht. Das Gemeinschaftshandeln ist absetzbar von den individuellen Teilhandlungen, in die es gegliedert ist. Die Binnenstrukturierung des Gemeinschaftshandelns in Teilhandlungen, die einzelnen Beteiligten zugerechnet werden, erlaubt es im Fall des Scheiterns auch, die für das Mißlingen verantwortlichen Personen zu bestimmen, bzw. beim Gelingen besonders lobenswerte Beteiligte herauszuheben. Ohne die Binnenstrukturierung wäre es sinnlos, von einem »Passen« der Teilhandlungen zueinander zu sprechen, weil erst auf diesem Niveau ein anteiliges Beitragen zum Gemeinschaftsgeschehen gefaßt und beurteilt werden kann. Von einem Gemeinschaftshandeln im vollgültigen Sinn kann man den vorausgegangenen Überlegungen zufolge nur sprechen, wenn die für die sekundäre Intersubjektivität typische Binnengliederung vorliegt, also zwischen den Teilbeiträgen und dem resultierenden Gemeinschaftshandeln unterschieden werden kann. Würden dagegen zwei Säuglinge in der Form primärer Intersubjektivität miteinander interagieren, so läge kein Gemeinschaftshandeln im hier vorgeschlagenen Sinne vor. Die Säuglinge besäßen zwar eine Form der wechselseitigen Bezogenheit, die aber nicht auf die einzel-

---

[33] Vgl. Kap. 3.7.2 für eine ausführlichere Erläuterung des »Wir«.

nen Teilhandlungen als abgestimmte Reaktionen zur Erreichung einer bestimmten Gemeinschaftsaktion durchsichtig wäre und somit letztlich keine Kooperation ist, weil nicht recht ausgewiesen werden kann, was da jeweils ko-operiert. Es liegt zwar eine Interaktion vor, aber kein Gemeinschaftshandeln.

Sobald jedoch eine Mischform von primärer und sekundärer Intersubjektivität vorliegt, ändert sich die Sachlage. Z. B. bilden Fürsorglichkeitsbeziehungen von Pflegeperson und Säugling, in denen der Säugling in der Form primärer Intersubjektivität, die Pflegeperson aber in der Form der sekundären Intersubjektivität operiert, zumindest von der Seite der Pflegeperson eine vollwertige gemeinschaftliche Handlung, weil die Pflegeperson die Binnengliederung des gemeinschaftlichen Tuns in die Handlungsanteile der Beteiligten erfassen kann. Der Säugling in der Interaktion kann zwar nicht zwischen seinen und den Handlungen der Pflegeperson mit Blick auf das Zustandekommen der Gemeinschaftsaktion unterscheiden, insgesamt ist er aber genauso auf den Vollzug des intersubjektiven Geschehens bezogen wie sein Gegenüber.

Wenn im folgenden von Gemeinschaftshandeln gesprochen wird, ist mit diesem Begriff immer ein Handeln mehrerer Personen gemeint, das wenigstens bei einem der Beteiligten den Status sekundärer Intersubjektivität erreicht. Für diese Art gemeinschaftlicher Handlungen sollen im folgenden die Dimensionen herausgearbeitet werden, in denen eine Abstimmung von Teilhandlungen scheitern kann.

3.2.2. Schwankungsbereich, Anpassungsgrenze und maximale Anpassungsabweichung als Dimensionen abgestimmten Handelns

Betrachten wir im folgenden mit Hilfe eines Gedankenexperiments genauer, in welchen Hinsichten Komponenten eines Gemeinschaftshandelns unangemessen sein können. Zwei unterschiedlich schwere Artisten stehen sich auf dem Balken einer Wippe gegenüber. Ihre Aufgabe besteht darin, den Balken auf keiner der beiden Seiten den Boden berühren zu lassen, während sie vom Drehpunkt weg zu den Enden der Wippe und von dort zurücklaufen. In Abhängigkeit vom Gewichtsverhältnis der Artisten muß der eine die Bewegung des anderen durch schnellere oder verhaltenere Ortsveränderung kompensieren. Diese Kompensation wird nicht absolut synchron erfolgen.

Sie muß es auch nicht, denn der Balken darf ja durchaus schwanken, solange er nicht den Boden berührt.

Etwas abstrakter formuliert gäbe es bei dieser Gemeinschaftsaktion einen *Schwankungsbereich* innerhalb dessen die Gemeinschaftsaktion gelingt (die Auslenkungen des Wippenbalkens um dessen waagrechte Lage, die nicht zu einer Bodenberührung führen), der durch verschiedene Kombinationen von Verhaltensweisen der Partner erreicht werden kann (etwa verschieden schnelle, jeweils aufeinander abgestimmte Bewegungen der Artisten). Der Schwankungsbereich liegt fest, sobald die zu bewältigende Aufgabe und die zur Bewältigung zur Verfügung stehenden Mittel bestimmt sind.[34]

Zudem darf eine *Anpassungsgrenze für das Einzelverhalten* eines jeden Beteiligten nicht überschritten werden, ohne daß die jeweils anderen Beteiligten die Möglichkeit verlieren, die Gemeinschaftsaktion durch Ausgleichsreaktionen aufrecht zu erhalten. Ein Überschreiten der Anpassungsgrenze läge vor, wenn z. B. einer der beiden balancierenden Artisten außerhalb des Drehpunkts von der Wippe abspringt, oder wenn der Schwerere am Balkenende längere Zeit stehenbleibt. Beide Verhaltensweisen führen unabhängig von jeder für den anderen Artisten möglichen Ausgleichsreaktion zum Scheitern des Gemeinschaftstuns. Die Anpassungsgrenze hängt dabei neben der Art der Aufgabe und den gegebenen Mitteln wesentlich von den Eigenschaften, Fähigkeiten und Fertigkeiten der Gemeinschaftsmitglieder ab. Dächte man sich im Beispiel geänderte Eigenschaften der Artisten, etwa, daß beide exakt gleich schwer sind, so würde keiner der Artisten beim Stehenbleiben am Balkenende seine Anpassungsgrenze für das Einzelverhalten überschreiten, könnte der andere doch Ausgleichsmaßnahmen ergreifen.

Neben dieser Grenzziehung ist auf eine dynamische Beschränkung für die Handlungsabstimmung der Akteure hinzuweisen. Die Grenzen dieser Ausgleichsfähigkeit könnte man die *maximale Anpassungsabweichung im Bezugszeitraum* nennen. Die Anpassungsreaktion des einen an den anderen darf innerhalb eines bestimmten Bezugszeitraums ein bestimmtes Maß nicht unterschreiten, um die

---

[34] Es ist klar, daß die Balancieraufgabe auf einem anders ausgelegten technischen Gerät, etwa einer Wippe, deren längerer und niedriger über dem Boden gelagerter Balken sowohl um die Quer- wie auch um die Hochachse beweglich ist, ebenfalls den Schwankungsbereich quantitativ und qualitativ verändert. Ebenso klar dürfte sein, daß das Gelingen eines Streichquartetts einen anderen Schwankungsbereich kennt als die genannte Aufgabe.

Gemeinschaftsaktion aufrechterhalten zu können. Welches Maß in welchem Bezugszeitraum nicht unterschritten werden darf, hängt dabei sowohl von der Art der Gemeinschaftsaufgabe, von den verwendeten Mitteln, von der Art und Größe der vorgefallenen Veränderung wie auch von der Lage ab, in der der Ausgleich nötig wird. Z. B. sind einer Anpassung, die am Rand des Schwankungsbereichs stattfindet, sehr viel engere Grenzen gesetzt als einer solchen, die in der Mitte dieses Bereichs erfolgt. Mit der Anpassungsabweichung im Bezugszeitraum wird der Tatsache Rechnung getragen, daß Abstimmreaktionen immer, wenn auch eventuell nur minimal, zeitverzögert erfolgen. Wenn die Ausgleichsreaktion zu schwach oder zu langsam erfolgt, wird die Grenze des Schwankungsbereichs durch das sich einstellende Defizit an Abstimmung überschritten und das Gemeinschaftshandeln kommt nicht zustande. Ein solches Scheitern ist kein Scheitern durch Überschreiten der Anpassungsgrenze für das Einzelverhalten. Wenn z. B. einer der Artisten mit einer geringeren als von ihm normalerweise an den Tag gelegten Aufmerksamkeit auf die Handlungen des anderen achtet und seine Reaktionen zu spät einleitet, scheitert der Balanceakt, der bei höherer Aufmerksamkeit geglückt wäre. Auch der zweite Artist trägt zu diesem Mißlingen bei, weil er nicht schnell genug begreift, daß der andere weniger aufmerksam ist als sonst. Die maximale Anpassungsabweichung im Bezugszeitraum geht ab einem bestimmten Punkt in die Anpassungsgrenze für das Einzelverhalten über, etwa dann, wenn einer der Artisten derart schnell sein Verhalten ändert, daß der andere gar keine Chance zum Ausgleich mehr hat.

Bisher wurde die Abstimmung zwischen den Artisten in einer Weise beschrieben, als müßten diese ihr Kunststück das erste Mal ausführen. Sobald sich durch Wiederholung eine gewisse Fertigkeit und Routine bei dieser Aufgabe einstellen, kennt jeder der Artisten innerhalb eines engen Variationsbereichs den Beitrag, den jeder von ihnen erbringt. Die Artisten werden ein bestimmtes standardisiertes Verhalten an den Tag legen, wie sie im Zusammenspiel das Balancierkunststück ausführen. Der Beitrag des Einzelnen zum Gemeinschaftstun steht dann innerhalb sehr enger Grenzen bereits vor der Ausführung fest und wird von den Beteiligten auch entsprechend erwartet. Mit anderen Worten: Das Gemeinschaftshandeln setzt sich aus *Standardbeiträgen* zusammen, die innerhalb bestimmter (in Abhängigkeit vom jeweiligen Gemeinschaftstun größeren oder kleineren) Grenzen variieren können.

Das bedeutet nicht, daß keinerlei Anpassungen mehr an das Verhalten des jeweils anderen nötig wären. Auch bei diesen standardisierten Beiträgen kommen unvermeidlich (wenn auch kleine) Abweichungen vor, die anpassend im Sinne der Gemeinschaftshandlung ausgeglichen werden müssen. Von einem Standardbeitrag zu reden impliziert auch nicht, daß gleichartige Beiträge zu einem Gemeinschaftstun zusammengefügt wären, vielmehr können die Beiträge höchst unterschiedlich sein. Sie sind lediglich in dem Sinne standardisiert, daß sie in annähernd identischer Form bei einer Wiederholung des Gemeinschaftstuns erneut durchgeführt werden.

Stark routinisierte Gemeinschaftshandlungen, wie sie gerade für das Alltagsleben typisch sind, weisen durchgängig eine Verknüpfung solcher Standardbeiträge der Beteiligten auf. Das Gemeinschaftshandeln ist hier als Handlungstyp an diese Art der standardisierten Beiträge gebunden und wäre ein anderer Typ von Gemeinschaftshandeln, wenn die Beteiligten das Maß der üblichen Variation um die Standardbeiträge überschritten. Trifft man etwa auf der Straße einen entfernten Bekannten, so lautet auf die Frage: »Wie geht's?« die übliche Antwort: »Danke, gut.«, unabhängig davon, wie es einem tatsächlich geht, weil danach in dieser Situation gar nicht gefragt wird. Wer auf eine solche Frage ein ausführliches Dossier seiner Krankengeschichte liefert, setzt sein Gegenüber gewiß in Staunen und verkennt den Status dieser Begrüßungsformel. In diesem Fall hört die Gemeinschaftshandlung »Begrüßung« auf, dem erwarteten Typ »Begrüßungsfloskel« zuzugehören und geht über in die Gemeinschaftshandlung »vertrautes Gespräch«.

Auf dem Hintergrund einer solchen Standardisierung verändert sich auch der Status der soeben diskutierten Größen. Die Anpassungsgrenze für das Einzelverhalten wird nicht erst dann überschritten, wenn, wie oben ausgeführt, die anderen Beteiligten unter Einsatz aller ihrer Fertigkeiten und Kenntnisse keinen Ausgleich mehr herstellen können, sondern wenn sie zum Ausgleich die Variationsräume ihrer Standardbeiträge verlassen müßten. Ein Ausgleich könnte also möglich sein, allerdings nicht in den durch den Standardbeitrag vorgesehenen Grenzen. Sollte ich beim Small-Talk auf einer Party mein geheimstes Hoffen und Sehnen vor jemandem ausbreiten, so entstünde kein Gemeinschaftshandeln vom Typ »Small-Talk«, wenn auch das geduldige Gegenüber mit mir in ein durchaus gelingendes psychotherapeutisches Gespräch eintreten könnte. Um die Differenz zum oben entwickelten Begriff der Anpassungsgrenze deutlich zu machen, wird im folgenden hinsichtlich der Standardbeiträge von *standardisierter Anpassungsgrenze für das Einzelverhalten* gesprochen. Analoges gilt für die maximale Anpassungsabweichung im Bezugszeitraum, die dann entsprechend *standardisierte maximale Anpassungsabweichung im Bezugszeitraum* heißt.

Hervorzuheben ist, daß Anpassungsgrenze und maximale Anpassungsabweichung (sowohl in der standardisierten wie der nicht standardisierten Fassung) relative Größen sind. Nicht die individuellen Eigenschaften, Fähigkeiten und Fertigkeiten sind hier für sich gesehen von Interesse. Vielmehr wird das für jeden zulässige Verhalten über die Reaktionsmöglichkeiten der anderen festgelegt, die selbstverständlich von deren individuellem Reaktionsrepertoire abhängen. Im Balancierbeispiel war der Zusammenhang mit den individuellen Größen dennoch recht direkt, weil lediglich zwei Personen miteinander im Handeln verknüpft waren.

In Fällen, in denen eine Vielzahl von Personen in ein Gemeinschaftsunternehmen ohne standardisierte Beiträge eingebunden sind, werden sich die Schranken von Anpassungsgrenze und maximaler Anpassungsabweichung ausweiten, weil eine Vielzahl unterschiedlicher Personen auf eine Abweichung eines Einzelnen reagieren kann und mit der Vielzahl von Personen auch ein sehr weiter Bereich von Eigenschaften, Fähigkeiten und Fertigkeiten vorliegt. Daneben nimmt die Gewichtigkeit des Einzelbeitrags für das Gesamtergebnis ab, wodurch sich Schwankungen des Einzelbeitrages in sehr viel geringerem Maße auf das Gelingen des Gesamtunterfangens auswirken. Auch wenn das Gemeinschaftshandeln aus Standardbeiträgen konstituiert aufgefaßt wird, sinkt die Bedeutung des Einzelbeitrags mit zunehmender Zahl der Beteiligten immer weiter ab, so daß schließlich von einer bestimmten Größenordnung an für den standardisierten wie auch nicht standardisierten Fall das Einzelverhalten auf den Gesamterfolg gar keinen Einfluß mehr zu haben scheint. Nahezu jede beliebige Verhaltensweise eines Gemeinschaftsmitglieds kann dann durch die anderen vollständig ausgeglichen werden, ohne daß die (standardisierte) Anpassungsgrenze für das Einzelverhalten überschritten würde. In solchen Situationen wird es dem Einzelnen möglich, eine Gemeinschaftsleistung zu genießen ohne den entsprechenden Beitrag zur Erstellung dieser Leistung zu erbringen, kurz: das »Trittbrettfahren« gelingt. Umgekehrt kann aber auch eine einzelne Person den Gang des Gemeinschaftsunternehmens nicht in seinem Sinn beeinflussen, weil seine einschlägigen Bemühungen durch die ausgleichenden Handlungen der anderen Gemeinschaftsmitglieder zunichte gemacht werden. Zu beachten ist aber in beiden Fällen, daß Ausgleichsreaktionen der anderen Gemeinschaftsmitglieder erfolgen müssen, so geringfügig sie für jedes Mitglied auch sein mögen, um die gemeinschaftliche Aktion in der anvisierten Weise zu erfüllen.

3.3. Die Individuation der Teilbeiträge und die Festlegung des Typs gemeinschaftlichen Tuns durch Anschlußhandlung in der Episode

Bislang wurde eine gewichtige Annahme gemacht: Vorausgesetzt wurde, daß die durchzuführende gemeinschaftliche Aufgabe jedem Beteiligten bekannt ist. Jeder Beteiligte weiß dann hinreichend, worin sein Teil der Gemeinschaftshandlung besteht, genauso wie er abschätzen kann, was eine abgestimmte Reaktion auf die Handlung der anderen ist, um das gemeinsame Unternehmen gelingen zu lassen. Sobald jedoch nicht mehr vorausgesetzt wird, was die Gemeinschaftsaufgabe ist, sind wir mit dem Problem der Vieldeutigkeit von individuellen Verhaltensweisen konfrontiert und mit dem Problem, nicht mehr sagen zu können, was eine »abgestimmte« Handlung ist, weil Abgestimmtheit immer Abgestimmtheit hinsichtlich eines bestimmten Gemeinschaftshandelns ist.

3.3.1. Unterschiedliche Individuationen derselben Verhaltensweisen

Folgendes Beispiel soll das Problem anschaulich machen. Ich sitze in meiner Stammkneipe am Tresen und schiebe mein geleertes Bierglas von mir, weil ich zahlen und dann aufbrechen will. Der Wirt nimmt das Glas und füllt es erneut, weil er das Wegschieben des Glases als Bestellung aufgefaßt hat. Nun sind mehrere Varianten denkbar. (I) Ich protestiere, etwa mit dem Hinweis: »Du weißt doch, daß ich niemals mehr als zwei Bier trinke, wieso schenkst du dann noch nach?« Der Wirt lenkt ein, weil er seinen Fehler einsieht, und kassiert lediglich zwei Bier. (II) Anders läge der Fall, wenn ich wie in Variante (I) gegen das Nachschenken protestiere, der Wirt aber darauf sagt: »Du gehst doch sonst nicht so früh.« Nach einem erstaunten Blick auf die Uhr trinke ich das soeben eingeschenkte Bier, weil es einfach zu früh ist, um schon zu gehen. (III) Eine dritte Variante beginnt wie Variante (II) mit meinem Protest und mit dem Hinweis auf die frühe Stunde seitens des Wirts, endet dann jedoch damit, daß mir der Wirt das eingeschenkte Bier als Freibier ausgibt, das ich der Freundlichkeit des Wirts halber dann auch trinke. Soweit die Varianten.

Der Wirt und ich haben das Wegschieben des Bierglases als Konstituente zweier unterschiedlicher gemeinsamer Handlungen individuiert. Ich wollte damit die gemeinsame Aktion des Bezahlens/Kassierens einleiten, er meinte, damit von mir zum Nachschenken aufgefordert zu sein, um mein Biertrinken zu ermöglichen. Festzuhalten ist bei dieser Gelegenheit, daß das Wegschieben des Bierglases als einfaches Wegschieben hier überhaupt keine Rolle spielt. Das Schieben tritt nicht als Schieben in Erscheinung, sondern als Aufforderung zum Bezahlen oder zum Nachschenken. Als Wegschieben des Bierglases wäre die Handlung unabhängig von der geschilderten Gemeinschaftshandlung individuiert. Interessant ist hier aber nicht diese unabhängig vom jeweils zustandekommenden Gemeinschaftshandeln mögliche Beschreibung eines Tuns, sondern seine Beschreibung als Teil eines Gemeinschaftshandelns, also als Nachschenk- oder Zahlungsaufforderung. Das Wegschieben überhaupt zu erwähnen, ist nur der Notbehelf beim Erzählen der Vorgänge, das eine möglichst neutrale, die strittige Auslegung nicht betreffende Umschreibung zu wählen versucht.

Für das Gemeinschaftstun ist spezifisch, daß nicht lediglich einzelne Handlungen als Ausdruck von bestimmten Regeln aufgefaßt werden, sondern daß eine Handlung ihre Identität und Wertigkeit allererst aus der geregelten Beziehung zu anderen Handlungen erhält. Mein Protest gegen das Nachschenken kommt ja nur deshalb zustande, weil das Verhältnis meiner Handlung zu der des Wirts nicht meiner Intention der Gemeinschaftsaktion entspricht. Meine Reaktion ist eine Antwort auf das Antwortverhalten des Wirtes, in diesem Falle eben der Protest, daß die vermeintliche Antwort keine angemessene Reaktion gewesen sei. Die Anschlußhandlung des Wirts wird nun wiederum von dem Verhältnis der drei zurückliegenden Teilkomponenten zueinander und ihrer Einschätzung bestimmt. Welche Identität und welchen Stellenwert jede Teilkomponente der gemeinschaftlichen Tätigkeit und deren Beziehungen untereinander zuletzt erhält, wird bestimmt davon, welche Regel im Verhältnis der Teilhandlungen schließlich befolgt wird.

In den beiden ersten Varianten des Beispiels ist dies nicht so deutlich wie in der dritten, denn die erste und die zweite Variante lassen sich als etwas verkomplizierte Formen verstehen, eine gemeinschaftliche Handlung auszuführen, die der in der gesamten Episode unverändert bestehenden Festlegung des gemeinschaftlichen Handlungstyps entweder von meiner Seite (Variante I) oder von der Seite des Wirts (Variante II) genügt. In der dritten Variante jedoch kann keiner der beiden Beteiligten seine ursprüngliche Auffassung des Gemeinschaftshandelns verwirklichen. Die gemeinschaftlich hervorgebrachte Tätigkeit hat sich durch die Verschränkung der Reaktionen aufeinander in einer von keinem Teilnehmer beabsichtigten Richtung entwickelt. Die Beziehungen zwischen den Teilkomponenten führt dazu, daß ich entgegen meiner ursprünglichen Absicht ein Bier mehr trinke und der Wirt entgegen seinem ursprünglichen Erwerbsinteresse ein Bier verschenkt. Die Teilereignisse des gemeinschaftlichen Tuns und deren Beziehung werden bei der dritten Variante als eine etwas verwickelte Form gedeutet, ein Freibier ausgeschenkt zu bekommen. Wenn sich eine solche Bewegung ergeben hat, sind ihre Elemente für jeden der Beteiligten eben Elemente dieser und nicht der ursprünglich geplanten oder im Laufe des Prozesses ins Auge gefaßten Entwicklung.

Zusammengefaßt: Daraus, wie sich die einzelnen Handlungen aneinander anschließen, ergibt sich sowohl die schließlich erfolgte Gesamthandlung, wie auch der Stellenwert und die Identität der Teilhandlungen (sie werden darin als Antworten aufeinander verständlich) sowie die Identität und Wertung von deren Beziehung zueinander (die Art der Antwort wird sichtbar). Folglich kann eine Handlung, die eine Gemeinschaftshandlung zu verwirklichen hilft, nur gemäß derjenigen Regel aufgefaßt (und intendiert) werden, die einerseits die vergangenen Handlungen aller Teilnehmer, einschließlich deren Beziehung zueinander, zu einer Gemeinschaftsaktion integriert (damit gilt die aktuelle Handlung als Antwort oder als »passend«). Andererseits muß neben dieser rückwärtsgewandten Dimension die fragliche Handlung aber auch Anschlußhandlungen der anderen Mitglieder ermöglichen, wodurch die von dem Antwortcharakter der Handlung für die Vergangenheit implizierte Regel in die Zukunft verlängert wird. Ohne diese Zukunftsdimension bräche diese Handlung die Gemeinschaftlichkeit ab und könnte damit auch rückwärts nicht mehr als gemeinschaftlich gewertet werden, weil sie auf einen konstitutiven

Aspekt[35] der vorangegangenen Handlungen, nämlich deren Gemeinschaftsbezogenheit, keine Antwort wäre.[36]

3.3.2. Der Begriff der Handlungsepisode

Dieses Fazit muß mit Hilfe des Episodenbegriffs noch präzisiert werden. Wenn man das Fazit einfach in seiner gegebenen Form nimmt, hätte es zur Folge, daß jede meiner Handlungen nach dem Kneipenbesuch den Status meiner Gemeinschaftshandlung mit dem Wirt beeinflussen würde. Nichts verbietet bislang nämlich, den Kneipenbesuch und irgendeine Nachfolgehandlung, wie etwa das Fahren in der Straßenbahn, als eine einheitliche gemeinschaftliche Handlung zu verstehen.

Offensichtlich liegt der Einwand nahe, daß die jeweils beteiligten Personen doch zum Teil verschieden seien und deshalb verschiedene Gemeinschaften vorlägen. Aus diesem Grund könne nicht von einem durchgängigen Gemeinschaftstun geredet werden. Der Nachteil eines solchen Ansatzes besteht darin, daß er das Gemeinschaftshandeln nicht weiter untergliedern kann, das in einer Personengruppe derselben Zusammensetzung abläuft. Deshalb soll ein anderer Weg eingeschlagen werden, der vermittels des Begriffs »Handlungsepisode« die hier erforderte Genauigkeit zu liefern verspricht.[37] Bei der Diskussion der primären und sekundären Intersubjektivität[38] war bereits auf die Gliederung der Interaktionen mit Kleinkindern in Episoden hingewiesen worden. Diese Episodengliederung ist aber nicht auf diese Interaktionstypen beschränkt, sondern bildet ein durchgängiges Strukturmoment menschlichen Han-

---

[35] Hier sind Aktionen zu bedenken, denen die Gemeinschaftlichkeit nicht äußerlich ist.

[36] Die genannte Zukunftsbedingung erfüllen auch jene Handlungen, die eine Gemeinschaftshandlung regulär zum Abschluß bringen. Durch den geregelten Abschluß ermöglichen sie nämlich die Wiederholung des gemeinsamen Regelfolgens in der Zukunft. Beispielsweise wird der Schuldner, der sein gegebenes Versprechen hält und das Geliehene zum vereinbarten Zeitpunkt in der vereinbarten Form rückerstattet, im Falle eines neuerlichen Versprechens ein geneigtes Gehör beim Gläubiger finden, das der wortbrüchige Schuldner vergeblich suchen wird.

[37] Vgl. Kap. 3.7.2 für den Zusammenhang des auf Personen zentrierten Gemeinschaftsbegriffs mit dem hier verfolgten Konzept der Handlungsepisode.

[38] Vgl. Kap. 3.2.1.

delns. Besonders Erving Goffman[39] und in Anschluß an ihn auch Anthony Giddens[40] haben gezeigt, daß unser Alltagsleben durchgängig eine solche Episodenstruktur aufweist.

In Anlehnung an Goffman sollen unter »Episoden« Vorgänge verstanden werden, die durch bestimmte konventionelle Grenzzeichen von dem umgebenden Gefüge der Ereignisse abgegrenzt sind.[41] Die Grenzzeichen fassen den Vorgang räumlich oder als Anfangs- und Schlußklammern zeitlich ein. Goffman nennt als Beispiel die Markierungen, die bei Theateraufführungen verwendet werden: zu Beginn das Ausgehen der Lichter, das Heben des Vorhangs, am Schluß dann der umgekehrte Vorgang. Neben solchen »äußeren« Klammern, die einen größeren Geschehensablauf eingrenzen, kennt Goffman noch »innere« Klammern, die zur Binnenstrukturierung einer größeren Episode in kleinere Teilepisoden dienen (im Theater etwa die Dunkelheit zwischen den Akten).[42] In unserem Kneipenbeispiel böten sich als Außenklammern mein Eintritt in das Lokal und das Verlassen des Lokals an. Teilepisoden meiner Interaktion mit dem Wirt könnten die einzelnen Bestell- und Liefervorgänge von Bier sein und der oben geschilderte abschließende Wortwechsel, die ihre Grenzen jeweils in den Pausen fänden, die dadurch eintreten, daß der Wirt sich mit seinen anderen Gästen beschäftigt.

Offensichtlich dürfte dabei auch sein, daß die Einteilung in übergreifende und in Teilepisoden relativ zum jeweiligen Handlungs- oder Erkenntniszweck ist. So könnte der einzelne Kneipenbesuch als Teilepisode meiner wöchentlichen Lebensroutine gelten, die wiederum Teil eines größeren Lebensabschnittes ist etc. Wichtig ist dabei, daß die einander zugeordneten Teilepisoden den gleichen Aggregationsgrad aufweisen. Offensichtlich unsinnig wäre es, bei der Gliederung eines größeren Lebensabschnittes Teilepisoden, die ganze Jahre umfassen, mit solchen zu verknüpfen, die momenthafte Körperstellungen berücksichtigen. Innerhalb einer Episode wäre dann die oben im Fazit genannte Bedingung zu erfüllen, wenn die Episode als gemeinschaftliches Tun aufgefaßt werden soll. Entsprechend dem Aggregationsniveau der fraglichen Episode fielen auch die

---

[39] Vgl. Goffman (1977).
[40] Vgl. Giddens (1988), S. 122–125 et passim. Zu den Problemen von Giddens' »Theorie der Strukturierung« vgl. Joas (1992), S. 214 ff.
[41] Vgl. Goffman (1977), S. 278 f.
[42] Vgl. Goffman (1977), S. 287.

Regeln grob oder detailliert aus, die die Komponentenhandlungen einer Episode individuieren.[43]

Goffman hat derjenigen Klammer, die den Beginn einer Episode markiert, die größere Bedeutung zugemessen.[44] Die Anfangsklammer leitet eine Episode nicht lediglich ein, sie schafft außerdem den Raum, in dem festgelegt wird, was im folgenden zu erwarten sein wird. Sichtbar ist das etwa an der poetologischen Gewichtigkeit von Prologen, denen wenig Vergleichbares bei den Epilogen zur Seite gestellt werden kann. Das Kneipenbeispiel hingegen schien den Akzent auf »das letzte Wort« zu legen, weil ja die Art der anschließenden Reaktion das gesamte Geschehen als eine veränderte Art der Gemeinschaftshandlung sichtbar werden ließ. Die Differenz der Gewichtung hat einen einfachen Grund. Die einleitende Klammer hat bei denjenigen Handlungen die größere Bedeutung, die wie erwartet ablaufen.[45] Goffmans Untersuchungsinteresse ist gerade den alltäglich und unproblematisch ablaufenden Vorgängen gewidmet, deshalb diese Neigung, dem Beginn das besondere Gewicht zu geben. Das Kneipenbeispiel beruht zwar auch auf alltäglichen und unspektakulären Vorgängen, die jedoch anders als beabsichtigt ihren Gang nehmen. Das Erwartete tritt gerade nicht ein, wird allerdings nicht durch etwas gänzlich aus dem Rahmen Fallendes ersetzt, sondern durch eine ebenso alltägliche und routinemäßige Handlung wie es die erwartete gewesen wäre.

---

[43] Der unter dem Stichwort »Ziehharmonikaeffekt« (Feinberg [1985, S. 204]) und »Basishandlung« (Arthur C. Danto) diskutierte Aspekt, daß das, was als eine Handlung bzw. als eine einfache Handlung gilt, sehr unterschiedlich weit gefaßt werden kann, würde sich unter dem vorgeschlagenen Gesichtspunkt als Folge unterschiedlich hoch aggregierter Episoden ergeben. Für die von Feinberg und Danto ausgehende Diskussion vgl. Feinberg (1985), Danto (1985), sowie die im Sammelband Meggle (Hg.) (1985) greifbaren Aufsätze, insbesondere von Donald Davidson, Annette Baier und Jane R. Martin.

[44] Vgl. Goffman (1977), S. 283–285.

[45] Das zeigt sich plastisch an der Episode, die Goffman (1977, S. 285) zur Unterstützung seiner These aus der Autobiographie von Malcolm X übernimmt. Nach einer Diebestour droht Malcolm die Entdeckung durch eine Polizeistreife, weil Farbige normalerweise zu der Zeit an dem Ort nichts zu suchen haben, an dem Malcolm gesehen wird. Jeder Farbige, der in dieser Situation angetroffen wird, erregt folglich einen Verdacht auf polizeilicher Seite. Malcolm kann diesen Anfangsverdacht jedoch entkräften, indem er die Episode mit der Streife dadurch beginnt, daß er sich als ortsunkundig ausgibt und nach dem Weg fragt. Malcolm schafft durch diesen Beginn der Interaktion den Schein einer anderen Art von Normalität, das sein Verhalten unverdächtig und plausibel macht.

3.3.3. Bestätigende Individuation und umdeutende Individuation als Anschlußhandlungstypen in der Episode

Betrachten wir den Zusammenhang der Komponentenhandlungen genauer, um die Richtigkeit dieser Behauptung zu prüfen. Sehen wir uns nochmals das Kneipenbeispiel an. Mein Wegschieben des Bierglases allein stellt noch nicht fest, welche Gemeinschaftshandlung sich ergibt, mithin welche Handlung ich damit ausführe. Wenn der Wirt in der von mir erwarteten Weise an meine Handlung anschließt, könnte man die Form der Verknüpfung beider Konstituentenhandlungen als *bestätigende Individuation* bezeichnen. Ich habe bei Ausführung meiner Handlung diese als Teilkomponente eines bestimmten Gemeinschaftshandelns angelegt, die eine bestimmte Anschlußhandlung des Wirts zu ihrer Vervollständigung bzw. Weiterführung erfordert. In ein übergreifendes Gemeinschaftstun wurden meine Handlung wie auch die erwartete Handlung des Wirts eingebunden und deshalb sind sie wesentlich unter einem doppelten Aspekt der Ausführung eines Gemeinschaftshandelns (Wir-Perspektive) und den dazu erforderlichen individuellen Handlungsbeiträgen (Ich- bzw. Du-Perspektive) aufeinander bezogen. Indem der Wirt die von mir erwünschte Komponentenhandlung vollbringt, zeigt er, daß er meine Auffassung teilt, welche Gemeinschaftshandlung ausgeführt wird.[46] Folglich individuiert der Wirt seine Teilhandlung und die meine in der gleichen Weise, wie ich beide prospektiv angelegt hatte, nämlich als sich ergänzende, aufeinander abgestimmte (und deshalb auch: differente) Komponenten dieses einen Gemeinschaftstuns. Keiner von uns muß seine Auffassung über die Identität des Gesamten und der Teilhandlungen revidieren. Denn durch die zustandegekommene Abfolge der Handlungen bestätigt sich diese Einschätzung für beide, und das Tun des jeweils anderen läßt sich auf das jeweils eigene Tun als Teil eines einheitlichen gemeinschaftlichen Vorgangs bezogen begreifen, der durch diese Verschränkung differenter, aber zueinander »passender« Handlungen ausgeführt

---

[46] Eine bestätigende Individuation kann es nur geben, wenn bereits Gemeinschaftshandlungen des entsprechenden Typs durchgeführt worden sind, weil ohne eine Rückbindung auf vergangene Vorkommnisse dieses Typs weder ich das fragliche Handeln vom Wirt erwarten, noch er auch wissen könnte, was eine bestätigende Reaktion auf meine Handlung darstellt, weil uns beiden die hervorzubringende gemeinschaftliche Handlung unbekannt ist. Erneut zeigt sich, daß Erwartungen, Intentionen und Einstellungen der Durchführung von Gemeinschaftshandlungen logisch nachgeordnet sind.

wird. Es gibt in der bestätigenden Individuation keine unendliche Aufstufung etwa der Art: »Ich bestätige, daß er bestätigt, daß ich ...«, weil die Bestätigungen von dem Gemeinschaftshandeln abhängen und nicht umgekehrt. Wenn der Wirt wie erwartet anschließt, kommt eine Instanz eines üblichen Typs gemeinschaftlicher Handlung zustande, weshalb die von mir und dem Wirt ausgeführten Handlungen als Konstituenten dieses Gemeinschaftshandelns (und insofern einander bestätigend) individuiert werden. Nicht die vom Einzelnen aus gedachten Bestätigungen stiften das Gemeinschaftshandeln, vielmehr läßt das Gemeinschaftshandeln die Teilhandlungen als einander bestätigende sichtbar werden.

Diese Überlegung zeigt, daß dem zeitlich früheren Ereignis nicht die größere Bedeutung zuzusprechen ist, sondern daß erst die Verschränkung der aufeinanderfolgenden Handlungen überhaupt klärt, was geschieht. Anders formuliert: Nur durch die Mitarbeit der anderen hat eine Episode den Charakter, den der Beginnende ihr zu geben wünscht. Denn allererst dadurch, daß die jeweilige Teilhandlung vor dem Hintergrund des Gemeinschaftstuns als Teilhandlung von den Beteiligten verstanden wird, wird ein Handlungsanschluß im Sinne des angestrebten Episodencharakters möglich.

Welche Gründe dennoch für Goffmans Behauptung sprechen können, werden wir erst im Anschluß an die nun folgenden Überlegungen zur Uneinigkeit im Gemeinschaftshandeln sehen. Wenn ich im Kneipenbeispiel gegen die Anschlußhandlung des Wirts protestiere, so hat dieser Protest als Anschlußhandeln einen anderen Bezug als ein Anschlußhandeln im Fall der individuierenden Bestätigung. Er bezieht sich nämlich nicht einfach auf die vorangehende Handlung des Wirts, sondern auf die Art des Anschlusses dieser Handlung an meine vorangehende. Daß das Verhältnis meiner anfänglichen Handlung zu der des Wirts Gegenstand des Protestes ist, sieht man auch daran, in welcher veränderten Weise der Protest meine anfängliche Handlung individuiert. Anfangs glaubte ich, durch das Wegschieben des Bierglases unmißverständlich mein Begehr zu zahlen ausgedrückt zu haben. Mit dem Protest gegen das Verhalten des Wirts möchte ich zwar weiterhin jene anfängliche Absicht durchsetzen, allerdings unter dem Eingeständnis, daß es eine durchaus angemessene Reaktion war, auf das Wegschieben des Bierglases mit dem Befüllen desselben zu antworten. Würde ich die Angemessenheit der Reaktion und damit die Mehrdeutigkeit meines Verhaltens nicht eingestehen, so bestünde kein Grund, auf meine Biertrinkgewohnheiten hinzuweisen. Das impliziert, daß es neben derjenigen Gemeinschaftshandlung, die ich zu initiieren gedachte, andere eingeführte Typen von Gemeinschaftshandlungen geben muß, deren Komponente meine Handlung sein könnte. Wäre dies nicht der Fall, so wäre ich vermutlich einfach erstaunt darüber, was der Wirt da plötzlich tut, statt mit meinem Protest einzuräumen, daß meine Handlung auch in ein anderes gemeinschaftliches Handeln eingebettet werden kann. Dieses Zugeständnis ist es, das meine Handlung nicht zu einer Korrektur des Wirts werden läßt. Eine Korrektur würde ja auf der Richtigkeit und Eindeutigkeit der eigenen Handlungsweise beharren und die Handlung des anderen in diesem Sinne korrigierend verändern. Mit dem korrigierenden Anschlußverhalten werden wir uns unten noch ausführlich beschäftigen.

In meinem Protest individuiere ich das Wegschieben als eine Handlung, die hinsichtlich ihrer Verknüpfbarkeit als Aufforderung sowohl zum Kassieren als auch zum Nachschenken verstanden werden kann, allerdings unter Berücksichtigung bekannter Umstände (Biertrinkgewohnheit) nur als erstere aufzufassen ist. Und deshalb individuiert mein Protest das Wegschieben des Bierglases auch anders als ich es ursprünglich erwartet hatte, da ich ja von der Eindeutigkeit meines Verhaltens ausgegangen war. Wenn der Wirt nun mit dem Hinweis auf die frühe Stunde kontert, so bezieht er sich damit auf alle drei vorangehenden Handlungen in ihren Bezügen zueinander. Der Hinweis auf die frühe Stunde, dessen sich der Wirt bedient, ist zunächst einmal ein Anschlußverhalten, das meinen Protest als berechtigten Protest soweit zur Kenntnis nimmt, daß damit die dem Protest vorausliegende Handlungsfolge in ihrem Status zu klären ist. Der Protest wird aber nicht einfach bestätigend individuiert, wie es geschähe, wenn der Wirt (seufzend vielleicht) zwei Biere kassierte. Vielmehr soll der Hinweis auf die frühe Stunde gerade die rückwirkende Umdeutung des anfänglichen Geschehens aufheben, die der Protest erbringen soll, und das Nachschenken als angemessene Antwort auf mein Verhalten ausweisen.

Das Argumentieren des Wirts bezieht sich also auf die Beziehung, die mein Protest zu dem Verhältnis der beiden ersten Handlungen hat. Zweitens greift das Argument aber auch den Status der beiden in veränderter Weise auf. Es zeigt, daß der Wirt seine ursprüngliche Einschätzung seiner Reaktion auf mein Wegschieben des Bierglases revidiert hat und damit auch diejenige des durch das Wechselspiel zustandegekommenen Gemeinschaftstuns. Er gesteht damit zu, daß das von ihm damals allein als Aufforderung zum Nachschenken verstandene Wegschieben (wäre er damals im Zweifel gewesen, so hätte er nicht ohne nachzufragen das Bier nachgeschenkt) durchaus auch in dem von mir intendierten Sinne aufgefaßt werden kann. Wäre dies nicht der Fall, müßte er keinen neuen Grund (nämlich den Hinweis auf die Uhrzeit) bemühen, um seine damalige Einschätzung als die von den Alternativen letztlich angemessene hervorzuheben.

Klar dürfte geworden sein, daß jede neue Wendung im Beispiel den Status des gesamten vorausliegenden Geschehens berührt, indem die vorausgehenden Teilhandlungen jeweils in neue Relationen zueinander gesetzt werden, somit eine neue Identität und einen veränderten Stellenwert im Ganzen gewinnen. Die jeweils nachfolgende Handlung könnte in Absetzung zur oben beschriebenen bestätigenden Individuation *umdeutende Individuation* genannt werden. Erst dann, wenn eine umdeutend individuierende Anschlußhandlung selbst wiederum bestätigend individuiert wird, steht damit das zuvor abgelaufene Gemeinschaftstun und die einzelnen Teilhandlungen in ihrer Individuation fest.

Offensichtlich ist damit aber auch, daß sehr bald die Fähigkeit der Beteiligten erschöpft sein wird, noch eine neue Handlung anzufügen, die das Gesamte der vorausliegenden strittigen Beziehungen zu modifizieren in der Lage ist. Durch diese Unfähigkeit wäre die letzte Anfügung, die eine Modifikation mit sich brachte, die Schlußklammer der Episode und behielte das letzte Wort hinsichtlich des mit der Episode vorliegenden Gemeinschaftstuns auch ohne bestätigende Individuation. Natürlich müßte damit der Streit nicht beendet sein; allerdings würde er bei seiner Fortführung mit einem anderen Bezugsgegenstand und auf einer anderen Aggregationsstufe erfolgen. Es ginge nicht mehr um die Umdeutung des Vorgefallenen in der Episode, denn dieses ist abschließend bestimmt, sondern darum, wie diese Episode als ganze in das strittige Gemeinschaftstun einzubetten ist. Etwa durch »Du mußt auch immer das letzte Wort haben«, »Du drehst einem die Worte im Mund herum« wird nicht mehr die Neudeutung der Komponentenhandlungen innerhalb der Episode betrieben, vielmehr wird die Episode im ganzen als Komponente zu anderen ebenfalls abgeschlossenen Episoden in Beziehung gesetzt, um die Person eines Beteiligten zu charakterisieren. Während die bestätigende Individuation lediglich zwei aneinander anschließende Handlungen auf der gleichen Ebene in ihrer Individuation bestimmt,[47] liegt im vorgeführten Fall eine Rückwirkung über mehrere Teilkomponenten und unter der Aufstufung von Relationen vor, wobei sich mit jedem angefügten Glied der Status aller Teilhandlungen ändert.

Die Umdeutbarkeit der vorausliegenden Teilhandlungen hat aber auch Grenzen. Sie wird durch die Eigenschaften des bereits Vorgefallenen beschränkt. So wäre etwa der Aufschrei des Wirts: »Haltet ihn! Er prellt die Zeche!«, wenn ich mein Glas wegschiebe (und still auf meinem Hocker sitzen bleibe) kein Anschlußhandeln auf mein Tun, das dieses Tun im oben beschriebene Sinn neu individuieren würde, weil es ceteris paribus der Verknüpfbarkeit mit meinem Verhalten entbehrt. In diesem eingeschränkten Sinn hat der Beginn einer Episode, oder allgemeiner: das zeitlich vorausgehende Handeln die Setzungsmacht. Die nachfolgenden Handlungen können zwar dasjenige, was vorgefallen ist, in weiten Grenzen zu etwas anderem machen, nicht jedoch Beliebiges hervorbringen. Das Sprechen vom Umdeuten bzw. Umdefinieren der Teilhandlungen sollte nicht mißverstanden werden dahingehend, daß Handlungen festgestellt und dann diese Handlungen probehalber verschiedenen Regeln zugeordnet würden.

Die bisherigen Ausführungen haben dem Umstand Rechnung zu tragen versucht, daß je nach der unterstellten Regel sehr verschiedene Aspekte eines Ereignisses als wesentlich hervorgehoben oder als vernachlässigbar beiseite gelassen werden. Abhängig von der jeweils unterstellten Regel finden sehr unterschiedliche Kriterien dafür Anwendung, welche Ereignisse als gleich bzw. different aufgefaßt werden. Die Feststellung, daß ein bestimmtes Ereignis die Handlung X ist, impliziert demnach, daß man die Regel als gültig voraussetzt, nach der dieses Ereignis eben als X zählt. Auch das Sprechen von »Ereignissen« ist nur dann zulässig, wenn damit nicht gesagt sein soll, jene Ereignisse könnten ohne jeden Regelbezug – und sei dieser Bezug auch derjenige auf physikalische Regeln – individuiert werden.

Die Definitionsmacht über das nachfolgende Gemeinschaftsgeschehen fällt in den meisten alltäglichen Umständen dem Beginn einer Episode in umfassenderem Maße zu als bisher eingeräumt, weil

---

[47] Nicht zu vergessen ist, daß je nach dem vorliegenden Aggregationsgrad die verknüpften Handlungen von sehr unterschiedlicher Reichweite und Komplexität sein können.

zwei zusätzliche Faktoren hineinspielen. Einerseits sorgt die hinreichende Unterscheidung und konventionelle Deutlichkeit der in den meisten alltäglichen Situationen einschlägigen Verhaltensmuster dafür, daß Verwechslungen oder Fehldeutungen der Absicht des anderen gar nicht erst entstehen. Kommen sich z. B. zwei Personen auf einem engen Gehsteig entgegen, so weicht der eine dem anderen aus, indem er entweder auf die Straße tritt oder stehenbleibt und durch Körperdrehung den anderen vorbeiläßt. Zumeist wird die gewählte Alternative durch eine nachdrückliche Geste eingeleitet, etwa dadurch, daß einer von beiden sehr frühzeitig auf die Straße tritt, um unmißverständlich zu signalisieren, welche Variante er bevorzugt. Der Beginnende setzt hier unmißverständlich den Rahmen, auf den sich der andere einläßt. Zweitens ist der Anlaß meist viel zu nichtig, als daß man in der oben geschilderten Weise die Mühe der Umdefinition auf sich nähme. Selbst wenn einer der Passanten lieber selbst stehengeblieben wäre, um den anderen durchzulassen, so wird er von diesem Vorhaben abstehen, sobald der andere ihm durch das Ausweichen auf die Straße zuvorgekommen ist.

Als vorläufiges Ergebnis können wir festhalten, daß die Episodenstruktur des Gemeinschaftshandelns dazu beiträgt, die Vieldeutigkeit der Komponentenhandlungen zu beschränken. Im Fall des routinemäßigen und erwarteten Anschlusses spielt der Beginn einer Episode bei der Festlegung des gemeinschaftlichen Tuns eine größere Rolle, während bei Anschlußhandlungen, die den Erwartungen nicht entsprechen, die abschließende Episodenklammer den entscheidenden Akzent setzt. Mit den Typen der bestätigenden und der umdeutenden Individuation haben wir bisher zwei Typen von Anschlußhandlungen kennengelernt, die jedoch jeweils voraussetzten, daß jede einzelne Teilkomponente als korrekter Beitrag zu einem bekannten Gemeinschaftshandeln aufzufassen ist.

3.4. Korrigierende Anschlußhandlungen: Die normative Dimension des gemeinschaftlichen Handelns

Wie wäre jedoch die Situation zu beschreiben, wenn ein Fehler auftritt, wie, wenn ein bisher unbekanntes Gemeinschaftshandeln durchgeführt wird? Im folgenden wenden wir uns zunächst der Frage nach fehlerhaften Handlungen zu, später dann der Frage nach dem Neuentstehen von Gemeinschaftshandlungen. Die Frage, ob die dem

Gemeinschaftstun zugrundegelegte Regel richtig oder falsch angewendet wird, kam sowohl bei der bestätigenden wie bei der umdeutenden Individuation nicht auf. In beiden Fällen wurden nämlich
durchgängig Komponentenhandlungen verknüpft, die korrekte Anwendungen der jeweiligen Regel waren. Bei der bestätigenden Individuation ist dieser Sachverhalt sofort einsichtig, weil das Anschlußhandeln hier bestätigt, daß das vorausgehende Handeln den
Erwartungen entspricht und somit regelkonform ist. Bei der umdeutenden Individuation gibt es auch Regelkonformität, allerdings hinsichtlich verschiedener Regeln. In dem Kneipenbeispiel etwa war das
Wegschieben des Bierglases verträglich sowohl mit der Aufforderung
zu kassieren wie auch mit der nachzuschenken. Der Vorgang des umdeutenden Individuierens wird ja gerade dadurch möglich, daß eine
Verhaltensweise Ausdruck einer ganze Reihe von unterschiedlichen
Handlungstypen der gleichen Aggregationsstufe sein kann.

Sobald eine falsche Regelanwendung in den Blick genommen
wird, ergibt sich einerseits die Vervielfachung der Möglichkeiten,
unter denen ein Tun als Handlung individuiert werden kann. Ein
Verhalten, das zuvor z. B. als richtige Befolgung von Regel A oder
von Regel B gegolten hat, kann nun zusätzlich als falsche Befolgung
von Regel C bis Z aufgefaßt werden. Anderseits gewinnt mit der
falschen Regelanwendung der Gegensatz von richtig und falsch allererst Profil und das heißt: die normative Dimension der Regelanwendung wird sichtbar. Ohne diese Dimension verlöre der Regelbegriff
seinen charakteristischen begrifflichen Gehalt, weil von einer Regel
immer nur dann die Rede ist, wenn etwas richtig oder falsch gemacht
werden kann. Bekanntlich gibt es um die Herkunft dieses normativen
Moments von Regeln eine nicht abreißende Debatte, die Saul Kripke[48] mit seiner Ausdeutung des Privatsprachenarguments in den *Philosophischen Untersuchungen* Wittgensteins angestoßen hat.[49]

---

[48] Vgl. Kripke (1987).
[49] Wittgenstein hat v. a. über Winch (1966) auch in die sozialwissenschaftliche Theoriebildung hineingewirkt. Vgl. dazu Wiggershaus (Hg.) (1975) und jüngst Bloor (1997).
Neuerdings wird Wittgenstein vermehrt im Zusammenhang mit Fragen der Wissenssoziologie (vgl. Bloor [1983], Coulter [1989], Lynch [1992; 1993]) und der Wichtigkeit
sozialer Praktiken für die Handlungskonstitution rezipiert (vgl. Schatzki [1996]).

3.4.1. Die sozialen Wurzeln der Regelnormativität

Kripke versucht zu zeigen, daß Ansätze scheitern, die sich ausschließlich auf die Betrachtung einer Einzelperson, ihrer psychischen Zustände und ihres äußeren Verhaltens beschränken, um die Normativität von Regeln zu begründen.[50] Als Paradigma für diese Skepsis gegenüber der Fundierbarkeit von Regelgültigkeit in Sachverhalten, die allein eine einzelne Person betreffen, dient Kripke eine Additionsaufgabe, nämlich 68 + 57, von der angenommen wird, die addierende Person habe diese Aufgabe noch nie gerechnet, sei aber bei Aufgaben mit kleineren Zahlen zu korrekten Additionsergebnissen gekommen. In Gegensatz dazu wird die Quadditionsfunktion gesetzt, die bei Summanden, die kleiner als 57 sind, dasselbe Ergebnis liefern wie die Addition, darüber aber einheitlich den Wert 5. Die Quadditionsfunktion würde also mit den Argumentwerten 68 und 57 den Wert 5 liefern statt des für die Addition korrekten Wertes 125.[51] Wenn die addierende Person nun 5 als Ergebnis von 68 + 57 errechnet, so könnte er eine falsche Addition durchgeführt oder aber die Quadditionsfunktion richtig angewendet haben. Womit könnte man begründen, daß ersteres, nicht aber letzteres der Fall ist?

Die vergangenen Regelanwendungen helfen dabei nicht weiter, weil die fragliche Additionsaufgabe gemäß der Annahme noch nie durchgeführt worden sein soll. Durch die Endlichkeit unseres Lebens ließe sich, so die allgemeine Einsicht hinter dieser Versuchsanordnung, immer ein Fall der einschlägigen Regel finden, der noch nicht ausgeführt wurde. Für diesen Fall läßt sich dann analog zur Quaddition auch eine konkurrierende Regel finden, die für alle bereits vorgekommenen Fälle das gleiche Ergebnis wie die ursprüngliche Regel hat, in dem neuen Fall aber im Ergebnis abweicht.

Derselbe Grund läßt auch den Lösungsvorschlag scheitern, der auf vergangene mentale Zustände der addierenden Person abhebt. Nichts unterscheidet ja die Addition von der Quaddition in den bisher vorgekommenen Anwendungsfällen, d. h., mit dem »Meinen« der Addition wäre in allen bisher aufweisbaren Fällen immer auch die Quaddition »gemeint« gewesen.[52] Kripke zeigt, daß neben solchen, auf episodische psychische Zustände zurückgreifenden Ansät-

---

[50] Vgl. Kripke (1987), S. 112.
[51] Vgl. Kripke (1987), S. 18 f.
[52] Vgl. Kripke (1987), S. 20–34.

zen auch jede Art der Rückführung der Regelgeltung auf die Dispositionen der fraglichen Person scheitert.[53] Der Rückgriff auf die Dispositionen hat vor allem den Mangel, die Möglichkeit einer fehlerhaften Regelanwendung nicht erklären zu können, weil er deskriptiv und nicht normativ verfährt.[54] Kripke weist nach, bevor er seine »skeptische« Lösung präsentiert, daß auch Einfachheitskriterien, die Behauptung des »plus-Meinens« als Quale, die Betrachtung von die Addition begleitenden Assoziationen, die Behauptung der Additionsregel als mentalen Elementarzustand sowie der mathematische Platonismus aus Tatsachen, die nur die Person des Addierenden betreffen, die Regelgültigkeit nicht begründen kann.[55]

Die Schlußfolgerung lautet: Solange nur der Einzelne in den Blick genommen wird, scheint eine Person eine Regel anzuwenden, indem sie tut, was ihr gerade in den Sinn kommt. Denn es gibt, so die Stoßrichtung des skeptischen Einwandes, keine private, d.h. allein die Person betreffende Tatsache, die das jetzige Handeln der Person als übereinstimmend mit oder als abweichend von ihren früheren Intentionen oder Verhaltensweisen bestimmen würde. Damit mündet die Kripkesche Skepsis in das berühmte Wittgensteinsche Diktum: »Und der Regel zu folgen *glauben* ist nicht: der Regel folgen. Und darum kann man nicht der Regel ›privatim‹ folgen, weil sonst der Regel zu folgen glauben dasselbe wäre, wie der Regel folgen.«[56] Von richtigem oder falschem Regelfolgen kann man erst dann sprechen, wenn die fragliche Person in ihren Interaktionen mit einer Gemeinschaft betrachtet wird. Es ist unter diesem erweiterten Blickfeld nicht mehr allein davon abhängig, ob der Einzelne meint, der Regel richtig zu folgen, sondern auch vom Urteil anderer, ob diese Meinung gerechtfertigt besteht.

Offensichtlich ist dies für die Fälle, in denen die fragliche Regel eingeübt wird. Der Lehrer läßt dabei den Schüler Übungen machen, in unserem Beispiel: Additionsaufgaben rechnen. Jedes Resultat, das

---

[53] Vgl. Kripke (1987), S. 35–53.
[54] Wright (1989, S. 290, 297) hat in seiner Rezension von McGinn (1984) gegen die Kritik von McGinn an Kripkes These zu Recht geltend gemacht, daß McGinn eine lediglich durch den Terminus »Fähigkeit« verschleierte Dispositionstheorie anbiete, die gerade die auf die Normativität von Regelfolgen abzielenden Überlegungen Kripkes wie auch Wittgensteins verfehle (wenn auch Wittgensteins Auffassungen sicher nicht angemessen von Kripke wiedergegeben werden).
[55] Vgl. Kripke (1987), S. 54–73.
[56] PU § 202 (Hervorhebung im Orig.).

der Schüler erzielt, kontrolliert der Lehrer anhand der Lösung, die er selbst für die entsprechende Aufgabe ausgerechnet hat. Stimmt die Rechnung des Schülers mit der des Lehrers nicht überein, so wird der Lehrer Korrekturen anbringen. Wenn der Schüler bei genügend vielen Aufgaben dieselben Ergebnisse wie der Lehrer erzielt, gilt der Schüler als eine Person, die addieren kann bzw. die die entsprechende Regel beherrscht. Dem Schüler wird dann unterstellt, daß er auch bei Aufgaben, die er in seinen Übungen nicht gerechnet hat, diejenigen Resultate erzielen wird, die auch sein Lehrer dabei ausrechnen würde.

Analoges gelte, so Kripke, auch für das Verhältnis zwischen Personen, von denen angenommen wird, sie beherrschten die Regel.[57] Wenn ich auf eine Person treffe, die, nachdem sie in vielerlei Additionen dasselbe Ergebnis errechnet hat wie ich, bei bestimmten Zahlen anfängt, ganz andere Resultate zu berechnen, werde ich zum Schluß kommen, die Person addiere nicht mehr, sondern folge entweder, wenn ein Muster erkennbar ist, einer anderen Regel als der Addition, oder habe, bei anscheinend regellosen Ergebnissen, überhaupt den Verstand verloren. Die Kripkesche Lösung des regelskeptischen Problems verbindet gemeinschaftliche Praxis mit individuellen Fertigkeiten. Einerseits wird anerkannt, daß zunächst jemand behaupten kann, eine bestimmte Regel in seinem Handeln zu »meinen«, wenn für ihn gilt, daß er erstens zuversichtlich spürt, bei neuen Anwendungen der Regel die richtige Anwendung ausführen zu können und er zweitens eine bestimmte Regelanwendung für die richtige hält, weil es diejenige Art der Anwendung ist, zu der er selbst neigt. Andererseits steht diese Zuschreibung des korrekten Regelfolgens unter dem Vorbehalt der Korrektur durch andere. Erst dann, wenn dasjenige übereinstimmt, was verschiedene Personen geneigt sind, in einem bestimmten Fall zu tun, gilt die bloß vorläufige Zuschreibung eines korrekten Regelfolgens als berechtigt.

Diese Korrektur durch andere setzt aber voraus, daß eine breite Übereinstimmung hinsichtlich der richtigen Lösung für den fraglichen Anwendungsfall vorherrscht. Sollten nämlich zwei, die sich uneinig über ein Ergebnis sind, andere hinzuziehen, um die eine oder die andere der beiden vorliegenden Lösungen für korrekt auszuweisen, und dabei feststellen müssen, daß jeder der Hinzugezogenen mit einer weiteren abweichenden Lösung aufwartet, so könnte von einem

---

[57] Vgl. Kripke (1987), S. 114 f.

Regelfolgen überhaupt nicht mehr gesprochen werden. Das Regelfolgen wäre in dieser Situation zurückgefallen in das jeweilige »private« Meinen, einer Regel zu folgen, das von niemandem anderen geteilt wird.

Kripkes Antwort sieht also folgendermaßen aus: Um normativ gehaltvoll von Regelfolgen (und damit überhaupt von Regel) im individuellen Handeln sprechen zu können, bedarf es des Eingebettetseins dieses Handelns in eine gemeinschaftliche Praxis. Und diese gemeinschaftliche Praxis ist dadurch gekennzeichnet, daß die jeweils einzeln ausgeführten Handlungen der Regelbefolger in der überwiegenden Zahl der Fälle übereinstimmen. Vor dem Hintergrund dieser weitgehenden Übereinstimmung können dann entweder vereinzelte Anwendungsfälle als falsche Lösungen ausgewiesen werden oder es wird, eventuell entgegen der Selbsteinschätzung einer Person, dieser die Kompetenz abgesprochen, der Regel folgen zu können.[58] Das faktische, weitgehende Übereinstimmen von individuellen Handlungen scheint also der Ursprung der normativen Dimension des Regelfolgens zu sein. Das Kripkesche Modell sieht demnach individuelle Handlungen vor, die außerhalb eines Gemeinschaftshandelns ihre Identität erhalten und je nach Lage der Übereinstimmung mit anderen individuellen Handlungen, die innerhalb einer Gruppe erfolgen, richtig oder falsch sind.

Der Kripkesche Begriff der »Übereinstimmung«, der sich auf den Wittgensteinschen Gebrauch dieses Begriffs in den *Philosophischen Untersuchungen* berufen kann, scheint mir eine Zweideutigkeit zu enthalten, die gravierende Konsequenzen für die Regelfolgenproblematik und das darin gezeichnete Bild gemeinschaftlichen Handelns hat. Dem Aufweis dieser Zweideutigkeit und dem darin implizierten Modell des Gemeinschaftshandelns dienen die folgenden Überlegungen. Als Vorbereitung dazu ist es nötig, den Zusammenhang genauer zu durchleuchten, der zwischen Erlernen einer Regel, den dabei erfolgenden Korrekturen und dem normativen Gehalt einer Regel besteht.

---

[58] Vgl. Kripke (1987), S. 116 f.

3.4.2. Das korrigierende Anschlußhandeln als Kern des normativen Gehalts von Regeln

In den Paragraphen 198 und 199 der *Philosophischen Untersuchungen* formuliert Wittgenstein den Übergang von der auf das Individuum zentrierten Untersuchung der Regelfolgenproblematik zu einer, die auf soziale Elemente eingeht. Wittgenstein gibt in PU § 198 auf die Frage, welche Verbindung zwischen dem Ausdruck einer Regel, etwa einem Wegweiser, und den diesbezüglichen Handlungen besteht, die Antwort, daß der Handelnde zu einem bestimmten Reagieren auf dieses Zeichen abgerichtet[59] worden ist und deshalb im vorliegenden Fall eben in der entsprechenden Weise reagiert. Wer die Frage des Regelfolgens klären will, ist demnach einerseits auf die Vorgänge verwiesen, mit denen Personen lernen, die Regel anzuwenden. Anderseits muß die erlernte Regel dann auch tatsächlich angewendet werden (man muß den Wegweiser in der erlernten Weise auch gebrauchen). Darauf folgt der Einwand:

»Aber damit hast du nur einen kausalen Zusammenhang angegeben, nur erklärt, wie es dazu kam, daß wir uns jetzt nach dem Wegweiser richten; nicht, worin dieses Dem-Zeichen-Folgen eigentlich besteht. Nein; ich habe auch noch angedeutet, daß sich Einer nur insofern nach einem Wegweiser richtet, als es einen ständigen Gebrauch, eine Gepflogenheit, gibt.« (PU § 198)

Der Einwand hebt darauf ab, daß die Lernbedingungen lediglich die Genese, nicht aber die Geltung einer Regel erklären könne, die sich darin manifestiert, bestimmte Anwendungen für falsch, andere für richtig zu deklarieren. Daraufhin hält Wittgenstein entgegen, daß er ebenfalls angedeutet habe, es müsse einen ständigen Gebrauch einer Regel geben, damit vom Regelfolgen überhaupt gesprochen werden könne. Gäbe es nicht die Gepflogenheit, sich nach einem Wegweiser zu richten, so könnte man zwar ein Verhalten zeigen, das als Parallelgehen mit einem in bestimmter Weise geformten Holzstück beschreibbar ist, nicht jedoch als ein Gehen in der vom Wegweiser gewiesenen Richtung.[60] Im anschließenden Paragraphen der *Philo-*

---

[59] Wittgenstein pointiert mit »Abrichtung« den Gegensatz zu »Erklärung« (Vgl. PU § 5). Wer etwas erklärt bekommt, muß bestimmte Techniken bereits beherrschen, auf die die Erklärung zurückgreifen kann, um etwa ein Mißverständnis auszuräumen. Abrichtung dagegen schafft allererst solche Grundlagen, auf die Erklärungen sich dann stützen können. Vgl. dazu ausführlich: Baker/ Hacker (1992), Kap. 2 (Explanations).

[60] Vgl. BGM, S. 346.

sophischen Untersuchungen hebt Wittgenstein explizit hervor, daß wir nicht von einer Regel sprechen, wenn ihr nur ein einziger Mensch ein einziges Mal folgt, vielmehr bestehe das Regelfolgen im Beherrschen einer Technik.[61]

In der zitierten Passage bleibt offen, wodurch Wittgenstein glaubt, angedeutet zu haben, daß es Regelfolgen nur auf dem Hintergrund einer Gepflogenheit geben kann. Es könnte dadurch angedeutet sein, daß derjenige, der dem Wegweiser folgt, tatsächlich auch eine entsprechende Handlung durchführt, sich somit nicht lediglich vornimmt, eine solche Handlung zu vollziehen. Diese Lesart ist aber unzureichend, weil unklar ist, wie sich in dieser einen Tat eine Gepflogenheit angedeutet findet, die ja einen »ständigen Gebrauch« erfordert, der aber im einmaligen Handeln nicht gegeben sein kann (so jedenfalls PU §199). In welcher Weise verschiedene Vorkommnisse des Befolgens derselben Regel verknüpft sind und damit das einzelne Handeln als Instanz eines ständigen Gebrauchs gelten kann, scheint also nur durch die im Zitat angeführte Alternative angebbar zu sein: Durch das Erfordernis der Abrichtung zu einem bestimmten Regelgebrauch wäre die erforderliche Verknüpftheit angedeutet. Diese Alternative wird im Zitat von dem Gegeneinwand jedoch als bloß genetische, die Regelgültigkeit nicht betreffende Lesart abgetan.

Wittgenstein hat sich an anderer Stelle mit diesem Gegeneinwand ausführlicher auseinandergesetzt.[62] Dort nimmt er an, jemand habe, ohne jeden Abrichtungs- und Übungsprozeß und ohne je die Regel angewendet zu haben, einen Zustand erreicht, in dem er sich gewiß ist, die Regel anwenden zu können. Diese Gewißheit möge sich in nichts von derjenigen unterscheiden, die eine Person besitzt, die durch einen Abrichtungsprozeß hindurchgegangen ist. Wittgenstein räumt ein, daß der Hinweis auf den Lernprozeß zunächst einmal lediglich ein Faktum benennt, wie man üblicherweise zu dem erforderlichen Wissen gelange. Wenn nun der Nicht-Abgerichtete die Regel anzuwenden beginne, müßten zwei Fälle unterschieden werden: (a) Die fragliche Person wendet die Regel immer richtig an. (b) Der Person unterlaufen stets oder vereinzelt Fehler bei der Regelanwendung.

Im ersten Fall ist die Frage nach der Abrichtung laut Wittgenstein tatsächlich ohne Belang, nicht jedoch beim zweiten. In der her-

---

[61] Vgl. auch BGM, S. 346.
[62] Vgl. BGM, S. 335.

angezogenen Passage scheint sich Wittgenstein für die Wichtigkeit der Lernsituation auch hinsichtlich der normativen Dimension des Regelfolgens stark zu machen, ohne allerdings zu explizieren, warum er dieser Auffassung ist. Zieht man andere Passagen aus den BGM heran, wird der Grund für diese Auffassung allerdings sichtbar. Im Fall (a) kann man zwischen einer zutreffenden Beschreibung und einer Regel nicht unterscheiden, denn sowohl die Regel wie auch die Beschreibung sind gleichermaßen erfüllt. Erst dann, wenn Fehler konstatiert werden (Fall [b]), kommt der Unterschied von Beschreibung und Regel zum Vorschein. Fehler kann es nur hinsichtlich einer Regel geben, nicht aber hinsichtlich einer Beschreibung. Die Beschreibung selbst ist zwar möglicherweise inadäquat, sie kann aber als Beschreibung nicht dazu verwendet werden, das beschriebene Verhalten als falsches Verhalten zu markieren. (Man könnte auf der Grundlage einer Beschreibung eine solche Bewertung durchführen, damit wäre der Rahmen der Beschreibung aber bereits überschritten.) Auch die Beschreibung der regelmäßigen Wiederkehr eines Musters im Verhalten reicht nicht hin, um von einer Regel im hier einschlägigen Sinne zu sprechen. Zwar ist die Regel mit Regelmäßigkeit[63] verknüpft, doch kann nicht jedes Verhalten, das als regelmäßig beschreibbar ist, mit Regelfolgen gleichgesetzt werden.

Wittgenstein nennt dafür als Beispiel eine Drossel, die in ihrem Gesang bestimmte Phrasen wiederholt.[64] Trotz der Wiederholung des gleichen Musters würden wir nicht sagen, daß diese Drossel sich beim Singen jedesmal eine Regel gebe, der sie dann folgt. Das Verneinen des Regelfolgens liegt hier nicht daran, daß es sich beim Akteur um ein Tier handelt. Denn Wittgenstein schließt sogleich ein Beispiel an, das ebenfalls dem Tierreich entnommen ist und je nach Anordnung die Zuschreibung eines Regelfolgens rechtfertigt oder nicht: Man beobachtet zwei Schimpansen, wobei der eine ein bestimmtes Muster in den Sand ritzt. Der andere wiederholt das Muster in einer Reihe, etwa so, wie ein Ornament aus der Aufreihung des gleichen Musters entsteht. Wir haben hier den Fall der Drossel: ein bestimmtes Muster wird regelmäßig wiederholt. Würde man bei den Schimpansen nichts weiter beobachten, spräche man genausowenig vom Regelfolgen wie im Fall des Drosselgesangs. Anders sei die Situation jedoch zu bewerten, wenn eine Art Unterricht zu beob-

---

[63] Vgl. PU §§ 207, 225, 227.
[64] Vgl. BGM, S. 345.

achten wäre, der eine Affe also dem anderen das zu zeichnende Muster vorgebe und zur Nachahmung auffordere, mißglückte Versuche korrigiere und schließlich das Aneinanderreihen des Musters gelinge. Dann, so Wittgenstein, sei man berechtigt zu sagen, der erste Schimpanse gebe mit seinem Musterzeichnen eine Regel vor, die der andere in der Bildung des Ornaments befolge. Die Tatsache, daß es Lehrvorgänge gibt, ist demnach ein wesentlicher Baustein für die Rechtfertigung des Ebenenwechsels weg von der Ebene der Beschreibung eines Verhaltens hin zu derjenigen der Unterstellung von normativ verstandenen Regeln.

Betrachten wir darum die Lehrsituation genauer. Wenn bei den Schimpansen keine Lehrsituation feststellbar ist, können die Verhaltensweisen beider Tiere nicht im Sinne des Vorgebens eines Paradigmas durch den einen Affen und der Anwendung dieses Musters durch den anderen verstanden werden. Es sind einfach zwei voneinander unabhängige Verhaltenssequenzen, die deshalb auch weder richtig noch falsch sind. Sie ereignen sich in der und der Weise, ohne daß die eine Verhaltenssequenz etwas mit der anderen zu tun hätte. Kann man jedoch eine Lehrsituation nachweisen, hat man mit dem Verweis auf diese Situation einen Grund, das Handeln des einen auf das Handeln des anderen bezogen zu betrachten, denn in der Lehrsituation wird der fragliche Bezug hergestellt, da das Verhalten des Schülers durch den Lehrer korrigiert wird. Die Korrektur leistet dabei zweierlei.

(1) Die Korrektur verändert den Status der zu korrigierenden Handlung, denn durch die Korrektur wird die vorangegangene Handlung als Fall der einzuübenden Regel individuiert. Das ist nicht wenig, denn damit wird etwas, das von seinem Ergebnis oder seinem Verlauf her betrachtet kein Fall der Regel ist, dieser Regel zugeordnet und unter ihrer Maßgabe verständlich. Insbesondere bei den ersten Schritten des Lernprozesses wird es den vom Schüler erzielten Ergebnissen oder seiner Vorgehensweise nicht abzulesen sein, welcher Regel sie genügen sollen – sie könnten mit gleichem Recht einer ganzen Reihe von gebräuchlichen Regeln als falsche Anwendungen zugeschrieben werden. Würde man die zu korrigierende Handlung allein betrachten, so gäbe sie keinen Anhaltspunkt, daß sie ein Anwendungsfall der fraglichen Regel sein soll. Sie weicht von der fraglichen Regel ab; dasselbe läßt sich aber von der Handlung mit Blick auf andere Regeln auch sagen. Wodurch wird die abweichende Handlung dann auf eine bestimmte Regel bezogen? Durch die korrigieren-

de Anschlußhandlung erfolgt dieser Bezug auf eine bestimmte Regel. Die Korrektur versteht die zu korrigierende Handlung als Fall einer ganz bestimmten Regel, nämlich derjenigen, nach deren Maßgabe sie korrigierend eingreift.

Es dürfte somit deutlich geworden sein, daß die Versuche des Schülers von der Regelkompetenz des Lehrers abhängen und der Bezogenheit, die zwischen dem Lehrer- und dem Schülerhandeln besteht.[65] Denn es ist nicht der Schüler, der seine mißglückten Resultate als mißglückt hinsichtlich der Regel feststellen kann – er besitzt ja noch nicht die Fertigkeit, die Regel anzuwenden, die bei dieser Feststellung nötig wäre. Die Regelkompetenz des Lehrers ist zu dieser Zuordnungsleistung erforderlich. Der Lehrer muß seine Regelkompetenz in Anschlag bringen, um die Schülerhandlung unter der Maßgabe der Regel zu begreifen. Daß die Handlung des Schülers als, wenn auch mißglückte, Durchführung der entsprechenden Regel individuiert wird, ist dem Umstand zu verdanken, daß der Lehrer auf die Handlung des Schülers hin eine entsprechende Korrektur durchführt. Allererst innerhalb dieses Gemeinschaftshandelns wird die Schülerhandlung überhaupt als Anwendungsfall der Regel individuiert.

(2) Die Korrektur reagiert auf die zu korrigierende Handlung in der Weise, daß beide Teilhandlungen zusammengenommen eine korrekte Anwendung der Regel ergeben. Diese Eigenschaft der Korrektur hat zwei Aspekte. (2a) Das durch diese Verknüpfung zustandekommende Muster ist eine betont richtige Regelanwendung, weil sie einer Relation aus falschem Regelfolgen und sich anschließendem Korrekturhandeln entspringt. Daß eine Korrektur notwendig wurde, legt die Teilhandlung des Schülers, auf die hin die Korrektur erfolgt, als falsche Regelanwendung fest, die durch den Korrekturvorgang richtiggestellt wird. Somit kann eine Korrekturhandlung als der Paradefall gelten, bei dem betont richtiges betont falschem Handeln gegenübergestellt wird, indem beide Begriffe in ihrer Opposition an der Art faßbar werden, wie vorangehendes Handeln und korrigierendes Anschlußhandeln miteinander verknüpft sind.

Anders gesagt: Richtig und Falsch kann es nur durch eine spezifische Beziehung von differenten Handlungen aufeinander geben. Richtig und Falsch sind demnach keine Begriffe, die sekundär mit Handeln verknüpft wären oder in Form einer Klassifikation Handeln

---

[65] Vgl. Williams (1991), S. 117.

aufgeprägt würden, sondern sind Größen, die aus Handlungen erwachsen. Diese Untrennbarkeit von richtig und falsch mit dem tatsächlichem Handlungsvollzug verleiht richtig und falsch ihre zentrale praktische Bedeutung. Ohne die faktische Verknüpfung von Handlungen in Form einer Korrektur gäbe es den Unterschied zwischen faktischem und normativ als richtig oder falsch ausgewiesenem Handeln nicht. Mit dieser Feststellung ist nicht der Versuch einer Erklärung unternommen, wie diese spezifische Handlungsverkettung entstanden ist. Es wird lediglich konstatiert, daß es Korrekturen geben muß, damit es Normativität geben kann, und daß wir korrigierende Anschlußhandlungen als alltäglichen Teil unserer Lebensform ausführen – ob es Gemeinschaften geben könnte, die ohne Korrekturen und somit ohne Normativität auskommen, bleibt dahingestellt.

Kripke hat mit dem Hinweis auf die Übereinstimmung ein Problem aus der Welt schaffen wollen, das bei kompetenten Regelfolgern aufkommen könnte: Wenn anscheinend kompetente Regelfolger darin uneins sind, welche Art des Regelfolgens die richtige ist, gibt es keinen Anhaltspunkt dafür, wer von den Streitenden der Regel nun tatsächlich richtig gefolgt ist. Jeder beruft sich gleichermaßen auf seine Regelbefolgungskompetenz, wodurch ein Richtig oder Falsch nicht mehr feststellbar wäre. Kripke verweist darauf, daß es solche Situationen (glücklicherweise) nicht gebe, sondern daß wir uns in der überwältigenden Zahl der Fälle durchaus einig seien und auf diesem Hintergrund von Einigkeit dann auch einzelne Abweichungen davon als falsch brandmarken können.

Für das Verhältnis von Schüler und Lehrer kommt dieses Problem nicht auf, denn durch die Lehrsituation ist von vornherein festgesetzt, wessen Handeln im Zweifelsfall das Muster für richtiges Handeln abgibt: das Handeln des Lehrers. Durch die Kompetenzdifferenz zwischen Lehrer und Schüler kommt kein Streit darüber auf, wer der Regel richtig und wer der Regel falsch folgt.[66] Im Zusammenspiel von Lehrer und Schüler ist eine Situation gegeben, in dem der handlungslenkende, normative Sinn eines Musters praktisch erfahrbar wird. Der Begriff des Musters, das festlegt, wie etwas zu geschehen habe und nicht lediglich beschreibt, wie etwas vorgefallen ist, erhält in diesem Zusammenhang seine operationale Fassung. Die Kompetenzdifferenz zwischen Lehrer und Schüler drückt sich in differenten Handlungen aus, die nicht einfach als unterschiedliches

---

[66] Vgl. Williams (1991), S. 119 f.

Tun gleichen Rechts nebeneinander stehenbleiben, sondern in der Bezogenheit des Gemeinschaftshandelns Lehren/Lernen als ein musterhaftes und dieses Muster (noch) verfehlendes Handeln verstanden werden.

(2b) Die Korrektur mahnt eine richtige Regelanwendung nicht nur an, sondern stellt sicher, daß diese tatsächlich zustande kommt. Der Lehrer schließt derart an das Verhalten des Schülers an, daß dessen Handlung zusammen mit derjenigen des Lehrers eine korrekte Regelanwendung ergibt, wie z. B. in: »Was ergibt 2 + 3?« – »6!« – »Nein, 5!« Die korrigierende Handlung stellt nicht einfach das richtige Ergebnis fest, sondern bezieht sich, da es sich ja um eine Korrektur vorangehenden Verhaltens handelt, auf das falsche Regelfolgen, das sie richtigstellt. (Im Beispiel wird das durch das »Nein« in der Antwort des Lehrers markiert.) Würde die Korrektur umgekehrt ausschließlich die Falschheit des Vorangegangenen feststellen, ohne eine korrekte Regelanwendung hervorzubringen, so könnte der Fall eintreten, daß zwar permanent falsches Regelfolgen festgestellt würde, jedoch niemand mehr in der Lage wäre, eine korrekte Anwendung der Regel vorzuführen. Dann jedoch könnte von »Regel« keine Rede mehr sein. Das Zusammen aus korrigierter und korrigierender Handlung erhält demnach die Regel durch deren korrekte Anwendung. Die Regel wird nicht, ohne tatsächlich befolgt zu werden, in irgendeiner Weise vorausgesetzt, sondern im Lernvorgang praktisch manifest.

Anders als in der oben als Beispiel angeführten Korrekturepisode könnte natürlich der Lehrer auch darauf verzichten, die Lösung selbst anzugeben. Bei fortgeschrittenen Schülern etwa wird er den Schüler zur Neuberechnung auffordern. Dies muß, wenn auch mit mehr Teilschritten als oben zunächst angenommen, schließlich ebenfalls zu einem Fall korrekten Regelfolgens führen, das durch die Korrektur initiiert wird. Andernfalls hat eine Korrektur nicht stattgefunden.

Die von Kripke hervorgehobene Übereinstimmung hat als Abschlußkriterium einer Lernphase ihren bedeutenden Sinn.[67] Wenn nämlich der Lehrer bei genügend vielen unterschiedlichen Übungen feststellt, daß der Schüler Handlungen ausführt oder Ergebnisse erzielt, die mit denjenigen übereinstimmen, die der Lehrer beim Nachprüfen selbst ausführt oder erzielt, so gilt der Schüler in Augen des

---

[67] Vgl. Kripke (1987), S. 116.

Lehrers als kompetent im jeweiligen Regelfolgen. Die vom Schüler neu erworbene Kompetenz bedeutet, daß ihm auch über den Unterricht hinaus zugetraut wird, dasjenige zu tun, was die Regel fordert. Daß aber überhaupt von »Regelfolgen« die Rede sein kann, liegt daran, daß in den Korrekturen die Differenz zwischen richtigem und falschem Handeln eröffnet wurde. Die Korrektur hat nicht nur ontogenetisch für den jeweiligen Schüler die Funktion, »richtig« von »falsch« zu unterscheiden, sondern ist diejenige Art gemeinschaftlichen Handelns, die die normative Dimension offen hält, weil im fallweisen Korrigieren auch kompetenter Regelfolger das »falsch« immer wieder gegenüber dem »richtig« an Kontur gewinnen kann. Die betonte Richtigkeit, die sich in einer Überprüfung auf Richtigkeit eines bestimmten Handelns ergibt und im Übereinstimmen von prüfendem und überprüftem Handeln sein Kriterium besitzt, hängt an dieser in der Korrektur eröffneten differentiellen Bezogenheit von falsch und richtig.

Allerdings wäre es eine fehlerhafte Beschreibung, wenn man die erzielte Übereinstimmung zwischen Schüler und Lehrer am Ende der Lernphase in folgendem Sinne auffassen wollte:[68] Es gibt eine bestimmte Handlung des Schülers, die als solche, unabhängig von dem Handeln anderer als Handeln einer bestimmten Art aufgefaßt wird. Der Lehrer führt Handlungen aus, die ebenfalls in unbezogener Weise individuiert werden. Diese beiden, bereits außerhalb eines Gemeinschaftshandelns individuierten individuellen Handlungen stellen sich dann als übereinstimmend heraus und deshalb folgt der Schüler korrekt der Regel. Bei der Untersuchung der Korrektur hat sich vielmehr ein anderes Bild ergeben. Dadurch daß der Lehrer mit seinen Handlungen des Überprüfens (d. h., seinem tatsächlichen Nachrechnen der Aufgaben) und den gegebenenfalls erforderlichen Korrekturen die Handlungen des Schülers als Fälle des fraglichen Regelfolgens auffaßt, sind jene als Fälle des (korrekten oder falschen) Regelfolgens individuiert. Entscheidend ist also: Die Handlungen des Schülers werden allererst zu Fällen der Regelanwendung, wenn der Lehrer entsprechend an sie anschließt und ein Gemeinschaftshandeln des Lehrens und Lernens besteht. Solange der Lernprozeß nicht als abgeschlossen gilt, kann der Schüler selbst die Regel nicht anwenden, weil sein Handeln erst im gemeinschaftlichen Tun mit dem Lehrer zu einem Fall der Regel wird. Ergeben die Überprüfungen des Lehrers

---

[68] Diese Auffassung legen manche Passagen bei Kripke nahe, vgl. Kripke (1987), S. 115.

oft genug die Übereinstimmung zwischen dem eigenen und dem Verhalten des Schülers, gilt der Lernprozeß als abgeschlossen und dem Schüler wird die Kompetenz zugeschrieben, selbständig der Regel folgen zu können. Seine entsprechenden Handlungen gelten nun auch ohne die Einbettung in ein Lehrer-Schüler-Gemeinschaftshandeln als Fälle des Regelfolgens. Diese Einschätzung hat zwei Momente. Erstens unterliegt das Regelfolgen des Schülers dann nicht mehr der permanenten Überprüfung durch andere, wenn er als kompetent gilt. Sein Handeln gilt dann ohne Einbettung in ein Überprüfungshandeln direkt als Fall der Regel. Nur noch in Ausnahmefällen wird eine Prüfung stattfinden, ob eine korrekte Regelanwendung vorliegt; das korrekte Regelfolgen gilt als das Normale.[69] Zweitens wird dem Schüler eine weitreichende Fertigkeit zugestanden, nämlich auch in denjenigen Fällen, mit denen er bei seinen Übungen nicht konfrontiert war, eine korrekte Regelanwendung durchzuführen. Kripke hat bereits darauf hingewiesen, daß diese Zuschreibung einen gewissen Sprung ins Ungewisse bedeutet und sich auch als unberechtigt herausstellen kann.[70]

3.4.3. Übereinstimmung in der Bezogenheit differenter Anschluß-handlungen als Quelle der normativen Dimension

Was bedeutet es aber genau hinsichtlich der von Kripke unterstellten »Übereinstimmung«, daß jemandem die Kompetenz zum Regelfolgen unterstellt wird? Zur Beantwortung dieser Frage müssen wir uns der Einbettung des kompetenten Regelfolgens im Vergleich mit der Einbettung des Schülerhandelns vor Augen führen. Dazu ist es erforderlich, die bislang verwendete, übermäßig restriktive Beschreibung der Lernsituation aufzugeben. Der Schüler hätte nach dem erreichten Stand der Analyse nun z. B. gelernt, richtig zu addieren. Der Clou des Addierens, nämlich dessen Verknüpfung mit anderen Handlungen unserer täglichen Praktiken, wäre ihm damit aber noch nicht deutlich geworden. Letztlich hätte der Schüler somit die Regel nicht eigentlich gelernt, weil er überhaupt nicht wüßte, wie man das entsprechende Handeln einzusetzen hat.[71]

---

[69] Vgl. Williams (1991), S. 121.

[70] Vgl. Kripke (1987), S. 117 f.

[71] Macbeth (1996) hat auf die paradoxe Situiertheit des Lernens hingewiesen, die von der vorherrschenden Pädagogik stiefmütterlich behandelt wird. Gerade weil die Schüler

Der Lernprozeß bleibt auch nicht bei der Einübung der Regel quasi im luftleeren Raum stehen, sondern führt den Schüler spätestens nach dem Beherrschen der Regel zu der Fertigkeit, die Regel in größere Handlungszusammenhänge einzubetten und ihr damit allererst ihren Stellenwert für unsere Praktiken zu geben. (Wir haben oben gesehen, daß Verhalten erst im Zusammenhang mit den Anschlußhandlungen in der Episode als eine bestimmte Art von Handlung individuiert wird.) Dabei ist dann der Übergang vom Handeln gemäß der geübten Regel zum Anschlußhandeln oder das Anschließen an anderes Handeln durch das eingeübte Tun Gegenstand des Lernprozesses. Besonders augenfällig ist dieser zweischrittige Aufbau bei der Lehrlingsausbildung z. B. zum Schlossergesellen. Zuerst werden einzelne fundamentale Techniken geübt, wie etwa das Feilen, Sägen, Bohren, Drehen etc. Dann werden solche Techniken bei der Bearbeitung komplexerer Werkstücke geübt, wobei nicht mehr fraglich ist, ob der Lehrling die Grundtechniken beherrscht, sondern ob er diese in der richtigen Reihenfolge zum Einsatz bringt bzw. ob er die im jeweiligen Fall angemessene Grundtechnik auswählt und anwendet. Einher geht dieser Prozeß damit, daß die Lehrlinge anfangs Übungsstücke bearbeiten, die über die Übung hinaus keinerlei Funktion haben. Mit dem Vorrücken der Lehrjahre werden die Lehrlinge immer stärker in den erwerbsbezogenen betrieblichen Ablauf eingebunden und bearbeiten damit Werkstücke, die im normalen Produktionsprozeß verwendet werden. Die Gesellenprüfung schließlich markiert, daß dem frischgebackenen Gesellen nun zugebilligt wird, die für seine Arbeit nötigen Fertigkeiten und Kenntnisse zu besitzen. Der Lernprozeß greift also in der oben für die einzelne Regel beschriebenen Art auch auf die Einbettung der erlernten Regel in mögliches Anschlußverhalten ein. Gegenstand der Korrektur ist dann die Koordination und Einbettung einzelner Handlungen in anschließendes und vorausgehendes Handeln. In den meisten Fällen dürften die hier beschriebenen Prozesse vom Einfachen zum Komplexen und vom Übungsstück zum Werkstück stärker als beschrieben überlappen, manchmal sogar das Wissen um die Einbettung einer

---

und Lehrer in den Schulen perfekt gemeinschaftlich die Handlung »Lernsituation in der Schule« ausführen, lernen Schüler gerade nicht den tatsächlichen Praxiszusammenhang kennen, auf den die Schule hin ausbildet. Es ist die Situiertheit in der Schule, das Beherrschen der dort üblichen Anschlußhandlungen, die Schulkenntnisse oft genug wenig praxisrelevant sein lassen, mögen sie mit noch so viel Eifer auf beiden Seiten erworben und vermittelt sein.

Technik vor dem Beherrschen dieser Technik eingeübt sein, z. B. in dem Fall, in dem Kinder durch Beobachtung und Anleitung lernen, wann gerechnet oder geschrieben wird, ohne selbst rechnen und schreiben zu können.

Auf den ersten Blick gibt es zwischen einem fortgeschrittenen Lehrling, der übungshalber ein Werkstück herstellt, das für den Produktionsprozeß bestimmt ist, und dem Gesellen, der ebenfalls ein Werkstück für den Produktionsprozeß herstellt, keinen Unterschied. Worin drückt sich dann die Zubilligung von Regelkompetenz aus, die dem Lehrling fehlt, der Geselle jedoch besitzt?

Einen gravierenden Unterschied kann man bemerken, wenn der Status beider Handlungen durchleuchtet wird. Wo beim Lehrling der Ausbilder vor der Übergabe des Werkstücks prüft, ob fachgerecht gearbeitet wurde, entfällt diese Prüfung beim Gesellen. Das Handeln des Lehrlings gilt als dieses Handeln (nämlich als Fall der entsprechenden Regelbefolgung) allererst im Zusammenhang mit der Bestätigung seines Meisters und wird erst zusammen mit dieser zu einem Teil der Berufspraxis eines Schlossers. Erst durch die Übereinstimmung des erzielten Ergebnisses mit dem vom Ausbilder erwarteten Ergebnis gilt das Werkstück als brauchbar und damit der gesamte Vorgang als eine fachgerechte Ausführung, an die dann der betriebliche Prozeß anschließen kann. Der Begriff »Übereinstimmung« ist hier angebracht, weil eine Überprüfung auf Übereinstimmung tatsächlich stattfindet.[72]

Hingegen entfällt beim Handeln des Schlossergesellen (und jedes anderen für kompetent eingeschätzten Handelnden) die Prüfung auf Übereinstimmung mit der fachgerechten Ausführung; es wird (normalerweise) sogleich in der üblichen Art und Weise an das Handeln des Schlossers angeschlossen ohne jede Prüfung auf Übereinstimmung mit demjenigen Ergebnis, das einer fachgerechten Ausführung durch einen anderen kompetenten Regelbefolger entspringen würde. Es gibt hier keine Übereinstimmung. Es könnte zwar Übereinstimmung geben, wenn das Werkstück überprüft würde, diese Überprüfung findet jedoch, außer in Zweifelsfällen, nicht statt. Und weil ohne eine Überprüfung angeschlossen wird, kann das entsprechende Handeln auch seinen üblichen Platz in unserer Praxis erlangen. Es gilt ohne weitere Umwege, allein aufgrund des entspre-

---

[72] Stegmüller (1989, S. 106) betont ebenfalls, daß »Übereinstimmung stets eine solche *nach erfolgter Prüfung* ist« (Hervorhebung im Orig.).

chenden Anschlußhandelns als Fall der fraglichen Regel. Daß jemand für kompetent im Regelfolgen gehalten wird, zeigt sich also gerade am Fehlen der Überprüfung, die eine Übereinstimmung konstatieren könnte – an das Handeln des kompetenten Regelfolgers wird vielmehr ohne Umschweife in der Weise angeschlossen, wie es für den jeweiligen »Sitz im Leben« der Regel charakteristisch ist.

Um diesen Sachverhalt an dem von Kripke herangezogenen Beispiel des Einkaufens zu verdeutlichen:[73] Ich beginne nicht nachzurechnen, ob die Kassiererin im Supermarkt mit Hilfe ihrer Registrierkasse korrekt gerechnet hat, sondern bezahle den genannten Preis, wodurch das Addieren in seiner Verknüpfung mit bestimmten Alltagshandlungen als Regel bestätigt wird. Von Übereinstimmung kann hier nicht die Rede sein, einfach weil nichts übereinstimmt, sondern differente Handlungen aufeinander bezogen sind. Die Kassiererin (bzw. die Kasse) rechnet, ich bezahle. Den Clou des Regelfolgens (hier des Addierens), und damit den spezifischen Charakter der Regel, verfehlt man also, wenn man ohne weitere Einschränkung auf »Übereinstimmung« abhebt, weil eine Handlung in ihrer Individuation allererst dann sichtbar wird, wenn die von ihr unterschiedenen, aber darauf abgestimmten Anschlußhandlungen mit in die Betrachtung einbezogen werden.

Ist diese Zurückweisung der Übereinstimmungskategorie aber nicht nur auf kritiklose Kunden beschränkt, die sich alles bieten lassen? Bezahlen wir nicht eher deswegen, weil wir insgeheim nachrechnen und zum gleichen Ergebnis kommen wie die Kassiererin? Jeder Fall eines Regelfolgens wäre dann identisch mit demjenigen, in dem sich der Schlosserlehrling befindet. An jede seiner Handlungen wird mit fortsetzenden Handlungen erst dann angeschlossen, wenn die Richtigkeit des erzielten Ergebnisses durch Übereinstimmen mit einem Musterhandeln geprüft ist.

Die Übereinstimmung kann aber aus zweierlei Gründen diese Begründungslast nicht tragen. Erstens hilft die Übereinstimmung nicht festzustellen, welches Handeln denn bei dem fraglichen Geschehen überhaupt vorliegt. Erst aus der Einbettung in anschließendes Handeln wird ja deutlich, welche Handlung vorgelegen hat bzw. welche Regel anzuwenden war. Und dieses anschließende Handeln ist kein übereinstimmendes Handeln. Man muß also, wenn man auf Übereinstimmung mit einem Musterhandeln vergleichen können

---

[73] Vgl. Kripke (1987), S. 117.

will, immer schon wissen, welcher Regel das Handeln genügen soll.[74] Und diese Kenntnis besitzen wir aus der Eingebundenheit in unsere gemeinsamen Praktiken, Sitten und Gebräuche, die den Anschluß von Handlungen aneinander bestimmt, nicht aber durch irgendeine Prüfung auf Übereinstimmung.

Zweitens sagt Übereinstimmung überhaupt nichts darüber aus, was genau übereinzustimmen hat. Wenn man penibel genug ist, unterscheidet sich jedes Ereignis, jeder Prozeß von einem anderen und sei es nur durch seine raumzeitliche Lokalisation. Man muß also bereits eine bestimmte Regel unterstellen, bevor man mit Übereinstimmung hantieren kann, weil es nicht um völlige Übereinstimmung geht, sondern um die Übereinstimmung relevanter Merkmale. Was relevant ist, hängt aber von der jeweiligen Regel ab, der das Handeln folgen sollte. Was genau wäre an dem Handeln der Kassiererin im Beispiel denn auf Übereinstimmung zu prüfen? Ich hatte vor der Kassiererin die Waren ausgebreitet, die ich mitnehmen wollte. Sie hat einen Blick in den oberhalb von uns beiden angebrachten Spiegel getan, um zu sehen, ob ich auch alle Waren aus meinem Einkaufswagen genommen habe, hat dann die Preise abgelesen, zusammengerechnet und die Summe genannt. Welche dieser Teilhandlungen prüfe ich nun durch Übereinstimmung nach? Rechne ich allein die Posten erneut zusammen, unterlasse jedoch, ihr Ablesen der Preise ebenfalls zu prüfen? Wenn es lediglich darum geht, die Addierfähigkeit der Kassiererin zu testen, etwa im Zuge eines Wettbewerbs im Kopfrechnen (bei dem sie die zu addierenden Zahlen laut vorliest), wäre es mir als überlegenem Kopfrechner völlig egal, ob sie bei einer Ware statt des einstelligen Preises die dreizehnstellige Artikelnummer zur Berechnung verwendet, solange sie zu demselben Ergebnis gelangt wie ich. Soll ich allerdings als Kunde zum Bezahlen der ermittelten Summe verpflichtet werden, so werde ich auf das Ablesen der »richtigen« Zahlen dringen und somit sowohl Preisablesung wie auch Summation per Übereinstimmung mit meinen Resultaten prüfen müssen. Bin ich als Testeinkäufer des Supermarktes angestellt, so kann ich es mir zusätzlich nicht ersparen zu ergründen, ob sie mit ihrem Blick in den Spiegel überhaupt sehen konnte, daß mein Wagen tatsächlich leer ist. Die Übereinstimmung bezieht sich demnach auf sehr unterschiedliche Aspekte des Handelns, je nachdem, welche Anschlußhandlungen danach erfolgen sollen. Was jeweils

---

[74] Vgl. Goldfarb (1985), S. 483 f.

übereinzustimmen hat, um ein korrektes Regelfolgen zu bestätigen, hängt also von der Einbettung ab, die selbst nicht Gegenstand der Übereinstimmungsprüfung ist, sondern dieser als Randbedingung vorausliegt.[75]

Aus diesem Grund ist Kripkes Plazierung des Übereinstimmungsbegriffs verfehlt. Seine Formulierungen laufen darauf hinaus, das Handeln unabhängig von der Einbettung in ein Gemeinschaftshandeln als Fall einer Regel zu individuieren und anschließend zur Feststellung von dessen Korrektheit in einem sozialen Prozeß auf Übereinstimmung zu prüfen.[76] Dies ist aber nicht der Fall. Unabhängig von dem Gemeinschaftshandeln ist das jeweilige Handeln nicht als Fall der Regel individuiert. Dazu wird es erst im Zuge der Überprüfung oder des problemlosen Anschlusses. Und in der Überprüfung, die die entsprechende Regel bereits unterstellen muß, um Gleichheit oder Differenz relevanter Merkmale zu unterscheiden, kann auch die Übereinstimmung allererst ihren Kriteriencharakter für richtiges und falsches Regelfolgen erlangen.

Nun könnte man ja behaupten, für das korrekte Addieren als solches sei es doch vollkommen irrelevant, was sich an diese Handlung anschließe. Bei der Überprüfung des Addierens der Kassiererin hätte ich doch ebenfalls addiert und die Übereinstimmung beider Rechnungen ergebe, daß korrekt addiert worden sei, so dieses Argument. Es mißachtet die vielfältige Deutbarkeit, die jedem Handeln innewohnt, wie wir bereits oben an dem Kneipenbeispiel gesehen haben. Es gibt kein Addieren als solches, sondern eine Handlung wird als Addieren erst dann individuiert, wenn an dieses Handeln in ent-

---

[75] Diesen Umstand übersieht Knell (1996), wenn er versucht, vermittels des oben bereits kritisierten Begriffs institutioneller Tatsachen von Searle dem Regelfolgenproblem eine ontologische Lesart abzugewinnen. Es ist bereits deutlich geworden, daß es keine unabhängig von den zu erklärenden institutionellen Sachverhalten bestimmbaren natürlichen Tatsachen gibt, die die Basis für eine darauf aufruhende konstitutive Regel im Sinne Searles abgeben könnten. Knell meint in dem gleichartigen Sprechverhalten einer Person unter epistemisch normalen Bedingungen eine natürliche Tatsache für die Zuschreibung von »Person P meint mit Ausdruck A Gegenstände der Art X« gefunden zu haben. Dabei übersieht er jedoch, daß zur Feststellung der Gleichartigkeit des Sprechverhaltens, das ja eine Gleichartigkeit hinsichtlich relevanter Merkmale ist, bereits die Regel unterstellt werden muß, die allererst zu konstituieren wäre.

[76] Im Sinne von Baker/ Hacker (1994) wäre dies eine »externe« Relation zwischen Regel und Gemeinschaftshandeln. Sie vertreten hingegen eine »interne Relation« zwischen der Regel und ihren Anwendungsfällen, die sie freilich nicht als soziale Relation begreifen wollen. Vgl. zur Kritik der Position von Baker und Hacker Kap. 3.4.5.

sprechender Weise angeschlossen wird. Dadurch daß ich nachrechne, individuiere ich das Handeln der Kassiererin als ein zu prüfendes Addieren und nicht als einen Tip, wie ich meine Lotto-Zahlen wählen sollte. Und weil ich auf mein Nachrechnen hin mit Bezahlen anschließe, können die vorangegangenen Handlungen als (überprüftes) Addieren sichtbar werden.

Selbst dann, wenn man die Notwendigkeit außer Acht ließe, die anschließende Handlung einzubeziehen, erforderte dennoch der Prüfvorgang, der die Übereinstimmung konstatiert, den Bezug differenter Handlungen aufeinander. Übereinstimmung allein ist also nicht hinreichend, um korrektes Regelfolgen fassen zu können. Vielmehr liegt entweder (bei für kompetent eingeschätzten Regelfolgern) gar keine Übereinstimmung vor, weil keine Überprüfung stattfindet und direkt in der normalen Weise mit den fortsetzenden Handlungen angeschlossen wird. Oder aber es findet (in Zweifelsfällen oder bei nicht für kompetent gehaltenen Personen) eine Überprüfung statt, innerhalb deren Übereinstimmung Bedeutung hat, die sie aber lediglich im Rahmen der Gemeinschaftshandlung »Überprüfung« besitzt.

Sehen wir uns zur Begründung nochmals die Szene im Supermarkt an. Die Kassiererin hatte addiert, um den errechneten Betrag bezahlt zu bekommen. Wenn ich zur Überprüfung addiere, so liegt nicht einfach ein Addieren vor, das mit ihrem Addieren übereinstimmt. Das sieht man schon daran, daß ich nicht addiere, um einen Betrag bezahlt zu bekommen, sondern um die Rechnung der Kassiererin zu prüfen und je nach Ergebnis dann zu bezahlen oder zu monieren. Mein Addieren ist ein Prüfvorgang und das heißt: Mein Rechnen ist nicht einfachhin ein Rechnen, sondern es ist wesentlich immer auch ein vergleichender Bezug auf das Rechnen der Kassiererin. Das von mir erzielte Resultat versteht sich nicht einfach als eine korrekt ermittelte Summe, die zu zahlen wäre, sondern wesentlich auch als Bestätigung oder Widerlegung der überprüften Rechnung. Bei der Überprüfung bilden folglich weder das Rechnen der Kassiererin, noch mein Nachrechnen jeweils für sich genommen diejenige Handlung, an die mit dem Bezahlen angeschlossen wird, vielmehr folgt diese Anschlußhandlung auf die Relation von Rechnung und Prüfrechnung. Da Rechnung und Prüfrechnung auch dann, wenn beide zum selben Resultat kommen, unterschiedliche Handlungen sind, liegt dieselbe Struktur wie in einer Korrektur vor: Differente Handlungen werden aufeinander bezogen, die in ihrer Verknüpfung diejenige Einheit darstellen, an die dann angeschlossen wird. Offensichtlich dürfte damit geworden sein, daß die Überprüfung auf Übereinstimmung bei einem als kompetent eingeschätzten Regelfolger eine Struktur besitzt, die der zwischen dem Schüler und Lehrer gleicht. Erst aus dem Gesamten aus geprüfter und überprüfender Handlung entsteht ein Fall betont korrekten Regelfolgens, das dann das übliche Fortsetzen mit Anschlußhandlungen erlaubt. Die normative Dimension des Regelfolgens wird erneut faßbar als der Bezug differenter Handlungen aufeinander – eine Verknüpfung, die vom Begriff der Übereinstimmung systematisch verschleiert wird.

Manchem wird diese Argumentation rabulistisch anmuten. Die soeben herausgestellte Ungleichheit von geprüftem und prüfendem Handeln, so könnte der Einwand lauten, ist dem Prüfverfahren geschuldet, nicht aber dem fraglichen Handeln (dem Addieren), das man vermittels dieses Verfahrens testet. Die Übereinstimmung besteht darin, daß die Kassiererin und ich gleichermaßen addieren; die oben aufgewiesene Differenz ist allein dem Umstand geschuldet, daß ich im Rahmen einer Überprüfung addiere. Übereinstimmung herrscht hinsichtlich des Regelfolgens, Unterschiede entstehen durch die jeweils unterschiedliche Einbettung dieses Regelfolgens. Hierauf sind zwei Antworten möglich.

Erstens wäre die Frage zu stellen, wie die Abgrenzung möglich ist zwischen dem jeweiligen Regelfolgen, das übereinstimmt, und dem Prüfverfahren, das die Differenz zwischen prüfendem und geprüftem Handeln einträgt. Oben haben wir bereits gesehen, daß die jeweilige Einbettung eines Handelns sehr unterschiedliche Aspekte dieser Handlung für prüfungsrelevant auszeichnet. Es mußten im Beispiel immer mehr Aspekte übereinstimmen, wenn die fragliche Überprüfung der Kassiererin Kopfrechnen, zu bezahlenden Kaufpreis oder das Verhalten der Kassiererin im Sinne der Supermarktleitung untersucht. Analoges gilt auch hier. Welcher Grund berechtigt dazu, den bei Prüfung und Geprüftem gleichermaßen ablaufenden Vorgang des Addierens als relevant hervorzuheben, aber die Differenz, die in der Bezogenheit des prüfenden Addierens auf das geprüfte Addieren besteht, als nebensächlich fallen zu lassen? Gerade wenn Übereinstimmung als ein Kriterium in einem Prüfprozeß gilt, können Eigenarten des Prüfverfahrens nicht vernachlässigt werden.

Die zweite Antwort schließt sich an das zuletzt Erwähnte an. Wenn Übereinstimmung im emphatischen Sinn die Normativität von Regelfolgen erklären soll, so ist die Bezogenheit von geprüfter und prüfender Handlung nicht vernachlässigbar. Es geht mit einem solchen Übereinstimmungsbegriff nicht um eine Gleichheit der Handlungen, die konstatiert wird, aber auch fehlen könnte. Der prüfende Vergleich von Handlungen, der sein Paradigma am Korrekturhandeln im Lernprozeß besitzt, bezieht Handlungen derart aufeinander, daß sie als richtiges oder falsches Regelfolgen sichtbar werden. Dieser Bezug geht mit einer unaufhebbaren Differenz von prüfendem und geprüftem Handeln einher, die oben deutlich geworden ist, wenn dieser Bezug auch bestimmte Teilaspekte enthält, die bei korrektem Regelfolgen Übereinstimmung aufweisen. Mit Übereinstimmung allein ist jedoch der normative Gehalt von Regelfolgen nicht zu fassen.

Festzuhalten wäre demnach: Im Normalfall des Regelfolgens erfolgt überhaupt keine Überprüfung auf Übereinstimmung, sondern die Regelanwendung wird in einer problemlosen Weise der bestätigenden Individuation durch Anschlußhandeln fortgesetzt. Es liegt keine Übereinstimmung des Handelns vor, weil sich differente Handlungen aneinanderreihen.[77] In den Fällen des Lehrens und des Überprüfens, in denen die Übereinstimmung als Kriterium für das richtige Anwenden einer Regel verwendet wird, ist es aber nicht die Übereinstimmung, die ein Handeln als Fall einer bestimmten Regel faßbar macht. Die Übereinstimmung kann nicht klären, welche Regel eigentlich vorliegt. Vielmehr muß im Überprüfungsprozeß bereits die Regel vorgegeben werden, hinsichtlich deren dann die Übereinstimmung im Zuge der Überprüfung über Korrektheit oder Falschheit entscheidet. Das Überprüfen auf Übereinstimmung erfordert dabei den Bezug unterschiedlicher Handlungen, ist selbst also auch nicht durch die Kategorie »Übereinstimmung« zureichend beschrieben. Es ist in jedem Fall die für Gemeinschaftshandlungen charakteristische Bezogenheit differenter, aber abgestimmter Handlungen aufeinander, die richtiges und falsches Regelfolgen ermöglichen.

---

[77] Die Übereinstimmung kann sich hier höchstens auf die Art der Abfolge jener differenten Handlungen beziehen. Diese Form des Übereinstimmens setzt aber bereits eine Bezogenheit differenter Handlungen voraus und kann sie selbst nicht erklären. Vgl. zu einer genauen Formulierung Kap. 3.5.2.

3.4.4. Die Ambiguität des Begriffs »Übereinstimmung«

Wenn ein korrekter Regelgebrauch vorliegt, kann die vollzogene Handlung von einem kompetenten Regelbefolger mit einem Irrealis folgender Art umschrieben werden: »Wenn ich an seiner Stelle gewesen wäre, hätte ich auch so gehandelt«. Liegt hier nicht endlich eine Übereinstimmung vor?

Dieser Irrealis darf keine verkappte Form sein, über eine Überprüfung des Regelfolgens durch einen anderen zu sprechen, weil sonst alle oben bereits entwickelten Einwände gegen den Übereinstimmungsbegriff erneut ins Feld geführt werden müßten. Bleibt der Irrealis dann aber nicht einfach ohne jeden Bezug zu unserer Handlungswirklichkeit? Die Lösung dieser Frage ist in Wittgensteins Hinweis enthalten, daß von Regelfolgen nur gesprochen werden könne, wenn es auch einen ständigen Gebrauch, eine Gepflogenheit gebe.[78] Einerseits hebt dies die Bezogenheit des Regelbegriffs auf das tatsächliche Handeln hervor. Trivialerweise kann von »richtig« oder »falsch« nur gesprochen werden, wenn tatsächlich eine Handlung erfolgt ist.

Mit einem einmaligen Geschehen wäre anderseits für Wittgenstein der Regelbegriff aber auch nicht zufriedenstellend erläutert, weil ein ständiger Gebrauch erforderlich ist. Warum? Denken wir an den Fall des Wegweisers. Menschen lernen, einem Wegweiser in Richtung seiner Pfeilspitze zu folgen. Diese Fertigkeit wird einer Person zugesprochen, wenn der jeweilige Lehrer bei Überprüfung feststellt, daß der Schüler seinen Weg genügend häufig in der Richtung der Pfeilspitze nimmt. Nehmen wir einmal an, ein schleichender Erosionsprozeß der Fertigkeit setze ein, sobald die Schüler dem Unterricht als Meister dieses Regelgebrauchs entwachsen sind. Sie gehen nicht mehr genau in Richtung der Pfeilspitze, sondern weichen in einem je nach Person verschiedenen, immer größer werdenden Winkel davon ab. In dieser Welt sieht man demnach die Leute nach dem Studium eines Wegweisers in den verschiensten Winkeln ihren Weg nehmen, manchmal den Wegen folgend, manchmal querfeldein. Ein jeder würde dem Wegweiser anders als jeder andere und anders als er selbst zuvor folgen. Dann aber hätte es wenig Sinn, noch vom Regel-

---

[78] Vgl. PU § 198 und oben S. 210–213.

folgen zu sprechen, weil die eingeübte Regel mit einem völlig regellosen Verhalten bei der »Regelanwendung« einherginge.[79]

Wenn das hier thematische »So hätte ich es auch gemacht« nicht auf einer direkten Überprüfung des fraglichen Verhaltens beruhen soll, so gründet der Sinn dieses Irrealis darin, daß die kompetenten Regelbefolger in der praktischen Ausübung ihrer Kompetenz nicht divergierende Ergebnisse der soeben geschilderten Art erzielen. Wenn man aus der Sicht des Beobachters das Handeln von regelfolgenden Personen vergleicht, stellt man fest, daß sie Handlungsmuster in einer konstanten Weise wiederholen und darin übereinstimmen, daß sie bei der jeweiligen Wiederholung nicht voneinander (oder von ihrem früheren Tun) abweichen. Um von Regelfolgen überhaupt sprechen zu können, muß gewährleistet sein, daß das Anwenden einer Regel einer gewissen Konstanz unterliegt, ohne daß diese Konstanz durch Korrektur herbeigeführt würde.[80] Diese Konstanz drückt sich darin aus, daß die verschiedenen, tatsächlich sich ereignenden Fälle des Regelfolgens, sei es der gleichen Person, sei es verschiedener Personen, füreinander ersetzbar sind, weil Menschen einmal erlernte Verhaltensweisen reproduzieren. Ohne diese Konstanz hätte auch der Lernvorgang jeden Sinn verloren, weil Lernen ja in der Ausbildung einer Fertigkeit oder Fähigkeit besteht, die sich eben in einer bestimmten (und nicht irgendeiner) Handlungsweise manifestiert.

Diese Art der Übereinstimmung aus der Reproduktionsfähigkeit von Verhaltensmustern, um es nochmals zu betonen, stellt nicht die Richtigkeit oder Falschheit von Regelfolgen fest, da dazu eine direkte Überprüfung nötig wäre. Vielmehr ist dieser Begriff der ex post feststellbaren Übereinstimmung durch konstante Reproduktion eine faktische Hintergrundvoraussetzung dafür, daß wir überhaupt Lebensformen herausbilden können, die Regelfolgen heißen können.[81] Man könnte diese Art der Voraussetzung vergleichen mit der Notwendigkeit, einen in bestimmter Weise geformten Kehlkopf zu besitzen, um einer artikulierten Sprache fähig zu sein. Hätten wir einen solchen Kehlkopf nicht, würden wir andere Lebensformen besitzen –

---

[79] Vgl. auch PU § 242.
[80] Es ist offensichtlich, daß in einer Welt, in der sämtliche Fertigkeiten erodierten, auch die Fertigkeit zu korrigieren sich ständig änderte, und damit auch Korrekturen die Konstanz des Regelfolgens nicht sichern könnten.
[81] Vgl. PU § 241.

könnten wir ein Verhaltensmuster nicht reproduzieren, gäbe es das Regelfolgen als Lebensform nicht.

Um den hier entscheidenden Unterschied zwischen normativ verstandenem Übereinstimmen und dem lediglich ex post festgestellten, faktischen Übereinstimmen zu betonen, gehen wir nochmals auf das Schimpansenbeispiel zurück. Wenn jene Schimpansen ohne jeden sichtbaren Lernprozeß gleichermaßen Ornamente mit denselben Mustern in den Sand malen würden, dann stimmten diese Handlungen faktisch überein. Es ist kontingenterweise wahr, daß dort gleiche Verhaltensweisen beobachtet werden können. Diese Art von Übereinstimmung impliziert aber nicht, daß einer der Affen einen Fehler macht, wenn er beim Zeichnen des Ornaments vom anderen Affen abweicht. Es bestünde in diesem Fall eben einfach faktisch keine Übereinstimmung. Von »Fehler« zu reden erfordert, daß die Handlungen der beiden Affen aufeinander normativ bezogen gedacht werden. Es fehlt in der gegebenen Situation aber jeder Anhaltspunkt, um diese Bezogenheit zu unterstellen. Durch nichts ist auszuschließen, daß jeder Affe allein für sich Muster malt, die ein Beobachter als gleichartig beschreiben würde.

Zur Vereinfachung haben wir bislang angenommen, es sei bereits klar, welcher Regel eine Handlung folgt (bzw. zu folgen versucht), d. h., wir haben eine Einbettung des fraglichen Tuns in Anschlußhandlungen unterstellt, die das fragliche Handeln als unter jener Regel stehend individuiert. Wir hatten an anderer Stelle bereits gesehen, daß je nach der Anschlußhandlung die vorangehende Handlung unter sehr verschiedenen Regeln stehend aufgefaßt wird. Es war ebenfalls deutlich geworden, daß die Abhängigkeit der Individuation von Handlungen durch ihre Anschlußhandlungen sich lediglich auf diejenigen Verknüpfungen von Handlungen erstreckt, die derselben Episode angehören. Denn wenn die Episode abgeschlossen ist, steht (zumindest auf dem Aggregationsniveau der Epsiode) die Individuation der Handlungen fest. Die soeben angestellten Überlegungen zur Rolle der Übereinstimmung sind demnach ebenfalls auf die gleichartige Wiederholung der Verknüpfung von Handlung und Anschlußhandlung innerhalb einer Episode anzuwenden.[82]

---

[82] Gäbe es keine Episodengliederung, so könnte es überhaupt keine Wiederholung von Handlungsverknüpfungen geben, weil unterschiedslos sämtliche Handlungen miteinander verknüpft wären und somit das zu Wiederholende alle bislang vorgefallenen Handlungsverknüpfungen wären.

Gäbe es nämlich keine konstant wiederholten Muster des Anschlusses einer Handlung an eine andere, so bedeutete dies, daß die vorangehende Handlung jeweils als Ausdruck einer anderen »Regel« aufgefaßt würde, unabhängig davon, ob die vorausgehende Handlung jeweils gleichartig abliefe. An das Addieren würde z. B. einmal mit Bezahlen angeschlossen, beim nächsten Mal hingegen mit dem Singen des Tons, den man mit dem Klang der Summe assoziiert etc. Der Begriff »Regel« ist dabei mit Bedacht in Anführungszeichen gesetzt, weil solche »Regeln« maximal einen einzigen Fall regeln würden und damit gar keine Regel mehr wären, weil sie nicht einmal im Potentialis mehr als diesen einen Fall umfassen. Man hätte es permanent mit neuen Handlungen zu tun, die sich in kein konstantes Muster fügen würden und den Regelbegriff somit unanwendbar machten. Diese Notwendigkeit einer Übereinstimmung von Verknüpfungen bei der Wiederholung von Episoden versteht sich dabei wie oben als eine Bedingung, die faktisch gegeben sein muß, damit es so etwas wie Regeln geben kann, nicht jedoch als ein Erklärungsmoment des normativen Charakters von Regeln. Dafür läßt sich dieselbe Begründung wie oben anführen, weil man in der bereits ausgeführten Erklärung lediglich den Bezug auf die jeweilige Handlung durch denjenigen auf die Verknüpfung von Handlung und Anschlußhandlung ersetzen muß, um dieselbe Schlußfolgerung auch für den hier einschlägigen Gegenstandsbereich abzuleiten.

Kripkes Deutung der *Philosophischen Untersuchungen* hat klargemacht, daß Regelfolgen letztlich ein genuin soziales Handeln ist, auch wenn es sich um eine Regel handeln mag, die individuelles Handeln betrifft. Dieser Erkenntnisgewinn droht jedoch verloren zu gehen, wenn man die Kategorie der Übereinstimmung in Kripkescher Manier ambivalent verwendet. Gegen Kripke wäre als Fazit festzuhalten: Wo die Übereinstimmung normativ für das Regelfolgen von Belang ist – in der Überprüfung auf Richtigkeit –, gilt die geprüfte Handlung allein nicht mehr als Fall der Regel; wo sie konstitutiv für das Regelfolgen wird – in der Konstanz der Wiederholung –, hat sie keine normative Bedeutung mehr. Erst aus der unzulässigen Vermischung dieser beiden Typen von Übereinstimmung kann der Eindruck entstehen, daß mit dem Begriff »Übereinstimmung« allein der Kern des Regelfolgens getroffen wäre. Übereinstimmung hat einen wichtigen Platz in der Regelfolgenproblematik, aber einen, der allererst innerhalb einer Struktur bedeutsam wird, die unterschiedliche Handlungen verschiedener Personen aufeinander bezieht.

3.4.5. Einwände gegen die Gemeinschaftsgebundenheit von Normativität

Auch wenn hinsichtlich der Funktion von Übereinstimmung für das Regelfolgen eine Modifikation der Kripkeschen Lesart des Wittgensteinschen Privatsprachenarguments nötig schien, lehnt sich das hier vertretene Konzept in weiten Bereichen an Kripke an. Kripkes Auffassung ist jedoch nicht nur in dieser moderaten Form kritisiert worden, sondern hat eine heftige Debatte ausgelöst, in der manche Kombattanten Kripkes Erkenntnisse für gänzlich unhaltbar erklärt haben. Uninteressant für den in dieser Arbeit zu untersuchenden Problembereich ist derjenige Teil dieser Debatte, der darum kreist, ob Kripke eine angemessene Interpretation von Wittgensteins *Philosophischen Untersuchungen* geliefert hat.[83] Es geht hier nicht darum, eine angemessene Wittgenstein-Interpretation zu liefern, sondern um die Frage, ob es eine Regelgeltung geben kann, die unabhängig von sozialen Prozessen ist.

Aus dem Widerlegungsrepertoire der Kripkeschen Auffassung möchte ich zwei Argumentationsstrategien herausgreifen, die komplementäre Möglichkeiten markieren, die Rückbindung der Regelgeltung auf ein soziales Geschehen zu leugnen. Die erste Strategie besteht darin, in Abrede zu stellen, daß die Richtigkeit bzw. Falschheit eines Regelfolgens (und damit das Existieren von Regeln überhaupt) von sozialen Prozessen der oben beschriebenen Art abhängig sei. Als prominente Vertreter dieser Auffassung möchte ich den Kommentar von G. P. Baker und P. M. S. Hacker zu Wittgensteins *Philosophischen Untersuchungen* diskutieren. Die zweite Stoßrichtung verwendet eine Art transzendentales Argument, um zu zeigen, daß Kripke den Nachweis, Regelnormativität könne nicht aufgrund von Tatsachen bestehen, die vereinzelte Individuen betreffen, ausschließlich dann führen kann, wenn er das zu Leugnende unterstellt. Hier ist Gerhard Schönrichs Beitrag zur Debatte zu analysieren. Im ersten Fall verläuft der Widerlegungsversuch über den Aufweis, daß der Gegenstandsbereich – die Regeln und ihre Geltung – anders strukturiert sei, als Kripke glauben mache; im zweiten Fall wird der

---

[83] Vgl. für diese Auffassung Hacker/ Baker (1984), Winch (1992). In einigen Teilen ist sogar umstritten, was Kripke nun genau behauptet, vgl. dazu Wilson (1994) versus Boghossian (1989) und Wright (1984).

Versuch unternommen, Kripkes Argumentationsmethode als fehlerhaft aufzuweisen und darüber seine Schlußfolgerung zu blockieren.

Baker und Hacker heben hervor, daß zwischen der Regel und ihrer korrekten Anwendung eine interne Relation bestehe.[84] In Anschluß an Wittgenstein fassen sie »interne Relation« wie folgt: Wenn A und B in einer internen Relation zueinander stehen, dann impliziert dies, daß es undenkbar ist, A und B seien nicht in dieser Weise verbunden.[85] Beides voneinander zu trennen, wäre nicht falsch, sondern sinnlos. Daß wir Regeln folgen können, ist ein Teil der Grammatik (im Wittgensteinschen Sinn) von »Regel«, d. h., es gäbe gar keine Regeln, wenn wir nicht die Fähigkeit hätten, ihnen gemäß zu handeln. Entsprechend gibt es kein vermittelndes Drittes zwischen der Regel und dem Akt, der der Regel genügt. Mit andern Worten, die Regel wäre nicht die Regel, die sie ist, wenn der entsprechende Anwendungsakt ihr nicht genügte, und die Anwendung wäre nicht, was sie ist, wenn sie nicht in Einklang mit der Regel stünde.[86] Entsprechend bedeutet eine Regel zu verstehen zu wissen, welche Handlungen ihr konform sind. Wenn zwischen der Regel und ihrer (korrekten) Anwendung fälschlich eine Lücke vermutet wird, liegt das darin begründet, daß man die Anwendung der Regel für teilweise unabhängig von der Regel selbst ansieht. Dieser Eindruck wird durch den Umstand befördert, daß man zwischen dem Ausdruck (der Formulierung) der Regel, die auch in Beispielen erfolgen kann, und der Beschreibung regelkonformen Verhaltens unterscheiden kann. Dieser Unterschied zwischen Regelausdruck und Beschreibung erlaubt es aber nur dann, Regel und Regelanwendung auseinanderzureißen, wenn übersehen wird, daß Regelausdruck und Beschreibung grammatisch verknüpft sind, d. h., daß es das eine nicht ohne das andere geben kann. Deshalb gibt es keine Lücke zu überbrücken mit welchen Mitteln auch immer, weil beides wechselseitig aufeinander verweist.[87] In all dem ist Baker und Hacker recht zu geben.

Sie setzen ihre These in Gegensatz zu Kripkes Auffassung, der das »Richtig« des Regelfolgens an einen sozialen Prozeß gebunden sieht. Sie meinen, mit dieser Verknüpfung werde aus der internen

---

[84] Vgl. Baker/ Hacker (1994), S. 104 f.
[85] Vgl. Wittgenstein (1922) 4.123.
[86] Vgl. Baker/ Hacker (1994), S. 91.
[87] Vgl. Baker/ Hacker (1994), S. 104. Die von Wieland (1989, S. 13) konstatierte Applikationsaporie, die typisch für die praktische Vernunft sei, stellt sich somit als vermeidbarer, theorieimmanenter Fehler in der Auffassung von Regeln bzw. Normen heraus.

Relation zwischen Regel und Regelanwendung eine externe Relation gemacht, die über ein Drittes vermittelt werde, nämlich das Übereinstimmen der Regelfolger in der entsprechenden Praxis. Nicht mehr die Regel bestimme dann, was richtig und falsch sei, sondern das Verhalten, das die meisten (oder alle) Mitglieder einer Gemeinschaft in bestimmten Situationen tun. Baker und Hacker räumen ein, daß ein solches Konzept mit sehr vielen Textstellen der *Philosophischen Untersuchungen* übereinstimme, es ergebe aber eine Karikatur der Wittgensteinschen Überlegungen.[88] Insbesondere könne auf dem Hintergrund eines solchen Ansatzes der Unterschied festgemacht werden, der zwischen dem individuellen Meinen, einer Regel zu folgen, und dem tatsächlichen Befolgen dieser Regel besteht. Ohne diesen Unterschied gäbe es nach PU § 258 weder Richtig noch Falsch und damit auch keine Regeln. Nicht dasjenige, was der Einzelne für richtiges Regelfolgen hält, sondern dasjenige, was die anderen Mitglieder der entsprechenden Gemeinschaft bei Ausübung der Praxis tun, bestimmt dann, was korrektes Regelfolgen ist.

Nun kommt es sehr darauf an, wie der Abgleich zwischen dem Handeln des einen und dem Handeln der anderen im Zuge der Praxis aufgefaßt wird, ob Baker und Hacker eine zutreffende Kritik äußern. Sollte das Modell sozialer Rückbindung von Regeln, das Baker und Hacker bekämpfen, darin bestehen, daß zunächst jeder für sich allein der entsprechenden Regel folgt und dann der Vergleich dieser Verhaltensweisen per Mehrheitsentscheid das richtige (d. i. das Verhalten, das die Mehrheit an den Tag legt) von dem falschen Regelfolgen scheidet, wäre die Kritik berechtigt.[89] In Kripkes Ausführungen gibt es Passagen, die eine solche zu kritisierende Auffassung durchaus stützen könnten.[90] Baker und Hacker widerlegen mit diesem Argument jedoch nicht etwa die Fundierung von Regelfolgen in sozialen Zusammenhängen, wie es oben ausgeführt worden ist, sondern lediglich ein unzureichendes Modell des Sozialen. Es dürfte inzwischen deutlich geworden sein, daß ein solches Modell kein Modell sozialen Handelns ist, sondern lediglich aggregierte individuelle Handlungen ergäbe, die die normative Basis des Regelfolgens nicht zu erfassen erlauben. Es wird nicht die Regel zunächst individuell angewendet und dann nachträglich das Regelfolgen der Individuen verglichen,

---

[88] Vgl. Baker/ Hacker (1994), S. 170.
[89] In dieser Weise wohl Baker/ Hacker (1994), S. 171.
[90] Vgl. Kripke (1987), S. 115.

um richtig und falsch zu unterscheiden.[91] Vielmehr ist gezeigt worden, daß richtig und falsch, mithin das Befolgen einer Regel ohne den differentiellen Bezug von Anschlußhandlungen im sozialen Kontext nicht konzipiert werden kann. Die interne Relation, die nach Baker und Hacker zwischen dem Regelausdruck und dem korrekten Regelfolgen besteht, muß zu einem Zusammenhang präzisiert werden, dessen Struktur durch eine Beziehung verschiedener Anschlußhandlungen im sozialen Kontext aufeinander bestimmt ist. Auch die soziale Dimension ist der Regel also nicht extern, sondern als Struktur der internen Relation zwischen Regel und korrekter Anwendung eingeschrieben.

Neben dieser Kritik, die lediglich ein Zerrbild sozialen Handelns treffen kann, bieten Baker und Hacker aber zwei miteinander verknüpfte Argumentationsstränge gegen die soziale Fundierung der normativen Dimension des Regelfolgens überhaupt an. Der erste Strang argumentiert mit Beispielen, in denen wir üblicherweise Regelfolgen attestieren, ohne daß eine Gemeinschaft aktuell gegeben ist, wie etwa bei Robinson Crusoe in seiner Inseleinsamkeit, dem letzten Mohikaner und einem übriggebliebenen Babylonier in unseren Tagen.[92] Der zweite Strang behauptet, die Unabhängigkeit des korrekten Regelfolgens von sozialen Zusammenhängen dadurch zeigen zu können, daß es Selbstkorrekturen gibt, in der eigene Handlungen als falsches Regelfolgen sichtbar werden, also zwischen richtiger und falscher Regelanwendung auch »privatim« zu unterscheiden sei.[93]

Nun zum ersten Strang. Muß dem letzten lebenden Mohikaner abgesprochen werden, die Sprache der Mohikaner zu sprechen (also ihren Regeln folgen zu können), wenn es keinen anderen Mohikaner mehr gibt, mit Bezug auf dessen Regelkompetenz richtig und falsch festgestellt werden könnte? Könnte uns ein Überlebender der längst untergegangenen babylonischen Kultur die Regeln der babylonischen Arithmetik beibringen, wo doch niemand mehr diese Regeln außer ihm beherrscht? Nehmen wir den Mohikaner als Beispiel, für den Babylonier gelten die Schlußfolgerungen analog. Dem Mohikaner kann man durchaus zuschreiben, Regeln zu folgen. Es ist dadurch

---

[91] McDowell (1984) hat deutlich gemacht, daß Wittgenstein ein aggregative Auffassung der Sprachgemeinschaft fernliegt.
[92] Vgl. Baker/ Hacker (1994), S. 171.
[93] Vgl. Baker/ Hacker (1994), S. 173f.

möglich, daß wir seine Sprache erlernen können. Der Mohikaner tritt
an die Stelle des Lehrers in der oben diskutierten korrigierenden Anschlußhandlung und damit spannt sich die erforderliche soziale Bezogenheit auf, innerhalb deren es ein Richtig und ein Falsch gibt. Das
Falsch wird beim Erlernen des Mohikanischen zuerst wesentlich unsere Handlungen charakterisieren. Aber der Mohikaner ist innerhalb
dieses sozialen Gefüges selbst nicht sakrosankt. Sollte er sich in
einem seiner Lehrsätze widersprechen, so ließe sich auch sein Regelfolgen als falsch ausweisen und damit hätten Regeln im entstandenen
sozialen Kontext normative Implikationen. Sollte der Mohikaner
freilich zu oft seine Lehrsätze ändern oder überhaupt Dinge treiben,
die uns vollkommen unverständlich sind, wäre dieses Verhalten ein
Indiz dafür, daß er nicht Regeln folgt, sondern regellos handelt. Dem
Mohikaner keine Regelkompetenz mehr zuzutrauen bedeutet, unsere Handlungen nicht mehr (im Sinne einer Lehrsituation) auf sein
paradigmatisch richtiges Handeln zu beziehen. Der Wegfall dieses
Bezuges löst die soziale Verknüpftheit seines Handelns mit unserem
auf und bedeutet den Wegfall der normativen Dimension, d. h.: der
Mohikaner folgt keiner Regel mehr.

Der soziale Bezug ist also wesentlich für das Richtig und Falsch
auch im Falle des zunächst einsamen Mohikaners. Anders als Baker
und Hacker unterstellen, muß der soziale Bezug nämlich nicht zwischen gleichermaßen kompetenten Regelfolgern (unter kompetenten
Sprechern des Mohikanischen) bestehen, um die normative Dimension aufzuspannen. Bei der Analyse der Lehrsituation und dem korrigierenden Anschlußhandeln hatten wir gesehen, daß die normative
Dimension mit einem Unterschied an ausgeübter Kompetenz einhergeht. Der Mohikaner ist in keiner anderen Situation als der Lehrer,
der seiner Schülerschar gegenübertritt. Wir schreiben ihm hinsichtlich seiner Sprache Autorität zu (lassen uns von ihm korrigieren),
ohne die Regeln bereits zu kennen. Mit dem Zuweisen von Autorität,
mit dem Entstehen der Lehrsituation beziehen wir uns auf den Mohikaner als jemanden, der in seinem Tun Regeln folgt, ohne daß wir
bereits sagen könnten, welche es sind. Wir schließen in einer Weise
an die Handlungen des Mohikaners an (in der Lernsituation), daß
sein Handeln in diesem Gemeinschaftshandeln als Regelfolgen individuiert wird. Allein deshalb, weil wir den Mohikaner in das entsprechende Gemeinschaftshandeln einbinden, kann er Regeln folgen,
kann er richtig und falsch handeln.

Jemandem Regelfolgen zu unterstellen, ohne die Regeln zu kennen, ist dabei kein Widerspruch. Die Unterstellung bedeutet, daß er die Regel in der Weise gebraucht, wie wir Regeln verwenden. Daß er z. B. sein Handeln durch Hinweis auf die Regel erklären oder rechtfertigen wird, daß er Fälle mit Blick auf die Regel für gleichartig, als richtig oder falsch erklären wird etc.[94] All dies entfällt, wenn wir den Handlungen des Mohikaners mit Bezug auf unsere Handlungen nicht mehr den Status zubilligen, über richtig und falsch hinsichtlich des Mohikanischen entscheiden zu können. Das wird dann der Fall sein, wenn sein Verhalten bestimmten Randbedingungen nicht genügt. Zu ihnen zählt, daß der Mohikaner eine unsererseits erkennbare Regelmäßigkeit in seinem Sprachverhalten zeigt, daß etwa in der Sprache, die er uns beibringen will, Sprechakttypen wie Behauptungen, Befehle etc. vorkommen. Wenn der Mohikaner diese Randbedingungen verletzt, handelt er in einer Weise, die es uns verwehrt, die Begriffe »Regel« oder »Sprache« zu dem in Beziehung setzen zu können, was er tut. Wir werden dann, weil wir sein Verhalten nicht auf unseres beziehen können, den entsprechenden sozialen Konnex nicht herstellen können, der für Regeln unabdingbar ist.[95] Wenn diese Einschätzung erfolgt, ist der Mohikaner im hier einschlägigen Sinn ohne sozialen Bezug und kann dann tatsächlich keiner Regel mehr folgen.

Anders als im Beispiel des Mohikaners, mit dem wir einen sozialen Konnex aufbauen können, fehlt dem einsamen Robinson Crusoe auf seiner Insel anscheinend jede Sozialität. Wenn wir Robinson zuschreiben, er folge Regeln, so geschieht dies jedoch dadurch, daß wir uns in Beziehung zu seinem Tun setzen. Wenn er wirklich ohne jeden sozialen Bezug wäre, könnten wir weder wissen, noch müßte es uns interessieren, ob Robinson Regeln folgt oder nicht. Es wäre, als wollte man über das Leben in einem unerreichbaren Universum spekulieren. Daß uns oder vergangene Generationen Robinson beschäftigt, liegt ja gerade daran, daß sein fiktives Leben etwas über das Leben in der englischen Gesellschaft seiner Zeit zu sagen hat. Wir fassen Robinsons Handlungen in einer Weise auf die unseren bezogen auf, als handele er mitten in der Gesellschaft des 18. Jahrhunderts, und nehmen zusätzlich an, er lebe auf einer einsamen Insel.

---

[94] Vgl. zu den verschiedenen Aspekten, unter denen wir Regeln benutzen Baker/ Hakker (1994), S. 45 f.

[95] Vgl. für die Randbedingungen Baker/ Hacker (1994), S. 176 und die dort angeführten Zitate aus unpublizierten Manuskripten Wittgensteins.

Diese Annahme ist insofern eine zusätzliche, als Robinsons Handlungen bereits als Regelfolgen klassifiziert sind. Die einsame Insel ist dann kein Problem mehr für den sozialen Bezug, der Regeln inhärent ist. Baker und Hacker hingegen stellen den mit unserem Interesse an der Robinson-Figur gegebenen tatsächlichen Bezug auf dessen Handlungen dar, als handele es sich um einen bloß denkbaren.[96] Robinson die Eingebundenheit in eine gemeinsame Praxis zu unterstellen, ist auch von seinen Randbedingungen gerechtfertigt, setzt er in seinem Handeln auf der Insel doch diejenige Regelkompetenz weiter ein, die er im Zuge seiner Sozialisation in England erworben hat. Mit der Herkunft aus einem sozialen Zusammenhang, in dem Regelfolgen Bestandteil der etablierten Praxis ist, hat man die Berechtigung, das Verhalten Robinsons entspechend zu individuieren.

Robinson würde erst dann eine Herausforderung für die Sozialgebundenheit des Regelfolgens, wenn er ohne jeden Kontakt mit irgendeiner Gemeinschaft auf einer Insel aufwächst und man zeigen könnte, daß er dennoch Regeln folgt (und zwar seinem eigenen Verständnis nach, nicht aus unserer Zuschreibung, die ja erneut die Einbindung von Robinson in unsere Lebensformen mit sich brächte). Daß ein solcher Robinson Regeln folgen könnte, ließe sich eventuell aus dem Umstand ableiten, daß wir Selbstkorrekturen beobachten können. Unser Extrem-Robinson könnte ja auf den Einfall zu einer Selbstkorrektur kommen. Wäre dann ein Falsch und ein Richtig von Regeln auch ohne Gemeinschaftsbezug möglich? Damit wären wir bei dem zweiten Argumentationsstrang von Baker und Hacker gegen die soziale Fundierung der Regelnormativität angelangt.

Zunächst einmal scheint es recht unwahrscheinlich zu sein, daß Robinson ohne die Erfahrung einer intersubjektiven Lehr- und Lernsituation auf den Gedanken kommen sollte, sein Handeln zu korrigieren. Er würde vermutlich eine bestimmte Handlung einfach anders ausführen als zuvor, nicht aber diese neue Handlung als Korrektur einer anderen auffassen. Als Beobachter würden wir vermutlich eine Selbstkorrektur konstatieren, aber unser Blick auf Robinson soll zur Ausblendung sozialer Zusammenhänge gerade nicht wesentlich sein. Mit dieser Ausblendung entfällt dann auch die Frage, mit welchem Recht wir Robinson eine Bezogenheit einiger seiner Hand-

---

[96] Vgl. Baker/ Hacker (1994), S. 179. Für eine Stoßrichtung gegen Beispiele von einsamen Inselbewohnern, die denen ähneln, welche hier vorgetragen wurden vgl. Diamond (1989), S. 31 f.

lungen unterstellen, das man als »Selbstkorrektur« fassen könnte, wenn wir kein Lehren und Lernen beobachten können, das typischerweise die Bezogenheit von Handlungen in Form von Korrekturen enthält. Nehmen wir einfach einmal an, Robinson sei spontan auf die Idee gekommen, seine eigenen Handlungen in einer Weise miteinander zu verknüpfen, daß die eine Handlung eine Korrektur einer anderen ist.

Selbstkorrekur ist im Regelfolgen eines Einzelnen erst dann problematisch, wenn eine Handlung ausgeführt wird, die dem Handelnden als geglückter Fall des Regelfolgens gilt, sich aber als falsch erweist, da in diesem Fall die Meinung, der Regel zu folgen, mit dem tatsächlichen Regelfolgen in Gegensatz kommt. Das heißt, eine Selbstkorrektur im hier einschlägigen Sinne liegt nicht vor, wenn jemand bereits beim Handeln bemerkt, daß sein Handeln der Regel aus welchen Gründen auch immer nicht genügen kann und deshalb dieses Handeln »richtig« zu wiederholen trachtet oder es anderweitig korrigiert. Es wäre nun aber zu billig, wie Baker und Hacker zeigen, Robinson deshalb das Regelfolgen abzusprechen, weil man nicht sinnvollerweise von sich selbst sagen kann, daß die und die eigene Handlung als ein richtiges Regelfolgen erscheint, tatsächlich aber falsch ist. Diese Unmöglichkeit gleicht derjenigen Unmöglichkeit, von etwas überzeugt zu sein und zugleich diese Überzeugung für falsch zu halten. In diesem Sinn kann Robinson tatsächlich keinen Unterschied zwischen dem Meinen, einer Regel zu folgen, und dem tatsächlichen Regelfolgen machen. In der Selbstkorrektur wird, darauf weisen Baker und Hacker hin, nicht das aktuale Handeln als falsch herausgestellt, weil der Regelfolger im Moment der Handlung natürlich meint, der Regel richtig zu folgen (sonst führte er die Handlung nicht in der vorliegenden Art aus), sondern eine eigene vergangene Handlung wird jetzt für die falsche Regelanwendung gehalten. Ein instantanes Falsch gibt es in der Selbstkorrektur demnach nicht; nach Baker und Hacker bedeutet dies aber nicht, daß einem eigene Handlungen überhaupt nie falsch vorkommen können. Vergangene eigene Handlungen können einem selbst bei einer erneuten Überprüfung durchaus als falsch erscheinen.[97]

Zunächst sollte klar sein, daß die Selbstkorrektur genauso strukturiert ist, wie die oben diskutierte Korrektur, in der zwei Personen aufeinander bezogen sind. Der einzige Unterschied besteht darin, daß

---

[97] Vgl. Baker /Hacker (1994), S. 173 f.

die zu korrigierende Handlung von derselben Person ausgeführt worden ist, die nun daran korrigierend anschließt. Auch in der Selbstkorrektur schließt sich die korrigierende Handlung an eine andere Handlung an, die als bereits geschehene Handlung dem Zugriff in einem bestimmten Sinn entzogen ist. Selbst wenn es kein äußerlich erkennbares Verhalten gibt, etwa beim Kopfrechnen im Stillen, so habe ich doch etwas getan, das mir nun eine falsche Rechnung zu sein scheint. Ich habe ja nicht nur erwogen, ob ich rechnen sollte, sondern habe tatsächlich gerechnet, wenn auch falsch, wie mir nun scheint. In den Fällen der üblichen Korrektur wie auch bei der Selbstkorrektur individuiert die Korrekturhandlung die zu korrigierende Handlung als falsches Befolgen einer bestimmten Regel. Auch die Selbstkorrektur ist eine Verknüpfung differenter, aufeinander abgestimmter Handlungen.

Aber besteht ein Unterschied nicht darin, daß ich bei der Selbstkorrektur noch weiß, welcher Regel ich mit meiner zu korrigierenden Handlung ausführen wollte, während bei der Korrektur fremden Handelns die entsprechend verfehlte Regel lediglich unterstellt wird? Für die Korrektur wie für die Selbstkorrektur ist es belanglos, welche Regel mit der zu korrigierenden Handlung ursprünglich ausgeführt werden sollte, denn die (Selbst-)Korrektur individuiert das vorausgehende Handeln als eine fehlerhafte Anwendung einer bestimmten Regel, unabhängig davon, ob diese Regel ursprünglich überhaupt angewendet werden sollte. Möglicherweise fällt eine Korrektur leichter, wenn man die Absichten kennt, aber dies ändert nichts daran, daß erst die Korrektur das zu Korrigierende in der beschriebenen Weise individuiert. Der Zusammenhang zwischen beabsichtigtem Handlungstyp und dem durch die Korrektur unterstellten Handlungstyp spielt sicher eine Rolle bei Fragen, die die Adäquatheit einer Korrektur betreffen, nicht jedoch bei dem hier verhandelten Problem, wie eine Korrektur überhaupt mit dem zu korrigierenden Handeln verknüpft ist.

Einen zentralen Unterschied zwischen Selbstkorrektur und Korrektur gibt es freilich, den Baker und Hacker bereits benannt haben, ohne die nötigen Schlußfolgerungen daraus zu ziehen. Anders als bei der Korrektur eines anderen gibt es bei der Selbstkorrektur kein instantanes »falsch« und damit überhaupt kein »falsch« und »richtig«, das für ein Regelfolgen von Belang wäre. Wenn Extrem-Robinson ohne jeden Sozialkontakt lebt, dann kann er Überzeugungen (auch die Überzeugung, einer Regel zu folgen) nicht danach unterscheiden, ob es seine oder die eines anderen sind. Er wird schlicht von etwas überzeugt sein, ohne daß seine Überzeugung *seine* wäre im Sinne von nicht-meine oder nicht-deine Überzeugung. Er kann sehr wohl seine vergangene und seine jetzige Meinung hinsichtlich einer Sache unterscheiden; für Extrem-Robinson läuft das aber darauf hinaus, *die* Überzeugung sachlich und zeitlich zu differenzieren, weil es keine anderen Personen gibt, die ebenfalls Überzeugungen haben könnten.

In der Selbstkorrektur korrigiert Extrem-Robinson ein früheres, mit seinen damaligen Auffassungen in Einklang stehendes Tun aufgrund seiner momentanen Auffassung darüber, was richtig ist. Aus der oben diskutierten Struktur von Korrekturen folgt, daß sowohl die erfolgten Handlungen als auch die handlungsleitenden Überzeugungen nicht hinsichtlich ihres Gegenstandsbereichs voneinander unterschieden sind. Die in der Korrektur leitende Überzeugung faßt das vorangehende Handeln ja gerade als einen (falschen) Fall der Regel auf, gemäß der nun zu korrigieren ist – sowohl die Überzeugung, die Extrem-Robinson jetzt hinsichtlich der Angemessenheit seiner damaligen Handlung hegt, wie auch seine damalige Auffassung davon waren auf denselben Regelzusammenhang bezogen und sind daher hinsichtlich der sachlichen Dimension identisch. Daraus folgt, daß für Extrem-Robinson »richtig« und »falsch« immer einen prägnanten zeitlichen Index hat. Falsch kann dabei immer nur Vergangenes unter dem Gesichtspunkt seiner momentan gehegten Auffassung sein, wobei diese zeitliche Differenz wesentlich zur Absetzung ist, weil die anderen Unterscheidungsmöglichkeiten der sachlichen und personalen Zuschreibung nicht zu Gebote stehen. Im Jetzt gibt es demnach genaugenommen kein »richtig«, weil es im Jetzt kein »falsch« gibt. Denkbar wäre, daß der Umstand, eigenes vergangenes Handeln korrigieren zu müssen, Extrem-Robinson auf die Idee brächte, sein momentanes Handeln könnte falsch sein. Als allgemeiner Vorbehalt hilft ihm diese Vermutung aber nicht, im gegenwärtigen Handeln diejenigen Handlungen, die ihm später als falsch erscheinen werden, von denen zu unterscheiden, die ihm später richtig vorkommen werden, weil der Vorbehalt unterschiedslos für jede seiner gerade ausgeführten Handlungen gilt. Die normative Bedeutung von »falsch« und »richtig« für die Befolgung einer Regel degeneriert dadurch, daß das jetzige Tun durch »falsch« und »richtig« nicht erreicht wird, zu einer nachträglichen Klassifikation von Handeln, die retrospektiv immer recht hat (und darum nichts mehr klassifiziert).

Was ändert sich nun, wenn ein sozialer Bezug gegeben ist? Die

Überzeugung Robinsons, er folge der Regel, kann nun gegen die Überzeugungen anderer Personen abgesetzt werden. Erst dadurch wird Robinsons Überzeugung *seine* Überzeugung. Eine Handlung kann nun instantan falsch sein, weil Robinson seiner Meinung nach momentan richtig handelt, der Meinung eines anderen nach jedoch nicht, wie sich aus der entsprechenden korrigierenden Anschlußhandlung ergibt. Trivialerweise herrscht zwischen Handlung und korrigierender Anschlußhandlung das Verhältnis der zeitlichen Sukzession. Dies hat aber nicht mehr die oben diskutierte Folge einer ausschließlich über den zeitlichen Index vermittelten Absetzbarkeit von »falsch« und »richtig«. Meinungen hinsichtlich der Richtigkeit können jetzt auch hinsichtlich des personalen Index' variieren. Falsche Handlungen brauchen nun nicht wesentlich vergangene Handlungen zu sein, sondern können als Handlungen einer anderen Person thematisch werden. Wenn mich jemand korrigiert, ist sein Handeln gegen meines als richtig abgehoben, ohne daß dazu ein Zeitindex erforderlich wäre. Die Handlung des anderen kann somit *mir* meine Handlung als falsch ausweisen, von der ich gerade noch meine, sie sei richtig.

Allererst die Bezogenheit zwischen Personen gibt »richtig« und »falsch« den normativen Sinn, handlungsleitend zu sein, weil es das Jetzt der Handlung erreicht und nicht allein als Klassifikation für vergangenes Handeln dient. In der Welt des Extrem-Robinsons gibt es kein je aktuales falsches oder richtiges Handeln, weil ihm der soziale Bezug fehlt, der für eine Fremdkorrektur nötig wäre. Wenn es keine Quelle gibt, die das jetzige Tun als falsch auszuweisen erlaubt, wie sie in der Korrektur zwischen verschiedenen Personen paradigmatisch gegeben ist, hört falsch und richtig auf, eine Kategorie für das Handeln zu sein. In der Welt des Extrem-Robinsons wird wohl eher von »anders«, nicht aber von »falsch« im normativen Sinn zu sprechen sein. Die Selbstkorrektur ist keine eigenständige Grundlage für die normative Dimension des Regelfolgens, auch wenn man von dem vorgelagerten Problem absehen will, wie Selbstkorrekturen ohne das Beispiel der sozial erlebten Korrektur entstehen und berechtigt zugeschrieben werden können. Sie hat Implikationen für das normative Verständnis unserer Handlungen nur dann, wenn durch den sozialen Vorgang der Korrektur zwischen verschiedenen Personen die Normativität bis in die Gegenwart hineinreicht. Dann kann man auf dem Hintergrund des instantanen »falsch« und »richtig« auch eine Selbstkorrektur auf das momentane Handeln normativ beziehen, indem man sein früheres Handeln wie das Handeln eines anderen (seines früheren Selbsts) gegen das eigene aktuale Handeln setzt. Ohne die sozial vermittelte Brücke wären die normativen Größen lediglich Beschreibungsgrößen post festum.

Gerhard Schönrich möchte die skeptischen Einwände von Kripke dadurch blockieren, daß er nachzuweisen versucht, Kripke müsse bei seiner Widerlegung eben diejenigen Theorieelemente, die er in skeptischen Zweifel zieht, zur Formulierung dieses Zweifels selbst verwenden.[98] Gegen Schönrichs Darstellung von Kripkes Position ist zunächst festzuhalten, daß es Kripke nicht darum geht zu bestreiten, daß wir normativ verstandenen Regeln folgen.[99] Kripke behauptet lediglich, daß dieses Faktum sein Fundament nicht ausschließlich in Tatsachen besitzt, die auf das Individuum ohne jeden sozialen Bezug zutreffen.

Als Ansatzpunkt wählt Schönrich den Unterschied zwischen Verwendungs- und Reflexionsebene. Auf der Verwendungsebene sei dem skeptischen Einwand Kripkes nichts entgegenzusetzen. Durch die Endlichkeit der Anwendungsfälle einer Regel könne nie sichergestellt werden, daß der Regelfolger bei seinen bisher scheinbar der Plus-Funktion folgenden Berechnungen nicht doch der Quus-Funktion gefolgt sei, wie sich schließlich in Kripkes Beispiel am Ergebnis 5 bei der Berechnung von 57 + 68 offenbart. Da die Regel potentiell unendlich viele Fälle regelt, die Zahl der Anwendungsfälle der Regel aber immer endlich ist, läßt sich jede Serie tatsächlichen Verhaltens mit unbegrenzt vielen Regeln in Übereinstimmung bringen. Um diese These zu formulieren, benötige der Skeptiker die Reflexionsebene, auf der er über die Regeln als solche sprechen kann. Auf dieser Ebene werde die Plus- gegen die Quus-Funktion als Funktion gesetzt, nicht mehr einzelne Anwendungsfälle einzelner Regeln betrachtet. Um von der Verwendungs- auf die Reflexionsebene überzugehen, müsse der Skeptiker die Plus-Funktion als Plus-Funktion und die Quus-Funktion als Quus-Funktion festhalten können, d. h. er müsse einen geregelten Übergang zwischen beiden Ebenen realisieren können. Gilt nun der skeptische Einwand nicht auch gegen diese Regel des Übergangs? Kann der Skeptiker seinen Einwand gar nicht formulieren, weil er dazu selbstwidersprüchlich den geregelten Übergang

---

[98] Vgl. Schönrich (1997). Zu der Frage, in welchem Sinn Kripke eine skeptische Position einnimmt und eine skeptische Lösung präsentiert vgl. Stegmüller (1989), S. 5–9.
[99] Vgl. Schönrich (1997), S. 291.

zwischen Verwendungs- und Reflexionsebene von seiner Regelskepsis ausnehmen müßte? Was kann verhindern, daß dem Skeptiker unter der Hand ein »gequegelter« Übergang statt eines geregelten Übergangs unterläuft?[100]

Mit dieser Strategie, dem Skeptiker einen pragmatischen Selbstwiderspruch zu unterstellen, hätte Schönrich nur dann Erfolg, wenn der Skeptiker rundweg leugnen würde, daß wir normativ verstandenen Regeln folgen können. Dann erst wäre der Rückgriff auf einen Regelzusammenhang überhaupt selbstwidersprüchlich. Der Zweifel richtet sich hier aber nur gegen eine bestimmte Begründung für diese Fähigkeit. Wenn, wie es oben geschehen ist, eine Alternative aufgezeigt werden kann, mit deren Hilfe normativ verstandenes Regelfolgen rekonstruiert werden kann, ohne auf »private« Handlungen oder Einstellungen des vereinzelten Individuums zurückgreifen zu müssen, kann der Skeptiker, auf der Grundlage dieser Rekonstruktion, seinen Einwand sehr wohl formulieren, ohne sich selbst zu widersprechen. Denn Schönrich zeigt nicht, daß es für den Übergang zwischen Verwendungs- und Reflexionsebene solcherart Regeln bedürfte, die eine Fundierung von Regelfolgen in den »privaten« Einstellungen oder Handlungen eines einzelnen Individuums erfordern würden, sondern spricht lediglich von normativ verstandenem Regelfolgen überhaupt. Das aber wird vom Skeptiker nicht geleugnet. Hat der Skeptiker sein Konzept sozialer Fundierung der Regelnormativität im Hintergrund, so kann er, quasi *ad hominem* argumentierend, seinem Gegner zunächst auf der Anwendungsebene die Unzulänglichkeit der gegnerischen Position klarmachen und dann auch auf der Reflexionsebene die Unhaltbarkeit aufweisen (wobei er sich selbstverständlich immer wieder bestimmter Regeln bedient, deren Vorhandensein er ja, im Gegensatz zu Schönrichs Auffassung, nicht leugnet).

Festzuhalten ist also, daß weder der Einwand zu halten ist, die soziale Fundierung des Regelfolgens sei lediglich extern an das Regelfolgen herangetragen, ohne intern mit dem Regelbegriff verknüpft zu sein, noch muß der Nachweis der sozialen Rückgebundenheit von Regelfolgen aufgrund eines pragmatischen Selbstwiderspruchs aus methodischen Gründen scheitern.

---

[100] Vgl. ebd.

3.5. Konsens als grundlegendes Erklärungsprinzip für gemeinsames Handeln?

Die Kripkesche Untersuchung des Regelfolgenbegriffs wie auch die hier vorgebrachte Einordnung von Kripkes Übereinstimmungsbegriff besagt, daß Regelfolgen ein soziales Geschehen ist. Der Begriff der Übereinstimmung bzw. der des Konsenses wird jedoch häufig gerade umgekehrt dazu verwendet, die Sozialität eines Geschehens zu erklären. Nicht mehr richtig oder falsch ließe sich einem solchen Ansatz zufolge vermittels der Übereinstimmung auf dem Hintergrund von sozialem Handeln erklären, vielmehr würde das Soziale selbst zum Explanandum, das durch Übereinstimmung als Explanans aufgehellt werden soll. Die Struktur dieses Vorgehens würde also ein gemeinschaftliches Handeln rekonstruieren aus vollkommen individuell gefaßten Handlungen plus dem Konsens, der zwischen den Beteiligten hinsichtlich des Handelns besteht. Die Handlungen dürfen keinen Gemeinschaftsbezug haben, weil aus diesen individuellen Handlungen, vermittels des Konsenses, gemeinschaftliches Handeln allererst konstituiert werden soll. »Konsens« läßt sich dabei unterschiedlich stark interpretieren. Betrachten wir im folgenden zunächst seine schwache, dann die starke Lesart.

3.5.1. Der schwache Konsensbegriff: Parallelhandeln statt Gemeinschaftshandeln

In seiner schwachen Variante bezeichnet »Konsens« nichts anderes als das beobachtbare gleichartige Verhalten der Gemeinschaftsmitglieder in gleichen Situationen.[101] Die Übereinstimmung wäre eine, die sich aus den parallelen Verhaltensweisen der Gemeinschaftsmitglieder ergäbe. Gegen diese Fassung des Begriffs wäre zunächst einzuwenden, daß sie nicht den gesamten Phänomenbestand menschlichen Verhaltens erfassen kann, weil sie sich lediglich auf solche Handlungen anwenden läßt, die eine Person allein auszuführen in der Lage ist. Gemeinschaftliche Handlungen, die eine arbeitsteilige Kooperation erfordern, wären damit bereits ausgeschieden, weil

---

[101] Unter dem Schutz ausgefeilten systemtheoretischen Vokabulars versucht z. B. Hejl (1987, S. 317), Parallelität im Sinne schwachen Konsenses als soziales Handeln zu deklarieren.

die Beteiligten dabei sich ergänzende, unterschiedliche Handlungen durchführen müssen. Weiterhin entfällt jede Art von Handlung, die gemeinsam von mehreren Personen ausgeführt wird, weil die gemeinschaftliche Ausführung ja Anpassungshandlungen erfordert, die von der hier unterstellten Parallelität nicht zugelassen sind. Oben haben wir bereits gesehen, daß sogar die maschinenähnlichste Form des gemeinschaftlichen Handelns, nämlich der Gleichschritt, Abstimmungsmanöver erfordert, demnach also auch nicht in paralleles Verhalten auflösbar ist.

Darüber hinaus erklärt der verwendete Konsensbegriff die Gleichheit des Verhaltens nicht, er beschreibt sie lediglich – ja, er läßt das gleichartige Verhalten sogar extrem unwahrscheinlich erscheinen. Wenn das einzelne Mitglied einer Gemeinschaft in einer Situation ohne jeden Bezug auf das entsprechende Handeln der anderen Mitglieder seine eigene Handlung festlegt, ist es äußerst unwahrscheinlich, daß alle genau den gleichen Typ von Handlung wählen. Aber kann sich ein Akteur nicht bei der Festlegung seines Verhaltens auf die anderen Handelnden beziehen und damit das parallele Verhalten wahrscheinlicher werden lassen? Wenn der fragliche Bezug lediglich darin besteht, daß die Gemeinschaftsmitglieder sich beobachten und ihre Handlung dann in der gleichen Art ausführen wie sie dies bei den anderen gesehen haben, sind wir der Steigerung der Wahrscheinlichkeit nicht näher gekommen. Das schiere Faktum, daß es der andere eben so und nicht anders macht, liefert keinen Grund, sein eigenes Verhalten ebenso einzurichten. Einen Grund liefert eine solche Beobachtung allererst, wenn sie mit weiteren Überlegungen verknüpft wird, die dann aber über das Faktum hinausgehen, daß sich der andere so und so verhält. Solche Überlegungen könnten etwa sein, daß es erfolgversprechend ist, sich wie beobachtet zu verhalten, oder daß man die Konformität mit anderen dem abweichenden Verhalten vorzieht. Weder das eine noch das andere sind aber in dem Begriff der Parallelität enthalten, der hier zur Erklärung Verwendung finden soll.

Für den Bereich von individuellen Handlungen könnte man sich auf den ersten Blick mit der Erklärung durch Parallelhandeln zufrieden geben. Wir verdanken es eben einer gnädigen Fügung, daß jenes unwahrscheinliche, parallele Handeln in sehr vielen Fällen kontingenterweise eintritt. Die folgenden drei Punkte sollen im Vergleich mit dem von mir favorisierten Konzept des abgestimmten Anschlußhandelns klar machen, daß selbst individuelles Handeln nicht adäquat von einem Ansatz erklärt werden kann, der vom parallelen Handeln ausgeht.

(1) Die unterschiedliche Deutung des Fortschiebens eines Bierglases in dem Kneipenbeispiel hatte vor Augen geführt, daß mit demselben Tun sehr unterschiedliche Handlungen ausgeführt werden können, abhängig davon, in welchen Kontext dieses Tun eingebettet wird. Dieses Phänomen läßt sich von einem Ansatz, der vom Parallelhandeln ausgeht, nicht greifen. Parallelhandeln bezieht immer nur das einzelne Handeln ein, nicht jedoch, wie auf dieses Handeln reagiert wird, wie es eingebettet ist. Somit können Theorien des Parallelhandelns die Vielfältigkeit der Handlungen nicht fassen, die vermittels unterschiedlicher Einbettung durch das gleiche Verhalten ausgeführt werden können. Ein Konzept des abgestimmten Anschlußverhaltens hingegen trägt dieser Einbettung Rechnung und kann mit den Strukturen der bestätigenden Individuation, der umdeutenden Individuation und der Korrekturverknüpfung die unterschiedliche Individuation desselben Tuns erklären.

(2) Theorien des Parallelhandelns sind ungeeignet, das Erlernen von Verhaltensregeln angemessen zu erfassen, mit denen jemand eine Praxis in seinem Handeln übernimmt. Das Lernen von Regeln erfolgt nicht allein dadurch, daß der Lernende das korrekte Regelfolgen anderer Personen nachahmt, wie dies das Bild vom Parallelhandeln suggeriert. Eher scheint doch der Alltag in der Vermittlung von Fertigkeiten und Wissen dadurch gekennzeichnet zu sein, daß die Handlungsversuche des Lernenden durch den Lehrenden korrigiert und je nach Lernfortschritt neue Übungen formuliert werden. Im ganzen liegt ein reichlich komplexer Prozeß von aufeinander (mehr oder minder) abgestimmten Anschlußhandlungen vor, die weit davon entfernt sind, als Vormachen und Nachahmen hinreichend beschrieben zu sein.

(3) Erst aus dem abgestimmten Anschlußhandeln wird überhaupt verständlich, welchen Unterschied es zwischen dem falschen Gebrauch einer Regel und dem Nichtgebrauch dieser Regel gibt. Mit anderen Worten: Die normative Dimension von Regeln tritt allererst unter der Perspektive des abgestimmten Anschlußhandelns ans Licht. Und diese normative Dimension ist für den Begriff der Praxis oder Gepflogenheit unabdingbar, denn von der Praxis, eine Handlung in der und der Weise auszuführen, sprechen wir erst dann, wenn davon abweichende Handlungen nicht einfach als andere Arten von Handlungen, sondern als falsch im Lichte der Praxis aufgefaßt

werden. Nehmen wir als Beispiel erneut einen Vorgang des Addierens. Wenn jemand 2 und 3 zusammenrechnet und 6 als Resultat verkündet, könnte man entweder sagen, er habe falsch addiert oder aber, er habe gar nicht addiert (sondern multipliziert oder einfach Unsinn betrieben). Für Theorien, die mit Parallelhandeln argumentieren, gibt es keinen Ansatzpunkt für die Unterscheidung von falschem Addieren und nicht-Addieren. Der falsch Rechnende erzielt ein anderes Resultat als andere, die ebenfalls dieselben Summanden addieren. Wenn Parallelität im Verhalten aber die Basis geregelten Tuns sein sollte, dann muß der fraglichen Person abgesprochen werden zu addieren, weil sie nicht die nötige Gleichartigkeit im Verhalten zeigt.

Um die Theorie des Parallelhandelns gegen diesen Einwand zu immunisieren, könnte man auf den Einfall kommen, falsches Addieren dadurch zu modellieren, daß es verstanden wird als ein gelegentliches, nicht zu häufiges Abweichen vom richtigen Addieren, und das heißt hier: als ein gelegentliches Abweichen von dem einschlägigen gleichartigen Verhalten. Diese »Lösung« bringt aber ein neues Problem mit sich. Weshalb gilt die Abweichung vom gleichartigen Verhalten, die sich in der Rechnung 2 + 3 = 6 manifestiert, mit mehr Recht als (falsche) Addition, als eine andere Abweichung vom Parallelverhalten, die sich etwa durch Brummen und angestrengtes Starren in die Luft manifestiert? Man müßte gesondert zu begründende Zusatzannahmen unterstellen, um die völlige Beliebigkeit der Regelzuschreibung zu unterbinden.

Der hier vorliegende Ansatz hat dagegen mit diesem Fragehorizont kein Problem. Wenn das Tun in unserem Beispiel als falsches Addieren aufgefaßt wird, zeigt sich dieser Umstand daran, daß auf das Resultat dieser Rechnung hin eine Korrektur erfolgt, sei dies mit: »Das macht doch 5!« oder: »Du hast dich verrechnet«.[102] Bleibt diese Korrektur dagegen aus, dann heißt das, daß das vorangehende Verhalten gar nicht als Additionsversuch aufgefaßt worden ist.[103] Die Korrektur individuiert die vorangehende Handlung als einen, wenn auch mißglückten, Fall des Addierens.[104] Das regelwidrige Verhalten

---

[102] Selbstverständlich kann sich auch der Rechnende selbst korrigieren.

[103] Natürlich kann es Umstände geben, in denen eine Korrektur unterbleibt, obwohl das Regelfolgen unterstellt wird, etwa, wenn eine rangtiefere Person sich fürchtet, die ranghöhere zu korrigieren. Diese Fälle greifen jedoch weiter aus, da sie die Untersuchung der Überlagerungseffekte von Regeln erfordern würden.

[104] Vgl. S. 213f. dieser Arbeit.

wird durch die Korrektur auf die Regel bezogen und damit allererst als Abweichung von der Regel begreifbar. Durch die Verknüpfung mit der korrigierenden Anschlußhandlung wird die Rechnung zu einer Addition, die sie aus sich heraus nicht wäre. Anders als bei Theorien der Parallelhandlung gibt es damit ein Kriterium, das die völlige Beliebigkeit der Zuschreibung abschneidet. Es kann nicht jede Handlung als falsche Addition gelten, sondern nur diejenige, auf die hin Additionskorrekturen erfolgen. Zusammengenommen belegt dies, daß die schwache Variante des Konsensbegriffes nicht nur unfähig ist, Gemeinschaftshandeln zu erklären, sondern auch Handeln nicht angemessen charakterisiert, das Personen individuell ausführen können.

3.5.2. Der starke Konsensbegriff: Gleichartigkeit statt Gemeinsamkeit

In seiner starken Variante bedeutet »Konsens«, daß die Gemeinschaftsmitglieder darin übereinstimmen, im vorliegenden Situationstyp müsse eine Handlung in einer bestimmten Art und Weise ausgeführt werden. Zunächst soll davon ausgegangen werden, daß der starke Konsens sich auf ein Handeln bezieht, das jeder Beteiligte allein ausführen kann. Die Gemeinschaftlichkeit eines solchen Handelns besteht darin, daß jeder Handelnde sein Handeln als Instanz einer gemeinschaftlichen Praxis versteht. Der Konsens erklärt dann das Zustandekommen der Gemeinschaftlichkeit dieser Praxis.

Zu betonen ist, daß die Konsenstheorie das Gemeinschaftliche an den Handlungen erklären will. Deshalb muß das »Rohmaterial«, das der Konsens zur Gemeinschaftlichkeit zusammenfügt, rein aus individuellem, nicht gemeinschaftlich verstandenem Handeln bestehen. Das hat zur Folge, daß zwei Handlungen, die von verschiedenen Personen ausgeführt werden, auch wenn sie sich sonst vollkommen gleich wären, nicht als gleich, sondern als unterschiedlich anzusehen sind, weil bei einer Theorie, die explizit auf *individuelles* Handeln der Personen abhebt, die ausführende Person ein wesentliches Individuationsmerkmal für die Handlungen darstellt. Daß Handlungen einer gemeinsamen Praxis entsprechen, setzt u. a. voraus, daß verschiedene Personen dasselbe tun. Bei Abstraktion von der ausführenden Person kann dies aber gerade nicht mehr in den Blick kommen, weil dann zwar gleichförmige, aber hinsichtlich des sie ausführenden Personenkreises unbestimmte Handlungen vorliegen.

In anderen Worten: Es wird nicht etwa der Handlungstyp X einmal von Person A und das andere Mal von Person B durchgeführt, sondern es liegen zwei ganz unterschiedliche Handlungstypen vor, nämlich Handlungstyp Y, dessen Instanzen durch die Wiederholung der Handlung-X-der-Person-A gegeben ist, und Handlungstyp Z, dessen Instanzen eine wiederholte Handlung-X-der-Person-B sind. Die ansonsten gleichartigen Handlungen sind durch diese Gleichartigkeit also nicht miteinander verknüpft, weil ihre unterschiedliche Zurechnung auf Personen sie deutlich voneinander trennt. Der Konsens, soll er die Entstehung des Gemeinschaftlichen erklären, stimmt nicht einfach einer bereits bestehenden Verknüpfung zu, die durch die weitgehende Gleichheit der Handlungen gestiftet ist, vielmehr muß er den Bezug unterschiedlicher Handlungen überhaupt erst herstellen, sie quasi vergleichbar machen. Die Erklärung des Gemeinschaftlichen fordert vom Konsens, die Handlung-X-der-Person-A und die Handlung-X-der-Person-B derart zu verknüpfen, daß beide Handlungen als gleichartige Ausprägungen einer gemeinschaftlichen Praxis verständlich werden (also als Handlung X, die, weil sie Ausdruck einer gemeinschaftlichen Praxis ist, einmal von Person A und einmal von Person B durchgeführt werden kann).

Welche Struktur besitzt der Konsens zur Etablierung einer solchen gemeinschaftlichen Praxis selbst? Den Konsens kennzeichnet exakt diejenige Überlagerung zweier triadisch strukturierter Perspektiven auf das Handeln, die wir oben bereits bei der Binnengliederung des Gemeinschaftshandelns kennengelernt haben.[105] Der oben formulierte Satz lautet mit den einschlägigen Ersetzungen für die Gemeinschaftshandlung des Typs »Konsens hinsichtlich eines (von einer Person allein ausführbaren) Handlungstyps«: Jeder Beteiligte am Konsens versteht sein Zustimmen zu einem bestimmten Handlungstyp als Beitrag zur Etablierung einer gemeinsamen Praxis, insoweit dieses Zustimmen sich als ein Teil eines Konsenses hinsichtlich der fraglichen Praxis versteht. Die einzelne Zustimmungshandlung ist nur dann Teil eines Konsenses und trägt zu dessen Etablierung bei, wenn sie auf die Handlungen der anderen Beteiligten in einer Weise abgestimmt reagiert,[106] daß diese individuiert werden

---

[105] Vgl. S. 182 dieser Arbeit.
[106] Die abgestimmte Reaktion könnte sich z. B. darin zeigen, daß die Konsensbeteiligten der Reihe nach ihre Zustimmung ausdrücken, d. h., der erste der Sprechenden würde im Vorgriff auf die noch ausstehenden Zustimmungen der anderen seine Zustimmung zur

als Zustimmungshandlungen, die zur Etablierung der Praxis beitragen und darin auf das Zustimmen der anderen Beteiligten bezogen sind. Ein Konsens wäre gerade nicht erreicht, wenn alle Beteiligten einfach ihre Selbstfestlegung auf eine bestimmte Handlungsweise zum Ausdruck brächten. Dann hätten wir keinen Konsens, sondern ein angekündigtes Parallelhandeln. Ein Zustimmen erfordert gerade den Bezug auf die Zustimmungen der anderen Beteiligten *als Zustimmungen*, für die wiederum genau dasselbe gilt. Jeder der Beteiligten betrachtet seine Handlung unter dem doppelten Aspekt, daß er einerseits am gemeinschaftlichen Unternehmen »Konsens« beteiligt ist und andererseits auf die Zustimmungshandlungen der anderen Beteiligten mit seiner individuellen Handlung angemessen eingeht. Es liegt, wie oben schon herausgearbeitet, eine Übereinstimmung im Rahmen unterschiedlicher, aufeinander bezogener Handlungen vor.

Die eben präsentierte Formulierung macht einen Unterschied zwischen den Handlungen, die die Praxis bilden, und dem Konsens darüber, daß dieser Handlungstyp die gemeinsame Praxis sein soll. Man könnte die Formulierung allerdings auch ohne dieses zweistufige Schema geben, also in einer Form, die Konsens und Ausführung der jeweilig zur Praxis gewordenen Handlung in eins setzt. Das ist auch dringend erforderlich, weil sich unser Ausgangsproblem unter der Hand auf eine andere Ebene verschoben hat. Denn wenn die Zustimmungshandlungen abgesetzt werden von den Handlungen, über die Einigkeit herrschen soll, so müßte zunächst in irgendeiner Weise Klarheit geschaffen werden, was denn eigentlich als *gemeinschaftliche* Praxis des Zustimmens gelten können soll – ohne eine solche gemeinsame Praxis wäre aber im hier vorauszusetzenden rein individuell gedachten Handlungsgeschehen nicht zu erkennen, wie die von den verschiedenen Personen ausgeführten Handlungen füreinander als Zustimmungshandlungen ersichtlich sein könnten. Das Problem ist also von der Ebene der Handlungen, denen zugestimmt werden soll, auf die Ebene der Handlungen verschoben, mit denen der Konsens selbst herbeizuführen wäre. Man benötigte einen Konsens über die Konsenshandlungen etc. Deshalb muß auf irgendeiner Ebene die Übereinstimmung durch das Handeln auf dieser Ebene selbst erfolgen, um den unendlichen Regreß abzubrechen.

Wenn wir ohne die zum unendlichen Regreß führende Aufstu-

---

gemeinsamen Praxis geben, die Nachfolgenden jeweils mit Rückbezug auf die bereits erfolgten und in Vorwegnahme der noch ausstehenden Bestätigungen.

fung auskommen wollen, muß sich der Konsens in der Art ausdrücken, wie die zuvor als Handlung Y (Handlung-X-der-Person-A) und Handlung Z (Handlung-X-der-Person-B) individuierten Vorgänge nun beide jeweils als Handlung-gemäß-der-gemeinsamen-Praxis aufgefaßt werden. Eine Handlung in der letztgenannten Weise aufzufassen, erfordert vom Akteur die Überlagerung zweier triadisch strukturierter Perspektiven auf das Handeln, die soeben bereits für die abgesetzte Zustimmungshandlung formuliert worden ist. Der Beteiligte versteht sein Handeln nur dann als Fall der gemeinsamen Praxis, wenn er unter Maßgabe dieser Praxis sein Handeln einrichtet und mit dieser Bestimmung seines Tuns derart auf die entsprechenden Handlungsfestlegungen der anderen Beteiligten eingeht, daß diese ihrerseits als Ausprägungen der Praxis (und darin die Handlungsfestlegungen der anderen Beteiligten ebenfalls als Praxisausprägungen auffassende) individuiert werden. Anders als bei der oben erwogenen Feststellung der Gleichartigkeit im Vergleich von Handlungsvollzügen, die die ausführenden Personen unbestimmt läßt, ist mit der Zuordnung der jeweiligen Handlung zu einer gemeinschaftlichen Praxis aufgrund der Gemeinschaftlichkeit immer ein expliziter Bezug auf die ausführende Person gegeben, nun aber nicht mehr in der Vereinzelung, sondern unter dem Aspekt der Beteiligung mit anderen Personen an der gemeinsamen Sache. Der Begriff »Konsens« wäre eine abkürzende Redeweise zur Formulierung dieser Individuation von Handeln.

Eine Handlung-gemäß-der-gemeinsamen-Praxis entsteht nicht dadurch, daß einer Handlung-X-der-Person-A und einer Handlung-X-der-Person-B, von denen wir annehmen, daß sie sich bis auf die ausführende Person gleichen mögen, einfach der Personenbezug als wesentliche Bestimmungsgröße genommen wird. Wenn man Praxis als Handlungsweise verstehen will, bei der die Akteure den Bezug auf die Handlungen anderer Personen innerhalb der Praxis als Individuationsmerkmal ihres eigenen Handelns auffassen (und nicht wie bei der schwachen Variante des Konsensbegriffs als ein kontingentes Parallelhandeln), so darf der Personenbezug gerade nicht entfallen, sondern muß in der angegebenen Weise der Binnendifferenzierung einer übergreifenden Praxis ausbuchstabiert werden.

Sowohl die zweistufig als auch die einstufig angelegte Analyse erweisen, daß der starke Konsensbegriff derselben Struktur genügt wie jedes andere gemeinschaftliche Handeln auch. Dann ist allerdings fraglich, warum ausgerechnet dem Konsens die ausgezeichnete

Stellung zukommen soll, die Gemeinschaftlichkeit einer Praxis erklären zu können. Man könnte mit gleichem Recht jede andere gemeinschaftliche Handlung heranziehen und von ihr behaupten, sie stelle das basale Phänomen dar, von dem her alle anderen Gemeinschaftsaktionen letztlich ihr gemeinschaftliches Wesen bezögen. Denkbar wären Theorien des Sozialen gleichen Erklärungswerts, die auf dem Duettsingen, Wettlaufen oder gar auf dem Dissens[107] beruhen.

Das soeben formulierte Argument der Beliebigkeit schließt nicht aus, daß man weiterhin den Konsens als Paradigma für das Soziale verwendet. Mit Konsens zu argumentieren ist weit verbreitet; gäbe es nicht mehr gegen ihn einzuwenden als seine Substituierbarkeit, könnten wir getrost bei dem eingeführten Modell bleiben. Zwei weitere Schwachpunkte dieser Konzeption, die im folgenden aufgeführt werden, lassen es aber angeraten sein, auf Konsens als Erklärungsmodell für Gemeinschaftshandeln zu verzichten.

(1) Der bisherige Gang der Untersuchung hat lediglich individuell ausführbare Handlungen im Rahmen einer gemeinschaftlichen Praxis betrachtet. Wenn der starke Konsensbegriff nicht gleichfalls Handlungen erklären kann, die die Koordination unterschiedlicher Handlungen von verschiedenen Personen in einem Gemeinschaftshandeln einschließen, ist er ungeeignet, große Teile des sozialen Geschehens zu erklären, und wäre aus diesem Grund abzulehnen.

Das Konsensmodell kann hier wieder in den bereits benannten beiden Varianten angesetzt werden. Entweder ist der Konsens ein von dem zu erklärenden Gemeinschaftshandeln abgesetztes Geschehen, oder er drückt sich direkt darin aus. Ist der Konsens gemäß der ersten Lesart gefaßt, so ist er, was das Geschehen des Zustimmens als solches angeht, durchaus zutreffend, wenn auch durch andere Gemeinschaftshandlungen ersetzbar. Problematisch ist dabei jedoch, daß das zugrundeliegende Handeln, über das dieser Konsens ergeht, nicht recht als Gemeinschaftshandeln faßbar wird. Will man die oben angestellten Überlegungen nämlich auf den hier vorliegenden Fall übertragen, so tritt nun an die Stelle der Handlung, die oben ein

---

[107] Wenn der Dissens nicht lediglich ein Begriff für disparates, aufeinander nicht weiter bezogenes Handeln sein soll, so beziehen sich in ihm die Beteiligten aufeinander durch Abweichen von der als verbindlich gedachten Praxis anstelle der Zustimmung zu einer gemeinschaftlichen Praxis wie im Konsens. Die basale Struktur bleibt aber in beiden Fällen dieselbe.

Einzelner allein ausführen konnte, ein intersubjektives Tun. Dieses darf allerdings lediglich in der Art primärer Intersubjektivität nicht weiter binnenstrukturiert sein, um das Analyseziel nicht zu verfehlen. Denn jede auf die Beziehung der Komponentenhandlungen abstellende Binnengliederung jenes intersubjektiven Tuns (d. i. die Strukturierung des Gemeinschaftshandelns in Form sekundärer Intersubjektivität) würde den Gegenstand des Konsenses bereits selbst in einer Weise strukturieren, die doch allererst vermittels des Konsenses zu erklären wäre. Die Vorgehensweise sollte ja vermittels eines gesonderten Konsensprozesses die Gemeinschaftlichkeit des zu erklärenden Handelns erläutern, ohne in diesem selbst wieder Gemeinschaftlichkeit vorauszusetzen. Das zugrundeliegende Handeln weiter als in primäre Intersubjektivität aufzugliedern bedeutet aber, entweder unzulässig Gemeinschaftlichkeit in es einzutragen (wenn die Differenzierung die individuellen Handlungen wirklich als Komponenten eines gemeinschaftlichen Tuns sichtbar werden läßt), oder aber es unangemessen zu repräsentieren (wenn die Teile des Gesamthandelns als individuelle Handlungen ohne jede Querbeziehung auf die Handlungen der anderen Beteiligten gefaßt werden, was beispielsweise die Abgestimmtheit nicht mehr erfassen kann).

Mit dem Rückgriff auf primäre Intersubjektivität könnte man zwar das benannte Problem umgehen, allerdings zu einem sehr hohen Preis. Durch einen solchen Ansatz könnten die Beteiligten an einem Gemeinschaftshandeln ihren Beitrag zu diesem Tun lediglich als in irgendeiner Weise auf das Gemeinschaftstun bezogen verstehen, nicht jedoch als von den Leistungen der anderen absetzbare Komponentenhandlung, die als einzelne Handlung im Rahmen des Ganzen glücken oder mißlingen kann. Unter den Beschränkungen der hier zu prüfenden Analyse käme z. B. ein Kirchenchor in die mißliche Lage, zwar zur Kenntnis nehmen zu können, daß der Gesang im ganzen falsch klingt, nicht aber feststellen zu können, wer von den Sängern nun falsch singt. Offensichtlich taugt ein solcher Rettungsversuch des Konsensbegriffs wenig für eine gehaltvolle Analyse sozialen Geschehens.

Nimmt man demnach im Sinne der noch verbleibenden Variante an, der Konsens sei im fraglichen Gemeinschaftshandeln direkt realisiert, so fragt sich, wieso das Geschehen als konsensisch zu bezeichnen ist. Verschiedene Handlungen erfolgen, die aufeinander abgestimmt aneinander anschließen. Von übereinstimmender Zustimmung ist nichts festzustellen, weil nichts übereinstimmt.

A— 253

(2) Bei der Auseinandersetzung mit Kripkes Wittgenstein-Interpretation haben wir bereits gesehen, daß die Symmetrie und Gleichartigkeit, die der Begriff Übereinstimmung impliziert, die Bezogenheit unterschiedlicher Handlungen aufeinander vergessen lassen, innerhalb deren die Übereinstimmung für die normative Dimension von Regelfolgen allererst wirksam wird. Analog gilt dies für den Konsensbegriff. Er stellt die Symmetrie in den Vordergrund, das Gleichartige in der Beurteilung einer Handlung. Dabei wird systematisch unterschlagen, daß die Akte, die den Konsens konstituieren, selbst gerade nicht schlicht gleichartig sind. Eine einfache Parallelität der Handlungen, so hatten wir bei dem schwachen Konsensbegriff gesehen, läßt einen normativ gehaltvollen Begriff von Konsens überhaupt nicht zu. Von Konsens kann nur die Rede sein, wenn die einzelnen zustimmenden Personen sich in ihrer Zustimmung aufeinander beziehen. Der Konsens entsteht, indem jeder Beteiligte einerseits sich am zu produzierenden Gesamtgeschehen orientiert und anderseits aus diesem Grunde sein Verhalten auf das Verhalten der anderen so einrichtet, daß deren Tun in derselben Weise individuiert wird, nämlich als auf das herzustellende Gesamte gerichtet und deshalb auf die anderen Teilleistungen abgestimmt. Und diese Abstimmung ist es, die sich der Parallelität entzieht. Zwei Leute erzielen z. B. einen Konsens, indem der erste sagt: »Ich stimme dem zu« und der zweite: »Ich auch«. Hier ist in der Formulierung explizit, daß Unterschiedliches in der Form bestätigender Individuation aufeinander bezogen wird, um den gemeinschaftlich getragenen Konsens hervorzubringen.

Man könnte versuchen, völlig symmetrische Modelle des Konsenses zu entwerfen, etwa dadurch, daß die beteiligten Personen sich genau zum gleichen Moment den exakt gleichen Satz sagen (oder zur gleichen Zeit dasselbe tun). Dieser Versuch räumt aber die zugrundeliegende Asymmetrie nicht aus, denn erstens bedarf ein solches symmetrisches Verfahren im Vorfeld eines Abstimmungsmanövers, um die Gleichzeitigkeit und Gleichartigkeit sicherzustellen, die selbst wiederum nicht mehr symmetrisch aufgebaut sind. Zweitens ist jede der Teilhandlungen im Konsens schon deshalb notwendig von den anderen Teilhandlungen verschieden, weil jeweils unterschiedliche Personen sich den anderen Beteiligten gegenüber erklären.[108] Man

---

[108] Um erneut darauf hinzuwiesen: Der starke Konsensbegriff wird als Mittel gebraucht, soziales Handeln auf individuelles Handeln plus Konsens zurückzuführen. Deshalb

sagt (oder tut) nicht einfach dasselbe, sondern jeder Einzelne sagt (tut) es *auf die anderen hin*. Eine Modellierung dieses Sachverhaltes, die darin lediglich erneut die Symmetrie eines »Gleiches geschieht« sehen will, faßt das emphatisch Gemeinschaftliche nicht, das gerade aus der spezifischen Verknüpfung von Gleichartigkeit und Ungleichartigkeit entsteht: Diese bestimmte individuelle Erklärung, die sich auf jene Erklärungen als diejenige *anderer* bezieht und deshalb gerade nicht ihres je spezifischen indexikalischen Bezugs auf die erklärende und die bezogenen Personen beraubt werden kann, ohne ein konstitutives Element zu verlieren, ist zugleich als eine Handlung gefaßt, die individuiert wird als Komponente zur Herstellung des Konsenses, d. h., als etwas, das die Trennung der individuellen Beiträge gerade gegenüber dem ununterschiedenen Gesamten zurücktreten läßt. Diese Verknüpfung von Übereinstimmen und Unterschiedensein wird von einem auf Symmetrie und Gleichartigkeit abstellenden Konsensbegriff unterschlagen. Die Unterschiedlichkeit, die erforderlich ist, um die Übereinstimmung überhaupt als gemeinschaftsstiftend wirksam werden zu lassen, bleibt unterbelichtet. Der Konsensbegriff legt durch seine Oberflächenstruktur, die auf Gleichheit ausgeht, eine methodische Verzerrung der Wahrnehmung sozialen Geschehens nahe, die es ratsam sein läßt, diesen Begriff nicht zu gebrauchen, um nicht bestimmte Formen sozialen Handelns als »eigentliche«, »unverzerrte« (oder wie die Epitheta sonst noch lauten) Formen auszuweisen, die bereits äußerst spezielle Sonderfälle sind.

Aus methodischen Gründen wie auch aus Gründen der Beschränktheit im Gegenstandsbereich ergibt sich demnach, daß der starke Konsensbegriff, wie auch zuvor bereits der schwache Konsensbegriff, keine angemessene Untersuchung sozialen Geschehens zuläßt.[109] Konsens wird unter anderem auch deswegen so häufig herangezogen, weil man meint, damit die Gültigkeit von Normen erklären zu können. Oben haben wir aber mit dem Modell des korrigierenden Anschlußhandelns zeigen können, daß die Normativität von Handeln ganz anders fundiert ist als in der Zustimmung der normunterworfenen Subjekte. Somit entfällt auch dieser Grund, am Konsens festzuhalten.

---

macht es im Rahmen dieses Modells einen erheblichen Unterschied für die Individuation einer Handlung aus, welche Person die Handlung ausführt.

[109] Diese Auffassung vertritt, ohne die starke von der schwachen Form des Konsenses zu trennen, auch Schmitt (1995, S. 58 ff.).

3.6. Konservative und innovative Mechanismen im Gemeinschaftshandeln

Unsere alltäglichen Gemeinschaftshandlungen sind hochgradig routinisiert und verändern sich kaum. Zumeist wird dieser Umstand auf die Ausbildung von Gewohnheiten zurückgeführt. Für das hier vertretene Konzept von Gemeinschaftshandeln ist dies aber keine zureichende Erklärung, weil Gewohnheiten Eigenschaften einzelner Personen sind. Gewohnheitsbildung mag auch bei der Routinisierung von Gemeinschaftshandeln eine Rolle spielen, sie muß aber durch weitere Elemente ergänzt werden, um der Tatsache Rechnung zu tragen, daß ein gemeinsames Handeln vorliegt. Zudem ist die Vieldeutigkeit des individuellen Tuns und die Bedeutsamkeit des Anschlußhandelns für die Individuation der vorausgehenden Handlung hervorgehoben worden. Impliziert dies nicht, daß jede Handlung sich in eine Myriade unterschiedlicher Gemeinschaftshandlungen eingebettet finden kann, je nachdem, wie daran angeschlossen wird? Welche Mechanismen sorgen dafür, daß lediglich eine sehr beschränkte Zahl von Anschlußhandlungen für situationstypisch »normal« gehalten werden? Mit diesen Mechanismen wird sich das nachfolgende Kapitel beschäftigen.

Es könnte durch die Betonung der Alltagsroutinen der Eindruck entstehen, als sei die soziale Welt ohne jede Entwicklung. Allen starken Beharrungstendenzen zum Trotz ist dennoch eine geschichtliche Entwicklung gemeinsamer Handlungsformen nachweisbar. Welche Mechanismen sind bei solchen Innovations- und Entwicklungsprozessen am Werke?

3.6.1. Konservative Mechanismen

Die Vieldeutigkeit, die individuelles Tun je nach Einbettung in verschiedene Gemeinschaftshandlungen aufweisen kann, wird durch die Strukturen beschränkt, mit denen Handeln an anderes Handeln anschließen kann. Im folgenden werden wir sehen, wie die bereits zur Verfügung gestellten Theorieelemente diese Variabilität in der Beziehung verschiedener Handlungen aufeinander beschränken.[110] Es

---

[110] Hollis (1991, S. 79 f.) hat zu Recht darauf hingewiesen, daß mit dem Begriff der soziologischen Rolle für die Frage, welche Handlung in einer bestimmten Situation erfolgen wird, wenig gewonnen ist. Das folgende Kapitel wird allerdings zeigen, daß

gibt nämlich lediglich vier verschiedene Möglichkeiten, wie an ein vorgefallenes Tun angeschlossen werden kann, nämlich durch (1) die bestätigende Individuation, (2) die umdeutende Individuation, (3) die Korrektur und (4) die Nichtbezogenheit im Neubeginn bzw. im Abbruch.

(1) Das Anschließen in Form einer bestätigenden Individuation ergibt den Normalfall unseres Tuns. Das von den Beteiligten in der Situation Erwartete wird getan; die Handlungen schließen sich problemlos aneinander. In dieser Problemlosigkeit bestärken sie im Wiederholungsfall die Neigung, jene Verknüpfungen in derselben Form zu wiederholen, weil kein Beteiligter irritiert wurde und somit auch kein Änderungsbedarf besteht. Diese Art des problemlosen Anschlusses erfordert nicht, daß vollkommen standardisierte Beiträge zum Gemeinschaftshandeln aufeinander folgen. Das Charakteristikum von Gemeinschaftsaktionen war es ja gerade, daß mehr oder minder große Schwankungen in den Beiträgen der Beteiligten durch passende Anschlußhandlungen der anderen Beteiligten aufgefangen (oder ausgenutzt) werden. Offensichtlich ist aber auch, daß der einzelne Handlungsbeitrag innerhalb bestimmter durch das jeweilige Gemeinschaftstun als normal vorgegebener Grenzen bleiben muß, weil andernfalls die anderen Beteiligten vermuten müßten, der Beitrag sei ein Beitrag zu einer anderen Art von Gemeinschaftstun (wo dieser Beitrag nämlich normal wäre).

Bei der Untersuchung der Lehrsituation hatten wir bereits gesehen, daß der problemlose Anschluß bei der Einübung einer Regel selbst geübt wird. Eine Regel wird nicht völlig jenseits aller sonstigen Bezüge allein für sich geübt, vielmehr gehört es auch zur Fertigkeit, einer Regel zu folgen, sie in den richtigen Situationen einsetzen zu können, d. h. zu wissen, welche Typen von Handlungen dem Regelgebrauch vorausgehen bzw. welche ihm folgen. Eine Fertigkeit wäre keine Fertigkeit, wenn derjenige, der sie besitzt, nicht auch wüßte, wann diese Fertigkeit einzusetzen ist. Die Einübung in Regeln betrifft auch Handlungssequenzen mit ihren Einleitungs- und Schlußklammern. Wir lernen, welche Handlungen direkte Anschlußhandlungen sind, die nicht fehlen dürfen, um der Regelanwendung nicht ihren Sinn zu nehmen, wie etwa, daß auf das Rechnen der Kassiererin das Bezahlen zu folgen hat. Die Formeln und Formen, an denen

---

der Blick auf die regelhaften Anschlußhandlungen diese Frage entgegen Hollis' Ansicht sehr wohl zu klären vermag.

wir einleitende und abschließende Handlungen einer zusammenhängenden Sequenz erkennen, gehören ebenfalls zu dieser Regelkompetenz. So gilt das Betreten bzw. das Verlassen des Supermarkts als räumliche Klammer, die den Beginn bzw. das Ende der Einkaufshandlungen zusammenfaßt und in dieser Zusammenfassung als ein zugehöriges Handlungsgefüge markiert, das intern einen stärkeren Zusammenhang aufweist, als die darin umfaßten Handlungen mit anderen Handlungen haben, die außerhalb dieser Klammer liegen.

Die Einteilung in Episoden bringt es mit sich, daß nur eine bestimmte Gruppe von Handlungen als zusammengehörige und aufeinander bezogene erfahren und erwartet werden, nämlich diejenigen innerhalb der Episode. Verknüpfungen der Episodenkomponenten zu Handlungen des gleichen Aggregationsgrades außerhalb der Episode sind zwar möglicherweise ebenfalls gegeben; diese sind aber auf jeden Fall im Vergleich zu den Bindungen an die anderen Teilkomponenten in der Episode sekundär. Abweichungen in der Handlungssequenz, die außerhalb der Episode auftreten, wirken deshalb nicht mehr zurück auf die Art der Handlungsverknüpfung innerhalb der Episode. Die Episode als solche ist problemlos abgelaufen, und das heißt: ohne einen Änderungsbedarf zu erzeugen, der der Verfestigung innerhalb der Episode entgegenwirken könnte, wenn sich auch solche Veränderungsnotwendigkeiten im Zusammenhang mit dem weiteren Kontext der Episode ergeben haben mögen.

Nun werden die Episodenklammern, sollen sie als solche überhaupt in Erscheinung treten, in der Form bestätigender Individuation von den Beteiligten ausgeführt und haben demzufolge die oben erwähnte Verfestigung dieser Klammerung zur Folge (aus Mangel an Änderungsbedarf). Wenn etwa zwei Personen miteinander bekannt gemacht werden sollen, so hat das dabei ablaufende Ritual nur den Charakter, die einleitende Klammer für das Kennenlernen zu sein, wenn diejenigen, die sich dabei kennenlernen sollen, danach wenigstens einen minimalen direkten Austausch pflegen und somit die vorangehenden Handlungen als Einleitung einer Episode des Kennenlernens bestätigend individuieren. (Man denke sich als Kontrast etwa die Szene, daß Person A der Person B von Person C vorgestellt werden soll. B hört C zu, wendet sich danach aber nicht A zu, sondern dreht sich weg und plaudert mit anderen Leuten.) Die abschließenden Sätze eines Gesprächs werden z. B. durch das Auseinandergehen der Beteiligten bestätigend individuiert. Das Auseinandergehen ist dabei tatsächlich eine bestätigende Individuation, weil nicht etwa einer der Beteiligten noch versucht, das Gespräch fortzuführen, z. B., indem er dem anderen noch nachruft, oder ihn durch Festhalten am Fortgehen hindern will. Sollten sich die Gesprächsteilnehmer kurz nach Abschluß ihres Gesprächs wiedertreffen, werden sie das sich dann eventuell anspinnende Gespäch als ein neues Gespräch, also als eine neue, von dem soeben abgeschlossenen Gespräch unterschiedene Episode auffassen. Und umgekehrt wird ein Gespäch, das durch die Bemerkung »Warte einen Moment, ich hole mal schnell etwas!« und das Weggehen eines der Beteiligten unterbrochen ist, als eine zusammenhängende Episode aufgefaßt werden und nicht, wie zuvor, als zwei verschiedene.

Liegt ein Fall bestätigender Individuation vor, so mag es zwar sehr viele andere Weisen geben, wie das Handeln der Beteiligten gedeutet werden könnte. Diese Möglichkeit spielt aber keine Rolle, weil die Beteiligten genau diejenige Art der Handlungsverschränkung durchführen, die keinen weiteren Deutungs- oder Änderungsbedarf aufkommen läßt.[111] Und weil die Handlungsverschränkung in dieser Weise problemlos funktioniert hat, empfiehlt sie sich für die zukünftige Handlungsweise in entsprechenden Situationen. Eventuell gegebene Deutungsmöglichkeiten für Teilhandlungen in der Episode haben keinerlei praktische Relevanz, weil dasjenige geschehen ist, was als selbstverständlich aufgefaßt wird. Weil das Selbstverständliche in selbstverständlicher Weise geschehen ist, wird jene Handlungsepisode als das Normale selbst bekräftigt und verfestigt.

Wenn die bestätigende Individuation die einleitende oder abschließende Klammer einer Episode betrifft, so ist dadurch eine ganze Episode von anderen für die Episode irrelevanten Handlungen abgegrenzt, sei dies dadurch, wie im Fall der einleitenden Klammer, daß alles zuvor Geschehene als irrelevant für die entstehende Episode markiert ist, oder dadurch, wie im Fall der abschließenden Klammer, daß alles Nachfolgende keine Bedeutung für die Episode selbst mehr hat.[112] Die Notwendigkeit, andere Handlungen bei dem gerade geschehenden Tun berücksichtigen zu müssen, werden damit drastisch reduziert und somit auch die Rückwirkungen externer Änderungen auf die Episode.

(2) Im Zuge einer umdeutenden Individuation individuiert das

---

[111] Das gilt zumindest für die Beteiligten.
[112] Die Relevanz oder Irrelevanz erstreckt sich dabei natürlich auf Größen gleichen Aggregationsgrades.

Anschlußhandeln das vorangehende Handeln anders, als dies vom Handelnden selbst angelegt war. Diese Form der Umdeutung ist aber, so hatten wir bereits gesehen, nur über wenige Anschlußhandlungen hinweg durchzuhalten, weil sehr schnell die dabei entstehende Komplexität unbeherrschbar wird. Entweder entsteht demnach die Episodengliederung und die Eindeutigkeit der Handlungen durch die Unfähigkeit, weitere Umdeutungen anschließen zu können. Oder auf die umdeutende Individuation folgt (noch innerhalb des beherrschbaren Verknüpfungsgefüges) eine bestätigende Individuation der bis dahin erreichten Reidentifikation. Dann liegt der soeben beschriebene Fall des Anschlußhandelns vor. Bei beiden Alternativen ist also ebenfalls die Vieldeutigkeit des Handelns sehr beschränkt.

Die umdeutende Individuation faßt die vorangehenden Handlungen nicht in einer gänzlich neuen Weise, sondern in einer eingeführten, aber von den vorangehenden Handelnden nicht beabsichtigten Weise. Mit der Umdeutung wird demgemäß derjenige Blick auf das Gemeinschaftshandeln verfestigt, der sich zuletzt einstellt, sei es durch das Überschreiten der beherrschbaren Komplexität oder aber durch eine anschließende bestätigende Individuation. Auch die umdeutende Individuation trägt demnach zur Verfestigung einer bestimmten Handlungssequenz bei.

(3) Die geradezu explosionsartige Vermehrung der Individuationsmöglichkeiten einer Handlung ist dem Umstand geschuldet, daß Handlungen auch als falsche Anwendungen von Regeln aufgefaßt werden können. Wo in den zuvor besprochenen Fällen eine Handlung einer bestimmten Regel genügen mußte, scheint bei der falschen Anwendung keinerlei Begrenzung mehr für die Deutbarkeit greifbar zu sein. Auf den ersten Blick kann jede beliebige Verhaltensweise (auch das Nichtstun) als die falsche Anwendung einer bestimmten Regel individuiert werden oder umgekehrt: eine Verhaltensweise ließe sich als eventuell falsche Anwendung jeder Regel zuordnen.

Diese Feststellung übersieht aber Folgendes. Daß eine Handlung als die falsche Anwendung einer bestimmten Regel gilt, wird daran manifest, daß sich entsprechende Korrekturmaßnahmen an sie anschließen. Allererst dadurch, daß sich eine Korrektur anschließt, wird das vorhergehende Handeln individuiert als falsches Handeln nach der Regel, die die Korrektur wieder herzustellen bemüht ist. Die Möglichkeit der Deutbarkeit einer Handlung unter Maßgabe sehr vieler Regeln reduziert sich also auf diejenige Individuation, die durch die sich anschließende Korrektur tatsächlich vorgenommen wird. Daß die Korrektur selbst wiederum in der Folge korrigiert, umdeutend oder bestätigend individuiert werden kann, ändert nichts an der Tatsache, daß durch die Anschlußhandlung die fragliche Handlung als Anwendung *einer* Regel (aus soundsoviel denkbaren) strukturiert wird.

Umgekehrt könnte man auch formulieren: Um ein bestimmtes Verhalten als falsche Regelanwendung behaupten zu können, müßte man anschließendes Verhalten, das jene falsche Anwendung korrigiert, und Kontexte, innerhalb deren eine solche Korrektur erfolgen würde, benennen können. Und um das Verhalten dann tatsächlich als diese Regelverletzung zu markieren, wäre jene Korrekturmaßnahme im gegebenen Kontext auch erforderlich. Schließen sich hingegen andere Handlungen als Korrekturhandlungen an, so wird die Handlung nicht mehr als falsches Regelfolgen aufgefaßt. Denn entweder liegen bei dieser Art des Anschlußverhaltens die oben beschriebenen Fälle (1) oder (2) vor, wodurch die Handlung, an die angeschlossen wird, nicht als falsche, sondern als korrekte Anwendung einer (möglicherweise: anderen) Regel aufgefaßt würde.[113] Oder es liegt der im folgenden zu untersuchende Fall (4) vor, bei dem keinerlei Beziehung mehr zwischen den zeitlich aneinander angrenzenden Handlungen besteht. Dann kann ebenfalls nicht mehr von »falsch« gesprochen werden, einfach weil »falsch« die Bezogenheit verschiedener Handlungen aufeinander voraussetzt,[114] die in Fall (4) per definitionem nicht gegeben sind.

Im korrigierenden Anschlußhandeln wird die Tendenz zur Verfestigung gemeinschaftlichen Handelns besonders prägnant. Der

---

[113] Angenommen, es herrsche ein Despot mit unbeschränkter Macht in einem Lande. Dieser sei für seine Rechthaberei bekannt, die, gekoppelt mit Jähzorn und willigen Schergen, es geraten sein läßt, nicht zu widersprechen, wenn einem der Untertanen sein Leben lieb ist. Dann wird dieser Despot beim Bezahlen von Waren die Addition der Zahlen 57 und 68 mit dem Ergebnis 5 beenden können, ohne daß irgendeiner seiner Untertanen, und sei er Kaufmann durch und durch, dagegen Protest erheben würde. Diese Art fehlenden Protestes bei der Hinnahme der »Berechnung« ist eine bestätigende Individuation – nun nicht der Additionskünste des Despoten, sondern der Regel: »Was der Despot tut, ist wohl getan«. Die Handlung des Despoten wird überhaupt nicht mehr in den Kategorien des Rechnens, gar der des Richtig-Rechnens individuiert, die für die anderen Bürger des Landes einschlägig wären. Klar ist auch, daß es kein Land geben kann, in dem alle Bürger Despoten der geschilderten Art sind, sofern der Regelbegriff noch angewendet werden soll.
[114] Vgl. dazu oben die Untersuchung der Korrekturhandlungen in Kap. 3.4.2.

Korrigierende nimmt die Mühe und die mit Korrekturen unabänderlich verknüpften Ärgernisse in Kauf, um den fraglichen Typ der Gemeinschaftshandlung gegen das Mißgeschick oder den gewollten Verstoß wiederherzustellen und zu erhalten. Zudem hatten wir oben bereits gesehen, daß Korrekturen mitsamt der korrigierten Handlung Instanzen des fraglichen Gemeinschaftshandelns sind. Das Gemeinschaftshandeln wird also gleich in zweierlei Weise abgesichert. Einerseits dadurch, daß eine Instanz des Gemeinschaftshandelns zustandekommt und damit die Gültigkeit dieser Art des Gemeinschaftshandelns für die vorliegende Situation im Handeln bestätigt wird. Anderseits dadurch, daß die Regeln der Gemeinschaftshandlung explizit als die gültigen hervorgehoben werden.[115] Denn die Korrektur stellt fest, das vorangegangene Handeln habe das offensichtlich Geforderte in der Situation verfehlt, wobei die Korrektur dieses Geforderte wiederherstellt. Dagegen läßt sich wenig Wirkungsvolles setzen. Denn selbst wenn jenes korrigierte Handeln die Regeln eines anderen Gemeinschaftshandelns befolgt hätte, kann dieses ursprüngliche Gemeinschaftshandeln sich nicht derselben Befestigung erfreuen wie dasjenige, das durch die Korrektur als angemessen behauptet wird, denn die zur Restitution erforderliche Korrektur der Korrektur schwächt die fraglose Gültigkeit des Handelns, das anfänglich (fälschlich oder unberechtigterweise) korrigiert wurde. Insgesamt ergibt sich, daß das korrigierende Anschlußhandeln ein äußerst wirksames Mittel ist, das Gemeinschaftshandeln zu verfestigen, in dessen Sinn die Korrektur erfolgt.

Mit den drei zuvor angegebenen Möglichkeiten sind die Arten des Bezugs einer Anschlußhandlung auf die vorausgehende Handlung erschöpft, die eine Gemeinschaftshandlung in ihrer bestehenden Art erhält. Die Fälle (1) und (2) fassen die vorangehende Handlung als die korrekte Ausprägung eines Regelfolgens auf, wobei (2) sich darin von (1) unterscheidet, daß die vorangehende Handlung unter einer anderen Regel stehend verstanden wurde, als sie vom Handelnden selbst angelegt war. Die richtige Regelanwendung zeigt sich in Fall (1), wie sie vorausgehend erwartet war; in Fall (2) kommt sie in einer Weise zustande, die aus dem Anschlußhandeln rückwirkend sichtbar wird. Der Fall (3) läßt die vorangehende Handlung durch das Anschließen einer Korrektur als falsches Regelfolgen sichtbar werden.

---

[115] Vgl. oben Kap. 3.4.2.

(4) Die Dichotomie richtig/falsch ist somit ausgeschöpft; es bleibt nur noch die bloß zeitliche Bezogenheit aufeinander folgender Handlungen zu erwähnen, um die Gesamtheit aller einander folgender Handlungen zu erfassen. Von »Anschlußhandlung« kann innerhalb der letztgenannten Kategorie nicht gesprochen werden, weil bloß eine zeitliche Abfolge vorliegt. Deshalb können solche zeitlichen Folgen auch nicht Grundlage eines eingeführten Gemeinschaftshandelns sein, weil dieses ja auf Bezogenheit aufbaut. Ein Beispiel solcher Nichtbezogenheiten wäre z. B. die Art eines Gesprächsabbruchs, die entsteht, wenn ein Gesprächsteilnehmer plötzlich und ohne ersichtlichen Grund wegläuft. Diese Art von »Anschlußhandeln« hat offensichtlich nichts mit dem zuvor vorgefallenen Geschehen zu tun.[116] Vielleicht stellt sich später ein Zusammenhang heraus, aber im Moment des »Anschließens« ist dieser Bezug nicht ersichtlich und daher auch nicht für den Handlungszusammenhang im Moment des Geschehens von Belang. Darin unterscheidet sich diese Art des Abbruchs von den abschließenden Klammern, die eine Episode als Teil der Episode beenden und nicht abbrechen durch ein Verhalten, das selbst nicht mehr zur Episode gehört.

Beispiele, die eine Nichtbezogenheit durch Neubeginn erläutern könnten, sind in jeder Art von Lehrbetrieb gehäuft zu finden. Da hat z. B. ein Lehrer eine Viertelstunde lang etwas erklärt und kaum ist er fertig, stellt irgendein unaufmerksames Mitglied des Auditoriums genau dieselbe Frage, die vor einer Viertelstunde Anlaß für die Ausführungen war. Wenn diese Form des Anschlusses keine Provokation ist, kann von Anschluß kaum die Rede sein, weil das zuvor Geschehene nicht geschehen zu sein scheint, bzw. überhaupt keine Rolle für das darauffolgende Handeln spielt.

Der Nichtbezug durch Neubeginn ist aber auch wesentlich die Funktion einer Anfangsklammer einer Episode, allerdings mit einer entscheidenden Differenz hinsichtlich ihrer charakteristischen Bezogenheit zu dem Vorangehenden. Die Anfangsklammer ist gerade

---

[116] Die hier thematische Form des Abbruchs ist dann nicht gegeben, wenn das Gespräch einen Verlauf nimmt, der einen der Teilnehmer dermaßen verletzt, daß er aus diesem Grund wegläuft. Hier läge mit dem Weglaufen eine abschließenden Klammer vor in Form (je nach den gegebenen Umständen) entweder der bestätigenden Individuation des auf Verletzung abzielenden Gesprächsverlaufs oder der umdeutenden Individuation der vorangehenden Episode, nämlich des Offensichtlichwerdens des feindseligen Austausches.

nötig, um Geschehen, das außerhalb der Klammer liegt, als irrelevant für die betreffende Episode zu markieren. Mit der Anfangsklammer soll das nachfolgende Geschehen von dem vorausgehenden separiert werden, um dem Handeln innerhalb der Episode einen anderen Status zu geben als zuvor (der Streit auf der Theaterbühne ist ein anderer Streit als der in der Theatergarderobe), oder um überhaupt eine neue Handlungsepisode beginnen zu können. Der Nichtbezug nach außen muß bei der Anfangsklammer durch ein entsprechendes Anschlußhandeln innerhalb der Episode bestätigend individuiert werden, um tatsächlich diesen Nichtbezug zum Vorausgehenden herzustellen. Ohne diese Bestätigung wären die vorangehenden Handlungen nämlich Teil der Episode und damit relevant. Ganz anders das zuvor genannte Beispiel, in dem Vorausgehendes schlicht ignoriert wurde und nicht etwa durch Klammersetzung ausgegrenzt wird.

Nichtbezogenheiten durch Abbruch oder Neubeginn lösen das Problem der Vieldeutigkeit von Handlungen in Abhängigkeit von der Art der Anschlußhandlung auf ihre Weise, denn mit ihnen liegt überhaupt kein Bezug mehr auf vorangehendes Verhalten mehr vor, das unter einen bestimmten Handlungstyp per echtem Anschlußhandeln gefaßt werden müßte.

3.6.2. Innovative Mechanismen

Betrachtet man die Ausführungen des vorangehenden Kapitels, so entsteht der Eindruck, als liefe unser soziales Leben völlig gleichförmig ohne jede Änderung ab. Für die basalen Praktiken unseres gemeinsamen Lebens stimmt dieser Eindruck gewiß auch in der überwiegenden Zahl der Fälle. Anderseits kann man allerdings auch, und der Zusammenbruch der politischen Systeme in Osteuropa ist ein recht aktuelles Beispiel dafür, den plötzlichen Zusammenbruch und den Ersatz von sozialen Handlungsformen beobachten, die zuvor unerschütterlich wirkten.

Zwei Fragestellungen ergeben sich daraus. Wie ist die Plötzlichkeit dieses Umschwenkens, gerade wenn es um grundlegende soziale Praktiken großer Reichweite geht, zu erklären? Welche innovativen Faktoren sind für das Entstehen von neuen sozialen Handlungen überhaupt verantwortlich? Auf beide Fragen werde ich gewiß keine erschöpfende Antwort geben können, meine jedoch mit dem Aufweis von Randbedingungen für Innovationen im Gemeinschaftshandeln ein wenig weiter zu kommen als so manche Bemerkung zu innovativen Prozessen, in der das Neue eher beschworen und letztlich im Gestus wortreichen Schulterzuckens dem privaten Genie und der Phantasie des Einzelnen überlassen bleibt.

Nun zur ersten Fragestellung. Konstituierend ist für Gemeinschaftshandeln, daß die Beteiligten aufeinander abgestimmte Handlungen durchführen. Abstimmung verlangt dabei, daß im Sinne des durchzuführenden Handelns innerhalb bestimmter Grenzen die Fehler oder Ungeschicklichkeiten einzelner Beteiligter durch die anderen Beteiligten kompensiert werden. Insbesondere bei gemeinschaftlichen Handlungen, die eine große Zahl von Beteiligten umfaßt, läßt sich praktisch jeder einzelne noch so verunglückte Teilbeitrag durch die Handlungen der vielen anderen Beteiligten kompensieren. So lange also eine große Zahl der Beteiligten einer solchen Praxis von der Gültigkeit dieser Praxis ausgeht, so lange wird jede abweichende Handlung Einzelner, sei sie nun als Verstoß gegen diese Praxis angelegt oder lediglich ein Mißgeschick, im Sinne dieser Praxis ausgeglichen und die Praxis im gemeinschaftlichen Handeln weiterhin unverändert ausgeführt. Es liegt bei diesen Ausgleichshandlungen ein Gemisch von umdeutender Individuation und Korrektur vor, sofern das abweichende Teilhandeln überhaupt merklich wird. Versuche, gegen die Praxis zu rebellieren, werden einfach als Mißgeschick von den anderen Beteiligten umdeutend individuiert und dann genauso wie alle anderen entsprechenden Fehler korrigierend behoben. Es kommt gar nicht die Idee auf, daß man in der entsprechenden Situation auch anders handeln könnte. Jedes Teilhandeln wird aus der Sicht der meisten Beteiligten als Komponentenhandeln zur Durchführung der entspechenden Praxis betrachtet und demzufolge routinemäßig im Sinne dieser Praxis eingebettet.

Wenn sich jedoch Zweifel zu regen beginnen, ob die Praxis tatsächlich das fraglose Fundament der gemeinschaftlichen Handlung in der entspechenden Situation ist, werden Korrekturmaßnahmen unterbleiben.[117] Sobald Korrekturmaßnahmen unterbleiben, wird die Praxis für den unkorrigierten Abweichungsfall nicht durchgeführt, was die fraglose Gültigkeit der Praxis weiter schwächt etc. Derselbe

---

[117] Van den Boom (1982, S. 133 f.) hat auf den Unterschied aufmerksam gemacht, der bei einem Verstoß gegen Regeln besteht zwischen denjenigen Verstößen, die als Mißgeschick verstanden werden (also die Regel verletzen, ohne sie in Frage zu stellen), und denjenigen Verstößen, die als Provokation gelten (also die Geltung der Regel als solche in Frage stellen).

Prozeß ist zu beobachten, wenn kein Zweifel an der Praxisgeltung vorhanden ist, sondern in manchen Fällen aus welchen Gründen auch immer nicht mehr im Sinne der Praxis gehandelt (und korrigiert) wird. Sobald dieser Umstand bewußt wird, nährt dies den Zweifel an der Praxis als Maßgabe für das gemeinsame Handeln. Damit kann sich der oben beschriebene Aufschaukelungsprozeß ergeben.

Wenn sehr viele Beteiligte in ein Gemeinschaftshandeln eingebunden sind und die Einzelbeiträge für das Gelingen des Ganzen deshalb unscheinbar sind, kann sich das Gemeinschaftshandeln durch die Pufferwirkung der Ausgleichhandlungen jener, die die Praxis fraglos unterstellen, auch bei einer merklichen Zahl von Abweichungen erhalten (wie etwa das Gemeinschaftshandeln, das sich um den Begriff »Eigentum« gruppiert, in unserer Gesellschaft trotz der verbreiteten Diebes- und Betrugstätigkeit nicht ernsthaft in Gefahr ist).

Was einer sozialen Praxis unterhalb einer kritischen Schwelle Festigkeit garantiert, wendet sich jedoch jenseits dieser Schwelle zu einer Beschleunigung von Veränderungsprozessen in den Fällen, in denen die unkorrigiert gebliebenen Handlungen als Handlungen im Sinne eines bestimmten konkurrierenden Gemeinschaftshandelns sichtbar werden. Die Abweichungen von der bisher üblichen Praxis sind dann nicht einfach unkorrigiert gebliebene Abweichungen, die als Abweichungen letztlich auf die entsprechende Praxis affirmativ bezogen bleiben, sondern bedeuten die Durchführung eines anderen Gemeinschaftshandelns, dessen Gültigkeit damit bekräftigt wird. Zunehmend wird an entsprechendes Handeln nicht mehr im Sinne der alten, sondern im Sinne der neuen Praxis angeschlossen (bzw. in deren Sinn korrigiert). Wenn eine kritische Masse von Beteiligten nun im Sinne der neuen Praxis anschließt, wird die alte Praxis wegen ihrer reduzierten Zahl von Durchführungen in ihrer unbefragten Gültigkeit so geschwächt, daß die zunehmend durchgeführte und bestätigte neue Praxis den Rang der Gültigkeit erhält. Hat die neue Praxis diesen Rang einmal erhalten, so wirken die abfedernden Ausgleichshandlungen nun in ihrer Richtung und beschleunigen zusätzlich den Verfall der bereits verschwindenden alten Praxis. Insbesondere bei sozialen Handlungen, die durch ihre große Zahl von Beteiligten eine große Pufferwirkung gegenüber einzelnen Abweichungen haben, wirkt sich die überwiegende Meinung hinsichtlich der Frage, welche Praxis die fraglos gültige sei, entscheidend aus, weil die immense Ausgleichs- und Abfederungswirkung der Anschlußhandlungen immer zugunsten der (überwiegend) für gültig gehaltenen Praxis eingreift. Augenfällig ist die Bedeutung der allgemeinen Ansicht darüber, welche Praxis die gültige ist, in dem Fall, in dem bestimmte Handlungen sowohl als Beitrag zu der einen wie auch der anderen Praxis aufgefaßt werden können. Dann kommt es wesentlich darauf an, welche Praxis als die gültige unterstellt wird, weil die Anschlußhandlungen der anderen Beteiligten dann das entstehende Ganze in die eine oder in die andere Richtung lenken. Der Umklapp-Prozeß bei Gemeinschaftshandlungen, die sehr viele Beteiligte integrieren, kommt gerade dadurch zustande, daß die Ausgleichsmöglichkeiten der anderen Beteiligten nahezu unbeschränkt sind und der Beitrag des Einzelnen nahezu belanglos, wodurch die vorherrschende Auffassung, welches Gemeinschaftshandeln denn nun einschlägig sei, wesentlich den Ausschlag für das tatsächlich erfolgende Gemeinschaftshandeln gibt.

An dieser Skizze dürfte eine Eigenart von Veränderungsprozessen gemeinschaftlichen Handelns deutlich geworden sein. Für eine Veränderung ist nicht hinreichend, daß einzelne Personen ihr Handeln verändern, sondern diejenigen, die an dieses Handeln anschließen, müssen in derselben Veränderungsrichtung mitwirken, um das gemeinschaftliche Handeln tatsächlich in anderer Form (oder überhaupt ein anderes Gemeinschaftshandeln) durchzuführen. Anderfalls wird die Veränderung einer Teilhandlung im Sinne des eingeführten Gemeinschaftstuns durch andere korrigiert und bewirkt keinerlei Änderung des zugrundeliegenden Typs gemeinschaftlicher Handlung, wobei die Ausgleichsmöglichkeit selbstverständlich von der Fähigkeit der anderen zum Ausgleich und der Bedeutsamkeit der abweichenden Teilhandlung abhängt. Diese Eigenschaft der Innovations- und Veränderungsprozesse von Gemeinschaftshandlungen ist nicht verwunderlich, weil Gemeinschaftshandlungen generell aufgrund der Bezogenheit der darin erfolgenden Teilhandlungen existieren. Nicht die Handlung eines Einzelnen ist von Belang, sondern wie diese Handlung mit denen der anderen Beteiligten verknüpft ist.

Diese Erkenntnis sollte nun bei der Bearbeitung der zweiten Fragestellung ihren Niederschlag finden. Neu kann ein Gemeinschaftshandeln in zweierlei Hinsicht sein. Die Gründung einer Aktiengesellschaft, die Heirat zweier Personen bringt neue Gemeinschaftshandlungen in dem Sinne hervor, daß ein bereits bekanntes Muster im speziellen Fall noch nicht durchgeführt wurde und mit dem konstituierenden Akt, sei es hinsichtlich der beteiligten Personen oder des Gegenstandsbereichs, nun neu beginnt. Dazu gehört

auch die Einführung von Personen in bestimmte Gemeinschaftshandlungen durch Aus- und Fortbildung, weil hier Gemeinschaftshandlungen möglich werden, die zuvor mit der aus- oder fortzubil-
denden Person nicht möglich waren. Mit dieser Variante des
Neuseins werde ich mich im folgenden nicht beschäftigen, sondern
mit derjenigen, bei der der Typ einer Gemeinschaftshandlung eine
Innovation darstellt. Dieser Sinn von »neu« ist es, der bei Debatten
um Kreativität und Innovation zentral ist, weshalb er hier auch ausführlicher betrachtet werden soll.

Diese Innovationen können wiederum grob in zwei Klassen unterteilt werden. Die erste Klasse (I) umfaßt die Herausbildung von
Gemeinschaftshandlungen, die es dem Typ nach noch nicht gab, die
zweite (II) Transformationsprozesse, die bestehende Gemeinschaftshandlungen hinsichtlich ihres Typs in bestimmten Dimensionen verändern. Als Leitlinie bei den Überlegungen soll die übliche Blickrichtung umgekehrt werden, eine Umkehrung, die von Cornelius
Castoriadis und Bernhard Waldenfels für Innovationen hervorgehoben worden ist. Charakteristisch ist für das Neue nach Castoriadis,
daß »es als Sein (und zwar als Daß-Sein und *anderes* Sosein – beides
ist nicht zu trennen) von *nichts* und *nirgendwo* herstammt; daß es
nicht irgendwo *her*kommt, sondern irgendwo *an*kommt [...].«[118] Innovationen haben etwas Retrospektives, weil sie nicht im Vorgriff
aus dem Bestehenden abgeleitet oder konstruiert werden können,
sondern, sind sie einmal da, gegenüber dem zuvor Bekannten in ihrer
Andersartigkeit und auch Bezogenheit sichtbar werden.[119] Über das
Neue muß also im Blick zurück auf das zuvor Bestehende nach-
gedacht werden und nicht mit dem Blick nach vorn in die Zukunft.
Im folgenden sollen diesem Programm gemäß Strukturen dargestellt
werden, die nachträglich als innovationserzeugende Strukturen erkannt werden.

Die Klasse (I) neuer Typen von Gemeinschaftshandlungen kann
in vier Gruppen untergliedert werden. (Ia) In diese Gruppe fallen
neue Typen von Gemeinschaftshandlungen, die aus Teilhandlungen
bereits bestehender Gemeinschaftshandlungen neu kombiniert werden. Werden zwei Episoden verschiedener Gemeinschaftshandlungen in der gleichen Reihenfolge hintereinander wiederholt aus-

---

[118] Castoriadis (1984), S. 332 [Hervorhebung im Original].
[119] Waldenfels (1987, S. 108–112) nennt dies den »Satz vom unzureichenden Grunde«;
vgl. auch Waldenfels (1991, S. 65) sowie Waldenfels (1985, S. 142).

geführt, so kann ein neues Gemeinschaftshandeln dadurch entstehen, daß entweder beide Gemeinschaftshandlungen zu einem einzigen gemeinschaftlichen Tun verschmelzen, oder diejenigen Teilhandlungen, die am Ende der ersten Episode liegen, verknüpfen sich mit den Teilhandlungen, die am Beginn der nachfolgenden Episode situiert sind, zu einer neuen in sich geschlossenen Episode (die jeweils vorangehenden bzw. nachfolgenden Teilhandlungen mögen dabei entweder entfallen oder eigene in sich geschlossene Episoden von Gemeinschaftshandlungen bilden). Selbstverständlich können auch umgekehrt zuvor zusammengehörende Episoden in voneinander unabhängige Teilepisoden zerfallen. Die beschriebene Rekombination ist den Teilhandlungen nicht äußerlich, weil je nach erfolgter Zusammensetzung die für die Konstitution des Gemeinschaftshandelns erforderlichen Abstimmungsreaktionen anders ausfallen müssen und auch die einleitenden und abschließenden Klammern bei jeweils anderen Teilhandlungen verortet sind. Die Bedingungen, unter denen die entstandenen Gemeinschaftshandlungen scheitern, unterscheiden sich von den entsprechenden Bedingungen, die für die ursprünglich vorhandenen Episoden galten. Auch daran wird sichtbar, daß tatsächlich neue gemeinschaftliche Handlungen entstanden sind.

Ist beispielsweise eine Episode E_3 aus der Verschmelzung einer Episode E_1 und einer Episode E_2 entstanden, so scheitert E_3 und deshalb auch E_2 als Teil von E_3, wenn irgendetwas in E_1 schiefgeht, wohingegen vor der Verschmelzung bei dem Mißglücken von E_1 E_2 durchaus gelingen konnte. Die Innovation wäre in jedem der genannten Fälle über die direkte zeitliche Nachbarschaft der Teilhandlungen vorbereitet worden, die wiederholt vorgekommen und im Laufe der Zeit als neues Muster erkennbar ist. Wenn diese Verknüpftheit erkannt ist, werden auch die jener Verknüpftheit entsprechenden Abstimmungshandlungen der Beteiligten einsetzen, so daß ab diesem Zeitpunkt tatsächlich neue Gemeinschaftshandlungen vorliegen.

Neben der Neugruppierung zeitlich angrenzender Episoden kann auch ein wiederholt gleichförmig ablaufender Prozeß umdeutender Individuation zu einem neuen Gemeinschaftshandeln führen. Im Kneipenbeispiel könnte man sich vorstellen, daß die Variante, in der zum Schluß ein Freibier ausgeschenkt wird, sich wiederholt ereignet. Dieser Prozeß umdeutender Individuation könnte sich dann als Gemeinschaftshandeln eigenen Rechts einschleifen, so daß die einzelnen Teilhandlungen keine Umdeutung der vorausgehenden Handlungen mehr wären, sondern allesamt dem entsprechenden Gemeinschaftshandeln direkt zuarbeiteten. Erneut ergäbe sich das neue Gemeinschaftshandeln auf der Grundlage einer wiederholten, zeitlich eng benachbarten Handlungsfolge.

(Ib) Manche Gemeinschaftshandlungen haben Wirkungen auf die Umwelt im allgemeinen und auf das Handeln nicht beteiligter Personen im besonderen. Solche Wirkungen können bestehen, ohne daß sie bekannt wären, wie die relativ späten und immer noch lückenhaften Erkenntnisse über die komplexen Wechselwirkungen in Biotopen belegen. Nehmen wir als einfaches Beispiel ein Stahlwerk mit seinen (ungefilterten) Staubemissionen und die Bevölkerung, die im Immissionsbereich der Stäube lebt. Solange der Zusammenhang zwischen Atemwegserkrankungen und der hohen Staubbelastung nicht bekannt ist, sind die Handlungen der Personen im Immissionsbereich zwar durch das Stahlerzeugen faktisch beeinträchtigt, das Stahlerzeugen und das Hinnehmen dieser Beeinträchtigung wird aber nicht in Zusammenhang gesetzt. Erst dann, wenn dieser Zusammenhang deutlich wird, werden beide Handlungen aufeinander bezogen und zu einem neuen Gemeinschaftshandeln mit entsprechenden Abstimmungsprozessen zusammengenommen. Das kann etwa die Folge haben, daß der Stahlwerksbetreiber Entschädigungen zu zahlen hat, Filter einbauen muß oder die Bewohner die Immissionszone verlassen. Das Gemeinschaftshandeln »Stahlerzeugung« hat damit offensichtlich neue Handlungskomponenten hinzugewonnen, die zuvor zwar faktisch für die Durchführung erforderlich, aber nicht bekannt und deshalb auch nicht in das gemeinschaftliche Handeln eingebettet waren. Das Neue der Gemeinschaftshandlung entsteht hier durch die Einbeziehung bereits bestehender, wiederholter, aber zuvor als separat aufgefaßter Handlungen in ein Gemeinschaftshandeln. Je nach dem Grad der Veränderung, die das Gemeinschaftshandeln durch das Hinzufügen der neuen Komponenten erfährt, liegt entweder eine Transformation eines bestehenden Gemeinschaftshandelns vor, somit ein Fall der Klasse (II), oder aber eine tiefgreifende Neuschöpfung. Letzteres kann man z. B. an der sich wandelnden Einschätzung von Atomstrom ablesen. War anfangs diese Form der Stromerzeugung als zukunftssichere, nahezu unerschöpfliche Form der Energieerzeugung wahrgenommen worden, so werden inzwischen die Probleme bei der Verarbeitung und Endlagerung spaltbaren Materials, aber auch die politischen Hypotheken der demokratischen Unkontrollierbarkeit von Großtechniken mit dieser Form der Energieerzeugung verknüpft. Das Gemeinschaftshandeln »Energieerzeugung aus Kernspaltung« hat seinen Charakter grundlegend gewandelt, weil es nicht mehr einfach um Energieerzeugung geht, sondern die verursachten Folgewirkungen nun auch in das Gemeinschaftshandeln integriert sind und in der Wichtigkeit bei der Beurteilung dieser Handlungsweise inzwischen vorrangig geworden sind. Atomenergie bedeutet für uns inzwischen etwas anderes als vor zwanzig Jahren, was daran ablesbar ist, daß diese Technik zwar noch betrieben, aber zunehmend zurückgefahren wird.

(Ic) Geänderte Umweltbedingungen können es mit sich bringen, daß bestimmte Gemeinschaftshandlungen nicht mehr in der bekannten Weise gelingen, sondern zu anderen als den erwarteten Ergebnissen bei eventuell verschobenen Teilbeiträgen der Beteiligten führen. Bei genügend häufiger Wiederholung dieses Verlaufs und Ergebnisses kann sich diese Art des Gemeinschaftshandeln als die reguläre Form etablieren, der entsprechend die Beteiligten handeln. Beispiele für diesen Innovationsprozeß gibt es in der Veränderung der Berufsbilder im Zuge des technischen Fortschritts, bei dem bestimmte Berufszweige entfallen, andere sich aus bestehenden als eigenständige Berufe abspalten.

Derselbe Vorgang der »Normalisierung« abweichenden Gemeinschaftshandelns läßt sich auch bei manchen Fällen der Provokation feststellen. Was anfangs als Abweichung von einem bestimmten Gemeinschaftshandeln von einigen Beteiligten angelegt ist, gewinnt den Status einer eigenständigen Gemeinschaftshandlung, die nicht mehr parasitär von dem anfänglich zugrundegelegten Handeln abhängig ist. Derartige Prozesse lassen sich bei der Herausbildung von manchen Subkulturen beobachten, die zunächst als Protest gegen die etablierte Kulturform beginnen, bei genügend vielen Wiederholungen diesen bloß negativen Bezug jedoch verlieren und zu einer eigenen Kulturform avancieren. Entsprechende Veränderungstendenzen gab es auch in der bildenden Kunst, von der eine Zeitlang die Provokation gegen die eingeführten Gewohnheiten, Kunstwerke wahrzunehmen, zum Programm erhoben wurde, bis die Provokation keine mehr war, weil sich im Zuge der wiederholten Verletzung von Kunstnormen die Auffassung gewandelt hat, was Kunst sei und zu leisten habe.

(Id) Neue Gemeinschaftshandlungen können auch durch Analogiebildung entstehen. In einem bestimmten neuen Bereich handelt man gemeinschaftlich nach dem Vorbild eines an anderer Stelle etablierten Gemeinschaftshandelns oder man läßt sich von Prinzipien leiten, nach denen auch in anderen Gemeinschaftshandlungen verfahren wird. Letzteres ist beispielsweise dann der Fall, wenn neue Forschungsfelder erschlossen werden, die nach dem in der jeweiligen Forschungsrichtung üblichen Leitbild wissenschaftlichen Vorgehens angegangen werden. Anders als bei den vorangehenden Fällen scheint hier nicht ein bereits etabliertes Tun oder ein etablierter Zusammenhang in seiner Neuartigkeit bekannt zu werden, sondern eine neuartige Handlungsweise wird entworfen, bevor es zu einem Gemeinschaftshandeln kommt. Aber auch diese Art der Innovation ist in einem gewissen Sinne retrospektiv, weil die Analogiebildung erst dann möglich ist, wenn es bereits etablierte Muster gibt, die der neuen Handlungsform als Vorlage dienen. Innovativ im Sinne von unableitbar ist das Vorgehen sicherlich insofern, als die Idee aufkommen muß, ein anderes Gemeinschaftshandeln oder dessen Prinzipien auf den fraglichen neuen Bereich zu übertragen.

Gemeinsam ist allen Fällen der Klasse (I), daß das neue Gemeinschaftshandeln in je charakteristischer Weise auf bereits wiederholt aufgetretenen Handlungszusammenhängen oder -strukturen aufruht, ohne restlos aus den vorgegebenen Strukturen ableitbar zu sein.

(II) Transformationsvorgänge umfassen wesentlich solche Prozesse, in denen bestehende Gemeinschaftshandlungen nicht grundsätzlich, sondern lediglich in Teilaspekten umgeformt werden. Sämtliche Mechanismen, die unter (I) betrachtet wurden, können Transformationsprozesse vorantreiben, wobei die Grenze zwischen der Umformung eines bestehenden Gemeinschaftshandelns und dem Entstehen eines neuen gemeinschaftlichen Tuns fließend ist. Neben den bereits benannten Faktoren kann eine Transformation auch darin bestehen, daß die Aufgabenverteilung sich innerhalb eines Gemeinschaftshandelns verändert. Dies kann z. B. Folge einer Abweichung nach (Ic) sein. Bestimmte Beteiligte reduzieren einseitig und zu Lasten der anderen ihren Beitrag zum Gemeinschaftshandeln sei es, weil sie durch geänderte Kontextbedingungen nicht mehr zu dem früheren Umfang in der Lage sind, sei es, weil ausprobiert werden soll, wie weit die anderen Beteiligten sich ausnutzen lassen. Wenn das Gemeinschaftshandeln häufig genug mit diesen neuen Aufgabenverteilungen durchgeführt wird, wird sich die entsprechende Aufteilung der Beiträge als Standard einschleifen (analog zur Bildung eines Gewohnheitsrechts).

Innovationsprozesse beider Klassen erwiesen sich an die Wiederholung bestimmter Zusammenhänge gebunden. Freilich sind diese Wiederholungen erst dann als Wiederholungen sichtbar, wenn sie vom Standpunkt des erreichten Neuen aus betrachtet werden, weil dann erst die fraglichen Zusammenhänge als Zusammenhänge sichtbar werden. Daß die gleiche Handlung wiederholt wurde, kann erst dann merklich werden, wenn die fragliche Handlung als solche individuiert wird. Dies ist, bevor der neue Typ von Handlung nicht erkannt ist, nicht möglich, weil die entsprechende Handlung noch als Abweichung von einem anderen Handlungstyp gilt oder als eigenständige Größe überhaupt nicht in den Blick getreten ist.

Diese Erkennbarkeit ex post liegt auch beim Übergang von Formen primärer zu sekundärer Intersubjektivität vor. Oben hatten wir die Existenz eines Gemeinschaftshandelns daran geknüpft, daß wenigstens ein Beteiligter zur sekundären Intersubjektivität fähig ist, weil diese Interaktionskompetenz allererst die Gemeinschaftshandlung als binnengegliedert erfahrbar werden läßt und somit die Wiederholung der individuellen Teilhandlungen allererst bemerkt werden können. Was für die Pflegeperson in einer Fürsorglichkeitsrelation ein binnengegliedertes Gemeinschaftshandeln sekundärer Intersubjektivität ist, kann der Säugling, ist er doch erst zu primärer Intersubjektivität fähig, lediglich als undifferenziertes Ganzes wahrnehmen. Für den Säugling wiederholt sich das Gemeinschaftshandeln als ganzes, nicht aber sein Beitrag zu dem entsprechenden Handeln. Erst aus dem Blickwinkel des Fortgeschrittenen ist die sekundäre Intersubjektivität zu erkennen, die in der Interaktion vorliegt.

Wenn die sekundäre Interaktion jedoch eine zentrale Rolle für die Gemeinschaftshandlungen spielt, sollte angegeben werden können, wodurch der Übergang zwischen primärer und sekundärer Intersubjektivität möglich ist. Im folgenden möchte ich deshalb eine Vermutung darüber äußern, wie dieser Übergang auf der Grundlage von wiederholten Interaktionen möglich wird. Sollte die Vermutung zutreffen, so hätte die Wiederholung eines Handlungszusammenhangs nicht nur trivialerweise ihre Wichtigkeit für das Fortbestehen eines Typs von Gemeinschaftshandlungen, sondern auch für Innovationsprozesse und speziell für den Neuerungsschub, der den einzelnen Menschen im Laufe seiner Entwicklung in die Lage versetzt, an Gemeinschaftshandlungen im eigentlichen Sinn des Wortes teilzunehmen.

Die primäre Intersubjektivität kennt die für die sekundäre Intersubjektivität typische Binnengliederung des Gemeinschaftshandelns nicht. Die Wiederholung einer bestimmten Episode, etwa eines bestimmten Spiels zwischen Säugling und Mutter, betrifft immer die gesamte Episode. Die Wiederholbarkeit einer solchen Episode setzt dabei zweierlei voraus. Erstens muß die Episode wiedererkannt werden, weil andernfalls natürlich nicht von Wiederholung die Rede sein könnte, sondern differente Episoden aufeinander folgten. Daß bereits Säuglinge eine solche Fähigkeit des Wiedererkennens besitzen, ist bekannt. Wie diese Fähigkeit im einzelnen strukturiert und wovon sie verursacht ist, liegt allerdings im Dunkeln. Untersuchungen über das menschliche Mustererkennen könnten dabei eventuell weiterhelfen; hier ist es jedoch hinreichend festzustellen, daß es eine solche Fähigkeit gibt.

Zweitens ist erfordert, daß eine bestimmte Episode in annähernd gleichartiger Weise wiederholt wird, damit es überhaupt eine Wiederholung einer Episode gibt und nicht das Aneinanderreihen verschiedener, immer neuer Episoden. Dieses Erfordernis ist durch die Asymmetrie der Kompetenzen der beteiligten Partner in der primären Intersubjektivität sichergestellt. Es interagieren ja nicht zwei Säuglinge miteinander, sondern ein Säugling mit einem Erwachsenen oder zumindest einem Kind, das zur sekundären Intersubjektivität fähig ist. Der jeweils kompetentere Partner kann demnach das Geschehen der primären Intersubjektivität als binnenstrukturiert im Sinne der sekundären Intersubjektivität verstehen. Er begreift das eigene und das fremde Verhalten als Komponente des fraglichen Gemeinschaftstuns und kann deshalb innerhalb einer laufende Episode auf das Verhalten des weniger kompetenten Partners in ausgleichender Weise eingehen, um die Episode glücken zu lassen.

Wenn nun durch die Asymmetrie der Kompetenzen eine Episode wiederholt werden kann, so wird jede Wiederholung hinsichtlich der im einzelnen von den Partnern ausgeführten Handlungen ein wenig variieren.[120] Diese Variationen können dazu beitragen, daß

---

[120] Starke Variationen für Sachverhalte, die zentral (charakteristisch) für die Episode sind, kann es nicht geben, weil die Episode sonst gar nicht zustandekommt. Dieser Umstand liegt nicht im Handeln des Säuglings begründet, der, so lautet die Voraussetzung, die Episode nur als ganzes wiedererkennt, nicht aber einzelne Teile davon. Somit kann

bei genügend häufiger Wiederholung schließlich die primäre Intersubjektivität zugunsten der sekundären Intersubjektivität überwunden wird. Damit soll freilich nicht behauptet sein, die sekundäre Intersubjektivität ließe sich durch variierende Wiederholung primärer Intersubjektivitätsformen erklären. Es soll lediglich darauf hingewiesen werden, daß der qualitative Übergang zwischen den Intersubjektivitätsformen sich durch die im folgenden zu nennenden Eigenschaften variierender Wiederholung vorbereitet.

Denn erstens helfen die Variationen bei der Wiederholung einer Episode zu erkennen, was zentral oder charakteristisch für die jeweilige Episode ist (nämlich dasjenige, was in jeder Variation vorgekommen ist). Zweitens ebnen sie den Weg, das Gesamte der Handlung von den Teilhandlungen abheben zu lernen, weil leicht unterschiedliches Handeln dennoch in derselben Art von Gesamthandlung resultiert. (Wenn dieser Differenzierungsprozeß abgeschlossen ist, liegt natürlich keine primäre, sondern eine sekundäre Intersubjektivität vor.) Der herzustellende Prozeß oder das Ergebnis wird zunehmend ablösbar von den konkreten Handlungen, die in der einzelnen Episode zu dessen Produktion durchgeführt werden. Drittens erzeugen die Variationen eine Erfahrung von koordiniertem oder »passendem« Verhalten. Denn die leicht abgewandelten Verhaltensweisen werden jeweils entsprechend modifiziert von dem anderen Beteiligten beantwortet mit dem Ergebnis, daß die gleiche Episode reproduziert wird.[121] Hinsichtlich des in der Episode durchzuführenden Handelns wird damit erfahrbar, daß und wie man auf die Handlungen des anderen eingehen muß, um den Gesamterfolg durch angemessenes Handeln zu erzielen.

Wenn diese Darstellung zutreffend ist, dient die Wiederholung einer Episode (mit der darin unvermeidlich vorkommenden Varia-

---

der Säugling zunächst auch den Grad der Gewichtigkeit einzelner Abweichungen gar nicht bemerken, weil die Grundgröße dazu, nämlich die (abweichende) Teilhandlung, ihm noch nicht greifbar ist. Der kompetentere Partner, der über den Begriff der Teilhandlung verfügt, muß durch seine Ausgleichshandlungen dafür sorgen, daß die Episode wiederholbar wird (oder bleibt). Wenn nun aber im Zentralbereich der Episode eine gravierende Abweichung auftritt, so wird die Episode ihm eben entscheidend anders als die zu wiederholende Episode erscheinen und demnach nicht mehr als die ursprünglich anvisierte Episode begriffen werden. Somit wird diese Person auch ihre diesbezüglichen Anpassungs- oder Korrekturmaßnahmen beenden. Spätestens damit kommt die Episode nicht mehr zustande.

[121] Für diese Formulierung gilt, wie schon zuvor, daß sie im Vollsinn natürlich nur für die sekundäre Intersubjektivität zutrifft.

tion von Verhaltensweisen) nicht allein der Übung des in der Episode vorkommenden Handelns, sondern kann auch dazu verhelfen, ein Handeln einzuüben, das in entfalteter Weise sozial ist, ohne diese Sozialität mit dem Begriff der Wiederholung bereits zu implizieren. Denn wiederholt wird zunächst nur das Gesamte der Episode und eben nicht einzelne Handlungen, die sich als aufeinander abgestimmte Komponentenhandlungen eines Gemeinschaftstuns verstehen.

Neue Gemeinschaftshandlungen sind (sei es die Ermöglichung von Gemeinschaftshandeln überhaupt durch die Ausbildung sekundärer Intersubjektivität, sei es die Entwicklung neuer Typen gemeinschaftlichen Tuns oder die Transformation bestehender Gemeinschaftshandlungen) an die Wiederholtheit derjenigen Sachverhalte gebunden, die vom Standpunkt des erreichten Neuen aus als Wiederholtheit eines Musters erkannt werden kann.

3.7. Differenzierung des Begriffs »Gemeinschaftshandeln«

Gemeinschaftshandlungen kommen in sehr unterschiedlichen Intimitätsgraden vor. Eine gemeinschaftliche Handlung kann die Wahl eines Parlamentes sein, oder aber ein Fest unter Freunden. Wo im ersten gemeinschaftlichen Handeln lediglich die funktionale Beschreibung als wahlberechtigte(r) Bürger(in) die Beteiligten zusammenfaßt, wirken im zweiten Beispiel Personen als unverwechselbare Individuen zusammen. Die letztere Art der Gemeinschaft ist eine emphatisch verstandene Gemeinschaft und wird hinsichtlich ihres Binnenhalts und ihrer Personenzusammensetzung (z. B. Freundesgruppe, Liebespaar) üblicherweise gegen andere Gruppenkonstellationen abgegrenzt, bei denen entweder nur einmal bzw. wenige Male dieselben Personen kooperieren (zufälliges Gespräch unter Reisenden, Hilfe beim Anschieben eines Autos etc.) oder bei denen die kooperierenden Personen sich lediglich unter dem Aspekt der Rollenerfüllung gegenseitig wahrnehmen (Wahlberechtigung, Anruf bei der Telephonauskunft, Zugehörigkeit zu Gremien qua Amt etc.). Diese polaren Typen von Gemeinschaftshandlungen werden bezeichnet von Wortpaaren wie etwa »Gemeinschaft« versus »Gesellschaft« oder »Freund« versus »Kollege«. Im folgenden gilt es, diesen Unterschied genauer auszuleuchten zwischen einem Gemeinschaftshandeln, in dem die beteiligten Mitglieder der Gruppe wesentlich sind, und demjenigen, das auf die Handlungsepisode zentriert ist.

Der Gemeinschaftsbegriff wird aber nicht nur in dieser Gegenüberstellung gebraucht. Genauer zu betrachten ist auch die zweite Opposition, in der »gemeinschaftlich« als Gegensatz zu »individuell« steht. Damit wäre der Gegensatz zwischen Handlungen angesprochen, die von mehreren Personen ausgeführt werden müssen, und solchen, die von einer einzelnen Person ausgeführt werden können. Hier ist gemeinschaftliches Handeln gegen individuelles Handeln abgesetzt, wie z. B. das Singen eines Duetts im Gegensatz zum Sologesang. Diese Unterscheidung war bislang in der Untersuchung die leitende Opposition, weil das Ziel darin besteht, eine Sozialethik zu entwerfen, die das spezifisch Soziale eines Handelns im Gegensatz zum individuellen Tun als Ansatzpunkt ihrer Normbegründung wählt, um einen gegenstandsadäquaten Ausgangspunkt zu gewinnen.

3.7.1. Gemeinschaftliches versus individuelles Handeln

Wenden wir uns zunächst der zweiten Opposition zu, also der Entgegensetzung von »individuell« und »gemeinschaftlich«. Nach der Diskussion der Regelfolgenproblematik dürfte klar sein, daß es ein individuelles regelgeleitetes Handeln nicht gibt, das »privat« im Wittgensteinschen Sinne ist, d. h. das prinzipiell für niemanden anderen zugänglich ist. »Individuelles Handeln« heißt demnach hier: einer Regel folgend, die eine Person allein ausführen kann, die aber als Regel einen zumindest impliziten Sozialbezug aufweist. Wenig Schwierigkeiten der Abgrenzung bereiten zunächst auch solche gemeinschaftlichen Handlungen, die eine Person allein gar nicht ausführen kann, wie z. B. das bereits genannte Singen eines Duetts oder das Veranstalten eines Wettrennens.

Auf einen zweiten Blick ist die Unterscheidung dieser beiden Gruppen aber gar nicht so einfach. Denn könnte man nicht ein Duett singen, indem man zuerst die eine Stimme singt, während man eine Aufzeichnung davon anfertigt, und danach zur Reproduktion dieser Stimme den anderen Part vorträgt? Kann man nicht gegen sich selbst einen Wettlauf veranstalten, indem man die jeweils benötigte Zeit mißt? Und ist das Rudern, das eine einzelne Person ausführt, nicht eine gemeinschaftliche Aktion, etwa wenn der ritterliche Held beim Heimholen seiner Braut nur deshalb so gewaltig die Riemen bewegt, weil er durch den Anblick ihrer Schönheit immer wieder neue Kraft schöpft?

Das primäre Kriterium der Entscheidung, ob eine Handlung individuell oder gemeinschaftlich ausgeführt wird, besteht augenscheinlich in der Anzahl der beteiligten Personen. Nach diesem Kriterium würde das soeben geschilderte Singen eines Duettes durch eine einzelne Person als individuelle Handlung zählen, ebenso wie der einsame Wettlauf gegen die Uhr. Das Problematische dieses Kriteriums liegt im Begriff »Beteiligtsein«. Ist die Braut des ritterlichen Helden am Rudern beteiligt? Sie rührt einerseits keinen Finger, scheint aber eine wichtige Gelingensbedingung für das Rudern des Helden darzustellen. Oder um ein alltägliches Beispiel anzuführen: Man denke nur an das Einparken der Familienkutsche in eine enge Parklücke, das zwar vom Fahrer, was die Betätigung der diversen Steuereinrichtungen betrifft, allein ausgeführt wird, aber gemeinschaftlichen Charakter gewinnt durch die Beteiligung aller im Fahrzeug, etwa durch spitze Warnschreie aus dem Fond, die den Heckaufprall in der nächsten Sekunde erwarten lassen, oder durch wenig ermutigende Bemerkungen vom Beifahrersitz her. (Wenn die Delle im Blech dann da ist, spielt die Frage um das Gemeinschaftliche dieses Vorgangs, zumindest für den Fahrer, doch eine erhebliche Rolle.)

Das »Beteiligtsein« kann präzisiert werden vermittels der Individuation der einzelnen Handlungen, die im Zuge des fraglichen Geschehens vollzogen werden. Bei der Untersuchung des Gemeinschaftshandelns mit Hilfe des Begriffs der sekundären Intersubjektivität hatten wir gesehen, daß Gemeinschaftshandeln eine bestimmte Binnenstrukturierung aufweist.[122] Bei einem gemeinschaftlichen Handeln sind die einzelnen Komponentenhandlungen Komponenten nur dann, wenn jeder Komponente aller Beteiligten die Überlagerung zweier Triaden eigen ist, nämlich einerseits der Bezug des eigenen Verhaltens auf das zu verwirklichende Gesamthandeln und daraus folgend ein auf das Handeln der anderen Beteiligten abgestimmtes Verhalten. Diese Abstimmung besteht darin, daß das eigene Verhalten auf das Handeln der anderen Beteiligten derart eingeht, daß zusammen mit dem Handeln der anderen die Gesamthandlung hervorgebracht wird und das Handeln der anderen als ein solches Handeln individuiert ist, das selbst auf das Gesamthandeln bezogen

---

[122] Vgl. S. 181f. dieser Arbeit.

ist und deshalb sich entsprechend auf die Handlungen der anderen abstimmt.

Beispielsweise könnte im Fußballspiel das Wegschießen des Balls als Flanke verstanden werden, wenn der Ball einem Ort entgegenfliegt, auf den ein Mitspieler gerade zuläuft. Von ihm nimmt der Abspielende an, daß jener die Absicht des Flankens erkannt hat und deshalb auf diese Stelle zuläuft. Es reicht nicht aus, daß der Ball dem anderen Spieler auf dessen Weg einfach vor die Füße fällt, sondern eine Flanke kommt erst dann zustande, wenn das Handeln des anderen als Teilnahme an einem Flankenspiel zu verstehen ist. Wenn der Ball dem anderen Mitspieler einfach vor die Füße geschossen wird, liegt damit zwar auch eine bestimmte Abstimmung der Handlungsweisen vor, die aber nur einseitig vom abspielenden Fußballer ausgeht. Umgekehrt darf es aber auch nicht geschehen, daß der Abspielende den Ball einfach vor sich hin schießt (etwa um den Ball später selbst weiter voranzutreiben) und der andere Mitspieler in die Bahn des Balles hineinläuft in der irrigen Auffassung, hier sollte geflankt werden. Ein wirklich gemeinschaftliches Handeln setzt voraus, daß beide Spieler ihr Verhalten unter Maßgabe des Zuflankens koordinieren und ihr Verhalten untereinander so abstimmen, daß dieses Gemeinschaftshandeln auch zustande kommt.

Die beiden Spieler sind an der Gemeinschaftshandlung beteiligt, weil sie eine Abstimmung aufeinander zustandebringen. Sie erfüllen das Abstimmungserfordernis nur dann, wenn jeder die Handlungen des jeweils anderen als auf die Erstellung der Gemeinschaftsaktion gerichtet begreift. Wenn die Flanke nicht zustandekommt, so haben die Beteiligten etwas anderes getan, als sie zu tun beabsichtigten, denn die Hervorbringung der Gesamthandlung ist gescheitert und deshalb sind die Komponentenhandlungen nicht mehr als Komponenten des Flankens begreifbar. Vielmehr werden sie in anderer Weise individuiert, z. B. als Komponenten eines Fehlpasses. Dennoch kann man davon sprechen, daß beabsichtigt war zu flanken. Das liegt daran, daß eine Flanke ein Standardspielzug des Fußballspiels ist. Auf dem Hintergrund dieses ständigen Gebrauchs läßt sich auch der Fehlpaß als gescheiterte Flanke verstehen. Dieses Verständnis erfordert jedoch den kontrastiven Bezug auf geglückte Fälle von Zuflanken und ist in dieser Zuschreibung parasitär zum gemeinschaftlichen Charakter der gelungenen Fälle. Aus der oben entwickelten Struktur der Gemeinschaftshandlung folgt, daß auf eine Komponentenhandlung oder einen Teil der Komponentenhandlungen unter Absehung von der auszuführenden Gemeinschaftshandlung oder unter Absehung von den anderen Komponenten nicht Bezug genommen werden kann, ohne ein wesentliches Merkmal der Individuation dieser Handlung(en) auszublenden. Jede Handlung, deren Individuation in der beschriebenen Weise von einem Gemeinschaftshandeln oder dessen Konstituenten abhängt, ist also Teil eines Gemeinschaftshandelns, wie auch alle Personen, für deren Handeln dieser Sachverhalt zutrifft, am fraglichen Gemeinschaftstun beteiligt sind. Umgekehrt muß dann Handeln, das einen solchen, in der Änderung der Handlungsindividuation deutlich werdenden wesentlichen Bezug auf die Handlung anderer nicht besitzt, als individuelles Handeln gelten.

Wie ist folgende Situation zu beurteilen? Ein Spieler der gegnerischen Mannschaft fängt die Flanke ab. Ist dadurch ein Gemeinschaftshandeln, nämlich eine Flanke, zwischen dem Abspielenden und dem Gegenspieler zustandegekommen? Nein, denn das Abspielen des Balles wird durch die Handlung des Gegenspielers gerade nicht als Teil des Zuflankens individuiert, sondern als ein individuell ausgeführtes Wegschießen des Balles aufgefaßt, da allein diese Teilhandlung berücksichtigt wird und die andere Komponentenhandlung der Gemeinschaftshandlung »Zuflanken«, nämlich die Annahme des Balles durch den Mitspieler, unmöglich gemacht wird. Es entsteht ein Fehlpaß zu einem Gegenspieler statt eines Flankenspiels. Daß das Fortschießen des Balles eine von dem abspielenden Fußballer individuell ausführbare Handlung ist, deren Identiät nicht in einem Gemeinschaftshandeln festgelegt wird, zeigt sich daran, daß es für diese Handlungsindividuation unerheblich ist, ob ein Gemeinschaftshandeln (die Flanke) oder der Fehlpaß zustandekommt. Erheblich ist dort allein, daß der Tritt den Ball unter einem geeigneten Winkel und mit genügend Kraft trifft, der Spieler also nicht beim Schießen strauchelt oder dergleichen.

Offensichtlich dürfte sein, daß der Aggregationsgrad und der Analysezweck der jeweiligen Betrachtung einen wesentlichen Einfluß darauf hat, was als individuelles und was als gemeinschaftliches Handeln gilt. Wird nämlich z. B. das (bislang als individuelles Handeln geführte) Abspielen des Balls durch den Spieler unter dem Gesichtspunkt betrachtet, wieviel Mühe sich der Trainer des Spielers gegeben hat, die unvorteilhafte Fußformung unseres Schützen durch das Einüben einer bestimmten Schußtechnik zu beheben, so ist klar, daß der soeben erfolgte Donnerschuß über fünfzig Meter Entfernung der erfolgreiche Teil eines Gemeinschaftshandelns ist. Diese Betrachtungsweise kann sich dann aber nicht allein auf das gerade gespielte Fußballspiel beziehen, weil das Training und andere Spiele davor (und eventuell danach) herangezogen werden müssen, um den Beitrag des Trainers überhaupt in den Blick zu bekommen. Die Aggregationsebene der Gemeinschaftshandlung muß sich folglich ändern, um das Gemeinschaftliche der Trainerhandlungen mit dem Abspielen des Schützen im Spiel herauszustellen.

Nun läßt sich auch genauer zeigen, warum das oben angeführte Duettsingen mit sich selbst einen Grenzfall darstellt und nicht einfach als individuelles Handeln gebucht wird. Für die Zuordnung zum individuellen Handeln spricht, daß dieses Duettsingen von einer einzelnen Person ausgeführt wird. Die einzelnen Handlungen jedoch, die im Zuge dieses Duettsingens vollbracht werden, haben durchaus gemeinschaftlichen Charakter dadurch, daß sie die oben aufgeführten Bedingungen der Individuation als Komponenten eines übergreifenden Gesamtgeschehens erfüllen. Allerdings ist die Mitwirkung einer oder mehrerer anderer Personen dabei durch eine einzelne Eigenschaft einer solchen Mitwirkung ersetzt: die einzelne Handlung bezieht sich abgestimmt auf ein je nicht im gegenwärtigen Verfügungsbereich des Ausführenden stehendes anderes Handeln. Singe ich die erste Stimme, so ist mir bei der Aufnahme der Gesang der zweiten Stimme entzogen, weil er noch nicht ausgeführt wird. (Der Gesang einer zweiten Person im »echten« Duett ist mir gleichfalls entzogen, weil ich es ja nicht bin, der die zweite Stimme singt). Begleite ich dann mit der anderen Partie die Reproduktion meines Gesangs, so ist die Reproduktion wiederum etwas, in das ich nicht mehr ändernd eingreifen kann. Das Singen beider Stimmen ist zudem auf das Entstehen des Duetts hin orientiert und jede Stimme versteht sich selbst und die andere als auf dieses Gemeinschaftsgeschehen hin ausgerichtet (was im »echten« Duett simultan erfolgt). Es liegt quasi eine Gemeinschaftshandlung von meinem jetzigen Selbst und meinem vergangenen Selbst vor. Analoges gilt für den Wettlauf gegen sich selbst, der über das Zeitnehmen möglich gemacht wird. Die Zuordnung beider Beispielfälle zu der einen oder der anderen Kategorie läßt sich wegen des aufgewiesenen Grenzfallcharakters nicht für jeden Fragehorizont von vornherein festlegen. Je nachdem, welche Eigenschaft dieser Handlungen jeweils wesentlich wird, ist eine Zuordnung zu beiden Kategorien begründet möglich. Im Normalfall wird allerdings das Fehlen weiterer beteiligter Personen den Ausschlag geben; beide Beispielhandlungen dürften dann als individuelles Handeln zählen.

Im Fall des Ruderns des ritterlichen Helden und des Einparkens des Familienautos liegt nach dem oben erläuterten Kriterium ein Gemeinschaftshandeln vor. Die Schöne wird sich nicht verbergen vor dem Blick ihres rudernden Helden, ja sie wird alles aufbieten, was der Aufmunterung dienen kann. Ritter und Braut verstehen ihre Handlungen als die gemeinschaftliche Anstrengung, den Häschern zu entfliehen, die mit Ruderbewegungen hie und Aufmunterungen dort durchgeführt wird. (Ähnlich läge der Fall bei einem Rudertraining für das Einer-Rudern, wo der im Motorboot mitfahrende Trainer und der Ruderer die Gemeinschaftshandlung Rudertraining durchführen.) Und das Einparken des Fahrzeugs ist ein Gemeinschaftshandeln, weil die Personen im Fond bzw. auf dem Beifahrersitz nicht schlaue Ratschläge erteilen würden, wüßten sie sich nicht am Einparken beteiligt. Das sind sie tatsächlich auch, betrachtet man beispielsweise die immer nervöseren Lenkbemühungen des Fahrers als Zeichen eines solchen Zusammenwirkens.

3.7.2. Emphatisches versus nicht-emphatisches Gemeinschaftshandeln

Die Zuordnung eines Gemeinschaftshandelns zu dem ersten Oppositionspaar, das schlagwortartig als Unterschied zwischen Gemeinschaft und Gesellschaft charakterisiert werden könnte, läßt sich durch ein Kriterium angeben, das demjenigen zur Unterscheidung von »gemeinschaftlich« und »individuell« analog ist. Betrachten wir dazu als Beispiel die Bezogenheiten von Personen, die man vermittels des »Wir« im Satz: »Wir wohnen im gleichen Haus.« ausdrücken könnte.

(a) Mir ist wichtig, daß diese ganz bestimmten Personen mit mir im Haus wohnen (ich schätze sie in ihrer ganzen Person, bin mit ihnen befreundet o. dgl.).

(b) Ich bin froh, daß neben mir noch andere Personen im Haus wohnen, mir ist es aber, sofern diese bestimmten Mindestanforderungen an Wohlanständigkeit genügen, egal, wer das im Einzelnen ist (ich fürchte mich vor Einbrechern, wenn ich allein bin; ich bin froh, wenn mir jemand gelegentlich die Tür aufhalten kann). Hier werden die anderen Personen nicht mehr in ihrer Gesamtheit in das

»Wir« eingebunden, sondern nur noch unter bestimmten Gesichtspunkten.

(c) Ich würde problemlos allein wohnen können, die anderen sind aber eben auch da. Weder stören sie mich, noch lege ich Wert auf ihr Bewohnen des Hauses. Hier ist das »Wir« lediglich ein Aggregatbegriff, der ein »Ich« mit allen denjenigen Personen zusammenfaßt, auf die das Merkmal zutrifft, in diesem Haus zu wohnen.

(d) Am liebsten wäre ich allein im Haus; die anderen stören mich. Diese Lesart stimmt wohl mit dem üblichen Gebrauch von »Wir« nicht überein, denn man würde in einem solchen Fall vermutlich sagen: »Jene wohnen (lästigerweise) auch noch im Haus.« Bei einem ironischen Gebrauch von »Wir« wäre diese Lesart auch möglich, deswegen ist sie hier angeführt.

Wenn die hier thematische Opposition lediglich auf solche Handlungen beschränkt werden soll, die nicht individuell im oben explizierten Sinn sind, dann entfallen die Lesarten (c) und (d), weil diese ein Handeln voraussetzen, das individuell ausgeführt wird. Denn in Fall (c) wird die Gruppenzugehörigkeit darüber bestimmt, daß unter Ausblendung des eventuell vorhandenen Bezugs zu den Handlungen anderer geprüft wird, was der Einzelne tut, und gleichartig Handelnde einer Gruppe zugeordnet werden. Sieht man jedoch von der Beziehung zu Handlungen anderer ab, so kann die derart gefaßte Handlung gemäß dem oben entwickelten Kriterium nur noch eine individuelle Handlung sein und keine Komponente eines Gemeinschaftshandelns. Das zur Gruppierung der Personen angewendete Verfahren macht es unmöglich, die jeweiligen Handlungen als abgestimmt auf das Handeln anderer zu begreifen, und kann deshalb Handlungen lediglich als individuelle erfassen. Im Fall (d) liegt ein individuelles Handeln vor, weil die Tendenz zur Auflösung der Handlungsbezogenheit explizit ist. Unter (d) ist nicht der Fall einzureihen, daß ich mir wünsche, mein Freund Fritz möge statt eines (wohlanständigen) Nachbarn im Haus wohnen, denn damit wäre dieser Wunsch darauf gerichtet, einer Gemeinschaft zuzugehören, die nach (a) statt nach (b) beschreibbar ist. Analoges gilt, wenn ich mir statt eines unangenehmen Mitbewohners einen wohlanständigen wünsche, denn hier ist ein Gemeinschaftsbild nach (b) leitend. Die Fallgruppen (c) und (d) brauchen somit nicht weiter verfolgt zu werden, da hier das Augenmerk auf gemeinschaftlichen und nicht auf individuellen Handlungen liegt.

Worin besteht nun der Unterschied zwischen den Fallgruppen

(a) und (b)? Bei Fall (a) liegt ein emphatischer Begriff von Gemeinschaftshandeln vor. Es ist nicht allein wesentlich, daß das jeweilige Gemeinschaftshandeln zustandekommt, sondern auch, daß bestimmte Personen an diesem Handeln teilnehmen. Diese Art von Gemeinschaftshandlung soll *emphatische Gemeinschaftshandlung* genannt werden. Anders bei Fall (b). In ihm müssen die beteiligten Personen nur die erforderlichen Fertigkeiten zum jeweiligen Gemeinschaftshandeln mitbringen und bestimmten Merkmalen genügen.[123] Jeder, der den Erfordernissen genügt, könnte an die Stelle eines der Beteiligten treten, ohne daß sich der Charakter der Gemeinschaftsaktion ändern würde. Um den Gegensatz zwischen den beiden Handlungstypen zu markieren, soll dieser Typ *nicht-emphatisches Gemeinschaftshandeln* genannt werden.

Pointiert formuliert: Im Fall (a) (emphatisches Gemeinschaftshandeln) ist es unerheblich, was gemeinsam getan wird, wenn es nur gemeinsam mit bestimmten Personen geschieht; im Fall (b) (nicht-emphatisches Gemeinschaftshandeln) ist es hingegen wesentlich, daß ein bestimmtes Handeln mehrerer Handlungsträger zustandekommt, wobei es keine Rolle spielt, welche Personen dabei kooperieren. Fall (a) hebt auf die Personenkonstellation, Fall (b) auf die Handlungsepisode ab. Diese beiden Charakterisierungen markieren die Extremfälle in einem Spektrum, das sich über die Mischformen von Personen- bzw. Handlungszentriertheit erstreckt. Beide Extrema sind in Reinform wohl nicht anzutreffen.

Auch wenn bei (a) eine Personenzentriertheit festgestellt wurde, so muß doch jederzeit gemeinschaftliches Handeln vorliegen, um diese Art von Gemeinschaftlichkeit zu konstituieren. Es reicht nicht, daß die Personen lediglich da sind, sie müssen sich, um eine emphatische Gemeinschaft zu bilden, immer zueinander verhalten. Gemeinschaftshandeln des Typs (a) ist also wie (b) auf die einzelne gemeinschaftliche Handlungsepisode rückgebunden, aber offensichtlich in je verschiedener Weise.

Wie ließe sich der Unterschied in der Bezogenheit charakterisieren? Emphatisches Gemeinschaftshandeln ergibt sich nicht einfach durch häufig genug wiederholte gemeinschaftliche Handlungsepisoden nicht-emphatischen Gemeinschaftshandelns. Das ist daran zu se-

---

[123] Diese Merkmale verstehen sich als solche, die auf mehrere Personen zutreffen. Sollten nämlich Merkmalsbündel gefordert sein, die nur von jeweils einer bestimmten Personen erfüllt sind, läge der Fall (a) vor.

hen, daß langjährige kollegiale Zusammenarbeit nicht notwendig zu Freundschaftsverhältnissen führen muß. Zu bedenken wäre auch, daß es intensive Freundschafts- oder Liebesverhältnisse gibt, die nur von kurzer Dauer sind, wohingegen man z. B. den Angestellten einer Bank auch nach langen Jahren des Kundenverhältnisses immer noch in der nicht-emphatischen Handlungsform begegnen kann. Die Neigung, emphatisches Gemeinschaftshandeln als langfristig zu betrachten, rührt daher, daß es über die Episodengrenze der jeweiligen Handlung hinausweist. Wo es beim nicht-emphatischen Gemeinschaftshandeln für den Charakter der Handlung völlig ausreichend ist, daß die Gemeinschaftshandlung in der gegebenen Personenkonstellation einmal gelingt, impliziert das emphatische Gemeinschaftshandeln ein erneutes Handeln, das möglicherweise eine andere Tätigkeit ist, aber dieselbe Personengruppe umfaßt.

Neben diesem Verweis auf anschließende Episoden unterscheiden sich die beiden Typen auch innerhalb der jeweiligen Episode darin, wie sich die einzelnen Personen verstehen. Liegt eine nicht-emphatische Gemeinschaftshandlung vor, dann ist von den Beteiligten ein sachgerecht passendes Verhalten gefordert. Die Gemeinschaftlichkeit bezieht sich ausschließlich auf die zu vollziehende Leistung und die dazu notwendigen Komponentenhandlungen seitens der Beteiligten. Die mitwirkenden Personen sind lediglich insoweit für die Gemeinschaftsaktion relevant und in sie eingebunden, als sie die erforderlichen abgestimmten Handlungen vermittels ihrer Fertigkeiten und ihres Wissens ausführen. Erfordert ein Gemeinschaftshandeln mehrere Handlungen einer Person, so könnte man die Person unter dem hier leitenden Gesichtspunkt quasi als Knotenpunkt fassen, der jene Teilhandlungen raumzeitlich verknüpft. Anders gesagt: Für die Individuation der Komponentenhandlungen ist der Bezug auf die Gemeinschaftshandlung in der oben bei der Absetzung gegen das individuelle Handeln herausgearbeiteten Weise wesentlich, nicht jedoch der Bezug auf bestimmte Personen, die jene Handlungen ausführen. Die Personen verstehen sich selbst ebenfalls nicht wesentlich durch die Teilnahme an diesen Gemeinschaftshandlungen. Deshalb können auch die Motivationen und Ziele sehr verschieden sein, die die Beteiligten an dem Gemeinschaftshandeln haben. (Beim Briefmarkenkauf handelt der Postbeamte, weil er seinen Lebensunterhalt verdienen möchte, der Kunde, damit er seine Post versenden kann.)

Anders in emphatischen Gemeinschaftshandlungen. Hier spielt der Gemeinschaftsbezug auch bei der Individuation der beteiligten

Personen eine entscheidende Rolle.[124] Im Rahmen einer solchen Gemeinschaftsaktion verstehen sich die beteiligten Personen in ihrem Personsein, wie es sich in ihren Komponentenhandlungen äußert, wesentlich aus dem Bezug auf die Gruppe. Innerhalb einer bestimmten Gruppe handeln zu wollen ist ein wesentlicher Bestandteil jeder Komponentenhandlung in diesem Gemeinschaftshandeln. Darüber hinausgehende Differenzen in der Motivation, diese oder jene Handlung innerhalb der spezifizierten Gruppe auszuführen, sind davon nicht betroffen. Bestünde im emphatischen Gemeinschaftshandeln die Bezogenheit auf diese bestimmte Gemeinschaft nicht, so wären die Beteiligten andere Personen. Der (gewollte oder erzwungene) Wechsel des Freundeskreises wird beispielsweise als einschneidende Änderung auch der eigenen Persönlichkeit erfahren.

Den Unterschied zwischen emphatischem und nicht-emphatischem Gemeinschaftshandeln kann man mit den Begriffen des Schwankungsbereichs, der maximalen Anpassungsabweichung im Bezugszeitraum und der Anpassungsgrenze für das Einzelverhalten erläutern, die bereits eingeführt worden sind.[125] Nicht-emphatisches Gemeinschaftshandeln verlangt, daß eine bestimmte Art von gemeinschaftlicher Handlung glückt. Man möchte bei dieser Art des Gemeinschaftstuns ja nicht einfach irgendetwas miteinander tun, vielmehr soll eine bestimmte Art von Handlung realisiert werden. Es gibt für das Gelingen einen bestimmten Schwankungsbereich, innerhalb dessen das Gemeinschaftstun als gelungen angesehen wird, wenn auch mit unterschiedlichen Graden der Perfektion. Da das Gelingen der Handlung die zentrale Größe ist, bemißt sich die Zusammenarbeit der Beteiligten daran, daß die gemeinschaftliche Hand-

---

[124] Wenn man der von Quante (1995) vorgeschlagenen Gliederung folgt, unter welchen Aspekten die Identität einer Person untersucht werden kann, dann fiele der hier verwendete Begriff von Individuation einer Person unter die Rubrik der Individualität einer Person. Es geht weder um die Frage, welchen Bedingungen ein raumzeitlicher Körper genügen muß, um als eine (und nur als eine) Person gelten zu können (von Quante als metaphysisch-ontologische Fragerichtung eingestuft), noch um die Frage, wann etwas überhaupt als Person gelten darf (Quante spricht von Bedingungen der Personalität). Im hier vorliegenden Sprachgebrauch geht es nicht darum, ob etwas überhaupt eine Person ist oder welchen raumzeitlichen Identitätskriterien eine Person genügen muß, sondern *welche* Person sie ist im Sinne eines unverwechselbaren individuellen Profils. Gehörte die Person zu einer anderen Gemeinschaft, so wäre sie gemäß den beiden vorgenannten Fragerichtungen weiterhin Person, hätte aber eine andere einzigartige individuelle Persönlichkeit.

[125] Vgl. oben S. 189.

lung des geforderten Typs zustandekommt. Die Handlungen der einzelnen Personen besitzen deshalb eine Anpassungsgrenze für das Einzelverhalten, weil es bestimmte individuelle Handlungsweisen gibt, die von den Beiträgen der anderen Mitwirkenden nicht mehr dahingehend ausgeglichen werden können,[126] daß das Gemeinschaftshandeln innerhalb des Schwankungsbereichs bliebe. Auch das Unterschreiten der maximalen Abstimmungsabweichung im Bezugszeitraum ist nur insoweit von Interesse, als es das Gemeinschaftshandeln innerhalb des Schwankungsbereich hält.

Anders dagegen bei emphatischen Gemeinschaftshandlungen. Hier kommt es beim Gemeinschaftstun wesentlich darauf an, gemeinsam mit bestimmten Personen etwas zu tun. Man könnte sich ein Gemeinschaftshandeln dieses Typs also durchaus als eines denken, das keine einzelne Gemeinschaftshandlung zu Ende bringt, sondern die eine beginnt, während des Prozesses auf eine andere überwechselt usw. Ein Beispiel für solches Handeln könnte sein, daß Leute sich mit einem Ball vergnügen, indem sie verschiedene Spiele beginnen, aber nicht zu Ende führen, zwischendrin den Ball planlos in die Luft werfen, sich im Scherz mit dem Ball nachjagen etc.[127] Für das Gelingen eines solchen Tuns, das nicht mehr auf das Vollenden einer bestimmten Handlungsart beschränkt ist, gibt es als Ganzes keinen Schwankungsbereich und auch keine Anpassungsgrenze für das Einzelverhalten mehr, weil diese ja an die Erfüllung einer bestimmten, sich im Verlauf der Durchführung nicht ändernden Aufgabe gebunden sind. Beide Begrenzungen treffen demnach immer nur für Teilsequenzen zu, so lange nämlich, wie eine bestimmte Handlungsart durchgeführt wird.

Die einzig entscheidende Größe für emphatisches Gemeinschaftshandeln ist die maximale Anpassungsabweichung im Bezugs-

---

[126] Das »Ausgleichenkönnen« muß nicht in jedem Fall die Unmöglichkeit einer ausgleichenden Handlung durch andere bedeuten; jene denkbare Ausgleichshandlung würde aber dennoch das Scheitern des ursprünglich begonnenen Gemeinschaftstuns bedeuten. Beispielsweise bekommt Fritzchen von Tante Frieda ein Geschenk, ohne sich bei ihr dafür zu bedanken. Der dabeistehende Vater kann nun Fritzchen auffordern, sich zu bedanken. Wenn Fritzchen dieser Aufforderung nachkommt, ist vermittels der Anpassungsreaktion des Vaters das Gemeinschaftshandeln »Etwas-geschenkt-bekommen-und-sich-dafür-bedanken« zustande gekommen (wenn auch mehr schlecht als recht). Verweigert Fritzchen sich jedoch – solche Fälle sollen vorkommen –, kann der Vater zwar an der Stelle Fritzchens den Dank aussprechen. Aber dann sprengt er das ursprüngliche Gemeinschaftstun, kam es doch auf den Dank des Beschenkten an.
[127] Vgl. PU §83.

zeitraum.[128] Denn wenn diese Größe überschritten wird, kann auf eine Aktion nicht mehr passend reagiert werden. Und passend zu reagieren kann für den hier thematischen Handlungstyp auch heißen, das vorliegende Handeln vor seiner Vollendung abzubrechen und ein neues zu beginnen, weil es den anderen so gefällt. Daß es bei dem emphatischen Gemeinschaftshandeln auf die Beziehung zwischen den beteiligten Personen ankommt, wird an diesem Umstand markant deutlich. Der Sinn der einzelnen individuellen Handlungen ist nicht auf die Vollendung eines bestimmten Gemeinschaftstuns gerichtet, sondern darauf, die Verknüpfung mit den anderen Beteiligten aufrechtzuerhalten. Diese Verknüpfung besteht nicht schlechthin, sondern kommt immer in gemeinschaftlichem Handeln zum Ausdruck. Dabei kann sich die Verknüpfung gerade auch im gemeinsam vollzogenen Übergang zu einem anderen Gemeinschaftstun manifestieren. Ein solcher Übergang macht offensichtlich, daß nicht das einzelne Tun, sondern die Gemeinsamkeit mit den beteiligten Personen wichtig ist. Und für die Gemeinschaftlichkeit des Übergangs ist allein die maximale Anpassungsabweichung ein Kriterium, weil sie den Bereich umgrenzt, innerhalb dessen die Beteiligten im Wechsel zu einer anderen Handlungsart den abgestimmten Bezug auf das Handeln der anderen nicht verlieren. Die Abgestimmtheit der Reaktionen auf die Handlungen der anderen macht aber ein wesentliches Spezifikum jedes gemeinschaftlichen Handelns aus. Dies gilt verschärft für die Situation des gemeinschaftlichen Übergangs, der seine Regeln weder aus dem Gemeinschaftstun, das abgebrochen, noch aus jenem, das begonnen wird, ziehen kann und deshalb allein aus der Abstimmung der Handlungen im Ungeregelten lebt. Wenn etwa einer der Spielenden aus dem Beispiel zu abrupt auf ein anderes Ballspiel überwechselt (z. B. vom Basketball, wo Körperberührungen verboten sind, zum Rugby wechselt und plötzlich das Raufen anfängt),

---

[128] Diese Formulierung macht eine gewisse Ausweitung der maximalen Anpassungsabweichung nötig. Oben war dieser Begriff hinsichtlich einer einzelnen Gemeinschaftshandlung eingeführt worden, hier wird er auch für den Zusammenhalt der Handlungen der einzelnen Beteiligten im Wechsel von einem Gemeinschaftstun zu einem anderen verwendet. Der Begriffskern bleibt von dieser Ausweitung aber unberührt, weil es in beiden Fällen um die Frage geht, ob die anderen Beteiligten einer Verhaltensänderung angemessen folgen können (in der engeren Fassung bemaß sich dieses Folgenkönnen an der erfolgreichen Fortführung des begonnenen gemeinsamen Handelns; die weitere Fassung sieht ein Folgenkönnen darüber hinaus auch darin bestätigt, daß der Wechsel zu einem neuen Tun gemeinsam gelingt).

so zerfällt der für den gemeinschaftlichen Übergang von einer Gemeinschaftsaktion zur anderen konstitutive Zusammenhang von Handlung und abgestimmter Anschlußhandlung, weil die Anpassung nicht mehr schnell genug vollzogen werden kann. Sobald aber dieser Zusammenhang der Handlungen nicht mehr gegeben ist, gibt es keinen Ansatzpunkt mehr dafür, daß die Gemeinsamkeit (auch nicht die Gemeinsamkeit im Wechsel) besteht und das emphatische Gemeinschaftshandeln scheitert.

Das communing attunement, das wir als Ausgangsbasis für die Bestimmung der Merkmale gemeinschaftlichen Tuns herangezogen hatten,[129] ist demnach ein emphatisches Gemeinschaftstun. Es kommt dabei nicht darauf an, ein bestimmtes Ziel zu verfolgen oder eine bestimmte Gemeinschaftshandlung durchzuführen, sondern irgendetwas soll gemeinschaftlich geschehen. Gemeinschaftshandlungen, die wesentlich durch ein bestimmmtes Ziel definiert sind, das es zu erreichen gilt, wären hingegen nicht-emphatische soziale Handlungen, weil die jeweils beteiligten Personen nebensächlich für diese Art gemeinschaftlichen Handelns sind.

3.7.3. Identitätskriterien für Gemeinschaftshandeln

Betrachten wir nun, wann man von demselben, wann von einem anderen Gemeinschaftshandeln spricht und wie sich dabei vor allem die Unterscheidung von emphatischem und nicht-emphatischem Gemeinschaftshandeln auswirkt. Man könnte zunächst erwägen, die Identität von gemeinschaftlichen Handlungen entweder auf der Ebene der Vorkommnisse oder Tokens von Handlungen festzumachen (mein heutiger Einkauf im Supermarkt ist eine andere Handlung als mein gestern dort erfolgter Einkauf) oder sie an das Vorliegen unterschiedlicher Handlungstypen zu binden (Rudern im Achter mit Steuermann ist etwas anderes als Debattieren im Parlament).

Oben hatten wir gesehen, daß ein Gemeinschaftstun Handlungen (die auch Unterlassungen sein können) von mehr oder minder Beteiligten möglicherweise unter Gebrauch von Ressourcen (einschließlich verwendeter Mittel) einschließt und sich gegebenenfalls gegen Opfer richten kann. Gemeinschaftstun kann zudem eventuell von unbeteiligten Beobachtern wahrgenommen werden.[130] Für die

---

[129] Vgl. oben Kap. 3.1.2.
[130] Vgl. oben S. 173 f.

Frage der Identität von Gemeinschaftshandlungen spielen die erstgenannten Elemente eine Rolle, nicht hingegen die unbeteiligten Beobachter, da sie per definitionem an der Handlung nicht teilhaben und somit auch keinerlei identitätsverändernden Einfluß haben können, geht es hier doch nicht um den Begriff, den sich ein solcher Beobachter von einem Handeln machen könnte.

Offensichtlich ist, daß sich jedes einzelne Vorkommnis irgendeines gemeinschaftlichen Tuns als abgesetztes, von jedem anderen Tun verschiedenes Geschehen auffassen läßt, wenn entweder die raum-zeitlichen Koordinaten verschieden sind, oder sich mindestens eines der im Gemeinschaftstun jeweils einbezogenen Elemente (beteiligte Person, verwendete Ressourcen etc.) unterscheidet. Identität wäre damit beschränkt auf eine einzelne abgeschlossene Episode eines gemeinschaftlichen Handelns. Ein solcher Identitätsbegriff wäre auf die Selbstidentität beschränkt. Wenn man üblicherweise von Identität spricht, ist damit aber nicht Selbstidentität gemeint, sondern Identität in relevanter Hinsicht, die in den jeweils als irrelevant gesetzten Merkmalen durchaus Unterschiede zuläßt. Mein Kaufakt im Supermarkt am vorigen und am heutigen Tage unterschieden sich hinsichtlich ihres Zeitindex', der Zeitindex ist für diese Art von Handlung in den meisten Fällen aber nicht relevant. Ich tat gestern dasselbe wie heute: Einkaufen im Supermarkt. Üblicherweise ist Identität somit nicht an die Identität von Vorkommnissen gebunden, sondern an die Identität der Art des Gemeinschaftshandelns. Wann aber liegt ein anderer Typ von Gemeinschaftshandeln vor, bzw., was ist ein relevanter Unterschied zwischen zwei Vorkommnissen, damit sie als Instanzen zweier Gemeinschaftshandlungen verschiedenen Typs sollen gelten können?

Bevor wir zu den hier hervorzuhebenden Relevanzunterschieden kommen, die aus der Differenz von emphatischem und nicht-emphatischem Handeln folgen, seien kursorisch einige Bestimmungsgrößen für die Relevanz erwähnt, die für emphatisches wie nicht-emphatisches Gemeinschaftshandeln gleichermaßen gelten. Ob ein Unterschied zwischen zwei Ereignissen oder Vorgängen relevant ist, hängt natürlich zunächst davon ab, welche Art von Handlung gemeinschaftlich durchgeführt wird und in welchem Zusammenhang die jeweilige Handlung steht. Wenn die Sonderangebote im Supermarkt heute ausverkauft sind, gestern aber noch vorhanden waren, macht es einen relevanten Unterschied für Schnäppchenjäger, ob sie gestern oder heute einkaufen gehen. Außerdem spielt der Aggregationsgrad der Handlung auch eine Rolle, weil Differenzen in den Handlungen irrelevant sein werden, die nur bei einem deutlich anderen Aggregationsgrad merkbar sind. Ob ich z. B. die Regale im Supermarkt üblicherweise rechts- oder linksherum umrunde, ist für die Identität des Einkaufs irrelevant, weil dieses Detail in der recht groben Klassifikation als Einkauf keine Rolle spielt. Weiterhin kann je nach dem Gesamtzusammenhang auch daraus ein relevanter Unterschied entstehen, daß Gemeinschaftshandlungen bestimmte Einzelhandlungen einbeziehen, eventuell Ressourcen benötigen und sich gegen Opfer richten. Ob ich beispielsweise beim Bezahlen im Supermarkt die Teilhandlung, das Portemonnaie zu zücken und mit Bargeld zu zahlen, durch diejenige ersetze, einen Scheck auszufüllen, macht so lange keinen relevanten Unterschied, wie das Geld nicht gefälscht und der Scheck gedeckt ist. Hinsichtlich der verwendeten Ressourcen bedeutet es z. B. für mich beim Tanken keinen Unterschied, ob das Benzin aus kuwaitischen oder Nordsee-Lagerstätten stammt, was für die Ölgesellschaften hingegen bei Förderung und Weiterverarbeitung durchaus relevant ist. Analoges gilt für die Beziehung zu den Betroffenen oder Opfern des Gemeinschaftshandelns. So ist es für den Täter bei einem Mord aus Eifersucht durchaus unterscheidendes Kriterium, wen er ermordet; dagegen spielt für ihn beim Bombenterror meist nur die Zahl der Opfer eine Rolle.

Daneben gibt es innerhalb des emphatischen Gemeinschaftshandelns relevante Merkmale, die für nicht-emphatisches Gemeinschaftshandeln irrelevant sind. Das nicht-emphatische Gemeinschaftshandeln ist dadurch gekennzeichnet, daß die daran beteiligten Personen nur als Ausführende bestimmter funktional spezifizierter Handlungen in das Geschehen eingebunden sind, wohingegen das emphatische Gemeinschaftshandeln die Person der Beteiligten im ganzen einbezieht. Ein emphatisches Gemeinschaftshandeln unterscheidet sich demzufolge von einem anderen emphatischen in relevanter Hinsicht dadurch, daß die jeweils beteiligten Personen unterschiedlich sind (auch wenn dieselbe Art von Handlung, wie z. B. Rudern im Achter mit Steuermann durchgeführt wird). Zwei nicht-emphatische Gemeinschaftshandlungen können dagegen bei der Differenz der beteiligten Personen dennoch als Wiederholungen desselben Geschehens gelten, sofern jeweils derselbe Handlungstyp aus gleichartig funktional spezifizierten Handlungen zustandekommt. Z. B. wären unter diesem Gesichtspunkt zwei Kaufakte nicht relevant unterschiedlich, in denen zwei verschiedene Personen in zwei Supermärkten Tomaten erwerben. Nehmen wir einmal an, daß der wechselseitige Gruß »Guten Tag« ein nicht-emphatisches Gemeinschaftshandeln in seiner Reinform wäre. Dann gäbe es zwar eine große Zahl von Vorkommnissen dieses Handelns (z.T. auch zeitlich überlappt, wenn sich in Berlin und Frankfurt zur selben Zeit jeweils zwei Leute begrüßen), es läge aber hinsichtlich der Relevanz der Unterschiede jener Einzelepisoden nur ein einziges identisches Handeln vor. Anders, wenn dieser Gruß ein emphatisches Gemeinschaftshandeln wäre. Wenn Schmidt und sein Nachbar Müller sich begrüßen, wäre dies ein anderes Handeln als wenn Schmidt seinen Freund Meier begrüßt, sofern Schmidt und Müller eine andere emphatische Gemeinschaft bilden als Schmidt und Meier.

Verallgemeinert könnte man, auch mit Blick auf die Mischtypen nicht-emphatischen und emphatischen Gemeinschaftshandelns, folgendes Kriterium formulieren. Zwei Handlungen unterscheiden sich nicht relevant bzw. lassen sich einem identischen Typ zurechnen, wenn in einer der beiden Handlungen Elemente auf der Vorkommnisebene durch die abweichenden Elemente aus der jeweils anderen Handlung ersetzt werden könnten, ohne daß die Substitution die Handlung verändern würde. So würde sich etwa nichts Wesentliches im Beispiel des Tomatenkaufs ändern, wenn die Käufer gegeneinander ausgetauscht würden. Dagegen läge ein anderes Gemeinschaftshandeln emphatischer Art vor, wenn im Handeln Personen gegeneinander ausgetauscht würden.

4. Grundlinien einer Sozialethik

Im folgenden sollen die Grundzüge einer Sozialethik vorgestellt werden, die die Erkenntnisse über die Struktur gemeinschaftlicher Handlungen ausnutzt, welche im vorangegangenen sozialontologischen Teil erarbeitet wurden. Zunächst sind die leitenden sozialethischen Prinzipien für die moralische Bewertung eines jeden Gemeinschaftshandelns vorzustellen. Für bestimmte Problemlagen, nämlich die Ermöglichung von Gemeinschaftshandlungen in bestimmten Blockadezuständen und die Mitgliedschaftsbedingungen in Gemeinschaftshandlungen werden dann Leitlinien erarbeitet. Leitliniencharakter haben diese Vorgaben, weil sie generell eine sozialethisch begründete Lösung der genannten Probleme ermöglichen, in bestimmten Sonderfällen aber durchaus von anderen Verfahren abgelöst werden können. Anders als die sozialethischen Prinzipien sind die Leitlinien lediglich Vorgaben, die nicht befolgt werden müssen.

Nach dieser Strukturierung des Bereichs zulässigen Gemeinschaftshandelns wird herausgestellt, welche Handlungsweisen sozialethisch verboten sind. Die Untersuchung der Verbote schreitet vom Einfachen zum Komplexen fort. Zunächst werden bestimmte individuelle Handlungen aufgrund ihrer Auswirkung auf Gemeinschaftshandlungen einem Verbot unterworfen, dann treten Gemeinschaftshandlungen selbst in den Blick. Den Abschluß der Verbotsdiskussion stellt die Untersuchung von kollidierenden Gemeinschaftshandlungen dar, die jeweils für sich betrachtet nicht verboten sind, aber in ihrer Wechselwirkung das Verbot einer der Gemeinschaftshandlungen erforderlich macht. Diese Art des Konflikts wird die häufigste Form sein, die die sozialethische Abwägung zwischen zwei Gemeinschaftshandlungen notwendig macht. Als Beurteilungskriterium beim Auflösen solcher Konflikte wird sich der Rückgriff auf regionale Paradigmata und ebenfalls kontextgebundene Kooperationsverfahren als sozialethisch gebotene Konfliktbewältigung zeigen. Zwei Beispiele, die die deutlichen Unterschiede der jeweils einschlägigen Paradigmata und Kooperationsverfahren unterstreichen sollen, beschließen diese Diskussion.

Jede Ethik muß sich selbstverständlich mit der Frage befassen, was zu geschehen hat, wenn ihren Geboten oder Verboten zuwider gehandelt wird. Neben der Begründung für die in diesem Fall verhängten Sanktionen ist demzufolge abschließend anzugeben, wie diese Sanktionen angemessen auf die Beteiligten zu verteilen sind, da beim Gemeinschaftshandeln ja regelmäßig mehrere Personen an der Handlung beteiligt sind und somit die Zurechenbarkeit auf den einzelnen Beteiligten nicht immer einfach ist.

4.1. Sozialethische Prinzipien

4.1.1. Das Prinzip der vollständigen Episode

Eines der wichtigsten Probleme ist bei einer moralischen Wertung zu Beginn zu lösen. Bevor eine moralische Beurteilung eines Sachverhalts möglich ist, muß geklärt sein, was deren Gegenstand bildet. Das ist keineswegs trivial. Die Bestimmung des Gegenstandes hat dabei zwei Momente, nämlich erstens welche Verhaltensweisen und Umstände einbezogen werden müssen und zweitens unter welche Beschreibung diese dann zu fallen haben. Der Streit, der zwischen Immanuel Kant und Benjamin Constant hinsichtlich des Lügeverbots stattgefunden hat, ist ein prominentes Beispiel für diesen Problemkreis.[1] Bekanntlich dreht sich die Debatte um das Beispiel eines Verfolgten, der im Hause eines Freundes Versteck vor seinen mordgierigen Häschern findet. Kant versucht gegen Constant die moralische Verbotenheit einer Lüge zu zeigen, mit der der Freund die Frage der Verfolger beantwortet, ob der Gesuchte im Haus weile. Wenn man die Situation, wie es Kant tut, unter dem Gesichtspunkt des wahrhaftigen bzw. lügenhaften Sprechens untersucht, so wird sich eine ganz andere moralische Wertung ergeben als wenn man sie als eine des Hilfsgebots für einen verfolgten Freund begreift. Und entsprechend der gewählten Rubrik sind dann auch unterschiedliche Ausschnitte aus den vorgefallenen Verhaltensweisen und bestehenden Handlungsumständen essentiell für eine methodisch korrekte Würdigung des moralischen Gehalts.[2]

---

[1] Vgl. Kant (1797a). Einen Überblick über die Debatte gibt Geismann/ Oberer (Hgg.) (1986).
[2] Vgl. zu den entsprechenden Erwägungen Schönrich (1994), S. 9–16.

Die Frage, welche Verhaltensweisen und Handlungsumstände für die moralische Bewertung relevant sind, klärt das *Prinzip der vollständigen Episode*. Die Bezugsgröße moralischer Bewertung ist diesem Prinzip zufolge die vollständige Episode. Was heißt das? Wir sahen oben, daß jede Art von Handlung, sei dies nun das Handeln eines Einzelnen oder das Handeln in einer Gemeinschaft, ihre Identität dadurch erhält, wie das einzelne Verhalten mit anderen, anschließenden Verhaltensweisen verknüpft ist. Es reicht demnach nicht hin, vereinzeltes Tun zu untersuchen, weil damit dieses Tun überhaupt nicht als ein Handeln eines bestimmten Typs ansprechbar ist. Um eine sinnvolle moralische Würdigung durchführen zu können, muß diese die Gesamtheit aller miteinander verknüpften Handlungen umfassen. Das bedeutet aber nicht, daß jede menschliche Handlung von Anbeginn aller Zeiten einzubeziehen wäre. Denn es ist ebenfalls bereits deutlich geworden, daß menschliches Handeln zeitlich in Episoden strukturiert ist. Folglich sind für die ethische Beurteilung einer Handlung alle anderen Handlungen derselben Episode einzubeziehen.

Das Vollständigkeitserfordernis betrifft nun aber nicht nur die Handlungen, die einzuschließen sind. Bei der Analyse gemeinschaftlichen Handelns hatten wir gesehen, daß mit der Art des Handelns zugleich die Beteiligten und Betroffenen dieses Tuns, sowie die zur Aktion erforderlichen Werkzeuge und Ressourcen zumindest implizit festgelegt sind.[3] Ließe man diese Momente unberücksichtigt, so würde die Handlung nur unzureichend erfaßt. Aber nicht jedes Detail muß in jedem Fall berücksichtig werden. Offensichtlich dürfte sein, daß das Aggregationsniveau der Beschreibung der genannten Elemente nicht zu stark voneinander abweichen darf, wenn eine vernünftige Episodenbeschreibung erfolgen soll. So wäre etwa eine Beschreibung, die auf gemeinschaftliche Handlungen ganzer Unternehmen abzielt, nur schwer mit solchen zu koppeln, die genaue Angaben über einzelne Körperbewegungen von Unternehmensmitgliedern einbezieht. In Abhängigkeit vom Abstraktionsgrad der Handlungsbeschreibung können also sehr unterschiedliche Zeiträume, unterschiedlich komplexe Handlungen und Gruppenzusammensetzungen als einfache Elemente gelten.

Nehmen wir als Beispiel das Verhalten in einem öffentlichen Park. Unterstellt sei, daß der Park nicht nur als innerstädtische Frei-

---

[3] Vgl. dazu oben S. 173 f.

fläche von seinen Benutzern verstanden wird, sondern als ein Ort, der auch wegen seiner Pflanzungen, insbesondere wegen seiner grünen Rasenflächen geschätzt wird. Jedes Betreten der Rasenfläche impliziert eine Beanspruchung des Grüns, die aber unterhalb einer bestimmten Schwelle nicht schädigend wirkt. Eine Gruppe von Freizeitfußballern könnte also durchaus in bestimmten Abständen auf dem Rasen spielen, ohne daß dieser eine Schädigung erführe. Beschreibt man das Gemeinschaftshandeln der Fußballer in dieser Weise, so ist dem Prinzip der vollständigen Episode nicht Genüge getan. Die Spielmöglichkeit für die Fußballer impliziert nämlich unter der Randbedingung der nichtzerstörenden Rasennutzung, daß andere Personen oder Gruppen von der Benutzung des Rasen ausgeschlossen bzw. in ihrer Nutzung beschränkt werden. Diese Beschränkungswirkung auf andere ist nach dem Prinzip der vollständigen Episode mit zu berücksichtigen, weil die Fußballer ja nur aufgrund des gleichzeitigen Verzichts bzw. der Beschränkung auf Seiten anderer Parkbesucher ihr Gemeinschaftshandeln ausführen können, ohne die genannte Randbedingung zu verletzen. Die anderen Parkbenutzer sind deshalb als Beteiligte im Sinne des Prinzips der vollständigen Episode in die Erwägung einzubeziehen.

Das Prinzip der vollständigen Episode sagt natürlich nichts darüber, wie im Einzelfall zu ermitteln ist, was als vollständige Episode gelten kann, denn die Vielfältigkeit gemeinschaftlichen Tuns vereitelt die Festlegung eines durchgängigen, allgemeinen Kriteriums. Allerdings kann als Leitfaden zur Ermittlung der jeweiligen Abgrenzung einerseits unsere Vertrautheit mit der Praxis dienen, dessen Teil die zu beurteilende Handlung ist. Anderseits ließe sich, nachdem eine Episodenabgrenzung erfolgt ist, überlegen, ob diese Episode wiederholbar ist, ohne daß man Zusatzannahmen unterstellen muß und ohne daß bei der Episodenabgrenzung Elemente einbezogen wurden, die zur Wiederholbarkeit unnötig sind. Die Wiederholbarkeit kann als Kriterium für eine korrekte Episodenabgrenzung dienen, weil wir oben bereits gesehen hatten, daß die Wiederholung sowohl bei der Einübung in gemeinschaftliche Praktiken wie auch als Hintergrundbedingung für die Möglichkeit des Regelfolgens unabdingbar ist.

4.1.2. Das Prinzip des Bestandsschutzes für vollständige Episoden

Gemeinschaftshandlungen, die im soeben entwickelten Sinne als vollständige Episoden erfaßt werden, genießen Bestandsschutz, sofern keine Verbotstatbestände vorliegen. Solche gemeinschaftlichen Handlungen sind demnach nicht nur erlaubt, sondern sollten positiv erhalten werden, wie im folgenden gezeigt werden soll. Zur Vereinfachung der Darstellung ist vorausgesetzt, daß immer nur von nichtverbotenen Gemeinschaftshandlungen die Rede sein wird, wenn der Begriff »Gemeinschaftshandlung« fällt. Zwei Ansatzpunkte gibt es für das hier einschlägige Prinzip, nämlich einen anthropologischen und einen deontologischen.

(1) Sowohl die Fortexistenz der Menschheit wie auch die Lebensfähigkeit eines einzelnen Menschen hängt von der Kooperation zwischen Menschen ab. Die Menschheit bedarf der zweigeschlechtlichen Fortpflanzung zu ihrer Erhaltung. Der einzelne Mensch braucht lange Jahre der Fürsorge durch andere, bevor er auch auf dem primitivsten Niveau selbständig für sich sorgen kann. Wäre jede Art von Kooperation verboten, könnte weder die Reproduktion der Menschheit noch der Erhalt des einzelnen Lebens sichergestellt werden. Dieses Argument scheint zunächst nur zu zeigen, daß der Bestandsschutz für bestimmte basale Kooperationsformen zutrifft, nicht jedoch für jede Art des Gemeinschaftshandelns. Von basalen Kooperationsformen zu sprechen bedeutet aber, daß man sinnvoll zwischen basalen und luxurierenden Bedürfnissen unterscheiden kann, wie sie etwa die Maslowsche Bedürfnispyramide niederlegt. Ein kurzer Blick in die anthropologische Literatur zeigt jedoch, daß die Festlegung von »basal« und »luxurierend« kulturspezifisch verschieden erfolgt. Was uns als lebensnotwendig gilt, kann in anderen Kulturen als bloß angenehm betrachtet werden. Demzufolge werden auch die Kooperationsformen, die den entsprechenden Bedürfnissen abhelfen, unterschiedlich ausfallen und die Bestandssicherung sich auf sehr unterschiedliche Gemeinschaftshandlungen erstrecken. Die Unterscheidung von basal und luxurierend läßt auch vergessen, daß die Kooperationsformen innerhalb einer Gesellschaft in verschiedenem Ausmaß sich wechselseitig stützen bzw. voneinander abhängig sind, so daß eine Kooperationsform, die auf den ersten Blick luxurierenden Bedürfnissen dient, als Rahmenbedingung für die »basalen« Kooperationsformen durchaus wesentlich sind. Innerhalb einer Kultur oder Gesellschaft ließe sich vermittels des vorgetragenen Argu-

mentes aber lediglich zeigen, daß die dort übliche Unterscheidung von basal und luxurierend unscharf ist. Der Bestandsschutz müßte eventuell weiter gefaßt werden, als auf den ersten Blick vermutet werden könnte, erfaßte aber gewiß nicht alle bestehenden Kooperationsformen. Zur Begründung der Bestandssicherung aller – um es nochmals zu betonen: nicht-verbotenen – Gemeinschaftshandlungen müssen wir also eine andere Argumentationslinie verfolgen.

(2) Angenommen sei zunächst für die deontologische Argumentation, daß jede Art von Gemeinschaftshandeln verboten wäre. Die Analyse der Regelfolgenproblematik hat gezeigt, daß die normative Dimension ohne den Bezug unterschiedlicher Handlungen verschiedener Personen aufeinander unmöglich wäre.[4] Wer jede Art von Kooperation verbietet, verbietet somit jede Möglichkeit, daß es überhaupt Normativität (und damit Verbote) gibt. Somit ist ein generelles Verbot von Gemeinschaftshandlungen selbstwidersprüchlich. Gemeinschaftshandlungen kommen nicht durch die bloße Absicht zu ihrer Ausführung zustande. Das Gemeinschaftliche ist immer an das tatsächliche Geschehen gebunden, weil nur darin die für soziales Handeln konstitutive Abgestimmtheit der Handlungen realisiert wird. Wenn Normativität gegeben sein soll, muß also irgendeine Art von Kooperation vorkommen. Abgesehen von den Gründen, aus denen eine Gemeinschaftshandlung verboten sein kann, gibt es auf dem abstrakten Niveau dieser Erwägung keinerlei Prinzip, das bestimmte Gemeinschaftshandlungen anderen gegenüber auszeichnen würde. Jede (nicht-verbotene) Gemeinschaftshandlung wäre demnach gleichermaßen erhaltenswert, um die normative Dimension überhaupt eröffnen oder erhalten zu können.

Diese Begründung für das Bestandsprinzip zeigt, daß es sich hier um ein Prinzip handelt, das nur aus Mangel an Differenzierungsgründen jedes nicht-verbotene Gemeinschaftstun dem Bestandsschutz unterstellt. Darüber hinaus kann es im Vergleich zweier oder mehrerer Gemeinschaftshandlungen durchaus gute Gründe geben, ein bestimmtes Handeln anderen Handlungsweisen vorzuziehen. Das Unterlassen einer Gemeinschaftshandlung zugunsten einer anderen ist durch das Prinzip des Bestandsschutzes nicht verboten, weil beim Austausch dieser Handlungen weiterhin Gemeinschaftshand-

---

[4] Diese These wird durch anthropologische Argumente auch von Rentsch (1990, § 12, § 20 ff.) gestützt, wenn er die Bezogenheit von Menschen aufeinander als Konstituens der Moralität herausarbeitet.

lungen vorkommen – mehr war aber im Rahmen dieses Prinzips nicht erfordert. Anders gesagt: Der Bestandsschutz wehrt dasjenige Unterbinden von Gemeinschaftshandeln ab, das sich nicht auf begründeten Ersatz durch andere Handlungen stützen kann. Das Bestandsprinzip kann damit auch als Prinzip des Minderheitenschutzes verstanden werden. Die Majorität darf nicht einfach eine Minderheitenpraxis unterbinden, nur weil sie von einer Minderheit durchgeführt wird, handelt es sich doch auch bei der in der Minderheit gängigen Praxis um ein Gemeinschaftshandeln, das Bestandsschutz genießt.[5]

4.1.3. Das Prinzip der größtmöglichen Vielfalt von Gemeinschaftshandlungen

Das Prinzip der größtmöglichen Vielfalt fordert zum Durchführen möglichst vieler unterschiedlicher nicht-verbotener Gemeinschaftshandlungen auf.[6] Anders als beim Prinzip des Bestandsschutzes geht es also nicht um den Schutz bereits bestehender Gemeinschaftshandlungen, sondern um ein Gebot, in neue Gemeinschaftshandlungen einzutreten, um eine möglichst große Vielfalt von Gemeinschaftshandlungen zu erzielen. Die durch dieses Gebot angestrebte Vielfalt kennzeichnet zugleich auch die Beschränkungen, denen die Neuaufnahme von Gemeinschaftshandlungen unterliegen. Dem Gebot wäre nämlich keine Folge geleistet, wenn ein oder mehrere bestehende Gemeinschaftshandlungen durch das neu hinzutretende Gemeinschaftstun in ihrem Bestand gefährdet würden. Hier führte das neue Gemeinschaftstun nicht zur Steigerung der Vielfalt, sondern bestenfalls zum Erhalt des bisher erreichten Varietätsgrades.

Was als Steigerung der Vielfalt anzusehen ist, variiert in Abhängigkeit von den oben skizzierten Identitätskriterien für das Gemeinschaftshandeln[7]. So läge z. B. bei einem nicht-emphatischen Gemeinschaftshandeln keine Steigerung der Vielfalt vor, wenn derselbe

---

[5] Welchen Bedingungen ein sozialethisch gerechtfertigtes Verbot oder eine entsprechende Einschränkung von Minderheitenpraktiken zugunsten der von der Majorität durchgeführten Handlungen genügen muß, wird unten zu entwickeln sein. Vgl. Kap. 4.4.2 und 4.5.

[6] Gemäß dem oben entwickelten Prinzip der vollständigen Episode sind dabei selbstverständlich immer Gemeinschaftshandlungen gemeint, die eine vollständige Episode bilden.

[7] Vgl. oben Kap. 3.7.3.

Handlungstyp (z. B. Einkaufen im Supermarkt) von Personen, die diesen Handlungstyp bisher nicht ausgeführt haben, ebenfalls durchgeführt würde, weil die dadurch neu entstehenden Handlungsvorkommnisse sich nicht relevant von den bereits vorhandenen unterscheiden. Wäre jener Handlungstyp jedoch ein emphatisches Gemeinschaftshandeln, machte die Differenz der Personen, die das jeweilige Handeln tragen, einen relevanten Unterschied aus und eine Steigerung der Vielfältigkeit wäre zu konstatieren.

Wenden wir uns nun der Begründung des Prinzips zu. Wie bei den vorangehenden Prinzipien gilt auch dieses nur für zulässige Gemeinschaftshandlungen. Im Zuge der Argumentation für das Bestandsprinzip hatten wir bereits gesehen, daß ohne die aktuale Durchführung eines Gemeinschaftshandeln keine Normativität möglich ist und deshalb das Durchführen zumindest eines Gemeinschaftshandelns gefordert werden muß. Normativ gesehen ist demnach ein Gemeinschaftshandeln besser als keines. Nehmen wir nun an, es würden zwei Gemeinschaftshandlungen durchgeführt. Dann würde für jedes einzelne separat gelten, daß es in normativer Sicht besser ist, jenes Handeln durchzuführen als es zu unterlassen. Für beide Handlungen zusammen gilt dies aber nicht mehr. Denn von zwei Handlungen kann eine entfallen, ohne jedes gemeinschaftliche Handeln aufzugeben. Daß die eine der beiden Handlungen aber entfallen kann, ohne die normative Dimension zu beeinträchtigen, beruht allein darauf, daß die jeweils andere weiterhin durchgeführt wird. Das Entfallen-Dürfen ist somit bedingt durch den Fortbestand der anderen Gemeinschaftshandlung. Die zwei Gemeinschaftshandlungen wären also hinsichtlich der hier verfolgten Fragestellung nach dem Prinzip der vollständigen Episode als Teile eines übergreifenden Gemeinschaftshandelns aufzufassen. Betrachtet man beide Gemeinschaftshandlungen derart verbunden, darf dieser Verbund nicht entfallen, weil es ansonsten kein Gemeinschaftshandeln mehr gäbe. Zugespitzt: Zwei Gemeinschaftshandlungen sind eins und damit besser als keins. Mit demselben Argument läßt sich nun der Vorzug von drei Gemeinschaftshandlungen gegenüber zweien zeigen usw.

Wichtig ist, daß die Begründung der Vielfältigkeitsforderung beschränkt ist auf Gemeinschaftshandlungen, die tatsächlich durchgeführt werden (könnten), aber zugunsten eines anderen unterlassen werden. Ein expliziter Nexus dieser Art kommt nicht schon dadurch zustande, daß ein einzelnes Gemeinschaftstun durchgeführt wird, und es aufgrund dieses Vollzugs auf andere Gemeinschaftshandlungen bezogen werden könnte, die (aus welchen Gründen auch immer) nicht stattfinden. Vielleicht hilft folgendes Beispiel: Eine Bergwerksgesellschaft fördert Kohle. Es gibt ein erschließbares Kohlevorkommen, von dem niemand oder aber zumindest nicht die Bergwerksgesellschaft etwas weiß. In diesem Fall wäre es unsinnig, den normalen Geschäftsbetrieb der Gesellschaft als das Unterlassen der Ausbeutung jenes Kohlevorkommens zu charakterisieren.[8] Anders sieht der Fall hingegen aus, wenn die Gesellschaft von diesem Kohlevorkommen etwas weiß, dessen Ausbeutung jedoch unterläßt, um den Lebensraum der dort einheimischen Bevölkerung nicht zu zerstören. In diesem zweiten Fall haben wir einen expliziten Nexus der Art, wie er im Argument verwendet wurde: Ein Gemeinschaftshandeln (die Kohleförderung im unerschlossenen Vorkommen) unterbleibt zugunsten eines anderen (der tradtionellen Lebensweise der ansässigen Bevölkerung).

Nicht jede der Handlungen, deren Bestehen erwogen wird, muß auch tatsächlich durchgeführt werden, wenn sie in einen expliziten Nexus zum Bestehen einer anderen Gemeinschaftshandlung gebracht wird. Folgt auf dem gegebenen Stand der Argumentation daraus nicht die paradoxe Konsequenz, daß im Extremfall der Forderung nach Vielfältigkeit Genüge getan ist, wenn ein einziges gemeinschaftliches Handeln durchgeführt wird, zu dessen Gunsten alle anderen Gemeinschaftshandlungen entfallen dürfen? Das erreichte Extrem zeigt, daß eine solche Situation aus eben den Gründen nicht tragbar ist, die deren theoretische Konstruktion erlaubt haben. Denn die vorgenommenen Unterlassungen sind nur zulässig, solange weiterbestehende Gemeinschaftshandlungen die normative Dimension offen halten. Im Extremfall ist es nurmehr ein einziges Gemeinschaftshandeln, das diese Leistung erbringen muß. Geänderte Randbedingungen (etwa durch Zufallsvariation der Umweltbedingungen) können ein einzelnes Handeln aber viel leichter auslöschen als eine Mehrzahl von Handlungen. Je stärker also bei der Abwägung, ob ein Gemeinschaftshandeln zugunsten eines anderen entfallen dürfe, die natürliche und auch soziale Dynamik einbezogen wird, umso weniger wird sich das oben geschilderte Extrem einstellen können. Daneben spricht auch das Bestandsprinzip für eine größtmögliche Vielfalt, wenn man davon ausgeht, daß bei einer größeren Varietät von Ge-

---

[8] Vgl. Birnbacher (1995) für das komplizierte Verhältnis, das zwischen Unterlassungen, Geschehenlassen und Handlungen besteht.

meinschaftshandlungen auch ein größeres Spektrum von Änderungen in den Randbedingungen abgefangen werden kann, ohne daß die bestehenden Gemeinschaftshandlungen verändert oder gar aufgegeben werden müßten.

Es ist somit ein sozialethisches Prinzip, die größtmögliche Vielfalt nicht verbotener Gemeinschaftshandlungen durchzuführen. »Vielfalt« bemißt sich dabei nach der Zahl relevant unterschiedlicher gemeinschaftlicher Handlungen.

4.1.4. Das Prinzip der Umformung faktischer Handlungsbezüge in explizites Gemeinschaftshandeln

Wahrscheinlich gibt es sehr wenige Handlungen, die keinerlei Folgewirkungen oder Beschränkungen für das Handeln anderer mit sich bringen. Das Prinzip der vollständigen Episode wurde formuliert, um genau diesen Umstand in seinen sozialethischen Auswirkungen zu berücksichtigen. Das bei der Erläuterung dieses Prinzips verwendete Beispiel der Rasennutzung in einem öffentlichen Park kann als Anknüpfungspunkt verwendet werden, um plausibel zu machen, warum Handlungen, die zu ihrem Gelingen ein faktisches Bestehen eines Gemeinschaftshandelns voraussetzen, auch explizit gemeinschaftlich strukturiert werden müssen.

Im Beispiel war eine Fußballmannschaft betrachtet worden, deren Fußballspiel nur dann eine nachhaltige Rasennutzung sein kann, wenn sich die anderen Parkbesucher der Rasennutzung enthalten. Das Fußballspiel war also eine von einer bestimmten Gruppe ausgeführte Handlung, die ein bestimmtes abgestimmtes Handeln (nämlich die Nichtnutzung des Rasens) von den anderen Parkbesuchern nötig macht, um insgesamt eine nachhaltige Parknutzung zu ermöglichen. Umgekehrt werden die Fußballspieler, liegt ihnen die nachhaltige Nutzung am Herzen, nur dann auf den Rasen treten, wenn sie sich vergewissert haben, daß die anderen Besucher auf ihre Rasennutzung um des Fußballspiels willen verzichten. Auch auf der Seite der Fußballer liegt ein auf das Verhalten der anderen Parkbenutzer abgestimmtes Verhalten vor. Eine nachhaltige Rasennutzung setzt also ein Gemeinschaftshandeln zwischen den Fußballern und den anderen Parkbesuchern voraus. Dieselbe Überlegung trifft im übrigen auf eine einzelne Person zu, die beispielsweise zur Abkürzung quer über den Rasen läuft. Für den Argumentationszweck ist es unerheblich, ob das Handeln einer Gruppe oder dasjenige eines

Einzelnen in ein Gemeinschaftshandeln übergreifender Art eingebettet werden muß, um gelingen zu können. Die Teilhandlung (sei
sie individuell oder auch gemeinschaftlich verfaßt) setzt zwar ein bestimmtes übergreifendes Gemeinschaftshandeln für ihren Erfolg voraus, doch ist mit dem Vorliegen der Teilhandlung nicht sichergestellt,
daß die umgreifende Gemeinschaftshandlung tatsächlich zustandekommt. Im Beispiel: Das Fußballspiel auf dem Rasen, das Überque-
ren des Rasens wird allzu oft ohne den Blick auf die komplementär
erforderlichen Unterlassungen der anderen Parkbenutzer durchgeführt. Solange diese Gelingensbedingung keinen Niederschlag in
einer explizit das Gemeinschaftliche hervorhebenden Regelung findet, ist die Situation sozialethisch untragbar.

Ohne eine gemeinschaftliche Regelung steht das Gelingen der
Teilhandlung unter der Bedingung gemeinschaftlichen Tuns, ohne
daß dieses gemeinschaftliche Tun von den Beteiligten als solches
durchgeführt würde. Die Parkbenutzer müssen ihre Handlungen in
einer Weise koordinieren, die ein Gemeinschaftshandeln konstituiert, ohne daß dieser Gemeinschaftscharakter bei den handelnden
Personen leitend sein müßte. Es besteht ohne eine explizite Regelung
folglich die Gefahr, daß das zum Gelingen der Einzelhandlung erforderliche Gemeinschaftstun nicht zustandekommt. Sozialethisch ist
ein in dieser Weise zufällig zustandekommendes zusammenpassen-
des Verhalten nicht tragbar. Gewiß wird das Grün des Parks erhalten,
wenn das schlechte Wetter oder die individuelle Einsicht die anderen
Parkbenutzer davon abhält, nach dem Fußballspiel auch noch über
den strapazierten Rasen zu laufen. Dabei bleibt jedoch völlig offen,
warum bestimmte Personen auf dem Rasen Fußball spielen dürfen
und andere sich deshalb der Rasenbenutzung enthalten sollen. Ein
soziales Geschehen liegt vor, das in seiner Sozialität nicht recht erfaßt
ist und dessen Gelingen dem Zufall oder der Einsicht und der Gut-
mütigkeit des Einzelnen anheim gestellt ist.

Anhand des Beispiels dürfte deutlich geworden sein, daß die
Anerkenntnis einer wechselseitigen Bedingtheit von Handlungen
im Sinne eines faktisch vollzogenen Gemeinschaftshandelns (das allerdings nicht *als* Gemeinschaftshandeln betrieben wird, weil es keine Rolle in der Individuation der Teilhandlungen spielt) den Weg
dazu eröffnet, diese Bedingtheiten auch im Kreis der Beteiligten of-
fenzulegen. Dadurch daß die Verflochtenheit der Handlungen erkannt wird, kann ein gemeinschaftlicher Prozeß zwischen den Beteiligten in Gang gesetzt werden, dessen Endpunkt eine Regelung jener

Bezogenheit ist.[9] Der damit erreichte Fortschritt besteht nicht nur
darin, daß das Gelingen der übergreifenden Handlung nun nicht
mehr dem glücklichen Zufall zu verdanken ist, sondern in Form einer
expliziten Gemeinschaftshandlung planmäßig hergestellt werden
kann. Ein Fortschritt ist sozialethisch darin erreicht, daß das Gemeinschaftshandeln unter Kenntnis der Verteilung von Pflichten und
Rechten erfolgt, die nicht einfach einer faktischen Gegebenheit entspringen, sondern aus einem kooperativen Prozeß der Zuweisung
dieser Rechte und Pflichten entspringt,[10] der für die sozialethische
Rechtfertigung dieser Verteilung einsteht.

4.2. Sozialethische Leitlinien

Im Unterschied zu den vorangehenden Grundprinzipien der Sozial-
ethik, die unbedingte Gültigkeit beanspruchen, sind im folgenden
Leitlinien zu begründen, die nicht in derselben Weise unbedingte
Geltung haben. Sie sollen eine Handreichung zur Behebung be-
stimmter Probleme geben. Im allgemeinen dürften die genannten
Leitlinien die sozialethisch am besten begründeten Verfahren zur
Behebung der Schwierigkeiten beschreiben. In speziellen Fällen
können sie aber durchaus durch andere Regelungen ersetzt werden.

4.2.1. Ermöglichung von Gemeinschaftshandeln durch Ausgleich

Die Ausgleichsleitlinie, die es im folgenden zu begründen gilt, formuliert eine Vorgabe dafür, wie kollidierende Ansprüche, die im
Vollzug eines einzelnen Gemeinschaftshandelns oder zwischen ver-

---

[9] Zenkert (1995, S. 440 f.) hat bereits für die Hegelsche Rechtsphilosophie einen analogen Aspekt herausgearbeitet. Die Gewaltenteilung im Staate mache es möglich, die
zuvor beim Monarchen ungetrennt vorhandenen staatlichen Gewalten in ihrer Beziehung zueinander sichtbar werden zu lassen und damit auch einem öffentlichen Prozeß
zu überantworten, der das Verhältnis der Gewalten zueinander regelt. Was beim Monarchen lediglich der privaten Einsichtsfähigkeit und Neigung ungetrennt unterliege,
werde als Ausdifferenziertes Gegenstand der öffentlichen Kritik und steigere darin die
Rationalität staatlicher Machtausübung. Vgl. Hegel (1821), § 272.
[10] Die Kooperation zur Festlegung dieser Pflichten impliziert nicht, daß eine gleichberechtigte Einbindung der Beteiligten vorliegen muß. Zur eingehenden Begründung dieser Behauptung vgl. unten Kap. 4.5.3 und 4.5.4. Für die genauere Untersuchung der
Umstände, unter denen ein Prozeß der Zuweisung von Rechten und Pflichten als sozialethisch gerechtfertigt gelten kann, vgl. unten Kap. 4.5.1 und 4.5.2.

schiedenen Gemeinschaftshandlungen auftreten, im Sinne des Bestands- und Vielfältigkeitsprinzips aufzulösen sind. Die Leitlinie fordert, daß der Nachteil, den eine Person oder eine Gruppe zugunsten eines anderen oder einer anderen Gruppe im Zuge eines Gemeinschaftshandelns hinnimmt, um dieses Gemeinschaftstun zu ermöglichen, im Rahmen dieses oder eines anderen (eventuell neu zu beginnenden) Gemeinschaftstuns von den Begünstigten angemessen ausgeglichen werden soll. Es geht wohlgemerkt bei der Ausgleichsleitlinie nicht um eine allgemeine Gerechtigkeits- oder Gleichheitsforderung, vielmehr soll der Ausgleich dafür sorgen, daß ein bestimmtes Gemeinschaftshandeln möglich wird, das ansonsten wegen kollidierender Ansprüche nicht zustandekäme.

Zur Erläuterung diene wieder das Beispiel der nicht-schädigenden Rasennutzung im Park. Die Benutzung eines öffentlichen Parks ist ein Gemeinschaftshandeln, was sich z. B. an den gemeinschaftlich getragenen Aufwendungen für seinen Erhalt und seine Pflege manifestiert. Der Parkrasen erträgt die Beanspruchung, wie sie durch Sportaktivitäten oder durch das Betreten entsteht, bis zu einem gewissen Grad ohne sichtbare Schädigung. Da es bei einem öffentlichen und stark frequentierten Park keine hinsichtlich der Nutzung bevorzugten Personen gibt, scheint es für die Regelung des Rasenzutritts nur die Alternative zu geben: Entweder kann der Rasen erhalten werden und niemand darf ihn betreten oder alle dürfen den Rasen betreten und der Rasen geht ein. Eine gemeinschaftliche Nutzung des Rasens, die gleichermaßen Erhalt des Grüns und dessen Benutzung einschließt, ist anscheinend nicht zu haben.

Diese Situation ist aus zweierlei Gründen wenig zufriedenstellend. Erstens wäre eine Benutzung des Rasens ja möglich, wenn es ein Verfahren gäbe, das die Nutzung unter der Schädigungsschwelle hält. Ein mögliches Handeln wird also wegen der Kollision von Ansprüchen im Ganzen unterbunden. Zweitens ist ein ausnahmsloses Verbot schwer durchzusetzen, weil jeder weiß, daß eine geringfüge Benutzung den Rasen nicht schädigt. Immer wieder werden also Einzelne im Wissen, daß ihr einmaliges Begehen den Rasen nicht schädigt, über den Rasen laufen, was die Umstehenden dazu animieren könnte, ebenfalls diese Fläche zu betreten und schließlich die Zerstörung herbeizuführen. Wegen des Fehlens einer Lösung, die Gebrauch und Erhaltung in ein gemeinsam geregeltes vernünftiges Verhältnis setzt, fällt das Verhalten gegenüber der streitigen Sache in die private

Willkür des Einzelnen zurück, die zu kontraproduktiven kumulierten Effekten führen kann.

Die Ausgleichsleitlinie kann in beiden Gesichtspunkten Abhilfe schaffen. Sie fordert, daß derjenige (diejenige Gruppe), der (die) auf das Betreten des Rasens zugunsten eines anderen (einer anderen Gruppe) verzichtet, von diesem (dieser) angemessenen Ausgleich erhält. Durch die Ausgleichsleitlinie kann der Rasen genutzt werden, ohne ernstlich geschädigt zu werden, d. h., die nachhaltige Benutzung des Rasens wird möglich. Diese Benutzung des Rasens ist dabei eine gemeinschaftliche Handlung, denn selbst in dem Falle, in dem lediglich eine einzelne Person den Zutritt erlaubt bekäme, würden die anderen Parkbesucher diese Benutzung durch ihre eigenen, jenes Betreten ermöglichenden Unterlassungen mittragen. Im Betreten des Rasens individuiert der Betretende sein Handeln komplementär dazu als ein durch das Unterlassen der anderen ermöglichtes Tun. Hier ist derselbe explizite Nexus von Handeln und Unterlassen zu fordern, der oben bei der Begründung des Vielfaltsprinzips bereits erörtert wurde. Das Betreten des Rasens ist nicht per se bereits ein gemeinschaftliches Handeln, in dem Sinne, daß es das Unterlassen dieser Handlung durch die anderen einschlösse. Dazu wird es erst dann, wenn dieser Zusammenhang durch Absprache oder Formen wie Brauch, Sitte oder dgl. gestiftet wird.

Dadurch daß die Ausgleichsleitlinie eine Regelung ergibt, die die Nutzung des Rasens zuläßt, entfällt auch die zweite Schwierigkeit, die ein allgemeines Verbot mit sich brächte. Der Rasen wird nun in nachhaltiger Weise genutzt und das heißt für die Nichtberechtigten, daß sie sich nicht mehr damit entschuldigen können, ihr einmaliges Tun schade nicht. Denn im Idealfall einer Regelung würde die Schadensgrenze durch die geregelte Nutzung knapp unterschritten und somit die einmalige Nutzung durch Nichtberechtigte bereits zur Schädigung führen.

Die Ausgleichsleitlinie macht außerdem sichtbar, welche Entschädigung die Ausgeschlossenen für ihr Unterlassen erhalten und schafft dadurch den öffentlichen Raum, Kosten und Nutzen für die Beteiligten abzuschätzen und zuzuweisen, wie es im vorangegangenen Kapitel als sozialethisches Prinzip gefordert wurde. Die Nutzen- und Kostenabwägung erfolgt nicht mehr privat und möglicherweise einseitig, sondern muß sich im Verhältnis der Parkbenutzer offen zeigen – in manchen Fällen wird es durch diesen Zwang der Offenlegung überhaupt erst Überlegungen zu Kosten, Nutzen und deren

Verteilung geben. Die Ausgleichsleitlinie wäre in diesem Fall ein Mechanismus zur Steigerung von sozialer Rationalität.

Die Anwendung der Leitlinie kann sehr verschiedene Formen annehmen. Bei der Rasenbenutzung wären etwa zeitlich diskriminierende Regeln denkbar, bei der bestimmte Gruppen der Parkbesucher zu bestimmten Zeiten zugunsten anderer Gruppen den Zutritt verwehrt bekommen und umgekehrt. Der Ausgleich zwischen den Gruppen erfolgt hier durch den abwechselnden Verzicht, dem eine Begünstigung komplementär ist. Um nur ein weiteres, mehrere Gemeinschaftshandlungen übergreifendes Lösungsbeispiel aus einer Myriade denkbarer Möglichkeiten anzugeben, sei an die Regelung des Rasenzutritts in manchen englischen Colleges erinnert. Dort dürfen nur die Fellows (Professoren) des Colleges den Rasen betreten (und natürlich die Gärtner, die den Rasen pflegen), während alle anderen Sterblichen den Umweg um die Rasenfläche antreten müssen. Die Begründung dieser Diskriminierung ist mir nicht bekannt, naheliegend wäre die Manifestation sozialen Prestiges. Denkbar wäre als Begründung für einen Optimisten aber auch, daß die Fellows die kürzesten Wege wählen dürfen, um dadurch den Studenten des Colleges länger zur Verfügung stehen zu können. Dann hätte man zumindest einen Ausgleich innerhalb der College-Mitglieder, die ja auch die Aufwendungen für den Erhalt des Rasens tragen, wohingegen die Besucher einfach deshalb ausgeschlossen sind, weil sie zur Pflege des Rasens nichts beisteuern. Hier läge also ein Ausgleichsverfahren vor, das verschiedene Gemeinschaftshandlungen übergreift und gegeneinander abgleicht. Deutlich wird am letzten Beispiel auch, daß die Ausgleichsleitlinie durchaus verträglich ist mit Regelungen, die ungleiche Zuordnungen treffen.

Wenden wir uns nun der Begründung der Leitlinie zu. Zuerst ist festzuhalten, unter welchen Bedingungen sie Geltung beansprucht. Es muß eine Situation gegeben sein, in der ein Gemeinschaftstun ohne zusätzliche Regelungen aufgrund der mit ihm verbundenen Anspruchskollisionen oder Knappheiten nicht durchgeführt werden kann, obwohl dieses Gemeinschaftstun unter bestimmten zusätzlichen Regelungen durchaus möglich wäre. (Der nachhaltige Gebrauch des Rasens ist zunächst nicht durchführbar, weil der Park als öffentlicher Park keine Diskriminierung der Benutzer(gruppen) kennt und somit entweder allen den Zutritt rasenschädigend gewähren oder gebrauchsverhindernd verbieten kann, obwohl sich bei einer beschränkten Rasennutzung eine Schädigung vermeiden ließe.) Dem

Prinzip der größtmöglichen Vielfalt zufolge ist der Nichtexistenz das Zustandekommen des Gemeinschaftstuns vorzuziehen. Regelungen, die das Gemeinschaftstun zu ermöglichen helfen, wären also diesem Prinzip zufolge geboten. Das Gemeinschaftstun ist gemäß der vorausgesetzten Situation durch Anspruchskollisionen oder Kappheiten verhindert, d. h., das Gemeinschaftstun gibt aus sich heraus keinen Anhaltspunkt, welcher Anspruch zugunsten eines anderen aufzugeben wäre bzw. wer auf die knappen Güter zu verzichten hätte, um diesem Gebot Folge zu leisten.

Diese wechselseitige Blockade kann durch die Ausgleichsleitlinie aufgebrochen werden. Seinen Anspruch aufzugeben bzw. die knappen Güter nicht zu nutzen bedeutet bei Anwendung der Ausgleichsleitlinie keine echte Einbuße, weil das Unterlassen an der einen Stelle durch ein Privileg an einer anderen Stelle ausgeglichen wird. (Was dabei im Einzelnen eine Kompensation ist, hängt von den jeweiligen Handlungen und beteiligten Personen ab.) Dadurch ist es für einen Beteiligten (oder eine beteiligte Gruppe) gleichwertig, ob er (sie) im fraglichen Gemeinschaftshandeln seine Ansprüche bzw. Nutzungsweisen einlösen kann, oder ob er (sie) die Kompensation in Anspruch nimmt.

Die Leitlinie zieht ihre Begründung somit aus zwei Quellen. Einerseits kann sie als Mittel verstanden werden, dem Prinzip der größtmöglichen Vielfalt in der beschriebenen Situation blockierter Gemeinschaftshandlungen Geltung zu verschaffen. Andererseits empfiehlt sich die Ausgleichsleitlinie durch ihre methodische Sparsamkeit im Vergleich mit anderen Verfahren, die eine Deblockade ermöglichen. Sie kommt mit minimalen Zusatzannahmen aus und dürfte deshalb die am wenigsten eingeschränkte Lösungsvariante anbieten. Sie erfordert insbesondere keine Annahmen über die Gründe des Unterlassens, weil letztlich keine der beteiligten Personen tatsächlich eine Depravation erfährt – bedeutet doch der Verzicht hier ein Privileg dort.[11]

Die Ausgleichsleitlinie ist auf Blockaden anwendbar, die innerhalb eines einzelnen Gemeinschaftshandelns auftreten. Die Leitlinie läßt sich aber auch für die Ermöglichung von mehreren sich wechselseitig durch Kollision verhindernde Gemeinschaftshandlungen als

---

[11] Das eingeräumte »Privileg« kann auch darin bestehen, daß derjenige, der auf seine Ansprüche oder die Nutzung der knappen Güter verzichtet, von den Lasten des Gemeinschaftstuns entbunden wird.

Lösungsprinzip angeben. Wenn nämlich die Kollision dadurch aufgehoben werden kann, daß in einem der beiden Gemeinschaftshandlungen bestimmte Ressourcen nicht benutzt, Handlungen unterlassen werden etc., um beide Gemeinschaftshandlungen miteinander verträglich und somit durchführbar zu machen, bilden die zuvor rivalisierenden Gemeinschaftshandlungen nach dem Prinzip der vollständigen Epsiode ein zusammenhängendes soziales Handeln. Somit findet die Ausgleichsleitlinie erneut Anwendung innerhalb eines einzelnen Gemeinschaftstuns, das sich hier eben aus den zuvor kollidierenden Gemeinschaftshandlungen bildet.

4.2.2. Einbeziehung und Ausschluß aus Gemeinschaftshandlungen

Alle zuvor formulierten sozialethischen Prinzipien und Leitlinien hatten den Bestandsschutz oder die Ermöglichung bzw. Ausweitung von Gemeinschaftshandlungen zum Inhalt. Insbesondere das Bestandsprinzip privilegiert bestehende Gemeinschaftshandlungen und folglich auch die Teilhandlungen, die in Gemeinschaftshandlungen eingebunden sind, gegenüber jenen, die nicht gemeinschaftlich erfolgen. An einem bestehenden Gemeinschaftshandeln mitzuwirken oder nicht mitzuwirken kann also darüber entscheiden, ob eine Handlung zulässig ist oder nicht. Neben dieser sozialethischen Privilegierung sind natürlich auch die Befriedigung von Bedürfnissen und die Vorteile, die einem aus der Mitwirkung an einem Gemeinschaftstun erwachsen können, Grund genug, an einem bereits bestehenden Gemeinschaftstun als neuer Mitwirkender teilhaben zu wollen. Der Wunsch, einbezogen zu werden, wie er sich von der kindlichen Frage: »Darf ich mitspielen?« bis zu dem Begehren eines Flüchtlings um Aufnahme erstreckt, trifft oft genug auf Ablehnung. Untersucht werden soll in diesem Kapitel deshalb, unter welchen Bedingungen die Einbeziehung eines neuen Mitwirkenden abgelehnt und, was die Umkehrung davon wäre, ein Mitwirkender aus einem Gemeinschaftshandeln ausgeschlossen werden darf.

Zuvor wäre noch festzuhalten, für welche Handlungen bzw. welche Personen die Frage nach der Teilhabe bzw. Mitgliedschaft nicht relevant ist, weil bereits eine Teilhabe bzw. Mitgliedschaft besteht, auch wenn dies vielleicht in Abrede gestellt wird. Die Begrenzung von Gemeinschaftshandlungen ist zumeist durch die Episodengliederung und durch den alltäglichen Gebrauch klar genug bestimmt. Diese Vorgabe stellt fest, welche Teilhandlungen in das Gemeinschaftstun integriert sind und welche außerhalb davon stattfinden. Eine allgemeingültige Abgrenzung von Gemeinschaftshandlungen ist wegen der Vielfältigkeit sozialer Handlungen nicht sinnvoll. Welche Handlungen als integrale Bestandteile eines bestimmten Gemeinschaftstuns angesehen werden, ändert sich im Laufe der Zeit. Man braucht nur an die Schärfung des Bewußtseins dafür zu denken, welche umweltrelevanten Folgen wirtschaftliches Handeln mit sich bringt. War früher beispielsweise die Luftverschmutzung keine relevante Größe, so ist inzwischen die unfreiwillige »Mitwirkung« derjenigen am Wirtschaftsprozeß, die den Immissionen ausgesetzt sind, durch entsprechende gesetzliche Regelungen zur Luftreinhaltung (mit den entsprechenden Kosten auf der Verursacherseite) Teil der Gemeinschaftshandlung Wirtschaft geworden. Die Mitwirkung der Immissionsopfer an einem luftverschmutzenden Produktionsprozeß, die im schlimmsten Fall durch Atemwegserkrankungen und vorzeitigem Tod manifest wird, galt vormals aus Unkenntnis und aus bestimmten Interessenkonstellationen nicht als Mitwirkung an dem entsprechenden gemeinschaftlichen Produktionsprozeß, obwohl sie faktisch bestand. Die oben angestellten Überlegungen zur Ontologie des Gemeinschaftshandelns zeigen, daß die durch einen Verzicht oder eine andersartige Belastungen an einem Gemeinschaftshandeln explizit beteiligten Personen Mitwirkende an diesem Gemeinschaftshandeln sind, indem sie nämlich passende Teilhandlungen ausführen, hier den Verzicht oder das Ertragen von Belastung zur Ermöglichung des gemeinschaftlichen Handelns. Das Problem der Integration gibt es hinsichtlich dieses Personenkreises also nicht, sind sie doch bereits am Gemeinschaftshandeln beteiligt.[12]

Es dürfte offensichtlich sein, daß nicht jede noch so geringe (bekannte) Belastung oder jeder noch so geringe Vorteil sogleich zu einer Integration in ein Gemeinschaftshandeln führen wird. In Abhängigkeit vom jeweiligen Gemeinschaftshandeln werden sehr unterschiedliche Kriterien angemessen sein, die ihrerseits ebenfalls im Laufe der Zeit modifiziert werden können. Analog gilt dies auch für

---

[12] Becker (1992) hat durch seinen ungeklärten Begriff sozialen Handelns große Mühe zu begründen, daß Personen, die durch ein Gemeinschaftshandeln belastet werden, Mitglieder dieses Gemeinschaftshandelns werden können sollen. Diese Schwierigkeit ergibt sich für das hier vertretene Konzept des Gemeinschaftshandelns nicht, weil jene Personen bereits Mitwirkende sind, es also gar nicht mehr werden müssen.

die Frage, wem wieviel von der entsprechenden Wirkungskette bekannt sein muß, damit ein Gemeinschaftstun zustandekommt. In unserem Beispiel muß nicht jedem einzelnen Arbeiter der Fabrik, nicht jedem Immissionsopfer im Detail die Wechselwirkung zwischen dem Produktionsprozeß und den Immissionsbelastungen klar sein, um bei unserem heutigen allgemeinen Kenntnisstand ein gemeinschaftliches Handeln zu konstatieren.

Wenden wir uns nun Personen zu, die nicht bereits an einem gemeinschaftlichen Handeln beteiligt sind. Was die Integration angeht, unterscheidet sich die Einbeziehung von Handlungen einer einzelnen Person nicht von der Einbindung eines bestehenden Gemeinschaftshandelns in ein anderes. Für die Frage der Integration macht es keinen Unterschied, daß für das individuelle Handeln kein Bestandsschutz besteht, wohl aber für das Gemeinschaftshandeln. Denn der Bestandsschutz bezieht sich lediglich auf die Gemeinschaftshandlungen, wie sie gerade bestehen, und das heißt hier: auf die Gemeinschaftshandlungen vor ihrer Verschmelzung zu einer einzigen. Im folgenden wird immer nur von der Einbeziehung einer einzelnen Person gesprochen, weil damit der Sache nach auch die Einbindung einer Gemeinschaftshandlung in eine andere abgedeckt ist.

Abhängig davon, ob das Gemeinschaftshandeln, in das hinein die Integration erfolgen soll, eher dem emphatischen oder eher dem nicht-emphatischen sozialen Handeln zuzurechnen ist, muß eine mehr oder minder umfassende Integration erfolgen. Ein emphatisches Gemeinschaftshandeln erfordert die Einbeziehung des neuen Mitwirkenden in der Gesamtheit seiner Person, ein nicht-emphatisches Gemeinschaftstun hingegen integriert lediglich bestimmte Fertigkeiten, Kenntnisse oder Handlungsvollzüge des neuen Mitwirkenden. Ein sozialethisches Problem ergibt sich bei der Integration dann, wenn (a) entweder die bereits in das Gemeinschaftshandeln eingebundenen Personen sich gegen die Integration eines neuen Mitwirkenden sperren, oder (b) die zu integrierende Person die Einbeziehung ablehnt, wie es z.B. in Fällen von Zwangsmitgliedschaften der Fall sein kann.

Ein Gemeinschaftshandeln kommt durch aufeinander abgestimmte Teilhandlungen zustande. Wenn ein neuer Mitwirkender am Gemeinschaftshandeln teilnimmt, hat dies die Folge, daß die bereits interagierenden Mitwirkenden ihre Teilhandlungen auf die Teilhandlungen des hinzukommenden Mitwirkenden abstimmen müssen, welche ihrerseits abzustimmen sind. Eine Integration, bei der Fall (a) oder Fall (b) vorliegt, würde also Abstimmungshandlungen erfordern, zu denen auf einer der Seiten keine Bereitschaft besteht.

Für den Fall (a) folgt aus dem Prinzip der größtmöglichen Vielfalt die Verpflichtung, den neuen Mitwirkenden zu integrieren, so lange dies ohne bestandsgefährdende Änderungen möglich ist. Aus dem Bestandsschutz folgt umgekehrt, daß die Integration aufgrund der erforderlichen Änderung des Gemeinschaftshandelns abzulehnen ist, wenn die erforderlichen Anpassungshandlungen den Fortbestand des Gemeinschaftshandelns gefährden. Der Bestandsschutz greift dann nicht, wenn schwerwiegende Gründe zugunsten des zu Integrierenden eine Modifikation des vorhandenen Gemeinschaftshandelns nötig machen. Schwerwiegende Gründe können darin bestehen, daß ein höherwertiges Gemeinschaftshandeln unmöglich wird, wenn die Integration nicht erfolgt. Oder auch darin, daß die Anpassungsleistungen, die die Mitwirkenden an dem angezielten Gemeinschaftshandeln zur Integration erbringen müßten, in keinem Verhältnis zu den Auswirkungen steht, die die Nicht-Integration für den abgelehnten Kandidaten hinsichtlich derjenigen Gemeinschaftshandlungen hätte, in die er bereits eingebunden ist. In beiden Fällen stehen die Auswirkungen der Nicht-Einbeziehung auf andere Gemeinschaftshandlungen in keinem Verhältnis zu den erforderlichen Anpassungsleistungen bei der Integration und sind deshalb aus Gründen des Bestandsschutzes jener anderen Gemeinschaftshandlungen dominant. Man denke etwa an die Kaltschnäuzigkeit, mit der hierzulande die Aufnahme von Wirtschaftsflüchtlingen verweigert wird. Wöge man die Belastungen, die die Bundesbürger bei einer Integration träfen, gegen die lebenserhaltende Hilfe ab, die diese Flüchtlinge, würden sie denn aufgenommen, oft genug für die daheimgebliebenen Großsippen bedeuten können, so müßte aus den oben angeführten Gründen eine sehr viel liberalere Einwanderungspolitik betrieben werden.

Die Integrationsbedingungen für emphatische und nicht-emphatische Gemeinschaftshandlungen sind verschieden. Wird ein vollkommen nicht-emphatisches Gemeinschaftshandeln durchgeführt, gibt es keine Beschränkungen der Mitgliedschaft, die über die für die Mitwirkung am Gemeinschaftshandeln erforderlichen Fertigkeiten und Kenntnisse hinausginge. Diese Gemeinschaftshandlungen werden durchgeführt, um in der bestmöglichen Weise ein bestimmtes Ergebnis zu erzielen bzw. um einen bestimmten Vorgang durchzuführen, nicht aber, um die Einbindung bestimmter Personen als solcher zu ermöglichen. Deshalb sollen die im Sinne des Handelns bestqualifiziertesten Personen Mitglieder sein, wenn die Zahl der Personen, die die fragliche Qualifikation aufbringen, die Zahl derjenigen übersteigt, die im Gemeinschaftshandeln mitwirken können. Das kann auch zur Folge haben, daß ein bisher Mitwirkender gegen einen neuen Mitwirkenden ausgetauscht werden muß, welcher im Sinne des Gemeinschaftshandelns besser qualifiziert ist.

Um ein drastisches Beispiel zu wählen: Nach einem Schiffbruch versucht ein in der Navigation erfahrener Seemann, in das einzige, aber bereits vollbesetzte Rettungsboot zu gelangen. Nehmen wir weiter an, daß ohne Navigationskenntnisse das Rettungsboot mit ziemlicher Sicherheit dem Untergang geweiht ist und niemand der bisherigen Insassen über Navigationskenntnisse verfügt. Dann wäre es gerechtfertigt, einen der Insassen aus dem Boot zu werfen, um jenen Seemann aufnehmen zu können. Vorausgesetzt ist dabei freilich, daß die Menschen im Boot gemeinschaftlich nur in dem Sinne handeln, daß sie das gemeinschaftliche Tun instrumentell verwenden, um das jeweilige private Überleben zu sichern. Die Gemeinschaftshandlung wäre damit eine nicht-emphatische. Wen man aus dem Boot wirft, hängt dann ab von der Eignung der Bootsinsassen für den erfolgreichen Abschluß der Rettungsaktion und bei gleicher Eignung von einer kulturell variierenden Bewertung persönlicher Eigenschaften.

Anders dagegen bei dem emphatischen Gemeinschaftshandeln. Hier findet ein Gemeinschaftshandeln statt, das für die beteiligten Personen jeweils für ihr Personsein wesentlich ist. Diese Art von Gemeinschaftshandeln setzt voraus, daß das neue Mitglied in seiner ganzen Person in dem Gemeinschaftshandeln mitwirken kann, ohne daß die essentielle Bezogenheit der beteiligten Personen untereinander dadurch verlorengeht. Stellt man diese verschärfte Bedingung in Rechnung, gilt das für die nicht-emphatischen Gemeinschaftshandlungen Ausgeführte analog. Über eine Integration in eine Gemeinschaftshandlung, die im Kontinuum zwischen emphatischem und nicht-emphatischen Handeln angesiedelt ist, wäre gemäß der relativen Stellung zu entscheiden, die das Handeln in diesem Kontinuum einnimmt.

Im Fall (b), in dem die Ablehnung von dem zu Integrierenden ausgeht, gilt gemäß dem Prinzip der größtmöglichen Vielfalt, daß Anstrengungen zur Integration ergriffen werden sollen, sofern nicht schwerwiegende Gründe die Integration verbieten. Die schwerwiegenden Gründe entsprechen hier denjenigen, die unter Fall (a) diskutiert worden sind. Insbesondere verbietet sich eine Integration dann, wenn die zwangsintegrierte Person dadurch außer Stande gesetzt wird, in anderen Gemeinschaftshandlungen, an denen sie bereits mitwirkt, in angemessener Weise weiterhin teilzuhaben. Hier ist der Bestand der vorhandenen Gemeinschaftshandlungen gegen das zu erweiternde Gemeinschaftstun abzuwägen.

Einen gerechtfertigten Ausschluß von Mitwirkenden aus einem sozialen Handeln haben wir oben bereits bei nicht-emphatischen Gemeinschaftshandlungen in dem Fall kennengelernt, in dem ein besser Qualifizierter einen schlechter qualifizierten Mitwirkenden ersetzt. Der Ausschluß des schlechter qualifizierten Mitglieds ist gerechtfertigt, weil dadurch das Gemeinschaftshandeln besser durchgeführt werden kann. Bei emphatischem Gemeinschaftshandeln wäre ein Ausschluß erlaubt, wenn der Auszuschließende in einer Weise mit den anderen Beteiligten umgeht, daß deren Persönlichkeit ernsthaft Schaden zu nehmen droht, bzw. wenn er andere dazu anleitet, solche schädigenden Handlungen durchzuführen. In solchen Fällen würde sich ohne den Ausschluß die emphatische Gemeinschaftshandlung in selbstwidersprüchlicher Weise verändern, deshalb ist der Ausschluß gerechtfertigt.

Daneben ist ein Ausschluß generell sozialethisch erlaubt, wenn ein Beteiligter sich in sozialethisch verbotener Weise innerhalb des Gemeinschaftshandelns betätigt. In einem Gemeinschaftshandeln soll kein sozialethisch verbotener Tatbestand befördert werden. Dies liegt insbesondere dann vor, wenn der Auszuschließende nur scheinbar an dem Gemeinschaftshandeln teilnimmt, ohne tatsächlich die von ihm geforderten Leistungen zu erbringen bzw. diese in zu geringem Grade erbringt. Letztlich hat dieser Mitwirkende sich bereits aus dem Gemeinschaftshandeln des vollzogenen Typs selbst ausgeschlossen, indem er unter der Hand die anderen in ein anderes Gemeinschaftshandeln verwickelt, nämlich eines, das den anderen größere Lasten aufbürdet. Im folgenden werden wir die Gründe genauer kennenlernen, die eine solche einseitige Minderleistung mit einem sozialethischen Verbot belegt.

4.3. Sozialethisch begründete Verbote hinsichtlich der Handlung Einzelner

Es ist höchste Zeit anzugeben, welche Gemeinschaftshandlungen verboten sind, weil der Gegensatz von verbotenen und nicht-verbotenen Handlungen in den vorausgegangenen Kapiteln bereits benutzt, aber nicht expliziert wurde. Dabei sollte jedoch nicht in Vergessenheit geraten, daß es hier allein um sozialethische Verbotsgründe geht. Es kann also durchaus Verbotsgründe jenseits der genannten Gründe geben, die sich aus individualethischen Erwägungen ergeben. Diese sind nicht Gegenstand dieser Untersuchung, weil der Gegenstandsbereich bzw. die Quelle ethischer Erwägungen hier durchweg in sozialen Sachverhalten fundiert ist. Den sozialethischen Verboten nähern wir uns dabei vom Einfachen zum Komplexen hin. Deshalb sollen in den folgenden zwei Unterkapiteln die Handlungen Einzelner betrachtet werden, die in verschiedener Weise das Soziale eines Gemeinschaftshandelns außer Kraft setzen oder unmöglich machen und deshalb sozialethisch verboten sind. Kapitel 4.4 widmet sich dann Verboten, die Gemeinschaftshandlungen als ganze betreffen.

4.3.1. Verbot der einseitigen Minderleistung eines Beteiligten (»Trittbrettfahren«)

Eine Gemeinschaftshandlung kommt durch die aufeinander abgestimmten Beiträge der Beteiligten zustande. Aus dem Prinzip der Bestandserhaltung folgt, daß das Verhalten eines der Beteiligten sozialethisch verboten ist, das ein Gemeinschaftshandeln wegen der Überschreitung der Anpassungsgrenze für das Einzelverhalten zum Scheitern bringt.[13] Dasselbe gilt für dasjenige Zusammenspiel der Beteiligten, das die maximale Anpassungsabweichung im Bezugszeitraum überschreitet, weil damit das Gemeinschaftshandeln ebenfalls unmöglich wird.[14] Beide Verbote gelten sowohl für standardisierte wie nicht-standardisierte Gemeinschaftshandlungen. Vorausgesetzt ist dabei, daß kein sozialethisch relevanter Grund das

---

[13] Vgl. oben Kap. 3.2.2 für die Begriffe der Anpassungsgrenze des Einzelverhaltens und der maximalen Anpassungsabweichung im Bezugzeitraum (jeweils in ihrer standardisierten und nicht standardisierten Form).

[14] Vgl. Kap. 4.7.2 für die Prinzipien, nach denen bei diesem Zusammenspiel die Verantwortung für das Scheitern zuzuordnen ist.

Scheitern rechtfertigt. Ein solcher Grund könnte z. B. darin bestehen, daß das durchgeführte Gemeinschaftstun ein höherrangiges gemeinschaftliches Handeln unmöglich macht. Weiterhin ist klar, daß hier nicht diejenigen Fälle von Interesse sind, in denen Zufälle oder mangelnde Fertigkeiten bzw. Kenntnisse zu der Minderleistung eines der Beteiligten führen. Diese Entstehungsursachen sind nicht zu verbieten, sondern bestenfalls durch Übung oder Schulung zu beheben. Die Minderleistung erfolgt in den hier relevanten Fällen, obwohl eine ausreichende Leistung möglich gewesen wäre.

Problematisch für das benannte Verbot könnten Gemeinschaftshandlungen sein, die durch die Verknüpfung von Standardbeiträgen zustandekommen. U. a. scheitern diese, wenn einer der Beteiligten weniger als seinen Standardbeitrag leistet[15] und aus diesem Grund die standardisierte Anpassungsgrenze für das Einzelverhalten oder die standardisierte maximale Anpassungsabweichung im Bezugszeitraum überschritten wird. Dabei wäre es durchaus möglich, daß die anderen Beteiligten das Gemeinschaftshandeln aufrechterhalten könnten, wenn sie zur Kompensation der Minderleistung mehr leisten würden als in ihren jeweiligen Standardbeiträgen vorgesehen. Fordert der Bestandsschutz eine solche Mehrleistung nicht? Oder umgekehrt: Aus welchem sozialethischen Grund ist in dieser Situation eine Unterschreitung des Standardbeitrags verboten?

Eine schnelle Antwort auf diese Frage würde darauf beruhen, daß das betrachtete Gemeinschaftshandeln typgemäß an bestimmte Standardbeiträge gebunden ist. Zwar kann bei der Kompensation der Minderleistung durch die Mehrleistung anderer dasselbe Ergebnis erzielt werden, allerdings hat dann ein anderes Gemeinschaftshandeln stattgefunden. Man denke etwa an eine Prüfungssituation. Der Prüfer stellt Fragen, auf die der Prüfling keine Antwort weiß. Irgendwann geht der Prüfer deshalb dazu über, seine Fragen sogleich selbst

---

[15] Bei der Einführung des Begriffs »Standardbeitrag« (vgl. Kap. 3.2.2) ist bereits darauf hingewiesen worden, daß dieser Beitrag einen bestimmten Variationsbereich aufweist, innerhalb dessen der Beitrag schwanken kann. Wenn hier von einer Leistung gesprochen wird, die geringer als im Standardbeitrag vorgesehen ausfällt, bedeutet das demzufolge: eine Leistung, die geringer ausfällt als von der unteren Grenze des Variationsbereichs für den Standardbeitrag vorgesehen. Um die Formulierung möglichst einfach zu halten, soll dieser Sachverhalt gemeint sein, wenn schlicht von einer geringeren Leistung als dem Standardbeitrag die Rede ist. Entsprechend bedeutet eine Mehrleistung als im Standardbeitrag vorgesehen, daß eine Leistung vorliegt, die über die obere Grenze des Variationsbereichs des jeweiligen Beitrags hinausgeht.

zu beantworten. In der Folge von Frage und Antwort entspricht dieses Gemeinschaftshandeln dann zwar dem Prüfungsgespräch, wäre aber kein Prüfungsgespräch mehr, weil die Beteiligten eklatant von ihren Standardbeiträgen abweichen. Der Bestandsschutz fordert den Erhalt des Gemeinschaftshandelns; über die Substitution eines Gemeinschaftshandelns durch ein anderes schweigt er sich aus. Man könnte folgern, daß der Bestandsschutz bereits dadurch verletzt sei, daß das eine Gemeinschaftstun durch Abweichung von den Standardbeiträgen abgebrochen wird, wenn auch das andere Gemeinschaftstun, das durch kompensierende Mehrleistung entsteht, an die Stelle des ersten tritt. Die Abweichung von den Standardbeiträgen sei demzufolge verboten. Dieser Gedankengang überlastet jedoch das Gebot des Bestandsschutzes, weil der Begründung dieses Gebots zufolge das ersatzlose bzw. grundlose Wegfallen einer Gemeinschaftshandlung verboten ist. Im vorliegenden Fall haben wir jedoch einen Ersatz. Sind die anderen Beteiligten demzufolge verpflichtet, eine kompensierende Mehrleistung zu erbringen?

Eine Verpflichtung zur Mehrleistung besteht offensichtlich nicht, wenn vor Beginn der Gemeinschaftshandlung bereits die Minderleistung bekannt ist. Aus dem Bestandschutz ist keine Verpflichtung zu diesem Handeln abzuleiten, weil noch kein Gemeinschaftshandeln in Gang gekommen ist, dessen Bestand zu schützen wäre. Und da hier, wie auch für die folgende Argumentation angenommen, keine anderen sozialethischen Gründe vorliegen, die ein solches Gemeinschaftstun verpflichtend machen, so gibt es für diesen Fall die Pflicht zur Mehrleistung nicht.

Auch wenn das Gemeinschaftshandeln bereits begonnen hat, sind die anderen Beteiligten nicht dazu verpflichtet, eine hinter dem Standardbeitrag zurückbleibende Leistung durch eigene Mehrleistung zu kompensieren. Dies hat folgenden Grund. Die hier einschlägigen Fälle von Minderleistung, nämlich solche, die trotz der Möglichkeit einer ausreichenden Leistung erfolgen, sind als *Abweichung* vom Standardbeitrag angelegt. Es wird nicht schlicht etwas getan, das sich als zu wenig erweist, vielmehr erfolgt das Tun als Unterschreitung des vorgegebenen Maßes. Als Kriterium für die Gemeinschaftlichkeit eines Handelns war oben[16] hervorgehoben worden, daß die Beteiligten am Gemeinschaftshandeln kongruente Auffassungen davon haben müssen, in welcher Weise ihr Beitrag und der

---

[16] Vgl. Kap. 3.2.1.

Beitrag der anderen Beteiligten zu individuieren ist. Diese Kongruenz liegt im Fall der Abweichung vom Standardbeitrag zumindest für den Minderleister nicht mehr vor. Denn die anderen Handlungsbeteiligten individuieren die verschiedenen Teilleistungen dem Standard gemäß, der für das Gemeinschaftshandeln gilt. Der Minderleister hingegen entwirft ein davon verschiedenes Gemeinschaftshandeln, das für ihn einen geringeren als den üblichen Beitrag einplant und den Beitrag der anderen entsprechend erhöht. (Bei standardisierten Gemeinschaftshandlungen hat eine Veränderung der Teilbeiträge die Änderung des Handlungstyps zur Folge.) Seine Auffassung von den Teilhandlungen ist also nicht deckungsgleich mit der der anderen Beteiligten und somit liegen auch unterschiedliche Konzeptionen des durchgeführten Gemeinschaftshandelns vor. Daß die Auffassungen nicht kongruent sind, ist aus der Sicht des Minderleisters offensichtlich. Denn er führt nicht etwa eine als Beitrag gedachte Handlung aus, die sich dann als unzureichend erweist, sondern weicht von dem ihm vorgegebenen Standard ab. Es kommt aufgrund des Mangels an Kongruenz gar kein gemeinschaftliches Handeln mit dem Minderleister zustande und deshalb gibt es keinen sozialethischen Grund, die kompensierende Mehrleistung zu erbringen.

Dieselbe Betrachtung gilt auch für den Fall des »Trittbrettfahrens«, also für den Fall des Genusses einer gemeinschaftlich erbrachten Leistung ohne eigenen Beitrag. In zwei Punkten kann es dabei Unterschiede zu den bisher untersuchten Handlungen geben. Ein erster Differenzpunkt könnte sich daraus ergeben, daß Trittbrettfahren oft bei Gemeinschaftshandlungen auftritt, die von einer Vielzahl von Beteiligten getragen werden, so daß der standardisierte Einzelbeitrag einen verschwindend geringen Teil zur Erstellung der Gesamtleistung beiträgt. Der durch den Trittbrettfahrer entfallende Einzelbeitrag kann durch erhöhte Beiträge der anderen Teilnehmer abgefangen werden, die noch innerhalb der Variationsbereiche der Standardbeiträge liegt. Der Standardbeitrag der anderen Beteiligten ändert sich demnach praktisch nicht, obgleich er natürlich genaugenommen zur Kompensation des Ausfalls angehoben wird.[17] Der

---

[17] Die Kompensation erfordert im Einzelfall eine höhere Leistung durch die anderen Beteiligten als ohne das Trittbrettfahren nötig gewesen wäre. Der Mittelwert der Standardbeiträge der anderen Beteiligten muß sich längerfristig aber nicht notwendig nach oben verschieben, weil die Gemeinschaftsleistung in einer Umwelt erbracht werden könnte, die so starke Schwankungen aufweist, daß der Effekt des Trittbrettfahrens für den Mittelwert nicht relevant wird.

zweite Unterschied entsteht daraus, daß in der überwiegenden Zahl der Fälle der Trittbrettfahrer entweder nicht vom Genuß der Gemeinschaftshandlung ausgeschlossen[18] oder aber nicht als solcher erkannt werden kann.

Beide Unterscheidungsmerkmale sind aber für die sozialethische Argumentation nicht ausschlaggebend. Der erste Unterschied ist nicht einschlägig, weil die Kongruenz der Handlungsindividuationen weiterhin fehlt. Zwar müssen die anderen Beteiligten zur Einbindung des Trittbrettfahrers keine Leistung erbringen, die über ihren Standardbeitrag hinausginge, dennoch setzen sie von jedem Beteiligten voraus, daß er seinen Standardbeitrag leistet, was für den Trittbrettfahrer nicht der Fall ist. Der Trittbrettfahrer selbst operiert weiterhin mit einem Konzept des Gemeinschaftshandelns, das seinen Beitrag gravierend anders als vom Standard vorgesehen festsetzt, nämlich als das Ausbleiben eines Beitrags. Wie oben beschrieben kennt er die Differenz zwischen dem von ihm erwarteten Standardbeitrag und dem von ihm tatsächlich erbrachten Beitrag. Er schließt sich mit dieser Abweichung von dem Gemeinschaftlichen der Handlung durch die für ihn offensichtliche Inkongruenz aus. Das zweite Unterscheidungsmerkmal ist ein die Umstände der Handlung betreffendes bzw. ein epistemisches, aber kein sozialethisches Merkmal. Trittbrettfahren ist faktisch möglich, weil es nicht verhindert oder nicht erkannt werden kann. Das sagt aber nichts über die Zulässigkeit des Trittbrettfahrens aus.

Das Trittbrettfahren oder das Abweichen von dem für ein Gemeinschaftshandeln als Standardbeitrag vorgegebenes Einzelhandeln ist sozialethisch verboten. Dieses Verbot wurde nicht, wie in der Literatur sonst üblich, über die Universalisierung von Einzelhandeln abgeleitet, sondern über die Selbstausgrenzung aus dem Gemeinschaftshandeln seitens des Minderleisters. Die Begründung des Verbots braucht demzufolge nicht darüber zu spekulieren, was passieren würde, wenn alle Beteiligten an einem Gemeinschaftshandeln von ihren Standardbeiträgen abweichen würden, um eine solche Abweichung als verboten auszuweisen.[19]

---

[18] Dies ist der in der einschlägigen volkswirtschaftlichen Literatur am häufigsten untersuchte Fall.
[19] Vgl. oben Kap. 2.1 für die problematischen Implikationen einer solchen Annahme.

4.3.2. Verbot von Handlungen wegen des Unmöglichwerdens eines Gemeinschaftstuns

In diesem Kapitel sind diejenigen Arten von Einzelhandlungen zu untersuchen, die deshalb verboten sind, weil sie das Gemeinschaftliche eines Handelns unmöglich machen. Zwei Untergruppen innerhalb dieses Verbotstyps sind dabei zu unterscheiden. Zunächst sind diejenigen Fälle zu untersuchen, in denen ein gemeinschaftliches Handeln einseitig dazu verwendet wird, das Gemeinschaftliche desselben Handelns zu unterbinden. Hier läge der Verbotsgrund in der Widersprüchlichkeit, die Gemeinschaftlichkeit gegen sich selbst zu wenden. Die zweite Untergruppe umfaßt diejenigen Handlungstypen, bei denen Handlungen die Gemeinschaftlichkeit anderen Handelns unmöglich macht und somit gegen den Bestandsschutz jenes anderen Handelns verstößt.

Wenden wir uns nun der ersten Untergruppe zu. In ihr sind die Lüge, der Betrug und ihre Analoga versammelt. Aus dem Verbot dieser Handlungsarten folgt sofort das Verbot aller Handlungen, die auf jenen aufruhen, wie etwa die Intrige. Im folgenden wird allein am Beispiel der Lüge herausgearbeitet, worin die verbotsrelevante Widersprüchlichkeit besteht, weil die Parallelität mit den anderen in diese Klasse fallenden Handlungen hinsichtlich des Verbotsgrundes offensichtlich werden dürfte. Der Lügner treibt ein doppeltes Spiel. Um die Lüge entstehen lassen zu können, muß der Lügner einerseits mit dem Belogenen in einer gemeinschaftlichen Weise interagieren, nämlich jener, die für das Äußern und das Verstehen von Aussagesätzen notwendig ist. Anderseits verletzt der Lügner eine wesentliche Bedingung jenes Gemeinschaftstuns, denn er macht keine wahrhaftige Aussage, sondern benutzt die Aussageform, um einen von ihm als unzutreffend gewußten Sachverhalt glauben zu machen. Das Gelingen der Gemeinschaftshandlung »einen Aussagesatz äußern und verstehen« wird demnach einseitig benutzt, um den Zweck dieser Gemeinschaftshandlung zu konterkarieren, der darin besteht, einen Sachverhalt als wahr zu behaupten (und aufgrund dieser Information entsprechende Anschlußhandlungen zu ermöglichen).

Damit der Belogene glaubt, ihm sei etwas wahrhaftig mitgeteilt worden (d. i., es sei eine Aussage gemacht worden), muß der Lügner einerseits wirklich gemeinschaftlich im oben ausgeführten Sinne handeln.[20] Er muß seine Handlung als Komponentenhandlung des Gemeinschaftshandelns »einen Aussagesatz äußern und verstehen« einrichten und das heißt, er muß das Verhalten des zu Belügenden ebenfalls als Komponente dieses gemeinsamen Verhaltens individuieren. Täte er dies nicht, so käme der täuschende Schein einer Aussage überhaupt nicht zustande und die Lüge könnte demzufolge nicht entstehen. Der Lügner muß z. B. einen verständlichen Satz äußern und darf nicht lediglich brummen, weil er dann (im Normalfall) nicht davon ausgehen kann, daß der andere überhaupt begreift, es solle eine Aussage gemacht werden. Daß der Lügner auch das Verhalten des anderen als Komponente desselben Gemeinschaftstuns individuiert, ist daraus abzulesen, daß ein Lügner nur etwas behaupten wird, von dem er meint, der andere akzeptiere es als wahr. Besonders leichtgläubigen Leuten wird ein Lügner also dickere Lügen auftischen als seinen kritischeren Zeitgenossen. In dieser Differenzierung wird faßbar, daß die Mitwirkung des anderen am Aussagegeschehen in die Erwägung des Lügners eingeht und darin ein Gemeinschaftstun wirklich vorliegt. Anders gesagt: Wer nicht gelernt hat, wie man etwas behauptet, kann auch nicht lügen.[21] Aus der Sicht des Belogenen liegt ohnehin ein Gemeinschaftshandeln vor, weil er ja meint, der andere mache eine (wahrhaftige) Aussage und individuiert deshalb dessen Verhalten und das eigene entsprechend als die jeweiligen Komponenten einer Behauptungssituation. Unter diesem Aspekt ist also sowohl das Handeln des Lügners wie auch dasjenige des Belogenen jeweils als Komponente auf das gemeinschaftliche Handeln bezogen und versteht sich auch wechselseitig in dieser Weise.

Der Lügner benutzt das koordinierte Handeln »einen Aussagesatz äußern und verstehen« dazu, den anderen irrezuführen. Anders als bei der Gemeinschaftlichkeit der Handlung, die den Anschein eines normalen Aussagesatzes entstehen läßt, kann der Lügner bei Verfolgung seiner Täuschungsabsicht das Handeln des anderen nicht auf dasselbe Gemeinschaftshandeln wie das eigene bezogen begreifen, weil der andere dann erführe, daß ein als falsch gewußter Sachverhalt geäußert wird. Anders als zuvor individuiert der Lügner die Handlung des Belogenen anders als es dieser selbst täte. (Dieser meint einen wahren Sachverhalte ausgesprochen zu hören, jener

---

[20] Vgl. oben S. 182.
[21] Vgl. PU § 249.

weiß, daß dieser einen falschen Sachverhalt vernimmt). Ohne das Gelingen des zuerst erwähnten Gemeinschaftstuns (»eine Aussage äußern und verstehen«), wäre jenes zweite, den Belogenen ausgrenzende Handeln nicht möglich. Es liegt also ein Handeln vor, das gemeinschaftliches Handeln zur Vernichtung von dessen Gemeinschaftlichkeit benutzt und deshalb sozialethisch verboten ist.[22] Ganz analog liegt der Fall bei einem Betrug, etwa einem falschen Versprechen. Hier wird gleichfalls auf dem Hintergrund eines gelingenden Gemeinschaftshandelns (der Schein eines Versprechens entsteht) dem Sinn dieses Gemeinschaftshandelns entgegengewirkt. Deshalb gilt hier ebenfalls das oben ausgeführte Argument für das sozialethische Verbot eines solchen Tuns.

Die hier untersuchten Handlungstypen unterscheiden sich von dem oben diskutierten Trittbrettfahren oder der Reduzierung des Einzelbeitrags unter das vom Standardbeitrag vorgesehene Maß in folgender Hinsicht. Der Minderleister und der Trittbrettfahrer wären vollkommen zufrieden, wenn das Gemeinschaftshandeln derart modifiziert würde, daß sie ihren Beitrag reduzieren bzw. ganz ausfallen lassen können und die anderen Beteiligten sich in Kenntnis dieses Sachverhalts in das veränderte Gemeinschaftshandeln durch eigene, kompensatorisch höhere Beiträge fügen. Für den Fall der Lüge oder des Betrugs wäre eine solche Modifikation nicht möglich, weil diese Handlungen das Weiterbestehen des nicht modifizierten Gemeinschaftshandelns (also des Behauptungs- bzw. Versprechensakts) voraussetzen, das dann seitens des Lügners bzw. Betrügers gegen dessen spezifischen Sinn gewendet wird.

Betrachten wir nun die zweite Unterklasse. Ein Beispiel für die hier einschlägigen Fälle wäre etwa das »Gemeinschaftstun«, das einen Dieb mit dem Bestohlenen zusammenführt. So nutzt z. B. der Räuber ein offenstehendes Fenster oder einfach auch die Abwesenheit aus, um in die Wohnung des Opfers einzubrechen und dort etwas zu entwenden. Es liegt hier ein Fall angepaßten Verhaltens auf Seiten des Diebes vor, nicht jedoch ein gemeinschaftliches Handeln von Dieb und Bestohlenem.[23] Der Dieb interagiert zwar in einer Wei-

---

[22] Wie bei dem Verbot des Trittbrettfahrens wird nicht universalisierend argumentiert. Somit muß auch nicht über den Zustand spekuliert werden, der sich einstellt, wenn alle Sprecher lügen, wie dies bei Kant der Fall war (vgl. oben Kap. 2.1).
[23] Vgl. oben S. 184f., wo ein gleichartig strukturierter Fall als Beispiel für nicht gemeinschaftliches Verhalten verwendet wurde.

se mit seinem Opfer, daß er seinen Raubzug erfolgreich durchführen kann; das Opfer individuiert aber seinen eigenen Beitrag bei diesem »Zusammenspiel« nicht in der Weise, wie es der Dieb im Blick auf die Handlungen seines Opfers tut. Wo der eine eine Erleichterung des Raubes (sei es durch Weggehen oder durch Offenlassen des Fensters) sieht, betrachtet der andere sein Verhalten z. B. als Verlassen der Wohnung, um einen Termin wahrzunehmen, bzw. unterläßt aus Vergeßlichkeit, das Fenster zu schließen. Die Beteiligten verstehen ihr Handeln also nicht als Komponenten desselben Gemeinschaftstuns. Deshalb kann gemäß den oben entwickelten Kriterien für gemeinschaftliches Handeln kein Gemeinschaftstun vorliegen.[24] Anders als in der zuvor diskutierten Unterklasse gibt es hier also kein Gemeinschaftstun, das die Handelnden zusammenbände. Es scheint demnach keinen sozialethischen Ansatzpunkt für das Verbot dieses Handelns zu geben, weil kein Gemeinschaftstun vorliegt und der Sachverhalt demnach außerhalb des Gegenstandsbereichs der Sozialethik liegt.

Dieser Befund wäre reichlich mißlich, denn der Diebstahl ist nur ein Beispiel für eine ganze Reihe denkbarer Verhaltensweisen, mit denen Personen Schäden zugefügt werden, indem der Täter sich dem Verhalten des (der) Opfer in der skizzierten Weise anpaßt. Dieses Verhältnis von Täter und Opfer wird einerseits mit gutem Recht durch die oben gegebene Definition des Gemeinschaftshandelns als nicht gemeinschaftlich ausgeklammert. Denn das Opfer wird zum mehr oder minder wehrlosen Gegenstand eines Handelns, in dem es instrumentalisiert wird. Es wirkt am »Erfolg« unwissentlich oder sogar gegen seinen erklärten Willen mit. Anderseits können solche Täter-Opfer-Beziehungen nicht einfach ausgeblendet werden, weil sie zu den abstoßenden, aber anscheinend unausrottbaren Seiten sozialer Verhältnisse zählen. Eine Sozialethik, die zu dieser Frage aus definitorischen Gründen schweigen würde, schiene am Kernbestand ihres Problembereichs merkwürdigerweise vorbeizugehen.

Aus dem nichtgemeinschaftlichen Charakter des Handelns, das das Opfer zum Opfer und den Täter zum Täter macht, folgt aber noch nicht, daß es, auch bei der hier verwendeten Definition gemeinschaftlichen Handelns, sozialethisch nicht relevant wäre. Denn betrachtet man den Diebstahl lediglich unter dem oben skizzierten Blickwinkel, verletzt man damit das Prinzip der vollständigen Episode. Diesem Prinzip zufolge darf die Analyse nicht einfach bei der

---

[24] Vgl. oben S. 182.

Täter-Opfer-Relation stehen bleiben, sondern sie hat die für jene Relation sinnrelevanten Anschlußhandlungen miteinzubeziehen. Auf der Seite des Bestohlenen bedeutet der Diebstahl, daß das Gemeinschaftstun »Besitz« unterbunden wird, das der Bestohlene mit Dritten unterhält. Daß »Besitz« in unserer Gesellschaft durchgängig bekannte und sehr komplexe Formen aufeinander abgestimmten Verhaltens bezeichnet, bedarf wohl keiner weiteren Ausführungen. Durch den Diebstahl wird der Bestohlene um die Möglichkeit gebracht, mit anderen Personen das zuvor unterhaltene Gemeinschaftstun hinsichtlich des gestohlenen Gutes weiterhin durchzuführen. Ein bestehendes Gemeinschaftshandeln in vollständigen Episoden wird durch den Eingriff des Diebes unmöglich gemacht. Ein solches Verhalten ist gemäß dem Prinzip des Bestandsschutzes für vollständige Episoden sozialethisch verboten, wenn es für dieses Unterbinden keine Gründe gibt, die aus anderen Gemeinschaftshandlungen stammen.

Es ließe sich nun allerdings folgender Einwand erheben: Wieso greift der Bestandsschutz, wenn der Dieb doch mit seiner Beute an Stelle des ursprünglichen Besitzers im Gemeinschaftshandeln »Besitz« mitwirkt? Es wird doch weiterhin bezüglich der Sache dieses Gemeinschaftshandeln durchgeführt, wenn auch mit anderen Personen: Ist dadurch nicht dem Bestand dieses Gemeinschaftstuns Genüge getan? Der Bestandsschutz sichert nicht einfach eine bestimmte Art von Gemeinschaftshandeln, sondern beruht in seiner Begründung wesentlich auf der konkreten Durchführung von Gemeinschaftshandlungen. Ein tatsächlich bestehendes Gemeinschaftstun muß gewahrt bleiben. Besitz ist eine Art von Gemeinschaftshandeln, das gewiß nicht rein emphatischen Charakters ist, das aber als wesentliches Identitätskriterium den Bezug auf die Person des Besitzers vorsieht. Selbst wenn also alle anderen Umstände des Umganges mit dem Diebesgut die selben bleiben, macht doch der Austausch des ursprünglichen Besitzers mit der Person des Diebes das durch »Besitz« bezeichnete Gemeinschaftshandeln auf der Ebene seiner konkreten Durchführung zu einer anderen gemeinschaftlichen Handlung. Dem Bestandsschutz unterliegen die *bestehenden* Gemeinschaftshandlungen. Deshalb besteht kein Rechtfertigungsgrund für die Vernichtung eines Gemeinschaftshandeln darin, es nachfolgend durch ein anderes zu ersetzen, weil dieses Ersetzen in den Bestand des vorhergehenden eingreift. Der Dieb hat auch keinen guten, über das zuvor durchgeführte Gemeinschaftshandeln hinausgehen-

den Grund, da eine Substitution zweier gleichartiger Gemeinschaftshandlungen stattfindet.

Das Prinzip der vollständigen Episode erfordert aber auch die
Einbettung des Handelns seitens des Diebes zu beachten. Wenn der
Dieb seinen Diebstahl im Rahmen eines Gemeinschaftstuns (etwa
organisierter Kriminalität) ausführt, dann steht eine Gemeinschaftshandlung (der Besitzer und andere Personen interagieren unter dem
Titel »Besitz«) in Kollision mit einer anderen (die Gemeinschaftshandlung, in deren Verlauf der Dieb seinen Beutezug durchführt).
In diesem Fall kann nicht mehr einfach mit der Verletzung des Be-
standsprinzips argumentiert werden, denn der Bestand des einen Gemeinschaftstuns schließt denjenigen des anderen aus. Die Untersuchung dieses Falles muß aus systematischen Gründen noch
aufgeschoben werden, bis wir Kollisionen von Gemeinschaftshandlungen untersuchen können.[25]

Nicht jede Vereitelung eines Gemeinschaftstuns durch einen
einzelnen Täter ist aber mit dem oben entwickelten Argument verboten. Bisher sind lediglich Handlungen untersucht worden, die auf
derselben Aggregationsstufe lagen. So trat der Dieb an die Stelle des
Bestohlenen in dem Gemeinschaftstun »Besitz«; ein Gemeinschaftshandeln wurde durch ein anderes derselben Art und Aggregationsstufe ersetzt. Spezialisierte man das Beispiel des Diebstahls zum
Mundraub, so erhielte man eine Situation, in der Gemeinschaftshandlungen verschiedener Aggregationsstufe zueinander in Beziehung gesetzt sind. Allerdings erfordert die Begründung der Ent-
schuldbarkeit von Mundraub Argumentationsmuster, die erst später
entwickelt werden können.[26] Deshalb sei ein anderes Beispiel genannt, das das hier einschlägige Problem weniger voraussetzungs-
reich zu betrachten erlaubt.

Die Unterscheidung von gemeinschaftlichem und individuellem
Handeln ist am Beispiel eines Paßspieles im Fußball beschrieben worden.[27] Wenn ein Spieler den Ball abfängt, der zwischen Spielern der
anderen Mannschaft zugepaßt wird, dann liegt ein weiteres Beispiel
dafür vor, daß ein Täter durch sein angepaßtes Verhalten ein Gemeinschaftstun zwischen anderen Personen unmöglich macht, näm-

---

[25] Vgl. unten Kap. 4.4.2 und 4.5.
[26] Vgl. unten S. 356. Beim Mundraub aus Hunger wäre der Lebenserhalt des Diebes
gegen den Bestand des Eigentums abzuwägen.
[27] Vgl. oben Kap. 3.7.1.

lich das Zuflanken eines Balles. Wäre das oben erzielte Ergebnis uneingeschränkt gültig, dann wäre diese Handlung sozialethisch verboten – damit aber jede spannende Art von Fußballspiel (und so manchem anderen Wettkampfspiel) unmöglich gemacht. Das Abfangen
des Balles ist ebenso wie der gescheiterte Versuch, den Ball zuzuflan-
ken, Teilepisode der übergreifenden Episode eines Fußballspiels. Das
Paßspiel wie auch die Störung dieses Spielzuges hat seinen Sinn wesentlich im Rahmen des Fußballspiels, das alle Spieler beider gegnerischen Mannschaften in gemeinschaftlicher Weise einbezieht. Gerade die Möglichkeit, daß einzelne Teilepisoden durch Spieler der
gegnerischer Mannschaft im Spielverlauf vereitelt werden können,
macht dieses Spiel im ganzen als gemeinschaftlichen Wettkampf aus.
Was auf der Ebene der Teilepisoden sozialethisch verboten ist, gewinnt seine Berechtigung durch die Eingebundenheit dieser Teilepisoden in das Gesamtgeschehen.

4.4. Sozialethisch begründete Verbote hinsichtlich gemeinschaftlicher Handlungen

4.4.1. Verbot von Gemeinschaftshandlungen wegen mangelnder Wiederholbarkeit

Im vorangegangenen Kapitel wurden die Fälle erörtert, in denen Gemeinschaftshandlungen entweder durch Mißbrauch oder aber durch
Einwirkung anderer Handlungen unmöglich gemacht wurden. Das
vorliegende Kapitel ist einer anderen Art des Unmöglichwerdens
von Gemeinschaftshandeln gewidmet, nämlich demjenigen Unmöglichwerden, das aus der normalen Durchführung des jeweiligen Gemeinschaftshandelns selbst resultiert. Das Gemeinschaftstun wird
(eventuell in vielfach wiederholter Weise) ausgeführt und hat zur
Folge, daß eine weitere Wiederholung nicht mehr möglich ist, z. B.
wegen des erfolgten Verbrauchs nicht erneuerbarer Ressourcen.
Wenn im folgenden von nicht-wiederholbarem Gemeinschaftshandeln die Rede ist, so soll damit der terminologischen Vereinfachung
halber sowohl der Fall bezeichnet sein, daß ein Gemeinschaftstun
infolge seiner ersten Durchführung nicht mehr wiederholt werden
kann, wie auch der Fall einer Gemeinschaftshandlung, die erst nach
einer großen Zahl von Wiederholungen ihre Unmöglichkeit verursacht.

Aus dem Umstand, daß ein Gemeinschaftstun seine eigene Wiederholung unmöglich macht, ist nicht direkt abzuleiten, daß es unzulässig wäre. Oben wurde argumentiert, daß Wiederholtheit zwar eine notwendige Bedingung für Regelfolgen und damit auch für gemeinschaftliches Handeln ist, aber ohne die Hinzufügung weiterer Strukturmerkmale als bloße Wiederholtheit lediglich eine faktische, nicht aber eine normative Voraussetzung bildet.[28] Es ist demzufolge ausgeschlossen, aus der als faktisch ausgewiesenen Voraussetzung der Wiederholtheit hier normative Schlüsse im Sinne eines sozialethischen Verbots zu ziehen.

Ein Gemeinschaftstun hat seinen fortwährenden Bestand dadurch, daß es Wiederholungen seiner Episoden gibt. Die Nichtwiederholbarkeit bedeutet also das Unmöglichwerden des zukünftigen Bestandes einer gemeinschaftlichen Handlung. Das Prinzip des Bestandsschutzes liegt folglich als Verbotsgrund nichtwiederholbaren Handelns nahe. Dennoch ist dieses Prinzip hier nicht einschlägig. Das Bestandsprinzip schützt ein Gemeinschaftshandeln in seiner gegebenen Form, solange es nicht mit guten Gründen durch ein anderes Gemeinschaftshandeln ersetzt wird. Von einem Gemeinschaftshandeln, das das nichtwiederholbare Gemeinschaftstun ersetzen könnte, war aber bislang nicht die Rede. Ohne ein greifbares Gemeinschaftstun, das an die Stelle des zu verbietenden treten könnte, ließe sich das Bestandsprinzip seiner eigenen Begründung nach auch als die Regel lesen: Besser ein mangelhaftes Gemeinschaftshandeln als keines. Ist ein Ersatz nicht verfügbar, fordert das Bestandsprinzip das nicht wiederholbare Gemeinschaftshandeln so lange durchzuführen, bis es unmöglich wird, statt es von Anfang an zu unterlassen, weil es irgendwann zur Unmöglichkeit führt.

Bevor eine Begründung für das Verbot nicht wiederholbaren Gemeinschaftshandelns entwickelt wird, soll ein Blick auf die Dimensionen geworfen werden, unter denen ein Gemeinschaftshandeln nicht wiederholbar sein könnte. Dazu brauchen wir nur die in ein Gemeinschaftstun involvierten Elemente zu betrachten. Das Gemeinschaftstun verknüpft die Handlungen der mehr oder minder aktiv beteiligten Personen eventuell unter Einsatz von Ressourcen und ist möglicherweise gegen Opfer gerichtet. Das Tun wird in manchen Fällen durch unbeteiligte Personen beobachtet.[29] Die unbeteiligten

---

[28] Vgl. oben Kap. 3.4.4.
[29] Vgl. zu diesen Elementen des Gemeinschaftshandelns oben S. 173 f.

Beobachter können aus der Betrachtung entfallen, weil sie nicht an der Handlung teilhaben. Die möglichen Opfer eines Gemeinschaftstuns brauchen hier ebenfalls nicht einbezogen zu werden, weil das Verhältnis von Handlungen der Opfer zu der jeweiligen Gemeinschaftshandlung unten bei der Untersuchung von kollidierenden Gemeinschaftshandlungen analysiert werden wird. Es bleiben also die beteiligten Personen und die in Anspruch genommenen Ressourcen hinsichtlich derer die Wiederholbarkeit von Gemeinschaftshandlungen zu prüfen wäre.

Hinsichtlich der beteiligten Personen ist zwischen emphatischen und nicht-emphatischen Gemeinschaftshandlungen zu unterscheiden.[30] Wenn ein emphatisches Gemeinschaftstun vorliegt, so sind dabei die beteiligten Personen als Personen zu beachten. Ein solches Handeln wäre also nicht wiederholbar, wenn die Durchführung des Tuns dazu führt, daß eine oder mehrere daran beteiligte Personen überhaupt nicht mehr oder nicht mehr in ihrer gesamten Persönlichkeit an dem Gemeinschaftstun teilhaben können. Ein Beispiel dafür könnte die Auflösung eines Freundeskreises durch einen tiefgehenden Streit zwischen den Freunden sein. Ein nichtemphatisches Gemeinschaftstun hingegen bezieht jede mitwirkende Person nicht in ihrer gesamten Persönlichkeit ein, sondern lediglich in einer bestimmten Rolle bzw. als Ausführende einer bestimmten Komponentenhandlung. Nicht wiederholbar wäre ein solches Gemeinschaftstun, wenn wegen der Durchführung des Gemeinschaftstuns eine oder mehrere ins Handeln einbezogene Rollen bzw. bestimmte Komponentenhandlungen bei zukünftigen Wiederholungen nicht mehr möglich wären. Ein Beispiel für eine solche Nichtwiederholbarkeit wäre etwa die Auflösung eines Unternehmens im Konkurs, der den Mitarbeitern ihre Arbeitsplätze raubt. Emphatisches wie auch nicht-emphatisches Gemeinschaftshandeln kann darüber hinaus unmöglich werden, wenn die Durchführung des Gemeinschaftstuns bestimmte für das Gemeinschaftstun notwendige Ressourcen unwiederbringlich verbraucht. Ein Beispiel hierfür könnte die Ausrottung einer Tierart sein, die die Jagd auf diese Tiere unmöglich macht.

Wir haben oben bereits gesehen, daß die Nichtwiederholbarkeit per se keinen Verbotsgrund für ein Gemeinschaftshandeln ergibt. Wie wäre aber eine Situation zu bewerten, bei dem neben dem nicht wiederholbaren Handeln eine Variation dieses Handelns möglich

---

[30] Vgl. oben Kap. 3.7.2.

wäre, die die Wiederholbarkeit sicherzustellen scheint? Beispielsweise könnte bei der Nichtwiederholbarkeit durch Verbrauch einer Ressource ein alternatives Gemeinschaftshandeln möglich sein, das jene Ressource zwar nutzt, aber in nachhaltiger Weise und das heißt: ohne unwiederbringlichen Verlust jener Ressource. So könnte es Schutzzeiten oder Fangquoten geben, auf die sich die Jäger einer bestimmten Tierart verständigen, um deren Fortbestand zu sichern. Im folgenden sei unterstellt, daß sich die zwei zu vergleichenden Gemeinschaftshandlungen hauptsächlich hinsichtlich ihrer Wiederholbarkeit unterscheiden.

Wenn wir annehmen, daß das nicht wiederholbare Gemeinschaftstun tatsächlich durchgeführt wird und das wiederholbare Gemeinschaftshandeln lediglich eine denkbare Alternative dazu darstellt, folgt aus der Möglichkeit der Alternative noch nicht sofort das Gebot, die Alternativen gegeneinander auszutauschen. Denn sofern keine weiteren Gründe angegeben werden, sichert der Bestandsschutz die aktuell durchgeführten Handlungen. Was könnte ein Grund sein, das wiederholbare Handeln an die Stelle des nichtwiederholbaren zu setzen? Trivialerweise wird das nicht-wiederholbare Gemeinschaftshandeln irgendwann unmöglich, das wiederholbare aber nicht. Das wiederholbare Gemeinschaftshandeln kann also auf Dauer die Dimension der Normativität offenhalten, welche ohne das fortwährende tatsächliche Durchführen von Gemeinschaftshandlungen unmöglich ist. Es gibt also einen guten Grund, das wiederholbare Handeln dem nicht-wiederholbaren vorzuziehen. Und dies von Anfang an, denn es ist offensichtlich, daß das wiederholbare Handeln nur dann wirklich wiederholbar ist, wenn das andere Gemeinschaftshandeln nicht das die Wiederholbarkeit beschränkende Element bereits vernichtet hat. (Es wäre sinnlos, Fangquoten zu vereinbaren, wenn das Wild bereits ausgerottet ist.)

Die Begründung des Verbots scheint einen Mangel zu haben: Sie ist ausschließlich dann schlüssig, wenn neben den zwei verglichenen Gemeinschaftshandlungen keine anderen gemeinschaftlichen Aktivitäten existieren. Nur in diesem Fall ist das wiederholbare Handeln zum fortgesetzten Offenhalten der normativen Dimension unabdingbar. Gibt es dagegen weitere Gemeinschaftshandlungen, so könnten diese die normative Dimension auch ohne das wiederholbare Handeln offenhalten. Unter alltäglichen Bedingungen, in denen jederzeit eine Vielzahl unterschiedlicher Gemeinschaftshandlungen durchgeführt wird, scheint das Argument also nicht stichhaltig zu sein. Der Einwand kann nicht zeigen, daß das vorgelegte Argument keine sozialethische Begründung für die Vorzugswürdigkeit von wiederholbaren Gemeinschaftshandlungen liefert. Denn auf den Ersatz des nichtwiederholbaren durch das wiederholbare Handeln kann nur unter der Voraussetzung verzichtet werden, daß ein drittes Gemeinschaftshandeln an die Stelle des wiederholbaren tritt. Jenes dritte Gemeinschaftshandeln muß nun aber wiederholbar sein, weil andernfalls die oben dargestellte Überlegung das wiederholbare Gemeinschaftshandeln gegen jenes dritte Handeln als vorzugswürdig ausweise. Die Wiederholbarkeit ist also der Nichtwiederholbarkeit sozialethisch vorzuziehen.

Damit ist aber noch nicht die anfangs gemachte Annahme begründet, daß am besten zwei eng miteinander verwandte Handlungen, die sich lediglich hinsichtlich ihrer Wiederholbarkeit unterscheiden, gegeneinander ausgetauscht werden sollen. Dem Gebot, wiederholbare Gemeinschaftshandlungen den nicht wiederholbaren vorzuziehen, wird man umso eher Folge leisten können, je enger der Zusammenhang der zwei in Hinblick auf die Wiederholbarkeit verknüpften Handlungen ist. Wenn man beispielsweise die gemeinschaftlich betriebene Ausrottung einer Tierart toleriert, weil die Raumfahrtbehörde ESA so glänzend zusammenarbeitet, so dürfte klar sein, daß der Zusammenhang zwischen den beiden Gemeinschaftätigkeiten alles andere als offensichtlich ist, und das Junktim zwischen dem Zulassen der Ausrottung und der fortgesetzten Arbeit der ESA sehr schnell in Vergessenheit gerät. (Die Landwirtschaftsminister, die einst die Ausrottung nicht durch Fangquoten unterbunden haben, schaffen als Forschungsminister später vielleicht die ESA aus Geldnöten ab, ohne daß irgendjemandem noch jene frühere Verknüpfung gegenwärtig ist.) Je spezifischer der Bezug zwischen substituierender und substituierter Handlung ist, desto weniger willkürlich wirkt zudem die Verknüpfung. Eine hohe Spezifität macht überdies eine verursachungsgerechte Zuordnung von Belastungen und Erträgen aus dem substituierenden Handeln wahrscheinlicher und sichert auf diese Weise ebenfalls die Neigung, jenem Gebot Folge zu leisten.

Nicht wiederholbare Gemeinschaftshandlungen sind demzufolge durch möglichst ähnliche, aber wiederholbare Gemeinschaftshandlungen zu ersetzen.

4.4.2. Verbot von Gemeinschaftshandlungen wegen Kollision mit anderen Gemeinschaftshandlungen

Bei den vorangegangenen Begründungen für Verbote spielte der Schutz bestehender Gemeinschaftshandlungen meist eine wesentliche Rolle. Für die im folgenden zu analysierenden Handlungstypen erwächst hingegen aus dem Bestandsschutz das sozialethische Problem. Es soll nämlich die Frage untersucht werden, wie Kollisionen von Gemeinschaftshandlungen sozialethisch zu bewerten sind. Gemeinschaftshandlungen kollidieren im hier einschlägigen Sinne, wenn die Ausführung mindestens einer der kollidierenden gemeinschaftlichen Handlungen es entweder unmöglich macht, mindestens eine der anderen auszuführen, oder es notwendig macht, mindestens eine der anderen zu deren Durchführung mehr als marginal zu modifizieren. Der Bestandsschutz wird zum Problem, wenn die kollidierenden Gemeinschaftshandlungen jeweils einzeln betrachtet nicht verboten sind und deshalb zunächst Bestandsschutz genießen. Es dürfte sich bei den Kollisionen wohl um den in der Praxis am häufigsten anzutreffenden Typ handeln, bei dem eine sozialethische Abwägung zwischen Gemeinschaftshandlungen erforderlich ist. Denn die vielfältige Verknüpftheit unserer Praktiken untereinander führt dazu, daß kaum ein Gemeinschaftshandeln ohne Folgen für benachbarte oder nachfolgende Handlungen bleibt, die nicht eben selten in einer Kollision gipfeln. Um einen Überblick über die möglichen Kollisionen von Gemeinschaftshandlungen zu erhalten, soll im folgenden aufgelistet werden, in welcher Hinsicht Gemeinschaftshandlungen kollidieren können und welche Entstehungsursachen es dafür gibt. Danach sind Möglichkeiten anzuführen, wie diese Kollisionen z. B. durch das Verbot einzelner Gemeinschaftshandlungen aufgelöst werden können.

Gemäß den Elementen, die in einem Gemeinschaftshandeln verknüpft sein können, gibt es verschiedene Kollisionsdimensionen. (D1) Gemeinschaftshandlungen können hinsichtlich der in ihnen erforderlichen Handlungen kollidieren. Dies z. B. dadurch, daß eine der Gemeinschaftshandlungen eine Handlung gebietet, die in anderen verboten ist, oder dadurch, daß einer Person, die in den kollidierenden Gemeinschaftshandlungen mitwirkt, miteinander unvereinbare Handlungen abverlangt werden. (D2) Wenn die Gemeinschaftshandlungen eher dem emphatischen Typ zuzuordnen sind, kann auch die Art der Eingebundenheit als Person in die Gemeinschaftshandlungen miteinander in Widerstreit geraten. Für mindestens eine Person, die an den kollidierenden Gemeinschaftshandlungen beteiligt ist, gilt dann, daß ihre Mitwirkung in einer der emphatischen Gemeinschaftshandlungen ihre Mitwirkung in anderen emphatischen unmöglich macht. (D3) Der in den jeweiligen Gemeinschaftshandlungen erforderliche Einsatz von Ressourcen (d. i. Werkzeuge, Vor- und Fertigprodukte, Roh- und Hilfsstoffe) stellt ebenfalls eine mögliche Kollisionsdimension dar. (D4) Selbstverständlich können auch Mischformen dieser Kollisionsdimensionen vorliegen, etwa dann, wenn die Eingebundenheit als Person in ein gemeinschaftliches Handeln mit einer Handlung von derselben Person in einem anderen Gemeinschaftstun kollidiert, das nicht die gesamte Person des Handelnden integriert.

Die Entstehungsgründe der Kollision lassen sich grob in vier Klassen unterteilen. (E1) Nicht notwendig kollidierende Gemeinschaftshandlungen werden dadurch unverträglich miteinander, daß entweder Knappheit in der relevanten Kollisionsdimension herrscht, eine zeitliche bzw. räumliche Nähe der Gemeinschaftshandlungen besteht oder durch zufällige Umstände. (E2) Gemeinschaftshandlungen kommen in Kollisison, weil eine der betroffenen Gemeinschaftshandlungen neu entsteht bzw. in einem Bereich etabliert wird, in dem sie bislang nicht durchgeführt wurde. Eine Neuentstehung bzw. Ausweitung des Anwendungsbereichs liegt für Gemeinschaftshandlungen, die nicht vollständig dem nicht-emphatischen Typ zugerechnet werden müssen, neben der absolut ersten Durchführung dieser Handlungsart auch dann vor, wenn die beteiligten Personen jenen Handlungstyp noch nicht durchgeführt haben. (E3) Eine Kollision von Gemeinschaftshandlungen entsteht, weil andere (eventuell gemeinschaftliche) Handlungen entfallen sind, die bislang die Kollision verhindert haben. (E4) Zwischen den Gemeinschaftshandlungen besteht ein von ihrem Typ her notwendig kollidierender Bezug aufeinander. Beispiele dafür wären alle parasitären Abhängigkeitsverhältnisse zwischen Gemeinschaftshandlungen.

Es gibt drei Möglichkeiten, die Kollisionen zu beheben. Sie werden ausgehend von der sozialethisch am höchsten einzuschätzenden Methode in absteigender Reihenfolge dargestellt. (L1): Die Kollision kann aufgelöst werden, indem zusätzliche Handlungen durchgeführt werden, die den Kollisionsgrund beheben. Dies würde dem Bestandsschutz hinsichtlich der bestehenden (anfangs kollidierenden) Gemeinschaftshandlungen in vollem Umfang genügen. Sozialethisch gesehen wäre eine solche Lösung demnach sowohl geboten als auch wünschenswert.

(L2): Die Kollision kann nicht wie in (L1) behoben werden, sondern eine kollisionsbehebende Modifikation an einer oder mehreren der kollidierenden Gemeinschaftshandlungen ist möglich. Bei den hier einschlägigen Modifikationen handelt es sich gemäß dem oben eingeführten Kollisionsbegriff nicht lediglich um marginale Änderungen. Die Veränderung darf aber nicht so weit gehen, daß das Gemeinschaftshandeln praktisch aufgegeben und an seiner Stelle ein anderes begonnen wird, denn dieser Fall wäre unter (L3) einzuordnen. Dem Bestandsschutz kann demnach nur eingeschränkt Genüge getan werden, weil die Handlung(en) gravierend modifiziert werden, auch wenn sie nicht gänzlich entfallen müssen. (L2) ist demnach sozialethisch geboten, wenn (L1) nicht realisierbar ist.

(L3): Weder (L1) noch (L2) sind anwendbar, deshalb kann die Kollision nur dadurch behoben werden, daß mit dem geringstmöglichen Verlust an kollidierenden Gemeinschaftshandlungen das unter den gegebenen Umständen weitestgehende Beibehalten von Gemeinschaftshandlungen kollisionsfrei möglich ist. Im Fall zweier kollidierender gemeinschaftlicher Handlungen heißt das schlicht, daß ein Gemeinschaftstun weitergeführt wird, während das andere eingestellt wird. Diese Lösung ist zwar sozialethisch gesehen schlechter als (L1) und (L2), weil hinsichtlich der Gemeinschaftshandlungen, die abgebrochen werden müssen bzw. nicht durchgeführt werden können, der Bestandsschutz nicht gewährleistet werden kann. Dennoch besitzt diese Situation dadurch, daß zumindest ein Gemeinschaftshandeln durchgeführt wird, gegenüber der Kollision, in der keines der betroffenen Gemeinschaftshandlungen möglich ist, seinen Vorteil. Wenn bei einer Kollision von Gemeinschaftshandlungen weder (L1) noch (L2) durchführbar sind, dann ist demzufolge (L3) sozialethisch geboten. Eine Variante der Lösungsmöglichkeit (L3) besteht darin, daß kollidierende Gemeinschaftshandlungen aufgegeben werden zugunsten eines Gemeinschaftstuns, das nicht kollidiert und bislang nicht im Kreis der fraglichen Gemeinschaftshandlungen enthalten ist. Die Kollision zweier Gemeinschaftshandlungen könnte in dieser Variante dadurch behoben werden, daß statt dieser zwei Handlungen eine dritte Gemeinschaftshandlung durchgeführt wird. Diese Lösung ist lediglich eine Spielart der zuvor erwähnten Form, weil dafür hinsichtlich des Bestandsschutzes dieselbe sozialethische Bewertung gilt.

Zu (L1) ist das sozialethisch Nötige bereits erwähnt. Bei (L2) und (L3) sind dagegen noch einige Fragen zu klären. (L2) sagt nichts darüber, welches Gemeinschaftshandeln zu modifizieren bzw. welches Gemeinschaftshandeln stärker zu ändern ist. (L3) läßt einerseits offen, was der »geringstmögliche Verlust an Gemeinschaftshandlungen« bedeutet. Kann man diese Frage mittels der Quantität beantworten (je weniger Gemeinschaftshandlungen aufgegeben werden, desto besser), oder muß eine Gewichtung der Gemeinschaftshandlungen eingeführt werden, die dann zu begründen wäre? Anderseits klärt (L3) nicht, nach welchem Grundsatz ein Gemeinschaftshandeln einem anderen zu weichen hat. Wäre dafür eine Lösung gefunden, hätte man auch eine Antwort für die zuvor gestellte Frage nach der Gewichtung gefunden.

Als allgemeinen Grundsatz bei der Beantwortung dieser Fragen gilt, daß das schlechtere Gemeinschaftshandeln dem besseren weichen muß. Bezogen auf (L2) bedeutet dies, daß das schlechtere Gemeinschaftshandeln zu modifizieren bzw. stärker als das bessere zu ändern ist. Für (L3) ist damit impliziert, daß bei gleich guten Gemeinschaftshandlungen einfach über die Quantität der »geringstmögliche Verlust« bestimmt wird bzw. daß die Güte das Kriterium für Weiterführen oder Einstellen eines Gemeinschaftshandelns abgibt. Einen wesentlichen Fortschritt hat man mit dieser Antwort aber immer noch nicht erreicht, weil nicht deutlich geworden ist, wie die Güte von Gemeinschaftshandlungen festgestellt wird.

Man kommt bei dieser Frage nur dann einen Schritt voran, wenn die Bedingungen untersucht werden, unter denen der Vergleich von Gemeinschaftshandlungen stattfindet, der über die Zuordnung der Prädikate »besser« oder »schlechter« entscheidet. Oben hatten wir gesehen, daß die Bewertung eines Handelns als richtig oder falsch zweierlei impliziert, nämlich erstens, daß die fragliche Tätigkeit auf ein bestimmtes Paradigma bezogen wird (sei dies durch eine bestätigende Individuation, eine umdeutende Individuation oder eine Korrektur), wodurch das Geschehen als Handeln eines bestimmten Typs individuiert wird. Diese Individuationsleistung ist keineswegs trivial oder überflüssig, denn jede unserer Tätigkeiten läßt sich als Ausprägung sehr verschiedener Handlungstypen verstehen. Zweitens wird durch den Vergleich mit dem Paradigma festgestellt, ob das Handeln das Paradigma erfüllt oder verfehlt, also richtig oder falsch ausgeführt wird. Der hier einschlägige Fall unterscheidet sich von der Beurteilung einer Handlung als richtig oder falsch darin, daß zwei verschiedene Handlungen in eine Rangfolge gebracht werden müssen, wo zuvor lediglich eine einzelne Handlung zu bewerten war. Zur Erstellung der Rangfolge ist es notwendig, die zu vergleichenden Geschehnisse jeweils durch Bezug auf ein Paradigma als Handlung eines bestimmten Typs zu individuieren und die derart bestimmten Handlungen in eine Rangfolge zu bringen. Daß die zu ordnenden Handlungen nicht die Beiträge Einzelner zu einer Gemeinschaftshandlung sondern vollständige Gemeinschaftshandlungen sind, fällt nicht ins Gewicht, denn die Richtigkeit oder Falschheit einer individuellen Handlung erfordert wie diejenige eines Gemeinschaftshandelns im ganzen denselben, vermittels Anschlußhandeln erbrachten, individuierend bewertenden Bezug auf ein Paradigma, das im ersten Fall das Muster individuellen Handelns, im zweiten hingegen dasjenige eines gemeinschaftlichen Tuns ist.

Die Erstellung der Rangfolge wirft zwei Probleme auf. Erstens wäre zu klären, welche Kriterien zur Beurteilung welcher Merkmale der Handlungen über das »Besser« entscheiden. Zweitens wäre anzugeben, wer die Beurteilung in welcher Art vollzieht. Die Häufigkeit, mit der Kollisionen von Gemeinschaftshandlungen im Alltag auftreten, lassen es geboten erscheinen, diese Fragen eingehender zu untersuchen. Das folgende Kapitel dient deshalb dazu, das regionalisierte Paradigma als Antwort auf die erste, die für den jeweiligen Kollisionsfall spezifische Kooperationsart zwischen den Kollisionsbeteiligten als Antwort auf die zweite Frage formulieren.

4.5. Regionalisierung des Vergleichsparadigmas und der Kooperationsform als sozialethische Konfliktbewältigung

4.5.1. Regionales Paradigma als Bestimmungsgrund für den Vorrang in Kollisionen

Wenden wir uns zunächst der Frage zu, welche Kriterien zur Beurteilung welcher Handlungsmerkmale über das »Besser« zwischen den zu vergleichenden Gemeinschaftshandlungen entscheiden. Unproblematisch ist die Bildung einer Rangfolge zweier Gemeinschaftshandlungen dann, wenn beide demselben Handlungstyp zugerechnet werden. Beide werden dann nämlich auf dasselbe Paradigma bezogen, das für beide Handlungen dieselben Bewertungsmaßstäbe wie auch dieselben relevanten Merkmale und Kriterien vorgibt, vermittels denen über die bessere oder schlechtere Erfüllung des Paradigmas entschieden werden kann. Betrachten wir als Erläuterung folgendes Beispiel. Zur selben Zeit soll auf einem Fußballplatz ein Spiel der Bundesliga wie auch eines der Kreisklasse stattfinden. Es liegt in beiden Fällen das Gemeinschaftshandeln »Fußballspiel« vor. Wenn im Fußball sportliche Kriterien noch einigermaßen gültig sind, so werden die Bundesligamannschaften besser Fußball spielen als die der Kreisklasse. Entscheidet man die Kollision anhand des Paradigmas »Fußballspiel« müßte das Spiel der Kreisklasse also dem der Bundesliga weichen.

Liegt bei dieser Schlußfolgerung nicht ein gravierender Fehlschluß vor? Angetreten waren wir, sozialethische Kriterien für die Vorzugswürdigkeit eines Gemeinschaftshandelns einem anderen gegenüber zu begründen, die das Unterbinden oder Modifizieren des schlechteren Gemeinschaftstuns rechtfertigen. Nun scheinen wir statt sozialethischer Kriterien im Beispiel sportliche Kriterien zur Entscheidung heranzuziehen: Das sportlich Bessere ist auch das sozialethisch Bessere? Daß hier, entgegen dem ersten Anschein, kein Fehlschluß vorliegt, kann erst bei der Untersuchung des anderen mit der Rangfolgenbildung verknüpften Problembereichs gezeigt werden, der den Personenkreis und die Art der Einbindung von Personen in den Entscheidungsprozeß über die Rangfolge zum Gegenstand hat.

Ein anderer naheliegender Einwand greift hier ebenfalls nicht. Dieser Einwand könnte lauten, daß das Bundesligaspiel zwar von der sportlichen Qualität gesehen vorzugswürdig sei, aber für das Spiel der Kreisligamannschaften Gesichtspunkte der Förderung des Breitensports sprächen, die letztendlich den leistungsfähigen Nachwuchs für den Hochleistungssport in der Bundesliga bereitstelle. Bei dieser Argumentation werden die beiden Spiele aber nicht mehr demselben Paradigma »Fußballspiel« zugeordnet, sondern das Bundesligaspiel wird durch Bezug auf das Paradigma »Fußball des Leistungssports« individuiert, wo das Kreisklassenspiel als »Fußball des Breitensports« erscheint. Diese Betrachtungsweise fällt demnach nicht in die hier einschlägige Kategorie des Bezugs zweier Handlungen auf dasselbe Paradigma. Wenden wir uns im folgenden diesen komplizierteren Fällen zu.

Die zuletzt angeführte Entgegensetzung der Gemeinschaftshandlungen erschwert die Bildung einer Rangfolge zwar, stellt aber bei weitem nicht die komplexeste Form des Rangfolgenproblems dar, weil die jeweils einschlägigen Paradigmata sich sehr ähnlich sind. Die große Ähnlichkeit darf aber nicht vergessen machen, daß die Paradigmata doch verschieden sind und somit auch differente Merkmale bzw. Beurteilungskriterien zur Einordnung der Handlungen heranziehen. Eine Rangfolge zu bilden setzt voraus, daß man ein Paradigma findet, auf das beide Handlungen gleichermaßen bezogen werden können. Durch die große Ähnlichkeit der beiden Paradigmata im Beispiel ist ein solches gemeinsames Paradigma schnell zur Hand: die Spiele lassen sich unter dem umfassenden, aber dennoch relativ spezifischen Paradigma des Fußballsports (in all seinen Ausprägungsformen) vergleichend aufeinander beziehen. Die Rangfolgenbildung erfolgt gemäß diesem umfassenderen Paradigma, das zwar die sportliche Qualität des einzelnen Fußballspiels nurmehr schematisch berücksichtigt (wohingegen die anfangs verwendeten Paradigmata für die Fußballspiele sich auf das einzelne Spiel in seiner ganzen Detailfülle als einziges Kriterium konzentrierten), dafür aber auch Aspekte wie die Nachwuchsförderung, die Attraktivität der Spiele für Zuschauer etc. als relevant einbezieht.

Bundesliga- und Kreisligaspiel werden als unterschiedliche Ausprägungen desselben Gemeinschaftshandelns vom Typ »Fußballsport« begriffen. Sie werden in dieser Individuationsweise nicht in ihrer gesamten Unterschiedlichkeit sichtbar, sondern lediglich hinsichtlich ihrer Differenzen, die sie in den unter dem Paradigma »Fußballsport« relevant gesetzten Aspekten haben. Das umfassende Paradigma kann dann zwar den Spezifika der jeweiligen Gemeinschaftshandlung nicht mehr in dem Maße gerecht werden, wie es bei Bezug auf die einzelnen Paradigmata möglich ist, erlaubt aber durch das Festlegen von einheitlichen Beurteilungskriterien und dem Herausgreifen derselben als relevant geltenden Merkmale, die unter den Einzelparadigmata miteinander nicht vergleichbaren Handlungen in eine Rangfolge zu bringen.

Das Paradigma, das den Vergleich möglich macht, kann je nach der Verschiedenheit der kollidierenden Gemeinschaftshandlungen sehr abstrakt sein, etwa derart, daß die Handlungen nurmehr als wirtschaftliche (oder rechtliche, wissenschaftliche etc.) Handlungen miteinander verglichen werden. Die in diesen Fällen einschlägigen Maßstäbe und Kriterien werden äußerst schematisch sein. Z. B. betreffen sie die wirtschaftliche Effizienz oder den gemäß den üblichen ökonomischen Methoden bewerteten Ertrag der Handlungen. Die kollidierenden Gemeinschaftshandlungen werden dann auch lediglich als Handlungen individuiert, die sich als wirtschaftliche Aktivitäten hinsichtlich der schematischen Größen unterscheiden, ohne daß auf Unterschiede jenseits dieser Größen geachtet würde. Daraus folgt, daß das zum Vergleich verwendete Paradigma nicht allein beide Gemeinschaftshandlungen muß individuieren können, um einen möglichst sachgerechten Vergleich zustande zu bringen. Vielmehr muß dieses Paradigma auch so spezifisch wie möglich gewählt werden, um den Sachgehalt des Vergleichs zu maximieren.

Welches Paradigma als umfassende und dennoch möglichst spezifische Vergleichsgröße angemessen ist, unterliegt dabei nicht der Willkür Einzelner. Vielmehr ergibt sich aus dem Ort, den die fraglichen Gemeinschaftshandlungen im Gefüge der aneinander anschließenden Gemeinschaftshandlungen besitzen, welches Paradigma für die zu vergleichenden Handlungen einschlägig ist. Die kollidierenden Gemeinschaftshandlungen erfolgen je für sich nicht im luftleeren Raum, sondern sind in andere Gemeinschaftshandlungen höherer Aggregationsstufe eingebunden oder werden von anschließenden Gemeinschaftshandlungen fortgesetzt. Diese Einbindung bestimmt den »Sitz im Leben« des jeweiligen Gemeinschaftshandelns. Die jeweils anschließenden gemeinschaftlichen Handlungen bzw. übergreifenden Gemeinschaftshandlungen erfahren durch Wegfall oder Modifikation der kollidierenden Handlung offensichtlich zumindest eine Modifikation, wenn sie nicht sogar ihrerseits unmöglich werden. Die Abwägung zwischen den direkt kollidierenden gemeinschaftlichen Handlungen ist somit immer auch eine Abwägung über die mit dem jeweiligen Handeln verbundenen Gemeinschaftshandlungen.

Diese Abhängigkeit des sozialethischen Urteils von den Kriterien derjenigen Handlungszusammenhänge, denen auch die kollidierenden Handlungen entstammen, führt zu einer Regionalisierung der ethischen Beurteilungskriterien, d. h., in Abhängigkeit vom Lebenszusammenhang, dem die fraglichen Handlungen entspringen, können sehr unterschiedliche Merkmale und Maßstäbe über ein »besser« oder »schlechter« bestimmen. Anders als bei einer Universalisierung, die ein formales Kriterium unabhängig von dem jeweiligen Anwendungsfall postuliert, wird das hier vorgeschlagene ethische Verfahren der Tatsache gerecht, daß wir in unterschiedlichen Lebensbereichen äußerst differente Kriterien zur Rangfolgebildung anwenden und für angemessen halten.[31]

---

[31] In dieselbe Richtung zielt Walzer (1992), wenn er abhängig von der Zugehörigkeit

Bislang fehlt allerdings die Begründung dafür, daß die sachlich korrekte Rangfolge (gegeben ein bestimmtes Paradigma) zugleich die sozialethisch angemessene ist. Bezogen auf die angeführten Beispiele heißt das: Warum ist das sportlich bessere Fußballspiel auch sozialethisch besser? Warum ist das wirtschaftlich vorzugswürdige Handeln auch sozialethisch dominant? Die Beantwortung dieser Fragen fällt zusammen mit der Lösung des oben an zweiter Stelle angeführten Problems, wer in welcher Weise berechtigt ist, die Beurteilung der Rangfolge vorzunehmen.

4.5.2. Kooperation unter regionalem Paradigma als sozialethisch gebotene Kollisionsbehebung

Die Rangfolge der Gemeinschaftshandlungen ist aus dem Grunde zu ermitteln, weil eine Kollision zwischen den entsprechenden Handlungen vorliegt, die durch Aufgabe oder Modifikation der als nachrangig eingestuften Handlungen behoben werden soll. Die Aufhebung der Kollision muß dabei sozialethisch begründet sein und darf nicht lediglich faktisch stattfinden. Sozialethisch begründet ist die Kollisionsaufhebung dann, wenn das Unterlassen bzw. die Modifikation der entsprechenden Handlungen erfolgt, um die Durchführung der anderen ehemals kollidierenden Handlungen zu ermöglichen.

So wäre zwar z. B. die Kollision zweier Gemeinschaftshandlungen hinsichtlich einer Ressource dadurch faktisch behoben, daß das eine Gemeinschaftshandeln einen rascheren Zugriff auf die Ressource hatte und diese deshalb verwenden konnte, wohingegen die andere mangels dieser Ressource unterbleibt. Im Beispiel der zwei Fußballspiele: Die Bundesligamannschaften waren einfach ein bißchen früher auf dem Fußballplatz und haben bereits begonnen zu spielen, als die Kreisligamannschaften eintreffen. Die Unmöglichkeit der zweiten Gemeinschaftshandlung hat in diesem Fall einen lediglich

---

eines Handelns zu bestimmten Handlungssphären (Sicherheit und Wohlfahrt, Geld und Waren, Erziehung und Bildung etc.) unterschiedliche Maßstäbe distributiver Gerechtigkeit herausgearbeitet. Walzer führt sein Projekt aber nicht konsequent zu Ende, denn die Handlungssphäre der Politik behält einen universalistischen Zuschnitt, wird ihr doch zugemutet, die Grenzen zwischen den anderen Handlungssphären festzulegen und somit von einem unspezifischen Standpunkt aus vermittels der Grenzziehung letztlich über die für bestimmte Handlungen einschlägigen Gerechtigkeitskriterien zu entscheiden.

kontingent faktischen Bezug zu dem Gelingen der ersten Handlung, nämlich in der Knappheit der Ressource »Fußballplatz«. Das Gelingen der einen Handlung hängt mit dem Unmöglichsein der zweiten in demselben bloß faktischen Sinn zusammen, wie die menschliche Fähigkeit, laufen zu können, mit seiner Unfähigkeit zusammenhängt, ohne technische Hilfsmittel fliegen zu können. Menschen unterlassen das Fliegen nicht um des Laufens willen, sondern ihr Körperbau befähigt zu dem einen und macht das andere unmöglich.

Ein ethisch zu rechtfertigender Bezug zwischen den kollidierenden Handlungen ist erst dann gegeben, wenn auf der einen Seite die eine Handlung *um der anderen willen* modifiziert oder aufgegeben wird, und sie nicht lediglich der Umstände halber in modifizierter Weise gelingt oder gänzlich scheitert. Auf der anderen Seite muß auch die ermöglichte Handlung *dank der* modifizierten oder aufgegebenen Handlung durchgeführt werden. Der wechselseitige Bezug, der dergestalt zustandekommt, ist einer der gemeinschaftlichen Handlung. Denn das jeweils eigene Handeln, das auf der Seite des modifizierten oder unterlassenen gemeinschaftlichen Tuns ein Modifizieren oder Unterbleiben des jeweiligen Beitrags zu diesem Tun ist, erfolgt im Rahmen eines übergreifenden gemeinschaftlichen Handelns, das als Ermöglichen einer bestimmten gemeinschaftlichen Handlung zu Lasten einer anderen aufgefaßt wird. Auf der anderen Seite stellen die Beteiligten des ermöglichten Gemeinschaftshandelns ihre Teilbeiträge ebenfalls in denselben übergreifenden gemeinschaftlichen Rahmen, weil sie ihre individuellen Handlungen nicht einfach als Beiträge zu dem ursprünglich geplanten Gemeinschaftshandeln verstehen, sondern zu diesem Gemeinschaftshandeln nun unter Berücksichtigung der Tatsache beitragen, daß es dank jenes anderen modifizierten bzw. unterbliebenen Handelns erfolgen kann. Durch das übergreifende gemeinschaftliche Tun kommt es zu einer sozialethisch relevanten Bezogenheit der modifizierten oder unterbleibenden Gemeinschaftshandlungen auf die anderen, unverändert bzw. weniger verändert fortgeführten. Es liegt nicht einfach ein faktisches Unmöglichwerden oder die faktische erzwungene Modifikation eines Gemeinschaftshandelns im oben beschriebenen Sinne vor. Gäbe es diese Bezogenheit der Handlungen aufeinander nicht, so hätten sie keinen normativen Bezug, weil dieser allererst innerhalb einer gemeinschaftlichen Handlung möglich wird.

In diesem übergeordneten Gemeinschaftstun müssen also die Beteiligten der kollidierenden Gemeinschaftshandlungen eine Kongruenz der Individuationen ihrer jeweiligen Beiträge erreichen (»wir unterlassen unser Handeln, damit ihr euer Handeln fortführen könnt – wir führen unser Handeln fort, weil ihr euer Handeln eingestellt habt«). Gelingt dies nicht, liegt kein Gemeinschaftshandeln vor, sondern lediglich ein faktisches Unmöglichwerden oder eine faktisch erzwungene Modifikation. Aus dieser Überlegung folgt, daß eine sozialethische Auflösung einer Kollision immer eine kooperative Lösung impliziert, die sämtliche Beteiligte umfaßt. Der Grund für die Modifikation oder Aufgabe des einen Gemeinschaftstuns um des anderen willen und des Durchführens jenes anderen Handelns dank der Modifikation bzw. Aufgabe des ersteren liegt in der Festlegung einer Rangfolge der Gemeinschaftshandlungen. Demzufolge muß sich eine sozialethisch begründete Auflösung der Kollision letztlich durch eine Rangfolgebestimmung der kollidierenden Handlungen ergeben, in der sich (eventuell im Rahmen bestimmter Toleranzen) alle Beteiligten einem als einheitlich erfahrenen Gemeinschaftshandeln zugehörig begreifen können. Damit ist auch klar, daß die Beteiligten diejenigen Personen sind, die über die Rangfolge der kollidierenden Gemeinschaftshandlungen zu entscheiden haben, weil sie es sind, die ihre Teilhandlungen beim Fortführen und Aufgeben bzw. Modifizieren ihrer jeweiligen Gemeinschaftshandlungen im übergreifenden Prozeß der gemeinschaftlichen Kollisionsbehebung aufeinander beziehen müssen, um eine sozialethisch begründete Lösung herbeizuführen. Diese Forderung schließt natürlich nicht aus, daß Dritte von den Beteiligten hinzugezogen werden und dadurch zu Beteiligten werden bzw. daß Personen aufgrund der Kollision Beteiligte sind, die bei kollisionsfreier Durchführung der einzelnen Gemeinschaftshandlungen nicht betroffen wären.

Die zuvor diskutierte Rangfolgenbestimmung anhand eines möglichst spezifischen Paradigmas erfüllt genau die soeben aufgestellte Bedingung einer sozialethischen Lösung von Kollisionsfällen. Betrachten wir dazu das erste der oben diskutierten Beispiele, in dem das Bundesligaspiel aufgrund der höheren fußballerischen Qualität dem Kreisligaspiel vorzugswürdig erschien unter der Maßgabe der Individuation beider Gemeinschaftshandlungen als »Fußballspiel«. Wenn sowohl die Kreisligamannschaften als auch die Bundesligamannschaften beide kollidierenden Gemeinschaftshandlungen unter dem Paradigma des Fußballspiels verstehen, sind für beide Mannschaftsgruppen die sportlichen Qualitätskriterien die ausschlaggebenden Größen. Der Verzicht der Kreisligamannschaften auf ihr Spiel zugunsten des Bundesligaspiels ist dann der Einsicht geschuldet, daß das eigene Tun dem Paradigma »Fußballspiel« in geringerem Maße gerecht wird als dasjenige der Bundesligamannschaften. Dadurch daß die Kreisligamannschaften auf ihr Spiel verzichten, um das Bundesligaspiel zu ermöglichen, tragen sie ihren Teil dazu bei, das Paradigma »Fußballspiel« möglichst gut auszuführen. Eine möglichst gute Erfüllung dieses Paradigmas war aber genau dasjenige Ziel, das die Kreisligaspieler auch in ihrem geplanten, nun durch die Kollision vereitelten Spiel angestrebt haben. Somit entspricht der Verzicht zugunsten des Bundesligaspiels vollständig demjenigen Verständnis, das die Kreisligaspieler von ihrem ursprünglich geplanten Gemeinschaftshandeln hatten, d. h., jeder Kreisligaspieler kann seinen Verzicht als angemessenen Teilbeitrag zu dem angezielten Gemeinschaftshandeln verstehen. Jeder Kreisligaspieler leistet einen individuellen Beitrag zu demjenigen Gemeinschaftshandeln, als dessen Teil er sich von Anfang an verstanden hat: das bestmögliche Fußballspiel durchzuführen – anders als erwartet allerdings durch Verzicht zugunsten der Bundesligamannschaften und nicht durch aktives Spielen. Jeder Kreisligaspieler erbringt tatsächlich einen passenden Beitrag zum Gemeinschaftshandeln, weil er nicht einfach nicht spielt, sondern nicht spielt, um die höhere sportliche Qualität des Bundesligaspiels zu ermöglichen.[32] Die analoge Überlegung gilt für die Bundesligaspieler. Diese würden ihr eigenes Spiel und das der Kreisliga nicht unter dem Paradigma des qualitativ hochwertigen Fußballspiels verstehen, wenn sie den Kreisligaspielern den Vortritt ließen. Die Bundesligaspieler beziehen den Verzicht der Kreisligaspieler bei ihrem stattfindenden Spiel dadurch ein, daß sie sich (wenn möglich) umso mehr anstrengen, ein gutes Spiel zu liefern, um den Kreisligaspielern deren Verzicht sichtbar gerechtfertigt erscheinen zu lassen.

Die unter dem einschlägigen Paradigma sachlich gebotene

---

[32] Diese Feststellung klingt vielleicht dann nicht mehr befremdlich, wenn man sich folgenden Fall überlegt. Nehmen wir an, daß an einem anderen Ort das Kreisligaspiel nun doch stattfinden kann. Einer der Spieler ist nicht in der besten Form. Wenn es rein um die sportliche Qualität geht, was hier unterstellt wird, wird dieser Spieler einen angemessenen Beitrag zum Gemeinschaftshandeln leisten, wenn er sich gegen einen Ersatzspieler mit besserer Kondition austauschen läßt. Was hier für den einzelnen Spieler als ein passendes Verhalten gelten kann, ist im oben diskutierten Kollisionsfall auf das angemessene Verhalten der gesamten Mannschaften der Kreisliga angewendet worden.

Rangfolge erweist sich demnach als diejenige, welche die Auflösung der Kollision in einer Weise vorzeichnet, in der die kollidierenden Parteien sich in ihren Modifikations- (Verzichts-) bzw. Durchführungsleistungen aufeinander bezogen verstehen können und somit das überspannende Gemeinschaftshandeln zuwege bringen, innerhalb dessen es allein das normative »besser« oder »schlechter« geben kann. Die sachliche Vorzugswürdigkeit ist allein für sich genommen nicht sozialethisch bindend, sie impliziert jedoch sofort den Rahmen, innerhalb dessen die Kollision sozialethisch begründet aufgelöst werden kann, weil die kollidierenden Gemeinschaftshandlungen für sich betrachtet genau demjenigen Paradigma genügen sollten, dem die Rangfolgenbildung in der Kollision ebenfalls gehorcht. Das Verständnis der Teilbeiträge in den unabhängig von der Kollision betrachteten Gemeinschaftshandlungen entspricht genau demjenigen Verständnis, das sich in der Modifikation (im Verzicht) bzw. in der Ausführung der Teilbeiträge gemäß der Rangfolgenbildung in der Kollision ausprägt und ist deshalb der sozialethisch gebotene Weg der kooperativen Kollisionsbeseitigung.

Dieselbe Überlegung trifft auf die Fälle zu, in denen weniger spezifische Paradigmata verwendet werden, um stärker differierende Gemeinschaftshandlungen in eine sachlich begründete Reihenfolge zu bringen. Die Kollisionsbehebung erfordert von den Parteien dabei, ihre jeweiligen Handlungen nicht mehr unter den spezifischen Paradigmata zu verstehen, die ursprünglich leitend waren, sondern die abstrakteren Individuationen zu verwenden, die von dem Paradigma vorgegeben werden, das beide kollidierende Gemeinschaftshandlungen vergleichbar macht, um die Kollision überhaupt begründet auflösen zu können. Ist ein solches, wenn auch eventuell abstraktes Paradigma einmal gefunden, so trifft hinsichtlich dieses Paradigmas das zuvor Ausgeführte ohne Abstriche zu. Z. B. sei angenommen, zwei kollidierende Gemeinschaftshandlungen seien nur noch unter dem abstrakten Paradigma »wirtschaftliche Handlung« miteinander in eine Rangfolge zu bringen. Dann gilt trotz dieser Abstraktheit, daß jede Partei immer auch eine wirtschaftliche Handlung in der nun einschlägigen abstrakten Beschreibung ausführen wollte, wenn auch ursprünglich sehr viel spezifischere Merkmale handlungsleitend waren. Die mit der Individuation »wirtschaftliche Handlung« bezeichneten Qualitätsmerkmale, wie etwa effizienter Mitteleinsatz, waren also ebenfalls in dem ursprünglich geplanten Gemeinschaftshandeln möglichst gut zu verwirklichen. Wenn diese Merkmale nun zur

Rangfolgenbildung verwendet werden, so ist dies nur die konsequente Fortschreibung der in beiden kollidierenden Gemeinschaftshandlungen (unter anderem) gültigen Kriterien angemessenen Handelns. Es dürfte demnach offensichtlich sein, daß die am Beispiel der kollidierenden Fußballspiele ausgeführten Überlegungen hier analog anwendbar sind.

Oben war bereits darauf hingewiesen worden, daß die Auswahl des Paradigmas, das die kollidierenden Gemeinschaftshandlungen miteinander vergleichbar macht, nicht der Willkür des Einzelnen überlassen ist, sondern sich aus dem Ort ergibt, den die fraglichen Gemeinschaftshandlungen im Geflecht der aneinander anschließenden Handlungen einnehmen. Einerseits hat dies zur Folge, daß in den Fällen, in denen nicht allzu unterschiedliche Gemeinschaftshandlungen miteinander kollidieren, die von Gruppen ausgeübt werden, die nicht sehr different sozialisiert wurden, das einschlägige übergreifende Paradigma für alle Beteiligten praktisch auf der Hand liegt. Andererseits gestaltet sich das Festlegen des Paradigmas jedoch umso schwieriger, je stärker die miteinander kollidierenden Gemeinschaftshandlungen oder die Sozialisierungen der Beteiligten sich unterscheiden, weil dann die kollidierenden Gemeinschaftshandlungen an immer weiter voneinander entfernten Orten in den Ablauf des sozialen Geschehens eingebettet sind (und somit eine Mehrzahl möglicher Vergleichsparadigmata zulassen) und die Einschätzung der Angemessenheit eines Paradigmas durch die unterschiedlichen Sozialisierungen immer mehr voneinander abweichen werden.

Ohne ein von allen Gruppen gleichermaßen angelegtes Paradigma ist jedoch die sozialethisch erforderte kooperative Lösung der Kollision nicht möglich. Die mit der Festlegung eines einheitlichen Paradigmas verbundenen Schwierigkeiten entstehen dabei jedoch nicht aus der besonderen Kompliziertheit der unterstellten Sozialethik, sondern reflektieren lediglich die gegebene sachliche und soziale Komplexität des Kollisionsfalls. Man könnte es sogar als einen Vorzug des hier vorgeschlagenen sozialethischen Konzepts verstehen, daß derartige sachlich bzw. sozial begründete Schwierigkeiten nicht durch ein vereinfachendes, lediglich formal bleibendes Modell unsichtbar gemacht werden, sondern weiterhin als das sichtbar bleiben, was sie sind. Zudem erfolgt eine Kollisionsbehebung entlang der hier skizzierten Linien niemals abgehoben von der tatsächlich vorliegenden Kollisionslage, zumindest was deren Einschätzung durch die Beteiligten angeht. Die Auflösung wird nicht von ethischen Forderungen ausgehend übergestülpt, sondern erwächst aus einer sozialethisch begründeten Vorgehensweise, die den sachlichen und sozialen Erfordernissen der spezifischen Kollision Rechnung trägt, welche letztlich ja auch den Grund für die Komplexität des Kollisionsfalls bilden.

4.5.3. Vielgestaltigkeit sozialethisch gebotener Kooperation zur Kollisionsbehebung

Eine sozialethisch gerechtfertigte Kollisionsauflösung erfordert, daß diese als kooperativer Prozeß von den Beteiligten durchgeführt wird. »Kooperation« muß dabei aber nicht bedeuten, daß die Beteiligten gleichberechtigt oder in gleichartiger Weise in dieses Handeln eingebunden sind. Die Kooperation zur Kollisionsbehebung ist eine gemeinschaftliche Handlung wie andere auch, folglich gilt auch für sie, daß sie aus aufeinander abgestimmten differenten Handlungen zustandekommt. Sie mag sich höchstens von einigen anderen Gemeinschaftshandlungen dadurch unterscheiden, daß sie ein Handeln zweiter Stufe ist, dessen Gegenstandsbereich aus Gemeinschaftshandlungen gebildet wird. Es kann sich in der gemeinschaftlichen Handlung zur Kollisionsauflösung durchaus ein Gefälle der Art ergeben, daß einige Beteiligte bei der Bestimmung der zu wählenden Alternative ein größeres Gewicht haben als andere. (Man denke nur an die ungleichen Gewichtungen, die Argumente von Kindern und Eltern im Streit darum haben, welche Möglichkeit gemeinsamer Freizeitgestaltung zu wählen ist.)

Dieses Gefälle ist nicht per se sozialethisch als schlecht abzuwerten, sofern es sich aus den für die Kollisionsbehebung typischen Mustern von gemeinschaftlichem Handeln herleitet. Daß wir ein Gefälle konstatieren, liegt nur darin begründet, daß wir von außen einen Standard von Gleichheit herantragen, der der betrachteten Kooperation nicht innewoht. Das Zusammenwirken in der Kollisionsbehebung kann von den Beteiligten unter dem leitenden Paradigma als perfekt kooperativ empfunden werden, ohne hinsichtlich eines anderen (hier jedoch nicht einschlägigen) Paradigmas als Kooperationsform in Frage zu kommen.

Um ein überzeichnendes Beispiel zu nennen: Daß der rotzfreche Sohn gegen seine duldsame Mutter und den desinteressierten Vater den Kauf eines Autos an Stelle des Erwerbs eines Fahrrades durchsetzen kann, obwohl weder Mutter noch Vater die Gründe dafür einleuchtend finden (letzterer könnte natürlich auch gar nicht zugehört haben), kann eine in dieser Familie typische gemeinschaftliche Art sein, Kollisionen zu beheben, wenn dabei die Frechheit, Duldsamkeit und das Desinteresse in der eingespielten Weise dieser Kooperation zusammenwirken. Vater, Mutter und Sohn erfahren die schließlich ausgeführte Handlung als eingebunden in ihre Art gemeinsamen Handelns. Dieses Vorgehen, die Kollision von Gemeinschaftshandlungen zu lösen, erscheint nur dann verzerrt, wenn man als Maßstab ein bestimmtes Bild von Gemeinschaftshandlungen, nämlich dasjenige des Konsenses unter Gleichberechtigten, an die Kollision von außen heranträgt, das die Akteure in ihren Gemeinschaftshandlungen nicht zugrundelegen.

Dieses Phänomen kann man auch bei Fällen beobachten, die keineswegs bloß nebensächliche Streitereien betreffen. Der Blick in anthropologische Literatur zeigt, daß selbst in lebensbedrohlichen Situationen, wie etwa Hungersnöten, nicht etwa die Größe der Not die Vorzugswürdigkeit bei der Verteilung von Nahrung für alle Beteiligte entscheidet, sondern daß sich (für alle Beteiligten!) bei dieser Verteilung die übliche soziale Schichtung als gemeinschaftlich praktiziertes Entscheidungskriterium findet. Die sozial hochstehenden Gruppen sind nie in Gefahr; die bevorzugten Opfer der Not aus den sozial niedrig eingestuften Gruppen kennen ihre Opferrolle und scheinen diese für die normale Weise der gemeinschaftlichen Konfliktlösung zu halten, nimmt man dafür das Ausbleiben von Aufstand in der Not und das Fehlen von Ressentiments nach überstandener Katastrophe als Maß.[33] Das Gemeinschaftshandeln, innerhalb dessen die Vorzugswürdigkeit bestimmter Gemeinschaftshandlungen gegenüber anderen für alle Beteiligten an den kollidierenden Handlungen bestimmt wird, unterscheidet sich von anderen Gemeinschaftshandlungen also nicht etwa dadurch, daß in ihm gleichartiges, paralleles Handeln oder Konsens im engeren Sinn des Wortes vorherrschen würde. Es besteht, wie der Normaltyp von Gemeinschaftshandlungen auch, aus differenten, aufeinander bezogenen Teilleistungen der Beteiligten, wobei die jeweils angelegten Standards in Abhängigkeit vom Problembereich, dem die kollidierenden Gemeinschaftshandlungen zugehören, sehr verschieden sein können.

Die Kooperation zur Auflösung einer Kollision bedarf außerdem nicht dieselbe Motivlage oder Zielbestimmung bei den Beteiligten.

---

[33] Vgl. Douglas (1991), S. 196–199.

Um die Kollision zweier Gemeinschaftshandlungen zu beheben, bedarf es gemäß der oben angestellten Überlegungen eines Paradigmas, das den Vergleich beider Gemeinschaftshandlungen erlaubt. Wenn alle Beteiligten zur kooperativen Lösung eines Kollisionsfalles dasselbe Paradigma unterstellen, dann bedeutet dies jedoch nicht, daß alle dieselben Ziele oder dieselben Motive besäßen. Denn nur in Ausnahmefällen ist ein Paradigma eindimensional in dem Sinne, daß es nur ein einziges Kriterium und ein einziges Merkmal zur Bestimmung der Vorzugswürdigkeit ausweisen würde. Normalerweise umfassen Paradigmata ein ganzes Bündel von Merkmalen und Kriterien, die über die Vorzugswürdigkeit entscheiden. Somit ist es durchaus möglich, daß alle Beteiligten dasselbe Paradigma im Vergleich der Gemeinschaftshandlungen unterstellen, jedoch einzelne Merkmale oder Kriterien aus der Vorgabe des Paradigmas für nicht so wichtig wie andere Beteiligte halten. Die Vielfalt von Perspektiven, die unter ein und demselben Paradigma möglich sind, macht es auch gar nicht wahrscheinlich, daß eine Gemeinschaftshandlung auf der Basis derselben Gründe als vorzugswürdig erscheint.[34] Einen Ferrari statt eines Fahrrades zu kaufen kann den Vorteil haben, daß damit Arbeitsplätze in Italien erhalten werden, der Ausbau von Autobahnen eine dringliche Angelegenheit wird, die wirtschaftliche Potenz unübersehbar in Erscheinung tritt und immense Querbeschleunigungen möglich sind. Man muß aber nicht zugleich italophil, neureich, sportwagenbesessen und Straßenbauunternehmer sein, um den Kauf eines Fahrrades für nachrangig zu halten, sondern es genügt, daß eines dieser Prädikate zutrifft.

Die vorangehenden Ausführungen sind nicht dahingehend zu verstehen, daß sie jedes Verfahren rechtfertigen wollten, das zur Kollisionsbehebung faktisch verwendet wird. Erstens ist daran zu erinnern, daß nur *kooperative* Verfahren der Kollisionsauflösung im oben ausgeführten Sinn sozialethisch gerechtfertigt sind. Zweitens muß bei der Kollisionsauflösung dasjenige Paradigma beachtet werden, das den Vergleich der kollidierenden Gemeinschaftshandlungen strukturiert. Nur diejenigen Verfahren zur Kollisionsbehebung sind sozialethisch angemessen, die auf dem Hintergrund dieses Paradigmas als kooperative Methoden der Schlichtung angesehen werden.[35]

---

[34] Ein ähnliches Argument wendet Rescher (1993, Kap. 9.7) gegen die Vorstellung, daß Konsens die Voraussetzung für Kooperation sei.

[35] Dies ist analog zu der Forderung, die Winch (1966, S. 139) auf dem Hintergrund

Denn andernfalls läge aus der Sicht der Beteiligten keine Kooperation in der fraglichen Kollision vor. Es wäre also sozialethisch nicht zu rechtfertigen, daß man ein dem Paradigma fremdes, hinsichtlich eines anderen Paradigmas aber sehr wohl kooperatives Verfahren zur Schlichtung heranzöge. Beispielsweise wäre es sozialethisch nicht zu vertreten, daß eine Person, die in Fragen des Strahlenschutzes als Experte gilt und bei diesbezüglichen Kollisionsfällen die alleinige Entscheidungskompetenz besitzt, deshalb auch bei Kollisionsfällen, die sich im Rahmen ihres freundschaftlichen Umgangs ergeben, die alleinige Kompetenz haben sollte. Denn im Freundeskreis gibt es keinen Expertenstatus, sondern das Paradigma »Handlungen im Freundeskreis« impliziert gleichberechtigte Mitsprache aller Beteiligten als angemessenes Verfahren.

4.5.4. Sozialethische Rechtfertigung ungleicher Kooperation zur Kollisionsbehebung

Nur dann, wenn man Gemeinschaftshandlungen sozialontologisch im zwanglosen Konsens der Beteiligten begründet sieht und dieses Bild als Leitvorstellung idealen gemeinschaftlichen Handelns zugrundelegt, werden die oben beispielhaft geschilderten Formen der Kollisionsbehebung für verzerrt gelten können. Bekanntlich beruht die von Jürgen Habermas und Karl-Otto Apel ausgearbeitete Diskursethik auf einem Bild sozialen Handelns, das die Konsensbildung

---

Wittgensteinscher Überlegungen generell für soziologische Forschungen erhoben hat. Danach dürfe diese Forschung nicht von außen eigene Standards an ihren Gegenstand herantragen, sondern müsse auf dem Hintergrund der von den Betroffenen in der Praxis angewendeten Standards urteilen, um ein angemessenes Bild ihres Gegenstands zu zeichnen. Lerner (1994) sieht darin den »instrumental pluralism« von Winch. Koppe (1979, S. 230) beruft sich m. E. jedoch zu Unrecht auf Winch, wenn er eine wechselseitige, gleichartige Anerkennung zur Konfliktlösung meint fordern zu müssen. MacIntyre (1975, S. 111 ff.) versucht, Winchs Argumentation durch eine Unterscheidung von Ursachen und Gründen für das Handeln zu konterkarieren, die ihre Plausibilität allein daraus zieht, daß MacIntyres Begriff »Grund« die Funktion dieses Begriffs in unserer Praxis falsch einschätzt. Gründe werden zur Rechtfertigung von Handlungen gegenüber anderen (oder uns selbst) verwendet, sind aber keine Motive, die uns zum Handeln bringen, wie MacIntyre annimmt. Vgl. Rudner (1967, S. 81–83) und Louch (1963, S. 273; 1965) als Beispiele für die widersprüchliche Einschätzung, die Winchs Thesen gefunden haben.

im herrschaftsfreien Diskurs freier und gleicher Personen als idealen Maßstab ethischer Bewertung herausstellt.[36] Natürlich ist die Diskursethik keine Sozialethik, sondern zielt auf eine Ethik individuellen Handelns ab. Zur Bestimmung der ethischen Angemessenheit individueller Handlung nimmt sie dabei jedoch über das genannte Modell des Konsenses im herrschaftsfreien Diskurs soziale Aspekte in die Ethik auf.[37] Daß dieses diskursethische Verfahren für die Begründung jeder Normgültigkeit einschlägig ist, leitet Habermas bekanntlich aus seiner Konzeption kommunikativen Handelns ab. Kommunikatives Handeln sei die basale Form sprachlichen Handelns und liege jeder Form der Sozialität, auch dem sogenannten strategischen Handeln, zugrunde. Es sei verständigungsorientiert, deshalb müsse eine ethisch rechtfertigbare Konfliktbewältigung zur Wahrung dieser fundamentalen Struktur der Sprache diejenige Verständigungsorientierung aufweisen, die sich in einem im herrschaftsfreien Diskurs erzielten Konsens zeige.[38] Die von Habermas vorgetragene Sprachkonzeption ist, soweit sie als Fundierung der Geltung ethischer Normen oder als Grundlage einer Sozialtheorie verstanden wird, bereits mehrfach mit guten Gründen in Zweifel gezogen worden ist.[39] Es kann also nicht die Rede davon sein, daß bereits die Sprachstruktur den im herrschaftsfreien Diskurs erzielten Konsens für normative Fragestellungen notwendig mache. Oben haben wir zudem gesehen, daß auf den Konsens keine angemessene Sozialontologie aufzubauen ist. Dennoch könnte der Konsens, wenn er schon nicht via Sprache oder via Sozialontologie als Grundprinzip für soziale Prozesse ausgewiesen werden kann, dennoch für die hier einschlägigen Fälle der Konfliktauflösung von sozialethischer Wichtigkeit sein. Im folgenden soll dargelegt werden, daß es unzulässig ist, das Konsensmodell als allgemeines Verfahren zur Konfliktauflösung heranzuziehen.

Es ist zunächst empirisch festzustellen, daß wir nicht in jedem strittigen Fall mittels desselben Verfahrens die Kollision beheben,

---

[36] Vgl. Habermas (1983), S. 75 f., Habermas (1991), S. 157, Habermas (1992), S. 138, Apel (1976), Apel (1986), S. 4, 6.

[37] Schönrich (1994) hat gezeigt, daß Habermas' Ansatz entgegen dem Augenschein in letzter Instanz ohne jede soziale Verzierung auskommt; als Fundament dient die freie Willensentscheidung des vernünftigen, autonomen Subjekts.

[38] Vgl. Habermas (1987), S. 387 f.

[39] Vgl. Ilting (1976), S. 33–38, Skirbekk (1982), S. 64–69, Steinhoff (1996), Tugendhat (1992), S. 435 f., Wellmer (1986).

vielmehr hängt es von der Art des jeweiligen Falls und den beteiligten Personen oder Rollen ab, welche Formen der Kooperation zu einer Kollisionsbehebung angemessen erscheinen. Nun könnte die Vielfältigkeit der Verfahrensweisen in der Praxis zwar faktisch gegeben sein, ohne daß dieser Zustand sozialethisch gerechtfertigt wäre. Der Konsens im herrschaftsfreien Diskurs wird ja auch nicht den faktisch bestehenden Verständigungsprozessen abgelesen, sondern als ideale Größe verstanden, die regulative Funktionen für die Ethik hat. Die sozialethische Rechtfertigung durchgängig an den Konsens zu koppeln, setzt aber voraus, daß die im Konsens unterstellte Leitvorstellung gemeinschaftlichen Handelns ebenfalls für alle Formen sozialen Handelns zutreffend ist. Läßt man die Richtigkeit dieser Annahme zunächst einmal unbefragt, ergibt sich dennoch ein sozialethischer Einwand gegen eine allgemeine Anwendung des Konsenses als Leitbild zur Auflösung von Kollisionen. Offensichtlich wird der Konsens von den Beteiligten in der kooperativen Kollisionsbehebung zumindest faktisch nicht durchgängig als Leitbild herangezogen, denn sonst wäre die empirisch aufweisbare Vielfältigkeit der angewendeten Verfahren zur Kollisionsbehebung nicht einzusehen. Nicht von der Hand zu weisen wäre also in der gegebenen Situation, daß die durchgängige Anwendung des Konsens-Leitbildes zu einer Kollisionsbehebung gemäß einem Paradigma führen würde, das den Kriterien der Hauptbeteiligten zufolge nicht einschlägig ist. Die Kollisionsbeteiligten würden sich dann in der Behebung der Kollision nicht als gemeinschaftlich handelnd verstehen können. Das hieße eine sozialethisch begründete Kollisionsauflösung zu unterbinden, indem von außen an den Lösungsprozeß Kriterien herangetragen werden, die die Beteiligten nicht als ihre und damit nicht als kooperativ verstehen.

Die unterschiedlichen Verfahren der Kollisionsauflösung erscheinen zudem nur deshalb vor dem Hintergrund des Konsensmodells als sozialethisch unbefriedigend, weil durchgängig eine nicht auf alle sozialen Handlungen anwendbare Sozialontologie unterstellt wird, die auf Gleichheit der Beteiligten und auf deren Konsens abhebt.[40] Die Grundstruktur gemeinschaftlichen Handelns macht eine Gleichberechtigung oder eine gleichartige Einbindung der Beteilig-

---

[40] Kap. 3.5 hat gezeigt, daß das Konsensmodell sozialontologisch wenig Erklärungskraft besitzt.

ten nicht erforderlich. Eine Entscheidung, die unter ungleicher Einbeziehung von Beteiligten zustandekommt, muß daher nicht bereits aus sozialontologischen Gründen als verzerrtes Verfahren abqualifiziert werden, wie dies auf der Basis der Konsensmodelle gemeinschaftlichen Handelns geboten erscheint.

Die Konsensmodelle können darüber hinaus auch dem Umstand nicht gerecht werden, daß in sehr vielen Gemeinschaftshandlungen Entscheidungsbefugnisse mit gutem Grund ungleich verteilt sind und demzufolge auch Entscheidungen über die Vorzugswürdigkeit kollidierender Handlungen nicht gleichberechtigt gefällt werden. Als Beispiele seien nur Gemeinschaftshandlungen von Eltern mit (Klein-)Kindern, vormundschaftliche Handlungen für Pflegebefohlene oder die Entscheidung durch Expertenrat genannt. In all diesen Fällen liegt alles andere als eine gleichberechtigte Einbindung aller Beteiligten vor. Zwei Möglichkeiten stehen für Konsenstheorien offen, mit diesen Sozialformen umzugehen. Diese Typen sozialen Miteinanders können erstens als verzerrte Formen von Gemeinschaftshandeln abgetan werden, die in einer perfekten Gesellschaft nicht vorkommen dürften. Als Grund für diese Disqualifizierung dient der Ursprungsmythos, den die Konsenstheorien vom Entstehen des Gemeinschaftshandelns entwerfen, nämlich dem Entstehen von Gemeinschaftshandeln aus der freien Zustimmung autonomer Subjekte. Die damit implizierte Parallelität der Handlungen verleiht jedem Gemeinschaftshandeln, das die Individuen ungleich einbindet, das Odium des Perversen. Daß dieser sozialontologische Entwurf nicht zutrifft, dürfte oben plausibel geworden sein. Gegen die Verzerrungsthese spricht überdies, daß auch in der konsenstheoretisch perfekten Gesellschaft ungleichgewichtige Fürsorgeverhältnisse, beispielsweise zwischen Eltern und Kindern, vorkommen werden, die durch unsere biologische Ausstattung verursacht und deshalb durch keinen ethischen Bannspruch aufzuheben sind.

Zweitens könnten die Konsenstheorien die in den genannten Gemeinschaftshandlungen vorkommenden Ungleichheiten herleiten aus der freien und gleichen Zustimmung der Beteiligten zum ungleichen Entscheidungsverfahren. Dies wäre einerseits empirisch falsch, schon deshalb, weil z. B. Kleinkinder das damit unterstellte Maß an Entscheidungsfähigkeit aufgrund ihres geistigen Entwicklungsstandes überhaupt nicht aufbringen können. Anderseits läge der Charakter der Verlegenheitslösung viel zu offen zu Tage, als daß diese Lösung befriedigend sein könnte. Denn wenn für diese Gemeinschaftshandlungen ohne ersichtlichen Grund die freie Zustimmung zur Ungleichheit postuliert wird, ist nicht einzusehen, warum in anderen Gemeinschaftshandlungen die Gleichberechtigung ethisch eingeklagt werden könnte.

Der Konsenstheoretiker könnte dieser Mißlichkeit dadurch zu entgehen suchen, daß er Fürsorgeverhältnisse, wie sie zwischen Eltern und Kindern oder zwischen Pflegepersonen und Pflegebedürftigen bestehen, aus der Forderung nach der gleichberechtigten Einbindung ausnimmt, weil der in diesen Verhältnissen vorliegende Entwicklungsstand der Kinder bzw. die Krankheit oder Behinderung des Pflegebedürftigen eine Unterstellung der freien Zustimmung autonomer Subjekte verbiete und eine gesonderte Analyse nötig mache (die freilich bislang aussteht). Zu erklären bliebe nach einer solchen Wendung noch die ungleiche Einbeziehung, die in Gemeinschaftshandlungen beobachtet wird, in denen Experten mitwirken. Anders als bei Kindern oder Pflegebedürftigen, die generell anders behandelt werden als normale Erwachsene, werden die Personen, die in einem bestimmten Gemeinschaftshandeln als Experten eine Sonderstellung besitzen, in anderen sozialen Handlungen, in denen sie nicht als Experten fungieren, keine Bevorzugung erfahren.

Wie ließe sich eine solche Sonderrolle konsenstheoretisch erklären, da sie anscheinend an die spezifische Funktion bestimmter Personen in bestimmten Gemeinschaftshandlungen gebunden ist? Eventuell hilft folgendes Konstrukt weiter: Die Laien unterwerfen sich dem Expertenwissen oder den Expertenfertigkeiten, weil sie damit lediglich eine Abkürzung wählen für etwas, das sie selbst prinzipiell auch wissen bzw. ausführen könnten. Daß der Laie dem Experten die Entscheidungs- bzw. Handlungsvollmacht überträgt, erfolgt im Vertrauen darauf, daß der Laie selbst nach einem entsprechenden Lernprozeß zu derselben Entscheidung bzw. Handlung käme, zu der der Experte bereits jetzt in der Lage ist.

Diese Konstruktion scheitert aber, weil die prinzipielle Möglichkeit, zum Experten zu werden, für jeden Einzelnen bestenfalls auf einige wenige Bereiche beschränkt ist, selbst wenn alle Anstrengungen unternommen werden, sich zum Experten auszubilden. Die Endlichkeit der eigenen Lebenszeit und der im Verhältnis dazu langwierige Prozeß, zum Experten zu werden, zwingt dazu, in vielen Bereichen das Expertentum anderer unüberprüfbar hinnehmen zu müssen. Die Rede von einer »prinzipiellen Möglichkeit« soll verschleiern, daß von einer bloßen Abkürzung keine Rede sein kann, weil es in vielen Bereichen schlicht keinen Weg gibt.[41] Zudem bliebe völlig unklar, warum in bestimmten Gemeinschaftshandlungen Experten gefragt sind, in anderen dagegen nicht. Ohne den Bezug auf den Gegenstand des Handelns und den Ort des Gemeinschaftshandelns im sozialen Leben, kurz: einer Regionalisierung im oben explizierten Sinne, wird diese Frage immer rätselhaft bleiben.

Nun könnte man als Konsenstheoretiker den Grund für die ungleiche Gewichtung zwischen Experten und Laien ja auch darin sehen, daß der Laie dem Experten Privilegien einräumt, weil dieser als Experte gilt (ohne daß dies der Laie selbst prüfen könnte) und man eben nicht überall Experte sein kann, wo die Schwierigkeit der Materie die Einbeziehung von Experten erfordert. Die Zustimmung, die der Laie hier gibt, ist dadurch begründet, daß in bestimmten Gemeinschaftshandlungen üblicherweise auf Experten gehört wird und eine oder mehrere Personen als Experten gelten. Ein solcher Erklärungsansatz verwendet, um die Ungleichheit der Einbeziehung konsenstheoretisch zu klären, nun aber zwei andere erklärungsbedürftige soziale Sachverhalte: (1) Weshalb werden bestimmte Gemeinschaftshandlungen unter Hinzuziehung von Experten durchgeführt und andere nicht? Diese Frage war oben bereits als unbeantworbar ausgewiesen worden, wenn man nicht zu einem Konzept der Regionalisierung greift, das dem Konsenstheoretiker aber aufgrund seines durchgängig anzuwendenden Konsensverfahrens unmöglich ist. (2) Wie erklärt sich konsenstheoretisch die Zuschreibung des Expertenstatus'? Natürlich könnte man darauf verfallen zu sagen, der Laie akzeptiere den Ruf einer Person als Experte, aber damit wäre nichts anderes gesagt, als daß jemand Experte ist. Wenn der Grund zur Akzeptanz darin gesehen wird, daß der Experte durch bestimmte Qualifikationen, z. B. Diplome, Meisterbriefe etc., ausgewiesen ist, verlagert sich die Frage lediglich darauf, weswegen diese Qualifikationsmerkmale als solche gelten. Offensichtlich muß der Laie, ohne die Möglichkeit einer Überprüfung zu haben, darauf vertrauen, daß diese Qualifikationsmerkmale den Experten in der fraglichen Sache tatsächlich als Experten ausweisen. Es liegt also eine Form der sozialen

---

[41] Das hier verwendete Argument ist eine Analogie zu dem Einwand, den Putnam (1991, S. 139–164) vorgebracht hat gegen den Funktionalismus in der Philosophie des Geistes und hinsichtlich der »prinzipiell möglichen« Übersetzbarkeit aller menschlichen Sprachen ineinander.

Arbeitsteilung vor, die aus den oben genannten Gründen nicht reformuliert werden kann als eine abgekürzte Form des eigenen kompetenten Urteils, sondern die ein zueinander passendes und vor allem: irreduzibel unterschiedliches Handeln der beteiligten Personen erfordert.

Gleichartige, auf den Konsens von den gleichberechtigt Beteiligten abzielende Verfahren der Kollisionsbehebung können einen großen Teil unseres sozialen Lebens, das (gerechtfertigt) durch Ungleichheit gekennzeichnet ist, nicht adäquat erfassen. Die auf Gleichheit und Konsens abstellende Verfahrensart hat in manchen Bereichen durchaus ihre Berechtigung, darf aber nicht als allgemeingültig behauptet werden.[42] Forderte man, wie dies Habermas und Apel tun, ein solches Verfahren überall zur ethischen Auflösung von Konfliktfällen, so erreichte man das krasse Gegenteil von dem, was bezweckt ist. Es entsteht nicht etwa ein sozialethisch haltbarer Handlungsvollzug. Vielmehr werden aufgrund einer unrichtigen sozialontologischen Annahme in bestimmten Bereichen des sozialen Lebens Verfahren unterstellt, die den am Konflikt Beteiligten nicht als angemessene, sondern als ihrem Zusammenspiel fremde Verfahren erscheinen müssen. Gerade aus der Sicht der Beteiligten wäre ein solches Verfahren nicht kooperativ und somit nicht sozialethisch zu rechtfertigen, weil es die regional unterschiedlichen Problemlösungsstrategien und Kooperationsformen unbeachtet läßt.

4.6. Extremformen der regional gebotenen Kooperationen zur Konfliktbewältigung im Gemeinschaftshandeln

Die erarbeiteten Grundlagen zur sozialethischen Auflösung kollidierender Gemeinschaftshandlungen sollen im folgenden an zwei Beispielen durchgespielt werden. Die Beispiele markieren dabei die Extrema der jeweils zur Kollisionsbehebung anzuwendenden Methode. Ist beim Parasitismus eines Gemeinschaftshandelns gegenüber einem anderen ein generelles Verbot artikulierbar, so zeigt sich z. B. bei der Zulässigkeit von Abtreibungen, daß über ein Richtig und Falsch nur in der Einzelfallprüfung unter je nach Einbettung des Falles variierenden Kriterien entschieden werden kann.

---

[42] Für den Anspruch auf universelle Anwendbarkeit vgl. z. B. Habermas (1991), S. 157.

4.6.1. Parasitismus: Generelles Unterlassen als sozialethisches Gebot

Eine ganze Klasse von Gemeinschaftshandlungen kann durch das Gebot zur kooperativen Auflösung einer Kollision als sozialethisch verboten ausgewiesen werden. Es handelt sich hierbei um diejenigen gemeinschaftlichen Handlungen, die in systematisch parasitärer Form an ein anderes Gemeinschaftstun angebunden sind. Ein Beispiel dafür wäre etwa der in Banden organisiert betriebene Einbruchdiebstahl. Anders als im oben diskutierten Fall eines einzelnen Einbrechers stehen sich nun zwei Gemeinschaftshandlungen gegenüber, die prima facie den Bestandsschutz genießen. Diese Art von Kollision zweier Gemeinschaftshandlungen ist jedoch sozialethisch eindeutig aufzulösen: Das parasitäre Gemeinschaftshandeln ist zu unterlassen. Das parasitäre Gemeinschaftshandeln ist nämlich durch seinen Parasitismus systematisch davon abhängig, daß ein gemeinschaftliches Handeln zur Kollisionsauflösung nicht zustandekommen kann.

Betrachten wir dazu das Beispiel einer Bande, die auf Diebstahl spezialisiert ist. Diese Art von Gemeinschaftshandeln kollidiert mit dem Gemeinschaftshandeln, in das der Eigentümer der geraubten Sache mit denjenigen Personen eingebunden ist, die sein Eigentum achten. Im Raub nehmen die Diebe den Beraubten einseitig von der Gültigkeit dieses Gemeinschaftshandelns aus, indem sie dessen Eigentum nicht achten; hinsichtlich ihrer eigenen Besitztümer bestehen sie jedoch sehr wohl auf der Achtung des Eigentums. Nur dadurch, daß der Raub die Art der Gemeinschaftshandlung im Einzelfall außer Kraft setzt, auf die er ansonsten aber aufbaut, wird er zu dem Handlungstyp, der er ist. Eine Bezogenheit im fremden Gemeinschaftshandeln wird ausgeschaltet, die für das eigene Gemeinschaftshandeln gerade wesentlich ist: darin ist der Raub eine parasitäre Form eines Gemeinschaftshandelns und allen anderen Gemeinschaftshandlungen gleichgestellt, die in derselben Weise konstituiert und damit parasitär sind.[43] Die parasitären Formen von Gemeinschaftshandlungen machen es also aus prinzipiellen Gründen

---

[43] Beispiele für parasitäre Gemeinschaftshandlungen sind die in Belgien aufgedeckten Machenschaften der Kinderschänderbanden, die die Kinder von der sexuellen Selbstbestimmung ausnehmen, die sie für sich selbst in Anspruch nehmen, wie auch mafiöse Gruppen, die in ihren verschiedenen »Geschäftsfeldern« entsprechende parasitäre Formen der Schutzgelderpressung, des Mordes etc. praktizieren.

unmöglich, die Kollision zwischen ihnen und ihrem »Wirt« in einem gemeinschaftlichen Handeln der Rangfolgefestlegung aufzulösen, weil sie ihrer Art nach auf dem Fortbestand der Kollision beruhen. Die parasitären Formen sind logisch abhängig von dem Gemeinschaftshandeln, mit dem sie kollidieren und deshalb diesem nachrangig. Aus der logischen Abhängigkeit und der Unmöglichkeit zur kooperativen Auflösung der Kollision folgt, daß das parasitäre Gemeinschaftshandeln sozialethisch verboten ist.

Von diesen systematischen Formen des Parasitismus sind zwei andere Kollisionsformen zu unterscheiden, die auf den ersten Blick vergleichbar scheinen. (1) Jede Art von Mannschaftsspiel beruht darauf, daß die eine Mannschaft auf Kosten der anderen ihren Vorteil zu gewinnen sucht. Insofern liegt hierbei auch eine Art von systematischen Parasitismus vor. Offensichtlich ist aber auch, daß eine echte Kollision nicht vorliegt, weil beide Mannschaften ihr jeweils gemeinschaftliches Handeln als Teile des entsprechenden Mannschaftsspiels verstehen und diesem gemäß kooperativ handeln, wenn sie die Kooperation der jeweils gegnerischen Mannschaft stören. (2) Oben hatten wir die Diskussion des Mundraubs zurückgestellt. Der Mundraub könnte zunächst parasitär erscheinen, denn er ist eine Form des Raubes und in unserer Gesellschaftsordnung deshalb anscheinend in derselben Weise zu beurteilen, wie der oben diskutierte Einbruchdiebstahl. Wenn wir eine Handlung als Mundraub klassifizieren, verwenden wir aber ein anderes Paradigma als bei den normalen Diebstählen. Hier betrachten wir das Verhalten nämlich nicht allein unter dem Gesichtspunkt des Eigentums, sondern unter den Gesichtspunkten »Eigentum« und »Beschaffung lebensnotwendiger Mittel«. Der Mundräuber stiehlt nicht einfach des Besitzes halber, sondern um sich die Mittel zu beschaffen, ohne die sein Leben unmittelbar bedroht wäre. Es liegt also keine Kollision mehr zwischen dem Besitz des einen und dem Besitz des anderen vor, sondern zwischen Besitzanspruch und Überlebensinteresse. Eine kooperative Auflösung dieses Kollisionsfalls ist nicht prinzipiell ausgeschlossen, wie dies in den oben diskutierten Fällen von Parasitismus aus Gründen der logischen Abhängigkeit der Fall war. Deshalb liegt auch kein Parasitismus im oben untersuchten Sinn vor. Analog gilt dies für Konflikte, wie sie beispielsweise im Zusammenhang mit Rassenunruhen immer wieder zu beobachten sind. Wer beispielsweise die Plünderung von Geschäften im Zuge solcher Unruhen einfach als kollektiven Verstoß gegen Eigentum auffaßt und gemäß dem Parasitismusverbot verboten sehen möchte, greift zu kurz. In diesen Handlungen drückt sich vielmehr der Widerstreit zwischen einer Eigentums- und Chancenverteilung aus, die systematisch zu Ungunsten bestimmter Bevölkerungsgruppen verteilt sind. Es geht demnach in diesem Konflikt auch nicht einfach um Eigentum, sondern um die damit verbundenen Privilegien und sozialen Möglichkeiten, wie auch weitergehende Diskriminierungen, die bei den Rassenunruhen sich am Greifbarsten (den in Läden ausliegenden Dingen) ihren materiellen und symbolischen Ausdruck verschaffen. Für die Schlichtung solcher Kollisionen wäre demnach eine sehr viel kompliziertere Gemengelage einzubeziehen, als lediglich die Achtung von Eigentum gegen dessen Mißachtung zu setzen.

Die Kollision zwischen parasitärem Handeln und »Wirtshandeln« kann sozialethisch begründet mit einem generellen Verbot parasitären Handelns aufgelöst werden. Generelle Verbote oder Gebote sind aber, folgt man der hier vorgeschlagenen Sozialethik, keineswegs immer ethisch begründbar: Bei Abtreibungen ist ein generelles Verbot oder eine generelle Erlaubnis sozialethisch nicht zu begründen, vielmehr bedarf es jeweils der Einzelfallabwägung, wie im folgenden zu zeigen sein wird.

4.6.2. Abtreibung: Einzelfallabwägung als sozialethisches Gebot

4.6.2.1. Die Mangelhaftigkeit universalistisch verfahrender Abtreibungsdiskussionen

In der Diskussion um die Zulässigkeit der Abtreibung ist das Fehlen einer sozialontologisch begründeten Ethik schmerzlich zu bemerken, denn der Streit wird überwiegend in den unzureichenden Kategorien der Menschenrechte geführt. Untersucht wird auf dem Hintergrund dieser Kategorienwahl, ob das Selbstbestimmungsrecht der werdenden Mutter dem Lebensrecht des Fötus[44] vorrangig sei oder umgekehrt.[45] Demselben Denkschema sind Diskussionen der Abtreibung verpflichtet, die eine Entscheidung über die Zulässigkeit von Abtrei-

---

[44] Abweichend von der medizinisch korrekten Sprechweise wird im folgenden der Einfachheit halber die Leibesfrucht vom Eindringen der Samenzelle in die Eizelle bis zur Geburt durchgängig als Fötus bezeichnet.
[45] Prägnant formuliert durch Thomson (1971), S. 48. Diese Art an das Problem heranzugehen, hat inzwischen den Status von Handbuchwissen erlangt, vgl. etwa: Warren (1993).

bungen davon abhängig machen, von welchem Zeitpunkt an die Leibesfrucht als eine menschliche Person zu gelten habe.[46] Sobald dem Fötus der Status »Mensch« zugebilligt wird, darf er aufgrund des mit diesem Status gegebenen Menschenrechts auf Leben nicht mehr abgetrieben, d. i. getötet werden. Das Lebensrecht einer Person, hier des Fötus, ist dem Selbstbestimmungsrecht einer anderen Person, hier der Mutter, jederzeit vorrangig. Abtreibung ist demzufolge als Ausdruck des Selbstbestimmungsrechts der werdenden Mutter immer dann zulässig, wenn das Lebensrecht des Fötus noch nicht besteht. Wenn man einer befruchteten menschlichen Eizelle bereits den Status eines Menschen zuspricht, impliziert eine solche Überlegung selbstverständlich, daß Abtreibung generell verboten ist.

Eine Variation dieser Argumentationsmethode besteht darin, das Lebensrecht des Fötus nicht an seinen Status als menschliche Person zu binden, sondern dazu andere Kriterien heranzuziehen, wie etwa das Vorhandensein des menschlichen Genoms, den Grad an Empfindungsfähigkeit[47], Rationalität, Selbstbewußtsein[48] oder das Interesse am Leben.[49] Unabhängig davon, mit welchen Gründen im einzelnen der Leibesfrucht eines bestimmten Alters ein Lebensrecht zugestanden wird oder nicht, beruht die Schlüssigkeit des gesamten Verfahrens darauf, daß die Diskussion der Abtreibungsfrage sinnvoll mit Begriffen des Rechts eines Individuums zu führen ist.

Eine solche auf individuelle Rechte zugeschnittene Debatte verfehlt jedoch den Problembestand, um den es bei der Entscheidung über eine Abtreibung geht. Die Leibesfrucht ist bis zu ihrer (Früh-) Geburt ohne die Mutter und danach noch lange Zeit ohne die Fürsorge von Bezugspersonen nicht lebens- und entwicklungsfähig. Diese Fürsorglichkeitsrelationen (seien sie nun physischer oder erzieherischer Art) und die aus der Beziehung zum Kind erwachsenden Belastungen zu Ungunsten der Mutter bzw. der Betreuungsperson(en) sind es, die in Frage stehen.[50] Sicherlich hat das Großziehen von Kin-

---

[46] Die unterschiedlichen Bedeutungen, in denen »Person« in der bioethischen Debatte verwendet wird, untersucht Quante (1996, S. 106–112), der auch einige der Streitpunkte in der Bioethik darauf zurückführen kann, daß die Kombattanten mit unterschiedlichen Dimensionen des Personenbegriffs arbeiten.

[47] Vgl. Warren (1993), S. 308 f.

[48] Vgl. P. Singer (1984), S. 160–168.

[49] Vgl. Hoerster (1995), S. 12; Hoerster (1995a), Kap. 4–7.

[50] Daß die Abtreibungsfrage weder aus ontologischer noch aus moralischer Sicht angemessen durch eine Diskussion kollidierender Rechte zu lösen ist, sondern die Fürsorge-

dern seine eigenen Freuden, die jedoch in der Einschätzung der Personen, die eine Abtreibung erwägen, das Maß der Lasten nicht aufwiegen können, die aus der erzieherischen Verantwortung und Fürsorge zu entstehen drohen. Die Überlegungen kreisen nicht um das Lebensrecht eines Individuums bzw. des Fötus. Das ist daraus ersichtlich, daß eine Abtreibung nicht erwogen würde, wenn das Kind in einem anderen Bauch wüchse und von anderen Personen großgezogen würde bzw. als Erwachsene(r) vom Himmel fiele. Eine Abtreibung wird nicht deshalb in Erwägung gezogen, weil man jemandem das Lebensrecht streitig machen wollte, sondern weil die psycho-physischen Belastungen bis zur Geburt und/oder die Lasten aus der mit der Erziehung verknüpften Fürsorge mit den Beziehungen, in die man bereits eingebunden ist, unverträglich sind oder zu sein scheinen.

Die Debatte um das Recht auf Leben reformuliert diesen Sachverhalt nur unzulänglich dadurch, daß jedem Recht entsprechende Pflichten anderer Personen korrelieren. Die Reformulierung ist in mehrfacher Hinsicht unzulänglich. (1) Menschenrechte, und damit auch das Recht auf die Unversehrtheit der Person, sind als Abwehrrechte konzipiert, die den Eingriff anderer in den rechtlich geschützten Raum verbieten. Das hier fragliche Recht auf Leben des Fötus bzw. des Kindes erfordert jedoch, wie soeben bereits erwähnt wurde, seitens der Mutter bzw. der Fürsorgeperson nicht einfach, sich eines Eingriffs zu enthalten, sondern aktiv die Lebenserhaltung zu unterstützen. Angemessener wäre demnach das Sprechen von der Pflicht, das Leben des Fötus aktiv zu erhalten, statt sich eines Eingriffs in einen rechtlich geschützen Raum zu enthalten.

(2) Die universale Gültigkeit, die die Menschenrechte für sich in Anspruch nehmen, erweist sich unter dem Blickwinkel der mit ihnen einhergehenden Pflichten als deutlich restringiert, wenn in der Abtreibungsfrage mit dem Recht auf Leben für den Fötus argumentiert wird. Die mit diesem Recht einhergehenden Pflichten sind in prinzipieller Weise verzerrt und vom Vorliegen bestimmter biologischer Merkmale abhängig. Zwar belasten Rechte immer einen bestimmten Personenkreis mit Pflichten. Das Recht, eine Kneipe zu betreiben, erlegt den kneipennahen Anwohnern die Pflicht auf, ausschanktypische Geräuschbelästigungen hinzunehmen. Diese mit den Rechten

---

relation zwischen werdender Mutter und Fötus beachten muß, betont auch Gatens-Robinson (1992), S. 52 ff.

einhergehenden Pflichten sind jedoch nicht prinzipiell auf einen bestimmten Kreis von Personen beschränkt, sondern treffen auf jede Person zu, die einer bestimmten Beschreibung genügt (im Beispiel: Anwohner), ohne daß diese Beschreibung exklusiv mit bestimmten biologischen Merkmalen verknüpft wäre. Anders das Recht auf Leben des Fötus. Es betrifft in seiner Verpflichtungswirkung ausschließlich Frauen, weil diese die psycho-physischen Belastungen zu tragen haben, die mit dem Austragen des Fötus verbunden sind. Männer können bestenfalls nach der Geburt Lasten aus dem Großziehen des Kindes übernehmen. Das Recht auf Leben des Fötus ist also ein rassistisches Recht, da die mit ihm einhergehenden Verpflichtungen einen durch biologische Merkmale festgelegten Adressatinnenkreis betrifft.

Es dürfte deutlich geworden sein, daß eine auf Individualrechte abstellende Diskussion der Abtreibung ihren Gegenstandsbereich verfehlt. Bei der Abtreibung liegt nicht eine Kollision von Individualrechten vor, sondern eine Kollision von Gemeinschaftshandlungen. Das Gemeinschaftshandeln der Fürsorglichkeit (zunächst für den Fötus, später für das Kind) steht in Kollision mit Gemeinschaftshandlungen, in die die Mutter eingebunden ist, bzw. es ist zu erwarten, daß solche Kollisionen nach der Geburt für die jeweiligen Fürsorgepflichtigen eintreten werden. Sicherlich ist es übertrieben, von der ersten Sekunde nach Verschmelzung der Eizelle mit dem Samen von einer durch Fürsorge geprägten Gemeinschaftshandlung zwischen Mutter und Fötus zu sprechen. Anderseits ist es aber auch eine Tatsache, daß diese bloß physiologische Fürsorge des mütterlichen Organismus für den Fötus im Laufe der fötalen Entwicklung bereits deutlich vor dem Geburtszeitpunkt ergänzt wird durch ein Handeln, das auch seitens des Fötus initiierte gemeinsame Handlungen kennt, die aufeinander abgestimmte Handlungen beider Beteiligten in einem Ganzen primärer Intersubjektivität zusammenbringen. Und es sind gerade diese späteren Phasen der fötalen Entwicklung, die besondere Beschwerlichkeiten für die werdenden Mütter mit sich bringen und die die zuvor lediglich erwarteten Kollisionen der Schwangerschaft mit anderen gemeinschaftlichen Handlungen wirklich werden lassen, in die die Mütter jeweils eingebunden sind. In welche Formen von Gemeinschaftshandeln Kleinkinder dann von Geburt an einbezogen sind, ist oben skizziert worden.[51]

---

[51] Vgl. Kap. 3.2.1.

4.6. Extremformen der regional gebotenen Kooperationen

Um die Zulässigkeit von Abtreibung in angemessener Weise zu diskutieren, wäre zu unterscheiden zwischen denjenigen Kollisionsfällen, die während der Schwangerschaft entstehen oder zu befürchten sind, und solchen, die nach der Geburt des Kindes eintreten (können). Daß diese beiden Fragekreise streng geschieden werden müssen, liegt darin begründet, daß vor der Geburt ausschließlich die leibliche Mutter eine Fürsorgerelation zu dem Kind besitzen kann, während nach der Geburt auch andere Personen für das Kind sorgen können. Vor der Geburt gibt es keine Möglichkeit, eine Kollision dadurch aufzulösen, daß eine andere Person an Stelle der Mutter (einen Teil der) Fürsorgepflichten übernimmt, danach aber durchaus. Die Aufspaltung von Abtreibungen in Fälle mit vorgeburtlichen und nachgeburtlichen Anlässen hat zwei Implikationen.

(1) Nach der Geburt muß die Fürsorgerelation nicht mehr ausschließlich zwischen Mutter und Kind bestehen, sondern steht auch anderen Personen offen. Weil die Geburt diesen Wendepunkt markiert, der zusätzliche Formen der Kollisionsbehebung durch die Übernahme der Fürsorgerelation durch andere Personen möglich macht, spielt die Geburt eine wesentliche Rolle bei der Erwägung der Gründe für oder gegen eine Abtreibung. Wo Kollisionslösungen vor der Geburt jederzeit die Mutter einbeziehen müssen, können Abtreibungsgründe, die aus der Fürsorge nach der Geburt stammen, durchaus ohne Einbeziehung der Mutter ausgeräumt werden, indem etwa eine andere Person die Fürsorge für das geborene Kind übernimmt. Man muß also nicht pragmatische Gründe heranziehen, etwa die auch für Laien problemlose Unterscheidung zwischen ungeborenem und geborenen Kindern,[52] um der Geburt eine wichtige Rolle bei der Abtreibungsfrage einräumen zu können. Die Rolle wächst der Geburt bereits aufgrund der der Abtreibung inhärenten Problemstellung zu. Denn Abtreibungen werden erwogen, weil bestimmte Gemeinschaftshandlungen kollidieren – die Geburt bringt eine deutliche Veränderung derjenigen Gemeinschaftshandlungen mit sich, in die das Kind eingebettet sein kann, und damit auch eine deutliche Änderung hinsichtlich der Kollisionen, die dann zwischen den Gemeinschaftshandlungen eintreten bzw. behoben werden können.

(2) Der Unterschied zwischen der vorgeburtlichen und der nachgeburtlichen Fürsorge wird in der Debatte um die Abtreibung dadurch zusätzlich verwischt, daß die gesellschaftliche Leitvorstellung

---

[52] Vgl. Hoerster (1995), S. 26.

von einer Mutter erwartet, daß sie ein von ihr geborenes Kind auch großzieht (was typischerweise für den mitverantwortlichen Vater nur sehr beschränkt gefordert ist). Die Freigabe zur Adoption direkt nach der Geburt stellt dazu keine gleichwertige, ja nicht einmal eine ausreichend tolerierte Alternative dar, sowohl was die Mißbilligung von anderer Seite als auch die Selbstvorwürfe angeht, die sich die jeweilige Mutter macht. In der Abtreibungsfrage wird in der Regel so debattiert, als sei das Austragen des Kindes logisch mit der Pflicht verkoppelt, das geborene Kind auch großzuziehen. Dies spiegelt die unbefragte Verwendung des zuvor erwähnten Mutter-Leitbildes auch in der theoretischen Debatte über die Abtreibung wider. So mancher eifrige Gegner der Abtreibung könnte mehr Glaubwürdigkeit und Erfolg im »Schutz ungeborenen Lebens« haben, wenn er durch seine Bereitschaft zur Adoption und seinen Kampf gegen die soziale Ächtung der Adoptionsfreigabe zeigen würde, daß es ihm tatsächlich um das *ungeborene* Leben ginge und nicht um die Zuweisung von Erziehungspflichten an die werdende Mutter über die Geburt hinaus.

Im folgenden sollen daher Abtreibungen, die vorgeburtliche Konflikte betreffen, getrennt von denjenigen untersucht werden, die aus den befürchteten Kollisionen nach der Geburt erwachsen.

4.6.2.2. Abwägung bei Abtreibungen wegen vorgeburtlicher Konflikte

Welche sozialethischen Erwägungen können über die Frage der Zulässigkeit von Abtreibungen entscheiden? Als generelle Leitlinie kann festgestellt werden, daß das Austragen und Erziehen eines Kindes sozialethisch dann geboten ist, wenn damit dem Prinzip der größtmöglichen Vielfalt von Gemeinschaftshandlungen Genüge getan wird. Dies ist im allgemeinen der Fall. Die Vielfalt nimmt zu, weil ein neues, hier emphatisches, Gemeinschaftshandeln zu den bereits bestehenden hinzukommt. Zur Erinnerung: Ein neues emphatisches Gemeinschaftshandeln liegt immer dann vor, wenn ein emphatisches gemeinschaftliches Handeln in einem Personenkreis begonnen wird, dessen Mitglieder nicht bereits in dieser Zusammensetzung in einem existierenden emphatischen Gemeinschaftshandeln zusammenwirken.[53] Die Fürsorgerelation stellt zumindest für den Fötus ein em-

---

[53] Vgl. oben Kap. 3.7.3.

phatisches Gemeinschaftshandeln dar und ist ein neues Gemeinschaftshandeln, weil der Fötus zuvor überhaupt nicht existiert hat.[54]
Alles dies bedeutet jedoch nicht, daß Abtreibungen generell verboten
sind, weil das Vielfaltsprinzip nur dann Geltung hat, wenn durch das
Hinzukommen des neuen Gemeinschaftshandelns keine Kollision
mit anderen, bereits bestehenden Gemeinschaftshandlungen entstehen. Kollisionen sind dabei, das ist bereits oben ausgeführt worden,
nicht nur nebensächliche Modifikationen bestehender Gemeinschaftshandlungen, sondern erfordern eine Änderung im Kernbe-
reich oder gar die Beendigung mindestens einer der Gemeinschaftshandlungen. Abtreibungen werden in der überwiegenden Zahl der
Fälle gerade bei Kollisionen dieser Art erwogen, so daß mit der ge-
troffenen, generellen Feststellung nicht viel gewonnen ist.

Die Überlegungen zu einer sozialethisch begründeten Auflösung von Kollisionen zwischen Gemeinschaftshandlungen haben
wesentlich zwei Komponenten herausgehoben. Einerseits ist die
Festlegung eines Paradigmas erforderlich, das die kollidierenden Gemeinschaftshandlungen vergleichbar macht. Anderseits müssen alle
Beteiligten in der für das Paradigma typischen Weise der Kooperation an der Kollisionsbehebung mitwirken. Im folgenden wird zu
zeigen sein, daß wir bei der Beurteilung von Abtreibungen sehr unterschiedliche Paradigmata anlegen und demzufolge auch ganz verschiedene Gründe für die Zulässigkeit oder die Unzulässigkeit von
Abtreibungen verwenden. Es ist somit unmöglich, über die Zulässigkeit von Abtreibungen im allgemeinen zu urteilen, vielmehr erfordert eine solche Einschätzung die Abwägung im Einzelfall, weil Abtreibungen nicht durchgängig nach demselben Paradigma bewertet
werden. Die Abtreibungsfrage ist damit der leerlaufenden Universalisierung entzogen, aber zugleich nicht in einen Bereich der Einzel-
fallkasuistik verschoben. Die einzelnen Fälle werden nämlich nicht
als völlig singuläre Ereignisse aufgefaßt, was sich schon deshalb verbietet, weil jede Art des begründeten Urteils im singulären Fall durch
den Umstand unmöglich gemacht wird, daß Gründe immer auf eine
Klasse von Ereignissen bezogen sind. Es finden stattdessen Paradigmata Anwendung, die nicht als allgemeine, sondern als regionale
Vergleichsmaßstäbe dienen und somit der tatsächlichen Problemlage
in höherem Maße gerecht werden, als dies bei universalistischen

---

[54] Entsprechend entstehen nach der Geburt neue emphatische Gemeinschaftshandlungen zwischen dem geborenen Kind und Personen, die sich um das Kind kümmern.

Aussagen der Fall ist. Der Ansatz, der hier zur Klärung der Abtreibungsfrage gewählt wird, ergibt sich aus einer sozialethisch begründeten Verfahrensweise und kann beide bislang in der Diskussion vorherrschenden Extreme vermeiden.[55]

Die Zulässigkeit von Abtreibungen wird aus den oben angeführten Gründen in Abhängigkeit davon unterschiedlich zu bewerten sein, ob der Kollisionsfall vor der Geburt oder nach der Geburt eintreten wird. Betrachten wir hier zunächst die Paradigmata, die bei vorgeburtlichen Kollisionen eine Rolle spielen.

In den vorgeburtlichen Kollisionsfällen spielt die werdende Mutter bei der Kooperation, die zur Kollisionsbehebung erforderlich ist, eine zentrale Rolle, weil sie in ihrer Fürsorgerelation für den Fötus durch niemanden vertreten werden kann. Das bedeutet jedoch nicht, daß allein die Perspektive der werdenden Mutter über die Zulässigkeit einer Abtreibung entscheiden würde. Da eine Abtreibung zur Behebung einer Kollision zwischen Gemeinschaftshandlungen erwogen wird, sind die Kooperationsbeiträge der anderen Beteiligten ebenfalls in Rechnung zu stellen. Das betrifft einerseits den Fötus, der seinen Beitrag nicht selbst artikulieren kann, sondern dessen Perspektive entweder durch die werdende Mutter bei der Abwägung einbezogen wird oder durch andere Mitglieder der Gesellschaft stellvertretend wahrgenommen wird. Andere Mitglieder der Gesellschaft qualifizieren sich als Beteiligte an dieser Kollision, insofern sie durch später mögliche Gemeinschaftshandlungen mit dem entstehenden Menschen durch eine Abtreibung mehr oder minder direkt betroffen sind. Anderseits sind diejenigen Personen Beteiligte, die mit der Mutter in denjenigen Gemeinschaftshandlungen agieren, die mit der Fürsorglichkeitsrelation für den Fötus in Kollision geraten.

Ein erstes Paradigma für vorgeburtliche Gründe einer Abtreibung ergibt sich aus medizinischen Gründen. Die werdende Mutter steht dabei mit hoher Wahrscheinlichkeit in der Gefahr, durch die

---

[55] Mit dieser Wendung wird einerseits der zu Recht von Jonson/ Toulmin (1988, S. 4, 18) betonten Notwendigkeit Rechnung getragen, den Einzelfall zu berücksichtigen, als auch die Schwächen dieses Ansatzes vermieden, die Bayertz (1994, S. 6 f.) in der Überbetonung des Unvergleichbaren des Einzelfalles gegenüber einer allgemeinen Regelung festgemacht hat. Anderseits bietet der hier vorgestellte Ansatz den Vorteil, begründen zu können, wie die unbefriedigende Dichotomie zwischen Einzelfall und universeller Regel in einer regionalen Lösung angemessen auflösbar ist, während Bayertz in seiner Kritik an Jonson und Toulmin lediglich innerhalb der Dichotomie die Gewichtung verschiebt.

physiologischen Belastungen oder durch ihren Körperbau bedingt beim Austragen oder bei der Geburt des Kindes zu sterben. Die Fürsorge für den Fötus macht also über kurz oder lang die anderen Gemeinschaftshandlungen unmöglich, in die die werdende Mutter momentan eingebunden ist. Die Abtreibung erscheint hier gerechtfertigt, weil das Verhältnis von Fötus und Mutter unter dem organischen Leitbild einer tödlichen Parasit-Wirt-Relation betrachtet wird. Der Fötus würde wie manche Arten von Parasiten den Organismus töten, der für seine Lebensfähigkeit sorgt. Die mit der Parasitismusvorstellung implizierte Selbstwidersprüchlichkeit eines Lebens um eines anderen derselben Art willen, liefert den Grund, eine Abtreibung zu rechtfertigen. Dieses organische Paradigma dürfte in unserer Gesellschaft die übliche Weise sein, in diesem Fall zu entscheiden. Somit könnte eine damit begründete Abtreibung als kooperative Kollisionsbehebung sowohl von der werdenden Mutter wie auch von den Vertretern des Fötus angesehen werden. Die Tötung des Fötus als kooperativ auch aus dessen Sicht anzusehen, ist nicht selbstwidersprüchlich, gibt es doch genügend Situationen, in denen in unserer Gesellschaft Kooperationen den Tod eines der Beteiligten fordern. Man muß gar nicht an den mancherorts gepriesenen Heldentod für's Vaterland erinnern, sondern braucht nur an die Selbstaufgabe zu erinnern, die in manchen Situationen von Rettungsmannschaften erwartet und praktiziert wird. Der jeweils verfügbare Stand medizinischer Versorgung spielt hier bei der Rechtfertigung eine Rolle, denn eine medizinisch schlecht versorgte Frau kommt viel eher in eine lebensbedrohende Situation als eine besser versorgte werdende Mutter, für die medizinisch gesehen demnach auch keine Rechtfertigung für eine Abtreibung vorliegt.

Offensichtlich sind durchaus andere Paradigmata in der hier diskutierten Problemlage denkbar und wurden auch praktiziert. Beispielsweise bringt es die Wichtigkeit eines männlichen Erben in patrilinearen Herrschaftsformen mit sich, daß in einer solchen Gesellschaftsform die kooperative Entscheidung über den Tod bei einem wohlgemerkt: männlichen Fötus zu Ungunsten der Mutter ausfällt. In diesen Fällen wird die Abtreibung verworfen und der Tod der Mutter in Kauf genommen, weil das Verhältnis von Fötus und Mutter nicht unter dem Paradigma des Parasitismus, sondern unter dem der Aufrechterhaltung der Erb- und damit Herrschaftsfolge begriffen wird.

Das Parasitismus-Paradigma ist darin als eigenständige Form

charakterisiert, daß es einen gewichtigen Grund, der ansonsten gegen eine Abtreibung spricht, überhaupt nicht in Erwägung zieht. Es ist der Grund, Personen für voraussehbare Folgen ihrer vermeidbaren Handlungen haften zu lassen, der mit unserer Konzeption von »erwachsener Person« verknüpft ist. Eine Abtreibung kann man nicht dadurch begründen, daß die Schwangerschaft Unannehmlichkeiten mit sich bringt, weil diese Unannehmlichkeiten durch Empfängnisverhütung oder gar sexuelle Enthaltsamkeit hätten voraussehbar vermieden werden können. Diese Folgen sind demnach von der werdenden Mutter zu ertragen, weil sie voraussehbar waren und Mittel verfügbar waren, diese Folgen abzuwenden. Eine Abtreibung wegen der Unannehmlichkeiten der Schwangerschaft zuzulassen hieße, daß sich die werdende Mutter durch diese Abtreibung in ihrem früheren Tun nicht mehr als »erwachsene Person« verstehen und somit die Abtreibung auch nicht als kooperative Lösung begreifen kann. Es liegt auf der Hand, daß dieser Fall bei Unkenntnis, bei mangelnder Verfügbarkeit von Verhütungsmitteln, bei der z. B. durch weltanschauliche Gründe getragenen Ächtung dieser Mittel oder bei deren Versagen im Fall der Anwendung durchaus anders beurteilbar ist. Die Argumentation mit Hilfe von Folgenhaftung hat jedoch einen entscheidenden Schönheitsfehler: sie trifft, was die Belastungen der Schwangerschaft angeht, nur die Frauen, nicht aber die Männer, die trotz ihrer Beteiligung am Sexualakt diese Folgen nicht zu tragen haben. Diese Verzerrung ist der Grund dafür, daß die Einstellung der werdenden Mutter zur Abtreibung bei der Entscheidung über die Durchführung einer Abtreibung inzwischen stärker ins Gewicht fällt, als dies vor nicht allzu langer Zeit noch üblich war. Wenn es gelänge, die Männer mit der Erziehung des Kindes stärker als bislang üblich zu belasten, könnte allerdings diese unkompensierte systematische Verzerrung (die sich ja auch in einer einseitigen Belastung der Frauen mit der Erziehung der Kinder prolongiert) überführt werden in eine lediglich während der Schwangerschaft temporär nicht kompensierbare Ungleichverteilung. Dann könnte das Argument der Folgenhaftung für die Mütter wie auch die Väter wieder an Gewicht gewinnen.

Bei dem Parasitismus-Paradigma spielt es keine Rolle, ob die Schwangerschaft als voraussehbare Folge aus vermeidbarem Handeln entspringt, sondern ob der Fötus die Mutter töten wird. Eine prominente Rolle nimmt die Folgenhaftung hingegen bei der Erwägung ein, ob eine Abtreibung zulässig ist, die eine Schwangerschaft als Folge einer Vergewaltigung beendet. Im Falle der Vergewaltigung kann das Austragen nicht aus der Folgenverantwortung begründet werden, weil die Vergewaltigung der Frau ein für sie nicht vermeidbares Handeln aufgenötigt hat, für dessen Folgen sie gemäß den Kriterien, die eine Folgenhaftung begründen, auch nicht haftbar gemacht werden kann. Wenn man in Betracht zieht, daß der Status von Handlungen sich aus deren Anschlußhandlungen ergibt, so bedeutete im Fall der Vergewaltigung die Forderung eines Austragens wegen der damit verbundenen Beschwernisse für das Opfer eine nachträgliche Gleichstellung (und Billigung) der Vergewaltigung mit normalen Sexualakten, für die diese Forderung üblicherweise einschlägig ist.

Bei der Entscheidung über die sozialethische Zulässigkeit einer Abtreibung aus vorgeburtlichen Gründen haben sich zwei Paradigmata herausgestellt. Beide ziehen wesentlich die Einstellung der werdenden Mutter zur Abtreibung als Entscheidungskriterium heran, weil es die werdende Mutter ist, die die Belastungen zu tragen hat. Das Folgenhaftungsparadigma, das mit unserem Bild einer erwachsenen Person einhergeht, verbietet normalerweise aufgrund der Verfügbarkeit von und der Kenntnis über Verhütungsmethoden diejenigen Abtreibungen, die die Beschwerlichkeiten der Schwangerschaft zu vermeiden suchen. In der Umkehrung dient das Folgenhaftungsparadigma als Grund dafür, den Opfern von Vergewaltigungen den Abbruch daraus resultierender Schwangerschaften zu gestatten. Anders jedoch der Fall, in dem das Parasitismus-Paradigma leitend ist, bei dem eine hohe Wahrscheinlichkeit schwerer Schädigung oder Tötung der Mutter durch das Austragen zu befürchten ist. Hier spielen Folgenhaftungsargumente keine Rolle, sondern die Widersprüchlichkeit der Erzeugung von Leben auf Kosten eines anderen Lebens gilt als Grund, die Abtreibung zuzulassen.

4.6.2.3. Abwägungen bei Abtreibungen wegen nachgeburtlicher Konflikte

Die nachgeburtlichen Gründe für eine Abtreibung unterscheiden sich von den vorgeburtlichen darin, daß sie einerseits auf neue Typen von Kollisionen reagieren müssen, die sich nicht mehr allein auf eine Kollision mit der Fürsorglichkeitsrelation von Mutter und Fötus beschränken müssen, sondern auch Kollisionen umfassen können, die sich hinsichtlich der Fürsorgerelation zwischen einer anderen Person und dem Kind ereignen. Anderseits entfallen manche Gründe aber auch deshalb, weil Kollisionen nach der Geburt dadurch behoben werden können, daß die Fürsorge nicht mehr (allein) bei der leiblichen Mutter liegt, sondern von anderen Personen getragen wird. Auch wenn nachgeburtliche Kollisionen durch die Abtretung der Fürsorge an andere Personen behoben werden, muß bei einem Verbot der Abtreibung beachtet werden, daß die Schwangerschaft für die werdende Mutter immer ein bestimmtes Restrisiko beinhaltet, das nicht wie die Fürsorgerelation abgetreten werden kann. Schon aus diesem Grunde ist eine sozialethisch angemessene Kollisionsauflösung nur bei einer die Mutter einschließenden Kooperation möglich, wenn ihre Gewichtung im Vergleich zu vorgeburtlichen Abtreibungsgründen auch geringer sein mag.

Die Folgenhaftung ist der übliche Grund, Abtreibungen aus nachgeburtlichen Kollisionen abzulehnen. Dabei kann die Folgenhaftung hier auch den Vater erstmals ebenbürtig einspannen, so daß dessen Mitwirkung einzubeziehen ist, wenn die Gründe für eine Abtreibung erwogen werden. Denkbar wäre etwa (wiewohl selten praktiziert), daß eine Kollision, die daraus entsteht, daß die Mutter nicht mehr in dem bisherigen Umfang berufstätig sein kann, vom Vater ausgeglichen wird, indem er seine eigene Berufstätigkeit reduziert, um die der Mutter (in ebenfalls eingeschränkter Weise) zu ermöglichen.

Dieser Ablehnungsgrund ist nicht einschlägig, wenn die nachgeburtliche Kollision zwischen zwei Fürsorgerelationen entsteht. Formen einer solchen Kollision könnten sein, daß die ökonomischen Ressourcen nicht ausreichen, um ein zusätzliches Familienmitglied zu ernähren. Hier kollidierte die bereits bestehende Fürsorgerelation zu den bisherigen Familienmitgliedern mit derjenigen gegenüber dem neugeborenen Kind. Ein solcher Grund wird umso eher einschlägig sein, je geringer die ökonomischen Hilfsmöglichkeiten oder -neigungen des näheren oder weiteren sozialen Umfelds der betroffenen Personen sein wird, weil die Kollision durch fremde Hilfe nicht abgefangen werden kann. Eine Abtreibung wäre in einem solchen Fall aus einer quantitativen Abwägung gerechtfertigt, weil die Geburt eines einzelnen Kindes die Versorgung einer Mehrzahl von Personen nur noch unzureichend oder gar nicht mehr möglich macht. Hier würde sich die Überlegung an dem einfachen Aufrechnen von zu erhaltenden Personen gegeneinander ergeben.

Eine andere Ausprägung der Kollision zwischen Fürsorgerelationen könnte etwa darin bestehen, daß die Mutter oder die Fürsorgeperson des Kindes vollkommen mit der Pflege einer anderen Person okkupiert ist, etwa der Pflege der eigenen bettlägerigen Mutter. Wenn der Extremfall unterstellt wird, daß die Pflege an niemanden anders abtretbar ist, ebensowenig wie die Fürsorge für das Kind, so bedeutete das Verbot einer Abtreibung das Todesurteil für die zu pflegende Person. Vermutlich würden die meisten von uns die Abtreibung für die bessere dieser beiden schlechten Alternativen halten, insbesondere, wenn man das Verhältnis zwischen Pflegeperson und gepflegter Person verwandtschaftlich nah und in der Zuwendung innig darstellte, weil Achtung vor den eigenen Eltern und die Innigkeit einer Beziehung bei der Abwägung zwischen den Beziehungen bei uns zumeist eine zentrale Rolle spielen. Der hier erwogene Extremfall muß nicht tatsächlich eintreten, er soll lediglich illustrieren, daß wir mit sehr unterschiedlichen Maßstäben über die Zulässigkeit der Abtreibung entscheiden, die aber jederzeit die Eingebundenheit der kollidierenden Gemeinschaftshandlungen in das lebensweltliche Handlungsgeflecht berücksichtigen und darin als kooperative Lösung auch dieser sich um Leben und Tod drehenden Kollisionen verständlich werden.

Bei Abtreibungen, die erwogen werden, weil der Fötus schwerwiegende genetische Schäden aufweist, wie etwa das Down-Syndrom, liegt folgende Kollisionssituation vor. Die geschädigten Kinder werden ihr gesamtes Leben über pflegebedürftig sein und können sich bei manchen genetischen Defekten nicht über ein niedriges geistiges Niveau hinaus entwickeln. Aus diesen behinderten Kindern wird nie ein selbständiger Erwachsener, sondern sie erfordern zeit ihres Lebens eine Fürsorglichkeitsrelation, die sonst nur für Kleinkinder notwendig ist. Das damit gegebene zusätzliche Maß an Belastung für die Fürsorgepersonen kann mit der Einbindung der Fürsorgepersonen in andere Gemeinschaftshandlungen derart kollidieren, daß eine Abtreibung gerechtfertigt ist. Beispielsweise könnte die Dauerpflege ein Beschäftigungsverhältnis verhindern, das die Voraussetzung zur materiellen Erhaltung von Pflegeperson(en) und behindertem Kind bildet. Das Kind nicht abzutreiben bedeutete hier schlicht, den sofortigen Tod des Kindes durch den langsamen Tod durch Auszehrung von Kind und Fürsorgeperson zu ersetzen. Offensichtlich spielt bei der Zulässigkeitsfrage erneut das Umfeld eine wichtige Rolle. Wenn es ausreichende ökonomische Sicherungssysteme gibt oder Hortplätze für behinderte Kinder, um die Berufstätigkeit zu ermöglichen, oder auch die Adoption bei behinderten Kindern tatsächlich (und nicht nur der Idee nach) leicht möglich ist, dann wären bestimmte Kollisionen einfach nicht mehr gegeben und könnten auch nicht als Grund für eine Abtreibung dienen. Sind solche Hilfestellungen nicht oder nur unzureichend vorhanden, dann bilden die sich wegen dieses Mangels einstellenden Kollisionen einen Grund, die Abtreibung zuzulassen. Es wäre unbillig, den Fürsorgepersonen das hohe Maß an Belastung abzuverlangen, wenn anderseits durch das Fehlen entsprechender Hilfestellungen sichtbar ist, daß keinerlei Anstrengungen von anderen Personen gemacht werden, den behinderten Kindern einen Ort in der Gesellschaft einzuräumen. Sind Hilfsmaßnahmen in ausreichendem Maße verfüglich, so können die Pflegepersonen ihr Engagement in der Fürsorge für die behinderten Kinder als ihren Beitrag zur Kooperation verstehen, den Kindern mit den anderen Gemeinschaftsmitgliedern zusammen ihren spezifischen Ort in der Gemeinschaft zu geben. Dieses Verständnis setzt jedoch Hilfestellungen voraus; ein Fehlen der Hilfsmaßnahmen läßt die gesellschaftsübliche Kooperation nurmehr in Form der Abtreibung entstehen.

Dieselbe Überlegung gilt generell für nachgeburtliche Kollisionen. Je mehr Hilfestellungen *tatsächlich* verfügbar sind, desto höher sind die Anforderungen, die an Gründe für die Abtreibung zu stellen sind, weil schwerwiegende Kollisionen in immer selteneren Fällen vorkommen werden.[56] »Tatsächliche Verfügbarkeit« bedeutet dabei nicht bloß die abstrakte Möglichkeit, auf eine bestimmte Hilfestellung zurückgreifen zu können, sondern bezieht auch die soziale Wertschätzung ein, die mit dem Rückgriff auf eine solche Hilfe verbunden ist. In der Wertschätzung drückt sich die Eingebundenheit der Handlung in den gesamten gesellschaftlichen Kontext aus. Für den Fall der Freigabe zur Adoption wurde oben bereits darauf hingewiesen, daß ein Freigeben des eigenen Kindes zwar eine denkbare Alternative ist, aber nur in Ausnahmefällen eine wirklich praktikable Lösung bildet, weil sie sozial zu schlecht beleumundet ist. Die Wahl einer solchen Alternative bedeutet eine soziale Abwertung und kann

---

[56] Einen sozialethischen Skandal stellen deshalb die Versuche dar, die mit der letzten Novellierung des Abtreibungsrechts eingegangene staatliche Verpflichtung zurückzunehmen, jedes Kind solle einen Kindergartenplatz verfügbar haben, ohne zugleich auch das Abtreibungsverbot entsprechend der Schmälerung verfügbarer Hilfestellungen zu lockern.

daher nicht uneingeschränkt als Möglichkeit verstanden werden, die Kollision zu beheben. Unter den Randbedingungen der sozialen Bewertung der Alternative ist die Wahl dieser Alternative aus der Sicht des Wählenden keine Kooperation, die die eigenen Ansprüche und die der anderen Gesellschaftsmitglieder in einer angemessenen Weise zur Deckung bringt. Eine solche Alternative bietet somit keine sozialethisch akzeptable Kollisionsauflösung, weil von einzelnen Mitgliedern der Gesellschaft Leistungen verlangt werden, die bezogen auf die komplementären Anschlußhandlungen der Gesellschaft supererogatorisch anmuten.

Die Abwägung der Zulässigkeit von Abtreibungen weist generell die Schwierigkeit auf, daß zumeist die Kollisionen, die zur Abtreibung Veranlassung geben, zum Zeitpunkt der Abtreibung noch nicht wirklich geworden sind, vielmehr wird deren Eintreten lediglich mit großer Wahrscheinlichkeit erwartet. Es handelt sich also meist um Entscheidungen unter Risiko, mit allen Unwägbarkeiten, die solche Entscheidungssituationen mit sich bringen. Dieses Problem läßt sich nicht dadurch beheben, daß man einfach abwartet, bis sich die Kollision tatsächlich einstellt, denn das könnte z. B. im Fall von Kollisionen, die sich erst nach der Geburt einzustellen drohen, heißen, daß man das Kind nach der Geburt tötet, statt einen dreimonatigen Fötus abzutreiben. Abtreibungen sind in solchen Risikofällen so früh wie möglich durchzuführen, auch wenn zu diesem Zeitpunkt die Eintrittswahrscheinlichkeit einer Kollision vielleicht noch nicht mit abschließender Genauigkeit festgelegt werden kann. Denn der Zugewinn an Sicherheit über das Eintreten oder Nichteintreten der Kollision macht es nötig, daß die werdende Mutter die zusätzliche Belastung durch die verlängerte Schwangerschaft zu ertragen hat, die im Fall der sich einstellenden Kollision schließlich doch mit einer Abtreibung endet, also völlig überflüssig ist. Da die erwarteten Kollisionen, sollen sie überhaupt einen Abtreibungsgrund ergeben können, mit sehr hoher Wahrscheinlichkeit eintreten werden, wird also in der überwiegenden Zahl der Fälle der Mutter eine völlig unnötige Belastung abgefordert. Eine solche Forderung ist aufgrund dieser Überflüssigkeit aus der Sicht der werdenden Mutter sicherlich nicht eine kooperative Form der Kollisionsbehebung und daher sozialethisch nicht zu vertreten.

Daß das Alter des Fötus bei der Abtreibungsfrage eine Rolle spielt, die Abtreibung eines zweimonatigen Fötus von uns anders als die eines achtmonatigen beurteilt wird, liegt daran, daß hier der Entwicklungsstand des Fötus in Rechnung gestellt wird. In demselben Maße, wie Kinder mit zunehmendem Alter in Entscheidungssituationen über Gemeinschaftshandlungen üblicherweise ein zunehmendes Gewicht bei der gemeinsamen Entscheidung eingeräumt bekommen, wird auch dem Fötus mit zunehmender Entwicklung ein wachsendes Maß an Eigengewicht zugeschrieben. Je später die Abtreibung erfolgt, desto höher sind demnach die Ansprüche an die Gründe, die eine solche Abtreibung rechtfertigen, weil nur bei Vorliegen solcher schwerwiegenden Gründe unterstellt werden kann, daß die Kollisionsauflösung durch Abtreibung auch zu dem späteren Zeitpunkt für den Fötus als eine kooperative Lösung gelten kann. »Kooperative Lösung« ist hier ganz wörtlich gemeint, denn Kooperation macht es auch in unserem Verständnis nicht undenkbar, daß die Kooperation den Tod eines der Kooperierenden einschließt. Oben war bereits auf die Beispiele des Heldentods und des selbstlosen Einsatzes von Rettungspersonal hingewiesen worden.

Hinsichtlich der vorgeburtlichen und der nachgeburtlichen Konflikte ist sichtbar geworden, daß zur Beurteilung der Zulässigkeit von Abtreibungen sehr unterschiedliche Paradigmata und demzufolge auch Bewertungskriterien verwendet werden. Diese Vielfältigkeit muß nur denjenigen überraschen, der die Abtreibungsfrage mit universalistischen Konzepten meint angemessen beurteilen zu können, meist unter Schlagwörtern wie »Selbstbestimmungsrecht der Frau« oder »Lebensrecht des Fötus«. Eine sozialethisch fundierte Diskussion der Abtreibung muß gerade auf das jeweils einschlägige Paradigma achten, um die Kollisionsauflösung als einen alle Beteiligte einbeziehenden kooperativen Prozeß ausweisen zu können, auf dessen Hintergrund erst von einer sozialethisch begründeten Zulässigkeit oder Ablehnung der Abtreibung gesprochen werden kann.

4.7. Sanktionen und deren Zuordnung auf die Beteiligten als Folge sozialethisch unzulässiger Handlungen

Der entscheidende Unterschied zwischen einem (wahren) Naturgesetz und ethischen Geboten besteht bekanntlich darin, daß Naturgesetzen nicht zuwidergehandelt werden kann, wohingegen dies bei ethischen Normen durchaus möglich ist. Die übliche Folge von Normverstößen sind Sanktionsmaßnahmen, die durch die anderen Normunterworfenen gegen den Normverletzer eingeleitet werden.

Fraglich ist dabei im Rahmen einer Sozialethik zunächst, worin die Berechtigung für die Sanktion gegen den Normverletzer besteht. Die Sozialethik weist darüber hinaus aber ein weiteres Problem auf: Da gemeinschaftliches Handeln das Zusammenwirken mehrerer Personen erfordert, bleibt selbst nach Klärung der genannten Frage immer noch offen, ob und in welchem Maße die einzelnen Beteiligten einer Gemeinschaftshandlung zur Verantwortung gezogen werden. Die Zuschreibung der Verantwortung auf die Beteiligten bedarf bei einem sanktionswürdigen Gemeinschaftshandeln einer eigenen Begründung, die bei einem Einzeltäter nicht erforderlich ist, wenn dessen Handlung einen Normverstoß darstellt.

Das nachfolgende Kapitel wird sich mit der sozialethischen Begründung für die Sanktionen beschäftigen, die einem Normverstoß folgen; die Verantwortungszuscheibung im Gemeinschaftshandeln bildet den Gegenstand des darauffolgenden Kapitels.

4.7.1. Begründung und Eingrenzung der Sanktionierbarkeit unzulässiger Gemeinschaftshandlungen

Bei der Diskussion der normativen Dimension der Regeln hatten wir den Ursprung der Normativität im korrigierenden Anschlußhandeln festmachen können. Falsches Handeln gibt es nur deswegen, weil in Form einer Korrektur auf das vorangegangene Handeln eingegangen wird. Die Anschlußhandlung individuiert die vorangegangene Handlung dabei nicht allein als falsche Ausführung, sondern stellt durch entsprechend abgestimmten Anschluß eine korrekte Durchführung der fraglichen Regel sicher. In der Korrektur tritt »falsch« in eine sichtbare Dichotomie zu »richtig« und zugleich wird ein korrekter Fall der Regelanwendung hervorgebracht. »Falsch« und »richtig« ergeben sich also durch eine bestimmte Handlungsverknüpfung. Dementsprechend kann es Verstöße gegen Normen nur geben (und damit Normen überhaupt), wenn ein bestimmtes Verhalten einzelner oder mehrerer Personen als ein Normverstoß durch ein entsprechendes anschließendes Korrekturhandeln individuiert wird. »Richtig« und »falsch« sind normspezifisch, weil die Norm die für die Beurteilung der Richtigkeit wesentlichen Kriterien vorgibt. Umgekehrt betrachtet bestätigt das Korrekturhandeln die Geltung der Norm in zweierlei Hinsicht: einerseits wird das vorangegangene Handeln als eines aufgefaßt, das der Norm hätte genügen sollen (Geltungsanspruch der Norm für Handlungen bestimmter Art) und anderseits wird durch das korrigierende Anschließen tatsächlich eine korrekte Anwendung der Norm zustandegebracht (Gültigkeit der Norm bei Handlungen einer bestimmten Art). Die Norm, so hatten wir gesehen, existiert dabei nicht abgehoben von Handlungsvollzügen, die der Norm genügen, sondern Normativität verlangt, daß das abweichende Handeln auf ein tatsächlich durchgeführtes paradigmatisches Handeln bezogen wird.[57] Normgeltung und korrigierendes Anschlußhandeln sind zwei Seiten derselben Münze. Die Verknüpfung von Handlungen, die Normativität konstituieren, impliziert Sanktionen für Normverletzungen. Wenn ein wesentliches Moment des Korrekturhandelns darin besteht, eine korrekte Durchführung der Regel (oder Norm) zu erzeugen, so entsteht in bestimmten Fällen das Erfordernis von Sanktionen, um die korrekte Ausführung herbeiführen zu können. Voraussetzung für Sanktionen ist dabei, daß von dem oder den Sanktionsbetroffenen zu Recht unterstellt wird, daß (er) sie kompetent (ist) sind, die fragliche Norm zu befolgen.[58] Kann die Kompetenz nämlich nicht unterstellt werden, so erfolgt die Korrektur im Rahmen eines Lernprozesses zum Erwerb der fraglichen Kompetenz. Im Lernprozeß ist jedoch dem Auszubildenden eine falsche Anwendung der Regel nicht zurechenbar, weil sich in diesen Prozessen der Regelbezug im Handeln des Auszubildenden der Kompetenz des Lehrers verdankt und von dieser abhängig ist.[59] Wird allerdings eine Kompetenz zur Normbefolgung unterstellt, so muß der Betroffene sich die Abweichung seines Handelns von dem paradigmatischen Handeln zurechnen lassen, weil Kompetenz ja gerade bedeutet, eine normgerechte Handlung in den einschlägigen Situationen durchzuführen.[60] In Gemeinschafts-

---

[57] Vgl. die Diskussion der internen Relation von Regel und Regelanwendung in Kap. 3.4.5.

[58] Welche Sachverhalte vorliegen müssen, um die Regelbefolgungskompetenz zu Recht zu unterstellen, divergiert je nach der entsprechenden Regel. Beispiele für Sachverhalte, die eine Kompetenz anzeigen, wären Zertifikate, das Verwenden geschützter Berufsbezeichnungen oder die Erfahrung, daß eine Person der Regel genügend oft konform geht.

[59] Vgl. oben Kap. 3.4.2 und 3.4.3.

[60] Mit Bedacht wurde die tatsächliche Durchführung in einschlägigen Situationen gefordert, nicht lediglich, daß jene Handlung durchgeführt werden könnte. Eine Kompetenz, die in letzter Instanz nicht auf tatsächlichem Handeln beruht, ist keine Kompetenz, weil sie sich nicht in entsprechendem Handeln niederschlägt. Demzufolge wäre es gleichfalls Unsinn, den Irrealis einer Kompetenz vermittels des Ausbleibens einschlägiger Situationen durch die Hintertür hereinzuholen. Mit einem solchen Vorgehen

handlungen bedeutet Kompetenz im Handeln des Einzelnen, mit den anderen Beteiligten eine auf die Situation und das Verhalten der anderen Beteiligten abgestimmte Verhaltensweise an den Tag zu legen, die das entsprechende Gemeinschaftshandeln zum Erfolg führt. Die Kompetenz hat hier zusätzlich zu den im Einzelhandeln nötigen Momenten zusätzlich die Komponente der Fähigkeit zur Abstimmung auf die anderen Beteiligten im Sinne des einschlägigen Gemeinschaftshandelns.

Sanktionen sind unter der soeben genannten Voraussetzung in zwei Fallgruppen erforderlich, um in der Korrektur eine richtige Ausführung der Norm herbeiführen zu können. Die erste Fallgruppe betrifft Fälle, in denen eine korrekte Ausführung nicht mehr direkt möglich ist, weil im Zuge des falschen Handelns eine Gelingensvoraussetzung für das Handeln vernichtet oder unbrauchbar wurde. Beispielsweise zerbricht durch unsachgemäßes Verladen in den Möbellaster ein Teil des Hausrats. In diesem Fall hat es keinen Sinn, die zerbrochenen Teile nochmals, nun sachgemäß, in den Laster zu laden, weil dadurch die Handlung nicht mehr korrekt durchgeführt werden kann, die ja darin bestanden hätte, den Hausrat in brauchbarem Zustand an den neuen Ort zu verbringen. Die Regelgültigkeit wäre auch nicht gewährleistet, wenn zwar der Fehler festgestellt, die korrekte Durchführung aber dennoch nicht zustandekäme. Das wäre beispielsweise dann der Fall, wenn die betroffene Familie in ein Gezeter um die unsachgemäße Verladung ausbräche, das aber folgenlos bleibt, weil es den Hausrat auch nicht heil an seinen Bestimmungsort zu bringen vermag.[61] Deshalb muß der Möbelspediteur, der den Schaden verursacht hat, Ersatz leisten, damit schließlich tatsächlich der korrekte Ablauf des Handelns zustandekommen kann, wenn auch über den Umweg der Neuanschaffung des zerbrochenen Hausrats am neuen Wohnort.

Was im einzelnen als Ersatz für die im Rahmen der falschen Handlung zunichte gewordene Gelingensvoraussetzung gelten kann,

---

könnte ich mir die Kompetenz zuschreiben, auf dem Neptun tief durchatmen zu können, nur weil ich nie in die Verlegenheit kommen werde, auf diesem Planeten zu stehen.

[61] Würde die Regel oft genug in dieser Weise um ihre Gültigkeit gebracht, indem ihre Durchführung zwar gefordert, aber nicht in die Tat umgesetzt wird, gäbe es nicht mehr die für die Regelgültigkeit unabdingbare Praxis der tatsächlich mit der Regel in Einklang stehenden Handlungsausführung, d.i. die Regel hörte auf zu existieren. Vgl. oben Kap. 3.4.2.

ist Gegenstand einer reichen rechtswissenschaftlichen Kasuistik. Man denke nur an die Abwägungsprobleme, die die Feststellung des Schadens und des angemessenen Ersatzes aufwirft bei Unikaten, bei entgangenen Vorteilen oder bei immateriellen Werten wie Glaub- und Kreditwürdigkeit. Diese Fragen können und sollen hier nicht beantwortet werden, weil es lediglich darum geht, das Grundprinzip aufzudecken, nach dem solche Ersatzleistungen gefordert werden dürfen. Dieses Prinzip leitet sich aus der Eigenschaft der für die Normativität basalen Prozesse der Korrektur her, einen korrekten Anwendungsfall der fraglichen Norm zu erzeugen. In der vorliegenden Fallgruppe müssen diejenige Person oder diejenigen Mitglieder einer Gruppe (gemäß der unten zu besprechenden Verantwortungszuschreibung), die das falsche Handeln durchgeführt haben, vermittels eines entsprechenden Ersatzes jene korrekte Durchführung herstellen.

Die zweite Fallgruppe besteht aus den Fällen, in denen verbotene Handlungen durchgeführt werden, bzw. gebotene unterbleiben. Wie in der zuvor untersuchten Fallgruppe besteht eine Differenz zwischen einem richtigen und dem vorgefallenen falschen Handeln. Bei der Unterlassung gebotener Handlungen besteht der Unterschied zwischen dem Gebotenen und dem Nichtausführen dieses Gebots; beim verbotenen Handeln entweder zwischen verbotenem Handeln und der gänzlichen Unterlassung dieses Tuns (z. B. Unterlassen des Tötungsaktes) oder zwischen verbotener Handlungsweise und der Durchführung des Tuns in normkonformer Weise (z. B. einen Vertrag nicht mit falschen Angaben betrügerisch, sondern unter korrekten Angaben normkonform zu schließen). Hier werden gegen diejenigen, die für kompetent eingeschätzt werden, die verbotene Handlung zu unterlassen bzw. die gebotene Handlung zu tun, Strafen verhängt. In der folgenden Begründung der Strafbarkeit soll zur Vereinfachung der Darstellungsweise von einem Einzeltäter ausgegangen werden; gemäß den unten zu entwickelnden Prinzipien der Verantwortungszuschreibung im Gemeinschaftstun ist selbstverständlich auch die Bestrafung von mehreren Personen möglich, die in einem Gemeinschaftshandeln gegen Normen verstoßen haben. Die Strafmaßnahme ist ein Anschlußhandeln, das das vorgefallene Handeln (bzw. Unterlassen) als einen Verstoß gegen Normen auffaßt und nicht lediglich als ein Mißgeschick, weil dieses wegen der unterstellten Kompetenz (sofern keine Sonderbedingungen als Entschuldigungsgründe vorliegen) nicht hat vorfallen können. Die Strafe geht natürlich über die einfache Feststellung hinaus, daß ein Normverstoß vorliege, weil sie sich z. B. im Falle von Vertrauensentzug auf die Handlungsmöglichkeiten des derart Bestraften auswirkt, bei Haftstrafen gegen die Freizügigkeit des Normverletzers oder bei Geldstrafen gegen dessen Vermögen gerichtet ist.

Die Diskussion des korrigierenden Anschlußhandelns hat gezeigt, daß Korrekturen im Zuge von Lernprozessen dazu verwendet werden, um dem Lernenden eine korrekte Normanwendung beizubringen. Eine korrekte Anwendung der jeweiligen Regeln erlaubt es den anderen Beteiligten, an das vorgefallene Handeln problemlos anzuschließen, weil das vorangegangene Handeln seine übliche Stelle in unseren Praktiken ausfüllt. Eine Normverletzung führt hingegen dazu, daß dieser problemlose Anschluß nicht mehr möglich ist, weil das Handeln nun nicht mehr den üblichen Platz in der Praxis auszufüllen in der Lage ist. Es sind zumindest erhöhte Abstimmleistungen erforderlich, um eine normverletzende Handlung in die übliche Praxis einzubetten, wenn nicht gar das Unmöglichwerden der üblichen Anschlußhandlungen eine noch größere Belastung für die anderen Beteiligten mit sich bringt. Die Strafe, die dem Normverletzer auferlegt wird, soll diesem fühlbar machen, daß seine Normverletzung anderen Personen zusätzliche Leistungen abverlangt hat, die bei einem normkonformen Verhalten – zu dem der Normverletzer ja aufgrund der ihm unterstellten Kompetenz in der Lage gewesen wäre – nicht erforderlich gewesen wären. Die durch die Normverletzung den anderen Beteiligten abgenötigte Abstimmleistung wird in Form der Strafe gegen den Normverletzer gewendet, um schließlich auch diesem selbst die erhöhte Belastung von Normverletzungen deutlich vor Augen zu führen und somit die Differenz zwischen normkonformem und normverletzendem Verhalten wie in jeder Korrektur prägnant sichtbar zu machen. Der rückwirkend verändernde Eingriff von Anschlußhandeln auf vorausgehendes Handeln anderer Personen, das in jeder Korrektur vorhanden ist, drückt sich hier in Form der strafenden Sanktion aus, um das normkonforme Handeln als normkonformes auch dem kompetent eingeschätzten Normverletzer deutlich vor Augen zu stellen. Eine genügend hohe Wiederholungshäufigkeit einer Normverletzung durch denselben Täter wird zur Folge haben, die für die Strafe erforderliche Unterstellung von Kompetenz beim Handelnden in Frage zu stellen. Dann findet keine Bestrafung, sondern ein Ausschluß aus den entsprechenden Paxiszusammenhängen statt, die sich auch durch Wiederaufnahme des Ausbildungsprozesses manifestieren kann. In welcher Form und in welcher Höhe die Belastungen, die andere Personen bei einer Normverletzung erleiden, sich in der Strafe wiederfinden, unterliegt wie bei der Feststellung von Art und Höhe des Schadenersatzes einer sich wandelnden Praxis, die hier nicht ausgebreitet werden muß.

Zwei Merkmale müssen jedoch aufgrund der dargestellten Strafbegründung trotz aller geschichtlich gegebenen Veränderungen durchgängig auf Strafen zutreffen, damit sie als Strafen gerechtfertigt sind. Erstens muß sich an der Strafhöhe die Wichtigkeit der Norm für die Praxis ablesen lassen. Wichtig kann eine Norm entweder durch ihre große Anwendungshäufigkeit oder aber durch ihre gravierenden Folgen sein. Ein Strafsystem, das bereits bei relativ geringfügigen Anlässen das Maximum der Strafe vorsieht und somit bei schwerwiegenden Anlässen keine Steigerungsmöglichkeiten mehr zuläßt, wäre demzufolge abzulehnen, weil der Zusammenhang zwischen den Belastungen anderer Personen durch die Normverletzung und der Strafe für den Normverletzer selbst nicht mehr sichtbar ist. Zweitens muß die auferlegte Sanktion als Sanktion für die Verfehlung der Norm sichtbar sein, oder in anderen Worten: die Strafe muß durchsichtig bleiben auf den normativen Unterschied zwischen dem normkonformen und dem normverletzenden Handeln. Wesentlich unter zwei Bedingungen ist dieses Merkmal nicht gegeben. In einem Willkürsystem, das bestimmte Handlungen manchmal bestraft und manchmal unbestraft läßt, ist der Zusammenhang zwischen einer Normverfehlung und der Strafe, die die erhöhten Abstimmleistungen für eine Normverfehlung ausdrücken soll, nicht mehr zu erkennen. Denn das Verhalten gemäß derselben Norm erscheint einmal strafwürdig und das andere Mal nicht, obwohl die erforderlichen Abstimmleistungen sich nicht geändert haben können. Das benannte Merkmal einer Stafe ist auch in dem Fall nicht mehr gegeben, wenn der normative Charakter von Strafen nicht mehr faßlich ist, wie es z. B. bei bestimmten Ordnungswidrigkeiten und den dabei erhobenen Geldstrafen der Fall ist. Beispielsweise übernehmen manche Spediteure die Zahlung von Bußgeldbescheiden ihrer Lastwagenfahrer für deren Fahren mit überhöhter Geschwindigkeit, weil das Übertreten des Geschwindigkeitslimits nicht mehr als verbotene Handlung betrachtet wird. Die Geldbuße wird von Anfang an einkalkuliert wie eine zusätzliche Abgabe zu den üblicherweise anfallenden Steuern. Daß die Geldbuße eine Strafe sein soll, die das als normativ richtiges Verhalten verstandene Einhalten bestimmter Verkehrsregeln gegen deren Verletzung abheben soll, gerät dabei in Vergessenheit.[62] Die Begründung für eine Bestrafung wie auch zuvor diejenige für die Ersatzleistungen haben nochmals ein Charakteristikum hervorgehoben, das bei der Analyse der Regelnormativität bereits sichtbar geworden ist. »Richtig« und »falsch« gibt es immer nur im vergleichenden Bezug zwischen zwei Handlungen. Ein Handeln als falsch auszuweisen bedeutet, daß ein bestimmter Handlungsverlauf als Paradigma gewählt wird, hinsichtlich dessen das fragliche Handeln falsch ist. Dieser Sachverhalt ist oben auch bei der Begründung der Verbote aufgrund einer Nichtwiederholbarkeit oder aufgrund einer Kollision verwendet worden, wo verschiedene Gemeinschaftshandlungen gegeneinander abgewogen wurden. Folglich kann es Verantwortungszuschreibungen und entsprechende Sanktionen nur dann geben, wenn den Beteiligten ein alternatives Handeln offengestanden hätte, das ein normgerechtes, korrektes Handeln ist.

Nehmen wir als Beispiel eine Gesellschaft, die die Gleichberechtigung auf ihre Fahnen geschrieben hat und die auch einige Gemeinschaftshandlungen aufweist, in denen diese Gleichberechtigung tatsächlich praktiziert wird. In dieser Gesellschaft ist es zulässig, andere diskriminierende Gemeinschaftshandlungen als verboten auszuweisen und die Beteiligten wegen der Verletzung der Gleichberechtigung zur Verantwortung zu ziehen. Anderseits wäre es unangebracht, eine solche Verantwortungszuschreibung auch in den Gesellschaften betreiben zu wollen, wo es eine Alternative für diskriminierenden Umgang gar nicht gibt, weil hier das alternative Handeln keinem der Beteiligten offensteht. Dies schließt selbstverständlich nicht aus, daß entsprechende Praktiken in jenen Gesellschaften eingeführt werden, um nach der Etablierung dieser Handlungsformen eine entsprechende Verantwortungszuschreibung erfolgen zu lassen. Plakativ gesagt: Man kann immer nur für das verantwortlich sein, wofür man auch tatsächlich eine Alternative gehabt hätte. Es ist demnach unzutreffend, jemandem Verantwortung für Praktiken zuzuschreiben, aus denen er sich nicht lösen kann, weil

---

[62] Andere Beispiele wären die einkalkulierte Abgeltung von Strafen bei Überschreitung von Baunormen, bei Nichtbeschäftigung von genügend vielen Schwerbehinderten im Betrieb oder bei Überschreitung von Umweltschutzauflagen. Privatleute beginnen vermehrt, insbesondere in Großstädten, Bußgeldbescheide für das Abstellen ihres Autos in verbotenen Zonen als Parkgebühr zu betrachten und darüber den normativen Gehalt dieser Bescheide zu ignorieren.

ihm dazu keine Alternativen verfügbar sind. Alternativen verstehen sich dabei als solche, die auch tatsächlich in der jeweiligen Lebenspraxis greifen können. Es verbietet sich aus dem Fehlen einer durchführbaren Alternative beispielsweise, die Handlung einer Gruppe von Steinzeitjägern als sozialethisch schlecht auszuweisen, wenn man zu dieser Bewertung eine Rechtspraxis unterstellen muß, die auf dem Hintergrund der neuzeitlichen Vorstellung von allgemeinen Menschenrechten operiert. Etwas, wofür der Steinzeitjäger (oder der Angehörige einer anderen Kultur) nicht zu Rechenschaft gezogen werden kann, wird uns, die wir Praktiken zur Respektierung bestimmter Rechte ausgebildet haben, durchaus zugerechnet. Die zuzuschreibende Verantwortung betrifft demzufolge immer die Verantwortung für die Differenz zwischen dem korrekten und dem tatsächlich erfolgten falschen Handeln, wobei der Standard der Korrektheit von demjenigen Handeln vorgegeben wird, das in der jeweiligen Kultur und Epoche hätte erfolgen sollen.

4.7.2. Prinzipien der Verantwortungszuschreibung in unzulässigem oder scheiterndem Gemeinschaftshandeln

Bei falschen Gemeinschaftshandlungen gibt es ein sozialethisches Problem, das für individuelle Handlungen nicht gegeben ist. Gemeinschaftshandlungen entstehen durch das Zusammenwirken mehrerer Personen, so daß die Verantwortung für eine Handlung, die gegen sozialethische Gebote oder Verbote verstößt, nicht ohne weiteres auf einzelne Personen zugerechnet werden kann. Erst dann, wenn die Prinzipien bekannt sind, nach denen sich die Verantwortung im Gemeinschaftshandeln auf die Beteiligten verteilt, kann auch die entsprechende Sanktion auf die beteiligten Personen gemäß dieser Verantwortungsverteilung aufgegliedert werden. Nach welchem Maßstab wird die Verantwortung nun auf die Beteiligten zugerechnet?

Bei der Verantwortungszuschreibung ist danach zu unterscheiden, ob ein Gemeinschaftshandeln durchgeführt wurde, das nicht hätte stattfinden dürfen, oder ob ein Gemeinschaftshandeln gescheitert ist, das entweder zulässig oder sogar geboten gewesen wäre. Im ersten Fall wäre die Verantwortung für die Ausführung bzw. das Unterlassen einer Vereitelung des fraglichen gemeinschaftlichen Handelns zuzurechnen, im zweiten Fall jene für das Unterbleiben von

Handlungen, die das gemeinschaftliche Tun korrekt zustande gebracht hätten. Wenden wir uns zunächst der Verantwortungszuschreibung im Fall verbotenen Gemeinschaftstuns zu.

Neben einer gerechten Strafzumessung erlaubt die Klärung der Verantwortungszuschreibung für verbotenes Gemeinschaftshandeln die Schadenersatzforderungen von beeinträchtigten Dritten angemessen auf die Beteiligten am verbotenen Handeln umzulegen. Zwischen den Beteiligten am verbotenen Gemeinschaftstun gibt es hingegen keine Ausgleichsansprüche hinsichtlich des verbotenen gemeinschaftlichen Handelns, da es insgesamt hätte unterbleiben müssen. Aus einem verbotenen Tun sind keine Ansprüche für die Beteiligten ableitbar. Freilich sind Ausgleichsansprüche zwischen den Beteiligten dann begründet, sofern das verbotene Gemeinschaftshandeln nachteilige Folgen für andere zulässige Gemeinschaftshandlungen zeitigt, in die einige der Beteiligten oder alle Beteiligten des verbotenen Tuns eingebunden sind. Der Ausgleich ist dann einer, der sich aus jenen zulässigen Gemeinschaftshandlungen herleitet.

Gemeinschaftshandlungen, so haben wir gesehen, erfordern von den Beteiligten die Überlagerung zweier Perspektiven, nämlich einerseits den Blick auf das Ganze der gemeinschaftlichen Handlung und anderseits den Blick auf den eigenen Beitrag, der in Abstimmung mit den Beiträgen der anderen Beteiligten für dieses Ganze notwendig ist.[63] Weil jeder Beteiligte mit der Ausrichtung auf das Ganze handelt, hat jeder Beteiligte auch die Verantwortung für die Diffe-

---

[63] Um eine Verantwortung von Korporationen zu begründen, braucht man nicht die Metaphorik eines Großsubjekts »Korporation« zu postulieren, wie French (1984, Kap. 3 und 4) es will. Man braucht nicht, wie er es tut, die formale Entscheidungsstruktur von Korporationen der Entscheidungsfähigkeit eines Subjekts anzugleichen, um Korporationen eine Entscheidungs- und Handlungsfähigkeit zuzubilligen, die nicht auf einzelne Individuen in der Korporation zurückzuführen ist. Es ist gleichfalls unnötig, mit einem abgeschwächten intentionalen Modell zu arbeiten, wie es Maring (1989) will, oder wie Werhane (1985) Korporationen als sekundäre Akteure zu fassen. Die grundlegende Struktur jedes Gemeinschaftshandelns, die hier herausgearbeitet worden ist, zeigt bereits unterhalb der Ebene formal verfaßter Zusammenschlüsse, wie gemeinschaftliche Handlungen einerseits auf Handlungen einzelner Individuen beruhen und dennoch nicht auf rein individuell gedachte Handlungen zurückgeführt werden können. Die Metaphorik eines Großsubjekts (bzw. der Intentionalität oder auch sekundärer Handlungsfähigkeit) ist somit verfehlt, ohne daß man bei Preisgabe dieses Bildes zugleich die Möglichkeit aufgeben müßte, Gemeinschaftshandlungen anders denn als Summe oder Aggregat von individuellen Handlungen auffassen zu können. Gemeinschaftshandlungen können also auch ohne das Bild des Großsubjekts einen eigenen Typ von Verantwortlichkeit begründen, die gemäß den hier zu entwickelnden Grundsätzen auf die Be-

renz zwischen verbotener und gebotener Gemeinschaftshandlung zu tragen. Zunächst gilt also, daß jeder Beteiligte, egal worin sein Beitrag im Einzelnen bestanden haben mag, als Beteiligter Verantwortung zu tragen hat.[64] Zur Verdeutlichung stelle man sich folgenden extremen Fall vor. Die Personen A, B und C führen statt des gebotenen Gemeinschaftstuns G_G das verbotene Gemeinschaftstun G_V durch. C muß in beiden Fällen dieselbe Handlung H_C durchführen, freilich das eine Mal individuiert als Beitrag zu G_G und das andere Mal als Beitrag zu G_V.[65] C kann nun nicht aus der Verantwortung für G_V entlassen werden, nur weil er sowohl für G_G wie auch für G_V jeweils H_C tun muß. Denn er hat seine Handlung H_C als Beitrag zur Gemeinschaftshandlung G_V und eben nicht als Beitrag zu G_G geliefert. Am Kneipenbeispiel haben wir bereits gesehen, daß jede einzelne Handlung in Abhängigkeit von der Einbettung in anderes Handeln unterschiedlich individuiert wird. Dies trifft auch hier zu. Dadurch daß H_C in einer Weise mit Handlungen von A und B zusammenpaßt, daß G_V statt G_G entsteht, wird H_C als Beitrag zu G_V verstanden. Wenn C keine andere Möglichkeit offen gestanden hätte, A und B zum Durchführen von G_G zu bringen, so wäre es ihm immerhin möglich gewesen, seinen Beitrag H_C zu unterlassen und somit G_V zum Scheitern zu bringen. Insofern hat C eindeutig an G_V mitgewirkt – diese Eindeutigkeit ist nur nicht aus dem einzeln betrachteten Handeln von C ersichtlich, sondern ergibt sich allererst aus dessen Einbettung in die Handlungen von A und B. Diese Einbettung ist aber wesentlicher Bestandteil der Individuation von Cs Handlung, da er diese als Beitrag zum Gemeinschaftshandeln G_V erbracht hat, somit als passendes Anschlie-

---

teiligten umgelegt werden kann. In seiner Kritik an French überzieht Pfeiffer (1995, S. 5, 9 f. et passim) in die andere Richtung, indem er die Irreduzibilität gemeinschaftlichen Handelns nicht zur Kenntnis nimmt und demzufolge eine »thesis of individual sufficiency« meint aufstellen zu können, die ausschließlich dann Gehalt hätte, wenn Gemeinschaftshandlungen tatsächlich Aggregate individueller Handlungen wären.

[64] Dies steht im Gegensatz zu der von Lenk/ Maring (1992, S. 160) vertretenen Auffassung, daß die Verantwortlichkeit einer Korporation nicht automatisch zu der Verantwortung der einzelnen Korporationsmitglieder führe.

[65] Eine solche Gemeinschaftshandlung erforderte von A und B die Gesamtheit der einschlägigen Anpassungsleistungen, um aus der unspezifisch von C durchgeführten Handlung H_C das eine Mal die gemeinschaftliche Handlung G_G, das andere Mal die gemeinschaftliche Handlung G_V hervorzubringen. Mit dem Kneipenbeispiel haben wir oben bereits einen entsprechenden Fall kennengelernt.

ßen an die Handlungen von A und B. C trägt also wie A und B Verantwortung für das verbotene Gemeinschaftstun.

Diese Verantwortung jedes einzelnen Beteiligten für das Gesamte der Gemeinschaftshandlung muß nun freilich strukturiert werden gemäß der Differenz von Handlungsbeiträgen, die der einzelne im Zuge des verbotenen statt des gebotenen Gemeinschaftstuns erbracht hat. Damit wird der zweiten im Gemeinschaftshandeln eingeschlossenen Perspektive Rechnung getragen. Nehmen wir zur Verdeutlichung nochmals das soeben herangezogene Beispiel. Wenn A statt mit H_{AGG} an G_G mitzuwirken, mit H_{AGV} an G_V mitwirkt, muß er sich für die Differenz zwischen beiden Handlungen verantworten. Angenommen, A sei Angestellter einer Firma und hilft dem B beim Diebstahl von Firmeneigentum. Hier wäre B dafür zu belangen, daß er sich an einem Diebstahl beteiligt hat statt das Eigentum der Firma zu achten; A hingegen muß sich in einem stärkeren Maß verantworten, weil er nicht nur wie B sich des Diebstahls enthalten müßte, sondern als Angestellter zusätzlich zur Eigentumsverletzung auch noch seiner Sorgfaltspflicht entgegenhandelt, Diebstähle in der Firma zu verhindern.

Anders sieht es für C aus, von dem wir annehmen wollen, ihm stehe (anders als oben) keine Handlung offen, das verbotene Gemeinschaftstun G_V abzuwenden, indem er mit seiner Teilhandlung H_C an dem gebotenen Gemeinschaftstun G_G teilnimmt. Dann ist er verantwortlich nach Maßgabe seiner Ausführung von H_C im Rahmen von G_V, die er durchgeführt hat, statt sich ihr gänzlich zu enthalten. Für C wäre anders als im oben erörterten Fall nicht die Differenz zwischen H_{CGG} und H_{CGV} zur Bemessung der Verantwortung maßgeblich, weil im hier angenommenen Rahmen jedes Durchführen von H_C einen Beitrag zum verbotenen Gemeinschaftshandeln G_V bedeutet, sondern lediglich die Differenz zwischen Nichtstun und H_C im Rahmen von G_V. Stünde dem C eine Handlung offen, um G_V zu verhindern bzw. zu behindern, so wäre er dafür verantwortlich zu machen, daß er mit H_{CGV} zu G_V beigetragen hat, statt mit jener anderen Handlung G_V zu behindern oder zu verhindern.

Das Maß der Verantwortung, das der Einzelne trägt, bestimmt sich gemäß seines tatsächlich erbrachten Teilbeitrages, um die verbotene Gemeinschaftshandlung zu erbringen, im Vergleich zu demjenigen Teilbeitrag, den er dem Standard gemäß im Zuge der gebotenen Gemeinschaftshandlung hätte erbringen müssen. Der Beitrag zur gebotenen Handlung kann nur dem normalerweise üblichen Beitrag nach bemessen werden, weil die gebotene Handlung ja de facto nicht durchgeführt wurde. Sofern es darüber hinaus standardisierte Beiträge zu dem Gemeinschaftshandeln gibt, das verbotenerweise durchgeführt wurde, spielen diese Normalerwartungen bei der Verantwortungszuschreibung ebenfalls eine Rolle. Wenn sich alle Beteiligten im Rahmen der Standardbeiträge halten, so geben diese das Verhältnis bei der Aufteilung der Gesamtverantwortung auf die Beteiligten vor. Wenn ein Beteiligter einen geringeren oder einen größeren als den standardisierten Beitrag zum verbotenen Gemeinschaftshandeln liefert, so kann dies als Grund für die Verringerung bzw. die Erhöhung seines Verantwortungsteils angesehen werden, weil er dadurch einem Scheitern bzw. dem Gelingen der verbotenen Handlung zugearbeitet hat.

Der tatsächliche oder der standardisierte Teilbeitrag bemißt sich natürlich nicht einfach nach der Menge oder Schwere der ausgeführten körperlichen Tätigkeit. Es mag Gemeinschaftshandlungen geben, wo dies das ausschlaggebende Kriterium bei der Gewichtung der Teilbeiträge ausmacht. Oft jedoch werden bestimmte Handlungen von einflußreicheren Personen angeordnet, die dann von anderen vollständig oder doch zum überwiegenden Teil ausgeführt werden. Der Teilbeitrag, gemessen an der Ausführung im einzelnen, wäre seitens des Anordnenden gewiß klein, sein Beitrag zum Gemeinschaftshandeln im ganzen dagegen groß, weil es ohne die Anordnung nicht zustande gekommen wäre. Üblicherweise haben wir ein recht klares Bild von der Gewichtigkeit der einzelnen Beiträge zum Gemeinschaftstun, das sich zumeist nicht ausschließlich an den einzelnen Handlungen orientiert, sondern je nach dem Typ des Gemeinschaftshandelns und den beteiligten Personen zusätzlich sehr unterschiedliche Kriterien einbezieht. Sollte dennoch einmal Unklarheit über die Gewichtung der Beiträge herrschen, hilft der Blick auf die Anschlußhandlungen weiter. Einer anscheinend gering beteiligten Person wird ein größeres Gewicht zuzumessen sein, wenn ihr große Teile des Ertrags der Gemeinschaftshandlung zufließen. Denn daraus ist ersichtlich, daß eine Person über ihren Anteil an der Erstellung hinaus begünstigt wird und daher auch in besonderem Maß die Verantwortung für das Gemeinschaftshandeln wird tragen müssen. Auch Fragen des Einflusses, der Autorität von Beteiligten (und damit von der Gewichtigkeit ihrer Beiträge) beurteilen wir mit dem Blick darauf, in welcher Weise diese Personen in anderen Gemeinschaftshandlungen eingebunden sind.

Aus dem Prinzip der vollständigen Episode folgt überdies, daß auch Beobachter eines verbotenen Geschehens, die eingreifen könnten, als Beteiligte dieses Gemeinschaftshandelns gelten und deshalb wie jeder andere Beteiligte auch Verantwortung tragen. Denn sie sind ja nicht einfach unbeteiligt, sondern lassen durch Nichtstun das Gemeinschaftsgeschehen zu, das sie verhindern könnten. Sie leisten also einen Beitrag zum Gelingen des Gemeinschaftshandelns und müssen damit auch einen Teil der Verantwortung tragen, der anhand der Differenz von Nichtstun und Verhinderungshandlung zu bemessen ist.

Das oben konstruierte Beispiel erlaubt auch folgende Frage zu erläutern. Oft genug versuchen Personen ihre Mitverantwortung für ein Gemeinschaftstun mit dem Hinweis zu leugnen, daß sie das vorgefallene Gemeinschaftstun nicht gewollt hätten. Im Beispiel könnte C für sich in Anspruch nehmen, seine Handlung H_C als Beitrag zu G_G verstanden zu haben und G_V gar nicht gewollt zu haben. Kann dem C dennoch eine Mitverantwortung an G_V zugeschrieben werden? Eine solche Behauptung kann nur dann etwas anderes als eine bloße Ausrede sein, wenn C während seines Handelns nicht erkennen kann, ob seine Handlung durch A und B zu G_V oder zu G_G passend ergänzt wird. Im Auge zu behalten ist dabei der extreme Status der beschriebenen Situation. Zusätzlich zu der Extremlage, die hinsichtlich der Gleichheit der Handlungsbeiträge des C in beiden gemeinschaftlichen Handlungen vorliegt, tritt nun auch noch eine epistemische Grenzlage hinzu. In allen normalen Fällen kann davon ausgegangen werden, daß C sowohl aus seinem Handlungsbeitrag ersichtlich ist, woran er mitwirkt, wie ihm auch die epistemischen Bedingungen eine Erkenntnis der Handlungsbeiträge der anderen Beteiligten ermöglichen. Letzteres ist oft schon dadurch gegeben, daß man die Neigungen der anderen beteiligten Personen kennt. Wenn A und B öfter »krumme Dinger drehen«, so muß C davon ausgehen, daß eher G_V als G_G zustandekommen wird. Verantwortung ist C überdies deshalb zuzuschreiben, weil er in seiner epistemischen Notlage nicht Sorge getragen hat, sich auf anderem Wege Klarheit über die Handlungen der anderen Beteiligten zu verschaffen. Aber auch für die angenommene Grenzlage läßt sich eine Antwort auf die Frage im Rahmen des hier vertretenen sozialontologischen Modells geben. Die Verantwortungszuschreibung bemißt sich nämlich danach, welche Anschlußhandlungen C durchgeführt hat. Aus der Einbettung der Handlung H_C in die anderen Handlungen des C kann ersichtlich werden, wenn dies nicht direkt aus dem Handlungsbeitrag des C zu dem gemeinschaftlichen Handeln möglich ist, ob C zu G_G oder zu G_V einen Beitrag zu leisten vermeint. Wer an G_G mitwirken wollte, der wird nach dem Ausführen von G_V nicht problemlos daran anschließen, sondern zumindest Erstaunen zeigen, daß durch seine Beihilfe ein verbotenes Tun statt des erwarteten gebotenen zustande kommt.

Sowohl für C als auch für jede andere Person gilt, daß ihre Behauptung, zu dem Vorgefallenen nicht beigetragen haben zu wollen, nur dann stichhaltig ist, wenn es überhaupt eine einschlägige alternative Praxis gibt (wie dies für C mit G_G der Fall war), zu der die Handlung der Person ein Beitrag hätte sein können. Die Person hat ihre Handlung als Beitrag zu einem Gemeinschaftshandeln durchgeführt und nicht einfach für sich allein gehandelt, deshalb muß es ein zum tatsächlich vorgefallenen Geschehen alternatives Gemeinschaftshandeln geben. Dieses alternative Handeln muß einschlägig sein, weil die Person sonst nicht zu Recht den anderen Beteiligten unterstellen kann, an dem vermeintlich sich ereignenden gemeinschaftlichen Tun mitzuwirken, und es muß aus demselben Grunde auch eine etablierte Praxis sein. Treffen diese Bedingungen nicht zu, muß sich die Person die Teilnahme am verbotenen Gemeinschaftshandeln zurechnen lassen, ohne daß zur Begründung der Zuschreibung die weiteren Anschlußhandlungen der Person einbezogen werden müßten.

Wenden wir uns nun der Verantwortungszuschreibung in den Fällen zu, in denen entweder ein zulässiges oder ein gebotenes Gemeinschaftstun scheitert. Den Maßstab für eine Verantwortungszuschreibung bildet hier der Vergleich zwischen dem mißlingenden Gemeinschaftshandeln und derselben Art von Gemeinschaftshandeln in seiner paradigmatischen, also gelingenden Form. Denn das Mißlingen kann allererst auf dem Hintergrund eines Paradigmas festgestellt werden, das die Kriterien des Gelingens bzw. Mißlingens im fraglichen Fall bestimmt. Parallel zum zuvor behandelten Problemkreis entsteht die Verantwortungszuschreibung erneut vor dem Hintergrund eines Vergleichs zwischen zwei Gemeinschaftshandlungen, hier allerdings aus dem Vergleich des gelingenden mit dem (vorliegenden) mißglückten Gemeinschaftstun derselben Art, wobei selbstverständlich nur diejenigen Fälle des Scheiterns sozialethisch relevant sind, die durch entsprechende Handlungen der Beteiligten hätten glücken können. Ausgeschlossen ist folglich ein Scheitern, das nicht auf das Fehlverhalten von Beteiligten zurückzuführen ist, sondern sich beispielsweise aufgrund von Naturkatastrophen oder dergleichen ereignet.

Ein Gemeinschaftshandeln kommt dadurch zustande, daß die Beteiligten an diesem Handeln derart aufeinander abgestimmte Beiträge leisten, daß das gemeinschaftliche Handeln gelingt. Wenn das Handeln scheitert, hat diese Art der Abstimmung versagt und damit muß jeder der Beteiligten Verantwortung für das Scheitern tragen, weil die Abstimmung das Verhältnis zwischen allen Beteiligten betrifft und deshalb von deren Zusammenspiel im ganzen abhängt. Ein Gemeinschaftshandeln kann nicht allein von einem einzelnen Beteiligten zum Erfolg geführt werden, dazu bedarf es der Kooperation aller Beteiligter. Für die Gewichtung der Beiträge und somit auch für die entsprechende Verteilung der Verantwortung auf die Beteiligten im Rahmen des gesamten Geschehens gilt das oben bereits Ausgeführte.

Die Gesamtverantwortung eines jeden Beteiligten für das Scheitern ist nur dann nicht gegeben, wenn einzelne Beteiligte die Anpassungsgrenze für das Einzelverhalten bzw. die maximale Anpassungsabweichung im Bezugszeitraum überschreiten. In diesen Fällen können die anderen Beteiligten einen Ausgleich überhaupt nicht mehr vollziehen und sind deshalb für das Mißlingen auch nicht haftbar zu machen. Das Scheitern des Gemeinschaftshandelns ist deshalb allein jenen Personen in vollem Umfang zuzurechnen, die die genannten Grenzen überschritten haben, weil sie dadurch das gemeinschaftliche Handeln unmöglich gemacht haben. Dasselbe gilt für Gemeinschaftshandlungen, die hinsichtlich der Teilbeiträge standardisiert sind. Hier wird derjenigen Person, die entweder die standardisierte Anpassungsgrenze für das Einzelverhalten oder die standardisierte maximale Anpassungsabweichung überschreitet, die Verantwortung für das Scheitern im vollen Umfange zugeschrieben.

Sowohl im standardisierten Gemeinschaftshandeln wie auch in den Handlungen ohne standardisierte Beiträge erwächst aus dem Überschreiten der genannten Grenzen nicht nur eine Verantwortung gegenüber Dritten, – dies ist die einzige Art der Verantwortung, die bei den verbotenen Gemeinschaftshandlungen entsteht –, sondern auch eine Verantwortung für das Scheitern gegenüber den anderen Beteiligten am Gemeinschaftshandeln. In den genannten Fällen beruht das Mißlingen des Handelns ja auf der Fehlleistung einzelner Beteiligter, das durch die anderen nicht ausgeglichen werden kann, selbst wenn dies (im standardisierten Gemeinschaftshandeln: im Rahmen des üblicherweise Erwartbaren) versucht worden sein sollte. Da durch diese Fehlleistung ein erlaubtes bzw. ein gebotenes Gemeinschaftshandeln unmöglich geworden ist, können die anderen Beteiligten den »Missetäter« zu Recht zur Verantwortung ziehen.

Bei dem Mißglücken eines Gemeinschaftshandeln, das nicht auf dem Überschreiten der genannten Grenzen beruht und somit aus der mangelnden Abstimmung der Beteiligten erwächst, ist die Verantwortung, die dem Einzelnen aus seiner Mitschuld am Mißlingen zuwächst, im umgekehrten Verhältnis zu seinen Ausgleichsbemühungen zu bemessen, die er unternommen hat, um das Scheitern abzuwenden. Wenn ein Gemeinschaftshandeln vorliegt, für das es keine Standards für die jeweiligen Beiträge gibt, dann ist die Verantwortungszumessung daran zu orientieren, wie weit die einzelnen Beteiligten ihre Fähigkeiten und Fertigkeiten ausgenutzt haben, um das Gemeinschaftshandeln zum Erfolg zu führen. Wer weniger als das ihm Mögliche getan hat, muß sich ein größeres Maß an Verantwortung zurechnen lassen, weil er Möglichkeiten zur Anpassung und zum Ausgleich der Handlungen anderer ungenutzt gelassen hat, die eventuell das Handeln hätten glücken lassen können.

Bei Gemeinschaftshandlungen mit standardisierten Teilbeiträgen ist das von den Beteiligten Erwartbare nicht durch die individuell maximal verfügbaren Fertigkeiten und Fähigkeiten bestimmt, sondern orientiert sich an den Ausgleichsleistungen, die für die Aufrechterhaltung des Gemeinschaftstuns im Rahmen der Standardbeiträge üblicherweise erwartet werden. Wenn ein Beteiligter innerhalb dieses Rahmens der Üblichkeit versucht hat, das Scheitern abzuwehren, kann ihm nicht ein größeres Maß an Verantwortung deshalb zugeschrieben werden, weil er seinen Fähigkeiten und Fertigkeiten nach mehr als das Geleistete hätte tun können. Denn das Handeln innerhalb bestimmter standardisiert vorgegebener Grenzen macht einen Teil des Charakters des betrachteten Gemeinschaftshandelns aus. Wollte man von den Beteiligten mehr als das jeweils für normal eingestufte Handeln verlangen, hieße das, die Durchführung eines ganz anderen Gemeinschaftshandelns zu fordern. Dennoch impliziert eine Beschränkung der erwartbaren Leistung auf bestimmte Standards nicht, daß sich die individuelle Verantwortung für das Scheitern nicht mehren oder mindern könnte in Abhängigkeit davon, ob der Einzelne innerhalb des für erwartbar gehaltenen Rahmens weniger oder mehr für das Gelingen getan hat. Je nach der Art und der Wichtigkeit bzw. der Tragweite eines Gemeinschaftshandelns wird natürlich auch das Maß dessen durchaus unterschiedlich bemessen sein, was als das »Normale« gilt, das zum Ausgleich zu tun ist. Von Feuerwehrleuten dürfte bei Bergungsarbeiten normalerweise ein höherer Einsatz hinsichtlich der Gefährdung für das eigene Leben verlangt werden als es bei den Tätigkeiten eines Bankangestellten der Fall ist.

Insgesamt betrachtet orientiert sich die Verantwortungszuschreibung im Gemeinschaftshandeln an der sozialontologischen Erkenntnis, daß es die Relationen zwischen den Beteiligten sind, die ein Gemeinschaftshandeln entstehen lassen. Der Einzelne hat Verantwortung zu tragen, weil er mit Bezug auf das Handeln anderer etwas getan oder unterlassen hat. Zudem bemißt sich die Verantwortlichkeit wesentlich daran, was als abgestimmtes Verhalten innerhalb des gemeinschaftlichen Handelns gilt. Mit dem Blick auf die Abgestimmtheit ist die Kontextualisierung der Verantwortungszuschreibung erreicht, weil sich die Abgestimmtheit je nach der vorliegenden gemeinschaftlichen Tätigkeit verschieden ausprägt und verschiedenen Standards genügt.

Ausblick

Die sozialontologischen wie auch die sozialethischen Überlegungen, die in dieser Arbeit angestellt wurden, verstehen sich als ein Grundkonzept, das die genannten Themenbereiche unter einer veränderten Perspektive erschließt. Wenn es geglückt sein sollte, plausibel zu machen, daß Gemeinschaftshandlungen wesentlich die Relation von Teilhandlungen sind und sich nicht von individuellen Handlungen herschreiben, denen das Gemeinschaftliche eine äußerliche Zutat ist, so wäre das Ziel der Arbeit bereits erreicht. Mit anderen Worten: Daß *wir* etwas tun, schließt ein, daß jeder von uns eine auf die Handlungen der anderen abgestimmte Teilhandlung erbringt. Eine Teilhandlung ist mein Handeln dabei aber nur dann, wenn der Bezug auf das Handeln der anderen für die Individuation meines Handelns wesentlich ist. Es ist demnach für ein Gemeinschaftshandeln nicht der Fall, daß jeder Beteiligte individuelle Handlungen durchführt, die sich dann (durch Konsens oder gleichartige Mechanismen) nachträglich zu einer »gemeinsamen« Handlung zusammenfügen. Die letztgenannte Art »gemeinsamen« Handelns erreicht niemals die konstitutive Verwobenheit, die Gemeinschaftlichkeit und eigenes Tun im Rahmen eines gemeinsamen Tuns haben muß, um sich von bloß zufällig zusammenstimmendem Handeln abzusetzen. Gemeinschaftshandeln ist nichts jenseits von individuellem Tun, vielmehr bedeutet, Handlungen als gemeinsame zu begreifen, sie von ihrer Bezogenheit auf das Handeln der anderen Beteiligten her zu begreifen. Nicht mehr das Relat (die jeweilige Komponentenhandlung) sondern die Relation (die abgestimmte Bezogenheit der Teilhandlungen aufeinander) bilden den Fokus der Betrachtung, wenn von gemeinsamem im Gegensatz zu individuellem Handeln gesprochen wird.

Die Ausführungen stehen mit dieser Konzentration auf das Grundsätzliche in einer unguten Tradition philosophischer Texte: zumeist versuchen philosophische Autoren, Grundlagen, Grundprinzipien und dergleichen zu bestimmen, überlassen es aber regelmäßig dem geneigten Leser, jene Grundprinzipien etc. auf diejenigen Bereiche auszudehnen, in denen die fundamentalen Größen zeigen müßten, daß sie tatsächlich tragfähig sind. Die sozialontologischen Überlegungen, die hier angestellt wurden, müssen es zukünftiger Arbeit überlassen, die Ontologie von komplexeren sozialen Gebilden, wie etwa Organisationen, Institutionen etc. festzulegen wie auch den Unterschied aufzuzeigen einerseits zwischen diesen sozialen Formen untereinander und anderseits zwischen diesen Formen und einem fallweisen sozialen Handeln, wie dem zufällig zustandegekommenen Plausch auf der Straße. Diese Analysen würden aber, so wage ich hier ohne weiteren Beleg zu behaupten, nur eine komplexe Verknüpfung derjenigen Elemente ergeben, die im Rahmen der vorliegenden Arbeit herausgestellt wurden. Institutionen wie auch Organisationen sind Spezialformen gemeinschaftlichen Handelns und eröffnen keinen eigenen ontologischen Bereich, was deren Elemente angeht. Die Ausblendung der genannten Untersuchungsfelder läßt sich wohl damit entschuldigen, daß bereits mit dem gegebenen Untersuchungsrahmen, der sich auf die basalen Strukturen beschränkt hat, eine viel zu umfangreiche Arbeit entstanden ist.

Analog dazu ist auch in der Sozialethik nur eine grobe Skizze angefertigt worden, die die dabei hervortretende Forderung nach regionalisierten Vergleichsparadigmata und Kooperationsformen lediglich benennen, nicht aber im einzelnen ausführen konnte. Es bliebe auch hier den sich hoffentlich anschließenden theoretischen Anstrengungen überlassen, für einzelne Fragekomplexe sozialethische Gebote und Verbote zu begründen, wie es oben lediglich für die zwei extremalen Beispielfälle des Parasitismus und der Abtreibung möglich war. Das Beispiel der Abtreibung dürfte klar gemacht haben, daß in kontroversen sozialethischen Debatten eine Neuspezifikation des zu beurteilenden Problems entlang der vorgeschlagenen Linien auch neue, und wie mir scheint: angemessenere Lösungen hervorbringen kann. Trotz des skizzenhaften Charakters der ethischen Überlegungen, können sie einen gewichtigen Vorteil für sich in Anspruch nehmen. Sie unterwerfen nicht von vornherein asymmetrische Relationen, wie etwa die der Fürsorglichkeit und der Macht, einem ethischen Verdikt, weil nicht auf der Grundlage eines symmetrisierenden sozialontologischen Konzepts argumentiert wird. Die vorgelegte Sozialethik kann Gutes von Schlechtem scheiden gerade unter den alltäglichen Bedingungen der Machtdurchdrungenheit und Abhängigkeit der Beteiligten voneinander. Sie muß dazu nicht ideale Konzepte irgendeines paradiesischen Endzustandes vorwegnehmen.

Nun könnte man aber gerade das Fehlen eines utopischen oder idealen Konzepts, das als Grundlage für eine Kritik der herrschenden Verhältnisse dienen könnte, dieser Sozialethik zum Vorwurf machen. Affirmiert sie nicht einfach das Bestehende? Herrscht nicht ein konservativer Ton vor, der das Sein mit der Aura des Sollens ausstattet? Die vorgetragenen sozialethischen Überlegungen versuchen, Ernst zu machen mit der nicht zuletzt von Wittgenstein propagierten Erkenntnis, daß der Sinn unseres Handelns nicht abgetrennt von der entsprechenden gemeinsamen Praxis fortbestehen kann. Daß wir bestimmte Dinge sollen und andere verboten sind, ergibt sich daraus, wie im Rahmen einer bestimmten Situation die Mitglieder einer Gemeinschaft (sei es im emphatischen oder nicht-emphatischen Sinn von »Gemeinschaft«) auf das Handeln der anderen gemäß einer Praxis reagieren. Das Sollen ist also in gewissem Sinn an die Kontingenz gebunden, daß wir hinsichtlich der und der Handlung die und die Kriterien anlegen und dementsprechend andere korrigieren oder gewähren lassen. Erst aus diesem bleibenden Rückbezug auf die tatsächliche Durchführung von Normen im Handeln gewinnt die Norm auch ihre eigentümliche Verpflichtungsfähigkeit: sie ist eben ein Sollen und kein deterministisches Muß. Gerade weil man es auch anders machen könnte – im Rahmen der Praxis von anderen aber gerüffelt, sanktioniert wird, wenn man es anders machen würde, gibt einer Norm ihren normativen Charakter. Die Differenz zwischen der Möglichkeit, es anders zu machen, und der Verpflichtung, es gemäß dem eingeführten Muster aufgrund der Relation zu den Handlungen der anderen tun zu sollen, läßt den Abstand zwischen Normativität und Faktizität allererst entstehen. Wenn die geforderte Handlung nicht einfachhin geschieht (und somit kein normatives Moment hätte), sondern die abweichende Handlung als abweichende vermittels des tatsächlich erfolgenden korrigierenden, sanktionierenden Handelns anderer auf das Geschehensollen eines paradigmatischen Handelns bezogen wird, dann ist das Sollen an das Sosein geknüpft und zugleich von diesem abgehoben, weil das Sosein eines (verfehlten) Paradigmas dem Sosein des tatsächlichen Geschehens entgegengestellt wird.

Die Paradigmata wie auch die Gemeinschaftshandlung des Korrigierens, die bestimmte Vorgänge allererst als Verfehlen des Paradigmas greifbar werden läßt und, wie wir sahen, das Paradigma schließlich zur Anwendung bringt, ist gebunden an das tatsächliche Geschehen. Dafür reicht es nicht, auf dem Reißbrett oder im theoretischen Turmstübchen Pläne zu zeichnen. Vielmehr muß sich ein praktischer Zusammenhang etabliert haben, in dem die Beteiligten andere unter Maßgabe der Norm zu korrigieren bereit sind. Fehlt dieser soziale Handlungsbezug, kann die schönste Norm bestenfalls einen kontrafaktischen Aussagesatz ergeben, ohne wirklich Norm zu sein. Diese Rückbindung an soziale Praktiken impliziert zunächst nicht, daß es keine Veränderung von Praktiken geben könnte, wie wir bei der Durchmusterung innovativer Mechanismen gesehen haben. Sie läßt jedoch ein gerüttelt Maß an Skepsis aufkommen, wenn Normen quasi von »oben herab«, aus der überragenden Einsicht des Ethikphilosophen, verordnet werden sollen, ohne aus dem tatsächlichen Zusammenwirken der Beteiligten selbst zu entspringen. Zieht man zusätzlich in Betracht, daß unsere Praktiken in vielfältiger und nicht selten auch undurchschaubarer Weise zusammenhängen, wird man eine angemessene Lösung ethischer Probleme schwerlich aus einem abstrakten Entwurf oder dem Blick auf Utopien ablesen können.

Die Rückbindung von Normen an soziale Praktiken verbietet es zudem, in jedem sozialen Zusammenhang dieselbe Norm für gültig halten zu wollen. Man braucht nur einen kurzen Blick auf die Vielfältigkeit der Kooperationsformen und Richtigkeitsstandards in unserem täglichen Leben zu werfen, um die Unangemessenheit eines solchen Ansatzes zu begreifen. Diesen offensichtlichen Tatbestand kann nur derjenige vergessen, der ewige Wahrheiten, sei es über das Vernunftwesen Mensch oder andere metaphysisch aufgeladene Konstrukte für die Grundlage von Normativität hält. Von einer solchen Warte aus kann man sehr leicht Verfehlungen konstatieren und das Bild einer besseren Gesellschaft malen. Allerdings nur, wenn man nicht zur Kenntnis nimmt, daß die Normativität, die man dabei in Anschlag bringt, allein innerhalb jener verachteten, verzerrten Lebensverhältnisse zu haben ist. Beachtet man hingegen die Gebundenheit von Normen an den jeweiligen Praxiszusammenhang, erhält man daraus einen tatsächlich normativ bindenden Ansatzpunkt, der nicht bloß auf dem Papier steht, wenn dies auch den Preis fordern sollte, aus dem Traum von einer universalen Gültigkeit zu erwachen. Wir leben beispielsweise in einer Gesellschaft, in der Aufklärung, Gleichberechtigung und Toleranz für einige soziale Bereiche eine wichtige Rolle spielen, aber eben nicht in allen. Es schmälert den emanzipatorischen Impuls dieser Prinzipien nicht, wenn man sie auf diejenigen Praxiszusammenhänge beschränkt sein läßt, in denen sie tatsächlich handlungsleitend sind. Sie verlieren lediglich den hypertrophen Anspruch allgemeiner und ewiger Prinzipien, dessen sie für ihre Gültigkeit in den fraglichen Praktiken aus den genannten sozialontologischen Gründen überhaupt nicht bedürfen. Die emanzipatorische und kritische Funktion ist den Prinzipien damit nicht genommen, sondern sie beweisen diese Funktion gerade darin, daß sie in den fraglichen Praktiken als Grundlage korrigierenden Anschlußhandelns genutzt werden. Ihnen über diese Praktiken hinaus Gültigkeit zuschreiben zu wollen, greift mangels der Einbettung in die anderen Praktiken nicht und beschädigt eventuell sogar deren Leitfunktion in den angestammten Bereichen. Kritisches Potential, vielleicht: Aufklärung, könnte in der Ethik gerade bedeuten, die Beschränktheit auf das tatsächliche Handeln in der historisch gewachsenen, von Aufgabenbereich zu Aufgabenbereich variierenden Praxis unserer Gesellschaft deutlicher als bisher in Rechnung zu stellen.

Abkürzungsverzeichnis

BGM: Wittgenstein, Ludwig (1937–44), Bemerkungen
                  über die Grundlagen der Mathematik, in: ders.,
                  Werkausgabe in acht Bänden. Bd. 6, Frankfurt
                  a. M. 1984.
GMS: Kant, Immanuel (1785/86), Grundlegung zur Me-
                  taphysik der Sitten, in: ders., Werkausgabe. Hg. v.
                  Wilhelm Weischedel, Frankfurt a. M. 1974, Bd. 7,
                  S. 7–102.
PU: Wittgenstein, Ludwig (1945), Philosophische Un-
                  tersuchungen, in: ders., Werkausgabe in acht Bän-
                  den. Bd. 1, Frankfurt a. M. 1984, S. 225–580.
Soziale Systeme: Luhmann, Niklas (1984), Soziale Systeme. Grund-
                  riß einer allgemeinen Theorie, Frankfurt a. M.

Literaturverzeichnis

Acham, Karl (1983), Philosophie der Sozialwissenschaften (Handbuch Philosophie), Freiburg/ München.

Alexander, Jeffrey C./Giesen, Bernhard (1987), From Reduction to Linkage: The Long View of the Micro-Macro Link, in: Alexander, Jeffrey C./Giesen, Bernhard/Münch, Richard/Smelser, Neil J. (Hgg.), The Micro-Macro Link, Berkeley/Los Angeles/London, S. 1–42.

Allen, Jeffner (1986), Lesbian Philosophy: Explorations, Palo Alto.

Apel, Karl-Otto (1976), Transformation der Philosophie. Bd. 2: Das Apriori der Kommunikationsgemeinschaft, Frankfurt a. M.

– – (1986), Grenzen der Diskursethik? Versuch einer Zwischenbilanz, in: Zeitschrift für philosophische Forschung 40, S. 3–31.

Arendt, Hannah (1970), Macht und Gewalt, München [Original: On Violence, New York/London 1970].

Bach, Kent (1975), Analytical Social Philosophy – Basic Concepts, in: Journal for the Theory of Social Behaviour 5, S. 189–214.

Baier, Annette C. (1985), What do women want in moral theory?, in: Noûs 19, S. 53–63.

– – (1986), Trust and anti-trust, in: Ethics 96, S. 231–260.

– – (1987), The need for more than justice, in: Hanen, Marsha/Nielson, Kai (Hgg.), Science, Morality and Feminist Theory (Canadian Journal of Philosophy, Suppl. Vol. 13), Calgary, S. 41–56.

Baker, G. P./Hacker, P. M. S. (1992), Wittgenstein: Meaning and Understanding. Essays on the *Philosophical Investigations*. Vol. 1, verbesserte Aufl. Oxford/Cambridge (MA).

– –/– – (1994), An Analytical Commentary on the *Philosophical Investigations*. Vol. 2. Wittgenstein. Rules, Grammar and Necessity, korrigierter Neudruck Oxford/Cambridge (MA).

Baron, Marcia (1984), The Alleged Moral Repugnance of Acting from Duty, in: The Journal of Philosophy 81, S. 197–220.

Barry, Brian (1973), The Liberal Theory of Justice. A Critical Examination of the Principal Doctrines in *A Theory of Justice* by John Rawls, Oxford.

Bayertz, Kurt (1994), Introduction. Moral Consensus as a Social and Philosophical Problem, in: ders. (Hg.), The concept of moral consensus: the case of technological interventions into human reproduction (Philosophy and medicine 46), Dordrecht, S. 1–15.

Becker, Lawrence C. (1992), Community, Dominion, and Membership, in: The Southern Journal of Philosophy Vol. 30, Nr. 2, S. 17–43.

Birnbacher, Dieter (1995), Tun und Unterlassen, Stuttgart.

Bloor, David (1983), Wittgenstein: A Social Theory of Knowledge, New York.

– – (1997), Wittgenstein, Rules and Institutions, London/New York.

Boghossian, Paul A. (1989), The Rule-Following Considerations, in: Mind 98, S. 507–549.

Bohman, James (1991), New Philosophy of Social Science. Problems of Indeterminacy, Oxford.

van den Boom, Holger (1982), Sprache der Politik und institutionelles Handeln, in: Hubig, Christoph (Hg.), Ethik institutionellen Handelns, Frankfurt a. M./New York, S. 129–148.

Bratman, Michael E. (1990), What Is Intention?, in: Cohen/Morgan/Pollack (Hgg.) (1990), S. 15–31.

– – (1992), Shared Cooperative Activity, in: The Philosophical Review 101, S. 327–341.

– – (1993), Shared Intention, in: Ethics 104, S. 97–113.

Brodbeck, May (1968), Methodological Individualisms: Definition and Reduction, in: dies. (Hg.), Readings in the Philosophy of Social Science, New York/London, S. 280–303.

Brumlik, Micha/Brunkhorst, Hauke (Hgg.) (1993), Gemeinschaft und Gerechtigkeit, Frankfurt a. M.

Buchanan, James (1975), The Limits of Liberty. Between Anarchy and Leviathan, Chicago.

– – (1977), Freedom in Constitutional Contract. Perspectives of a Political Economist, College Station.

Campbell, Richmond/Sowden, Lanning (Hgg.) (1985), Paradoxes of Rationality and Cooperation: Prisoner's Dilemma and Newcomb's Problem, Vancouver.

Castoriadis, Cornelius (1984), Gesellschaft als imaginäre Institution. Entwurf einer politischen Philosophie, Frankfurt a. M. [Original: L'institution imaginaire de la société, Paris 1975].

Cohen, Philip R./Morgan, Jerry/Pollack, Martha E. (Hgg.) (1990), Intentions in Communication, Cambridge (MA)/London.

Coulter, Jeff (1989), Mind in Action, Atlantic Highlands (NJ).

Crozier, Michel/Friedberg, Erhard (1993), Die Zwänge kollektiven Handelns. Über Macht und Organisation, Frankfurt a. M. [Original: L'Acteur et le Système, Paris 1977].

Daniels, Norman (1975), Equal Liberty and Unequal Worth of Liberty, in: ders. (Hg.), Reading Rawls. Critical Studies on Rawls' »A Theory of Justice«, Oxford, S. 253–281.

Danto, Arthur C. (1985), Basis-Handlungen, in: Meggle, Georg (Hg.), Analytische Handlungstheorie. Bd. 1: Handlungsbeschreibungen, Frankfurt a. M., S. 89–110 [Original: Basic Actions, in: American Philosophical Quarterly 2(1965), S. 141–148].

Davidson, Donald (1971), Agency, in: Binkley, Robert/Bronaugh, Richard/Marras, Ausonio (Hgg.), Agent, Action, and Reason, Toronto, S. 3–25.

Diamond, Cora (1989), Rules: Looking in the Right Place, in: Phillips, D. Z./Winch, Peter (Hgg.), Wittgenstein: Attention to Particulars. Essays in Honour of Rush Rhees, Basingstoke/Hampshire, S. 12–34.

Dornes, Martin (1993), Der kompetente Säugling. Die präverbale Entwicklung des Menschen, Frankfurt a. M.

Douglas, Mary (1991), Wie Institutionen denken, Frankfurt a. M. [Original: How Institutions Think, Syracuse 1986].

Durkheim, Emile (1895), Die Regeln der soziologischen Methode. Hg. u. eingel. v. René König, Frankfurt a. M. 1984 [Original: Les règles de la méthode sociologique, Paris 1895].

Dworkin, Ronald (1984), Bürgerrechte ernstgenommen, Frankfurt a. M. [Original: Taking Rights Seriously, Cambridge (MA) 1978].

Dziewas, Ralf (1992), Der Mensch – ein Konglomerat autopoietischer Systeme?, in: Krawietz, Werner/Welker, Michael (Hgg.), Kritik der Theorie sozialer Systeme. Auseinandersetzungen mit Luhmanns Hauptwerk, Frankfurt a.M., S. 113–132.

Elster, Jon (1983), Explaining Technical Change: A Case Study in the Philosophy of Science, Cambridge.

– – (1985), Making Sense of Marx, Cambridge.

– – (1989), Nuts and Bolts for the Social Sciences, Cambridge.

Feinberg, Joel (1985), Handlung und Verantwortung, in: Meggle, Georg (Hg.), Analytische Handlungstheorie. Bd. 1: Handlungsbeschreibungen, Frankfurt a.M., S. 186–224 [Original: Action and Responsibility, in: Feinberg, Joel, Doing and Deserving, Princeton (NJ) 1970, S. 119–151].

Ferber, Rafael (1993), Moralische Urteile als Beschreibungen institutioneller Tatsachen, in: Archiv für Rechts- und Sozialphilosophie 79, S. 372–392.

Flanagan, Owen/Jackson, Kathryn (1987), Justice, Care, and Gender: The Kohlberg-Gilligan Debate Revisited, in: Ethics 97, S. 622–37.

Fleck, Ludwik (1935), Entstehung und Entwicklung einer wissenschaftlichen Tatsache. Einführung in die Lehre vom Denkstil und Denkkollektiv, Frankfurt a.M. 1980 [NA der Ausgabe von 1935].

Forst, Rainer, Kommunitarismus und Liberalismus – Stationen einer Debatte, in: Honneth (Hg.) (1993), S. 181–212.

– – (1994), Kontexte der Gerechtigkeit. Politische Philosophie jenseits von Liberalismus und Kommunitarismus, Frankfurt a.M.

Foucault, Michel (1976), Die Macht und die Norm, in: ders., Mikrophysik der Macht. Über Strafjustiz, Psychiatrie und Medizin, Berlin, S. 114–123.

– – (1977), Überwachen und Strafen. Die Geburt des Gefängnisses, Frankfurt a.M. [Original: Surveiller et punir. La naissance de la prison, Paris 1975].

– – (1978), Historisches Wissen der Kämpfe und Macht (Vorl. im Collège de France vom 7.1.1976), in: ders., Dispositive der Macht. Über Sexualität, Wissen und Wahrheit, Berlin, S. 55–74.

– – (1994), Wie wird Macht ausgeübt?, Anhang zu: Dreyfus, Hubert L./Rabinow, Paul, Michel Foucault. Jenseits von Strukturalismus und Hermeneutik, 2. Aufl. Weinheim, S. 251–261.

– – (1994a), Warum ich Macht untersuche: Die Frage des Subjekts, Anhang zu: Dreyfus, Hubert L./Rabinow, Paul, Michel Foucault. Jenseits von Strukturalismus und Hermeneutik, 2. Aufl. Weinheim, S. 243–250.

French, Peter A. (1984), Collective and Corporate Responsibility, New York.

Friedman, Marilyn (1987), Beyond Caring: The De-Moralization of Gender, in: Hanen, Marsha/Nielson, Kai (Hgg.), Science, Morality and Feminist Theory (Canadian Journal of Philosophy, Suppl. Vol. 13), Calgary, S. 87–110.

Gatens-Robinson, Eugenie (1992), A Defense of Women's Choice: Abortion and the Ethics of Care, in: The Southern Journal of Philosophy Vol. 30, Nr. 3, S. 39–66.

Geismann, G./Oberer, H. (Hgg.) (1986), Kant und das Recht der Lüge, Würzburg.

Giddens, Anthony (1988), Die Konstitution der Gesellschaft. Grundzüge einer Theorie der Strukturierung (Theorie und Gesellschaft 1), Frankfurt a.M. [Original: The Constitution of Society. Outline of a Theory of Structuration, Cambridge 1984].

Giesen, Bernhard/Schmid, Michael (1977), Methodologischer Individualismus und Reduktionismus. Eine Kritik des individualistischen Forschungsprogramms in den Sozialwissenschaften, in: Eberlein, Gerald/von Kondratowitz, Hans-Joachim (Hgg.),

Psychologie statt Soziologie. Zur Reduzierbarkeit sozialer Strukturen auf Verhalten, Frankfurt a. M./New York, S. 24–47.

Gilbert, Margaret (1989), On Social Facts, London/New York.

Gilligan, Carol (1982), In a Different Voice, Cambridge (MA).

– – (1987), Moral Orientation and Moral Development: in: Kittay, Eva Feder/Meyers, Diana T. (Hgg.), Women and Moral Theory, Totowa (NJ), S. 19–33.

Giusti, Miguel (1994), Topische Paradoxien der kommunitaristischen Argumentation, in: Deutsche Zeitschrift für Philosophie 42, S. 759–781.

Goffman, Erving (1967), Interaktionsrituale. Über Verhalten in direkter Kommunikation, Frankfurt a. M. 1971 [Original: Interaction Rituals. Essays on Face-To-Face Behavior, Garden City (NY) 1967].

– – (1971), Verhalten in sozialen Situationen. Strukturen und Regeln in der Interaktion im öffentlichen Raum, Gütersloh [Original: Behaviour in Public Spaces, New York].

– – (1977), Rahmen-Analyse. Ein Versuch über die Organisation der Alltagserfahrungen, Frankfurt a. M. [Original: Frame Analysis. An Essay on the Organization of Experience, New York (u. a.) 1974].

Goldfarb, Warren (1985), Kripke on Wittgenstein on Rules, in: The Journal of Philosophy 82, S. 471–488.

Grimshaw, Jean (1986), Philosophy and feminist thinking, Minneapolis.

Gutmann, Amy (1985), Communitarian Critics of Liberalism, in: Philosophy and Public Affairs 14, S. 308–322.

Habermas, Jürgen (1983), Moralbewußtsein und kommunikatives Handeln, Frankfurt a. M.

– – (1987), Theorie des kommunikativen Handelns. Bd. 1: Handlungsrationalität und gesellschaftliche Rationalisierung, 4. Aufl. Frankfurt a. M.

– – (1991), Erläuterungen zur Diskursethik, Frankfurt a. M.

– – (1992), Faktizität und Geltung, Frankfurt a. M.

Hacker, P. M. S./Baker, G. P. (1984), On Misunderstanding Wittgenstein, in: Synthese 58, S. 407–450.

Hanen, Marsha/Nielson, Kai (Hgg.) (1987), Science, Morality and Feminist Theory (Canadian Journal of Philosophy, Suppl. Vol. 13), Calgary.

Heal, Jane (1978), Common Knowledge, in: The Philosophical Quarterly 28, S. 116–131.

Hegel, Georg Wilhelm Friedrich (1821), Grundlinien der Philosophie des Rechts. Hg. v. Johannes Hoffmeister, Hamburg ⁴1955.

Hejl, Peter M. (1987), Konstruktion der sozialen Konstruktion: Grundlinien einer konstruktivistischen Sozialtheorie, in: Schmidt, Siegfried J. (Hg.), Der Diskurs des Radikalen Konstruktivismus, Frankfurt a. M., S. 303–339.

Hekman, Susan J. (1995), Moral Voices, Moral Selves. Carol Gilligan and Feminist Moral Theory, Pennsylvania.

Held, Virginia (Hg.) (1995), Justice and Care. Essential Readings in Feminist Ethics, Boulder.

Herman, Barbara (1983), Integrity and Impartiality, in: The Monist 66, S. 233–250.

Hobbes, Thomas (1651), Leviathan, or The Matter, Forme, & Power of a Common-Wealth Ecclesiasticall and Civill. Ed. with an Introduction by J. C. A. Gaskin, Oxford 1996.

Höffe, Otfried (1989), Kants nichtempirische Verallgemeinerung: zum Rechtsbeispiel des falschen Versprechens, in: ders. (Hg.), Grundlegung zur Metaphysik der Sitten. Ein kooperativer Kommentar, Frankfurt a. M., S. 206–233.

– – (1996), Der Kommunitarismus als Alternative? Nachbemerkungen zur Kritik am moralisch-politischen Liberalismus, in: Zeitschrift für philosophische Forschung 50, S. 92–112.

Hoerster, Norbert (1995), Neugeborene und das Recht auf Leben, Frankfurt a. M.

– – (1995a), Abtreibung im säkularen Staat, 2. Aufl. Frankfurt a. M.

Hollis, Martin (1991), Rationalität und soziales Verstehen. Wittgenstein-Vorlesungen der Universität Bayreuth, Frankfurt a. M.

– – (1995), Soziales Handeln. Eine Einführung in die Philosophie der Sozialwissenschaft, Berlin [Original: The Philosophy of Social Science. An introduction, Cambridge 1994].

Honneth, Axel (1985), Kritik der Macht. Reflexionsstufen einer kritischen Gesellschaftstheorie, Frankfurt a. M.

– – (1992), Kampf um Anerkennung. Zur moralischen Grammatik sozialer Konflikte, Frankfurt a. M.

– – (Hg.) (1993), Kommunitarismus. Eine Debatte über die moralischen Grundlagen moderner Gesellschaften (Theorie und Gesellschaft 26), Frankfurt a. M./New York.

Hubig, Christoph (1982), Die Unmöglichkeit der Übertragung individualistischer Handlungskonzepte auf institutionelles Handeln und ihre Konsequenzen für eine Ethik der Institution, in: ders. (Hg.), Ethik institutionellen Handelns, Frankfurt a. M./ New York, S. 56–80.

– – (1985), Handlung – Identität – Verstehen. Von der Handlungstheorie zur Geisteswissenschaft, Weinheim/Basel.

Hume, David (1739/40), A Treatise of Human Nature. Ed., with an analytical Index, by L. A. Selby-Bigge. Second ed. with text revised and variant readings by P. H. Nidditch, Oxford 1978.

Ilting, Karl-Heinz (1976), Geltung als Konsens, in: Neue Hefte für Philosophie 10, S. 20–50.

Joas, Hans (1992), Eine soziologische Transformation der Praxisphilosophie. Giddens' Theorie der Strukturierung, in: ders., Pragmatismus und Gesellschaftstheorie, Frankfurt a. M., S. 205–222.

Jonson, A. R./Toulmin, S. (1988), The Abuse of Casuistry. A History of Moral Reasoning, Berkeley (CA).

Kant, Immanuel (1785/86), Grundlegung zur Metaphysik der Sitten, in: ders., Werkausgabe. Hg. v. Wilhelm Weischedel, Frankfurt a. M. 1974, Bd. 7, S. 7–102.

– – (1788), Kritik der praktischen Vernunft, in: ders., Werkausgabe. Hg. v. Wilhelm Weischedel, Frankfurt am Main 1974, Bd. 7, S. 103–302.

– – (1790/93), Kritik der Urteilskraft, in: ders., Werkausgabe. Hg. v. Wilhelm Weischedel, Frankfurt a. M. 1974, Bd. 10.

– – (1797), Metaphysik der Sitten, in: ders., Werkausgabe. Hg. v. Wilhelm Weischedel, Frankfurt a. M. 1977, Bd. 8., S. 303–634.

– – (1797a), Über ein vermeintes Recht aus Menschenliebe zu lügen, in: ders., Werkausgabe. Hg. v. Wilhelm Weischedel, Frankfurt a. M. 1977, Bd. 8., S. 637–643.

Kersting, Wolfgang (1994), Die politische Philosophie des Gesellschaftsvertrags, Darmstadt.

Kley, Roland (1989), Vertragstheorien der Gerechtigkeit. Eine philosophische Kritik der Theorien von John Rawls, Robert Nozick und James Buchanan, Bern/Stuttgart.

Knell, Sebastian (1996), Wovon handeln Interpretationsaussagen? Ein ontologischer Erklärungsversuch, in: Deutsche Zeitschrift für Philosophie 44, S. 101–116.

Kohlberg, Lawrence (1974), Zur kognitiven Entwicklung des Kindes, Frankfurt a. M.
– – (1981), Essays on Moral Development. Bd. 1: The Philosophy of Moral Development, San Francisco.
– – (1984), Essays on Moral Development. Bd. 2: The Psychology of Moral Development, San Francisco.
Koller, Peter (1987), Neue Theorien des Sozialkontrakts, Berlin.
Koppe, Franz (1979), Hermeneutik der Lebensformen – Hermeneutik als Lebensform. Zur Sozialphilosophie Peter Winchs, in: Mittelstraß, Jürgen (Hg.), Methodenprobleme der Wissenschaften vom gesellschaftlichen Handeln, Frankfurt a. M., S. 223–272.
Kramer, Conrad (1991), Metaphysik und Erfahrung in Kants Grundlegung der Ethik, in: Neue Hefte für Philosophie 30/31, S. 15–68.
Kripke, Saul A. (1987), Wittgenstein über Regeln und Privatsprache. Eine elementare Darstellung, Frankfurt a. M. [Original: Wittgenstein on Rules and Private Language. An Elementary Exposition, Oxford 1982].
Kymlicka, Will (1989), Liberalism, Community, and Culture, Oxford.
Lagerspetz, Eerik (1995), The Opposite Mirrors. An Essay on the Conventionalist Theory of Institutions (Law and Philosophy Library 22), Dordrecht/Boston/London.
Larmore, Charles (1987), Patterns of Moral Complexity, Cambridge.
– – (1990), Political Liberalism, in: Political Theory 18, S. 339–360.
Laslett, Peter (1956), Introduction, in: ders. (Hg.), Philosophy, Politics and Society. First Series, Oxford, S. 1–20.
Lenk, Hans/Maring, Matthias (1992), Verantwortung und Mitverantwortung bei korporativem und kollektivem Handeln, in: dies. (Hgg.), Wirtschaft und Ethik, Stuttgart, S. 153–164.
Lerner, Berel Dov (1995), Winch and Instrumental Pluralism, in: Philosophy of the Social Sciences 25, S. 180–191.
Lewis, David (1975), Konventionen. Eine sprachphilosophische Abhandlung, Berlin/ New York [Original: Convention: A Philosophical Study, Cambridge (MA) 1969].
– – (1975a), Languages and Language, in: Gunderson, K. (Hg.), Language, Mind and Knowledge (Minnesota Studies in in the Philosophy of Science 7), Minneapolis, S. 3–35.
Louch, A. R. (1963), The very Idea of a Social Science, in: Inquiry 6, S. 273–286.
– – (1965), On Misunderstanding Mr. Winch, in: Inquiry 8, S. 212–216.
Luhmann, Niklas (1978), Soziologie der Moral, in: ders./Stephan H. Pfürtner (Hgg.), Theorietechnik und Moral, Frankfurt a. M., S. 8–116.
– – (1984), Soziale Systeme. Grundriß einer allgemeinen Theorie, Frankfurt a. M.
– – (1988), Macht, 2. Aufl. Stuttgart.
– – (1989), Ethik als Reflexionstheorie der Moral, in: ders., Gesellschaftsstruktur und Semantik. Studien zur Wissenssoziologie der modernen Gesellschaft. Bd. 3, Frankfurt a. M., S. 358–447.
Lynch, Michael (1992), Extending Wittgenstein: The Pivotal Move from Epistemology to the Sociology of Science, in: Pickering, Andrew (Hg.), Science as Practice and Culture, Chicago, S. 215–265.
– – (1993), Scientific Practice and Everyday Action, Cambridge.
MacBeth, Douglas (1996), The Discovery of Situated Worlds: Analytic Commitments, or Moral Orders?, in: Human Studies 19, S. 267–287.
McDowell, John (1984), Wittgenstein on Following a Rule, in: Synthese 58, S. 325 bis 363.

McGinn, Colin (1984), Wittgenstein on Meaning. An Interpretation and Evaluation (Aristotelian Society Series 1), Oxford.

MacIntyre, Alasdair (1975), Die Idee der Sozialwissenschaft, in: Wiggershaus (Hg.) (1975), S. 105–128 [Original: The Idea of a Social Science, in: The Aristotelian Society, Suppl. XLI (1967), S. 95–114].

– – (1981), After Virtue, London.

– – (1993), Ist Patriotismus eine Tugend?, in: Honneth (Hg.) (1993), S. 84–102 [Original: Is Patriotism a Virtue? The Lindley Lecture. University of Kansas, Dept. of Philosophy 26. 3. 1984, S. 3–20].

Malinowski, Bronislaw (1939), The Group and the Individual in Functional Analysis, in: The American Journal of Sociology 44, S. 938–964.

– – (1944), A Scientific Theory of Culture and other Essays, Chapel Hill.

Maring, Matthias (1989), Modelle korporativer Verantwortung, in: Conceptus Jg. 23, Nr. 58, S. 25–41.

Mead, George H. (1910), Soziales Bewußtsein und das Bewußtsein von Bedeutungen, in: ders., Gesammelte Aufsätze. Bd. 1. Hg. v. Hans Joas, Frankfurt a. M. 1980, S. 210–221.

– – (1912), Der Mechanismus des sozialen Bewußtseins, in: ders., Gesammelte Aufsätze. Bd. 1. Hg. v. Hans Joas, Frankfurt a. M. 1980, S. 232–240.

– – (1913), Die soziale Identität, in: ders., Gesammelte Aufsätze. Bd. 1. Hg. v. Hans Joas, Frankfurt a. M. 1980, S. 241–249.

– – (1934), Geist, Identität und Gesellschaft aus der Sicht des Sozialbehaviorismus, Frankfurt a. M. 1973, S. 196 [Original: Mind, Self and Society. From the standpoint of a social behaviorist, Chicago 1934].

Meggle, Georg (Hg.) (1985), Analytische Handlungstheorie. Bd. 1: Handlungsbeschreibungen, Frankfurt a. M.

Merton, Robert K. (1957), Social Theory and Social Structure, 2. Aufl. Glencoe (Ill.).

Moravcsik, Julius (1989), Gemeinschaftsbande, in: Conceptus Jg. 23, Nr. 58, S. 3–24.

Münch, Richard/Smelser, Neil J. (1987), Relating the Micro and Macro, in: Alexander, Jeffrey C./Giesen, Bernhard/Münch, Richard/Smelser, Neil J. (Hgg.), The Micro-Macro Link, Berkeley/Los Angeles/London, S. 356–387.

Nietzsche, Friedrich (1886), Jenseits von Gut und Böse. Vorspiel einer Philosophie der Zukunft, in: ders., Kritische Studienausgabe. Hg. v. Giorgio Colli u. Mazzino Montinari, München/Berlin/New York ²1988, Bd. 5, S. 9–243.

– – (1887), Zur Genealogie der Moral. Eine Streitschrift, in: ders., Kritische Studienausgabe. Hg. v. Giorgio Colli u. Mazzino Montinari, München/Berlin/New York ²1988, Bd. 5, S. 245–412.

– – (1887–89), Nachgelassene Fragmente 1887–89, in: ders., Kritische Studienausgabe. Hg. v. Giorgio Colli und Mazzino Montinari, München/Berlin/New York ²1988, Bd. 13.

Noddings, Nel (1984), Caring. A Feminine Approach to Ethics and Moral Education, Berkeley (CA)/London.

Nozick, Robert (1974), Anarchy, State, and Utopia, New York.

Nunner-Winkler, Gertrud (1993), Zum Mythos von den zwei Moralen, in: Allgemeine Gesellschaft für Philosophie in Deutschland e. V. (Hg.), Neue Realitäten. Herausforderungen der Philosophie. XVI. Deutscher Kongreß für Philosophie. Sektionsbeiträge, Berlin, S. 933–937.

O'Neill, Onara (1984), Kant after Virtue, in: Inquiry 26, S. 387–405.

Literaturverzeichnis

Ostrom, Elinor (1986), An Agenda for the Study of Institutions, in: Public Choice 48, S. 3–26.

Pfeiffer, Raymond S. (1995), Why blame the organization? A pragmatic analysis of collective moral responsibility, Lanham/London.

Piaget, Jean (1932), Le jugement moral chez l'enfant, Paris.

Popper, Karl R. (1944), The Open Society and Its Enemies. 2 Bde., London.

– – (1961), The Poverty of Historicism, London.

Putnam, Hilary (1991), Repräsentation und Realität, Frankfurt a. M. [Original: Representation and Reality, Cambridge (MA)/London 1988].

Quante, Michael (1995), Die Identität der Person: Facetten eines Problems. Neuere Beiträge zur Diskussion um personale Identität, in: Philosophische Rundschau 42, S. 35–59.

– – (1996), »Meine Organe und ich«. Personale Identität als ethisches Prinzip im Kontext der Transplantationsmedizin, in: Zeitschrift für medizinische Ethik 42, S. 102–118.

Quine, Willard Van Orman (1948), Was es gibt, in: ders., Von einem logischen Standpunkt: Neun logisch-philosophische Essays, Frankfurt a. M./Berlin/Wien 1979, S. 9–25 [Original: On what there is (1948), in: ders., From a logical point of view, New York ²1961].

– – (1966), Existenz und Quantifikation, in: ders., Ontologische Relativität und andere Schriften, Stuttgart 1975, S. 127–156 [Original: Existence and Quantification (1966), in: ders., Ontological Relativity and Other Essays, New York 1969].

Quinton, Anthony (1975/76), The Presidential Address »Social Objects«, in: Proceedings of the Aristotelian Society 76, S. 1–27.

Radcliffe-Brown, Alfred R. (1935), On the concept of function in social science, in: American Anthropologist NF 37, S. 394–402.

Rawls, John (1975), Eine Theorie der Gerechtigkeit, Frankfurt a. M. [Original: A Theory of Justice, Cambridge (MA) 1971].

– – (1985), Gerechtigkeit als Fairneß: politisch und nicht metaphysisch, in: ders., Die Idee des politischen Liberalismus. Aufsätze 1978–1989. Hg. v. Wolfgang Hinsch, Frankfurt a. M. 1994, S. 255–292 [Original: Justice as Fairness: Political not Metaphysical, in: Philosophy and Public Affairs 14(1985), S. 223–251].

Rentsch, Thomas (1990), Die Konstitution der Moralität. Transzendentale Anthropologie und praktische Philosophie, Frankfurt a. M.

Rescher, Nicholas (1993), Pluralism. Against the Demand for Consensus, Oxford.

Röttgers, Kurt (1993), Die Rechtfertigung der Macht und das Prinzip der Gewaltenteilung, in: Allgemeine Zeitschrift für Philosophie Jg. 18, Nr. 3, S. 1–15.   [London

Rosenblum, Nancy L. (Hg.) (1989), Liberalism and the Moral Life, Cambridge (MA)/.

Rudner, Richard (1967), The Philosophy of Social Science, Englewood Cliffs (NJ).

Sainsbury, R. M. (1988), Paradoxes, Cambridge.

Sandel, Michael J. (1982), Liberalism and the Limits of Justice, Cambridge.

– – (1984), The procedural Republic and the Unencumbered Self, in: Political Theory Vol. 12, Nr. 1, S. 81–96.

von Savigny, Eike (1991), Self-conscious Individual versus Social Soul: The Rationale of Wittgenstein's Discussion of Rule Following, in: Philosophy and Phenomenological Research 51, S. 67–84.

Schäfer, Thomas (1995), Reflektierte Vernunft. Michel Foucaults philosophisches Projekt einer antitotalitären Macht- und Wahrheitskritik, Frankfurt a. M.

Schatzki, Theodore R. (1996), Social Practices. A Wittgensteinian Approach to Human Activity and the Social, Cambridge.

Schiffer, Stephen R. (1972), Meaning, Oxford.

Schmitt, Richard (1995), Beyond Separateness. The Social Nature of Human Beings – Their Autonomy, Knowledge and Power, Boulder/San Francisco/Oxford.

Schönrich, Gerhard (1994), Bei Gelegenheit Diskurs. Von den Grenzen der Diskursethik und dem Preis der Letztbegründung, Frankfurt a. M.

– – (1997), Von Regeln und Quegeln. Wittgensteins Widerlegung des Regelskeptizismus, in: Philosophisches Jahrbuch 104, S. 279–298.

Searle, John R. (1965), What is a Speech Act?, in: Black, Max (Hg.), Philosophy in America, London, S. 221–239.

– – (1971), Sprechakte. Ein sprachphilosophischer Essay, Frankfurt a. M. [Original: Speech Acts. An essay in the Philosophy of Language, New York 1969].

– – (1990), Collective Intentions and Actions, in: Cohen/Morgan/Pollack (Hgg.) (1990), S. 401–415.

– – (1992), The Rediscovery of the Mind, Cambridge (MA)/London.

– – (1995), The Construction of Social Reality, London [u. a.].

Singer, Marcus George (1975), Verallgemeinerung in der Ethik. Zur Logik moralischen Argumentierens, Frankfurt a. M. [Original: Generalization in Ethics. An Essay in the Logic of Ethics, with the Rudiments of a System of Moral Philosophy, 1961].

Singer, Peter (1984), Praktische Ethik, Stuttgart [Original: Practical Ethics, Cambridge 1979].

Skirbekk, Gunnar (1982), Rationaler Konsens und ideale Sprechsituation als Geltungsgrund?, in: Kuhlmann, Wolfgang/Böhler, Dietrich (Hgg.), Kommunikation und Reflexion, Frankfurt a. M., S. 54–82.

Sofsky, Wolfgang/Paris, Rainer (1994), Figurationen sozialer Macht. Autorität – Stellvertretung – Koalition, 2. Aufl. Frankfurt a. M. [1. Aufl. Opladen 1991].

Stegmüller, Wolfgang (1989), Hauptströmungen der Gegenwartsphilosophie. Bd. 4, Stuttgart.

Steinhoff, Uwe (1996), Die Begründung der Konsenstheorie. Über das fehlende Fundament der Diskursethik, in: Logos 3, S. 191–210.

Stern, D. (1985), The Interpersonal World of the Infant. A View from Psycho-analysis and Developmental Psychology, New York.

– –/Hofer, L./Haft, W./Dore, J. (1985), Affect attunement: The sharing of feeling states between mother and infant by means of intermodal fluency, in: Field, T./Fox, N. (Hgg.), Social Perception in Infants, Norwood (NJ), S. 249–268.

Stinchcombe, Arthur (1968), Constructing Social Theory, New York.

Taylor, Charles (1993), Aneinander vorbei: Die Debatte zwischen Liberalismus und Kommunitarismus, in: Honneth (Hg.) (1993), S. 103–130 [Original: Cross-Purposes: The Liberal-Communitarian Debate, in: Rosenblum (Hg.) (1989), S. 159–182].

Taylor, Michael (1982), Community, Anarchy & Liberty, Cambridge.

Thomson, Judith Jarvis (1971), A Defense of Abortion, in: Philosophy and Public Affairs Vol.1, Nr. 1, 47–66.

Trevarthen, Colwyn (1974), Conversations with a two-month old, in: New Scientist Vol. 62, Nr. 896, S. 230–235.

– – (1977), Descriptive analysis of infant communicative behaviour, in: Schaffer, H. R. (Hg.), Studies in Mother-Infant Interaction, London/New York/San Francisco, S. 227–270.

– – (1979), Communication and cooperation in early infancy: A description of primary intersubjectivity, in: Bullowa, M. (Hg.), Before Speech. The Beginning of Interpersonal Communication, London [u. a.], 321–347.

– –/Hubley, Penelope (1978), Secondary Intersubjectivity: Confidence, Confiding and Acts of Meaning in the First Year, in: Lock, Andrew (Hg.), Action, Gesture and Symbol. The Emergence of Language, London/New York/San Francisco, S. 183–229.

Tronto, Joan C. (1995), Women and Caring: What Can Feminists Learn About Morality from Caring?, in: Held (Hg.) (1995), S. 101–115 [zuerst in: Jaggar, Alison M./Bordo, Susan R. (Hgg.), Gender/Body/Knowledge, New Brunswick (NJ) 1989].

Tugendhat, Ernst (1992), Habermas on Communicative Action, in: ders., Philosophische Aufsätze, Frankfurt a. M., S. 433–440 [Zuerst u. d. T. »Habermas' concept of communicative action«, in: Seebaß, Gottfried/Tuomela, Raimo (Hgg.), Social Action (Theory and Decision Library 43), Dordrecht 1985].

Tuomela, Raimo (1984), A Theory of Social Action, Dordrecht.

– – (1991), We Will Do It: An Analysis of Group Intentions, in: Philosophy and Phenomenological Research 51, S. 249–277.

– – (1995), The Importance of Us. A Philosophical Study of Basic Social Notions, Stanford (CA).

– –/Miller, Kaarlo (1985), We-Intentions and Social Action, in: Analyse und Kritik 7, S. 26–43.

– –/– – (1988), We-Intentions, in: Philosophical Studies 53, S. 367–389.

Vossenkuhl, Wilhelm (1982), Anatomie des Sprachgebrauchs. Über die Regeln, Intentionen und Konventionen menschlicher Verständigung, Stuttgart.

Waldenfels, Bernhard (1985), Die Herkunft der Normen aus der Lebenswelt, in: ders., In den Netzen der Lebenswelt, Frankfurt a. M., S. 129–149.

– – (1987), Ordnung im Zwielicht, Frankfurt a. M.

– – (1991), Der Primat der Einbildungskraft. Zur Rolle des gesellschaftlichen Imaginären bei bei Cornélius Castoriadis, in: Castoriadis, Cornélius/Heller, Agnes/Waldenfels, Bernhard [u. a.], Die Institution des Imaginären. Zur Philosophie von Cornélius Castoriadis. Hg. v. Alice Pechriggl u. Karl Reitter, Wien/Berlin, S. 55–80.

Walker, Margaret Urban (1995), Moral Understandings: Alternative »Epistemology« for a Feminist Ethics, in: Held (Hg.) (1995), S. 139–152 [zuerst in: Hypathia: A Journal of Feminist Philosophy 4 (1989) Summer, S. 15–28.].

Walzer, Michael (1990), The Communitarian Critique of Liberalism, in: Political Theory Vol. 18, Nr. 1, S. 6–23.

– – (1992), Sphären der Gerechtigkeit. Ein Plädoyer für Pluralität und Gleichheit (Theorie und Gesellschaft 23), Frankfurt a. M./New York 1992 [Original: Spheres of Justice: a Defense of Pluralism and Equality, New York 1983].

Warren, Mary Anne (1993), Abortion, in: Singer, Peter (Hg.), A Companion to Ethics, Oxford, S. 303–314.

Wartenberg, Thomas E. (1990), The Forms of Power. From Domination to Transformation, Philadelphia.

– – (Hg.) (1992), Rethinking Power, Albany (NY).

Watkins, John W. N. (1953), Ideal Types and Historical Explanations, in: Feigl, H./Broadbeck, M. (Hgg.), Readings in the Philosophy of Science, New York, S. 72 bis 143.

Wellmer, Albrecht (1986), Ethik und Dialog, Frankfurt a. M.

Werhane, Patricia H. (1985), Persons, Rights, and Corporations, Englewood Cliffs (NJ).

Wieland, Wolfgang (1989), Aporien der praktischen Vernunft (Wissenschaft und Gegenwart; geisteswissenschaftliche Reihe 65), Franfurt a. M.

Wiggershaus, Rolf (Hg.) (1975), Sprachanalyse und Soziologie. Die sozialwissenschaftliche Relevanz von Wittgensteins Sprachphilosophie, Frankfurt a. M.

Williams, Meredith (1991), Blind Obediance: Rules, Community and the Individual, in: Puhl, Klaus (Hg.), Meaning Scepticism, Berlin/New York, S. 93–125.

Wilson, George M. (1994), Kripke on Wittgenstein and Normativity, in: Midwest Studies in Philosophy 19, S. 366–390.

Winch, Peter (1966), Die Idee der Sozialwissenschaft und ihr Verhältnis zur Philosophie, Frankfurt a. M. [Original: The Idea of a Social Science and its Relation to Philosophy, 4. Aufl. London 1965; 1. Aufl. 1958].

– – (1992), Tatsache und übermäßige Tatsache, in: ders., Versuchen zu verstehen, Frankfurt a. M., S. 77–89 [Original: Facts and Superfacts, in: The Philosophical Quarterly, Oktober 1983].

Wittgenstein, Ludwig (1922), Tractatus logico-philosophicus, in: ders., Werkausgabe in acht Bänden. Bd. 1, Frankfurt a. M. 1984, S. 7–85.

– – (1937–44), Bemerkungen über die Grundlagen der Mathematik, in: ders., Werkausgabe in acht Bänden. Bd. 6, Frankfurt a. M. 1984.

– – (1945), Philosophische Untersuchungen, in: ders., Werkausgabe in acht Bänden. Bd. 1, Frankfurt a. M. 1984, S. 225–580.

Wolff, Jonathan (1991), Robert Nozick. Property, Justice and the Minimal State, Cambridge.

Wright, Crispin (1984), Kripke's Account of the Argument against Private Language, in: The Journal of Philosophy 81, S. 759–778.

– – (1989), Rez. von: McGinn, Colin, Wittgenstein on Meaning. An Interpretation and Evaluation (Aristotelian Society Series 1), Oxford 1984, in: Mind 98, S. 289–305.

Zenkert, Georg (1995), Hegel und das Problem der Macht, in: Deutsche Zeitschrift für Philosophie 43, S. 435–451.

von Zeppelin, I./Moser, U. (1987), Träumen wir Affekte? Teil 1: Affekte und manifester Traum, in: Forum Psychoanalyse 3, S. 143–152.

Index

Index